OS TRIBUNAIS DE CONTAS E AS POLÍTICAS PÚBLICAS

EDILBERTO CARLOS PONTES LIMA
Coordenador

Antonio Augusto Junho Anastasia
Prefácio

OS TRIBUNAIS DE CONTAS E AS POLÍTICAS PÚBLICAS

$$\boxed{5}$$

1ª reimpressão

Belo Horizonte

2025

© 2023 Editora Fórum Ltda.
2025 1ª reimpressão

É proibida a reprodução total ou parcial desta obra, por qualquer meio eletrônico, inclusive por processos xerográficos, sem autorização expressa do Editor.

Conselho Editorial

Adilson Abreu Dallari
Alécia Paolucci Nogueira Bicalho
Alexandre Coutinho Pagliarini
André Ramos Tavares
Carlos Ayres Britto
Carlos Mário da Silva Velloso
Cármen Lúcia Antunes Rocha
Cesar Augusto Guimarães Pereira
Clovis Beznos
Cristiana Fortini
Dinorá Adelaide Musetti Grotti
Diogo de Figueiredo Moreira Neto (in memoriam)
Egon Bockmann Moreira
Emerson Gabardo
Fabrício Motta
Fernando Rossi
Flávio Henrique Unes Pereira

Floriano de Azevedo Marques Neto
Gustavo Justino de Oliveira
Inês Virgínia Prado Soares
Jorge Ulisses Jacoby Fernandes
Juarez Freitas
Luciano Ferraz
Lúcio Delfino
Marcia Carla Pereira Ribeiro
Márcio Cammarosano
Marcos Ehrhardt Jr.
Maria Sylvia Zanella Di Pietro
Ney José de Freitas
Oswaldo Othon de Pontes Saraiva Filho
Paulo Modesto
Romeu Felipe Bacellar Filho
Sérgio Guerra
Walber de Moura Agra

FÓRUM
CONHECIMENTO JURÍDICO

Luís Cláudio Rodrigues Ferreira
Presidente e Editor

Coordenação editorial: Leonardo Eustáquio Siqueira Araújo
Aline Sobreira de Oliveira

Rua Paulo Ribeiro Bastos, 211 – Jardim Atlântico – CEP 31710-430
Belo Horizonte – Minas Gerais – Tel.: (31) 99412.0131
www.editoraforum.com.br – editoraforum@editoraforum.com.br

Técnica. Empenho. Zelo. Esses foram alguns dos cuidados aplicados na edição desta obra. No entanto, podem ocorrer erros de impressão, digitação ou mesmo restar alguma dúvida conceitual. Caso se constate algo assim, solicitamos a gentileza de nos comunicar através do *e-mail* editorial@editoraforum.com.br para que possamos esclarecer, no que couber. A sua contribuição é muito importante para mantermos a excelência editorial. A Editora Fórum agradece a sua contribuição.

Dados Internacionais de Catalogação na Publicação (CIP) de acordo com ISBD

T822	Os Tribunais de Contas e as políticas públicas / Edilberto Carlos Pontes Lima (Coord.). 1. reimpressão. Belo Horizonte: Fórum, 2023. (Coleção Fórum IRB, v. 5).
	588p. 17x24cm (Coleção Fórum IRB, v. 5) ISBN 978-65-5518-596-6 ISBN DA COLEÇÃO: 978-65-5518-600-0
	1. Tribunais de contas. 2. Políticas públicas. 3. Administração Pública. I. Lima, Edilberto Carlos Pontes. II. Título.
	CDD: 342 CDU: 342

Ficha catalográfica elaborada por Lissandra Ruas Lima – CRB/6 – 2851

Informação bibliográfica deste livro, conforme a NBR 6023:2018 da Associação Brasileira de Normas Técnicas (ABNT):

LIMA, Edilberto Carlos Pontes (coord.). *Os Tribunais de Contas e as políticas públicas*. 1. reimp. Belo Horizonte: Fórum, 2023. 588p. ISBN 978-65-5518-596-6 (Coleção Fórum IRB, v. 5).

SUMÁRIO

PREFÁCIO 15

OS TRIBUNAIS DE CONTAS E AS POLÍTICAS PÚBLICAS: UMA INTRODUÇÃO
Edilberto Carlos Pontes Lima 19
    Política pública: uma definição 20
    Algumas diretrizes importantes para as políticas públicas 22
    Diretrizes da Intosai 23
    Como os Tribunais de Contas podem participar das políticas públicas 24
    Desafios dos Tribunais de Contas brasileiros 26
    Referências 29

CONSTRUÇÃO DE ÍNDICES PARA AVALIAÇÃO DA IMPLEMENTAÇÃO DA POLÍTICA NACIONAL DE IMUNIZAÇÃO: UMA ANÁLISE DA IMPLEMENTAÇÃO DOS MUNICÍPIOS DE PERNAMBUCO
Adriana Maria Gomes Nascimento Leite, Adriano Sousa Araújo, David Viana de Oliveira, Eliana Maria de Paula, Marcelo Victor Barbosa Xavier, Mariana Siqueira Vilela, Maurício Assuero Lima de Freitas, Valquiria Maria F. Benevides de S. Leão, Pedro Nascimento 31
1   Introdução 31
2   Material e método 33
3   Resultados alcançados 35
4   Perspectiva e conclusão 37
    Referências 37

COMO MENSURAR O DESEMPENHO NA ADMINISTRAÇÃO PÚBLICA? REFLEXÕES SOBRE AS DIFERENTES TÉCNICAS EXISTENTES
Ahmed Sameer El Khatib 39
1   Introdução 39
2   Revisão da literatura 40
2.1 Especificidades da Administração Pública 41
2.2 Essência e racionalidade da medição de desempenho na administração pública 42
3   Plataforma metodológica 44
4   Resultados 47
5   Discussão e considerações finais 54
    Referências 59

A GESTÃO SUSTENTÁVEL E OS TRIBUNAIS DE CONTAS
Aline Pacheco Medeiros 65
    Introdução 65
1   Metodologia 67

2	Breves considerações sobre institutos	68
2.1	Atos discricionários	68
2.2	Direito fundamental à boa administração pública	68
2.3	Princípio da sustentabilidade	69
3	Caráter cogente da gestão sustentável na administração pública	70
4	Gestão sustentável e os Tribunais de Contas	70
4.1	Gestão sustentável nos Tribunais de Contas	72
4.2	Controle da gestão sustentável pelos Tribunais de Contas	75
5	Conclusão	80
	Referências	81

A INTERNACIONALIZAÇÃO DOS TRIBUNAIS DE CONTAS E SUA IMPORTÂNCIA NA EFETIVAÇÃO DAS POLÍTICAS PÚBLICAS
Ariane Olczevki, Mohana Reis 83

1	Introdução	83
1.1	Origem dos Tribunais de Contas	83
1.2	Políticas públicas	85
2	Governança	87
3	*Accountability*	90
4	Internacionalização dos Tribunais de Contas brasileiros	92
4.1	Cooperação Internacional dos Tribunais de Contas	95
4.2	Agenda 2030 da ONU: políticas públicas e fiscalização	98
5	Conclusão	101
	Referências	101

CONTROLE EXTERNO BRASILEIRO E A AUDITORIA OPERACIONAL COMO INSTRUMENTO DE ATUAÇÃO FISCALIZATÓRIA CONCOMITANTE: CONSTRUÇÃO DE UM ARCABOUÇO TEÓRICO ACERCA DA FERRAMENTA AUDITORIA OPERACIONAL
Daniel Mello 107

1	Introdução	107
2	Referencial teórico e normativo: elementos fundantes do estudo	109
2.1	A Administração Pública: um constructo histórico-evolutivo do caso brasileiro	109
2.2	Os Tribunais de Contas e o controle externo: elementos conceituais, históricos e constitucionais do sistema	112
2.2.1	Tribunal de Contas: aproximação conceitual	112
2.2.2	Síntese do contexto histórico dos Tribunais de Contas: o controle externo em construção evolutiva	113
2.2.3	Características constitucionais dos Tribunais de Contas	117
2.2.4	Jurisdição dos Tribunais de Contas	122
2.2.5	O controle de resultado: elementos atinentes à atividade da Administração Pública no Brasil	123
2.2.6	Controle de mérito dos gastos da Administração Pública: controle substancial	125

2.2.7	Controle de resultados: instrumento de efetividade do controle externo	131
3	Revisão da literatura especializada sobre auditoria operacional: estado da arte indicativo acerca dessa ferramenta de controle no Brasil	132
3.1	Origem e evolução histórica da auditoria operacional no Brasil	132
3.2	Auditoria operacional: conceito, elementos caracterizadores e distintores em relação à auditoria de conformidade	134
3.3	Estrutura conceitual básica e características da auditoria operacional	139
3.4	Princípios gerais das auditorias operacionais/critérios de auditoria	141
3.5	Os princípios de auditoria operacional e seus critérios	141
3.5.1	Economicidade	142
3.5.2	Eficiência	142
3.5.3	Eficácia e efetividade	143
3.5.4	Outros critérios	145
3.6	Ciclo da auditoria operacional: o planejamento, a execução, o relatório e o monitoramento	146
3.6.1	Planejamento	147
3.6.2	Execução	149
3.6.3	Relatório	150
3.6.4	Monitoramento	151
4	Conclusões	152
	Referências	155

O TCU E A COOPERAÇÃO INTERNACIONAL ALEMÃ: PROTEÇÃO AO CLIMA E A CONSERVAÇÃO DA BIODIVERSIDADE

Diego Marques Gonçalves, Ezequiel Mariano Teixeira da Costa 163

1	Introdução	163
2	História do TCU e suas atribuições	164
3	TCU e sua cooperação internacional	166
4	Ministério Federal de Cooperação Econômica e Desenvolvimento (BMZ)	169
5	Trabalho conjunto do TCU e cooperação alemã pela BMZ e GIZ	172
	Conclusão	175
	Referências	176

OS TRIBUNAIS DE CONTAS COMO INDUTORES DE SOLUÇÕES CONSENSUAIS PARA A EDUCAÇÃO PÚBLICA

Gerson dos Santos Sicca, Luiz Henrique Lima 179

1	Introdução	179
2	Tribunais de Contas, avaliação de políticas públicas, competências, funções e consensualismo	180
2.1	Competências dos Tribunais de Contas na avaliação de políticas públicas	180
2.2	Emergência de novas funções para os Tribunais de Contas	183
2.3	Democratização da administração pública, consensualismo e controle externo	185
2.3.1	Consensualismo no ordenamento jurídico brasileiro	187

3	Atuação consensual dos Tribunais de Contas na política pública de educação	191
3.1	Tribunal de Contas de Rondônia: o Programa de Aprimoramento da Política de Alfabetização na Idade Certa (PAIC)	195
3.2	Tribunal de Contas de Santa Catarina: projeto TCE Educação	197
4	Considerações finais	200
	Referências	201

O CONTROLE DAS POLÍTICAS PÚBLICAS PARA AS COMUNIDADES QUILOMBOLAS: DESAFIOS PARA OS TRIBUNAIS DE CONTAS

Gilson Araújo, Mamadú Djaló 207

1	Introdução	207
2	As políticas públicas destinadas às comunidades quilombolas pós-1988	208
3	Desafio do controle externo das políticas públicas para comunidades quilombolas	211
4	Conclusão	214
	Referências	215

CONTRATAÇÕES PÚBLICAS E POLÍTICAS DE DESENVOLVIMENTO À LUZ DO SISTEMA DE CONTAS

Ivan Lelis Bonilha 219

1	Contratações públicas como política de desenvolvimento	219
2	A nova Lei de Licitações	221
3	Fiscalização e avaliação pelos Tribunais de Contas	226
4	As diretrizes de auditoria da INTOSAI para contratações públicas	229
	Referências	231

O TRIBUNAL DE CONTAS: ATOR OU COADJUVANTE NA IMPLEMENTAÇÃO DAS POLÍTICAS PÚBLICAS NA PERSPECTIVA DO DIREITO CONSTITUCIONAL CONTEMPORÂNEO?

Jeanine Lykawka Medeiros, Janriê Rodrigues Reck 233

	Introdução	233
1	A expressão "política pública"	234
2	Políticas públicas e direitos fundamentais	236
3	A autonomia das instituições políticas e a discricionariedade relativa às políticas públicas	238
4	Atuação dos Tribunais de Contas em relação às políticas públicas	240
5	Conclusão	243
	Referências	243

A REDE *BLOCKCHAIN* BRASIL E O CONTROLE DAS POLÍTICAS PÚBLICAS: CONTRIBUIÇÕES E DESAFIOS PARA OS TRIBUNAIS DE CONTAS BRASILEIROS

Karine Tomaz Veiga 247

| 1 | Introdução | 247 |
| 2 | O sistema orçamentário e o controle das contas públicas | 248 |

2.1	O detalhamento e vigência do ciclo orçamentário	248
2.2	Contas públicas e credibilidade orçamentária	251
3	Ecossistema para um governo digital transparente	254
3.1	Transparência e comportamento da gestão pública	256
3.2	Outras soluções tecnológicas	257
3.2.1	A tecnologia *blockchain* na visão do Tribunal de Contas da União	260
4	Contribuições e desafios da Rede *Blockchain* Brasil	267
4.1	O acordo de cooperação entre o Tribunal de Contas da União e o Banco Nacional de Desenvolvimento Econômico e Social	267
4.2	A importância da integridade dos dados públicos	275
4.2.1	Processo TC nº 025.798/2021-9 – fidedignidade da Dívida Pública Federal	275
4.2.2	Processo TC nº 033.311/2020-0 – Fundos Públicos no Orçamento Geral da União	277
4.2.3	Processo TC nº 016.834/2020-8 – o controle do Cadastro de Pessoas Físicas (CPF)	277
5	Considerações finais	281
	Referências	283

QUALIDADE NA EDUCAÇÃO: UM ESTUDO DE CASO NOS MUNICÍPIOS BAIANOS

Leonice Silva de Oliveira 287

1	Introdução	287
2	Revisão teórica	288
3	Material e métodos	290
4	Análise de dados e resultados	291
5	Conclusões	296
	Referências	296

CAPACITAÇÃO PARA GESTÃO DE RESÍDUOS SÓLIDOS: DESAFIOS E EXPERIÊNCIAS OBTIDAS COM A PARCERIA ENTRE TCE-SP, CETESB E USP

Manuela Prado Leitão, Maria Luiza Pascale, Fernanda da Rocha Brando, Leandro Dall'olio, Lia Helena Demange, Patrícia Faga Iglecias Lemos, Silvia M. Ascenção Guedes Gallardo, Tadeu Fabrício Malheiros, Tamara Maria Gomes 323

Introdução	323
Os ODS e o Tribunal de Contas do Estado de São Paulo	324
Os ODS e a Universidade de São Paulo	325
Os ODS e a CETESB	326
A parceria em prol dos ODS	327
A escolha do tema: ODS 6, 11 e 12	328
Elaboração do curso	330
Pesquisa e resultados	333
(i) Pesquisa de reação	334
Qualidade e abrangência do conteúdo apresentado	334
Grau de profundidade desenvolvido no curso	335
Adequação da sequência de apresentação dos temas e dos módulos	335

    Distribuição do conteúdo dos módulos em relação à carga horária 335
    Exemplos utilizados ilustrativos, relevantes e ajustados aos conceitos principais 336
    Relação ou influência do conteúdo em sua atividade profissional 336
    Facilidade de colocação do conteúdo em prática 336
    O curso atingiu os objetivos propostos? 336
    Conclusões 339
    Referências 340

O TAG COMO ALIADO DAS POLÍTICAS PÚBLICAS: OS TERMOS DE AJUSTAMENTO DE GESTÃO NA PRÁTICA E O APRIMORAMENTO DA GOVERNANÇA

Marcela Arruda 343
    Prefácio 343
1   Cenário 344
2   Revisão da literatura 347
2.1 Aproximação do conceito de política pública 347
2.2 Tribunais de Contas brasileiros 351
2.2.1 Panorama 351
2.2.2 Competência e controle das políticas públicas: uma visão geral 356
2.3 O controle consensual necessário às soluções de problemas públicos 361
2.4 A gestão pública municipal e os desafios de governança 365
2.5 Termo de Ajustamento de Gestão 367
3   Metodologia 373
4   Diagnóstico e análise dos resultados 374
4.1 Informações divulgadas pelos Tribunais: relevância e dificuldades de acesso 374
4.2 Termo de Ajustamento de Gestão: mapeamento da realidade 375
4.2.1 Identificação da legislação 375
4.2.2 Resultados e visão geral dos temas abordados nos TAGs 379
5   Conclusão 383
    Referências 387

ANÁLISE DE FRAGMENTAÇÕES, SOBREPOSIÇÕES, DUPLICIDADES E LACUNAS (FSDL) ENTRE POLÍTICAS PÚBLICAS ESTADUAIS DE UNIDADES DE CONSERVAÇÃO, TURISMO E ORDENAMENTO TERRITORIAL DO AMAPÁ

Marcos Cortes, Maurício Oliveira, Carina Baia, Terezinha Brito Botelho 391
1   Introdução 391
2   Referencial teórico 394
2.1 Avaliação de políticas públicas 394
2.2 Objetivos de Desenvolvimento Sustentável (ODS), Unidades de Conservação e serviços ambientais 396
2.3 Análise de Fragmentação, Sobreposição, Duplicidade e Lacuna 398
3   Metodologia 400
4   Resultados e discussões 401

4.1	Inexistência de política de controle ambiental de atividades potencialmente degradadoras nas UCs estaduais	402
4.2	Inexistência de mecanismos de governança nas UCs	403
4.3	Ausência de instrumentos de controle e estímulo ao desenvolvimento de pesquisas nas UCs	403
4.4	Ausência de estratégias de consolidação territorial voltadas às UCs estaduais	404
4.5	Não inserção do Plano Estadual de Turismo do Amapá e suas respectivas estratégias no PPA e LOA vigentes	404
4.6	Ausência de política pública para cobrança por uso de serviços ambientais oriundos de UCs	405
5	Considerações finais	405
	Referências	406

A ATUAÇÃO DO TRIBUNAL NO PERÍODO PANDÊMICO – ESTUDO DE CASO DO TCE-SP E DO TCM-SP
Paula Silva Fraga, Marcos Roberto Pinto 409

1	Introdução	409
1.1	Objetivo da pesquisa	411
1.2	Justificativa do estudo	411
2	Referencial teórico	411
2.1	Breve retrospectiva sobre as principais alterações legislativas para o enfrentamento da covid-19	411
2.2	Impacto das alterações legais decorrentes do cenário de covid-19 sobre a ação dos Tribunais de Contas	413
3	Metodologia de pesquisa	415
4	Coleta e tratamento de dados	416
4.1	A atribuição constitucional do Tribunal de Contas	416
4.2	As mudanças estruturais ocorridas nos Tribunais de Contas do Estado e do Município de São Paulo em decorrência da pandemia	419
4.3	Do cumprimento da atribuição constitucional e atuação dos Tribunais de Contas do Estado e do Município de São Paulo para o enfrentamento da covid-19	420
5	Conclusão	421
	Referências	422

TRIBUNAIS DE CONTAS E GOVERNO DIGITAL: O USO DE FERRAMENTAS TECNOLÓGICAS VISANDO À FISCALIZAÇÃO DA TRANSPARÊNCIA PÚBLICA E À PROPAGAÇÃO DE ATIVIDADES DE CONTROLE
Rafael Rodrigues da Costa 425

1	Introdução	425
1.1	Apresentação e definição do problema	426
1.2	Objetivos da pesquisa	428
2	Governo digital, transparência e a interação com o cidadão	429
2.1	Legislação sobre transparência e governo digital	429
2.1.1	Lei nº 12.527/2011	430
2.1.2	Lei nº 13.460/2017	433

2.1.3	Lei nº 14.129/2021	437
2.1.3.1	Posição do Brasil no contexto mundial de digitalização governamental	439
2.1.3.2	Desafios para aplicabilidade da LGD	442
2.1.4	Legislações e iniciativas/ferramentas estaduais	443
3	Tribunais de Contas brasileiros – obstáculos para aproximação da sociedade, boas práticas atuais de governo digital e aprofundamento da fiscalização de transparência pública	449
3.1	Atuação centralizada	449
3.1.2	Disponibilidade e funcionalidades de aplicativos	453
3.1.2.1	Aplicativo TCU – 7 funcionalidades	455
3.1.2.2	Aplicativo TCE-SP – 13 funcionalidades	456
3.1.2.3	Aplicativo TCE-SC – 5 funcionalidades	458
3.1.2.4	Aplicativo TCE-RN – 7 funcionalidades	459
3.1.2.5	Aplicativo TCE-RJ – 9 funcionalidades	460
3.1.2.6	Aplicativo TCE-ES – 8 funcionalidades	461
3.1.2.7	Aplicativo TCE-AP – 8 funcionalidades	462
3.1.2.8	Aplicativo TCM-GO – 2 funcionalidades	463
3.1.3	Usos e funcionalidades em aplicativos terceiros	464
3.1.3.1	Tribunais de Contas no YouTube	465
3.1.3.2	Tribunais de Contas no Instagram	469
3.2	Outras iniciativas de propagação de conteúdo e uso de ferramentas eletrônicas	471
3.2.1	TCE-RJ e o programa "Cidadania nas Escolas"	471
3.2.2	TCE-SP e o programa "Descobrindo o TCE-SP" – TV Cultura	472
3.3	Iniciativas fiscalizatórias dos Tribunais de Contas para o aprofundamento da transparência pública	474
3.3.1	Programa e Radar Nacional da Transparência Pública	475
3.3.2	Ferramentas tecnológicas para controle externo na área ambiental	476
3.3.3	Fiscalizações ordenadas – transparência e ouvidorias	477
4	Considerações finais	479
	Referências	482

CONDICIONANTES DO TEMPO DE *COMMUTING* DOS CENTROS URBANOS BRASILEIROS: UMA ANÁLISE EMPÍRICA

Rafael Scherb, Raul da Mota Silveira Neto 487

1	Introdução (justificativa e objetivos)	487
2	Teoria econômica: tempo de *commuting* no espaço urbano	488
3	Evidências para as cidades brasileiras	494
4	Metodologia e base de dados	496
5	Resultados	498
5.1	Análise descritiva	498
5.2	Condicionantes do tempo de *commuting*	502
6	Papel dos Tribunais de Contas e considerações finais	508
	Referências	510

EMPODERAMENTO SOCIAL E ESPAÇO LOCAL: UMA ANÁLISE DA PARTICIPAÇÃO POPULAR PELOS TRIBUNAIS DE CONTAS BRASILEIROS À LUZ DA TEORIA POLÍTICA DO RECONHECIMENTO DE CHARLES TAYLOR

Reginaldo Parnow Ennes, Alberto Barreto Goerch 513

1. Introdução 513
2. Da teoria política do reconhecimento de Taylor: fundamentação e análise 514
3. Uma abordagem do controle social a partir do espaço local 517
4. Teoria do reconhecimento, espaço local e empoderamento social sob a perspectiva dos Tribunais de Contas brasileiros 519
5. Considerações finais 521
   Referências 522

A AVALIAÇÃO DE POLÍTICAS PÚBLICAS PELOS TRIBUNAIS DE CONTAS

Roberto Debacco Loureiro 525

Introdução 525
Os Tribunais de Contas como avaliadores de políticas públicas 526
A escolha da política a ser avaliada 528
A participação colaborativa das partes interessadas 529
O planejamento da avaliação 530
Os resultados da avaliação 531
Diferenças entre avaliação, auditoria operacional e controle 533
A avaliação e a eficiência alocativa de recursos orçamentários 534
Conclusão 535
Referências 536

A NECESSIDADE DE COMPATIBILIZAÇÃO ENTRE O PLANO PLURIANUAL E OS PLANOS DE POLÍTICAS PÚBLICAS: O CAMINHO PARA A CONSTRUÇÃO DE UMA GESTÃO PÚBLICA MAIS EFETIVA

Rodrigo Coelho do Carmo, Ana Paula Moreira do Rosário, Taline Liberato Alves 537

1. Introdução 537
2. Da teoria à prática: elaboração e implementação dos planos de políticas públicas 539
2.1 Políticas públicas: conceitos fundamentais e seu ciclo de implementação 539
2.2 A utilização dos planos de políticas públicas como instrumentos de planejamento 543
3. Análise da evolução histórica e do atual modelo orçamentário adotado no Brasil 544
4. A relevância do planejamento nas leis orçamentárias para a efetividade das políticas públicas 546
5. A utilização do PPA como ferramenta gerencial na implementação e na avaliação das políticas públicas 547
5.1 Desvendando o PPA: uma introdução ao planejamento plurianual 547
5.2 Alinhando os objetivos e as metas dos planos de políticas públicas com o PPA: efetividade na implementação de políticas públicas 549
5.3 O PPA como instrumento de avaliação de políticas públicas: vantagens e desafios 553
6. Considerações finais 555
   Referências 556

LEGIBILIDADE DAS PEÇAS PROCESSUAIS EMITIDAS PELOS TRIBUNAIS DE CONTAS EM PRESTAÇÕES DE CONTAS DE GOVERNOS ESTADUAIS: UM ESTUDO A PARTIR DA GESTÃO FISCAL

Sérgio Augusto Mendonça Santos 559
1   Introdução 559
2   Referencial teórico 561
2.1   Legibilidade em documentos dos Tribunais de Contas estaduais 561
2.2   Lei de Responsabilidade Fiscal e seus impactos em pareceres e votos dos Tribunais de Contas estaduais 563
2.3   Hipóteses de pesquisa 564
3   Metodologia da pesquisa 565
3.1   Amostra 565
3.2   Mensurando a legibilidade dos pareceres e votos dos Tribunais de Contas estaduais 567
3.3   Modelo, variáveis e testes econométricos 568
4   Análise dos dados 570
4.1   Estatística descritiva 570
4.2   Legibilidade das prestações de contas e análise multivariadas 572
5   Considerações finais 575
       Referências 576

SOBRE OS AUTORES 579

PREFÁCIO

Aceitei com grande satisfação e entusiasmo o convite para prefaciar a presente obra, que emerge como uma expressão valiosa do compromisso do Instituto Rui Barbosa em promover a excelência na gestão pública e o aprimoramento constante das políticas públicas que moldam o futuro de nossa nação. "Os Tribunais de Contas e as Políticas Públicas" é o resultado da colaboração incansável de pesquisadores, acadêmicos e profissionais que se debruçaram sobre os intrincados vínculos entre a atuação dos Tribunais de Contas e o desenvolvimento das políticas públicas no cenário brasileiro.

Na busca por elevar a qualidade de vida da população, o Estado brasileiro destina uma parte considerável da renda da sociedade para financiar as mais diversas políticas públicas, abrangendo desde saúde e educação até segurança, infraestrutura e ciência e tecnologia. Contudo, é amplamente reconhecido que as realizações resultantes desses esforços nem sempre correspondem à expectativa, com uma percepção generalizada de que a qualidade das entregas muitas vezes não está em sintonia com o montante de recursos obtidos por meio dos tributos.

Nesse contexto, emerge a relevância de uma avaliação aprofundada das políticas públicas em todas as suas fases. Tais avaliações podem ser conduzidas pelas instituições públicas por meio de colaborações com o setor privado e a academia. O objetivo é proporcionar parâmetros para aprimorar essas políticas, além de oferecer à sociedade respostas claras sobre os resultados advindos de seu investimento nas atividades governamentais. Todavia, quando a avaliação é exercida pelos Tribunais de Contas, existem distinções relevantes.

A particularidade do Tribunal de Contas é seu poder de emitir determinações e recomendações aos órgãos sujeitos a avaliação. As determinações são feitas quando certos dispositivos legais não estão sendo cumpridos, ao passo que são realizadas recomendações quando, mesmo sem exigência legal, o Tribunal considera oportuno determinado procedimento. Ao fazê-lo, a responsabilidade do gestor em não seguir as recomendações do Tribunal de Contas aumenta significativamente. O gestor passa a ter o ônus de justificar de maneira cuidadosa a razão pela qual não seguiu o caminho indicado pelo órgão de controle, especialmente se os resultados não forem satisfatórios.

Em outras palavras, uma avaliação de política pública promovida por um Tribunal de Contas não é apenas uma sugestão, como aquela feita por um instituto de pesquisa após avaliar uma política, mas sim um documento emitido por um órgão de controle que, embora não possua necessariamente força coercitiva nesses casos, obriga os gestores a fundamentarem com mais rigor as suas decisões.

Nesse sentido, ao atribuir aos Tribunais de Contas a competência de avaliar políticas públicas, a Constituição institui um sistema de fiscalização que engloba não apenas a legalidade, mas também a legitimidade e a economicidade. Com efeito, o órgão de controle, além de analisar se certo gasto público está em conformidade com a legislação, igualmente verifica sua consonância com critérios de eficiência econômica e o atendimento a propósitos legítimos. Claro que o gestor público possui margem para discricionariedade e o órgão fiscalizador não tem a prerrogativa de substituí-lo nas decisões. No entanto, as decisões precisam ser devidamente motivadas, tanto na lei que autoriza a despesa quanto na consecução de objetivos que atendam ao interesse público e na comprovação que os meios empregados para atingir tais objetivos foram os mais apropriados em comparação com alternativas disponíveis, justificando a economia de recursos.

Com isso, não se busca anular a autoridade do administrador por parte do órgão de controle, mas sim evitar decisões arbitrárias por parte de gestores, que frequentemente se baseiam em autorizações legais genéricas. O gestor, em contraste, deve tomar decisões que considerem o valor agregado para a sociedade, embasadas em sólidas técnicas que sopesem os custos e benefícios. A função dos Tribunais de Contas, por meio de auditorias operacionais devidamente autorizadas pela Constituição, consiste em avaliar se esses parâmetros estão sendo devidamente seguidos.

Fiz essas breves considerações para tentar demonstrar a atualidade e a complexidade do tema que será abordado pelos autores. A confecção e a execução de políticas públicas envolvem uma série de processos (identificação, formulação, previsão de recursos, implementação, análise) e a atividade de avaliação ocorre em todas elas com suas peculiaridades.

No próprio Tribunal de Contas da União, a consolidação dos parâmetros da avaliação de políticas públicas é relativamente recente, pois podemos considerar a publicação em 2020 do Referencial de Controle de Políticas Públicas como o principal marco. Este informativo visa a estabelecer parâmetros objetivos para classificar achados de auditoria e estabelecer um núcleo comum de quesitos para avaliações. O documento destaca fatores cruciais para o sucesso das intervenções públicas, como diagnóstico adequado do problema, processo transparente de formação de agenda, desenho de políticas baseado em evidências, alocação transparente de recursos, governança eficaz, implementação eficiente e avaliação contínua. Este referencial foi desenvolvido a partir de fontes internacionais e nacionais, selecionando boas práticas, critérios de auditoria e itens de verificação padronizados.

Diante disso, podemos concluir que, ao celebrar os 50 anos do Instituto Rui Barbosa, esta obra não apenas reconhece um marco histórico na trajetória do Instituto, mas também sublinha a contínua relevância e vitalidade do debate sobre a governança e a eficácia das políticas públicas em nosso país.

Sob a liderança do Presidente do IRB, Conselheiro Edilberto Pontes, este livro reúne uma coletânea de trabalhos que se destacam pela profundidade de análise, diversidade temática e enfoque multidisciplinar. Cada artigo contribui de forma única para a compreensão e aprimoramento da relação intrincada entre os Tribunais de Contas e as políticas públicas.

A coletânea abrange uma vasta gama de perspectivas, desde a construção de índices para avaliação da implementação da política nacional de imunização até a análise de condicionantes do tempo de *commuting* dos centros urbanos brasileiros. Essa abordagem abrangente e eclética reflete a complexidade dos desafios que os Tribunais de Contas enfrentam ao monitorar e avaliar as políticas públicas em um ambiente de constante mudança e evolução.

Um aspecto particularmente notável desta obra é sua capacidade de unir o rigor acadêmico à aplicabilidade prática. Por meio de estudos de caso, ensaios e pesquisas de campo quantitativas e qualitativas, os autores provocam reflexões e proporcionam soluções pragmáticas para o trabalho dos Tribunais de Contas. Isso não apenas enriquece o conhecimento teórico, mas também oferece orientações concretas para os profissionais que buscam aprimorar a eficácia das ações governamentais.

A internacionalização dos Tribunais de Contas e sua influência na efetivação das políticas públicas também são exploradas de maneira profunda, evidenciando a crescente interconexão entre as esferas nacionais e internacionais no cenário de governança contemporânea.

Além disso, a coletânea aborda questões sensíveis, como o controle das políticas públicas para comunidades quilombolas, demonstrando um compromisso com a justiça social e a equidade.

Finalmente, é preciso destacar a importância do enfoque na gestão sustentável, na qualidade da educação, no governo digital e nas ferramentas tecnológicas como meios fundamentais para otimizar a fiscalização da transparência pública e a eficácia do controle. Esses tópicos refletem uma compreensão avançada das demandas contemporâneas e das formas inovadoras pelas quais os Tribunais de Contas podem contribuir para um futuro mais justo e equitativo.

Ao publicar a presente obra, o Instituto Rui Barbosa demonstra sua dedicação contínua à pesquisa rigorosa, ao diálogo construtivo e à promoção de boas práticas governamentais. A coletânea não apenas celebra o passado e o presente do Instituto, mas também aponta para um futuro em que a expertise e a colaboração continuarão a moldar um ambiente de governança mais eficaz e responsável para as gerações vindouras.

Que este livro sirva como inspiração para todos os envolvidos na construção e monitoramento das políticas públicas, bem como para aqueles que buscam uma compreensão mais profunda da complexa interação entre os Tribunais de Contas e o progresso do Brasil.

Parabéns a todos os autores e colaboradores envolvidos neste notável empreendimento. Estou certo de que esta obra será um farol de conhecimento para todos os que buscam aprimorar nosso país por meio da excelência nas políticas públicas e na prestação de contas efetiva. Que ela desencadeie novas pesquisas, debates instigantes e ações transformadoras, em linha com a missão do Instituto Rui Barbosa de fortalecer os alicerces da administração pública brasileira.

Boa leitura!

Brasília, agosto de 2023.
Antonio Augusto Junho Anastasia

OS TRIBUNAIS DE CONTAS E AS POLÍTICAS PÚBLICAS: UMA INTRODUÇÃO

EDILBERTO CARLOS PONTES LIMA

O Brasil precisa urgentemente melhorar a qualidade de suas políticas públicas. É fundamental que todas as esferas de governo incluam a avaliação, em suas várias formas e metodologias, como uma das dimensões para aumentar a equidade e a eficiência da atuação governamental (LIMA, 2020). Embora a Emenda à Constituição nº 109, de 2021, tenha expressamente previsto a avaliação, estabeleceu que esta se daria na forma da lei, e ela ainda não foi aprovada. Passos importantes foram os dois manuais elaborados pelo governo federal, em 2018, incluindo a avaliação *ex ante* e a *ex post* e a criação de uma secretaria específica para realizar avaliações, que tem sido mantida, com alterações de nomenclatura e maior ou menor relevância, pelas últimas administrações. Nos Estados e Municípios, algumas iniciativas nesse campo também se esboçam.

Entre as instituições vocacionadas para essa tarefa, os Tribunais de Contas surgem com destaque, podendo contribuir decisivamente para melhores políticas de educação, saúde, saneamento, segurança pública, proteção à primeira infância, entre várias outras áreas de atuação do governo. As instituições de controle externo dos países mais avançados desenvolvem esse trabalho com regularidade, como ilustraremos mais à frente.

A competência dos Tribunais de Contas brasileiros para analisar, avaliar e fiscalizar as políticas públicas advém diretamente da Constituição Federal. Por exemplo, o art. 70 estabelece que a fiscalização contábil, financeira, orçamentária, operacional e patrimonial da União e das entidades da administração direta e indireta é exercida não apenas nos aspectos legais, mas também quanto à economicidade e à legitimidade.

Isso pode se dar no julgamento das contas dos gestores públicos, mas também ao longo da execução orçamentária, por meio das diversas espécies de fiscalização, como inspeções e auditorias. A chamada auditoria operacional é o modo tradicional e específico de avaliar políticas públicas, mas essas avaliações podem ocorrer de diversas formas. Ao julgar uma conta, por exemplo, o Tribunal de Contas pode escolher determinados programas relevantes para avaliar e emitir opiniões. Mais recentemente, a Organização Internacional de Entidades Fiscalizadoras Superiores (Intosai) editou a GUID 9020, que estabelece as diretrizes para a avaliação de políticas públicas pelos Tribunais de

Contas, documento que foi incorporado no Brasil por meio da NBASP 9020, editada pelo Instituto Rui Barbosa.

Há várias razões para o destaque dos Tribunais de Contas entre as instituições que podem promover avaliações de políticas. Em sendo autônomos em relação a qualquer outro poder, exercendo suas funções regidos diretamente pela Constituição Federal, pelas respectivas Constituições estaduais e Leis Orgânicas de cada Estado ou Município, além de leis esparsas que lhes atribuem competências específicas, como a Lei de Responsabilidade Fiscal e a Lei de Licitações e Contratos, por exemplo, terão a independência necessária para apontar falhas e, ao mesmo tempo, reconhecerem avanços, uma vez que são instituições não vinculadas a grupos políticos que desejam ressaltar as virtudes de determinadas ações ou, ao contrário, que queiram apontar com excessivo rigor e viés determinados problemas. Situam-se, portanto, em uma estratégica posição de neutralidade dentro do debate público.

De se destacar ainda o relevante papel na promoção da transparência e da *accountability* da gestão pública que os Tribunais de Contas exercem. É que, ao disponibilizar o resultado de suas auditorias e inspeções, dotam o parlamento e a sociedade em geral de meios para um exercício de controle político muito mais qualificado. O debate público é provido de dados, informações, análises que auxiliam o aprofundamento das discussões e a tomada de decisões. Nesse sentido, constitui, portanto, um instrumento para ampliar a democracia, fortalecendo a participação popular e melhorando a qualidade do debate político.

O Instituto Rui Barbosa, instituição criada e mantida pelos Tribunais de Contas, tem colocado o tema no centro de suas preocupações. Além de diversos comitês que tratam de políticas públicas específicas, em seus seminários, congressos e colóquios procura-se debater e aprofundar as muitas dimensões do tema. A publicação deste livro é mais uma iniciativa relevante para contribuir com o debate para o aperfeiçoamento das políticas públicas no Brasil.

Política pública: uma definição

Cabe inicialmente a pergunta sobre o que é política pública. Há muitas definições na literatura especializada. Talvez a mais famosa e simples seja a de Dye (1972): "política pública é aquilo que o governo decide fazer ou mesmo aquilo que ele decide não fazer".[1]

A definição envolve, portanto, tanto a ação quanto a inação do governo. Criar um programa educacional, bem como continuar executando um programa existente, é uma política pública, assim como descontinuar determinada atividade é também uma política pública. Em ambos os casos, há uma decisão política de seguir por determinado caminho.

Nessa mesma linha, Di Giovanni e Nogueira (2018, p. 19) apontam que se formou um consenso de que as "políticas públicas seriam intervenções planejadas do poder

---

[1] DYE, Thomas R. (1972) Understanding Public Policy (Englewood Cliffs: Prentice-Hall) "Public policy is whatever a government chooses to do or even not to do".

público com a finalidade de resolver situações sociais problemáticas". Esses autores, contudo, complementam a definição para incluir a dimensão histórica do conceito:

> Políticas públicas são definidas e praticadas em termos históricos. Cada sociedade tem um padrão de políticas públicas, seja no sentido da reprodução de certos modos de conceber e fazer, de financiar e gastar, seja no sentido das carências e dos problemas que buscam enfrentar. (...) Precisamente por isso, passaram a ser progressivamente definidas como intervenções estatais, por uma pluralidade de atores, de natureza e origem diversas e portadores de interesses específicos.

Michael Howlett, M. Raesh e Anthony Perl (2013, p. 8) analisam a definição, acrescentando à definição de Dye a de Jenkins (1978), que incorpora a dimensão de interrelação entre os atores e dos meios necessários para alcançar os objetivos definidos. Nesse sentido, política pública é definida como:

> Um conjunto de decisões inter-relacionadas, tomadas por um ator ou grupo de atores políticos, e que dizem respeito à seleção de objetivos e dos meios necessários para alcançá-los, dentro de uma situação específica em que o alvo dessas decisões estaria, em princípio, ao alcance desses atores.

Note-se que a definição enfatiza vários pontos importantes:

1) a decisão pode ser individual ou colegiada, o que vai depender da espécie de organização política ou administrativa e da importância do que se está decidindo. Em certos sistemas, acima de determinado valor ou dependendo do tipo de assunto, só se decide coletivamente. Em outros, mais centralizados, a decisão individual prevalece, variando apenas a autoridade responsável;

2) trata-se de seleção de objetivos e de meios para alcançá-los, o que implica escolha política, tanto do lado do que será priorizado quanto do que será deixado de lado, mas também dos recursos que serão mobilizados para tal finalidade. Como a quantidade de problemas em qualquer sociedade é quase infinita, a seleção implica eleger prioridades, descartar ou adiar a solução de certos problemas e mobilizar meios para tanto;

3) refere-se também à competência dos responsáveis pelas decisões políticas. Competência tanto do ponto de vista formal, como autoridade autorizada pelo ordenamento jurídico para tomar decisões e implementá-las, quanto competência do ponto de vista técnico, isto é, a autoridade ou conjunto de autoridades que dispõe do conhecimento, das informações e dos dados necessários para fazer escolhas e para executá-las.

A Organização para a Cooperação e o Desenvolvimento (OCDE), por sua vez, define política pública como um "curso consistente de ação desenhado para lidar com uma meta ou um objetivo, responder a uma questão ou problema identificado pelo governo que requer uma ação ou reforma".[2]

Em síntese, as definições de política pública envolvem a decisão do governo para resolver um problema relevante, devidamente identificado e incorporado à agenda de preocupações governamentais.

---
[2] OECD. A to Z fo Public Governance Terms. Disponível em: www.oecd.gov.org.

Algumas diretrizes importantes para as políticas públicas

Uma das mais relevantes contribuições em políticas públicas nos últimos anos foi a dos ganhadores do Prêmio Nobel de Economia Esther Duflo e de Abhijit Banerjee. Os autores promoveram muitas pesquisas, em vários países, buscando identificar as razões para as políticas que funcionam bem como os motivos para os resultados insatisfatórios. Uma das lições é sobre a importância de acumular um conjunto de pequenos passos, bem planejados, testados e cuidadosamente executados, em vez de pensar em solucionar problemas complexos de uma só vez, com remédios grandiosos, quase sempre ineficazes. Outra contribuição é a certa descrença em evidências claras para decidir sobre uma determinada política. Nas palavras deles (BANERJEE; DUFLO, p. 15, 2011), "a evidência verificável é uma quimera, na melhor das hipóteses, uma fantasia distante, e, na pior delas, uma distração." Ao contrário, os autores apontam que cada problema tem uma resposta específica e que entender os elementos dessa resposta, testando aos poucos as políticas, é o melhor caminho.

Outra lição importante foi evitar o que chamaram dos três "I's": ignorância, inércia e ideologia. As palavras dos próprios autores são eloquentes:

> Ideologia, ignorância e inércia – os três "I's" – da parte dos especialistas, dos trabalhadores humanitários e dos diretamente responsáveis pela política local frequentemente explicam a razão pela qual as políticas falham e porque a ajuda não tem o efeito desejado.

A ideologia atrapalha na medida em que representa um filtro para formular, implementar e avaliar a política pública. Parte de uma ideia preconcebida, não devidamente analisada se é cabível ou não na prática, em contexto específico, um caso concreto. Os autores apresentam vários casos de políticas que fracassaram porque subestimaram esse fator. A ideologia de empoderamento das famílias, por exemplo, pode atribuir a elas a fiscalização das escolas e até a contratação e demissão de professores. O pressuposto subjacente é que, próximas das escolas e diretamente interessadas no aprendizado de seus filhos, elas teriam os incentivos devidos para se saírem bem nessa tarefa. A experiência documentada pelos autores, na Índia, com os "village education committee" (VEC) mostrou resultados muito insatisfatórios. Primeiro, porque as famílias não são homogêneas, mas dispõem de capacidade de discernimento e de argumentação distintos. Além disso, a maior parte delas sequer sabia de que dispunham desse poder e, mesmo quando foram especificamente informadas, pouco modificaram o comportamento.

A análise do VEC mostrou também que a ignorância estava presente, porque se fez o programa sem testá-lo, e sem avaliar o desempenho na implementação. E também a inércia, porque o programa existia há vários anos embora apresentasse resultados insatisfatórios. Segundo Banerjee e Duflo (2011), depois de cinco anos de lançado, 92% dos pais nunca tinham ouvido falar do programa. Além disso, mesmo dos que eram oficialmente membros do VEC, um em cada quatro pais não sabiam que eram membros. Dos três quartos que sabiam, dois terços ignoravam que tinham o direito de contratar professores. Um fracasso eloquente portanto.

Diretrizes da Intosai

A organização que congrega as instituições superiores de controle de mais de 190 países, a Intosai, editou o GUID 9020, posteriormente endossado pelo Intosai Gov 9400 *"Guidelines on the evaluation of public policies"*. A ideia do documento é reunir as orientações comuns para que os órgãos de controle externo realizem avaliações. Ele procura representar um passo seguinte em relação às chamadas auditorias de desempenho, que no Brasil denominou-se de auditoria operacional, na medida em que inclui três dimensões: a relevância da política pública adotada, no sentido de verificar a coerência entre seus objetivos expressos e as necessidades; a utilidade da política pública adotada, verificando questões de validade e de legitimidade; e a consistência da política adotada com outras políticas públicas em execução.

Nas auditorias operacionais, essas questões eram tidas como dadas ou consideradas apenas de passagem, sem centralidade na avaliação. Partia-se do pressuposto de que o órgão de controle não dispunha de autoridade para avaliar pontos que deveriam constar exclusivamente no campo dos órgãos políticos, eleitos pela população. A avaliação da auditoria operacional pressupunha que as políticas públicas adotadas eram relevantes e úteis e não investigava de forma sistemática seus impactos socioeconômicos mais amplos e mesmo a coerência das políticas adotadas com outras políticas públicas. A avaliação restringia-se a verificar se os objetivos e metas escolhidos estavam sendo alcançados, o que estaria faltando para alcançá-los, sugerindo aperfeiçoamentos na política escolhida a partir das metas e dos resultados efetivamente obtidos.

Não se trata, no entanto, de transpor a fronteira entre um órgão de controle, que não executa, e os órgãos políticos, encarregados da execução. Embora avalie a utilidade, a relevância, a coerência com outras políticas e os impactos socioeconômicos mais amplos, a avaliação presta-se a fornecer evidências para quem decide e para qualificar o debate democrático mais amplo, jamais para decidir no lugar dos legitimamente responsáveis, nos termos do ordenamento jurídico de cada país.

Assim é que a Intosai recomenda expressamente a necessidade de manter a independência dos órgãos de controle externo, que não devem se envolver diretamente com a execução das políticas, e a premência de que suas conclusões não sejam vinculativas, no sentido de que a não observância não gere qualquer tipo de sanção ou reprimenda.

Há outras orientações da Intosai Gov 9400 que merecem destaque:
1) as avaliações têm a finalidade de reforçar o planejamento e a eficiência da política pública, na medida em que buscam investigar a fundamentação da política e o melhor uso dos recursos;
2) as avaliações buscam ampliar a *accountability*, na medida em que um órgão externo evidencia se os objetivos foram alcançados, como os recursos foram utilizados e os impactos da política;
3) as avaliações também examinam a implementação, observando a estratégia, o envolvimento dos múltiplos atores e a forma como a política faz as entregas previstas;

4) as avaliações produzem conhecimento útil, na medida em que apontam o que funciona, o que não funciona e as razões para o resultado, constituindo lições para o aperfeiçoamento das políticas e atalhos para outras políticas e outros gestores;
5) as avalições promovem o fortalecimento institucional, por estimularem o diálogo entre as instituições e o reconhecimento de políticas bem-sucedidas.

Outro ponto enfatizado pela Intosai é o papel de avaliador das avaliações feitas pela própria administração quanto à amplitude, metodologia e validade. Esse ponto pode ter relevância especial no Brasil, na medida em que a Emenda à Constituição nº 109 exigiu que a administração pública promova a avaliação de suas políticas públicas. Os Tribunais de Contas, como órgãos neutros, podem verificar se as avalições seguiram critérios tecnicamente fundamentados, se incluíram as variáveis relevantes, se ponderaram corretamente os custos e benefícios. Embora haja margem de discricionariedade por parte do avaliador, entendendo-se contemporaneamente que as avaliações são parte do processo político (HOWLLET *et al.*, 2013), um padrão mínimo tecnicamente aceito é necessário de ser observado, sob pena de a avaliação pela administração ser mera peça de propaganda política, que tende a ter baixa credibilidade.

Como os Tribunais de Contas podem participar das políticas públicas

O primeiro ponto é que os Tribunais de Contas não podem atrapalhar a implementação de boas políticas públicas. Como qualquer outro interessado, os Tribunais de Contas devem observar a vigilância sobre os três I's. Ser influenciado por ideologias, acomodar-se no conforto da inércia e tomar decisões e fazer recomendações com poucas informações e dados insuficientes constitui sempre um risco, objeto de permanente atenção.

Essencial, portanto, que se prepararem para avaliar adequadamente as políticas públicas. Fazer diagnósticos errados e, consequentemente, recomendações equivocadas obviamente atrapalha a administração pública. Além disso, fazer recomendações supérfluas, óbvias, também não agrega ao complexo processo que envolve o ciclo das políticas públicas.

Há muitos exemplos relevantes da boa atuação de órgãos de controle externo nesse campo. Vamos citar alguns casos para ilustrar. O *Government Accountability Office* (GAO), órgão governamental vinculado ao Congresso americano, periodicamente avalia programas e faz avaliações sistemáticas da atuação das diversas agências governamentais. Entre essas, avaliaram-se medidas para tornar mais atrativas as carreiras de professor do ensino fundamental e médio (K12, na terminologia adotada nos EUA) e, em síntese, chegaram às seguintes conclusões (GAO, 2022):
- *diagnóstico*: escassez de professores, problemas no recrutamento e na retenção de professores;
- a escassez é maior em escolas que atendem a estudantes não brancos, em áreas rurais e nas matérias de ciências e línguas estrangeiras;
- *razões*: alto custo de se tornar um professor, baixos salários, excesso de trabalho e pouco reconhecimento social;
- o quadro piorou na pandemia e pós-pandemia.

Recomendações: 1) o Ministério da Educação deveria desenvolver esforços para aumentar a consciência sobre o valor dos professores, com metas, marcos e medidas de desempenho para avaliar os resultados; 2) devem-se direcionar recursos financeiros para resolver as principais razões que contribuem para a escassez de professores, dividindo esses recursos com as escolas distritais e estaduais.

Como comentário final, o GAO apontou que o Ministério da Educação deu passos importantes para desenvolver uma estratégia abrangente a fim de abordar a escassez de professores, mas ainda não comunicou claramente os prazos, marcos ou medidas de desempenho para avaliar os resultados de seus esforços.[3]

O *National Audit Office* (NAO), uma agência governamental independente do Reino Unido, que auxilia o Parlamento britânico realizando auditoria nos programas e órgãos do governo, em termos semelhantes ao *Government Accountability Office*, avaliou o programa de apoio a adolescentes vulneráveis. Em síntese, suas principais conclusões:

1) 6,3% dos adolescentes entre 16 e 19 anos nem estudam nem trabalham;
2) 72% dos adolescentes sentenciados entre 2019 e 2020 foram avaliados como portadores de alguma doença mental;
3) os resultados adversos para adolescentes variam entre regiões do país e por grupo étnico;
4) há deficiências na atuação integrada do governo;
5) os departamentos do governo trabalham juntos em certos programas, mas falta uma estratégia mais ampla;
6) o governo não consegue identificar com clareza superposições na atuação e áreas com carências.[4]

O NAO fez as seguintes recomendações:

1) trabalhar no compartilhamento de dados para entender melhor a relação entre fatores de risco e resultados adversos para adolescentes vulneráveis;
2) buscar aprofundar o entendimento sobre as intervenções que funcionam e as que não funcionam;
3) esclarecer como o governo central vai apoiar os governos locais para melhorar os programas de proteção de adolescentes.

A Corte de Contas da França tem larga tradição de avaliação de políticas públicas, liderando os grupos da Intosai nesse campo, tendo inclusive coordenado a implementação da GUID 9020. Uma de suas muitas avaliações deu-se no campo das políticas de saúde (COUR DE COMPTES, 2021):

- *saúde*: garantindo acesso a atendimento de qualidade e resolvendo o déficit de seguros de saúde;

- *diagnóstico*: (I) estruturalmente, o equilíbrio financeiro dos seguros de saúde é afetado pelos efeitos do envelhecimento da população e da expansão das patologias crônicas nas despesas de saúde que financia; (II) os impactos da crise da saúde nas receitas da segurança social e os aumentos das remunerações pagas aos intervenientes no sistema de saúde, decididos nomeadamente no âmbito dos acordos "*Ségur de la santé*", correm o risco de levar os seguros de saúde a déficits profundos e duradouros;

---

[3] Disponível no site do *Government Accoutability Office*.
[4] Disponível no site do *National Audit Office*.

- *recomendações*: o financiamento atual do gasto social por meio de empréstimos transfere o ônus para as gerações futuras, o Tribunal recomenda que os seguros de saúde retornem a um equilíbrio financeiro sustentável, mobilizando as margens de eficiência muito significativas existentes em quatro áreas, a saber: a organização dos cuidados de saúde; a remuneração dos profissionais de saúde; as causas evitáveis da despesa em saúde (prevenção) e a contribuição das tecnologias digitais para a transformação do sistema de saúde.

No Brasil, também há muitos exemplos de atuação dos Tribunais de Contas na análise de políticas públicas. Para citar algumas: Avaliação do cumprimento da Meta 1 do Plano Nacional de Educação pelo Tribunal de Contas da União; Auditoria coordenada na atenção básica à saúde (30 Tribunais de Contas brasileiros participaram); Auditoria na gestão de recursos hídricos, realizada no TCE Ceará. Em Lima e Diniz (2018), apresenta-se uma compilação de várias dessas auditorias de desempenho realizadas pelos Tribunais de Contas brasileiros.

Desafios dos Tribunais de Contas brasileiros

São muitos os desafios dos Tribunais de Contas brasileiros para ampliarem sua participação na análise e avaliação de políticas públicas. Embora já haja uma tradição relativamente ampla nesse campo, muitas medidas ainda são necessárias. Listamos algumas:

1) reforçar sua atuação na avaliação de políticas públicas, sem descurar de suas atribuições clássicas. É um ponto muito importante. O modelo constitucional brasileiro atribuiu aos Tribunais de Contas a competência de julgar contas, de aplicar sanções, de emitir decisões cautelares. São responsabilidades elevadíssimas, inclusive com repercussões eleitorais, tornando inelegíveis potenciais candidatos, que não podem ser descuradas. Ao contrário do modelo dos Estados Unidos e do Reino Unido, que realizam auditorias, mas não detêm competência para julgar ou aplicar sanções, enviando o resultado de seu trabalho para o parlamento, os Tribunais de Contas brasileiros são dotados de competências bem mais amplas;

2) apreender as metodologias para realizar avaliações nos moldes da GUID 9020 (Intosai). Como buscamos demonstrar, a GUID 9020 traz orientações para as avaliações de políticas para as instituições superiores de controle que vão além das auditorias de desempenho ou auditorias operacionais, na terminologia adotada no Brasil. É preciso observar aspectos como utilidade da política pública e de impactos socioeconômicos mais amplos;

3) qualificação dos profissionais que atuam nos Tribunais de Contas. Como as políticas públicas envolvem as mais diferentes áreas, é fundamental que os integrantes dos Tribunais de Contas se qualifiquem para atuarem bem nesse campo. Nesse sentido, além do conhecimento clássico em contabilidade, em Direito Administrativo, Direito Financeiro, Direito Constitucional e em administração pública, torna-se fundamental conhecer bem as questões que envolvem as políticas de saúde, de educação, de saneamento, de transporte público, de infraestrutura econômica, enfim as nuances das políticas públicas. Nesse particular, a contratação de consultorias privadas para

auxiliar os servidores e membros dos Tribunais de Contas pode ser um dos caminhos a serem incentivados. Como algumas matérias podem ser muito específicas, muito particulares, socorrer-se do auxílio pontual externo às instituições pode ser bastante útil. Além disso, mudar o perfil de parte dos servidores concursados também se afigura um bom caminho. Passar a exigir nos concursos públicos conhecimentos específicos de políticas públicas, abrindo espaço para a contratação de profissionais de saúde e de educação que demonstrem conhecimento nos assuntos típicos de controle externo, mas também sejam testados em áreas de políticas;

4) uso do *big data*, do *big computing*, da inteligência artificial e do *blockchain*. Essas tecnologias ampliaram consideravelmente as possibilidades de realizar diagnósticos, de melhorar a implementação e de avaliar as políticas públicas. A enorme quantidade de dados, a capacidade de processá-los, as infinitas possibilidades da inteligência artificial de simular comportamentos e desenhar políticas de acordo com as diferentes situações são caminhos que não podem ser ignorados pelos Tribunais de Contas sob pena de atuarem muito abaixo das possibilidades que as modernas tecnologias propiciam. Naturalmente, a utilização exige uma fase de aprendizado relativamente longa, não trivial. Além disso, são necessários investimentos financeiros consideráveis, uma vez que muitas dessas plataformas são bastante caras. Não se trata de uma utilização acrítica, de considerá-las panaceias, mas sim de não ignorar, mais que isso, de inserir-se nas possibilidades tecnológicas contemporâneas;

5) tempestividade e profundidade das avaliações. É outro item essencial para o bom desempenho. É que as políticas públicas se desenvolvem em ambiente de mudança contínua, sujeitas às intempéries da política partidária, das dificuldades orçamentárias e financeiras e das mudanças de gestão. Caso os Tribunais de Contas não tenham a devida agilidade, tendem a atuar de maneira intempestiva, avaliando políticas que não existem mais ou que estão em momento muito distinto, de forma que suas recomendações terão pouco valor para a administração pública. Além disso, é fundamental investir na profundidade da avaliação, de forma que realmente agregue valor, não se limitando a apontar questões superficiais, óbvias, que não são implementadas apenas por questões financeiras ou dificuldades políticas. Daí a necessidade de investir em capacidades, em explorar os dados, incluindo as modernas técnicas de processamento, de modo a fornecer evidências que sejam úteis para o aperfeiçoamento das políticas.

A coletânea de artigos que formam este trabalho ilustra muito bem o papel dos Tribunais de Contas e os muitos desafios. Discutem-se aqui variados temas que demonstram a inserção, a relação e as ações dos Tribunais de Contas no que se refere às políticas públicas, tais como: qualidade na educação; avaliação e implementação de políticas públicas; cooperação internacional para fiscalização ambiental e desenvolvimento sustentável; medição de desempenho na administração pública; auditoria operacional e seu arcabouço teórico; avaliação das políticas públicas com fulcro na NBASP 9020; avaliação da política nacional de imunização; e atuação na pandemia.

Além desses assuntos, a obra apresenta questões e contribuições relacionadas aos seguintes pontos: governo digital; mobilidade urbana; participação popular; controle em políticas públicas para quilombolas; unidades de conservação, turismo e ordenamento territorial; contratações públicas e políticas de desenvolvimento; compatibilização entre o PPA e os planos de políticas públicas; internacionalização das Cortes de Contas; rede

Blockchain Brasil; gestão de resíduos sólidos; Termos de Ajustamento de Gestão (TAG) e governança pública; e gestão sustentável.

A simbiose entre os Tribunais de Contas e as políticas públicas é digna de destaque em alguns artigos que compõem esta obra, tais como no tema educação, destacando-se um trabalho que buscou verificar se os valores investidos em educação refletiram na melhoria da qualidade do ensino nos municípios baianos em período definido. Outra pesquisa no referido tópico, com base no objeto consensualismo, categorizou modelos adotados e indicou traços comuns de uma trajetória do controle da educação voltado à efetividade da política pública e à atuação em rede. Nessa perspectiva, os Tribunais de Contas que pretendam avançar no controle consensual devem ter presente a necessidade de estabelecer bases organizacionais sólidas, suficientes para assegurar o trabalho contínuo, o que inclui elementos robustos de governança, como liderança estratégica, garantia de alocação de recursos e processos internos bem definidos.

No assunto implementação de políticas públicas, uma pesquisa teve como objetivo compreender qual o limite de competência do Tribunal de Contas no exercício do controle externo, a partir da Constituição Federal de 1988, no que se refere à implementação de uma política pública, permitindo-se refletir o papel dos Tribunais de Contas, seja como ator ou coadjuvante, na perspectiva do Direito Constitucional contemporâneo, além de destacar sua essencialidade no monitoramento e na avaliação de políticas públicas, a fim de evitar projetos mal executados e gastos exorbitantes, além de acompanhar e avaliar os resultados e impactos da política pública, oferecer recomendações e aperfeiçoamento.

Trazendo à tona a matéria internacionalização, um estudo analisou como a parceria entre o Tribunal de Contas da União (TCU), a Agência Alemã de Cooperação Internacional (GIZ) e o Ministério Federal para a Cooperação Econômica e o Desenvolvimento da Alemanha (BMZ) tem contribuído para a efetividade da fiscalização ambiental e para a promoção do desenvolvimento sustentável no Brasil, concluindo-se que a parceria é uma ferramenta efetiva para o fortalecimento da fiscalização ambiental e para o fomento de práticas sustentáveis no Brasil, com possibilidades de replicação também em outros países em desenvolvimento.

Quanto à avaliação de políticas públicas, tomando como alicerce as publicações do Instituto Rui Barbosa (IRB), um artigo destacou a avaliação de políticas públicas pelos Tribunais de Contas com fulcro na NBASP 9020, qualificando-se os órgãos de controle externo como atores relevantes no trabalho de avaliação das políticas públicas, galgando um novo patamar de importância para a sociedade brasileira.

No contexto da mobilidade urbana, um trabalho forneceu evidências a respeito dos condicionantes do tempo de *commuting* dos centros urbanos brasileiros, ressaltando-se, nessa perspectiva, a influência de características socioeconômicas e demográficas, a desigualdade de renda e o uso do espaço urbano, de forma a introduzir uma discussão profícua quanto ao papel consultivo dos Tribunais de Contas na elaboração de uma política pública voltada para a melhoria da mobilidade urbana.

Quanto às asserções que envolvem a participação popular, foi estudada também a relação entre o empoderamento, no sentido de capacidade de decidir, de libertar-se, e o capital social, compreendido como a capacidade de obter bens tangíveis por meio da confiança, reciprocidade e solidariedade da sociedade civil. Verificou-se, a partir das ideias do filósofo Charles Taylor, que a participação da população somente ocorrerá quando o Estado agir, ou seja, ao adotar políticas públicas no sentido de valorizar a identidade dos indivíduos, tendo como moldura o Estado Democrático de Direito por meio de suas instituições, como os próprios Tribunais de Contas.

Distingue-se também uma pesquisa que abordou a atuação dos Tribunais de Contas brasileiros na fiscalização de políticas públicas destinadas às comunidades quilombolas. Constatou-se que o Tribunal de Contas da União e os Tribunais de Contas dos Estados e Municípios podem auxiliar na efetividade das políticas públicas destinadas às comunidades quilombolas por meio de processos de fiscalização do tipo auditoria operacional, permitindo a avaliação de aspectos relacionados à governança, ao planejamento e ao acompanhamento dos resultados dos indicadores das referidas políticas públicas.

A obra apresenta, inclusive, um estudo que objetivou evidenciar a importância da compatibilização entre o plano plurianual (PPA) e os planos de políticas públicas para viabilizar a implementação eficiente das políticas públicas e um melhor aproveitamento dos recursos disponíveis. Destacou-se que as metas estabelecidas nos planos de políticas públicas, quando vinculadas aos programas previstos no PPA, possibilitam uma maior integração entre os diferentes planos e programas governamentais, o que garante uma maior coerência e efetividade na implementação das políticas públicas. Por tais motivos, é importante destacar que essa abordagem não deve ser limitada apenas à criação dos programas em si, mas deve se estender à definição dos indicadores utilizados para avaliar o desempenho desses programas.

Quando se trata de tecnologia e políticas públicas, um trabalho analisou quais são as principais contribuições e desafios da Rede *Blockchain* Brasil para o fortalecimento da credibilidade das contas públicas no país pelos Tribunais de Contas. Diante das fiscalizações realizadas, foram evidenciadas diferentes situações e aplicações possíveis para o uso da tecnologia *blockchain*, em benefício da sociedade, especialmente a necessidade de fidedignidade e integridade das principais bases cadastrais públicas, no tocante aos critérios associados à rastreabilidade das alterações promovidas no orçamento público, via contingenciamentos ou remanejamentos abusivos, além da observância, verificabilidade e irrefutabilidade das partes envolvidas em cada uma das etapas do ciclo orçamentário.

Portanto, as diversas contribuições desta obra evidenciam o esforço despendido de maneira teórica e empírica por membros, servidores, pesquisadores e estudiosos vinculados aos Tribunais de Contas ao tratar do tema políticas públicas. Constituem esforços dos mais variados que concretizam, no cenário nacional e internacional, o relevante papel dos órgãos de controle externo e sua interação com as políticas públicas, incentivando e agindo nas transformações em curso na sociedade.

O Instituto Rui Barbosa, a Casa do Conhecimento dos Tribunais de Contas brasileiros, busca com essa nova publicação cumprir sua missão de estimular o debate, ampliar as reflexões e constituir canal de expressão para as diferentes vozes do controle externo brasileiro. Boa leitura!

Referências

BANERJEE, Abhijit V.; DUFLO, Ester. Poor Economics: a radical rethinking of the way to fight global poverty. *Population and Development Review*, December 2011.

COUR DE COMPTES. *Santé*: garantir l'accès à des soins de qualité et résorber le déficit del'assurance maladie, 2021.

DI GIOVANNI, Geraldo; NOGUEIRA, Marco Aurélio. *Dicionário de Políticas Públicas*. 3. edição. São Paulo: Editora Unesp, 2018.

DYE, Thomas R. *Understanding Public Policy*. Englewood Ciffs, NJ: Prentice-Hall, 1972.

GOVERNO FEDERAL. Avaliação de Políticas Públicas: Guia Prático de Análise *Ex Ante*. Vol. 1, 2018.

GOVERNO FEDERAL. Avaliação de Políticas Públicas: Guia Prático de Análise *Ex Post*. Vol. 2, 2018.

GOVERNMENT ACCOUNTABILITY OFFICE. K-12 EDUCATION: Education should assess its efforts to address teacher shortages, 2022.

HOWLETT, Michael; RAMESH, M.; PERL, Anthony. *Política pública*: seus ciclos e subsistemas: uma abordagem integral. Editora Campus, 2013.

INSTITUTO RUI BARBOSA. NBASP 3000. Norma para Auditoria Operacional, 2019.

INSTITUTO RUI BARBOSA. NBASP 9020. Avaliação de Políticas Públicas, 2021.

INTOSAI, GUID 9020. Evaluation of Public Policies, 2019.

LIMA, Edilberto Carlos Pontes. *Curso de Finanças Públicas*: uma abordagem contemporânea. São Paulo: Atlas, 2015.

LIMA, Edilberto Carlos Pontes; DINIZ, Gleison Mendonça. Avaliação de Políticas Públicas pelos Tribunais de Contas: fundamentos, práticas e a experiência nacional e internacional. *In*: SACHSIDA, Adolfo (org.). *Políticas Públicas*: avaliando mais de meio trilhão de reais em gastos públicos. IPEA, 2018.

LIMA, Edilberto Carlos Pontes. Avaliação de políticas públicas: um imperativo para o aperfeiçoamento do setor público. *Revista Ibedaft*, São Paulo, ano 1, vol. II, jul./dez. 2020.

NATIONAL AUDIT OFFICE. *Support for vulnerable adolescents*. Cross-government, 2022.

Informação bibliográfica deste texto, conforme a NBR 6023:2018 da Associação Brasileira de Normas Técnicas (ABNT):

LIMA, Edilberto Carlos Pontes. Os Tribunais de Contas e as políticas públicas: uma introdução. *In*: LIMA, Edilberto Carlos Pontes (coord.). *Os Tribunais de Contas e as políticas públicas*. Belo Horizonte: Fórum, 2023. p. 19-30. ISBN 978-65-5518-596-6.

CONSTRUÇÃO DE ÍNDICES PARA AVALIAÇÃO DA IMPLEMENTAÇÃO DA POLÍTICA NACIONAL DE IMUNIZAÇÃO: UMA ANÁLISE DA IMPLEMENTAÇÃO DOS MUNICÍPIOS DE PERNAMBUCO

ADRIANA MARIA GOMES NASCIMENTO LEITE

ADRIANO SOUSA ARAÚJO

DAVID VIANA DE OLIVEIRA

ELIANA MARIA DE PAULA

MARCELO VICTOR BARBOSA XAVIER

MARIANA SIQUEIRA VILELA

MAURÍCIO ASSUERO LIMA DE FREITAS

VALQUIRIA MARIA F. BENEVIDES DE S. LEÃO

PEDRO NASCIMENTO

1 Introdução

A vacinação foi eleita uma das maiores conquistas da saúde pública do último século, sendo responsável por uma expressiva redução da mortalidade por doenças infecciosas em todo o mundo (CDC 1999, 2011). Estimativas revelam que vacinas administradas entre os anos 2000 e 2030, em países de baixa e média renda, podem prevenir até 69 milhões de mortes, principalmente entre crianças de até cinco anos de idade (LI *et al.* 2021). *Esses dados reforçam a importância global da cobertura vacinal enquanto política sanitária, bem como a* necessidade de sua ampliação em razão do custo-efetividade.

No Brasil, a partir da década de 1980, várias ações foram implementadas pelo Programa Nacional de Imunizações (PNI), a exemplo da Campanha Nacional de Vacinação contra a Poliomielite, que contribuiu para que a doença fosse oficialmente erradicada em 1989 (NUNES, 2021). Nas décadas seguintes, houve o fortalecimento e a ampliação da cobertura vacinal: em 2010, o Brasil recebeu a certificação, pela Organização

Mundial da Saúde (OMS), de erradicação da rubéola; em 2015, a da síndrome da rubéola congênita; e em 2016, a do sarampo.

Entrementes, após décadas de fortalecimento das políticas de vacinação, sendo o país reconhecido internacionalmente como referência no tema – por seu amplo programa de imunização, que disponibiliza vacinas gratuitamente à população por meio do Sistema Único de Saúde (SUS) –, tem-se observado, nos últimos anos, um retrocesso na cobertura vacinal, com o ressurgimento de doenças imunopreveníveis (SATO 2018, CESARE *et al. 2020*).

De acordo com o Relatório "Panorama da Cobertura Vacinal do Brasil 2020" (NUNES, 2021), publicado pelo Instituto de Estudos para Políticas de Saúde (IEPS), foram verificadas quedas significativas da cobertura vacinal brasileira entre 2015 e 2019, recuando de percentuais acima das metas de 90% ou 95%, em 2015, para níveis consideravelmente abaixo do recomendado.

O estudo do IEPS foi realizado a partir de dados de cobertura vacinal (SI-PNI) provenientes do Sistema de Informações do Programa Nacional de Imunizações (SI-PNI), disponibilizados por meio do portal TABNET, do Departamento de Informática do SUS (DATASUS), com data de atualização em 16 de maio de 2021. Foram consideradas as coberturas de nove vacinas: BCG, poliomielite, meningite C, hepatite A, pentavalente, TV (D1), rotavírus, pneumocócica e hepatite B.

De acordo com o relatório, a análise dos dados evidencia um cenário alarmante, considerando o percentual de municípios que atingiu as metas de cobertura definidas no PNI. Pontua que, com exceção da pentavalente, todas as demais vacinas apresentaram quedas preocupantes de cobertura em 2020 e, à exceção da pneumocócica, os percentuais de cobertura de todas as vacinas analisadas foram inferiores a 80%.

A partir de 2020, em razão das restrições decorrentes das medidas de isolamento e distanciamento social impostas pela pandemia de covid-19 – doença causada pelo novo coronavírus (Sars-CoV-2) – e do consequente receio das pessoas em comparecer aos serviços de saúde, observou-se uma nova redução acentuada nas vacinações de rotina, aprofundando o déficit acumulado nos anos anteriores (SATO, 2020).

Os números relativos a Pernambuco demonstram que o Estado tem acompanhado o movimento nacional de queda da cobertura. Consoante dados extraídos do Sistema de Informação do Programa Nacional de Imunizações (SI-PNI), do Ministério da Saúde, entre 2016 e 2021, as vacinas pentavalente, poliomielite, pneumocócica e tríplice viral apresentaram um decréscimo progressivo na taxa de cobertura vacinal, totalizando, ao final desse período, uma queda na ordem de 29%, 26,3%, 30,5% e 37,7%, respectivamente, alcançando percentuais bem abaixo do preconizado.

A manutenção do percentual de cobertura vacinal dentro das metas estabelecidas é fundamental para impedir a proliferação de doenças evitáveis pelos imunizantes disponíveis e o retorno de doenças erradicadas, como ocorreu em 2018, quando as baixas taxas de vacinação permitiram a volta da disseminação do vírus do sarampo no Brasil, ocasionando a perda do certificado de erradicação da doença em 2019 (NUNES, 2021).

Atento a esse cenário, o TCE-PE estabeleceu, no Plano de Controle Externo para o biênio de 2021-2022, na área da saúde, como um dos objetivos de controle a contribuição para o alcance das metas de coberturas vacinais de doenças imunopreveníveis, preconizadas pelo Ministério da Saúde, por meio da avaliação da execução das ações relacionadas ao Programa Nacional de Imunizações (PNI), com vistas a identificar as principais causas para eventuais quedas das coberturas das vacinas de rotina no Estado de Pernambuco, no período compreendido entre 2016 e 2021, e suas possíveis soluções.

Nesse contexto, o presente trabalho objetivou consolidar os resultados das fiscalizações realizadas pelo TCE/PE, bem como elaborar um índice de fiscalização do PNI que classificasse as salas de vacina, atribuindo uma nota para posterior monitoramento por parte dessa instituição de controle. O referido índice avaliou questões relacionadas à infraestrutura física e de equipamentos, aos processos de vacinação e às equipes responsáveis por essas ações.

2 Material e método

A pesquisa utilizou uma metodologia quantiqualitativa e uma análise exploratória de dados, descritiva e analítica. Foram averiguados, mediante o uso de entrevistas, *checklist de* inspeção e visita *in loco*, os equipamentos e demais insumos disponíveis nas salas de vacina das Unidades Básicas de Saúde (UBS) de cada município selecionado, bem como os processos de trabalho, relacionados à vacinação, executados pelas equipes.

A seleção tomou por critério considerar municípios que apresentaram quedas na cobertura vacinal superior a 5% nos biênios 2018-2019 e 2020-2021 e que esses municípios estivessem abaixo da meta de cobertura vacinal, qual seja, 95%, sendo selecionados 62 municípios, distribuídos de acordo com a tabela 1.

TABELA 1
Municípios por região administrativa

Região Administrativa	Quantidade	%
Região Metropolitana	6	9,68
Mata Norte	9	14,52
Mata Sul	6	14,52
Agreste Setentrional	12	19,35
Agreste Meridional	5	8,06
Sertão do Moxotó	2	3,23
Sertão do Pajeú	3	4,84
Sertão do Central	1	1,61
Sertão do Araripe	4	6,45
Sertão de Itaparica	1	1,61
Sertão do São Francisco	3	4,84
Total	62	100

Fonte: Elaboração própria.

Essa distribuição é fundamental para orientar novas ações, embora as regiões não estejam com a totalidade de seus municípios. Observe-se, por exemplo, o Agreste Central com o maior número de municípios que apresentam quedas de vacinação nos dois biênios analisados. Só esse destaque induz a ações de acompanhamento.

Em cada município foram visitadas duas Unidades Básicas de Saúde, escolhidas com base na maior quantidade de famílias cadastradas, no porte de cada UBS (deveriam ter Porte 1, correspondente ao atendimento por uma única equipe de saúde da família) e na localização em Zona Urbana.

Elaborou-se um questionário destinado a avaliar a infraestrutura das UBS, no que concerne ao cumprimento dos normativos do PNI, e um segundo questionário foi dirigido aos profissionais que atuam nessas unidades (enfermeiros, técnicos de enfermagem, agentes comunitários de saúde e coordenadores municipais do PNI), de modo que se possibilitou fazer um levantamento das ações relativas ao PNI e das percepções desses profissionais acerca das possíveis dificuldades relacionadas à vacinação. Os dados foram coletados por servidores da área de fiscalização do Tribunal de Contas de Pernambuco e tratados pela equipe de trabalho do PETGOV.

O tratamento dos dados se fez através de planilhas eletrônicas, ponderando as respostas de acordo com a relevância da pergunta e com isso se construiu o Índice de Fiscalização do PNI (IFPNI), baseado em resposta de ofício encaminhado pelo TCE para as UBS, o Índice de Infraestrutura do PNI (IIPNI) e o Índice de Percepção dos Profissionais do PNI (IPPNI), de modo que foi possível classificar o desempenho dos municípios de acordo com suas respostas.

O IFPNI corresponde à pontuação obtida pelo município frente aos critérios considerados em oito questões de auditoria:

QUADRO 1 – Ponderação das questões da auditoria

Q1	A gestão de saúde municipal supervisiona as Unidades Básicas de Saúde que realizam a vacinação?	Nota máxima:01
Q2	As UBSs do município estão com equipe completa e capacitada para a realização das atividades do PNI?	Nota máxima:01
Q3	O procedimento para registro das doses de vacinas aplicadas pela UBS atende aos normativos do Ministério da Saúde quanto à forma?	Nota máxima:01
Q4	A estrutura física das salas de vacina das UBSs atende às exigências do Ministério da Saúde/ANVISA para a realização das atividades do PNI?	Nota máxima:02
Q5	O(s) equipamento(s) das salas de vacina da UBS atende(m) à(s)exigência(s) do Ministério da Saúde?	Nota máxima:02
Q6	Os procedimentos de controle de temperatura das vacinas e os procedimentos acessórios, tais como descarte e acondicionamento de insumos, são adequados?	Nota máxima:01
Q7	As perdas vacinais por validade expirada, assim como a falta de imunizantes e/ou outros insumos relacionados à vacinação (seringas, agulhas, etc.), são monitoradas pelos municípios e informadas às instâncias competentes?	Nota máxima:01
Q8	Quais medidas os gestores do PNI vêm adotando para mitigar a baixa cobertura vacinal em seu município?	Nota máxima:01

Fonte: Elaboração dos autores.

O IIPNI corresponde à pontuação obtida pelo município de acordo com a infraestrutura verificada durante a visita *in loco realizada pelas equipes do TCE-PE*. Nesse índice, são analisados 28 pontos, os quais são avaliados com notas entre -3 e +3. A pontuação negativa, em geral, indica a violação, no todo ou em parte, de algum normativo.

Em adição, foi desenvolvido o IPPNI, cujo objetivo era conhecer a realidade e as dificuldades do Programa Nacional de Imunizações através da óptica e da percepção dos profissionais que o executam e que são responsáveis pelos resultados. Assim, foram entrevistados coordenadores, enfermeiros, técnicos de enfermagem e agentes comunitários de saúde, num total de 558 profissionais, o que possibilitou uma melhor compreensão sobre o cenário atual do PNI. Essas respostas foram ponderadas, variando, também, entre -3 e +3.

Para o cálculo do IFPNI, foi atribuído 1 ponto para cada questão de auditoria a ser verificada, com exceção das questões 4 e 5, que receberam 2 pontos máximos. Essa diferenciação levou em conta a visita, *in loco, realizada pelas equipes do* TCE-PE, o que traria uma maior confiabilidade da informação.

Para definir os pesos que cada quesito deveria ter, utilizou-se o critério de atribuir maior peso para as irregularidades mais frequentes, dentro de cada questão, ponderando pela frequência de ocorrência da irregularidade, face à soma de todas as irregularidades encontradas dentro de cada questão.

Com isso, dava-se a pontuação para cada município caso uma irregularidade fosse percebida. Essa nota variava entre 0 e 10, nota máxima possível se todas as irregularidades fossem observadas. Em seguida, normalizava a nota do município pelo valor máximo, obtendo-se o Índice de Irregularidades da Fiscalização do PNI (IIFPNI). Porém, como se pretendia medir a eficiência do município na sua política pública frente ao PNI, optou-se por diminuir esse índice de 1, fazendo 1 – IIFPNI, obtendo, assim, o IFPNI. No IFPNI, quanto maior a nota do município, melhor está a sua política pública do PNI.

Os índices IIPNI e IPPNI foram calculados através da normalização das notas obtidas pelos municípios em cada quesito pela nota esperada de um município modelo, o qual possuiria toda a infraestrutura necessária e uma percepção perfeita por parte dos seus profissionais. Nesses dois índices, quanto maior a nota do município, melhor está sua situação em cada um dos pontos analisados.

Saliente-se que cada critério foi avaliado de forma estática, isto é, a pontuação considerada foi aquela correspondente à informação disponibilizada pela gestão do município durante a realização da fiscalização, bem como pela inspeção e entrevistas realizadas.

3 Resultados alcançados

Cabe, inicialmente, alertar que este trabalho se pautou pela seleção de uma amostra e não de um censo, ou seja, não se buscou analisar todos os municípios do estado até mesmo porque existem casos onde se cumpre a exigência mínima de 95% de vacinados. Dessa forma, constituir uma amostra populacional obedecendo a determinada característica – no caso ter queda no número de vacinação, nos biênios 2018-2019 e 2021-2021, superior a 5% – mantém certo nível de aleatoriedade, porque tais municípios formam uma parte de todos aqueles que tiveram redução de vacinação em, pelo menos, um biênio. Sem perda de generalização este trabalho pode ser expandido para outras condições socioeconômicas, como: investimento em saúde com recursos próprios à luz da EC nº 29, dependência de transferências governamentais, percentual de receita própria e um mapeamento epidemiológico georreferenciado, dentre outras.

Assim, diante da necessidade de se averiguar eventuais causas responsáveis pela redução da vacinação no estado de Pernambuco, foi constituída uma amostra com 62 municípios, sendo observado que 48% deles estão localizados nas Regiões da Mata Norte, Mata Sul e Agreste Central. Essa amostra poderia ser ampliada com a flexibilização do critério aqui adotado, fato que permitiria traçar um melhor panorama da situação dos municípios no PNI, a partir da realidade de suas UBS.

A construção dos índices culminou com a estratificação dos resultados de acordo com a tabela 2:

TABELA 2
Estratificação do índice

NÍVEL DO ÍNDICE	INTERVALO DO IFPNI
Satisfatório	0,75 ≤ IFPNI ≤ 1,00
Moderado	0,50 ≤ IFPNI < 0,75
Insuficiente	0,25 ≤ IFPNI < 0,50
Crítico	IFPNI < 0,25

Fonte: Elaboração própria.

A escolha das classes se fez baseada em quartis. Cada quartil deixa, à sua esquerda, 25% das observações, fato que permite observar quais são dos 25% piores ou melhores, bem como o intervalo interquartil que concentra 50% das observações.

A definição do índice IFPNI leva em conta a construção individual do índice de infraestrutura e do índice de percepção dos profissionais, sendo este subdividido em técnicos de enfermagem/enfermeiros e coordenadores do PNI. Então, metodologicamente, uniu-se o índice de profissionais em único índice e depois este índice agregado se uniu ao índice da infraestrutura para compor o índice decorrente da fiscalização por ofício e formar o índice geral. A tabela 3 permite visualizar a quantidade de municípios estratificados de acordo com índices individuais determinados.

TABELA 3
Estratificação dos municípios segundo o índice apurado

Estratificação	IFPNI	IINF&P	IINF	IPP	IPCO	IPENF	IPACS
Insatisfatório	20	15	37	6	30	10	16
Crítico	3	0	0	0	10	0	1
Moderado	19	46	29	42	19	29	28
Satisfatório	3	1	6	4	3	23	17
Total	45	62	62	62	62	62	62

Fonte: Elaboração própria

De acordo com a tabela 3, a quantidade de municípios com o índice global definido, 45, difere dos demais índices porque estes foram processados na sua totalidade, enquanto o primeiro ainda depende de respostas de ofício, por exemplo. O resultado mostra a baixa frequência de municípios enquadrados como "satisfatórios", indicando a necessidade de acompanhamento, de recomendação para ações emergentes e, principalmente, para a formulação de políticas públicas de âmbito estadual, tendo em vista a importância da vacinação para a saúde pública, porque seus efeitos são de longo prazo, ou seja, uma criança acometida de poliomielite, por exemplo, antes dos cinco anos passa a ter cuidados do Estado por força do art. 196 da CF e isso tem sério impacto no orçamento do Estado.

4 Perspectiva e conclusão

O trabalho desenvolvido representa uma ferramenta importante para a atuação do controle externo no que concerne à orientação e acompanhamento das políticas públicas municipais no âmbito das ações do PNI. A construção dos índices permite a comparação entre municípios, possibilitando, inclusive, a implantação de metodologias de medidas de eficiência de unidades produtivas, como, por exemplo, fazendo um georreferenciamento da epidemiologia do Estado de Pernambuco principalmente e correlacionando os resultados ao desempenho de cada município no que diz respeito ao cumprimento das normas do programa de vacinação. Ademais, pode ser utilizado como ferramenta para o próprio gestor de políticas públicas no âmbito do PNI, com a capacidade de gerar informações sobre os gargalos e deficiências no que concerne ao município sob sua responsabilidade, ajudando-o, consequentemente, na formulação e avaliação *pari passu* da execução da política pública.

Trata-se de um instrumento do qual será possível criar manuais de procedimentos mais adequados. É possível ser reaplicado no levantamento de dados de forma censitária, pois, embora não se tenha avaliado todos os municípios de cada região administrativa, é plausível avaliar o que tem sido feito mesmo dentre aqueles que cumprem a meta de, no mínimo, 95%. Essa ação reduziria a informação assimétrica bastante intensa nas respostas de ofício.

Referências

BRASIL. Ministério da Saúde. Secretaria de Vigilância em Saúde. Programa Nacional de Imunizações: Coberturas vacinais no Brasil período 2010-2014. Brasília: Ministério da Saúde; Secretaria de Vigilância em Saúde, 2015.

BRASIL. Ministério da Saúde. Portaria nº 1.520, de 30 de maio de 2018. Altera os Anexos XCVIII e XCIX à Portaria de Consolidação nº 5/GM/MS, de 28 de setembro de 2017, com a inclusão de metas e indicadores do Programa de Qualificação das Ações de Vigilância em Saúde – PQA-VS, a partir de 2018. Brasília: Ministério da Saúde, 2018.

BRASIL. Ministério da Saúde. Plano Nacional de Imunização contra a Covid-19, 10. ed., p. 10, 2021. Disponível em: https://www.gov.br/saude/pt-br/coronavirus/publicacoes-tecnicas/guias-e-planos/plan o-nacional-de-vacinacao-covid-19/view. Acesso em: 10 set. 2021.

BRASIL. Ministério da Saúde. Programa Nacional de Imunização – 30 anos, 2003, Disponível em: https://bvsms.saude.gov.br/bvs/publicacoes/livro_30_anos_pni.pdf. Acesso em: 11 set. 2021.

BRAZ, R. M. *et al*. Classificação de risco de transmissão de doenças imunopreveníveis a partir de indicadores de coberturas vacinais nos municípios brasileiros. *Epidemiol. Serv. Saúde*, Brasília, v. 25, n. 4, p. 745-754, 2016.

CDC. Ten Great Public Health Achievements – United States, 2001-2010. MMWR Morbidity and Mortality Weekly Report 60(19). 2011. Disponível em: https://www.cdc.gov/mmwr/preview/mmwrhtml/mm6019a5.htm. Acesso em: 10 set. 2021.

CÉSARE, N.; MOTA, T. F.; LOPES, F. F. *et al*. Longitudinal profiling of the vaccination coverage in Brazil reveals a recent change in the patterns hallmarked by differential reduction across regions. *International Journal of Infectious Diseases*, 98, p. 275-280. 2020. Disponível em: https://www.arca.fiocruz.br/handle/icict/42303.

DOMINGUES, C. M. A. S.; TEIXEIRA, A. M. S. Coberturas vacinais e doenças imunopreveníveis no Brasil no período 1982-2012: avanços e desafios do Programa Nacional de Imunizações. *Epidemiol. Serv. Saúde*, Brasília, v. 22, n. 1, p. 9-27, 2013.

LI, X.; MUKANDAVIRE, C.; CUCUNUBÁ, Z. M. *et al*. Estimating the health impact of vaccination against ten pathogens in 98 low-income and middle-income countries from 2000 to 2030: a modelling study. The Lancet 397(10272), p. 398-408. 2021. Disponível em: https://www.thelancet.com/journals/lancet/article/PIIS0140-6736(20)32657-X/fulltext. Acesso em: 10 set. 2021.

MORAES, J. C. *et al*. Qual é a cobertura vacinal real? *Epidemiol. Serv. Saúde*, Brasília, v. 12, n. 3, p. 147-153, 2003.

NUNES, Letícia. Panorama da Cobertura Vacinal no Brasil, 2020. Instituto de Estudos para Políticas de Saúde. 2021. Disponível em: https://ieps.org.br/wp-content/uploads/2021/05/Panorama_IEPS_01.pdf. Acesso em: 10 set. 2021.

ORGANIZAÇÃO PAN-AMERICANA DA SAÚDE. Indicadores de Salud: elementos Básicos para el Análisis de la Situación de Salud, Ripsa, v. 22, n. 4, 2001.

SATO, A. P. S. Qual a importância da hesitação vacinal na queda das coberturas vacinais no Brasil? *Revista de Saúde Pública*, 52(96), p. 1-9, 2018. Disponível em: https://www.scielo.br/j/rsp/a/CS5YRcMc3z4Cq4QtSBDLXXG/?format=pdf&lang=pt#:~:text=H%C3%A1%20evid%C3%AAncias%20da%20hesita%C3%A7%C3%A3o%20vacinal,e%20educa%C3%A7%C3%A3o%20continuada%20desses%20profissionais. Acesso em: 10 set. 2021.

SATO, A. P. S. Pandemia e coberturas vacinais: desafios para o retorno às escolas. *Revista de Saúde Pública*, 54, p. 1-8, 2020. Disponível em: https://www.scielo.br/j/rsp/a/FkQQsNnvMMBkxP5Frj5KGgD/?lang=pt. Acesso em: 10 set. 2021.

WORLD HEALTH ORGANIZATION. Global Reference List of 100 Core Health Indicators, 2015: metadata. [Genebra]: WHO, [2015?]. Disponível em: https://www.who.int/healthinfo/indicators/2015/ metadata/en/. Acesso em: 13 set. 2021.

WORLD HEALTH ORGANIZATION. Toolkit for analysis and use of routine health facility data: guidance for immunization programme managers. Genebra: WHO, 2020a. Working document. Disponível em: https://www.who.int/ healthinfo/FacilityAnalysisGuide_Immunization.pdf?ua=1. Acesso em: 13 set. 2021.

Informação bibliográfica deste texto, conforme a NBR 6023:2018 da Associação Brasileira de Normas Técnicas (ABNT):

LEITE, Adriana Maria Gomes Nascimento *et al*. Construção de índices para avaliação da implementação da Política Nacional de Imunização: uma análise da implementação dos municípios de Pernambuco. In: LIMA, Edilberto Carlos Pontes (coord.). *Os Tribunais de Contas e as políticas públicas*. Belo Horizonte: Fórum, 2023. p. 31-38. ISBN 978-65-5518-596-6.

COMO MENSURAR O DESEMPENHO NA ADMINISTRAÇÃO PÚBLICA? REFLEXÕES SOBRE AS DIFERENTES TÉCNICAS EXISTENTES

AHMED SAMEER EL KHATIB

1 Introdução

As mudanças sociais, econômicas, tecnológicas e organizacionais que podem ser observadas atualmente afetando nosso mundo, a digitalização relacionada do setor público e a implementação do *e-Government* ou *t-Government* (WEERAKKODY e DHILLON 2008; WEERAKKODY *et al.*, 2011; JANSSEN e ESTEVEZ 2013) tornaram-se as razões pelas quais a atividade da administração pública está agora orientada para a medição do desempenho. O conceito de Nova Gestão Pública (NPM) tem contribuído significativamente para a reorganização da administração pública. A própria essência do NPM é melhorar o funcionamento da administração pública por meio de soluções comprovadamente eficazes no setor privado. A base do conceito de NPM é a implementação de modelos de negócios cuja implementação visa melhorar a qualidade dos serviços públicos. Sob o novo conceito de gestão pública, o funcionamento das organizações públicas é orientado principalmente para o alcance de resultados específicos por meio da gestão de desempenho.

Outros estímulos para tornar as operações da administração pública mais orientadas para resultados são as crescentes exigências dos cidadãos, o desenvolvimento da TI e a crescente competitividade das economias, o que exige do Estado ações eficazes e eficientes. Neste contexto, assumem também uma relevância significativa as novas tendências sociais e econômicas emergentes, entre as quais se destacam o envelhecimento da sociedade, o aumento das desigualdades sociais, a necessidade crescente de assegurar maior responsabilização e transparência nos diferentes níveis de governo e as alterações climáticas ou o acesso limitado aos recursos que comumente são testemunhados (*Global Trends to* 2030). Acrescem-se as crescentes exigências dos cidadãos, a evolução da esfera informática e a crescente competitividade das economias, esta última exigindo um funcionamento eficaz e eficiente do Estado. Se as instituições públicas pretendem antecipar e responder com sucesso aos novos problemas e desafios emergentes, precisam pensar e agir estrategicamente e ser capazes de medir o seu desempenho não só na perspectiva dos resultados a curto prazo, mas também, sobretudo, tomando realizações de longo prazo em conta (BRYSON *et al.* 2014; CALOGERO 2010; MICHELI e NEELY 2010; WEST e BLACKMAN 2015). O que parece ser particularmente importante no contexto de todos esses problemas é a aquisição de informações que permitam melhorar essas operações, atendendo às necessidades atuais de todo o ambiente.

A melhoria da eficiência é consistente com os objetivos da administração pública (CARMONA e GRÖNLUND 2003; YUAN *et al.* 2009). A definição de medidas e a medição de desempenho constituem uma das etapas da gestão da eficiência. Nossa opinião é que a análise e revisão da literatura sobre o tema da medição de desempenho na administração pública se justifica pela relevância deste problema na perspectiva de um discurso sobre a lógica por trás da avaliação tanto da eficiência interna das instituições públicas quanto da satisfação dos diferentes grupos de interessados. Dada a grande diversidade de organizações que atuam no setor público, nossas elaborações têm se limitado às autarquias locais, onde ainda se observa menor eficiência em relação ao setor privado (JIN, 2013) e que tendem a se concentrar mais em procedimentos do que em resultados de suas ações.

O artigo foi desenvolvido em uma estrutura específica. A primeira parte apresenta uma revisão da literatura sobre a pesquisa no campo da gestão da eficiência na administração pública. Ele fornece a base para a formulação do problema e objetivo da pesquisa. Segue-se uma discussão sobre as características e especificidades da administração pública, explicando os fundamentos e fundamentando a necessidade de medição do seu desempenho. Outros aspectos descritos no artigo são os modelos 3Es e ESR, bem como o modelo incluído no BSC (*Balance Scorecard*). Outra seção explica a metodologia de pesquisa. Na seção de resultados da pesquisa, os autores forneceram sua avaliação crítica de modelos individuais, destacando a necessidade de compilar suas vantagens e combiná-las estreitamente com o contexto da administração pública. Indicaram também as implicações práticas da análise, argumentando que a escolha de um modelo de medição de desempenho pode fazer com que a gestão de um órgão da administração pública se oriente mais para a melhoria da eficiência e eficácia, bem como para o aumento da satisfação dos vários *stakeholders*. Nos parágrafos finais, os autores também discutiram as limitações de seu estudo, bem como os planos para trabalhos de pesquisa futuros.

2 Revisão da literatura

Os estudos revisados no campo da gestão da eficiência na administração pública podem ser divididos em três grupos. O primeiro diz respeito aos métodos de medição da eficiência (HO, 2006; WANG; BERMAN, 2001). O segundo grupo compreende publicações enfatizando o aumento do uso de informações de medição de eficiência (incluindo desempenho) (ABDEL-MAKSOUD *et al.*, 2015; FOLZ *et al.*, 2009; KROLL; MOYNIHAN, 2015; MOYNIHAN; LAVERTU, 2012; YANG; HSLEH, 2007). O último grupo inclui trabalhos focados nos resultados de estudos empíricos sobre o impacto da gestão de desempenho nos resultados obtidos (GERRISH 2016; POISTER *et al.*,

2013), focado na necessidade das medições em questão, bem como na necessidade de selecionar medidas adequadas, usando um sistema de medição consistente e interpretação apropriada dos resultados obtidos (ou seja, desempenho). Além disso, alguns autores (DIMITRIJEVSKA-MARKOSKI, 2019; HELDEN; REICHARDB, 2013) argumentam que o uso das informações adquiridas das medições é insuficiente e que o escopo das medições deve ser integrado aos planos de desenvolvimento relevantes.

A revisão da literatura (GRIZZLE, 2002; MOYNIHAN, 2006) sugere que a forma como a administração pública funciona é avaliada principalmente do ponto de vista dos serviços prestados, bem como do nível de utilização dos recursos financeiros. Longe de negar essa abordagem em que as vantagens são inúmeras, acreditamos que se deve atentar mais para a necessidade de mensuração de outros parâmetros não financeiros cujos níveis determinam o desenvolvimento de longo prazo não só da própria organização, mas também, no caso da administração pública, dos municípios, comunas ou regiões inteiras. Como Van Dooren *et al.* (2012) observaram, "o desenvolvimento de indicadores de desempenho para a administração pública requer uma compreensão de duas características definidoras da natureza da administração pública. Em primeiro lugar, a administração pública trata de capacitar e não de entregar. A administração pública quase nunca fornece bens e serviços finais. A administração pública, no entanto, é uma pré-condição para o funcionamento bem-sucedido de outros departamentos do governo".

Tendo em conta que o âmbito de medição afeta os resultados assim obtidos (desempenho), parece razoável questionar que modelos devem ser utilizados para efetuar tais medições de forma a serem capazes de avaliar os efeitos tanto a curto como a longo prazo. Este artigo tenta responder a esta pergunta. Seu objetivo é não apenas definir as características e avaliar os três modelos de medição de desempenho selecionados aplicados em órgãos da administração pública, com foco em seu valor de utilidade em termos de resultados de curto e longo prazo, mas também identificar os problemas fundamentais de operacionalização.

2.1 Especificidades da Administração Pública

Em comparação com o setor privado, o funcionamento da administração pública é diferente em vários aspectos importantes. A principal diferença é a dicotomia da percepção do cliente. Para a administração pública, um cliente é tanto um cidadão quanto um destinatário de certos serviços públicos (ALFORD, 2002). Consequentemente, as ações desenvolvidas devem ser diferenciadas de acordo com o destinatário. As necessidades do destinatário do serviço público e as do cidadão podem diferir. O que o primeiro espera acima de tudo são serviços públicos de qualidade, enquanto o segundo conta principalmente com a possibilidade de participação nos processos democráticos de tomada de decisão, bem como na implementação da estratégia e missão pública por parte dos representantes das autoridades. Note-se que é a complexidade fundamental da noção de cliente que torna tão difícil a implementação de medidas inequívocas para examinar os resultados dos esforços empreendidos pelos órgãos da administração pública.

H. G. Rainey (2003, p. 75) destacou as características distintivas das organizações públicas. De salientar a ausência de um comportamento tipicamente mercadológico das organizações, decorrente do facto de as suas operações serem financiadas com fundos públicos, da sua baixa motivação para reduzir os custos operacionais e da falta de indicadores claros para medir o seu desempenho, que os gerentes poderiam usar nos processos de tomada de decisão. Por outro lado, estas organizações prestam importantes serviços, cuja utilização é muitas vezes obrigatória ou inevitável para os cidadãos. Outros traços característicos são também a influência política externa que limita a autonomia de decisão dos gestores e a existência de várias conexões dentro do ambiente que podem afetar o funcionamento das organizações. O que também importa do ponto de vista da eficiência que podem atingir é a alta intensidade de rotatividade de gerentes decorrente do sistema de estabilidade de seus cargos. Muitas vezes, causa dificuldades na implementação de planos e na introdução de mudanças, enquanto as estruturas burocráticas limitam a inovação e a criatividade dos funcionários.

Um aspecto importante para o funcionamento da administração pública é também a sua natureza sem fins lucrativos, o que impossibilita a avaliação das organizações deste tipo em termos de rentabilidade. No entanto, o valor agregado criado pode ser maior do que no setor privado porque não é limitado pelo critério do lucro e o interesse público é decisivo (PERRY; VANDENABEELE, 2015). Tais argumentos indicam o quanto é complexo avaliar o funcionamento da administração pública. Ressalte-se ainda que tal avaliação é realizada por diferentes tipos de órgãos fiscalizadores e, como tal, também deve estar alinhada com seus requisitos. Há também sugestões de que as organizações públicas que gerenciam fundos públicos são obrigadas a mostrar mais atenção à eficácia das ações que empreendem do que as organizações privadas (KALLEBERG *et al.*, 2006).

O que importa também é que, devido ao acesso comum à informação e ao crescente nível de educação da sociedade, se observa uma crescente conscientização e conhecimento dos cidadãos que esperam soluções avançadas e atendimento eficiente da administração pública, assim como das empresas. Todos esses argumentos tornam razoável a busca de soluções que possam melhorar o funcionamento da administração pública. Além disso, há também a necessidade de melhoria contínua de toda a organização, contando com a medição adequada de sua eficiência na operação.

2.2 Essência e racionalidade da medição de desempenho na administração pública

Para interpretar a noção de desempenho, deve-se recorrer à sua origem, conforme definida na literatura inglesa sobre o assunto. A lógica por trás da medição de desempenho decorre da teoria geral dos sistemas de Weiner (1948) e Bertalanffy (1968) (SMITH; BITITCI, 2017). Neely *et al.* (2000) afirmaram que "uma medida de desempenho é uma métrica usada para quantificar a eficiência e/ou eficácia da ação". A medição do desempenho deve ser realizada de forma organizada. Consequentemente, pode-se falar também em gestão da eficiência, que pretende definir objetivos e garantir que estes sejam alcançados ao longo do ciclo de planejamento e controle. Isso é conseguido por meio da tomada de ações apropriadas mediante ferramentas e mecanismos específicos que devem servir não apenas para medir e avaliar o desempenho, mas também, acima de tudo, para melhorar o desempenho (VIGNIER, 2018). Nesta publicação, o desempenho é usado no sentido de resultados, e estes podem ser avaliados em termos de produtos, impactos, eficácia e eficiência. Os referidos critérios podem ser assumidos como as dimensões da medição do desempenho no que diz respeito ao funcionamento dos órgãos da administração pública. No entanto, para fins de sua interpretação explícita, esses critérios precisam ser definidos com mais detalhes, conforme enumerado na tabela a seguir:

TABELA 1
Interpretação das principais noções utilizadas no âmbito da medição de desempenho

Noções principais	Definição
Output (saída)	Resultado de curto prazo de atividades concluídas, na forma de produtos ou serviços
Resultados	Efeitos indiretos pretendidos exercidos sobre os grupos-alvo: os resultados são alterações nas capacidades institucionais e comportamentais para criar condições de desenvolvimento, geradas entre a concretização de determinados resultados e a consecução de objetivos. Os resultados representam o alcance de diferentes tipos de prioridades resultantes da estratégia operacional assumida. Os resultados podem ser, por exemplo, entregas de projetos ou suas consequências conforme percebidas pelos beneficiários relevantes.
Impacto	Melhoria de longo prazo experimentada pela sociedade

Os produtos ou serviços de saída correspondem ao alcance de objetivos operacionais, os resultados estão relacionados à busca de objetivos táticos, enquanto os impactos são consequências do cumprimento de objetivos estratégicos. O que importa no setor público na perspectiva de curto prazo são os resultados dos serviços públicos prestados, que devem ser analisados frente ao nível de satisfação dos clientes. A obtenção dos resultados acarreta certos benefícios específicos para o grupo-alvo, enquanto o impacto se traduz em um efeito de longo prazo na sociedade.

Os resultados da pesquisa até o momento (VAN HELDEN; REICHARDB 2013) indicam que a medição das funções da administração pública é focada na obtenção de produtos específicos, e muito menos atenção é dada à medição e avaliação de resultados e impactos. Para que as medições sejam realizadas adequadamente, deve-se primeiro definir com precisão os critérios de medição resultantes dos objetivos assumidos. R.D. Behn (2003) argumentou que a medição de desempenho tem oito propósitos, ou seja, "(1) avaliar, (2) controlar, (3) orçar, (4) motivar, (5) promover, (6) celebrar, (7) aprender e (8) melhorar".

A complexidade da administração pública evidencia alguns problemas importantes na medição adequada do desempenho e, consequentemente, este aspecto é tratado como "o calcanhar de Aquiles da modernização administrativa" (BOUCKAERT; PETERS, 2002). Thomas e Jajodia (2004) apontaram que algumas tendências dominantes são o pensamento de curto prazo e a aversão ao risco. Outra questão problemática é a utilidade e a utilização real dos resultados da medição. Numerosos autores (VAN HELDEN; REICHARDB, 2013) afirmam que os resultados de medição obtidos pelos órgãos da administração pública não são utilizados ao máximo no aumento da sua eficiência e na melhoria das suas operações, servindo apenas para cumprir as obrigações de reporte.

Já o uso adequado da informação sobre os resultados da medição corresponde à obrigação de contabilizar os resultados operacionais efetivamente alcançados perante a sociedade, tanto no que diz respeito às atividades realizadas diretamente por determinada entidade (*output*) quanto àquelas causadas pelo *output* na sociedade (resultados de longo e médio prazo). Tais objetivos devem ser alcançados agindo de acordo com a lei e os princípios da gestão financeira economicamente saudável, ou seja, de acordo com os princípios da economia, eficiência e eficácia.

Ao discutir a mensurabilidade, Bouckaert e Halligan (2007) apontaram a existência e relevância de três níveis de análise (macro, micro e intermediário) como elementos cruciais da medição de desempenho. O nível micro representa o nível de eficiência da organização, também conhecido como nível gerencial. O nível macro é o nível global que compreende os resultados sociais agregados evocados em determinado país, enquanto o nível intermediário pertence à rede de organizações envolvidas na implementação de políticas do setor público. Em cada nível, resultados específicos são gerados. A saída é gerada no nível micro, o resultado emerge no nível macro e o nível intermediário permite que o impacto seja avaliado. A escolha do nível determina o tipo de critério de medição a ser aplicado (BIANCHI, 2010). O que comumente está sendo enfatizado atualmente é o fenômeno do paradoxo do desempenho, ou seja, uma ameaça de uma correlação fraca surgindo entre os indicadores de desempenho e o próprio desempenho no setor público (VAN THIEL; LEEUW, 2002). Consequentemente, a ênfase é colocada na necessidade de usar os dados previamente obtidos para fins de educação e melhoria, bem como afastar-se dos mecanismos de responsabilização.

3 Plataforma metodológica

Para cumprir os nossos objetivos de investigação, procedemos a uma revisão conceitual da literatura sobre o tema, nomeadamente das revistas mais populares que abordam os temas da medição do desempenho, modelos de medição do desempenho e administração pública.

Foi conduzida navegando pelos bancos de dados de publicações eletrônicas da *Scopus, Springer, WoS, EBSCO* e *Emerald*. A escolha das bases de dados foi ditada por vários fatores, o primeiro dos quais é que eles contêm uma lista da maioria das publicações internacionais que representam várias disciplinas científicas. Em segundo lugar, os artigos que podem ser encontrados são revisados e indexados. A ênfase foi dada aos artigos científicos internacionais, inseridos nas bases de dados antes de 31 de janeiro de 2023. Quanto à busca propriamente dita, assumiu-se que seria realizada levando em consideração títulos de publicações, resumos e palavras-chave. Para recuperar todos os documentos relevantes e excluir os irrelevantes, foram definidos critérios de seleção específicos.

A pesquisa da literatura foi realizada em duas iterações. Inicialmente, foram consideradas todas as publicações (artigos em periódicos, capítulos de livros e conferências) que continham as expressões "administração pública" e "modelos de mensuração de desempenho". Um número um tanto pequeno de registros foi obtido nesse caso, ou seja, 32 no total. Além disso, nem todas as publicações encontradas estavam realmente relacionadas ao tema. Consequentemente, na segunda iteração, alterou-se a redação das frases procuradas, assumindo-se as seguintes combinações de termos: ("órgãos da administração pública" ou "unidades da administração pública" ou "administração pública") e ("sistema de medição de desempenho" ou "gestão de resultados" ou "gestão de desempenho"). Uma busca baseada nesses critérios retornou um número maior de itens, ou seja, um total de 393 registros (299 na base de dados *Springer*, 38 na *Scopus*, 24 na *Emerald*, 12 na *EBSCO* e 20 na *WoS*). Dentre eles, os autores eliminaram 11 duplicatas e nove artigos escritos em idioma diferente do inglês. A adequação das demais publicações foi avaliada pelos autores por meio da revisão de seus resumos. A análise levou dois meses no total.

Uma instituição pública tem as mesmas necessidades administrativas que as privadas, e nos últimos anos, por pressão da população, tem crescido o número de estudos evidenciando-as. A ideia de construção de medidas remonta à década de 1920, quando os EUA criaram um comitê presidencial voltado a produzir um relatório denominado "Tendências Sociais Recentes" (RUA, 2004). Desde então, os indicadores passaram a ser incorporados à gestão pública na busca da excelência na gestão pública, não só no campo social como no campo administrativo. No auxílio à gestão das organizações, sejam públicas ou privadas, os indicadores têm sido importantes aliados, a exemplo disso, encontramos nos estudos de Bernard e Abreu (2004), Rochet *et al.* (2005), Silva e Monteiro (2009), Bortoluzzi *et al.*(2010) práticas do uso de indicadores de desempenho para mensurar dados e embasar as decisões gerenciais de forma a trazer melhorias para a organização, ou seja, são instrumentos que permitem identificar e medir situações de uma realidade dada, pois traduzem de forma mensurável aspectos que se pretende aferir ou monitorar.

Na análise dos indicadores de desempenho previstos na literatura precedente, percebemos que existem dezenas de formas e critérios de classificações de indicadores. No entanto, neste estudo consideraremos a visão de Rua (2004), que classifica os indicadores em estratégicos, de processos e de projetos. Dessa forma, os indicadores podem e devem ser utilizados para melhorar a gestão interna, já que permitem o controle das atividades, a motivação dos colaboradores e a identificação de problemas e possíveis soluções.

Procedemos a uma revisão da literatura que aborda os temas da medição do desempenho, modelos de medição do desempenho e administração pública. Os procedimentos de pesquisa são mostrados na figura a seguir:

FIGURA 1 – Representação esquemática dos procedimentos da pesquisa

Definição dos objetivos da revisão:
1) Identificação de estudos sobre modelos de medição/mensuração de desempenho na Administração Pública;
2) Determinação do estado do conhecimento da gestão do desempenho na Administração Pública.

⬇

Seleção das publicações em periódicos indexados no banco de dados do *Scopus, Springer, WoS, EBSCO, Emerald*.

⬇

Localização nos títulos, resumos e palavras-chaves dos seguintes termos: "administração pública" e "modelos de mensuração de desempenho".

Resultados: N = 32

⬇

Avaliação dos estudos selecionados:
1. Eliminação de duplicidades (n = 11)
2. Eliminação de estudos não relacionados com o contexto da pesquisa (n = 6)
3. Eliminação de estudos cujo texto não estava em inglês, português ou espanhol (n = 3)

Resultados: N = 373

⬇

Localização nos títulos, resumos e palavras-chaves dos seguintes termos: "unidades da administração pública"; ou "administração pública" e "modelos de medição/mensuração de desempenho "ou "sistema de medição de desempenho" ou "gestão de resultados" ou "gestão do desempenho".

Resultados: N = 393

⬇

Seleção dos estudos baseada nos critérios de elegibilidade adotados nesta pesquisa com referência aos resumos.

Resultados: N = 108

⬇

Análise inicial de todos os artigos selecionados. Com base nos critérios de seleção, alguns artigos não apresentavam propostas de avaliação do desempenho na Administração Pública e, dessa forma, foram eliminados 48 artigos.

Resultados: N = 60

Fonte: elaboração própria.

Com base nos resumos relevantes e nos critérios assumidos, os estudos individuais foram selecionados. Em seguida, foram inicialmente revisados 108 textos completos. Assim, em consonância com o critério da abordagem adotada para a gestão do desempenho sob a ótica dos modelos de mensuração do desempenho, foram aceitas 60 publicações em texto completo para análise mais aprofundada. Nosso objetivo era identificar diferenças na abordagem da gestão de desempenho do setor público no contexto do uso de diferentes modelos de medição de desempenho que são relevantes para a conceituação dos problemas em questão (PETTICREW; ROBERTS, 2006, p. 39) em vez de fornecer uma visão geral de todos os resultados de pesquisas empíricas obtidos na área em questão. A qualificação dos estudos baseou-se em dois princípios. A revisão foi de natureza conceitual e limitada aos artigos publicados em periódicos revisados por pares que tratam da gestão de desempenho no setor público. Demos particular atenção ao fato de que, entre os textos completos considerados, havia estudos que se referiam diretamente a modelos de medição de desempenho aplicados na administração pública e à gestão de desempenho em geral. Os artigos mais utilizados foram aqueles publicados em periódicos representativos da área de administração e contabilidade do setor público. A seguir estão os periódicos mais usados: *Public Administration Review, Public Performance & Management Review, Public Money & Management e The British Accounting Review.*

4 Resultados

A medição do desempenho dos órgãos da administração pública exige, antes de tudo, a definição de alguns critérios. A literatura acadêmica e profissional sobre indicadores de desempenho (PIs) geralmente se baseia em dois modelos de desempenho organizacional que estão relacionados, mas não totalmente consistentes (MIDWINTER, 1994; BOYNE, 2002). O primeiro é o modelo 3Es (ou seja, economia, eficiência e eficácia), enquanto o segundo é o modelo ESR (ou seja, entrada, saída e resultado) (BOYNE, 2002). O modelo 3Es destina-se a ajudar os gerentes a avaliar o desempenho e, em seguida, melhorá-lo. Este modelo funciona com os seguintes três conceitos básicos. O primeiro é a economia, que é "frequentemente equiparada ao nível de gastos em um serviço, mas é mais precisamente definida como o custo de aquisição de insumos de serviços específicos de determinada qualidade" (BOYNE, 2002, p. 17). O critério de economia avalia o custo incorrido para obter recursos específicos, expresso como a quantidade de dinheiro gasto em serviços. Este indicador deve ser minimizado, assumindo que os serviços cumprem o critério de qualidade. O critério de economia é bastante discutível porque, por exemplo, minimizar o consumo de recursos necessários para desenvolver um produto de saída garante a relação custo-benefício, mas também pode trazer algumas consequências adversas refletidas na qualidade dos produtos entregues. A eficiência pode ser reduzida para comparar resultados e gastos. Eficiência significa alcançar efeitos específicos com o mínimo envolvimento de recursos, ou seja, uma relação ótima entre os gastos incorridos na busca de objetivos específicos e os efeitos efetivamente alcançados. A eficácia, por outro lado, representa a medida do grau em que as metas pré-assumidas foram alcançadas.

Os critérios individuais adotados no modelo podem ser combinados de forma coerente entre si, enquanto a eficiência pode ser percebida como um híbrido de economia e eficácia. Infelizmente, esses três parâmetros principais não levam em conta nenhum critério qualitativo, o que é um problema muito importante quando se busca o objetivo de uma medição de efeitos totalmente abrangente. Além disso, deve-se observar que a maximização da eficiência pode exercer um impacto negativo na qualidade dos serviços prestados. Portanto, parece que encontrar um equilíbrio entre economia, eficácia e eficiência é a chave para uma gestão de desempenho adequada. Assim, conclui-se que o modelo 3Es precisa ser complementado, pois não se refere aos efeitos sobre os quais se avaliam as bases tanto da eficiência quanto da eficácia, sendo sim complementado pelo modelo *input-output-outcome* ou entrada, saída e resultado (ESR), também chamado de modelo de entrada-resultado. É amplamente utilizado na implementação de reformas na esfera da gestão pública (BINNENDIJK, 2002). O pressuposto adotado para este modelo é que os recursos alocados para entidades individuais são transformados sob os processos que implementam em produtos específicos (*output*), sendo o elo inicial da cadeia planejada de resultados, fazendo com que as necessidades da sociedade sejam satisfeitas pela obtenção de resultados em uma perspectiva de médio prazo (resultado) e perspectiva de longo prazo (impacto). Como esse modelo duplica as relações de causa e efeito (referidas como uma cadeia lógica de resultados), ele permite identificar as razões pelas quais determinados resultados foram alcançados. A cadeia de resultados pode ser "analisada em relação a três elementos inter-relacionados: cadeia de objetivos (objetivo principal, objetivo específico, objetivo operacional), cadeia de implementação (atividades, processos, ações, subtarefas, tarefas, funções) e cadeia de efeitos (resultado, resultado, impacto)" (KINYUIRA; KENYATTA, 2019).

Neste sentido, o *output* é gerado à medida que os objetivos operacionais são cumpridos, enquanto a prossecução dos objetivos estratégicos se traduz nos resultados e impactos alcançados. Em outras palavras, o modelo contém referências a todas as perspectivas: micro, mezzo e macro. Os indicadores de resultados referem-se à atividade. Eles são medidos em unidades físicas ou monetárias. Os indicadores de resultado referem-se ao efeito direto e imediato imposto aos beneficiários diretos. Eles fornecem informações sobre as mudanças. Esses indicadores podem ser físicos ou financeiros. Os indicadores de impacto referem-se às consequências do programa que vão além dos efeitos imediatos. Os impactos específicos são aqueles efeitos que ocorrem após um determinado lapso de tempo, mas que estão diretamente ligados à ação realizada e aos beneficiários diretos. Os impactos globais são efeitos de longo prazo que afetam uma população mais ampla (BINNENDIJK, 2002).

Pollitt e Bouckaert (2011) sugerem que o pensamento *input-output* também pode ser aplicado a instituições públicas e que o desempenho pode estar relacionado ao valor público. O valor público pode traduzir-se, por exemplo, em melhores condições de vida para a sociedade como um todo, pelo que as organizações públicas criam valor quando satisfazem as necessidades dos cidadãos.

No entanto, este modelo é essencialmente insustentável, colocando mais ênfase nos interesses dos *stakeholders* externos do que nos internos. Como tal, não tem em conta o nível de satisfação dos clientes internos nem dos clientes externos, sendo estes últimos determinados pelos primeiros. Além disso, o modelo ERS está fortemente focado na avaliação dos resultados trazidos ao cliente entendido como destinatário dos serviços administrativos. Este modelo também marginaliza o papel do cidadão. À luz do exposto, o modelo concentra-se na avaliação da qualidade dos serviços e não no desenvolvimento dos padrões de democracia (BOYNE, 2002). Portanto, pode-se concluir que esse objetivo pode ser alcançado adicionando indicadores de resultados democráticos aos indicadores de serviço (BOYNE, 2002).

Refira-se ainda que outro critério assumido para a medição da eficiência funcional da administração pública deve ser também a satisfação dos cidadãos (ALFORD, 2002), permitindo verificar não só o cumprimento dos objetivos mas também o grau de satisfação das necessidades da sociedade. Tais observações correspondem ao conceito proposto por Boyne (2002), que criou uma lista de indicadores que mede o desempenho da administração pública (tabela 2). Eles foram divididos em cinco dimensões organizacionais que compreendem 15 dimensões específicas de desempenho.

TABELA 2
Dimensões do desempenho organizacional no governo local

Dimensões organizacionais	Subdomínios
Outputs (saídas)	Quantidade
	Qualidade
Eficiência	Custo por unidade de produção
Resultados do Serviço	Eficácia formal
	Impacto
	Equidade
	Custo por unidade de resultado do serviço
Capacidade de resposta	Satisfação do consumidor
	Satisfação do cidadão
	Satisfação da equipe
	Custo por unidade de capacidade de resposta
Resultados democráticos	Probidade
	Participação
	Responsabilidade
	Custo por unidade do resultado democrático

Fonte: Boyne (2002).

De acordo com G. A. Boyne (2002, p. 18), a avaliação da eficácia incluída nos modelos 3Es e ERS não é suficiente para avaliar a prestação de serviços públicos. De certa forma, essas limitações são superadas pelo modelo de medição de desempenho proposto pelo *Balanced Scorecard* (BSC). O interesse no *Balanced Scorecard* no setor público surgiu originalmente no contexto da reforma do setor público de Hoque (HOQUE, 2014). É um conceito multidimensional orientado para os interesses de todas as partes interessadas, que, quando aplicado na administração pública, permite formular e medir o grau de cumprimento dos objetivos, tanto do ponto de vista político-administrativo quanto do ponto de vista dos cidadãos. Por um lado, a sua utilização pode servir para aumentar a eficiência interna e, por outro, pode servir de base para relatórios externos e prestação de contas da execução das tarefas perante as comunidades e políticos locais. O BSC é um método gerencial voltado para a implementação da estratégia, traduzindo-a em um conjunto consistente de objetivos, medidas de seu cumprimento, bem como das ações planejadas. No setor público, ao contrário do privado, isso garante que a gestão seja orientada não tanto para a dimensão financeira, mas principalmente para aquela em que o desenvolvimento ocorre. A suposição fundamental subjacente a esse método se resume a uma afirmação de que existem relações de causa e efeito entre domínios individuais. Na versão original do modelo, são mencionados quatro domínios: a perspectiva do cliente, a perspectiva financeira, a perspectiva dos processos internos de negócios e a perspectiva de aprendizado e crescimento. Na administração pública, a dimensão do cliente está ligada à comunidade local que recebe os serviços públicos e, por outro lado, fornece os fundos necessários; participa da geração de empregos e avalia as ações realizadas; e espera as melhores condições possíveis de vida e trabalho, serviço e ambiente natural.

Para além dos habitantes, esta dimensão diz respeito também a outras entidades, entre as quais, pela importância do desenvolvimento econômico, os empresários e investidores são considerados particularmente importantes. É a sua multiplicidade, atividade e natureza da sua atividade que determinam a taxa de desemprego, o rendimento da população, bem como a receita do orçamento local e, consequentemente, também o nível de vida da comunidade local. Na perspectiva de curto prazo, não é fácil medir os resultados das atividades realizadas nessa esfera, pois os efeitos, por exemplo, de decisões sobre educação, saúde ou proteção ambiental não são perceptíveis até algum tempo. É precisamente por isso que parece razoável usar os indicadores que refletem indiretamente os efeitos obtidos nesta dimensão (NIVEN, 2008, p. 6). Estes podem incluir, por exemplo, PIB *per capita*, taxa de desemprego no município ou região, escala de pobreza social, acessibilidade a serviços de saúde, esperança média de vida dos habitantes, nível médio de educação dos habitantes, seu nível de satisfação/ felicidade, média da parcela de dias com o padrão de emissão de CO_2 não excedido ao longo de um ano, área de superfície de caminhada e parques recreativos e florestas *per capita* expressa em *ha* por pessoa.

A dimensão dos processos internos está diretamente ligada à prestação de serviços públicos específicos. O que importa especialmente nesse sentido é garantir a coerência entre os serviços prestados e os recursos utilizados e a disponibilidade de serviços específicos, que são determinados pelos horários de atendimento dos diversos órgãos públicos, localidades ou equipamentos tecnológicos. Além do exposto, outro critério importante e relevante para a perspectiva de avaliação da implementação dos processos internos é a duração da implementação propriamente dita. O que também tem vindo a ganhar importância recentemente é a flexibilidade na implementação de processos internos resultante, entre outros motivos, da popularização das consultas públicas. Os resultados dos processos dependem do momento em que os consumidores afetam o desempenho de determinado processo, bem como do momento em que isso realmente ocorre. Por fim, do ponto de vista da avaliação da eficiência da implantação do processo, o cerne do problema é o uso racional de recursos, ou seja, a prestação de serviços de forma a minimizar o consumo de recursos. Um fator que dificulta tal avaliação pode ser a imaterialidade dos processos que estão sendo implementados.

No que diz respeito à dimensão financeira, segundo vários autores (WISNIEWSKI; ÓLAFSSON, 2004), o seu papel no setor público difere do setor privado. Não é o critério-chave e obter um resultado financeiro específico não é o objetivo operacional em si, mas sim uma condição para a atividade realizada (MOORE, 2003). Apesar da sua natureza, esta dimensão não pode ser subestimada porque se refere aos objetivos concretos previstos ou ao orçamento adotado e à fundamentação das despesas efetuadas. Esta dimensão deve incluir objetivos relativos às formas de obtenção de capital de várias fontes, ou seja, créditos e empréstimos bancários, ou fundos europeus. A política fiscal e o risco financeiro são outros elementos importantes. As medidas que podem ser aplicadas a esse respeito podem considerar a participação das receitas próprias na receita total, a participação do excedente operacional na receita total, a participação das despesas relacionadas à propriedade nas despesas totais, a participação do passivo total na receita total, a participação dos fundos não reembolsáveis nos fundos totais, a participação percentual do desvio orçamentário, bem como encargos e impostos locais.

A quarta dimensão, ou seja, desenvolvimento e educação, cria uma espécie de infraestrutura para a prossecução dos objetivos definidos nas outras dimensões. Para alcançar a alta satisfação da comunidade local e confiança social, bem como a implementação eficiente, flexível e eficaz dos processos internos, são necessárias mudanças nas áreas de recursos humanos, tecnologia e os procedimentos que estão sendo desenvolvidos, enquanto a própria instituição pública deve ser transformada em uma organização que aprende. O que importa a esse respeito é a avaliação do potencial do pessoal, bem como a medição de sua satisfação com o trabalho, lealdade e comprometimento com o trabalho. As medidas de avaliação utilizadas nesta dimensão incidem sobre as qualificações, competências e motivação dos colaboradores, bem como sobre as capacidades dos sistemas de informação e TI de que dispõe. Nesta perspectiva, é de realçar o aspecto da continuidade operacional da organização, que está intimamente ligada ao regime de estabilidade dos seus responsáveis.

Reconhecendo a necessidade de ajustar o modelo BSC a diferentes condições de operação, Kaplan e Norton (2001a, p. 137) propuseram uma forma modificada do modelo BSC destinada ao setor público. Compreende cinco perspectivas e se refere aos custos incorridos, criação de valor, suporte à autoridade, processos internos, bem como aprendizado e desenvolvimento. Os três primeiros são de natureza primordial, pois decorrem diretamente da missão e visão da organização. A natureza dos objetivos e indicadores enquadrados na perspectiva dos processos internos é, por outro lado, executora das três primeiras perspectivas, ao mesmo tempo em que afeta a perspectiva da aprendizagem e desenvolvimento.

O BSC permite decompor a estratégia ao nível dos objetivos estratégicos, seguindo-se a sua cascata ao nível dos objetivos operacionais. Além disso, sua adequada utilização permite vincular os resultados obtidos com a missão e estratégia de determinado ente público. Isso cria oportunidades para medir e avaliar os desempenhos de curto e longo prazo da administração pública. Além disso, isso também leva em consideração um grupo mais amplo de partes interessadas do que no modelo ESR, e mais ênfase é colocada na melhoria de serviços e processos. Abre a possibilidade de aplicação de indicadores não financeiros, o que parece razoável, já que as metas muitas vezes são definidas em termos não financeiros na administração pública. Quando essa medida é usada, enfatiza-se que os resultados devem ser avaliados por várias partes interessadas, que podem e normalmente têm expectativas conflitantes. No entanto, ao estudar a literatura sobre o tema, pode-se deparar com afirmações sugerindo que ele requer algum ajuste para ser efetivamente utilizado no setor público, bem como uma sintonia fina com a cultura organizacional e os valores do setor (NORTHCOTT; TAULAPAPA, 2012; MOULLIN, 2011).

Além disso, a pesquisa de Dreveton (2013) mostra que o desenvolvimento do BSC nas organizações francesas pode ajudá-las a implementar suas respectivas visões e introduzir indicadores-chave e operacionais de desempenho. Gao (2015) afirmou que, "nesse sentido, o BSC não apenas atua como um controle de diagnóstico, mas também fornece um sistema interativo que permite que diferentes partes interessadas superem as assimetrias de informação na tomada de decisão". A tabela 3 resume os três modelos analisados, destacando seus pontos fortes e fracos:

TABELA 3
Análise comparativa dos modelos de medição de desempenho utilizados na administração pública

Modelo	Critérios de medição de desempenho	Vantagens	Desvantagens
3Es	Economia, Eficiência, Eficácia	• fácil de usar; • permite avaliar a relação custo-eficácia e a eficiência da utilização dos fundos públicos; • aplica parâmetros financeiros e não financeiros.	• não inclui critérios qualitativos; • a medição se concentra na avaliação de parâmetros de curto prazo; • envolve avaliação de efeitos que não foram incorporados ao modelo; • medir economia, eficiência e eficácia não garante que as ações apropriadas resultantes das necessidades de diferentes partes interessadas sejam sujeitas a avaliação; • desconsidera as necessidades do cliente; • não cria oportunidade para medição holística de desempenho.
ESR	Entrada, Saída, Resultado	• permite capturar perspectivas de curto e longo prazo; • refere-se às perspectivas micro, intermediária e macro.	• diferentes partes interessadas podem ter visões diferentes sobre a medição de desempenho (HARTLEY; FLETCHER, 2008); • a multiplicidade de partes interessadas conduz à divergência de interesses; • medir produtos, resultados e impactos não garante que as ações apropriadas resultantes das necessidades de diferentes partes interessadas sejam sujeitas a avaliação; • a perspectiva do cliente pode passar desconsiderada • o papel do cidadão é marginalizado.
BSC	Perspectiva do cliente Perspectiva financeira Perspectiva de processos de negócios internos Perspectiva de aprendizado e crescimento	• permite capturar perspectivas de curto e longo prazo; • leva em consideração as necessidades de diferentes partes interessadas; • permite medir a satisfação dos clientes internos e externos, bem como dos cidadãos; • permite decompor a estratégia ao nível dos objetivos estratégicos e operacionais, bem como medir os resultados alcançados nesta esfera.	• as realizações da organização, monitoradas por meio de medidas de desempenho, manifestam-se em momentos diferentes porque as atividades realizadas sob as quatro perspectivas não ocorrem simultaneamente; • o controle hierárquico de cima para baixo cria a tentação de manipular os níveis mais baixos da estrutura organizacional e modificar os resultados para corresponder às expectativas dos gerentes (ANTHONY; GOVINDARAJAN, 2004); • a medição de desempenho pode apresentar disfunções (marginalizando investimentos de longo prazo, maximizando benefícios de curto prazo, etc.) (HOQUE, 2014); • só pode ser usado pelas organizações para as quais uma estratégia operacional foi formalmente adotada.

Fonte: Hartley e Fletcher (2008); Anthony e Govindarajan (2004); Hoque (2014).

A pesquisa realizada pelo autor desta publicação mostrou que os modelos 3Es, ESR e BSC permitem a medição de desempenho e que todos têm limitações significativas. Eles não correspondem totalmente às necessidades atuais da administração pública. A análise dos pontos fortes e fracos de cada modelo revelou que o modelo BSC apresenta grande potencial na área objeto de estudo, pois, dentre as alternativas examinadas, esta leva em conta ao máximo as necessidades dos diversos *stakeholders*, o que torna possível capturar as perspectivas de curto e longo prazo. Além disso, permite a medição de desempenho mesmo em um horizonte de tempo mais longo, em conjunto com a missão e estratégia de longo prazo adotadas. As possibilidades que oferece uma vez implementadas estão bem alinhadas com as tendências atuais, o que implica que os modelos de medição de desempenho utilizados na administração pública devem abranger mais do que medidas de resultados de curto prazo e dar maior importância às medidas de resultado e impacto, entre as quais, medidas não financeiras que abordam os aspectos qualitativos que desempenham um papel importante (MOULLIN, 2017). As perspectivas que compõem o BSC incluem a orientação para o cliente como componente inerente, o que permite às organizações medir a satisfação dos destinatários dos serviços e dos cidadãos. Os resultados obtidos nesta área permitem confrontar a validade e qualidade dos esforços desenvolvidos com a opinião expressa pela sua população-alvo. Além disso, o BSC permite que a avaliação assuma diversas perspectivas, o que não ocorre nos modelos 3Es e ESR. Essa opinião é compartilhada por outros pesquisadores, que também destacam a necessidade de as especificidades do setor público ganharem mais relevância no modelo, chegando a referir-se ao modelo como Public Sector Scorecard (PSS) (MOULLIN, 2017). De acordo com R. S. Kaplan e D.P. Norton (KAPLAN; NORTON, 2001b, p. 98), a fim de tornar o BSC totalmente utilizável em organizações do setor público, os clientes devem ser colocados no topo da hierarquia. Uma abordagem semelhante é sugerida por P. R. Niven (2003, p. 32), que afirma que o topo do *scorecard* deve ser reservado para a missão operacional, seguida pela perspectiva do cliente (sociedade) e depois pelas outras três perspectivas originais.

Foi para a análise em causa que a nossa investigação se voltou, tirando partido dos modelos analisados e reduzindo ao mesmo tempo as suas limitações. Dessa forma, para as perspectivas individuais adotadas a partir do modelo BSC, propusemos indicadores de medição de desempenho para as autarquias locais (tabela 4). Os indicadores foram desenvolvidos com base no conceito proposto por G.A. Boyne (2002), fornecido na Tabela 2 deste estudo e complementado com referência à literatura analisada.

TABELA 4
Indicadores de medição de desempenho recomendados para autoridades governamentais locais, agrupados de acordo com a perspectiva do modelo **Balance Scorecard** (BSC)

	Perspectivas de acordo com o modelo BSC	Indicadores de medição
Fatores externos	Valor para o cliente Perspectiva da criação	•Satisfação do consumidor •Satisfação do cidadão •Nível de confiança pública •Iniciativas sociais •Satisfação do investidor •Desenvolvimento do mercado de trabalho
Fatores Internos	Apoio às autoridades	•Probidade •Participação •Responsabilidade •Impacto
	Perspectiva de custo	•Custo por unidade de produção •Custo por unidade de capacidade de resposta •Custo por unidade de resultado do serviço •Custo por unidade de resultado democrático •Equidade •Eficiência
	Perspectiva do processo	•Quantidade •Qualidade •Eficácia formal •Tempo de execução para processos internos •Flexibilidade na implementação de processos internos •Adaptação às necessidades do ambiente •Inovação de processo
	Perspectiva de aprendizado e desenvolvimento	•Satisfação da equipe •Lealdade e comprometimento dos funcionários com o trabalho •Nível de qualificação, competência e motivação dos funcionários •Nível de uso/implementação de sistemas de informação e TI •Participação em atividades de desenvolvimento

Fonte: Kaplan e Norton (2001).

5 Discussão e considerações finais

As evidências de nossa pesquisa sugerem que o modelo de medição de desempenho que apresenta maior potencial na área objeto de estudo é o proposto como parte do *Balanced Scorecard*. Em nossa opinião, os indicadores de medição propostos, agrupados em relação às perspectivas derivadas do modelo BSC, criam uma oportunidade para medir os resultados de desempenho obtidos pelos governos locais tanto no curto quanto no longo prazo. A sua importante vantagem é que se referem à possibilidade de satisfazer as necessidades de diferentes *stakeholders* e avaliar os resultados de desempenho obtidos na perspectiva dos destinatários dos serviços públicos e dos cidadãos que representam uma determinada comunidade. Os indicadores propostos foram divididos em dois grupos principais. O primeiro grupo refere-se a fatores externos que afetam o nível de percepção de determinada autoridade do governo local por partes interessadas externas, enquanto o segundo grupo consiste em fatores internos que fornecem informações sobre a eficiência da autoridade do governo local, por exemplo, um escritório público. A essência da solução proposta é levar em conta a mensuração de vários aspectos da atuação das autarquias locais, incluindo aspectos sociais, econômicos, organizacionais e democráticos. O conceito proposto pelos autores pode ser considerado uma espécie de alicerce a ser construído pelos governos locais em função de suas necessidades e condições específicas.

A necessidade de abordar o impacto do *Balanced Scorecard* no desempenho social e organizacional no setor público também é sugerida por Hoque (2014). Sua pesquisa indicou que, ao longo dos últimos 20 anos, houve muitas publicações elaborando a reforma do setor público que dizem respeito aos problemas da implementação do *Balanced Scorecard*. No entanto, dadas as diversas questões sociais, econômicas, políticas, entre outras, deve-se definitivamente abordar o impacto do modelo na melhoria da eficiência nas instituições públicas.

"A medição de desempenho é um campo altamente dinâmico que envolve mudanças constantes, incerteza, ambiguidade e negociação" (GAO, 2015, p. 87). Isso está de acordo com os princípios da teoria da contingência, que prevê que a relação entre as características de uma organização, como seu sistema de medição de desempenho, e o desempenho organizacional depende de contingências específicas (DONALDSON, 2001). Os sistemas de medição de desempenho não são de natureza universal, mas ainda é possível distinguir certa estrutura a esse respeito. A escolha de um modelo específico e uma variante de medição de desempenho na administração pública depende principalmente do tipo de organização pública. As soluções adotadas na área da saúde diferem das utilizadas nas escolas de ensino superior e, ainda, são diferentes das aplicadas nas prefeituras. Além disso, a decisão sobre os critérios e o método de medição é determinada pelas condições nacionais, culturais e organizacionais.

Ao implementar o sistema de medição no governo local, não se pode esquecer que ele deve ser implantado gradualmente, uma vez que benefícios mensuráveis não podem ser observados no curto prazo (YETANO, 2013). O que também se deve buscar é a integração de um sistema de medição de desempenho com o planejamento orçamentário anual (AMMONS; ROENIGK, 2015). Além disso, conforme demonstrado por estudos empíricos (AMMONS; ROENIGK, 2015), quase metade dos líderes do governo local vinculou objetivos estratégicos a programas de gestão de desempenho. Os municípios e distritos administrativos que vincularam o desempenho aos objetivos estratégicos experimentaram maiores benefícios esperados da gestão do desempenho.

Em resumo, a medição de desempenho é um assunto muito complexo que depende de inúmeras variáveis. A sua legitimidade é por vezes questionada no que diz respeito a organizações públicas (BOYNE *et al.*, 2006), mas, como argumentado por Andersen *et al.* (2016), a própria consideração desse corpo de problemas fornece subsídios para o discurso do potencial de melhoria nessa esfera. Em termos de organizações públicas, é tanto mais complicado do que no setor privado, que decorre dos inúmeros *stakeholders* para os quais os resultados devem ser produzidos.

Conclusões semelhantes foram formuladas por Flynn (2007) e Dunn e Miller (2007). Medir o desempenho na administração pública requer muito mais do que a mera escolha de um modelo de medição adequado. Segundo Bititci *et al.* (2012) e Melnyk *et al.* (2013), o conceito de medição de desempenho evoluiu ao longo dos anos da própria medição de desempenho (o que medir) para a gestão de desempenho (como fazer uso dos resultados da medição para gerenciar o desempenho da organização). Posição semelhante foi assumida por Smith e Bititci (2017), enfatizando que a medição de desempenho deve ser complementada pela gestão de desempenho. A literatura sobre medição de desempenho reconhece que o processo de gestão de desempenho deve apoiar o aprendizado da organização (DAVENPORT, 2006; UPADHAYA et al., 2014; Mcadam et al., 2014).

Dessa forma, pode-se partir das descobertas de curto prazo do status quo alcançado em direção à aprendizagem organizacional voltada para o futuro (GREILING; HALACHMI, 2013). As informações obtidas das medições devem ser usadas em maior medida para melhorar continuamente a eficiência da organização.

Behn (2014) argumenta que a gestão de desempenho exige que uma organização empreenda esforços para atingir um objetivo público específico, eliminando ou reduzindo obstáculos. Isso implica a necessidade de definição e acompanhamento de objetivos, bem como a análise de desempenho com base na qual as políticas corretivas são desenvolvidas. Em outras palavras, a gestão de desempenho inclui medir ou monitorar, bem como sugerir ações de melhoria que podem ser usadas pelos órgãos da administração pública como insumo para suas decisões gerenciais (AMMONS; ROENIGK, 2015, p. 524). A gestão de desempenho inclui planejar, medir, avaliar, relatar e implementar medidas corretivas (CEPIKU, 2016). Além disso, a gestão de desempenho deve ser entendida como um processo que consiste em (1) resultados obtidos, (2) forma como eles foram obtidos e (3) abordagem a ser adotada para melhorá-los. O propósito da gestão de desempenho é integrar informações e dados sobre resultados de desempenho no desenho de políticas e atividades relacionadas à alocação de orçamento (VAN DOOREN et al., 2015).

Na gestão de desempenho, fatores como cultura organizacional, capacidade de aprendizado, capacitação dos funcionários, treinamento, recompensas, sistemas de penalidade e *feedback*, uso de informações relacionadas ao desempenho, papel dos patrocinadores ou outras partes interessadas, planejamento estratégico e tomada de decisões, liderança, colaboração ou ligações entre desempenho e confiança desempenham papéis importantes (Gao 2015, p. 90). Esse conhecimento deve ser usado para capacitar os funcionários e, ao mesmo tempo, descentralizar a autoridade de tomada de decisão. A literatura indica que o empoderamento dos funcionários, a tomada de decisão descentralizada e a gestão participativa são fundamentais para a melhoria contínua do desempenho (LEE et al., 2006; FERNANDEZ; MOLDOGAZIEV, 2011).

O *Balanced Scorecard* (BSC) com todas as suas vertentes permite medir e gerir o desempenho de forma a aumentar a eficácia das instituições públicas, mas com a sua perspectiva de desenvolvimento permite também a adoção de medidas de melhoria. A pesquisa de Greatbanks e Tapp (2005) mostra que o uso do *Balanced Scorecard* no setor público pode ter um impacto positivo no aumento da eficiência, na busca mais bem-sucedida de objetivos estratégicos e na melhoria do atendimento ao cliente. Sua forma modificada define claramente a capacidade e o engajamento dos funcionários e promove soluções inovadoras (HOQUE, 2014).

No entanto, deve-se notar que, na busca da operacionalização do BSC, com ênfase na dimensão aprendizagem e educação, bem como no afastamento da avaliação da prestação de contas, pode-se deparar com diversas questões. Estas podem ser de natureza cultural, psicológica e institucional (VAN DOOREN et al., 2015). Atenção especial deve ser dada à exigência de descentralização da gestão, mudança de cultura organizacional e substituição de mecanismos de confiança por mecanismos de controle (VAN DOOREN; HOFFMANN, 2017). Ter sucesso na criação de uma cultura de aprendizado significaria que os funcionários deixaram de ter medo de cometer erros. Erros e falhas devem ser tratados como oportunidades de aprendizado em vez de serem usados como mera base para a avaliação dos funcionários (OLEJNICZAK; NEWCOMER, 2014). As informações assim obtidas também podem ser utilizadas de forma mais eficaz, uma vez que o envolvimento no diálogo sobre desempenho com diversas partes interessadas aumentou e o espaço para análise e interpretação de dados é criado (MOYNIHAN, 2009).

Deve-se notar também que as iniciativas mais recentes de gestão de desempenho são orientadas para uma gestão dinâmica de desempenho. Elas foram desenvolvidos em resposta à falta de uma abordagem holística para gerenciar a complexidade do desempenho do setor público (SARDI, 2019, p. 4). A abordagem dinâmica para a complexidade do contexto público requer que os fatores econômicos, ambientais, sociais e nacionais sejam levados em consideração. Infelizmente, até agora, essa abordagem permaneceu em fase embrionária, praticamente representada apenas em meras simulações de computador de problemas de saúde específicos. A abordagem dinâmica ainda não foi implementada nos órgãos do governo local, seja no nível estadual ou autônomo (SARDI, 2019, p. 12).

Considerando que a mensuração perfeita do desempenho no setor público é praticamente impossível na realidade, a nosso ver, os efeitos de sua análise podem ampliar o conhecimento existente sobre os modelos de mensuração de desempenho utilizados na administração pública. Este artigo expande o discurso sobre modelos que podem ser potencialmente aplicados, destacando a necessidade de as três perspectivas – micro, intermediária e macro – serem levadas em consideração junto com diversos indicadores, particularmente aqueles orientados não apenas para a medição de desempenho, mas também para a gestão de desempenho para realizações de longo prazo. Sua principal contribuição é uma seleção de implicações para uso prático. Em primeiro lugar, o estudo enfatiza os pontos fortes e as limitações dos populares modelos 3Es, ESR e BSC. Em segundo lugar, os autores defendem que o modelo BSC tem de facto o maior potencial para ir ao encontro das expectativas dos vários *stakeholders* e que necessita ser adaptado às especificidades da administração pública e ter em conta as diversas questões que possam surgir.

É importante perceber como a aplicação de um modelo específico suporta a medição dos efeitos numa perspectiva de tempo mais longo. Isso pode ajudar as organizações a formular suas expectativas em relação ao sistema de indicadores que pretendem implementar. Ainda mais importante, permitiria que elas aproveitassem ao máximo a elaboração de seus planos de desenvolvimento.

Os indicadores de medição de desempenho interno e externo propostos para as autarquias locais, agrupados segundo a perspectiva do modelo BSC, apoiam a gestão proativa do desempenho. As informações por eles fornecidas podem subsidiar as decisões dos responsáveis, fomentando e facilitando a profissionalização da gestão do setor público. Isso pode proporcionar orientação inicial sobre como as informações de desempenho podem ser usadas. No entanto, os riscos potenciais também devem ser levados em consideração. Quando o aspecto de controle da avaliação de desempenho excede o valor da informação, é improvável que tais avaliações tenham qualquer impacto positivo no desempenho (JACOBSEN; JENSEN, 2017). Outra correlação significativa foi observada por Taylor (2014), que apontou que, onde as informações sobre desempenho não são utilizadas na prática, mesmo estando disponíveis aos gestores, a cultura organizacional das instituições públicas pode ser uma barreira. Deve-se notar também que a gestão de desempenho pode servir a outros propósitos além de melhorar o próprio desempenho, como garantir a responsabilidade das organizações perante o público e melhorar a legitimidade dos gestores e organizações públicas (VAN DOOREN et al., 2015). A análise de Vogel e Hattke (2017) implica que o uso de informações relacionadas ao desempenho é importante correlacionado com o próprio desempenho, mas essas correlações dependem dos objetivos de controle. O que se torna particularmente importante é uma mudança na utilização real de informações relacionadas ao desempenho, bem como o afastamento de avaliações e sanções rígidas em favor do uso de informações não vinculativas, a fim de garantir espaço para análise e interpretação de dados antes que as conclusões sejam formuladas.

Existe certa fragilidade na percepção objetiva dos indicadores propostos no conceito BSC, pois não eliminam o importante problema da possibilidade de adulteração dos resultados uma vez obtidos. A pesquisa de Chan e Gao (2008) sobre o sistema de medição de desempenho chinês mostrou que, se a medição de desempenho for projetada principalmente para garantir a conformidade política, a chance de melhoria real do desempenho é insignificante, uma vez que as metas relevantes podem ser definidas em um nível que garante o seu cumprimento. O potencial de eliminação desse fenômeno indesejável deve ser buscado na implantação de uma cultura organizacional adequada e na construção de um sistema motivacional.

Infelizmente, o *scorecard* estratégico como tal não pode ser recomendado para todas as organizações porque o pré-requisito de sua implementação é que a organização tenha adotado uma estratégia formalizada. Este é um obstáculo que alguns órgãos da administração pública podem de fato encontrar. Existem outros aspectos a ter em consideração, nomeadamente a capacidade de utilizar a informação obtida a partir das medições e integrá-la nos planos de desenvolvimento não só das próprias instituições públicas, mas também de todas as comunas, municípios e regiões.

A análise fornecida no artigo tem muitas limitações, que também inspiram pesquisas futuras ao mesmo tempo. O que propusemos não é a única solução disponível, mas em nossa opinião vale a pena ser levado em consideração, pois destaca vários aspectos diferentes da gestão de desempenho em organizações públicas. A pesquisa em questão baseou-se na literatura sobre o assunto e, portanto, definitivamente é válido tentar testar seus achados na prática, partindo de estudos qualitativos e estendendo-os em termos quantitativos. A investigação futura neste domínio deverá visar a identificação e o exame dos modelos utilizados na prática para medir os resultados alcançados, acompanhados de uma avaliação do grau de utilização efetiva da informação assim adquirida numa perspectiva de curto e longo prazo. O que também parece estar ganhando importância é o estudo do impacto de aspectos estratégicos ou ambientais na escolha de um determinado modelo de medição de desempenho. Tais achados são necessários para complementar e ampliar o conhecimento existente sobre o assunto.

Referências

ABDEL-MAKSOUD, Ahmed, Said Elbanna, Habib Mahama, and Raili Pollanen. 2015. The use of performance information in strategic decision making in public organizations. International Journal of Public Sector Management 28: 528-49.

ALFORD, John. 2002. Defining the Client in the Public Sector: A Social – Exchange Perspective. Public Administration Review 62: 337-46.

AMMONS, David N., and Dale J. Roenigk. 2015. Performance management in local government: Is practice influenced by doctrine? Public Performance & Management Review 38: 514-41.

ANDERSEN, Lotte B., Andreas Boesen, and Lene Holm Pedersen. 2016. Performance in Public Organizations: Clarifying the Conceptual Space. Public Administration Review 76: 852-62.

ANTHONY, Robert N., and Vijay Govindarajan. 2004. Management Control Systems. New York: McGraw-Hill.

BEHN, Robert D. 2003. Why measure performance? Different purposes require different measures. Public Administration Review 63: 586-606.

BEHN, Robert D. 2014. What Performance Management Is and Is Not. Bob Behn's Public Management Report 12.

BERTALANFFY, Ludwig von. 1968. General System Theory: Foundations, Development, Applications. New York: Braziller.

BIANCHI, Carmine. 2010. Improving performance and fosteringaccountability in the public sector through systemdynamics modelling: From an'external'to an'internal'perspective. Systems Research Behavioral Science 27: 361-84.

BINNENDIJK, Annette. 2002. Results Based Management in the Development Co-Operation Agencies. A Review of Experience, Report OECD.

BITITCI, Umit, Patrizia Garengo, Viktor Dorfler, and Sai Nudurupati. 2012. Performance measurement: Challenges for tomorrow. International Journal of Management Reviews 14: 305-27.

BOUCKAERT, Geert, and John Halligan. 2007. Managing Performance: International Comparisons. New York: Routledge.

BOUCKAERT, Geert, and B. Guy Peters. 2002. Performance measurement and management: The Achilles' heel in administrative modernization. Public Performance & Management Review 25: 359-62.

BOYNE, George A. 2002. Concepts and Indicators of Local Authority Performance: An Evaluation of the Statutory Frameworks in England and Wales. Public Money & Management 22: 17-24.

BOYNE, George A., Kenneth J. Meier, Laurence J. O'Toole Jr., and Richard M. Walker. 2006. Public Service Performance. Perspectives on Measurement and Management. Cambridge: Cambridge University Press.

BRYSON, John M., Barbara C. Crosby, and Laura Bloomberg. 2014. Public value governance: Moving beyond traditional public administration and the new public management. Public Administration Review 74: 445-56.

CALOGERO, Marino. 2010. The introduction of new public management principles in the Italian public sector. Transylvanian Review of Administrative Sciences 30E: 30-54.

CARMONA, Salvador, and Anders Grönlund. 2003. Measures vs. actions: The balanced scorecard in Swedish law enforcement. International Journal of Operations & Production Management 23: 1475-96.

CEPIKU, Denita. 2016. Performance management in public administration. In The Routledge Handbook of Global Public Policy and Administration. Edited by Thomas Klassen, Denita Cepiku and Tae J. Lah. Abingdon: Routledge.

CHAN, Hon S., and Jie Gao. 2008. Performance Measurement in Chinese Local Governments: Guest Editors' Introduction. Chinese Law & Government 41: 4-9.

DAVENPORT, Thomas H. 2006. Competing on analytics. Harvard Business Review 84: 98.

DIMITRIJEVSKA-MARKOSKI, Tamara. 2019. The Impact of Performance Measurement and Performance Information Use on Municipal and County Performance. Public Administration Quarterly 43: 52-78.

DONALDSON, Lex. 2001. The Contingency Theory of Organizations. Thousand Oaks: Sage Publications, Inc.

DREVETON, Benjamin. 2013. The advantages of the balanced scorecard in the public sector: Beyond performance measurement. Public Money & Management 33: 131-36.

DUNN, William N., and David Y. Miller. 2007. A Critique of the New Public Management and the NeoWeberian State: Advancing a Critical Theory of Administrative Reform. Public Organization Review 7: 345-58.

FERNANDEZ, Sergio, and Tima Moldogaziev. 2011. Empowering public sector employees to improve performance: Does it work? American Review of Public Administration 41: 23-47.

FLYNN, Norman. 2007. Public Sector Management, 5th ed. London: Sage Publications Ltd.

FOLZ, David H., Reem Abdelrazek, and Yeonsoo Chung. 2009. The adoption, use, and impacts of performance measures in mediumsize cities: Progress toward performance management. Public Performance & Management Review 33: 63-87.

GAO, Jie. 2015. Performance Measurement and Management in the Public Sector: Some Lessons from Research Evidence. Public Administration and Development 35: 86-96.

GERRISH, Ed. 2016. The impact of performance management on performance in public organizations: A meta-analysis. Public Administration Review 76: 48-66.

GLOBAL TRENDS to 2030. 2017. Can the UE Meet the Challenges Ahead? Luxembourg: ESPAS, Publications Office of the European Union.

GREATBANKS, Richard, and David Tapp. 2005. The impact of balanced scorecards in a public sector environment Empirical evidence from Dunedin City Council, New Zealand. International Journal of Operations & Production Management 27: 846-73.

GREILING, Dorothea, and Arie Halachmi. 2013. Accountability and organizational learning in the public sector. Public Performance & Management Review 36: 380-406.

GRIZZLE, Gloria A. 2002. Performance Measurement and Dysfunction. Public Performance & Management Review 25: 363-69.

HARTLEY, Jean, and Clive Fletcher. 2008. Leading with Political Awareness: Leadership Across Diverse Interests Inside and Outside the Organisation. In Leadership Perspectives. Edited by Kim T. James and James Collins. London: Palgrave Macmillan.

HO, Alfred T.-K. 2006. Accounting for the value of performance measurement from the perspective of Midwestern mayors. Journal of Public Administration Research and Theory: J-PART 16: 217-37.

HOQUE, Zahirul. 2014. 20 years of studies on the balanced scorecard: Trends, accomplishments, gaps and opportunities for future research. The British Accounting Review 46: 33-59.

JACOBSEN, Christian B., and Lars E. Jensen. 2017. Why not "just for the money"? An experimental vignette study of the cognitive price effects and crowding effects of performance-related pay. Public Performance & Management Review 40: 551-80.

JANSSEN, Marijn, and Elsa Estevez. 2013. Lean government and platform-based governance – Doing more with less. Government Information Quarterly 30: S1-S8.

JIN, Myung. 2013. Public Service Motivation: A Cross-Country Study. International Journal of Public Administration 36: 331-43.

KALLEBERG, Arne, Peter Marsden, Jeremy Reynolds, and David Knoke. 2006. Beyond profit? Sectoral differences in high-performance work practices. Work and Occupations 33: 271-302.

KAPLAN, Robert S., and David P. Norton. 2001a. The Strategy-Focused Organization: How Balanced Scorecard Companies Thrive in the New Business Environment. Boston: Harvard Business Press.

KAPLAN, Robert S., and David P. Norton. 2001b. Transforming the balanced scorecard from performance measurement to strategic management: Part 1. Accounting Horizons 15: 87-104.

KINYUIRA, Daniel, and Jomo Kenyatta. 2019. Using results chain framework as a tool for the improvement of performance evaluation in firms. Journal of Strategy & Performance Management 7: 28-36.

KROLL, Alexander, and Donald P. Moynihan. 2015. Does training matter? Evidence from performance management reforms. Public Administration Review 75: 411-20.

LEE, Haksoo, Joseph N. Cayer, and Zhiyong G. Lan. 2006. Changing federal government employee attitudes since the Civil Service Reform Act of 1978. Review of Public Personnel Administration 26: 21-51.

MCADAM, Rodney, Shirley-Ann Hazlett, and Brendan Galbraith. 2014. The Role of Performance Measurement Models in Multi Level Alignment: An Exploratory Case Analysis in the Utilities Sector. International Journal of Operations & Production Management 34.

MELNYK, Steven A., Umit Bititci, Ken Platts, Jutta Tobias, and Bjørn Anderson. 2013. Is performance measurement and management fit for the future? Management Accounting Research 25: 173-86.

MICHELI, Pietro, and Andy Neely. 2010. Performance measurement in the public sector in England: Searching for the golden thread. Public Administration Review 70: 591-600.

MIDWINTER, Arthur. 1994. Developing Performance Indicators for Local Government: The Scottish Experience. Public Money & Management 14: 37-43.

MOORE, Mark H. 2003. The Public Value Scorecard: A Rejoinder and an Alternative to 'Strategic Performance Measurement and Management in Non-Profit Organizations' by Robert Kaplan. SSRN Electronic Journal.

MOULLIN, Max. 2011. Using the public sector scorecard to measure and improve performance. Perspectives on Performance 8: 37-40.

MOULLIN, Max. 2017. Improving and evaluating performance with the public sector scorecard. International Journal of Productivity and Performance Management 66: 442-58.

MOYNIHAN, Donald P. 2006. Managing for results in state government: Evaluating a decade of reform. Public Administration Review 66: 77-89.

MOYNIHAN, Donald P. 2009. Through a glass, darkly: Understanding the effects of performance regimes. Public Performance & Management Review 32: 592-603.

MOYNIHAN, Donald P., and Stéphane Lavertu. 2012. Does involvement in performance management routines encourage performance information use? Evaluating GPRA and PART. Public Administration Review 72: 592-602.

NEELY, Andy, John Mills, Ken Platts, Huw Richards, Mike Gregory, Mike Bourne, and Mike Kennerley. 2000. Performance measurement system design: Developing and testing a process-based approach. International Journal of Operations & Production Management 20: 1119-45.

NIVEN, Paul. 2003. Balanced Scorecard Step-by-Step for Government and Non-Profit Agencies. New York: John Wiley and Sons.

NIVEN, Paul R. 2008. Balanced Scorecard Step-by-Step for Government and Not-for-Profit Agencies, 2nd ed. Hoboken: John Wiley & Sons, Inc.

NORTHCOTT, Deryl, and Tuivaiti M. Taulapapa. 2012. Using the balanced scorecard to manage performance in public sector organizations: Issues and challenges. International Journal of Public Sector Management 25: 166-91.

OLEJNICZAK, Karol, and Kathryn Newcomer. 2014. Moving towards accountability for learn-ing. In Organizational Learning. A Framework for Public Administration. Edited by Karol Olejniczak and Stanisław Mazur. Warsaw: Scholar Publishing House, pp. 81-98.

PERRY, James L., and Wouter Vandenabeele. 2015. Public Service Motivation Research: Achievements, Challenges, and Future Directions. Public Administration Review 75.

PETTICREW, Mark, and Helen Roberts. 2006. Systematic Reviews in the Social Sciences: A Practical Guide. Malden: Blackwell.

POISTER, Theodore H., Obed Q. Pasha, and Lauren H. Edwards. 2013. Does performance management lead to better outcomes? Evidence from U.S. public transit industry. Public Administration Review 73: 625-36.

POLLITT, Christopher, and Geert Bouckaert. 2011. Public Management Reform: A Comparative Analysis. Oxford: Oxford University Press.

RAINEY, Hal G. 2003. Understanding and Managing Public Organizations. San Francisco: John Wiley & Sons.

SARDI, Albert. 2019. Dynamic Performance Management: An Approach for Managing the Common Goods. Sustainability 11: 6435.

SMITH, Marisa, and Umit S. Bititci. 2017. Interplay between performance measurement and management, employee engagement and performance. International Journal of Operations and Production Management 37: 1207-28.

TAYLOR, Jeannette. 2014. Organizational culture and the paradox of performance management. Public Performance & Management Review 38: 7-22.

THOMAS, Glenn A., and Shyam Jajodia. 2004. Commercial- Off-The-Shelf Enterprise Resource Planning Software Implementations in the Public Sector: Practical Approaches for Improving Project Success. The Journal of Government Financial Management 53: 12-19.

UPADHAYA, Bedanand, Rahat Munir, and Blount Yvette. 2014. Association between Performance Measurement Systems and Organizational Effectiveness. International Journal of Operations & Production Management 34: 853-875.

VAN DOOREN, Wouter, and Cornelia Hoffmann. 2017. Performance Management in Europe: An Idea Whose Time Has Come and Gone? In The Palgrave Handbook of Public Administration and Management in Europe. Edited by Edoardo Ongaro and Sandra Van Thiel. London: Palgrave Macmillan.

VAN DOOREN, Wouter, Chiara De Caluwé, and Zsuzsanna Lonti. 2012. How to Measure Public Administration Performance. Public Performance & Management Review 35: 489-508.

VAN DOOREN, Wouter, Geert Bouckaert, and John Halligan. 2015. Performance Management in the Public Sector, 2nd ed. London: Routledge.

VAN HELDEN, G. Jan, and Christoph Reichardb. 2013. A meta-review of public sector performance management research. TÉKHNE – Review of Applied Management Studies 11: 10-20.

VAN THIEL, Sandra, and Frans L. Leeuw. 2002. The performance paradox in the public sector. Public Performance and Management Review 25: 267-81.

VIGNIERI, Vincenzo. 2018. Performance Management in the Public Sector. In Global Encyclopedia of Public Administration, Public Policy, and Governance. Edited by Ali Farazmand. Berlin/Heidelberg: Springer International Publishing, pp. 1-8.

VOGEL, Rick, and Fabian Hattke. 2017. How is the Use of Performance Information Related to Performance of Public Sector Professionals? Evidence from the Field of Academic Research. Public Performance & Management Review 41: 390-414.

WANG, Jing. 2018. Performance Management in Local Government. In Global Encyclopedia of Public Administration, Public Policy, and Governance. Cham: Springer, pp. 1-5.

WANG, Xiao H., and Evan E. Berman. 2001. Hypotheses about performance measurement in counties: Findings from a survey. Journal of Public Administration Research and Theory 11: 403-28.

WEERAKKODY, Vishanth, and Gurjit Dhillon. 2008. Moving from e-government to t-government: A study of process reengineering challenges in a UK local authority context. International Journal of Electronic Government Research 4: 1-16.

WEERAKKODY, Vishanth, Marijn Janssen, and Yogesh K. Dwivedi. 2011. Transformational change and business process reengineering (BPR): Lessons from the British and Dutch public sector. Government Information Quarterly 28: 320-28.

WEINER, Norbert. 1948. Cybernetics: Or Control and Communication in the Animal and the Machine. New York: Wiley.

WEST, Damian, and Deborah Blackman. 2015. Performance Management in the Public Sector. Australian Journal of Public Administration 74: 73-81.

WISNIEWSKI, Mik, and Snjolfur Ólafsson. 2004. Developing balanced scorecards in local authorities: A comparison of experience. International Journal of Productivity and Performance Management 53: 602-10.

YANG, Kaifeng, and Jun Y. Hsleh. 2007. Managerial effectiveness of government performance measurement: Testing a middle-range model. Public Administration Review 67: 861-79.

YETANO, Ana. 2013. What Drives the Institutionalization of Performance Measurement and Management in Local Government? Public Performance & Management Review 37: 59-86.

YUAN, Jingfeng, Alex Y. Zeng, Miroslaw J. Skibniewski, and Qiming Li. 2009. Selection of performance objectives and keyperformance indicators in public-private partnership projects to achieve value for money. Construction Management and Economics 27: 253-70.

Informação bibliográfica deste texto, conforme a NBR 6023:2018 da Associação Brasileira de Normas Técnicas (ABNT):

EL KHATIB, Ahmed Sameer. Como mensurar o desempenho na administração pública? Reflexões sobre as diferentes técnicas existentes. *In*: LIMA, Edilberto Carlos Pontes (coord.). *Os Tribunais de Contas e as políticas públicas*. Belo Horizonte: Fórum, 2023. p. 39-63. ISBN 978-65-5518-596-6.

A GESTÃO SUSTENTÁVEL E OS TRIBUNAIS DE CONTAS

ALINE PACHECO MEDEIROS

Introdução

Há muito se fala de um descolamento do que se chama a "humanidade" do restante da natureza, como se os seres humanos não a integrassem, sob a visão de que natureza é apenas uma fonte inesgotável de recursos.

> Fomos, durante muito tempo, embalados com a história de que somos a humanidade. Enquanto isso – enquanto seu lobo não vem –, fomos nos alienando desse organismo de que somos parte, a Terra, e passamos a pensar que ele é uma coisa e nós, outra: a Terra e a humanidade. Eu não percebo onde tem alguma coisa que não seja natureza. Tudo é natureza. O cosmos é natureza. Tudo em que eu consigo pensar é natureza. (KRENAK, 2020, p. 16-17)

Sob o argumento do progresso, essa dissociação antropocêntrica impulsionou a intervenção humana com robustez pujante o suficiente para modificar o curso da história do nosso planeta. Delimitou-se, então, doutrinariamente, uma nova era geológica ou geo-histórica, o Antropoceno, que "se caracteriza pela capacidade de destruição do ser humano, acelerando o desaparecimento natural das espécies" (BOFF, 2020, p. 23).

Agravando o cenário, existe ainda certa seletividade quanto ao que seria ou não humanidade, a partir das características de determinados grupos sociais e da forma como se relacionam com a natureza.

> Os únicos núcleos que ainda consideram que precisam ficar agarrados nessa terra são aqueles que ficaram meio esquecidos pelas bordas do planeta, nas margens dos rios, nas beiras dos oceanos, na África, na Ásia ou na América Latina. São caiçaras, índios, quilombolas, aborígenes – a sub-humanidade. Porque tem uma humanidade, vamos dizer, bacana. E tem uma camada mais bruta, rústica, orgânica, uma sub-humanidade, uma gente que fica agarrada na terra. [...] Recurso natural para quem? Desenvolvimento sustentável para quê? o que é preciso sustentar? (KRENAK, 2020, p. 21-22)

Como resultado das práticas concernentes a essa era ainda em curso, vive-se uma crise ecológica de ordem global, o que ensejou o surgimento de medidas mitigadoras, fundadas em definições como a sustentabilidade e a função social das cidades.

Em paralelo, a academia tem se voltado para a antecipação regenerativa, buscando medidas efetivas para restaurar a conexão do ser humano com a natureza, com outros seres humanos e consigo.

Passou-se a examinar com mais atenção as práticas da tal da *sub-humanidade*, povos historicamente considerados primitivos e que na verdade muito têm a ensinar sobre como integrar de fato o meio em que vivem. Sem prejuízo, a própria natureza vem sendo observada com mais afinco com o intuito de encontrar respostas, o que fez nascer também a biomimética e as soluções baseadas na natureza.

Em meio a várias novas definições e vertentes resultantes de pesquisas em curso, predominam ainda o conceito de desenvolvimento sustentável e as medidas mitigadoras dele decorrentes, mesmo que criticadas, pois funcionariam apenas como uma justificativa para a exploração depredatória com fundamento na arcaica definição de progresso da modernidade. "Estar com aquela turma me fez refletir sobre o mito da sustentabilidade, inventado pelas corporações para justificar o assalto que fazem à nossa ideia de natureza" (KRENAK, 2020, p. 16).

Apesar de não restabelecerem a integridade do complexo homem-natureza, e não tratarem a origem da questão, e, por tal motivo serem vistas pela *sub-humanidade* (KRENAK, 2020, p. 21-22) e por parte da doutrina como justificativas para subverter a relação que deveria ser mantida com o meio ecológico, as medidas mitigadoras funcionam hoje como tentativas de minimizar o impacto da ação humana e de içar um novo olhar sobre a questão, considerando, contudo, que o exame crítico das terminologias e de eventuais propósitos secundários das medidas mitigadoras não é o enfoque do presente trabalho.

Em reforço e aparato para as medidas mitigadoras, há todo um arcabouço jurídico-normativo que embasa a sustentabilidade, em todas as suas dimensões, como um filtro axiológico para a tomada de decisões nas instituições públicas e para a prática de atos administrativos.

Sobrepujando as divergências quanto à veracidade da origem e do propósito dessas medidas, a proposta deste trabalho é indagar se, independentemente do propósito final de um ato, não deveria todo ato administrativo atender a um propósito concomitante e posterior, que é ser sustentável, seja segundo as tradicionais dimensões econômica, social e ambiental, seja sob as demais dimensões.

Para tanto, propõe-se uma revisão do instituto do ato administrativo discricionário, definido tradicionalmente como aquele em que o gestor avalia a conveniência e a oportunidade para a sua prática, justamente para que tenha a liberdade de conduzir a sua gestão de acordo com os seus propósitos e avaliações.

Afinal, se a prática do ato envolve recurso público e/ou se a tomada de decisões repercute direta ou indiretamente nos aspectos ambiental e social, não deveria o gestor submeter seus atos a uma prévia análise quanto a esses aspectos? Não deveriam as instituições fiscalizadoras apurar se esses atos configuram a melhor escolha dentre as possíveis, considerando a sua repercussão econômica, social e ambiental?

Ainda que com maior liberdade de conformação, não deveria o gestor estar comprometido com o reverberar ambiental, social, econômico, ético e cultural, dentre outros, dos atos praticados para condução da logística da instituição pública, tendo em vista o direito fundamental à boa administração pública e o princípio da sustentabilidade?

Ademais, questiona-se: as próprias instituições fiscalizadoras atuam na sua atividade-meio de forma congruente com o que controlam ou deveriam controlar na atividade-fim no que concerne à logística sustentável?

Diante de tais indagações e delimitada a problemática, este trabalho tem por intuito demonstrar a relação entre o direito fundamental à boa administração pública, o princípio da sustentabilidade e o caráter imperativo da gestão sustentável no âmbito da administração pública, com um recorte específico para o atual cenário nas cortes de contas, uma vez que a gestão sustentável habilita essas instituições ao exercício eficaz do controle de sustentabilidade.

Partindo da premissa de que na esfera pública o princípio da sustentabilidade contém um direito de cada um dos cidadãos e um dever do administrador, bem como de que seu conceito abrange, dentre outras, as dimensões econômica, ambiental e social, eflui, como consectário do direito fundamental à boa administração pública, a necessidade de sua aplicação como um filtro para a atuação do gestor e como parâmetro para o controle, seja da gestão de seus jurisdicionados, seja de performance.

1 Metodologia

Para a execução do escopo do presente, foram sucintamente abordados os institutos-chave para a compreensão da correlação a se estabelecer, quais sejam, atos discricionários, direito fundamental à boa administração pública, princípio da sustentabilidade e gestão sustentável/programas de logística sustentável.

De forma igualmente breve, foi traçado o encadeamento entre os institutos para a delimitação do caráter cogente da gestão sustentável e a demonstração de como o tema vem evoluindo na gestão de alguns Tribunais de Contas do país.

Na sequência, passa-se à evolução da competência dos Tribunais de Contas, acompanhando a transição do modelo de administração pública burocrática para o gerencial, de modo a justificar o exercício do controle de resultados, por meio de auditorias operacionais e monitoramentos.

Para tratar do tema, emprega-se a revisão bibliográfica dos institutos-chave, bem como argumentação lógico-jurídica. No que concerne aos dados acerca da gestão sustentável em Tribunais de Contas, foram coletados por meio dos sítios eletrônicos oficiais de cada uma das instituições, bem como fornecidos pela Rede Legislativo Sustentável.[1]

Os dados trazidos a respeito dos Tribunais de Contas têm por objetivo traçar um panorama, um recorte do atual estágio da gestão sustentável no âmbito de uma fração das instituições fiscalizadoras.

---

[1] "A Rede Nacional de Sustentabilidade no Legislativo é constituída pelo Tribunal de Contas da União, Senado Federal, Câmara dos Deputados e por demais órgãos e entidades da administração pública e da sociedade civil e destina-se à consecução de interesses comuns voltados à discussão e à proposição de questões e iniciativas relativas à gestão pública sustentável e eficiente no âmbito do Poder Legislativo" (CONGRESSO NACIONAL, s/d.).

Como fatores limitadores, menciona-se que alguns Tribunais de Contas não dispõem de área dedicada à gestão sustentável em seus sites, assim como não aderiram à Rede Legislativo Sustentável, e que o material bibliográfico sobre o tema é escasso.

2 Breves considerações sobre institutos

2.1 Atos discricionários

É sabido que os atos discricionários são tradicionalmente caracterizados por certo grau de subjetividade, pois sua prática e seu norte ficariam ao alvedrio do gestor segundo critérios de conveniência e oportunidade, a par de poderem passar por controle de razoabilidade e de proporcionalidade.

Ensina Maria Sylvia Zanella Di Pietro (2017, p. 234) que a distinção entre atos discricionários e atos vinculados tem importância no que diz respeito ao controle que o Poder Judiciário exerce: com relação aos atos vinculados não existe restrição ao controle, pois, sendo todos os elementos definidos em lei, caberá ao Judiciário examinar, em todos os seus aspectos, a conformidade do ato com a lei, para decretar a sua nulidade se reconhecer que essa conformidade inexistiu. Com relação aos atos discricionários, o controle judicial é possível, mas terá que respeitar a discricionariedade administrativa nos limites em que ela é assegurada à Administração Pública pela lei.

Tendo como antecedente que nenhum ato é totalmente discricionário, pois a liberdade total se confundiria com a arbitrariedade (OLIVEIRA, 2018, p. 365-366), a antiga definição de discricionariedade foi revisitada a partir de uma visão sistemática do Direito Administrativo, com a compreensão de que incumbe ao administrador optar pela melhor escolha dentre as possíveis, cabendo a ele observar o plexo axiológico constitucional e infraconstitucional. *Há, então, uma vinculação direta da discrição do gestor público em razão do direito fundamental à boa administração pública* (FREITAS, 2019, p. 24).

Assim, a discricionariedade passa a ser definida como a competência administrativa de avaliar e de escolher, no plano concreto, as melhores soluções, mediante justificativas válidas, coerentes e consistentes de sustentabilidade, conveniência ou oportunidade, estas sem prejuízo da razoabilidade e proporcionalidade, observados os requisitos da efetividade do direito fundamental à boa administração pública. Em outras palavras, "[...] a discricionariedade pode ocorrer, em função da faculdade conferida pelo legislador e pelo sistema, no plano propriamente da escolha das consequências ou resultados, entre várias opções lícitas" (FREITAS, 2019, p. 24).

2.2 Direito fundamental à boa administração pública

Segundo Juarez Freitas (2019, p. 21), precursor do tema, o direito fundamental à boa administração pública pode ser compreendido como o direito fundamental à administração pública eficiente e eficaz, proporcional cumpridora de seus deveres, com transparência, *sustentabilidade*, motivação proporcional, imparcialidade e respeito à moralidade, à participação social e à plena responsabilidade por suas condutas omissivas e comissivas.

O autor enfatiza que a tal direito corresponde o dever de observar, nas relações administrativas, a cogência da totalidade dos princípios constitucionais, e arremata o conceito como um somatório de direitos subjetivos públicos, o qual alberga como *standard* mínimo:

- o direito à administração pública transparente;
- *o direito à administração pública sustentável, que implica fazer preponderar, inclusive no campo regulatório, o princípio constitucional da sustentabilidade, que determina a preponderância dos benefícios sociais, ambientais e econômicos sobre os custos diretos e indiretos (externalidades negativas), de molde a assegurar o bem-estar multidimensional das gerações presentes sem impedir que as gerações futuras alcancem o próprio bem-estar multidimensional;*
- o direito à administração pública dialógica;
- o direito à administração pública proba;
- o direito à administração pública respeitadora da legalidade temperada;
- o direito à administração pública preventiva, precavida e eficaz (FREITAS, p. 22).

Conclui, portanto, que as escolhas administrativas somente serão legítimas se forem eficazes, *sustentáveis*, motivadas, proporcionais, transparentes, imparciais e ativadoras da participação social, da moralidade e da plena responsabilidade (FREITAS, 2019, p. 23).

2.3 Princípio da sustentabilidade

Positivado em sua dimensão ambiental no art. 225[2] da Constituição da República Federativa do Brasil e detentor de eficácia direta e imediata, o princípio da sustentabilidade assenta a responsabilidade do Estado e da sociedade pela concretização

---

[2] Art. 225. Todos têm direito ao meio ambiente ecologicamente equilibrado, bem de uso comum do povo e essencial à sadia qualidade de vida, impondo-se ao Poder Público e à coletividade o dever de defendê-lo e preservá-lo para a presente e as futuras gerações.
§1º Para assegurar a efetividade desse direito, incumbe ao Poder Público:
I – preservar e restaurar os processos ecológicos essenciais e prover o manejo ecológico das espécies e ecossistemas;
II – preservar a diversidade e a integridade do patrimônio genético do País e fiscalizar as entidades dedicadas à pesquisa e manipulação de material genético;
III – definir, em todas as unidades da Federação, espaços territoriais e seus componentes a serem especialmente protegidos, sendo a alteração e a supressão permitidas somente através de lei, vedada qualquer utilização que comprometa a integridade dos atributos que justifiquem sua proteção;
IV – exigir, na forma da lei, para instalação de obra ou atividade potencialmente causadora de significativa degradação do meio ambiente, estudo prévio de impacto ambiental, a que se dará publicidade;
V – controlar a produção, a comercialização e o emprego de técnicas, métodos e substâncias que comportem risco para a vida, a qualidade de vida e o meio ambiente;
VI – promover a educação ambiental em todos os níveis de ensino e a conscientização pública para a preservação do meio ambiente;
VII – proteger a fauna e a flora, vedadas, na forma da lei, as práticas que coloquem em risco sua função ecológica, provoquem a extinção de espécies ou submetam os animais a crueldade.
VIII – manter regime fiscal favorecido para os biocombustíveis destinados ao consumo final, na forma de lei complementar, a fim de assegurar-lhes tributação inferior à incidente sobre os combustíveis fósseis, capaz de garantir diferencial competitivo em relação a estes, especialmente em relação às contribuições de que tratam

solidária do desenvolvimento material e imaterial, socialmente inclusivo, durável e equânime, ambientalmente limpo, inovador, ético e eficiente, no intuito de assegurar, preferencialmente de modo preventivo e precavido, no presente e no futuro, o direito ao bem-estar (FREITAS, 2019, p. 45).

O conceito abrange os seguintes elementos essenciais: a natureza de princípio constitucional diretamente aplicável; a eficácia; a eficiência; o ambiente limpo; a probidade; a prevenção; a precaução; a solidariedade intergeracional, com o reconhecimento de direitos fundamentais das gerações presentes e futuras; a responsabilidade do Estado e da sociedade; e o bem-estar.

3 Caráter cogente da gestão sustentável na administração pública

Como visto no item 2.1, mesmo um ato discricionário, dotado de subjetividade fruto do exame pelo gestor do mérito administrativo, que atine à conveniência e à oportunidade para sua prática, se submete a algum grau de vinculação por força do direito fundamental à boa gestão, que abrange o direito a uma administração pública sustentável, fazendo preponderar, no campo regulatório, dentre outros, o princípio constitucional da sustentabilidade (FREITAS, 2019, p. 22) e seus consectários.

Assim, seja com fundamento em qualquer dos princípios inseridos no art. 37 da Constituição da República Federativa Brasileira (CRFB), seja por aplicação do direito fundamental à boa gestão ou por aplicação direta e imediata do comando inserido no art. 225 e direcionado ao Poder Público, a prática de qualquer ato para a gestão de uma instituição pública deve observar necessariamente o seu caráter sustentável.

Nem mesmo o ato discricionário fica alheio ao filtro axiológico e ao controle sob o viés do direito à boa gestão e do princípio da sustentabilidade.

4 Gestão sustentável e os Tribunais de Contas

As cortes de contas, instituições com competência[3] delimitada nos artigos 70 e 71 da Constituição da República Federativa Brasileira (BRASIL, 1988), podem contribuir

---

a alínea "b" do inciso I e o inciso IV do caput do art. 195 e o art. 239 e ao imposto a que se refere o inciso II do caput do art. 155 desta Constituição.

[3] Art. 70. A fiscalização contábil, financeira, orçamentária, operacional e patrimonial da União e das entidades da administração direta e indireta, quanto à legalidade, legitimidade, economicidade, aplicação das subvenções e renúncia de receitas, será exercida pelo Congresso Nacional, mediante controle externo, e pelo sistema de controle interno de cada Poder.
Parágrafo único. Prestará contas qualquer pessoa física ou jurídica, pública ou privada, que utilize, arrecade, guarde, gerencie ou administre dinheiros, bens e valores públicos ou pelos quais a União responda, ou que, em nome desta, assuma obrigações de natureza pecuniária.
Art. 71. O controle externo, a cargo do Congresso Nacional, será exercido com o auxílio do Tribunal de Contas da União, ao qual compete:
I – apreciar as contas prestadas anualmente pelo Presidente da República, mediante parecer prévio que deverá ser elaborado em sessenta dias a contar de seu recebimento;
II – julgar as contas dos administradores e demais responsáveis por dinheiros, bens e valores públicos da administração direta e indireta, incluídas as fundações e sociedades instituídas e mantidas pelo Poder Público

para a implementação da Agenda 2030 e, consequentemente, para os resultados positivos das políticas públicas lá relacionadas por meio de três vertentes.

Como desdobramento da competência prevista constitucionalmente, concorrem de duas formas: através do controle das gestões de suas jurisdicionadas, precipuamente através de fomento e colaboração para que atendam ao direito fundamental à boa administração; e através do controle de conformidade e de resultados, a partir da leitura de sua competência sob o princípio da sustentabilidade.

Já no exercício da autoadministração e em observância ao comando inserido no art. 225 da Constituição da República Federativa do Brasil e ao direito fundamental à boa administração pública, colaboram por meio do melhor exercício possível de suas gestões, que nada mais seria que a efetivação de gestões sustentáveis. Essa última vertente, mais do que garantir *expertise* para controlar e fomentar a gestão sustentável, coloca essas instituições em posição de coerência com a função de controle externo de sustentabilidade que exercem, dando concretude à expressão 'liderança pelo exemplo', hoje invocada também na esfera pública.

Essa atuação tríplice das cortes de contas pode ser categorizada da seguinte forma:
- *gestão sustentável* – autoadministração para resultados ou atividade-meio com repercussão na atividade-fim e nos resultados das políticas públicas, e
- *controle de sustentabilidade* (gênero) – atividade-fim que se subdivide em *controle externo da gestão sustentável e controle externo de performance da sustentabilidade e políticas públicas relacionadas*.

Um exemplo que ilustra as três vertentes é a relação estabelecida entre o gerenciamento de resíduos de uma corte de contas, o controle do gerenciamento de resíduos efetuado pelas jurisdicionadas da corte de contas e o controle das políticas públicas de saúde e saneamento e da respectiva observância das normas de regência do tema gestão de resíduos na localidade em que essa corte atua.

---

federal, e as contas daqueles que derem causa a perda, extravio ou outra irregularidade de que resulte prejuízo ao erário público;

III – apreciar, para fins de registro, a legalidade dos atos de admissão de pessoal, a qualquer título, na administração direta e indireta, incluídas as fundações instituídas e mantidas pelo Poder Público, excetuadas as nomeações para cargo de provimento em comissão, bem como a das concessões de aposentadorias, reformas e pensões, ressalvadas as melhorias posteriores que não alterem o fundamento legal do ato concessório;

IV – realizar, por iniciativa própria, da Câmara dos Deputados, do Senado Federal, de Comissão técnica ou de inquérito, inspeções e auditorias de natureza contábil, financeira, orçamentária, operacional e patrimonial, nas unidades administrativas dos Poderes Legislativo, Executivo e Judiciário, e demais entidades referidas no inciso II;

V – fiscalizar as contas nacionais das empresas supranacionais de cujo capital social a União participe, de forma direta ou indireta, nos termos do tratado constitutivo;

VI – fiscalizar a aplicação de quaisquer recursos repassados pela União mediante convênio, acordo, ajuste ou outros instrumentos congêneres, a Estado, ao Distrito Federal ou a Município;

VII – prestar as informações solicitadas pelo Congresso Nacional, por qualquer de suas Casas, ou por qualquer das respectivas Comissões, sobre a fiscalização contábil, financeira, orçamentária, operacional e patrimonial e sobre resultados de auditorias e inspeções realizadas;

VIII – aplicar aos responsáveis, em caso de ilegalidade de despesa ou irregularidade de contas, as sanções previstas em lei, que estabelecerá, entre outras cominações, multa proporcional ao dano causado ao erário;

IX – assinar prazo para que o órgão ou entidade adote as providências necessárias ao exato cumprimento da lei, se verificada ilegalidade;

X – sustar, se não atendido, a execução do ato impugnado, comunicando a decisão à Câmara dos Deputados e ao Senado Federal;

XI – representar ao Poder competente sobre irregularidades ou abusos apurados.

Deste modo, quando no seu âmbito de autoadministração, uma corte de contas desenvolve plano de gerenciamento dos seus resíduos e o executa, contribuindo para a saúde pública e para o saneamento, uma vez que colabora para o aumento da vida útil de aterros sanitários, para a redução da poluição do solo e da água, para a diminuição da intensidade das enchentes e da disseminação de doenças. Ademais, adquire conhecimento e experiência, que viabilizam a troca de informações, a formação de redes de fomento e a atuação no controle externo, seja ele de caráter colaborativo ou fiscalizatório.

Quando controla e fomenta a evolução do gerenciamento de resíduos realizado pelos seus jurisdicionados, bem como quando controla os resultados das políticas públicas relacionadas à gestão dos resíduos na localidade de atuação, igualmente favorece a saúde pública e o saneamento, o aumento da vida útil de aterros sanitários, a redução da poluição do solo e da água, a diminuição da intensidade das enchentes e da disseminação de doenças.

À vista disso e em razão do caráter transversal das práticas sustentáveis, denota-se a relevância da atuação dos Tribunais de Contas, tanto na atividade-fim quanto na atividade-meio, para a concretização e efetividade das políticas públicas inseridas em cada um dos objetivos de desenvolvimento sustentável da Agenda 2030.

Não à toa a Carta de João Pessoa, firmada no II Congresso Internacional dos Tribunais de Contas, prevê em seu Eixo Promoção do Desenvolvimento Sustentável[4] diretrizes para a atuação sustentável das cortes de contas nas facetas administrativa e de controle externo.

Passa-se, então, em separado, ao exame da gestão sustentável nos Tribunais de Contas e do controle da gestão sustentável.

4.1 Gestão sustentável nos Tribunais de Contas

Como filtros, o direito fundamental à boa administração e o princípio da sustentabilidade orientam o gestor a antecipar a repercussão do seu ato e a dimensionar seu impacto, a fim de delimitar a melhor escolha dentre as possíveis, o que caracteriza

---

[4] Diretriz 1: Utilizar os ODS da Agenda 2030 e os direitos sociais previstos da Constituição de 1988 como referências para o seu planejamento estratégico de médio prazo e seu o planejamento geral de curto prazo das ações de controle externo com a finalidade de priorizar ações nas entidades jurisdicionadas com mais dificuldades de atingir os referidos objetivos e garantir tais direitos. Neste sentido, é importante investir e capacitar membros e servidores para a construção, a utilização e análise de painéis de indicadores que possibilitem este tipo de acompanhamento, sempre com o cuidado de adaptar às realidades locais, às peculiaridades das entidades auditadas, bem como à estrutura organizacional da fiscalização. Ademais, mantendo a independência institucional, é necessário inserir as entidades fiscalizadas neste processo que, junto com o Tribunal de Contas, podem trabalhar de maneira cooperada e dialogal.
Diretriz 2: Acompanhar a resiliência fiscal das entidades fiscalizadas, cuja crise tende a se aprofundar nos próximos anos, o que engloba as capacidades institucionais de antecipar, absorver e reagir aos choques que impactam nas finanças públicas, levando em consideração os aspectos relacionados ao controle tanto da despesa quanto da receita. Isso posto paralelamente ao regular processo de verificação do cumprimento dos dispositivos legais relacionados à responsabilidade fiscal.
Diretriz 3: Buscar um aprimoramento na fiscalização de compras públicas, o que passa pelo acolhimento das inovações da legislação aplicável e o incremento dos resultados da fiscalização, bem como pela necessidade de se fazer uma ligação entre estas compras públicas e o regular funcionamento da máquina pública como meio para atingir os objetivos da Agenda 2030 e garantir os direitos previstos na Constituição de 1988.

escolhas legítimas e resilientes. Seria de todo incongruente uma corte controlar em suas jurisdicionadas as gestões sustentáveis sem guiar a própria gestão segundo tais ditames.

> [...] mais do que uma preocupação com o meio ambiente enquanto patrimônio, bem como com os custos financeiros decorrentes de sua malversação, é urgente que se consolide um modelo de Estado que tenha um compromisso ético com os processos ecológicos e formas de vida não humanas. E mais: há previsão normativa para tanto, como os artigos 225 e subsequentes da Constituição Federal de 1988 e a Carta da Amazônia [...].
> Sob essa perspectiva, defende-se que, em sintonia com o movimento global e nacional, haja o esverdeamento dos Tribunais de Contas, ou seja, que essas entidades de controle adotem uma perspectiva favorável ao equilíbrio ecológico em todos os seus processos em trâmite, *bem como em sua atuação interna* (ALMEIDA, 2021, p. 121).

Seguindo essa linha, os Tribunais de Contas têm avançado no tema sustentabilidade, seja no incremento de práticas e observância de normas concernentes à gestão, seja na formação de parcerias para a troca de informações e incentivo.

Nesse contexto, surgem os programas de logística sustentável ou Planos de Logística Sustentável (PLS), bem como as redes de fomento e parcerias.

Os PLS funcionam como ferramentas para implementação da gestão sustentável nas instituições públicas. Trata-se de documento que reúne conjunto de projetos voltados para a adequação da atividade-meio às práticas sustentáveis em diversas vertentes, ao qual é dada publicidade com o intuito de estabelecer o compromisso institucional com a consecução das metas ali estabelecidas.

Como exemplo de rede de fomento, a Rede Nacional de Sustentabilidade no Legislativo é constituída pelo Tribunal de Contas da União, Senado Federal, Câmara dos Deputados e por demais órgãos e entidades da administração pública e da sociedade civil e destina-se à consecução de interesses comuns voltados à discussão e à proposição de questões e iniciativas relativas à gestão pública sustentável e eficiente no âmbito do Poder Legislativo.

Participam hoje da RLS, além do Tribunal de Contas da União, 24 Tribunais de Contas. Os integrantes aderiram por meio de Acordo de Cooperação Técnica, e a Rede estimula a gestão sustentável através de reuniões periódicas, da disponibilização de mentorias e cursos, além do monitoramento da evolução da gestão sustentável das instituições integrantes por meio do Índice de Acompanhamento da Sustentabilidade na Administração (IASA).

O gráfico da figura 1 consolida as informações obtidas junto à RLS e traduz o atual estágio dos Tribunais de Contas que se submeteram à avaliação segundo o IASA em diferentes aspectos da gestão sustentável. A base de dados para elaboração do gráfico foi atualizada em 20 de março de 2023.

FIGURA 1 – Estágio dos TCs segundo o IASA

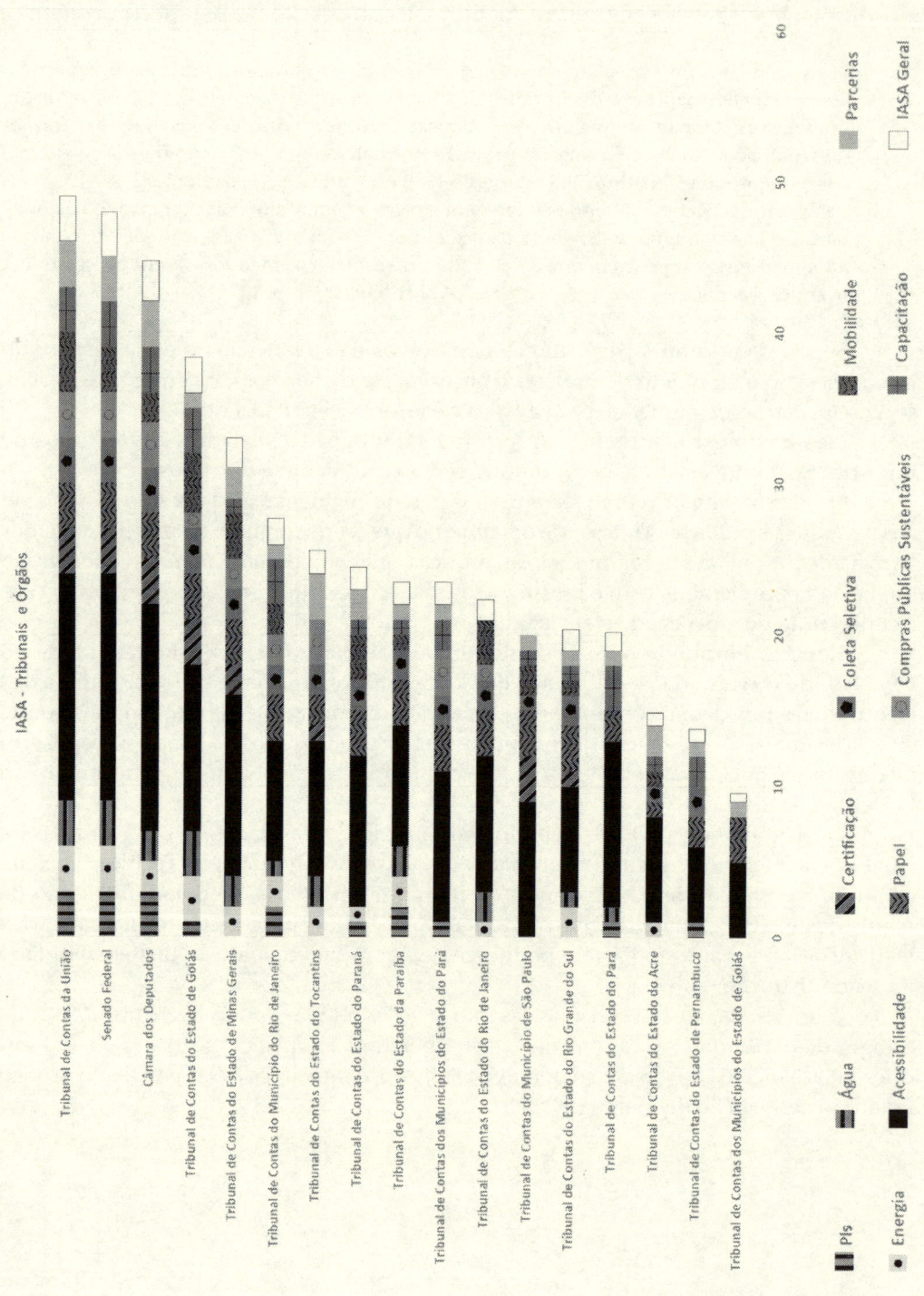

Fonte: Congresso Nacional (s/d.).

4.2 Controle da gestão sustentável pelos Tribunais de Contas

Dentre outras modificações decorrentes da transição do modelo burocrático para o modelo gerencial a partir da reforma administrativa resultante da Emenda Constitucional nº 19/1998, a administração pública passou a voltar-se para a obtenção de resultados caracterizadores de eficiência (OLIVEIRA, 2018, p. 55-56).

Mantido o controle de conformidade, as instituições fiscalizadoras passaram a realizar com mais intensidade as auditorias operacionais e hoje se debruçam um pouco mais sobre o que o cidadão de fato enxerga e recebe como o resultado das gestões.

> Em um Estado de Direito Democrático, Social e Ecológico, as instituições devem estar comprometidas com todas as dimensões da dignidade da pessoa humana, inclusiva a dimensão ecológica, garantindo, por meio de uma boa gestão, complementar à vedação da má gestão, o mínimo existencial ecológico em um constante progresso da tutela da natureza. [...] Com essa motivação, tem-se o "esverdeamento" dos Tribunais de Contas, que passam a controlar não apenas os atos que envolvem dinheiros públicos, mas também os atos de gestão relacionados ao meio ambiente, inclusive no que tange à Política Nacional de Resíduos Sólidos (ALMEIDA, 2021, p. 117).

Nessa perspectiva, os Tribunais de Contas têm papel elementar na implementação da logística sustentável, uma vez que há muito sua competência extrapola o exame de conformidade e a mera fiscalização da economicidade e da lisura no emprego de recursos públicos para alcançar a gestão eficiente, eficaz, efetiva, transparente e *legítima*.

> A Constituição de 1988, que contém inúmeros defeitos, possui pelo menos a grande virtude de declarar com clareza os direitos fundamentais e de proclamar princípios como os da moralidade e da legitimidade. Com isso abriu novas perspectivas para a reflexão jurídica, que começa a se afastar da ideia de uma legitimidade apoiada na norma ou no fato social para buscá-la nos próprios valores. De feito, *a legitimidade do Estado moderno tem que ser vista sobretudo a partir do equilíbrio e harmonia entre valores e princípios jurídicos afirmados por consenso*. A aceitação da norma e a obediência ao seu comando, que afinal de contas sintetizam a própria legitimidade, resultam do acordo social a respeito da sua adequação a valores éticos e princípios de direitos em permanente interação. Diogo de Figueiredo Moreira Neto, que vem examinando *com proficiência o tema da legitimidade e da moralidade, diz que a substância da legitimidade* "está na axiologia que suporta um sistema juspolítico; o conjunto de valores que, aceitos, é capaz de gerar um onímodo poder social que, até certo ponto, poderá minimizar o exercício de sua expressão física – o poder" (RIBEIRO DE ALMEIDA, 1999, p. 20, grifo nosso).

Nota-se, portanto, que o objeto do controle externo exercido pelas cortes de contas não se restringe à obsoleta verificação da utilização de dinheiro público exclusivamente para fins públicos. Sua missão também é avaliar se a escolha administrativa é legítima, se atende aos preceitos do direito fundamental à boa administração pública e se representa a melhor escolha dentre as possíveis, o que culmina na aplicação diuturna do princípio da sustentabilidade e na realização do controle de resultados.

Funcionando como parâmetro para o controle externo, o direito fundamental à boa administração impõe às instituições fiscalizadoras o poder-dever de apontar eventuais falhas, omissões ou extrapolamentos na prática de atos de gestão.

Logo, ultrapassa-se o alcance imediato do ato administrativo para, de forma concomitante ou posterior, prevenir ou minimizar o resultado do ato. Assim, o controlador funciona como administrador negativo, atuando contra a discricionariedade omissa ou extremada (FREITAS, 2009, p. 9).

Nesse sentido, compete aos Tribunais de Contas o controle da gestão sustentável, em especial através da função orientativa, dialógica e pedagógica, principalmente de forma concomitante,[5] o que se mostrou extremamente efetivo no cenário pandêmico da covid-19 (CUNDA; RAMOS, 2021, p. 220 *apud* LIMA; GODINHO; SARQUIS, 2021, p. 220).

Consoante demonstrado anteriormente, por meio da implementação de PLS, os Tribunais de Contas estão passando por um processo de adequação das suas gestões ao direito fundamental à boa gestão e, por conseguinte, de harmonização com o princípio da sustentabilidade. Dessa forma, não só garantem uma autoadministração para resultados, como também adquirem conhecimento e experiência que os credencia para o controle da melhor gestão de suas jurisdicionadas.

Contando com congruente e contínuo histórico de avanço da sua gestão sustentável (fonte: https://portal.tcu.gov.br/sustentabilidade/), em 2011 o Tribunal de Contas da União emitiu o Acórdão nº 1.752/2011, que examinou as ações adotadas pela Administração Pública Federal acerca do uso racional e sustentável de recursos naturais.

Naquele momento houve o registro da competência da Corte para apreciar o tema, bem como assentou-se que o conteúdo da decisão encontra amparo no art. 225 da Constituição Federal, que impõe ao poder público o compromisso de guiar suas ações a partir de um modelo de desenvolvimento sustentável.

Outrossim, no *decisum* restou consignado que a prática de atos sustentáveis e a correspondente fiscalização, sem prejuízo da aplicação das normas específicas existentes, decorrem diretamente da incidência dos princípios inseridos no art. 37[6] da Constituição Federal:

> A proposta em exame ecoa de modo significativo nos princípios enumerados no art. 37 da Constituição Federal, a saber: (i) a observância de práticas de sustentabilidade em conformidade com os normativos legais e infralegais existentes reflete o respeito ao princípio da legalidade, (ii) a abstenção da utilização com fins pessoais de recursos públicos chama atenção para o devido respeito aos princípios da moralidade e da impessoalidade, (iii) a transparência conferida à forma de utilização dos recursos e à disseminação das boas práticas, por seu turno, aponta no sentido da devida publicidade dos atos administrativos e, por fim, (iv) o uso racional desses recursos prestigia o elemento faltante, a eficiência, elevada à condição de princípio de estatura constitucional pela reforma administrativa promovida com a Emenda Constitucional nº 19, de 4 de junho de 1998 (BRASIL, 2011).

---

[5] Em 2014, a ATRICON já havia publicado diretrizes como instrumento de efetividade dos Tribunais de Contas e definido o controle concomitante como todo aquele que fiscaliza de forma tempestiva a realização de atos e/ou procedimentos, no curso de sua formação e execução, para verificar a sua compatibilidade constitucional e legal, tendo como resultados: alertas, medidas cautelares, recomendações, determinações, termos de ajustamento de gestão e sanções, entre outros, diante de fatos que possam comprometer a boa gestão.

[6] Art. 37. A administração pública direta e indireta de qualquer dos Poderes da União, dos Estados, do Distrito Federal e dos Municípios obedecerá aos princípios de legalidade, impessoalidade, moralidade, publicidade e eficiência e, também, ao seguinte: [...].

Em 2017, o TCU apreciou auditoria operacional realizada com o propósito de avaliar em que medida as práticas sustentáveis evoluíram em relação ao observado quando da prolação do Acórdão nº 1.752/2011 do Plenário. O exame resultou no emblemático Acórdão nº 1.056/2017 – Plenário, que contém, em suma, uma série de exigências no que diz respeito à gestão sustentável da Administração Pública Federal (APF), bem como determinação de parametrização do Índice de Acompanhamento da Sustentabilidade na Administração (IASA):

> [...] 9.2. determinar que, nos termos do art. 45 da Lei nº 8.443, de 1992, o Ministério do Planejamento, Desenvolvimento e Gestão, representado pela Coordenação Geral de Normas de sua Secretaria de Gestão (SEGES/CGNOR), promova a necessária aplicação do art. 3º, caput, da Lei nº 8.666, de 1993, de sorte a adotar as providências necessárias para que, a partir de 1º de janeiro de 2018, *sejam efetivamente aplicadas as seguintes medidas:*
> 9.2.1. implementar o Índice de Acompanhamento da Sustentabilidade na Administração (IASA), com eventuais adaptações e atualizações que se fizerem necessárias, de acordo com as tratativas já iniciadas em reuniões da Cisap, de modo a possibilitar a verificação e o acompanhamento da evolução de ações que visem à sustentabilidade na APF, valendo-se, na medida do possível, do aplicativo de TI desenvolvido em cumprimento ao item 9.9.4 deste Acórdão;
> 9.2.2. atuar, em conjunto com os integrante da CISAP, no sentido de:
> 9.2.2.1. exigir que os Planos de Gestão de Logística Sustentável (PLS) ou instrumentos substitutos equivalentes estejam previstos no planejamento estratégico de cada órgão e entidade da APF, considerando o alcance e a transversalidade dos aspectos inerentes à sustentabilidade, de modo a institucionalizar, com isso, todas as ações de sustentabilidade junto à direção geral das aludidas instituições;
> 9.2.2.2. exigir que os órgãos e as entidades da APF implementem, em suas estruturas, o efetivo funcionamento de unidades de sustentabilidade com caráter permanente, contando, em sua composição, com servidores ou colaboradores dotados de perfil técnico para a específica atuação nos assuntos pertinentes; e
> 9.2.2.3. *exigir que as avaliações de desempenho dos PLS contenham ferramentas de avaliação da efetividade do instrumento de planejamento, com vistas a permitir a análise dos resultados das ações implementadas e o comportamento dos padrões de consumo, em busca da manutenção do ponto de equilíbrio entre o consumo e os gastos;*
> [...]
> 9.2.4. concluir a revisão do Catálogo de Materiais – CATMAT e do Catálogo de Serviços – CATSER, de sorte a regulamentar a inclusão de itens com requisitos de sustentabilidade e a excluir os itens cadastrados em duplicidade;
> 9.2.5. exigir a devida apresentação da Plano Anual de Contratações pelos órgãos e entidades integrantes do SISG, especificando os itens com requisitos de sustentabilidade que serão adquiridos em consonância com o correspondente PLS;[...]
> 9.9.3. promova, em conjunto com a Secretaria Geral de Administração do TCU, na medida do possível, a celebração da 1ª Carta de Propósitos para a Sustentabilidade na APF durante o evento a ser realizado com a participação da unidade técnica e da Segedam, entre outras instituições da APF, em 2017, estabelecendo as bases para a implantação e o desenvolvimento do fórum permanente de sustentabilidade na APF, pela participação das instituições signatárias, com vistas a promover eventos periódicos para a disseminação de boas práticas na área de governança da sustentabilidade e para a futura parametrização do emprego do Índice de Acompanhamento da Sustentabilidade na Administração (IASA), com eventuais adaptações e atualizações que se fizerem necessárias, como instrumento

de adesão e de permanência das diversas instituições da APF na comunidade federal de governança da sustentabilidade suscitada pelo item 9.9.1 deste Acórdão;
(BRASIL, 2017, grifo nosso).

Na sequência, em 2019, o Plenário do TCU emitiu acórdão deveras relevante para o tema deste trabalho, uma vez que julgou pedido de reexame tendo em vista que algumas medidas que constavam no dispositivo do Acórdão nº 1.056/2017 – Plenário eram afetas ao poder discricionário do gestor, o que resultou na conversão de parte das determinações em recomendações, no sentido de o gestor avaliar a conveniência e oportunidade das propostas:

> 9.1. conhecer do recurso e, no mérito, dar-lhe provimento parcial, para efeito de converter as determinações contidas nos itens 9.2.1, 9.2.2.2, 9.2.6, 9.2.7 e 9.4 da decisão recorrida em recomendações, na forma proposta pela equipe de fiscalização deste Tribunal, mantendo-se inalterados o conteúdo dos demais dispositivos;
> 9.2. retificar o acórdão recorrido de forma a suprimir o item 9.4 (que passa a ser o novo item 9.8.3) renumerar o item 9.2 e dar nova redação ao item 9.8, que passarão a ter a seguinte configuração:
> 9.2. determinar que, nos termos do art. 45 da Lei nº 8.443, de 1992, o Ministério do Planejamento, Desenvolvimento e Gestão, representado pela Coordenação Geral de Normas de sua Secretaria de Gestão (SEGES/CGNOR), promova a necessária aplicação do art. 3º, caput, da Lei nº 8.666, de 1993, de sorte a adotar as providências necessárias para que, a partir de 1º de janeiro de 2018, sejam efetivamente aplicadas as seguintes medidas:
> 9.2.1. atuar, em conjunto com os integrante da CISAP, no sentido de:
> 9.2.1.1. exigir que os Planos de Gestão de Logística Sustentável (PLS) ou instrumentos substitutos equivalentes estejam previstos no planejamento estratégico de cada órgão e entidade da APF, considerando o alcance e a transversalidade dos aspectos inerentes à sustentabilidade, de modo a institucionalizar, com isso, todas as ações de sustentabilidade junto à direção geral das aludidas instituições;
> 9.2.1.2. exigir que as avaliações de desempenho dos PLS contenham ferramentas de avaliação da efetividade do instrumento de planejamento, com vistas a permitir a análise dos resultados das ações implementadas e o comportamento dos padrões de consumo, em busca da manutenção do ponto de equilíbrio entre o consumo e os gastos;
> 9.2.2. coordenar e integrar as iniciativas destinadas ao aprimoramento e à implementação de critérios, requisitos e práticas de sustentabilidade a serem observados pelos órgãos e entidades da administração federal em suas contratações públicas, nos termos do art. 2º do Decreto nº 7.746/2012, a exemplo do projeto SPPEL, devendo atentar para a necessidade de aprimorar a normatização que permite a APF realizar aquisições de produtos e serviços sustentáveis, com maior agilidade e eficiência, além de outros incentivos gerenciais, no caso de o órgão ou a entidade federal contar com o devido PLS;
> 9.2.3. concluir a revisão do Catálogo de Materiais – CATMAT e do Catálogo de Serviços – CATSER, de sorte a regulamentar a inclusão de itens com requisitos de sustentabilidade e a excluir os itens cadastrados em duplicidade;
> 9.2.4. exigir a devida apresentação da Plano Anual de Contratações pelos órgãos e entidades integrantes do SISG, especificando os itens com requisitos de sustentabilidade que serão adquiridos em consonância com o correspondente PLS; [...]
> 9.8.1.2. estimular os gestores de prédios públicos com vistas à certificação das correspondentes edificações;

9.8.2. ao Ministério do Planejamento, Desenvolvimento e Gestão, representado pela Coordenação Geral de Normas de sua Secretaria de Gestão (SEGES/CGNOR), que *avalie a conveniência e oportunidade de*:
9.8.2.1. implementar Índice de Sustentabilidade da Administração (IASA), com eventuais adaptações e atualizações que se fizerem necessárias, de acordo com as tratativas já iniciadas em reuniões da Cisap, de modo a possibilitar verificação e acompanhamento da evolução de ações que visem à sustentabilidade na APF, valendo-se, na medida do possível, do aplicativo de TI desenvolvido em cumprimento ao item 9.9.4 deste Acórdão;
9.8.2.2. em conjunto com os órgãos que têm representação na CISAP, adotar medidas com vistas a que os órgãos e as entidades da APF criem, em suas estruturas, unidades de sustentabilidade com caráter permanente, contando, em sua composição, com servidores ou colaboradores dotadas de perfil técnico para atuação nos assuntos pertinentes;
9.8.2.3. instituir formas de acompanhamento e monitoramento centralizado sobre o grau de aderência dos órgãos e entidades da APF à IN SLTI/MP 2/2014, no que se refere à certificação de prédios públicos;
9.8.2.4. *exigir que os órgãos e entidades da administração pública federal elaborem seus Planos de Gerenciamento de Resíduos Sólidos,* visando à correta destinação dos resíduos gerados pela máquina administrativa federal, de modo a atender os artigos 20 e 21 da Lei 12.305/2010, que instituiu a Política Nacional de Resíduos Sólidos;
9.8.3. à Secretaria Executiva da CISAP que avalie, em conjunto com os demais representados na comissão, a conveniência e oportunidade de exigir e acompanhar a elaboração, implementação e avaliação dos Planos de Gestão de Logística Sustentável (PLS) pelos órgãos e entidades da administração pública federal direta, autárquica e fundacional (APF), em consonância com o artigo 16 do Decreto 7.746/2012 (BRASIL, 2019).

A atuação de vanguarda da Corte de Contas da União ilustra a aplicação das auditorias operacionais e os monitoramentos de decisões como instrumentos efetivos de controle da gestão sustentável, ainda incipiente ou inexistente na maioria dos Tribunais de Contas, com possibilidade de gerar determinações e recomendações.

Em detida análise das determinações convertidas em recomendações, indispensável remeter aqui ao item 2.1, que trata dos atos discricionários, e esclarecer que são eles também passíveis de controle em função dos consectários do direito fundamental à boa administração pública e do conceito de escolha legítima. Contudo, quanto aos comandos decorrentes desse controle, pontua-se a necessidade de observar se direcionam a alocação de recursos com a geração de custos e, por conseguinte, invadem o campo do mérito administrativo.

Registra-se que, além da Constituição Federal, o controle e as decisões do TCU tiveram como fundamento uma ampla gama de normas, como a Lei nº 12.305/2010 – Política Nacional de Resíduos Sólidos; a Lei nº 12.682/2012 – Elaboração e arquivamento de documentos em meios magnéticos; a Lei nº 13.186/2015 – Política de Educação para o Consumo Sustentável; o Decreto nº 5.940/2006 – Separação dos Resíduos Recicláveis; o Decreto nº 7.746/2012 – Critérios e diretrizes para promoção do desenvolvimento nacional sustentável; o Decreto nº 10.936/2022 – que regulamenta a Lei nº 12.305/2010 e institui a Política Nacional de Resíduos Sólidos; a IN SLTI-MPOG nº 01/2010 – Critérios de sustentabilidade ambiental na aquisição de bens, serviços e obras na administração pública federal; a IN SLTI-MPOG nº 10/2012 – Elaboração de Planos de Logística Sustentável; a IN SLTI-MPOG nº 02/2014 – Regras para aquisição de aparelhos consumidores de energia para a Administração Pública Federal; a Resolução ANEEL nº 482/2012 – Geração e

Compensação de Energia Elétrica; o Decreto nº 9.178/2017 – Sustentabilidade Ambiental nas Contratações o Tribunal de Contas da União, dentre outras.

Registra-se, à vista disso, que, além da possibilidade de controle externo da gestão sustentável ou controle de sustentabilidade com fundamento no direito fundamental à boa gestão e no princípio da sustentabilidade, há ainda grande arcabouço normativo que embasa o tradicional controle de legalidade.

5 Conclusão

Partindo da controvérsia acerca da definição da sustentabilidade como instrumento para o desenvolvimento e, simultaneamente, como elemento que intensifica a desigualdade e que propiciou a ruptura com a unidade homem-natureza que culminou no Antropoceno, o que se estabelece como inquestionável é a quase irreversível dimensão da atual crise ecológica.

Diante da necessidade de iniciativas em proporção global, concerne à administração pública a evolução do seu espectro de atuação, bem como a internalização de definições compatíveis com a realidade e albergadas pelo ordenamento jurídico.

Assim, imprescindível a absorção de novas definições e conceitos e a revisitação de institutos, a exemplo da discricionariedade, que passou a ter como elemento a sustentabilidade e como propósito a concretização do direito fundamental à boa administração pública.

Como resultado da conexão entre a nova conceituação de ato discricionário, o princípio da sustentabilidade e o direito fundamental à boa gestão, resta inafastável a noção de que a gestão das instituições públicas deve ter caráter sustentável, considerando que todas as escolhas e tomadas de decisão, inclusive as que passam pelo crivo de conveniência e de oportunidade, devem conter o elemento sustentabilidade.

Afigura-se, então, impreterível a implementação de programas de logística sustentável como ferramentas para boas gestões. Nesse sentido, os Tribunais de Contas, como instituições públicas fiscalizadoras, devem ter papel central como exemplo de gestão sustentável, seja para "liderar pelo exemplo", seja para adquirir experiência que viabilize o controle e o fomento da sustentabilidade de seus jurisdicionados.

Em paralelo, na medida em que as noções de generosidade, coletividade e colaboração são inerentes ao conceito de sustentabilidade, nada mais lógico que os Tribunais de Contas exerçam sua função de modo dialógico, colaborativo e integrado com seus fiscalizados.

A pesquisa efetuada demonstrou que existe uma movimentação das cortes de contas no sentido de implementar ou aprimorar suas gestões sustentáveis, em muito tracionada pela Rede Legislativo Sustentável – RLS.

Em contrapartida, a atuação no controle da gestão sustentável, com origem na autoadministração sustentável, mostrou-se acanhada: tem o Tribunal de Contas da União na dianteira, que ainda esbarra no mérito administrativo e sinaliza um longo caminho a trilhar no sentido de solidificar jurisprudencialmente a aplicação do direito fundamental à boa gestão e do princípio da sustentabilidade nessa frente de controle.

Contudo, a partir da atuação do Tribunal de Contas da União indicada por meio dos julgados transcritos e da posição de vanguarda que o Tribunal ocupa na própria gestão sustentável, restou demonstrado que, apesar dos questionamentos quanto à sindicabilidade do mérito administrativo, os Tribunais de Contas dispõem de meios para exercer o controle da gestão sustentável, como auditorias operacionais e monitoramentos que não necessariamente precisam culminar em determinações que possam vir a adentrar a conveniência e a oportunidade do ato.

Assim, apesar da incipiência do controle da gestão sustentável, atestou-se como já em aplicação o que vem sendo chamado de controle para além das contas, com fundamento no direito fundamental à boa gestão e no princípio da sustentabilidade, que deve ser exercido com diálogo e cooperação, viés comprovado como efetivo no cenário pandêmico.

Como desdobramentos possíveis da pesquisa, registra-se a descoberta e listagem de novos instrumentos para efetivação do direito fundamental à boa gestão, além do acompanhamento da evolução do tema nas cortes de contas.

Referências

ALMEIDA, Camila Parente. *A política nacional de resíduos sólidos no antropoceno*: o papel dos Tribunais de Contas na Amazônia Legal. Rio de Janeiro: Lumen Juris, 2021.

ALMEIDA, Francisco Carlos Ribeiro de. Fonte para o artigo: O controle dos atos de gestão e seus fundamentos básicos. *Revista do TCU*, n. 80, p. 17-50, 1999.

ASSOCIAÇÃO DOS MEMBROS DOS TRIBUNAIS DE CONTAS DO BRASIL. *Resolução Atricon nº 02/ 2014 – Controle Externo Concomitante*. Aprova as Diretrizes de Controle Externo Atricon 3202/2014 relacionadas à temática "Controle Externo Concomitante: instrumento de efetividade dos Tribunais de Contas", integrante do Anexo Único. Atricon, 2014. Disponível em: https://bit.ly/40tczGD. Acesso em: 20 mar. 2023.

BOFF, Leonardo. *Sustentabilidade*: o que é, o que não é. 5. ed. Petrópolis, RJ: Vozes, 2016.

BRASIL. Constituição de 1988. *Constituição da República Federativa do Brasil de 1988*. Brasília, DF: Presidência da República, [2023].

BRASIL. Tribunal de Contas da União. *Acórdão nº 1.752/2011 – Plenário*. Relator: André de Carvalho. Processo: 017.517/2010-9. Data da sessão: 29.06.2011. Disponível em: https://bit.ly/3nbBlwF. Acesso em: 20 mar. 2023.

BRASIL. Tribunal de Contas da União. *Acórdão nº 1.056/2017 – Plenário*. Relator: André de Carvalho. Processo: 006.615/2016-3. Data da sessão: 24.05.2017. Disponível em: https://bit.ly/3nikF6P. Acesso em: 20 mar. 2023.

BRASIL. Tribunal de Contas da União. *Acórdão nº 600/2019 – Plenário*. Relator: Augusto Nardes. Processo: 006.615/2016-3. Data da sessão: 20.03.2019. Disponível em: https://pesquisa.apps.tcu.gov.br/#/documento/acordao-completo/*/KEY:ACORDAO-COMPLETO-2309039/DTRELEVANCIA%20desc,%20NUMACORDAOINT%20desc/0/%20. Acesso em: 20 mar. 2023.

CONGRESSO NACIONAL. *Rede Legislativo Sustentável*. s/d. Disponível em: https://www.congressonacional.leg.br/rede-legislativo-sustentavel. Acesso em: 20 mar. 2023.

CUNDA, Daniela Zago Gonçalves da. *Controle de sustentabilidade pelos Tribunais de Contas*. 321 f. 2016. Tese (Doutorado em Direito) – Faculdade de Direito, PUCRS, 2016.

CUNDA, Daniela Zago Gonçalves da; REIS, Fernando Simões dos. Termos de ajustamento de gestão: perspectivas para um controle externo consensual. *Revista do TCU*, n. 140, p. 94-103, 2017.

CUNDA, Daniela Zago Gonçalves da; RAMOS, Letícia Ayres. Ciber@dministração pública e controle 4.0, seus desafios em tempo de pandemia do coronavírus, e a transparência ampliada (para além de translúcida). *In*: LIMA, Luiz Henrique; GODINHO, Heloísa Antonacio M.; SARQUIS, Alexandre Manir Figueiredo (coord.).

Os desafios do controle externo diante da pandemia da COVID-19: Estudos de ministros e conselheiros substitutos dos Tribunais de Contas. Belo Horizonte: Fórum, 2021.

DI PIETRO, Maria Sylvia Zanella. *Direito administrativo.* 30. ed. Rio de Janeiro: Forense, 2017.

FREITAS, Juarez. *Direito Fundamental à boa administração pública.* 2. ed. São Paulo: Malheiros Editores Ltda., 2009.

FREITAS, Juarez. *Sustentabilidade:* direito ao futuro. 4. ed. Belo Horizonte: Fórum, 2019.

KRENAK, Ailton. *Ideias para adiar o fim do mundo.* 2. ed. São Paulo: Companhia das Letras, 2020.

LIMA, Luiz Henrique; GODINHO, Heloísa Antonacio M.; SARQUIS, Alexandre Manir Figueiredo (coord.). *Os desafios do controle externo diante da pandemia da COVID-19:* Estudos de ministros e conselheiros substitutos dos Tribunais de Contas. Belo Horizonte: Fórum, 2021.

OLIVEIRA, Rafael Carvalho Rezende. *Curso de Direito Administrativo.* 6. ed. Rio de Janeiro: Forense; São Paulo: Método, 2018.

VASCONCELOS, Priscila Elise Alves. *A função socioambiental das cidades:* o uso de energias renováveis e a cogeração advinda de resíduos agroindustriais. Rio de Janeiro, Processo, 2020.

TRIBUNAL DE CONTAS DA UNIÃO. Política de sustentabilidade do TCU. *TCU*, 2022. Disponível em: https://portal.tcu.gov.br/sustentabilidade/. Acesso em: 20 mar. 2023.

WILLEMAN, Marianna Montebello. *Accountability democrática e o desenho institucional dos Tribunais de Contas no Brasil.* 2. ed. Belo Horizonte: Fórum, 2020.

Informação bibliográfica deste texto, conforme a NBR 6023:2018 da Associação Brasileira de Normas Técnicas (ABNT):

MEDEIROS, Aline Pacheco. A gestão sustentável e os Tribunais de Contas. *In*: LIMA, Edilberto Carlos Pontes (coord.). *Os Tribunais de Contas e as políticas públicas.* Belo Horizonte: Fórum, 2023. p. 65-82. ISBN 978-65-5518-596-6.

A INTERNACIONALIZAÇÃO DOS TRIBUNAIS DE CONTAS E SUA IMPORTÂNCIA NA EFETIVAÇÃO DAS POLÍTICAS PÚBLICAS

ARIANE OLCZEVKI

MOHANA REIS

1 Introdução

1.1 Origem dos Tribunais de Contas

A Declaração dos Direitos do Homem e do Cidadão, de 1789, é um documento fruto da Revolução Francesa que estabelece os direitos individuais e coletivos dos homens (seres humanos) em busca de um modelo universal de liberdade, igualdade e fraternidade acima dos interesses particulares. Entre seus artigos, a Declaração constitui que: "A sociedade tem o direito de pedir contas a todo agente público pela sua administração" (art. 15).

Neste sentido, foi a partir da luta do povo que nasceu a primeira República e aboliu-se a monarquia absoluta na França. Baseado nisso, foi instituído, em 1807, por Napoleão Bonaparte, o primeiro Tribunal de Contas. Em suas palavras, "quero que mediante uma vigilância ativa seja punida a infidelidade e garantido o emprego legal dos dinheiros públicos", conforme se verifica no texto de Jarbas Maranhão (1992).

Luiz Henrique Lima (2011) aborda que há exemplos de atuação do controle na organização dos faraós do antigo Egito, entre hindus, chineses e sumérios. A República Romana contou com a atuação de auditores, sendo que a ideia de uma Corte de Contas pode ser localizada no final da Idade Média, em países como Inglaterra, França e Espanha. No entanto, segundo o autor, apenas a partir da Revolução Francesa, que consagrou o princípio da separação dos poderes, idealizados por Montesquieu, pode-se falar, a rigor, de um controle externo.

Assim, seguiram os passos franceses a Holanda, em 1820; a Bélgica, em 1831 (que foi organizado mediante a lei orgânica de 1846); e a Itália, que se baseou no instituto francês, tendo, contudo, em 1862, estabelecido seu regime próprio, entre outros.

No Brasil, o jurista Rui Barbosa de Oliveira – que atuava na defesa do federalismo, do abolicionismo e na promoção dos direitos e garantias fundamentais – foi o coautor da Constituição da Primeira República. É atribuído a ele também o patrocínio e a criação da figura dos Tribunais de Contas no Brasil, sendo hoje considerado o patrono dos Tribunais de Contas no Brasil.

Consoante a Corte de Contas da União (TCU),

> Em meio às mudanças que passavam os Estados Nacionais durante o século XIX, com o crescimento dos ideais liberais e das primeiras repúblicas, com a ampliação da máquina administrativa e do anseio populacional por maior transparência dos governos, surge um novo tipo de instituição: as Cortes de Contas. Na esteira do pensamento reformista vigente à época, a recém-criada República do Brasil *concebeu, em 1890, o Tribunal de Contas, por meio do Decreto 966-A*, assinado por Rui Barbosa, Ministro da Fazenda do governo provisório de Deodoro da Fonseca. No ano seguinte, o Tribunal passa a figurar na primeira constituição republicana. No texto constitucional figura a expressão "é instituído o Tribunal de Contas", no lugar de "é mantido", causando desagrado a Rui Barbosa, seu legítimo criador. De toda sorte, a presença da Corte de Contas em dispositivo constitucional conferiu estabilidade ao órgão, que lhe seria valiosa nos governos que se seguiriam.
> *Embora criado no papel, o Tribunal não existia de fato* por resistência do próprio Presidente da República – à época, Floriano Peixoto –, receoso da diminuição de seus poderes, de titular da nova república, frente a um órgão fiscalizador. *O Tribunal só viria a funcionar de fato no dia 17 de janeiro de 1893, com os esforços de Serzedello Corrêa, Ministro da Fazenda do governo de Floriano Peixoto*. (grifos nossos)[1]

Dois anos após a instituição do TCU, ou seja, em 1892, foi criado o Tribunal de Contas do Estado do Rio de Janeiro – TCE-RJ –, tendo sido a primeira Corte de Contas do Brasil a entrar em funcionamento, conforme se depreende da leitura do relatório de pesquisa do órgão fluminense citado a seguir:

> Avançando os anos, encontramos registros do Tribunal de Contas do Estado do Rio de Janeiro atuando entre os anos 1920 e 1930. Em 1935, Ary Parreiras, então interventor federal no Estado do Rio de Janeiro, em relatório enviado à Assembleia Legislativa do Rio de Janeiro destacava o fato de que:
> Coube ao Estado do Rio de Janeiro a *criação do primeiro Tribunal de Contas no país, o qual antecedeu à do próprio instituto congênere da União e de outros Estados*. Agora mesmo, depois da reorganização constitucional do Brasil, mantido pela Constituição Federal, vários Estados já incluíram nas constituições particulares a criação do mesmo Instituto, cuja utilidade pública está assim consagrada na legislação brasileira, como o está na de Estados europeus e americanos. (grifos nossos)[2]

---

[1] BRASIL.. Tribunal de Contas da União. Museu do Tribunal de Contas da União. TCU e Organismos Internacionais. Disponível em: https://portal.tcu.gov.br/centro-cultural-tcu/museu-do-tribunal-de-contas-da-uniao/tcu-a-evolucao-do-controle/da-criacao-a-instalacao.htm. Último acesso em: 19 mar. 2023.

[2] SANTOS, Marilia Nogueira dos; PEREIRA, Juliana; PASSOS, Lissa; MIRANDA Natália; RICKLI, Natalie; MONTEIRO, Vitor Hugo. Tribunal de Contas do Estado do Rio de Janeiro, 130 anos de história: relatório de pesquisa. Disponível em: https://www.tcerj.tc.br/portalnovo/noticia/estudo_historico_conclui_que_o_tce_rj_teve_sua_genese_ha_130_anos. Último acesso em: 11 out. 2022.

Em sequência, foram instituídos o dos estados do Piauí em 1899,[3] da Bahia em 1915[4] e o de São Paulo em 1924.[5] Há, atualmente, 33 Tribunais de Contas no Brasil, que são: o da União (TCU), os dos Estados (nas 26 capitais e Distrito Federal), dos Municípios do Estado (Bahia, Goiás e Pará) e Tribunais de Contas do Município (São Paulo e Rio de Janeiro).

Dessa forma, conforme Alexandre Manir Figueiredo Sarquis (2017), "desde o início da República moderna, a tomada de contas é rotina umbilicalmente a ela ligada".

Em que pese as diferenças entre os Tribunais de Contas do Brasil e do mundo, todos são Entidades Fiscalizadoras Superiores (EFSs), que se dividem em dois principais modelos: Tribunais de Contas e Auditorias Gerais ou Controladorias. Países como Alemanha, Bélgica, França, Itália e Portugal adotam, com as devidas peculiaridades, o mesmo modelo de Tribunais de Contas que o Brasil. Já Estados Unidos, Austrália, Canadá e Reino Unido, por exemplo, possuem Auditorias Gerais ou Controladorias. Todos eles são responsáveis por fiscalizar o uso do dinheiro público, porém, as Cortes de Contas promovem a gestão financeira do setor público, já as Auditorias-Gerais ou Controladorias realizam o controle gerencial, dessa forma, "priorizam a análise dos atos administrativos em relação tanto aos seus custos como aos resultados almejados e alcançados", de acordo com as palavras de Alexandre Amorim Rocha (2002, p. 7). Além disso, regra geral, as Cortes de Contas possuem função de julgamento com competência sancionadora, já as outras não, de forma que os relatórios são enviados para o parlamento.

Em sintonia com a Organização Internacional das Entidades Fiscalizadoras Superiores – Intosai –, em seu site, uma EFS é um órgão público de uma organização estatal ou supranacional que exerce a mais alta função de auditoria do setor público do Estado ou organização supranacional de maneira independente e objetiva. As responsabilidades jurisdicionais e de auditoria das EFSs variam em congruência com seus mandatos específicos e as estruturas legais em que operam.

1.2 Políticas públicas

Em harmonia com a professora Celina Souza (2006, p. 25), não existe um único ou melhor conceito sobre políticas públicas, todavia, pode-se sintetizar política pública como o campo de conhecimento que busca, ao mesmo tempo, colocar o governo em ação e analisá-la (a ação) e, quando oportuno, propor alternativas para mudanças. Ainda, segundo a professora, "políticas públicas repercutem na economia e na sociedade, daí por que qualquer teoria de política pública precisa também explicar as inter-relações entre Estado, política, economia e sociedade".

---

[3] Tribunal de Contas do Estado de Piauí. Apresentação. Disponível em: https://www.tce.pi.gov.br/institucional/apresentacao/#:~:text=Foi%20criado%20atrav%C3%A9s%20da%20primeira,do%20s%C3%A9culo%20XIX%20era%20m%C3%ADnima. Último acesso em: 19 mar. 2023.

[4] Tribunal de Contas do Estado da Bahia. Histórico. Disponível em: https://www.tce.ba.gov.br/institucional/conheca-o-tce/historia#:~:text=Institu%C3%ADdo%20pela%20Lei%20n%C2%BA%201.120,24%20de%20maio%20de%201915. Último acesso em: 19 mar. 2023.

[5] Tribunal de Contas do estado de São Paulo. Histórico. Disponível em: https://www.tce.sp.gov.br/historico. Último acesso em: 19 mar. 2023.

Assim, conforme abordam Cristiane Vanessa Lehnen, Ryan Brwnner Lima Pereira, Taciana Lopes de Souza (2020), a promoção de uma gestão pública de excelência tem sido uma tarefa cada vez mais difícil, levando em consideração que os interesses da sociedade estão extremamente associados às ações implementadas pelo governo. Logo, frente à falta de recursos e o aumento da necessidade de prestação de serviços públicos melhores, "faz-se necessária a concepção de políticas públicas que satisfaçam de forma efetiva as necessidades e os anseios da população".

Neste diapasão, é que se insere o papel dos Tribunais de Contas na concretização dos seus objetivos em busca de benefícios para a sociedade e desenvolvimento de políticas públicas no sentido da racionalização de gastos almejando maior abrangência, transparência e controle das contas públicas.

Consoante Christopher Pollitt (1999, p. 105-108),

> A EFS pode atuar em quatro diferentes posições estratégicas. Tradicionalmente os tribunais de contas atuam como juízes ou como auditores contábeis públicos. Na primeira posição, na qual emulam órgãos do Poder Judiciário, as EFS emitem decisões, julgamentos acerca da conformidade dos atos dos gestores às leis e regulamentos, impondo sanções contra condutas reprovadas pelas leis do Direito Administrativo do respectivo país. Na segunda posição, como auditor contábil, a EFS garante a fidedignidade das informações sobre a situação financeira e patrimonial das organizações públicas. Mais recentemente, as EFS passaram a atuar também como pesquisadores e como consultores administrativos. Na terceira posição, agindo como economistas e cientistas sociais, órgãos de controle realizam avaliações que procuram revelar informações sobre os efeitos das políticas públicas. (grifo nosso)

Das Normas de Auditoria do Setor Público (NBASP) publicadas pelo Instituto Rui Barbosa (IRB)[6] pode-se extrair a relevância da avaliação de políticas públicas, que nos últimos anos entraram com muita força na agenda dos órgãos de controle externo. Conforme entrevista do Presidente do IRB (biênio 2022-2023), Edilberto Carlos Pontes Lima (TCE-CE),[7] "além de fiscalizar e julgar contas, os órgãos de controle atuam para avaliar e propor melhorias das atividades finalísticas, como saúde, educação e, especificamente, as políticas voltadas para a primeira infância".

Neste sentido, abordaremos nas próximas linhas o papel dos Tribunais de Contas do Brasil face ao cenário que demanda dos órgãos sua inserção no contexto internacional, seja a título de fiscalizador dos gastos públicos, seja no intuito de fomentar cooperação que promova a melhoria da realização de suas competências na direção da efetivação do controle das contas públicas na implementação de suas políticas. Desse modo, serão verificadas questões de internacionalização, cooperação, Agenda 2030 da Organização das Nações Unidas (ONU), bem como discorreremos sobre os mecanismos de governança e *accountability* para a efetivação de suas atribuições.

---

[6] NBASP 9020 – Avaliação de Políticas Públicas: Norma correspondente à "GUID 9020 – Evaluation of Public Policies". Instituto Rui Barbosa. 2020. Disponível em: https://nbasp. irbcontas.org.br/wp-content/uploads/2022/11/NBASP-9020-Avaliacao-de-Politicas-Publicas.pdf. Último acesso em: 19 mar. 2023.

[7] Entrevista: Edilberto Carlos Pontes Lima – E-book A Primeira Infância e os Tribunais de Contas. Tribunal de Contas do Estado de Goiás e Instituto Rui Barbosa (IRB), 2022, p. 38. Disponível em: https://irbcontas.org.br/wp-content/uploads/2023/03/E-BOOK-PRIMEIRA-INFANCIA-13-12-2022.pdf. Último acesso em: 21 mar. 2023.

É importante mencionar, ainda, que este trabalho buscou verificar análises de renomados profissionais, professores e instituições com a intenção de abordar a importância da internacionalização dos Tribunais de Contas com foco na promoção e no fomento de políticas públicas para a prestação de serviços cada vez mais eficientes e efetivos direcionados à sociedade.

2 Governança

O processo de globalização tem importância significativa porque extrapola o conceito econômico e avança em questões sociais, ambientais e políticas, em outras palavras, evidência um processo sem volta da relação dos Estados com a sociedade global, que, segundo Alcindo Gonçalves,[8] incentivou o debate "sobre os novos meios e padrões de articulação entre indivíduos, organizações, empresas e o próprio Estado, deixando clara a importância da governança em todos os níveis".

De acordo com Heloise Siqueira Garcia e Kassy Gerei dos Santos (2019, p. 111), a expressão governança surgiu de observações apresentadas pelo Banco Mundial repercutindo a partir da expressão "boa governança" como fundamento para as atividades dos estados membros. Logo, possuiria oito atributos: i. participação; ii. estado de direito; iii. transparência; iv. capacidade de resposta; v. orientação ao consenso; vi. equidade e inclusão; vii. efetividade e eficiência; e viii. *accountability*, os quais foram enumerados no relatório "Governança para o desenvolvimento humano sustentável" do PNUD de 1997, incluindo, ainda, o item "visão estratégica".

Angela Limongi Alvarenga Alves (2022, p. 32), ao tratar de governança, declara que:

> A governança tende a transcender a ideia de tomada de decisões de cima para baixo, subvertendo o esquema piramidal de governo e de produção do direito, emanada do direito e da soberania estatal. Sob a perspectiva do direito, a governança passa a ser utilizada para designar as interferências cada vez mais marcantes sobre o Estado, o seu governo e o seu direito, assim como da sua soberania. A partir de novas relações entre Estado e sociedade, ela passa a estabelecer novas institucionalidades, seja por meio da governança exercida pelo mercado ou por instituições extraestatais. Assim, passa-se a apresentar a governança em suas múltiplas dimensões, seja como ferramenta, instrumento de participação ampliada e dialogada, conjunto de práticas, institucionalizadas ou não, e, em especial, a persuasão, que, no plano do direito, se locupleta pela *soft law*.[9]

Com o estabelecimento da governança empresarial, a partir do setor empresarial-financeiro, criou-se um ambiente favorável para que outras questões também pudessem ser dirimidas pela via da governança. André-Jean Arnaud assinala a passagem – não por mera coincidência – da *corporate governance* para a global *governance*. A governança global

---

[8] GONÇALVES, Alcindo. O Conceito de Governança. Disponível em: http://www.publicadireito.com.br/conpedi/manaus/arquivos/anais/XIVCongresso/078.pdf. Último acesso em: 20 mar. 2023.

[9] Em conformidade com a Organização para a Cooperação e Desenvolvimento Econômico (OCDE), *soft law* é a cooperação baseada em instrumentos que não são juridicamente vinculativos, ou cuja força vinculativa é um pouco "mais fraca" do que a do Direito tradicional, como códigos de conduta, diretrizes, roteiros, avaliações por pares. Disponível em: https://www.oecd.org/gov/regulatory-policy/irc10.htm#:~:text=Definition,guidelines%2C%20roadmaps%2C%20peer%20reviews. Último acesso em: 19 mar. 2023. Tradução própria.

teria sido concebida como a gestão dos negócios mundiais no nível das organizações e das agências internacionais. assim, a Organização das Nações Unidas, afinada com essa tendência e preocupada com a participação da sociedade nos processos relativos à governança, bem como à ideia de democratização contida em tal prática, criou, em 1992, a Comissão sobre Governança Global. Em 1994, relatório da comissão definiu governança global como a totalidade das diversas maneiras pelas quais os indivíduos e instituições, públicas e privadas, administram seus problemas comuns. É um processo contínuo pelo qual é possível acomodar interesses conflitantes e realizar ações cooperativas.

Desse modo, a perspectiva é que a capacidade governativa seja examinada tanto pelos impactos das políticas governamentais como pelo exercício do seu poder.

Neste sentido, afirmou Jim Yong Kim,[10] então Presidente do Banco Mundial em 2017, "à medida que a demanda de prestação de serviços eficazes, boa infraestrutura e instituições justas continua a aumentar, é vital que os governos utilizem recursos escassos da forma mais eficiente e transparente possível".

Contextualizando, foi ao final desta década de 1980 que a expressão "governança global" começou a se legitimar entre cientistas e tomadores de decisões, passando a designar as "[...] atividades geradoras de instituições (regras do jogo) que garantem que um mundo formado por Estado-nação se governe sem que disponha de governo central", como indica Angela Limongi Alvarenga Alves (2022, p. 36).

Em 2002, o relatório sobre o desenvolvimento econômico do PNUD desenvolveu o conceito de governança democrática defendendo que as liberdades civis e políticas e a participação têm valor fundamental para o desenvolvimento. Destarte, a governança democrática:

> [...] Reconhece as mudanças institucionais e seus efeitos sobre a atuação da burocracia e o *policymaking* sob uma perspectiva mais dinâmica, pluralista e complexa. Nesse sentido, pressupõe internamente, num contexto de mudanças pós-reformas gerenciais, que os estados busquem alterações nos arranjos institucionais em torno do desenvolvimento de dois tipos de capacidades estatais: capacidades técnicas (competências dos agentes do estado para coordenar e levar adiante suas políticas) e capacidades políticas – habilidade dos agentes para expandir a articulação e a interlocução com diferentes atores sociais (GOMIDE e PIRES, 2014 *apud* CAVALCANTI, LOTTA e OLIVEIRA).

Soma-se a isso a realização, no mesmo ano, em Nova Déli, Índia, da 70ª Conferência da Associação de Direito Internacional, em que um dos seus resultados foi a Declaração sobre os Princípios do Direito Internacional relativos ao Desenvolvimento Sustentável, a qual ratificou a necessidade de o Direito Internacional promover leis sobre o desenvolvimento sustentável. Além disso, enfatizou alguns princípios essenciais, como o da boa governança para o combate à corrupção, como constataram Heloise Siqueira Garcia e Kassy Gerei dos Santos (2019).

Logo, segundo as autoras mencionadas a boa governança estaria baseada no respeito ao Estado de Direito, à democracia, à *accountability* política, à flexibilidade do

---

[10] Insatisfação com serviços públicos exige de governos mais transparência e menos corrupção. Disponível em: https://unicrio.org.br/insatisfacao-com-servicos-publicos-exige-de-governos-mais-transparencia-e-menos-corrupcao/. Último acesso em: 1 mar. 2023.

governo e à capacidade de resposta aos seus cidadãos, o que está alinhado com outros textos internacionais produzidos até então. Nesse sentido, propõem que, "em nível transnacional, os atores não estatais, principalmente as Organizações Não Governamentais (ONGs), assumam lugar central no espaço público mundial, levando novas demandas sociais e novas instâncias de regulação sistêmica" (GARCIA; SANTOS, 2019, p. 113).

Adicionalmente, Izabela Viana de Araújo[11] afirma que governança não é governo, eis que este exige uma autoridade formal, com poder de polícia. Ela se trata de um fenômeno mais amplo que governo, pois abrange as instituições governamentais, bem como as instituições de caráter não governamental. Assim, argumenta que:

> [...] governo implica atividades apoiadas por uma autoridade formal e poderes coercitivos; já na Governança, os objetivos são atingidos não necessariamente através de uma autoridade formal que os impõem a seus membros, mas através de metas comuns e compartilhadas por todos que fazem parte do sistema. A Governança é, portanto, mais abrangente do que o governo e por isso seus objetivos e as formas de atingi-los acabam por ser mais duradouros. *A Governança deixa de ser um atributo de algum governo para ser, de modo cada vez mais profundo, instrumento do incremento da coesão de entidades e organizações nacionais, regionais e globais.* (grifos nossos)

Em harmonia com Heloise Siqueira Garcia e Kassy Gerei dos Santos (2019, p. 114), o Estado continua tendo uma vital importância, pois os "imperativos da constituição de um sistema de governança mundial não devem se sobrepor às prerrogativas do Estado, destacando ainda os riscos que isso implica para consolidação do processo democrático, em particular, para os países periféricos", porém a governança passa a assumir um caráter tão – ou até mais importante – quando vista a realidade transnacional vivenciada.

Citando Montiel, as autoras defendem que:

> O conceito de governança em um contexto de globalização vem se desenvolvendo nas últimas três décadas e ganhou relevância desde 90, tornando-se um conceito chave no debate político. Está relacionada com o campo da tomada de decisão e a arte de gerir sociedades e organizações, muito influenciada pelo surgimento da nova gestão pública e pela mudança de paradigma na administração pública. (tradução própria)

Garcia e Santos (2019, p. 114) destacam que "governança não é um conceito jurídico, estando mais relacionada com a Ciência Política e com as Relações Internacionais". Todavia, apoiam a necessidade de "compreender e verificar a aplicabilidade do conceito à sua prática", uma vez que o Direito é uma ciência social aplicada.

Ainda segundo as autoras, a governança, no Direito Interno, está relacionada à busca de novas opções "fora do plano estrito do Estado", apesar de temas e ações estatais serem fundamentais. No que tange ao Direito Internacional, a globalização redefiniu o conceito de soberania ao apresentar novos atores, como "ONGs e empresas multi e transnacionais, significando a crescente passagem para o plano da governança global sua importância na articulação e cooperação entre os atores sociais e políticos nos arranjos institucionais".

---

[11] ARAÚJO, Izabela Viana de. A Governança Global e a Atuação das Redes Internacionais de Cidades. Disponível em: http://www.proceedings.scielo.br/pdf/enabri/n3v2/a31.pdf. Último acesso em: 11 mar. 2023.

Nas palavras de Paula Ribczuk e Arthur Ramos do Nascimento:

> (...) o Estado deve alcançar uma boa governança, mostrando-se capaz de implementar políticas públicas, eliminando a rigidez e afastando a ineficiência da máquina administrativa, o que então desencadeará o aumento da legitimidade (governabilidade). Ou seja, o aumento de sua capacidade de governar, de forma que, para que isso aconteça, deve também ser observada a *accountability*, isso porque, além da necessidade de haver maior comprometimento na gerência da coisa pública, esse deve estar aliado a uma maior cobrança e consequente responsabilização quanto aos resultados obtidos.

Isso posto, Garcia e Santos (2019, p. 117) discorrem que há, no âmbito dos Tribunais de Contas, uma gradativa orientação para a análise de desempenho, com foco na melhoria dos processos de gestão e governança, cuja finalidade é alcançar a eficiência da ação governamental para a sociedade. Afirmam, igualmente, que "sob esse enfoque tem se fortalecido nos Tribunais de Contas o entendimento de que a governança é um dos pilares para a melhoria da administração pública".

Finalmente, em sintonia com Marco Antônio Carvalho Teixeira e Maria Alice Pinheiro Nogueira Gomes (2021, p. 399), transparência e *accountability* fazem parte da governança como meio de desenvolvimento institucional, sobretudo no que diz respeito a "reduzir a assimetria informacional entre gestores e cidadãos, bem como para potencializar inibidores da corrupção e estimular o controle social na prestação de contas e a participação ativa dos cidadãos na administração pública".

3 *Accountability*

Cutt e Murray (2000) enfatizam que um ator (organização ou indivíduo) é *accountable* quando identifica o seu compromisso com determinada atuação e sua consequente responsabilidade moral e legal de fazer o possível no sentido de cumprir esse compromisso.

Não obstante o conceito acima, que se identifica com o assunto aqui abordado, efetivamente existem inúmeros conceitos sobre o tema. Porém, observamos que um conceito mínimo para o *accountability* é a geração de respostas aos que têm legitimidade para demandar a prestação de contas. Ou seja, se apresenta como um conceito relacional, ligando os atores a outros afetados por suas ações.

Do ponto de vista semântico, *accountability* desempenha três distintos papéis: como um símbolo, um indicador e um ícone. Como símbolo, significa a qualidade de ser responsável, obrigação de prestar contas e responder por deveres. Como indicador, depende de fatores contextuais e culturais sendo entendido como a capacidade de dar respostas (*answerability*, *responsiveness*), promover a democracia e comportamento ético por meio e formas institucionais. Por fim, enquanto ícone é culturalmente contingente e está relacionado à perspectiva do público (DUBNICK; JUSTICE, 2004).

Nas últimas duas décadas, a discussão em torno da prática de *accountability* tem se concentrado na democracia e no desenvolvimento, sendo o seu incremento e proeminência, protagonizado por agências de desenvolvimento e acadêmicos, entretanto, o conceito tornou-se maleável e nebuloso. De acordo com Newell e Bellour

(2002), o prevalecente uso do termo pode ser explicado pelas mudanças do pensamento estratégico das principais agências de desenvolvimento, no que diz respeito ao Estado criar e manter sistematicamente mecanismos de *accountability* para os cidadãos.

Marianna Montebello Willeman (2020 p. 44) declara que a *accountability* expressa a atenção ao controle e às constrições institucionais voltadas ao exercício do poder, sendo central para a democracia. Neste sentido, a ciência política passou a se concentrar na *accountability* pública a partir da década de 1990 devido ao "crescente protagonismo do Estado na regulação da vida pública e da vida privada"; e na "emergência da democracia como o mais popular e aspirado modelo de governo". Assim,

> *Accountability* surgiu como uma questão central nas investigações a respeito do período pós-transição na América Latina, conferindo-se grande destaque à necessidade de serem tornados mais efetivos os seus mecanismos, apontados como um grande desafio para que, especialmente a partir do final da década de oitenta e início dos anos noventa, no Brasil e em seus vizinhos latino-americanos tenham sido razoavelmente implementadas as condições mais básicas de um regime democrático, é amplamente sabido que ainda persistem graves distorções reveladoras das deficiências e fragilidades de tais democracias. Casos de corrupção que permanecem impunes, opacidade na condução dos assuntos de interesse da sociedade, uso impróprio de recursos públicos, tentativas de censura à imprensa livre, entre outros, continuam sendo graves problemas vivenciados no Brasil e em vários países na América Latina.
> Esses problemas evidenciam, justificam e reforçam a faceta da desconfiança enquanto elemento que integra o regime democrático, demandando enfrentamento por meio da institucionalização e pulverização de instrumentos de controle e monitoramento. Nessa perspectiva, a *accountability* é central, seja na sua vertente política ou social.

Nas palavras de Nathalia Rodrigues Cordeiro (2014, p. 30), "diversos organismos e estudos internacionais têm alertado para o peso da corrupção na América Latina e apresentam como solução, entre outras práticas, o fortalecimento dos mecanismos de controle interno e externo da administração".

Levando em conta o contexto da Administração, *accountability* pública se refere ao conjunto de abordagens, mecanismos e práticas usados pelos atores interessados em garantir um nível e um tipo desejados de desempenho dos serviços públicos (PAUL, 1992), podendo ser classificada em horizontal e vertical. O *accountability* horizontal consiste na fiscalização de "igual para igual", como, por exemplo, o controle existente entre os poderes (os freios e contrapesos), ou de um órgão sobre outras entidades/órgãos (Tribunais de Contas ou Controladorias-Gerais e agências fiscalizadoras). Já o *accountability* vertical pode ser entendido como uma ação entre "desiguais", pois neste caso os cidadãos exercem o controle por meio de plebiscito, referendo, voto (FALEIRO, 2017).

Ademais, além da *accountability* vertical e horizontal, também existem as dimensões social, diagonal e externa ou mútua. A primeira, consoante a professora Willeman (2020, p. 56), caracteriza-se por atores que "se reconhecem como legítimos titulares de direitos e, que, dessa forma, buscam expor desvios de conduta nos governos e pretendem introduzir seus interesses na agenda pública", por não produzirem punições penais, "apenas consequências simbólicas", é rejeitada por alguns autores.

A *accountability* diagonal, em sintonia com Anna Lührmann, Kyle L. Marquardt e Valeriya Mechkova (2020), reflete a contribuição de atores não estatais para a prestação de contas. Organizações da sociedade civil, mídia independente e cidadãos engajados podem usar uma ampla gama de ações para fornecer e ampliar informações sobre o governo, responsabilizando-o.

Neste sentido, Juaninha, Bortoli e Peixe (2016) reiteram que ela "pode ser entendida como aquela exercida por organismos sem uma relação hierárquica direta com as organizações públicas, mas tem algum poder de impor cumprimentos, tais como, autoridades de auditoria, inspeção, supervisão, fiscalização, dentre outros".

Corrobora isso o fato de que a *accountability* diagonal "busca engajar a cidadania na atuação das instituições horizontais de controle, vinculando os cidadãos às legislaturas e a outras instituições paralelas ou secundárias de fiscalização e, com isso, incrementando a efetividade da função *watchdog*[12] da sociedade civil", defende Willeman (2020, p. 60).

Por fim, em que pese a crítica ao "déficit de legitimidade para o seu exercício", a dimensão mais recente de *accountability* é chamada de externa ou mútua. Conforme descreve Willeman (2020, p. 58), trata-se de uma relação de supervisão e monitoramento a que se submetem determinados governos nacionais diante de organizações supranacionais de defesa de direitos humanos e agências internacionais de fomento e auxílio financeiro, com destaque para o Banco Mundial (BM) e o Fundo Monetário Internacional (FMI).

Com efeito, são duas as direções em que a *accountability* opera nas relações internacionais. A primeira decorre da formação de um consenso mínimo a respeito da abertura da comunidade internacional para coordenação e cooperação, a segunda decorre do regime de governança global protagonizado pelas Organizações de Governança Internacional (*International Governance Organizations* – IGOs) e que reflete, ao mesmo tempo em que acelera, a expansão e a intensificação da interdependência econômica entre as nações.

4 Internacionalização dos Tribunais de Contas brasileiros

Atuando em benefício do conceito de boa administração pública, nos ensina a professora Marianna Montebello Willeman, ao propor o diálogo entre as ciências política e jurídica, que:

> O atual estágio do desenvolvimento do direito administrativo no Brasil e nas democracias ocidentais contemporâneas considera ultrapassada qualquer concepção do protagonismo do poder público e do autocentrismo estatal. A pessoa humana está na centralidade do direito administrativo, e a atuação administrativa pública deve estar em plena e exclusivamente posta à sua disposição. Essa nova perspectiva encontra-se bem traduzida na Carta Europeia dos Direitos Fundamentais de Nice, de 07 de dezembro de 2000, que veio a consagrar, em

---

[12] O termo *watchdog* foi estruturado por Pierre Rosanvallon em um cenário denominado contrademocracia, com forte ênfase nos processos de vigilância e monitoramento do poder político, abrindo caminho para que se pressione o governo a servir o bem comum. Os poderes de vigilância pressupõem um conjunto de órgãos, instituições e cidadãos cívicos que mantenham em constante observação e monitoramento os atos dos governantes. A expressão *watchdog democracy* e seus mecanismos têm sido extremamente robustecidos e ampliados com a proliferação e o aperfeiçoamento de instituições e aparatos híbridos que se voltam precisamente à tutela de confiança democrática, declara Fernando Zambalde Portela Custodio (2018, p. 30).

seu artigo 41, *o direito fundamental à boa administração pública,* com conteúdo e contornos próprios e específicos do direito comunitário. (grifo nosso)

Neste sentido, "a Constituição Federal inovou ao expandir o conteúdo da ação fiscalizadora para além dos perfis financeiro, contábil, patrimonial e orçamentário, abrangendo, também, a gestão operacional do Estado", afirmou Willeman (2020 p. 30).

Desse modo, Fabrício Borges dos Santos, Leandro Vieira Santana, Rodrigo Bombonati de Souza Moraes (2009) declaram que,

> Os TCs têm assumido como missão aperfeiçoar a Administração Pública em benefício da sociedade, atuando em um papel de indutor e orientador de boas práticas no campo gerencial. Contudo, para potencializar o sucesso no cumprimento dessa missão, é importante que, antes, o Estado esteja minimamente preparado e organizado para cumprimento de seu dever de *trabalhar de forma transparente, disponibilizando ativamente dados confiáveis sobre o resultado de sua gestão através de uma prestação de contas responsável, dentro do melhor conceito de accountability,* conforme preconizado pelo Instituto Brasileiro de Governança Corporativa. (grifos nossos)

Destarte, pressupõe-se também a fiscalização das Cortes de Contas nas atividades internacionais de seus jurisdicionados. Assim, segundo Rosana Laura de Castro Farias Ramires,

> *A interação das instâncias nacionais com a realidade internacional em que o Estado a que pertencem é parte trata-se de um processo irreversível que incita desafios não apenas à lógica de como se compreendem e se articulam os ordenamentos nacional e internacional,* mas também à lógica e dinâmica processual aplicada pelas instâncias nacionais nos feitos que lhes competem processar e julgar. Essa interação atinge também os órgãos de controle tal como o são os Tribunais de Contas, em especial, o TCU quando considerada a atuação internacional da União em nome da República Federativa do Brasil (artigo 21, I, II, III, da CRFB). (grifos nossos)

Por consequência, cabe ao TCU em suas ações de controle, diante da sua competência constitucional, fiscalizar as normas, atividades e atos administrativos realizados em cooperação com organismos internacionais com a utilização de recursos nacionais, conforme se depreende da Decisão nº 178/2001 e dos Acórdãos nºs 946/2004, 1.918/2004 e 1.339/2009 – TCU –, todos do Plenário.[13]

Nas palavras de Valerio de Oliveira Mazzuoli,

> O Brasil tem ratificado atos internacionais de grande complexidade, tanto *bi* como *multilaterais*. A presença crescente do Brasil no cenário internacional e a consequente intensificação dos contatos gerou, nos últimos anos, um aumento significativo de atos

---

[13] Tema diverso é a atuação dos organismos em projetos financiados exclusivamente com recursos nacionais, questão que se desdobra em duas outras: que norma aplicar na implementação das ações (a legislação nacional ou os normativos internos dos referidos organismos) e em que hipóteses tais vínculos podem ser instituídos. A primeira dessas questões já foi discutida pelo Tribunal, consolidando-se o entendimento de que é possível a aplicação de normas próprias dos organismos cooperantes, desde que se harmonizem com a legislação interna (o que é verificado pelos chamados 'exames de convergência de normas licitatórias'). Nesse sentido, vejam-se a Decisão nº 178/2001 e os Acórdãos nºs 946/2004 e 1.918/2004, todos do Plenário. TCU. TC 023.389/2007-1. Disponível em: http://www.abc.gov.br/sigap/. Último acesso em: 24 mar. 2023.

internacionais negociados e concluídos pelo Brasil, sobre as mais diversas matérias. Tais documentos que o governo assina em nome da República, devem ser, pelo direito interno, objeto de um tratamento igualmente complexo, que, no âmbito dos Poderes da União, dá-se pelo Executivo e pelo Congresso Nacional, em colaboração de um com o outro.

Por esta razão, o STF pacificou que – no exercício do poder de *treaty-making power*, ou seja, poder de celebrar contratos – o Brasil (através das instituições que representam o governo federal) está atuando diretamente como pessoa jurídica de Direito Internacional Público, que possui, diante da federação, "o monopólio internacional", sendo de responsabilidade do TCU uma atuação nacional e não apenas federal, com repercussões internacionais diretas e imediatas, de acordo com Ramires (p. 6).

Por conseguinte, Rosana Laura de Castro Farias Ramires, alega que,

> A necessidade de maior integração do TCU à lógica e especificidades das relações internacionais decorre tanto do fato de que relações internacionais travadas pelo Brasil podem demandar a participação dos Tribunais de Contas para sua consecução, como ocorre com a Agenda 30 da ONU, como também decorre do fato de que muitos acordos internacionais demandam o aporte de recursos nacionais para a sua implementação, *recursos esses que integram o conceito nacional de receita e de despesas públicas, susceptíveis de controle da legalidade, da legitimidade e da economicidade de sua gestão, pelos Tribunais de Contas.* (grifos nossos)

> [...] o aperfeiçoamento da transfiscalização dos recursos públicos, a par dos já conhecidos movimentos de transconstitucionalismo e de transjudicialização dos conflitos, por outro, aponta que a inserção das ações fiscalizatórias do TCU em acordos internacionais não pode olvidar os organismos internacionais como parte interessada no objeto fiscalizado, sendo o principal desafio conceber a domesticação de nulidades afetas a atos iminentemente internacionais, em detrimento da lógica da Convenção de Viena sobre Tratados.[14]

Cabe explicar que a Convenção de Viena de 1986, promulgada pelo Brasil através do Decreto nº 7.030/09, dispõe sobre as relações entre os Estados e Organizações Internacionais, desta maneira, nas palavras André Luiz Valim Vieira (2022. p. 56-67),

> [...] com o diferencial que adapta normas sobre a matéria às especificidades das Organizações Internacionais, normatizando seu reconhecimento como sujeitos de direito internacional público, diferentes dos "sujeitos clássicos", e prevendo em simetria os direitos e deveres nas suas relações com os Estados soberanos.

Ramires ainda reitera que:

> Essa atuação fiscalizadora das relações internacionais constitui mais uma arena de profícuos debates acerca da pragmática inter-relação entre Estados e organismos internacionais, e de suas repercussões para a compreensão e aplicação de ambos os ordenamentos. *Pode-se falar, assim, em um movimento de transfiscalização dos recursos públicos, vez que mesmo que*

---

[14] RAMIRES, Rosana Laura de Castro Farias. O Controle do Tribunal de Contas da União sobre os Acordos Internacionais Celebrados Pelo Brasil: Implicações processuais e internacionais sobre os Organismos Internacionais-partes. Disponível em: https://semanaacademica.org.br/system/files/artigos/o_controle_do_tcu_sobre_os_acordos_internacionais_celebrados_pelo_brasil_com_a.pdf. Último acesso em: 28 fev. 2023.

repassados e geridos por organismos internacionais, o TCU acaba tendo sua competência atraída pela natureza original dos recursos nacionais e contribui para a própria accountability do organismo internacional receptor desses recursos. Todavia, esse *accountability* por força da atuação do TCU sobre esses recursos encontra limites nos princípios constitucionais internacionais da não intervenção e do *treaty-mankimg-power*, bem como nas regras internacionais que disciplinam a imunidade jurisdicional das organizações internacionais.

[...] Por fim, importante consignar que decisões dessa natureza, por desconsiderarem não apenas esses princípios e Súmula, mas também desconsiderarem a sistemática internacional de invalidação e revogação de acordos internacionais não encontram eficácia perante o cenário internacional e tendem a gerar um cenário de instabilidade institucional, na medida em que força o Poder Executivo a rever acordos internacionais fora de outros complexos contextos inerentes as relações exteriores, sob pena de assim não o fazendo ser multado ou se tornar inelegível em decorrência do juízo do TCU sobre suas contas ou valores a serem ressarcidos. Assim, desconsideram-se, sem a necessária ponderação da realidade internacional, obrigações internacionais assumidas que devem ser cumpridas de boa fé e na sua integralidade, salvo a ocorrência das hipóteses previstas na Convenção de Viena sobre direitos dos tratados que autorizem a suspensão ou alteração de sua obrigatoriedade. *Mais adequado seria que o TCU se valesse, por meio das auditorias de desempenho, da sua posição de "consultor administrativo e, de forma mais tímida, de cientista social", para promover a fiscalização dos repasses pelo governo brasileiro e da gestão pelos organismos internacionais de recursos nacionais para a consecução de objetivos bilateral ou multilateralmente pactuados.* (grifos nossos)

Além do controle sob os atos internacionais, os Tribunais de Contas no Brasil – especialmente o TCU – têm promovido ações de cooperação com entidades de controle internacionais desde a década de 1970, as quais foram impulsionadas na década de 1990. Os objetivos são diversos, mas podemos citar a cooperação técnica como o mais frequente.

Dessarte, conforme consta no sítio eletrônico da Corte de Contas nacional,

"Os projetos internacionais permitiram ao TCU identificar áreas com muitas oportunidades de melhoria", afirma o secretário-geral de Controle Externo (Segecex), Leonardo Albernaz. "Hoje, o TCU está na linha de frente entre as instituições públicas que conseguiram utilizar a cooperação internacional como acordos que mudaram processos de trabalho, prestando serviços para a sociedade com o mais alto nível".

Derradeiro, o TCU assegura a importância de conceber políticas públicas, "desde o início, de maneira que seu desempenho e o alcance de seus objetivos possam ser acompanhados pela sociedade e pelos gestores encarregados da execução".

4.1 Cooperação Internacional dos Tribunais de Contas

O Sistema de Cooperação Internacional para o Desenvolvimento (SCID) surgiu no cenário político do imediato pós-guerra, em 1944, com a criação das instituições de Bretton Woods (Banco Mundial e Fundo Monetário Internacional) e da Organização das Nações Unidas (ONU), na Conferência de São Francisco, em 1945. A Carta das Nações Unidas, que instituiu formalmente a ONU, tinha como objetivo "[...] empregar um mecanismo internacional para promover o progresso econômico e social de todos os povos" (ONU, 1945, capítulo IX), conforme se depreende do texto de Maria Elisa Huber Pessina, André Pires Batista Coelho, Élvia Mirian Cavalcanti Fadul e Augusto de Oliveira Monteiro (2022 p. 249).

O Ministério da Economia define cooperação como as relações entre países, organizações e fóruns econômicos e financeiros internacionais que objetivam promover e empreender procedimentos para o crescimento econômico e a promoção do desenvolvimento sustentável, podendo ser de âmbito técnico, econômico e financeiro e aplicadas a diversos setores da sociedade.

Dentre os instrumentos do SCID, destaca-se o financiamento internacional para o desenvolvimento, mecanismo que combina fluxos financeiros concessionais (doações) e empréstimos em condições mais vantajosas que de mercado, prestados por organizações multilaterais e bilaterais, voltados à promoção do desenvolvimento dos países receptores (PESSINA; COELHO; FADUL; MONTEIRO, 2022).

Segundo Rafael Lopes (2019 p. 15), a participação do Brasil no contexto da cooperação internacional foi e é decisiva para o processo de desenvolvimento do país. Assim, o Brasil, a partir da década de 1970, era "receptor da cooperação de países desenvolvidos e organismos internacionais, dentro de um modelo tradicional de cooperação Norte – Sul" (*apud* KERCH; SCHNEIDER, 2013), tendo como importante contribuição o apoio de "instituições públicas federais e entidades nacionais especializadas em áreas consideradas estratégicas para a economia brasileira".

De acordo com Abreu (*apud* LOPES, 2019),

> Voltando ao histórico do envolvimento do Brasil no cenário da cooperação internacional, após esse período inicial em que o país teve um papel fundamentalmente de "receptor" da cooperação, notadamente a partir da década de 1980, o país precisou repensar todo seu sistema de cooperação. No cenário internacional, crescia o movimento de cooperação Sul-Sul, a própria ONU tomava iniciativas concretas para fomentar esse tipo de cooperação. O Brasil aderiu a esse movimento internacional e passou a se estruturar para se engajar cada vez mais nesse tipo de cooperação. Marco relevante nesse sentido foi a criação da Agência Brasileira de Cooperação (ABC) no Ministério das Relações Exteriores em 1987, que passou a constituir um instrumento fundamental para a promoção da cooperação Sul-Sul.

Sob esta perspectiva se inseriu a participação do TCU na cooperação internacional com outras instituições internacionais que promovem o controle concreto dos gastos públicos cujo objetivo é o "desenvolvimento permanente das entidades fiscalizadoras superiores (EFS), o intercâmbio e a transferência de conhecimento, o aperfeiçoamento da auditoria governamental de forma global e o incremento das capacidades institucionais", consoante Rafael Lopes (*apud* KERCH; SCHNEIDER, 2013).

Neste sentido, em 1953 foi criada a Organização Internacional de Entidades Fiscalizadoras Superiores (*International Organization of Supreme Audit Institutions* – Intosai, em inglês), por 34 países, entre eles o Brasil. A Intosai é uma organização autônoma, independente, profissional e apolítica, criada como uma instituição permanente no sentido de promover o apoio mútuo entre as Entidades Fiscalizadoras Superiores (EFS); fortalecer a troca de ideias, conhecimentos e experiências; atuar como porta-voz globalmente reconhecido para as EFSs dentro da comunidade internacional; desenvolver padrões para auditoria do setor público; promover a boa governança; e apoiar a capacitação, a cooperação e a melhoria contínua do desempenho das EFS. Atualmente a Intosai conta com 195 membros de pleno direito, cinco membros associados e dois membros afiliados.

A Intosai reconhece ainda sete organizações regionais como entidades vinculadas, constituídas com o objetivo de promover a cooperação profissional e técnica de seus membros no âmbito regional. Uma delas é a Organização Latino-americana e do Caribe de Entidades Fiscalizadoras Superiores (Olacefs). O Brasil, na figura do TCU, é membro pleno, assim como outros 21 países da América Latina e do Caribe. Adicionalmente, fazem parte da Olacefs mais 28 membros associados, como os Tribunais de Contas dos Estados do Acre, Bahia, Rio Grande do Sul, Tribunal de Contas do Município do Rio de Janeiro, Instituto Rui Barbosa (IRB), Associação de Membros dos Tribunais de Contas do Brasil (Atricon), entre outros.

Além da Intosai e da Olacefs, algumas Cortes de Contas brasileiras participam de outras organizações internacionais, como a Organização das EFS dos Países do Mercosul e Associados (Efsul) e a Organização das Instituições Supremas de Controle da CPLP (OISC/CPLP), conforme se verifica no sítio eletrônico do TCU.[15]

De acordo com o site oficial da Intosai, o Congresso Internacional das Instituições Superiores de Controle (Incosai) é o órgão supremo da Organização, composto por todos os seus membros titulares, membros associados e membros afiliados. As reuniões ordinárias são realizadas a cada três anos e cabe destacar que o XXIV Incosai, realizado em 2022, no Rio de Janeiro, aprovou o Plano Estratégico 2023-2028,[16] o qual estabelece que a Intosai se concentrará nas seguintes cinco prioridades principais e as integrará em suas operações: defender e apoiar a independência das Entidades Fiscalizadoras Superiores (EFS); contribuir para o cumprimento da Agenda 2030 para o Desenvolvimento Sustentável; apoiar o desenvolvimento da resiliência nas SAIs; promover e apoiar a igualdade e inclusão dentro da comunidade da Intosai; e fortalecer parcerias estratégicas.

Em 2014, o TCE-MG, com o apoio do IRB, celebrou acordo de cooperação técnica com países de língua portuguesa para colaboração na área de controle externo.

Realizado em 2021, o I Fórum Internacional de Auditoria do Setor Público contou com representantes da Argentina, Brasil, Espanha, Moçambique, Paraguai e Portugal, buscando colaboração internacional entre entidades representativas de controle externo.

Em novembro de 2021, no Congresso Internacional dos Tribunais de Contas (CITC), o então presidente do Tribunal de Contas do Município de São Paulo (TCMSP), conselheiro João Antônio da Silva Filho, enfatizou que agregar os Tribunais de Contas nacionais a entidades internacionais foi um dos objetivos da Atricon, segundo ele: "É na integração do controle externo que se fortalecem as Cortes de Contas pelo país, fincando um pilar de sustentação da democracia brasileira".[17]

---

[15] BRASIL. Tribunal de Contas da União. Relações Institucionais. Relações Internacionais. Disponível em: https://portal.tcu.gov.br/relacoes-institucionais/relacoes-internacionais/. Último acesso em: 24 mar. 2023.

[16] Plano Estratégico 2023-2028 – Organização Internacional das Entidades Fiscalizadoras Superiores. Disponível em: https://www.intosai.org/fileadmin/downloads/documents/open_access/about_intosai/strategic_plan/ES_2023-2028_intosai_strategic_plan.PDF. Último acesso em: 23 mar. 2023.

[17] SÃO PAULO. Tribunal de Contas do Município de São Paulo. Presidente do TCMSP media painel sobre os Tribunais de Contas e os ODS no II Congresso Internacional de Tribunais de Contas. Disponível em: https://portal.tcm.sp.gov.br/Pagina/39183. **Último acesso em:** 30 mar. 2023.

João Antônio afirmou, também, que uma das metas da Atricon é ampliar e aperfeiçoar a atuação dos Tribunais de Contas em consonância com os 17 ODS (Objetivos de Desenvolvimento Sustentável) presentes na Agenda 2030 da ONU.

Em 2022, em Foz do Iguaçu, Tribunais de Contas do Mercosul formalizam parceria com o objetivo de integrar os sistemas de controle de gastos.[18] No mesmo ano, o Tribunal de Contas do Estado do Rio de Janeiro foi reintegrado à Organização Latino-Americana e do Caribe de Entidades Fiscalizadoras Superiores (Olacefs).

4.2 Agenda 2030 da ONU: políticas públicas e fiscalização

Conforme o site da Intosai, há um crescente reconhecimento global e expectativa de quão importantes são os papéis centrais da Intosai e das EFSs na promoção da boa governança e prestação de contas. O reconhecimento dessas funções foi destaque na resolução da Assembleia Geral das Nações Unidas de dezembro de 2011: "Promovendo a eficiência, responsabilidade, eficácia e transparência da administração pública por meio do fortalecimento das instituições supremas de auditoria" (A/66/209).

Desenvolvimento sustentável. Este reconhecimento foi explicitamente expresso pelos Estados Membros das Nações Unidas na resolução da Assembleia Geral de dezembro de 2014: "Promoção e incentivo da eficiência, responsabilidade, eficácia e transparência da administração pública por meio do fortalecimento das Entidades Fiscalizadoras Superiores" (A/69/ 228).

Os Objetivos de Desenvolvimento Sustentável (ODS), com os quais os Estados Membros das Nações Unidas se comprometeram em setembro de 2015, fornecem um "plano de ação ambicioso e de longo prazo para as pessoas, o planeta e a prosperidade" para todas as nações. A declaração sobre os ODS, "Transformando nosso mundo: a Agenda 2030 para o Desenvolvimento Sustentável", observou que "nossos governos têm a responsabilidade primária de, nos níveis nacional, regional e global, monitorar e revisar o progresso alcançado no cumprimento dos objetivos e metas para os próximos 15 anos". As EFSs, por meio de suas auditorias e de acordo com mandatos e prioridades, podem fazer contribuições valiosas para os esforços nacionais de monitorar o progresso, acompanhar a implementação e identificar oportunidades de melhoria em toda a gama de ODS e esforços de desenvolvimento sustentável de seus respectivos países. A Intosai tem um importante papel catalisador e de apoio a desempenhar nos esforços nacionais, regionais e globais para implementar os ODS e monitorar e revisar o progresso que está sendo feito. No entanto, para atender às expectativas globais, a Intosai deve funcionar de forma mais integrada e eficaz.

A ONU definiu que os 17 ODS são "um apelo global à ação para acabar com a pobreza, proteger o meio ambiente e o clima e garantir que as pessoas, em todos os lugares, possam desfrutar de paz e de prosperidade". Entre os objetivos estão: erradicação da pobreza; trabalho decente e crescimento econômico; e parcerias e meios de implementação.

---

[18] RIO DE JANEIRO. Tribunal de Contas do Estado do Rio de Janeiro. Tribunais de Contas do Mercosul formalizam parceria em Foz do Iguaçu. 2022. Disponível em: https://www.tce.rj.gov.br/portalnovo/noticia/tribunais_de_contas_do_mercosul_formalizam_parceria_em_foz_do_iguacu. Último acesso em: 24 mar. 2023.

De acordo com Ieva Lazareviciute, oficial do Programa para o Desenvolvimento das Nações Unidas, o desenvolvimento sustentável não se trata somente da proteção do meio ambiente, mas também o de garantir a todos os indivíduos seus direitos humanos. Logo, "A agenda 2030 tem em seu cerne três preocupações: sustentabilidade, inclusão social e desenvolvimento econômico. Elas têm a mesma importância para um futuro melhor", complementou Ieva.

Consoante o mestre André Rosilho,[19] é indiscutível que fiscalizar a realização dos atos da Agenda 2030 pelos gestores públicos é uma tarefa de relevância social dos Tribunais de Contas. Neste sentido, afirma:

> Quando a Constituição Federal conferiu poderes de fiscalização da Administração Pública aos Tribunais de Contas ela criou um órgão caleidoscópico – que reúne numa mesma instituição funções e competências múltiplas, por isso discutir o limite das suas atribuições é complexo.

Apesar da complexidade citada, órgãos como o TCE-SP têm se dedicado ao tema, corroborando a necessidade de um monitoramento regular das ações empreendidas, e reitera que:

> A implantação desta agenda é tarefa extremamente desafiadora. Abrange questões que vão da erradicação da pobreza ao consumo responsável, passando pela igualdade de gênero, saúde pública, educação, pelo combate às mudanças climáticas e o fortalecimento das instituições democráticas.
>
> Para o sucesso de um projeto tão ambicioso, é imprescindível que cada país estabeleça estratégias, políticas, planos e programas consistentes com cada uma das metas e que o processo de efetivação seja regularmente monitorado.

Conforme Marcelo Barros, Auditor do TCU:

> [...] a Intosai propôs quatro abordagens integradas para direcionar a atuação das EFS na busca pelo alcance dos ODS: 1. Avaliar o grau de preparação dos sistemas nacionais para reportar sobre o progresso no alcance dos ODS e, posteriormente, auditar seu funcionamento e confiabilidade dos dados que produzem. 2. Realizar auditorias de desempenho que examinem a economia, eficiência e eficácia dos principais programas governamentais que contribuem para aspectos específicos dos ODS. 3. Avaliar e apoiar a implementação do ODS 16, que diz respeito, em parte, a instituições transparentes, eficientes e responsáveis. 4. Ser modelos de transparência e *accountability* em suas próprias atividades, incluindo auditorias e relatórios. *A cristalina intenção de engajamento declarada pela Intosai encontra eco na forte liderança que o Tribunal de Contas da União (TCU) tem empreendido no cenário nacional e no âmbito da comunidade internacional. O TCU tem dedicado esforços no desenvolvimento de metodologias e na realização de fiscalizações-piloto na temática de forma a oferecer apoio irrestrito à Intosai e às instituições congêneres para que cada país e a comunidade internacional de auditores de controle externo possam se preparar para atender aos preceitos dessa agenda global.*

---

[19] SÃO PAULO. Tribunal de Contas do Município de São Paulo. Presidente do TCMSP media painel sobre os Tribunais de Contas e os ODS no II Congresso Internacional de Tribunais de Contas. Disponível em: https://portal.tcm.sp. gov.br/Pagina/39183. **Último acesso em:** 30 mar. 2023.

As vantagens de adoção de agenda tão abrangente são muitas, mas cito o fato de propiciar uma linguagem comum entre os países e seus interesses, de buscar práticas inovadoras que possam ser replicadas e de dar ao país uma direção construtiva. A intenção declarada do governo federal de ser signatário do alcance dos ODS da ONU gera implicações nas agendas de diversos entes, exigindo maior integração entre as ações dos governos federal, estaduais e locais e de organismos multilaterais, da iniciativa privada e da sociedade civil organizada, bem como do sistema de controle. (grifos nossos)[20]

Neste diapasão, a Atricon se reuniu em 2022 com a finalidade de estabelecer os produtos da gestão 2022-2023, como a identificação de boas práticas internacionais e a criação de um comitê técnico especializado com o intuito de participar do Programa das Nações Unidas para o Desenvolvimento (PNUD),[21] determinando, desse modo, como objetivo estratégico "ser reconhecida como instrumento de representação e de aperfeiçoamento dos Tribunais de Contas e do controle externo", tendo como iniciativa "promover o engajamento dos Tribunais de Contas aos Objetivos do Desenvolvimento Sustentável da Agenda 2030 da ONU", facilitando "o acesso a informações e a difusão do conhecimento para o Sistema Tribunais de Contas".

Em pesquisa realizada pela Fundação Getúlio Vargas (2022 p. 269), após 2015, destaca-se o aumento na contratação de projetos com financiamento internacional pelos entes subnacionais, nomeadamente pelos municípios, realidade que se alinha com a diretriz de *localization* para a implementação da Agenda 2030. A representatividade percentual dos projetos contratados pelos municípios saltou de 5% (entre 2000 e 2015) para 37% (entre 2016 e 2020), confirmando o indicado na literatura de governança multinível sobre uma tendência de reescalonamento na governança mundial representada pela atuação de governos subnacionais em assuntos fora de sua competência jurisdicional habitual.

Já no pós-2015, os setores de desenvolvimento econômico/financeiro e de equilíbrio fiscal – renegociação de dívidas perderam relevância, destacando-se, neste período, o crescimento das políticas ambientais e de modernização da administração pública, temas caros à Agenda 2030. Merece destaque a área de infraestrutura, transporte e moradia, que continuou crescendo dentro dos financiamentos internacionais para o desenvolvimento contratados pelo Brasil.

Por fim, cumpre apontar o relevante papel desempenhado pelo Banco Mundial e pelo BID, os quais respondem por mais de 60% dos recursos captados pelo Brasil sob a forma de financiamento internacional para o desenvolvimento. Estas instituições revelam-se, portanto, importantes direcionadores das políticas públicas do país.

---

[20] BRASIL. Tribunal de Contas da União. O Papel do TCU na Implementação da Agenda 2030 dos Objetivos de Desenvolvimento Sustentável. *Revista TCU*, n. 136, 2016. Disponível em: https://revista.tcu.gov.br/ojs/index.php/RTCU/article/view/1350. Último acesso em: 20 mar. 2023.

[21] SANTA CATARINA. Tribunal de Contas do Estado de Santa Catarina. Vice-Presidência de Relações Internacionais da Atricon realiza reunião com conselheiros da diretoria, em Belo Horizonte. Disponível em: https://www.tcesc.tc.br/index.php/vice-presidencia-de-relacoes-internacionais-da-atricon-realiza-reuniao-com--conselheiros-da. Último acesso em: 20 mar. 2023.

5 Conclusão

O surgimento das Cortes de Contas, ou Entidades Fiscalizadoras Superiores, que incorporam tanto os Tribunais de Contas quanto as Auditorias-Gerais, que, apesar de algumas diferenças, têm por objetivo promover a transparência e a fiscalização do gasto público, está diretamente ligado ao estabelecimento da democracia e da separação dos poderes no mundo.

Nesse sentido, e considerando a escassez de recursos e a crescente demanda da sociedade por políticas públicas efetivas, amplia-se o papel dos Tribunais de Contas, além da fiscalização e julgamento de contas para a promoção e fomento de políticas públicas cujo objetivo é a prestação de serviços cada vez melhores, uma vez que ganha espaço o entendimento de que a governança é um dos pilares para a melhoria da administração pública.

Se os Tribunais de Contas têm assumido como missão aperfeiçoar a Administração Pública em benefício da sociedade, atuando em um papel de indutor e orientador de boas práticas no campo gerencial, torna-se evidente a necessidade de buscarem-se novas formas de atuação, no que a cooperação internacional veio proporcionar o intercâmbio e a transferência de conhecimento, o aperfeiçoamento da auditoria governamental de forma global e o incremento das capacidades institucionais.

O reconhecimento pela ONU de que o papel das Entidades Fiscalizadoras Superiores é fundamental para a promoção da eficiência, responsabilidade, eficácia e transparência da administração pública demonstra o esforço que se espera dessas entidades, em especial no monitoramento e revisão do progresso do cumprimento dos Objetivos de Desenvolvimento Sustentável (ODS), com os quais os Estados Membros das Nações Unidas se comprometeram em setembro de 2015.

Considerando que os ODS se tratam de um apelo global à ação para acabar com a pobreza, proteger o meio ambiente e o clima e garantir que as pessoas, em todos os lugares, possam desfrutar de paz e de prosperidade, a relevância social de políticas públicas ligadas a esses objetivos é indiscutível. E dessa forma, alcançar uma linguagem comum entre os países e seus interesses e buscar práticas inovadoras que possam ser replicadas torna-se imprescindível. A internacionalização dos Tribunais de Contas é um caminho sem volta e uma necessidade premente para o alcance de objetivos tão audaciosos.

Referências

ALVES, Angela Limongi Alvarenga. Sobre a Soberania e a Governança: Itinerários para a Construção de Novos Conceitos. *Revista Novos Estudos*. DOI: 10.14210/nej.v27n1.p22-48 Disponível em: https://atricon.org.br/wp-content/uploads/2022/08/Plano-de-Gestao-2022-2023.docx.pdf. Último acesso em: 10 mar. 2023.

ARAÚJO, Izabela Viana de. *A Governança Global e a Atuação das Redes Internacionais de Cidades*. Disponível em: http://www.proceedings.scielo.br/pdf/enabri/n3v2/a31.pdf. Último acesso em: 11 mar. 2023.

ASSOCIAÇÃO DOS MEMBROS DOS TRIBUNAIS DE CONTAS DO BRASIL. Atricon. João Antonio media painel sobre os Tribunais de Contas e os ODS no II Congresso Internacional de Tribunais de Contas (II CITC). 2021. Disponível em: https://atricon.org.br/joao-antonio-media-painel-sobre-os-tribunais-de-contas-e-os-ods-no-ii-congresso-internacional-de-tribunais-de-contas-ii-citc/. Último acesso em: 24 mar. 2023.

BANCO MUNDIAL. *Relatório de Desenvolvimento Mundial 2017:* Governança e a Lei. Folheto da Visão Geral. Banco Mundial, Washington, D.C. Licença: Creative Commons Attribution.

BRASIL. *Decreto nº 7.030, de 14 de dezembro de 2009.* Promulga a Convenção de Viena sobre o Direito dos Tratados, concluída em 23 de maio de 1969, com reserva aos artigos 25 e 66. Disponível em: https://www.planalto.gov.br/ccivil_03/_ato2007-2010/2009/decreto/d7030.htm#:~:text=DECRETO%20N%C2%BA%20 7.030%2C%20DE%2014,aos%20Artigos%2025%20e%2066. Último acesso em: 18 mar. 2023.

BRASIL. Casa Civil da Presidência da República. *Guia da política de governança pública.* Brasília: Casa Civil da Presidência da República, 2018. 86p.

BRASIL. Ministério da Economia. *Comunicado do Conselho Brasil-OCDE.* 2022. Disponível em: https://www.gov.br/economia/pt-br/canais_atendimento/imprensa/notas-a-imprensa/2022/outubro/comunicado-do-conselho-brasil-ocde. Último acesso em: 24 mar. 2023.

BRASIL. Tribunal de Contas da União. *Ações de cooperação internacional colaboram para o aprimoramento do controle e o desenvolvimento dos países.* 2022. Disponível em: https://portal.tcu.gov.br/imprensa/noticias/acoes-de-cooperacao-internacional-colaboram-para-o-aprimoramento-do-controle-e-o-desenvolvimento-dos-paises.htm. Último acesso em: 24 mar. 2023.

BRASIL. Tribunal de Contas da União. Museu do Tribunal de Contas da União. *Da criação à instalação.* Disponível em: https://portal.tcu.gov.br/centro-cultural-tcu/museu-do-tribunal-de-contas-da-uniao/tcu-a-evolucao-do-controle/da-criacao-a-instalacao.htm. Último acesso em: 19 mar. 2023.

BRASIL. Tribunal de Contas da União. Museu do Tribunal de Contas da União. *TCU e os Organismos Internacionais.* Disponível em: https://portal.tcu.gov.br/centro-cultural-tcu/museu-do-tribunal-de-contas-da-uniao/tcu-a-evolucao-do-controle/da-criacao-a-instalacao.htm. Último acesso em: 19 mar. 2023.

BRASIL. Tribunal de Contas da União. O papel do TCU na Implementação da Agenda 2030 dos Objetivos de Desenvolvimento Sustentável. *Revista TCU*, n. 136, 2016. Disponível em: https://revista.tcu.gov.br/ojs/index.php/RTCU/article/view/1350. Último acesso em: 20 mar. 2023.

BRASIL. Tribunal de Contas da União. *Política pública em dez passos* / Tribunal de Contas da União. – Brasília: Secretaria-Geral de Controle Externo (Segecex); Secretaria de Orientação, Métodos, Informações e Inteligência para o CE e o Combate à Corrupção (Soma), 2021. 32 p. : il. color.

BRASIL. Tribunal de Contas da União. *Referencial básico de governança aplicável a órgãos e entidades da administração pública.* Versão 2 – Brasília: TCU, Secretaria de Planejamento, Governança e Gestão, 2014. 80p.

BRASIL. Tribunal de Contas da União. *Referencial básico de governança*/Tribunal de Contas da União. Brasília: TCU, Secretaria de Planejamento, Governança e Gestão, Coordenação-Geral de Controle Externo dos Serviços Essenciais ao Estado e das Regiões Sul e Centro-Oeste, 2013. 57p.

BRASIL. Tribunal de Contas da União. *Relações Institucionais. Relações Internacionais.* Disponível em: https://portal.tcu.gov.br/relacoes-institucionais/relacoes-internacionais/. Último acesso em: 24 mar. 2023.

BRASIL. Tribunal de Contas da União. *Voto. TC 023.389/2007-1.* Disponível em: http://www.abc.gov.br/sigap/. Último acesso em: 24 mar. 2023.

BROWN, L. David; MOORE, Mark H. *Accountability, Strategy, and International Non-Governmental Organizations.* The Hauser Center for Nonprofit Organizations. The Kennedy School of Government. Harvard University. April 2001. Working Paper Nº 7.

CAVALCANTI, Pedro; LOTTA, Gabriela S.; OLIVEIRA, Vanessa Elias de. *Do Insulamento Burocrático à Governança Democrática:* as transformações institucionais e a burocracia no Brasil. Burocracia e Políticas Públicas no Brasil. Capítulo 2, p. 78.

CARVALHO, Marco Antônio; GOMES, Maria Alice Pinheiro Nogueira. Os Tribunais de Contas do século XXI: Atuação Preventiva e Colaborativa para Melhores Resultados com Políticas Públicas. *In*: LIMA, Edilberto Carlos Pontes (coord.). *Os Tribunais de Contas, a pandemia e o futuro do controle.* Belo Horizonte: Fórum, 2021. Disponível em: https://irbcontas.org.br/wp-content/uploads/2021/11/os-tribunais-de-contas_a-pandemia-e-o-futuro-do-controle-final.pdf. Último acesso em: 10 mar. 2023.

CORDEIRO, Nathalia Rodrigues. *Accountability e reputação*: financiamento de campanhas e reeleição de deputados envolvidos em escândalos de corrupção (2002-2006). Rio de Janeiro, 2014. Tese (doutorado) – Instituto de Economia, Universidade Federal do Rio de Janeiro, Rio de Janeiro, 2014.

COSTADELLO, Angela Cassia. *Tribunais de Contas no Brasil*. Enciclopédia Jurídica da PUCSP. PUC-SP. Disponível em: https://enciclopediajuridica.pucsp. br/verbete/20/edicao-2/tribunais-de-contas-no-brasil#:~:text=Sob%20 a%20vig%C3%AAncia%20das%20Ordena%C3%A7%C3%B5es,fun%C3%A7%C3%A3o%20era%20a%20 acompanhar%20as. Último acesso em: 24 mar. 2023.

CUSTADIO, Fernando Zambalde Portela. *Accountability enquanto vetor inclusivo e de combate ao Poder excludente da corrupção*. UFRJ. Rio de Janeiro, 2018.

CUTT, James; MURRAY, Vic. *Accountability and Effectiveness Evaluation in NonProfit Organizations*. 2000.

DUBNICK, Melvin J.; JUSTICE, Jonathan B. *Accounting for accountability*. Annual Meeting of the American Political Science Association. 2004. Disponível em: http://mjdubnick.dubnick.net/papersrw/2004/dubjusacctg2004.pdf. Último acesso em: 20 mar. 2023.

FALEIRO, Natalia de Souza. *Accountability*: um estudo sobre a atuação do Tribunal de Contas do Paraná no Controle Externo e a Responsabilização dos Gestores Públicos. Universidade Federal do Paraná. Curitiba, 2017. Disponível em: https://acervodigital.ufpr.br/handle/1884/55719. Último acesso em: 18 mar. 2023.

FARIAS, Valéria Cristina; REI, Fernando. Reflexos jurídicos da governança global subnacional: a paradiplomacia e o direito internacional: desafio ou acomodação. *Revista de Direito Internacional*, Brasília, v. 13, n. 1, p. 319-339, 2016.

FERNANDES, Gustavo Andrey Almeida; Teixeira, Marco Antonio Carvalho. Accountability ou Prestação de Contas, CGU ou Tribunais de Contas: o exame de diferentes visões sobre a atuação dos órgãos de controle nos municípios brasileiros. *Base Revista de Administração e Contabilidade da UNISINOS*, vol. 17, n. 3, 2020. Disponível em: https://www.redalyc.org/articulo.oa?id=337264550005. Último acesso em: 20 mar. 2023.

GONÇALVES, Alcindo. *O conceito de governança*. Disponível em: http://www.publicadireito.com.br/conpedi/manaus/arquivos/anais/XIVCongresso/078.pdf. Último acesso em: 20 mar. 2023.

INSTITUTO RUI BARBOSA. IRB. *Colaboração Internacional e ações das Entidades Representativas do Controle Externo*. 2021. Disponível em: https://irbcontas.org.br/colaboracao-internacional-e-acoes-das-entidades-representativas-do-controle-externo/. Último acesso em: 24 mar. 2023.

JUANINHA, Alcindo Manuel; TBORTOLI, Cassiana; PEIXE, Blênio Cezar Severo. Building Knowledge in Accounting. *Análise da Produção Científica Internacional sobre a Accountability no Setor Público de período de 2011 a 2015*. XVI Congresso USP Controladoria e Contabilidade. 2016. Disponível em: https://congressousp. fipecafi. org/anais/16UspInternational/104.pdf. Último acesso em: 24 mar. 2023.

KERCH, Aline Louise; SCHNEIDER, Leonardo Gustavo. O Brasil na Cooperação Internacional para o Desenvolvimento: a atuação brasileira na Cooperação Sul-Sul. In: Sertanias: *Revista de Ciências Humanas e Sociais*, v. 2, n. 1, p. 1-20, 2021. 19 Encontro de Estudos em Estratégia. 6. 2014. Bento Gonçalves: Anpad, p. 1-16, 2013.

LEHNEN, Cristiane Vanessa; PEREIRA, Ryan Brwnner; SOUZA, Taciana Lopes de. *Avaliação de Políticas Públicas*: O Papel dos Tribunais de Contas no Controle da Educação sob a Ótica da Auditoria Operacional. Instituto Rui Barbosa. 2020. Disponível em: https://irbcontas.org.br/artigo/avaliacao-de-politicas-publicas-o-papel-dos-tribunais-de-contas-no-controle-da-educacao-sob-a-otica-da-auditoria-operacional/. Último acesso em: 19 mar. 2023.

LIMA, Luiz Henrique. *Controle Externo*. 4. ed. Rio de Janeiro: Editora Elsevier, 2011.

LOPES, Rafael Torres. *A importância da cooperação internacional para o aprimoramento do controle externo exercido pelo Tribunal de Contas da União*. Institutlo Serzedello Corrêa. Coletânea de Pós-Graduação, v. 2, n. 18 Auditoria do Setor Público. Tribunal de Contas da União. 2019.

LÜHRMANN, Anna; MARQUARDT, Kyle L.; MECHKOVA, Valeriya. Constraining Governments: New Indices of Vertical, Horizontal, and Diagonal Accountability. *American Political Science Review*, 114, 3, 811-820, 2020. DOI:10.1017/S0003055420000222 2020. Disponível em: https://www.cambridge.org/core/journals/american-political-science-review/article/constraining-governments-new-indices-of-vertical-horizontal-and-diagonal-accountability/7C790A7E00B4279C60BB8F4CD8A6DEC5#. Último acesso em: 18 mar. 2023.

MARANHÃO, Jarbas. Origem dos Tribunais de Contas: Evolução do Tribunal de Contas no Brasil. *Revista Info. Legislativa*, Brasília, ano 29, n. 113, 1992. Disponível em: https://www2.senado.leg.br/bdsf/bitstream/handle/id/175976/000464801.pdf?sequence=1&isAllowed=y. Último acesso em: 24 mar. 2023.

MAZZUOLI, Valerio de Oliveira. O *treaty-making power* na Constituição brasileira de 1988: uma análise comparativa do poder de celebrar tratados à luz da dinâmica das relações internacionais. *Rev. Bras. Polít. Int.*, 44 (2): 82-108, 2001. Disponível em: https://www.scielo.br/j/rbpi/a/LJtDLvfbzGx6L9pHFXz88Vw/?lang=pt&format=pdf. Último acesso em: 30 mar. 2023.

MELO, Patrícia Martins de Alencar Nogueira de. *O papel do Tribunal de Contas da União como indutor do aperfeiçoamento da governança e gestão pública na Administração Pública Federal.* Disponível em: https://portal.tcu.gov.br/biblioteca-digital/o-papel-do-tribunal-de-contas-da-uniao-como-indutor-do-aperfeicoamento-da-governanca-e-gestao-publica-na-administracao-publica-federal.htm. Último acesso em: 15 mar. 2023.

MINAS GERAIS. Tribunal de Contas do estado de Minas gerais. *TCEMG celebra acordo com órgãos de controle internacionais*. 2014. Disponível em: https://www.tce.mg.gov.br/noticia/Detalhe/1111621014. Último acesso em: 24 mar. 2023.

MONTIEL, Luis Enrique Concepción. Gobernanza y democracia en América Latina en un contexto de globalización. *In*: MONTIEL Luis Concepción; HERNANDÉZ, Patricia Moctezuma (org.). *Gobernanza global y democracia*. Mexicali, Baja California: Universidad Autónoma de Baja California, 2010, p. 302.

NEWELL, P.; BELLOUR, S. Mapping accountability: origins, contexts and implications for development. 2002. *Working paper series*, 168. Brighton: IDS.

ODS. Tribunais de Contas do Brasil. Disponível em: https://ods.atricon.org.br/. Último acesso em: 24 mar. 2023.

ORGANIZAÇÃO DAS NAÇÕES UNIDAS (ONU). *Agenda 2030 para o Desenvolvimento Sustentável*. 2015. Disponível em: https://brasil.un.org/pt-br/91863-agenda-2030-para-o-desenvolvimento-sustent%C3%A1vel. Último acesso em: 3 fev. 2023.

ORGANIZAÇÃO DAS NAÇÕES UNIDAS (ONU). *Objetivos de desenvolvimento Sustentável*. Sobre o nosso trabalho para alcançar os Objetivos de Desenvolvimento Sustentável no Brasil. Disponível em: https://brasil.un.org/pt-br/sdgs. Último acesso em: 3 fev. 2023.

PAUL, Samuel. Accountability in Public Services: Exit, Voice and Control. *World Development*, Vol. 20, No. 7, p. 1047-1060, 1992. Disponível em: https://arken.nmbu.no/~sigury/AOS_234/AOS234%20files/Paul_91_Exit%20voice%20and%20control_Accountability%20in%20Public%20Services.pdf. Último acesso em: 30 mar. 2023.

PESSINA, Maria Elisa Huber; COELHO, André Pires Batista; FADUL, Élvia Mirian Cavalcanti; MONTEIRO, Augusto de Oliveira. Cooperação internacional para o desenvolvimento e financiamento externo para o Brasil: uma macroanálise do período entre 2000 e 2020. *FGV EBAPE. Revista de Administração Pública*, Rio de Janeiro, 56(2): 248-274, mar./abr. 2022. Disponível em: https://bibliotecadigital.fgv.br/ojs/index.php/rap/article/view/85644/80812. Último acesso em: 24 mar. 2023.

POLLITT, Christopher *et al*. *Performance or compliance?* Performance audit and public management in five countries. Oxford: Oxford University Press, 1999. *Apud* LIMA, Dagomar Henrique. *Responsabilização por desempenho e controle externo da Administração Pública*. Revista TCU, p. 37, jan./abr. 2008.

RAMIRES, Rosana Laura de Castro Farias. *O controle do Tribunal de Contas da União sobre os acordos internacionais celebrados pelo Brasil:* Implicações processuais e internacionais sobre os Organismos Internacionais-partes. Disponível em: https://semanaacademica.org.br/system/files/artigos/o_controle_do_tcu_sobre_os_acordos_internacionais_celebrados_pelo_brasil_com_a.pdf. Último acesso em: 28 fev. 2023.

RIBCZUK, Paula; NASCIMENTO, Arthur Ramos do. Governança, Governabilidade, *Accountability* e Gestão Pública: Critérios de Conceituação e Aferição de Requisitos de Legitimidade. *Revista Direito Mackenzie*, v. 9, n. 2, p. 218-237. Disponível em: http://www.mpsp.mp.br/portal/page/portal/documentacao_e_divulgacao/doc_biblioteca/bibli_servicos_produtos/bibli_informativo/bibli_inf_2006/Rev-Dir-Mackenzie_v.09_n.02.12.pdf. Último acesso em: 13 mar. 2023.

RIO DE JANEIRO. Tribunal de Contas do Estado do Rio de Janeiro. *Tribunais de Contas do Mercosul formalizam parceria em Foz do Iguaçu*. 2022. Disponível em https://www.tce.rj.gov.br/portalnovo/noticia/tribunais_de_contas_do_mercosul_formalizam_parceria_em_foz_do_iguacu. Último acesso em: 24 mar. 2023.

RIO DE JANEIRO. Tribunal de Contas do Estado do Rio de Janeiro. *Estudo histórico conclui que o Tribunal teve sua gênese há 130 anos*. 2022. Disponível em: https://www.tcerj.tc.br/portalnovo/noticia/estudo_historico_conclui_que_o_tce_rj_teve_sua_genese_ha_130_anos. Último acesso em: 24 mar. 2023.

ROCHA, Alexandre Amorim. *O Modelo de Controle Externo Exercido pelos Tribunais de Contas e as Proposições Legislativas sobre o Tema*. Brasília: Senado Federal, 2002.

RONDÔNIA. Tribunal de Contas do Estado de Rondônia. *In*: COIMBRA, Wilber Carlos dos Santos; OLIVEIRA FILHO, Raimundo (org.). *O estado do bem-estar social, os Tribunais de Contas e a boa governança pública*. Porto Velho: TCE-RO, 2019. 240p. Disponível em: https://tcero.tc.br/wp-content/uploads/2019/11/E-BOOK-VIII-FORUM-2019_compressed.pdf. Último acesso em: 24 mar. 2023.

SANTA CATARINA. Tribunal de Contas do Estado de Santa Catarina. *Vice-Presidência de Relações Internacionais da Atricon realiza reunião com conselheiros da diretoria, em Belo Horizonte*. Disponível em: https://www.tcesc.tc.br/index.php/vice-presidencia-de-relacoes-internacionais-da-atricon-realiza-reuniao-com-conselheiros-da. Último acesso em: 20 mar. 2023.

SANTOS, Fabrício Borges dos; SANTANA, Leandro Vieira Santana; MORAES, Rodrigo Bombinati de Souza. A Atuação do Tribunal de Contas Sobre a Administração Governamental no Estado de Goiás: Um Estudo Propositivo de Indicadores de Desempenho para Aprimoramento do Controle Externo. *Rev. Perspectivas em Políticas Públicas*, v. 15, n. 30, p. 159-197, jul./dez. 2022. Disponível em: https://revista.uemg.br/index.php/revistappp/article/view/7167/4438. Último acesso em: 12 mar. 2023.

SANTOS, Marilia Nogueira dos; PEREIRA, Juliana; PASSOS, Lissa; MIRANDA Natália; RICKLI, Natalie; MONTEIRO, Vitor Hugo. *Tribunal de Contas do Estado do Rio de Janeiro, 130 anos de história: relatório de pesquisa*. Disponível em: https://www.tcerj.tc.br/portalnovo/noticia/estudo_historico_conclui_que_o_tce_rj_teve_sua_genese_ha_130_anos. Último acesso em: 11 out. 2022.

SÃO PAULO. Tribunal de Contas do Estado de São Paulo. *Observatório do Futuro. Prêmio ODS*. Disponível em: https://www.tce.sp. gov.br/premio-ods. Último acesso em: 24 mar. 2023.

SÃO PAULO. Tribunal de Contas do Município de São Paulo. *Presidente do TCMSP media painel sobre os Tribunais de Contas e os ODS no II Congresso Internacional de Tribunais de Contas*. Disponível em: https://portal.tcm.sp. gov.br/Pagina/39183. Último acesso em: 30 mar. 2023.

SARQUIS, Alexandre Manir Figueiredo. *Como o nosso Tribunal de Contas se compara ao de outros países?* Disponível em: https://atricon.org.br/como-o-nosso-tribunal-de-contas-se-compara-ao-de-outros-paises/. Último acesso em: 7 out. 2022.

SOUZA, Celina. *Estado da Arte em pesquisa em políticas públicas*. Disponível em: https://edisciplinas.usp. br/pluginfile.php/4182324/mod_resource/content/1/celina%20souza_estado%20da%20arte%20da%20pesquisa%20em%20pp. pdf. Último acesso em: 7 mar. 2023.

SOUZA, Tatiana Lopes de; PEREIRA, Ryan Brwnner Lima; LEHNEN, Cristiane Vanessa. *Avaliação de Políticas Públicas*: O Papel dos Tribunais de Contas no Controle da Educação sob a Ótica da Auditoria Operacional. Disponível em: https://irbcontas.org.br/artigo/avaliacao-de-politicas-publicas-o-papel-dos-tribunais-de-contas-no-controle-da-educacao-sob-a-otica-da-auditoria-operacional/. Último acesso em: 13 mar. 2023.

THE WORLD BANK. *A melhoria da governança é elemento fundamental para garantir o crescimento equitativo nos países em desenvolvimento*. 2017. Disponível em: https://www.worldbank.org/pt/news/press-release/2017/01/30/improving-governance-is-key-to-ensuring-equitable-growth-in-developing-countries. Último acesso em: 24 mar. 2023.

VIEIRA, André Luiz Valim. Convenção de Viena sobre Direito dos Tratados entre Estados e Organizações Internacionais: Tramitação Legislativa Nacional e Vigência Internacional para o Brasil. *Inter – Revista de Direito Internacional e Direitos Humanos da UFRJ*, vol. 5, n. 1, p. 56-67, jan./jun. 2022.

WILLEMAN, Marianna Montebello. *Accountability democrática e o desenho institucional dos Tribunais de Contas no Brasil*. 2. ed. Belo Horizonte: Fórum, 2020.

Informação bibliográfica deste texto, conforme a NBR 6023:2018 da Associação Brasileira de Normas Técnicas (ABNT):

OLCZEVKI, Ariane; REIS, Mohana. A internacionalização dos Tribunais de Contas e sua importância na efetivação das políticas públicas. *In*: LIMA, Edilberto Carlos Pontes (coord.). *Os Tribunais de Contas e as políticas públicas*. Belo Horizonte: Fórum, 2023. p. 83-105. ISBN 978-65-5518-596-6.

CONTROLE EXTERNO BRASILEIRO E A AUDITORIA OPERACIONAL COMO INSTRUMENTO DE ATUAÇÃO FISCALIZATÓRIA CONCOMITANTE: CONSTRUÇÃO DE UM ARCABOUÇO TEÓRICO ACERCA DA FERRAMENTA AUDITORIA OPERACIONAL

DANIEL MELLO

1 Introdução

A Administração Pública brasileira está em evolução constante, notadamente a partir da proclamação da independência. Mais recentemente, desde o ponto de vista histórico, vai de uma administração endogenista – voltada para si mesma e que atendia a uma classe específica e determinada, a saber: a oligarquia que estava no poder, sem que houvesse preocupação com as demandas da sociedade – para uma nova ordem administrativa pautada no gerencialismo, tendo passado ainda entre essas duas eras por um período burocrático.

Essas transformações e períodos de transição são objeto de debates e reflexões no que diz respeito à responsabilidade dos agentes públicos diante dos poderes que lhes são outorgados. É dizer, os gestores não podem mais administrar recursos públicos como se seus próprios fossem e à revelia das necessidades e anseios da coletividade.

Outro aspecto que ganha relevância no contexto aqui apresentado é a carência de recursos públicos e do atual cenário econômico e financeiro pelo qual perpassa o Brasil, que dá origem à reserva do possível; por outro lado a demanda por serviços públicos se vê aumentada, além da própria "máquina pública", que tem crescido nos últimos anos para fazer frente ao próprio aumento das demandas sociais e com ela a necessidade de se garantir um patamar civilizatório mínimo de dignidade existencial – as necessidades têm se mostrado ilimitadas e os recursos escassos – dentro do contexto apresentado (SCAFF, 2006).

No que diz respeito aos recursos públicos o ramo do Direito Financeiro, no âmbito da ciência jurídica, é que cuida do estudo dos trânsitos, origens e destinos dados aos recursos. Nesse particular Scaff (2018, p. 80) assim conceitua o Direito Financeiro: "é o ramo do direito no qual se estuda como o Estado arrecada, reparte, gasta e se endivida, e como isso é organizado e controlado, visando a consecução dos objetivos constitucionais". Veja-se que, do conceito dado pelo autor, ganham destaques a eficiência, pela consecução dos objetivos constitucionais, e a fiscalização de tal atividade. É dizer, a relação entre o controlador e o controlado é a efetividade do cumprimento dos ditames constitucionais em forma de serviços públicos.

Assim, é essencial que os gestores públicos disponham de instrumentos que deem suporte à tomada de decisão. Mas não somente isso, é papel do controle externo averiguar se as ações adotadas atendem aos anseios e necessidades da sociedade, resguardando o patrimônio público e a auditoria operacional, dadas suas características, pode contribuir de forma efetiva para esse fim.

A partir dessa percepção pelos Tribunais de Contas da necessidade de contribuir de forma mais relevante para o aprimoramento da gestão pública, em detrimento da cultura sancionatória, até então predominante e que se materializa por meio das auditorias de conformidade, as Cortes de Contas aproximam-se da sociedade por meio de auditorias concomitantes – de resultado – ou operacionais. Por conseguinte, os órgãos de controle assumem uma grande responsabilidade de intervir nas políticas públicas de maneira muito mais efetiva, utilizando-se da auditoria de natureza operacional para o alcance desse objetivo.

A auditoria operacional é um exame independente da economicidade, eficiência e efetividade dos desempenhos governamentais, programas ou organizações, com o intuito de verificar se é possível implementar ações de aperfeiçoamento. Ou seja, esse tipo de auditoria fornece informação para melhorar o desempenho e as operações de um determinado programa, objetivando facilitar a tomada de decisão das partes. Dessa forma, a auditoria operacional caracteriza-se por ser analítica, destinada a realizar o controle da legitimidade e legalidade dos atos administrativos praticados, assim como favorecer a otimização dos recursos e a consistência e eficácia das ações governamentais. Outrossim, ao buscar, junto à população, as causas das situações que são reveladas pelas informações contábeis, fortalece a exteriorização do papel da auditoria governamental, tendo em vista a aproximação da sociedade civil (INTOSAI, 2016).

Assim, Auditoria Operacional – AOP é a modalidade de auditoria que tem por fim avaliar a gestão pública, no tocante a desempenho e resultados, tendo como finalidade identificar oportunidades de melhoria e recomendar ao gestor público sua implementação. O controle externo se utiliza dessa ferramenta de avaliação e aprimoramento da gestão pública para a análise da economicidade, eficiência, eficácia, efetividade, equidade e sustentabilidade das ações e políticas governamentais, sem deixar de lado, obviamente, os aspectos legais.

Os Tribunais de Contas são órgão que tem por missão institucional e constitucional zelar pela boa aplicação do dinheiro público no âmbito de sua jurisdição de contas. Para dar cumprimento a tal missão institucional, dentre outras, adotam diversas ferramentas, dentre as quais a auditoria é, sem dúvidas, a principal. As auditorias são classificadas em "de conformidade" ou "de legalidade" e "operacional", "de desempenho" ou "de gestão".

2 Referencial teórico e normativo: elementos fundantes do estudo

2.1 A Administração Pública: um constructo histórico-evolutivo do caso brasileiro

O presente tópico objetiva abordar em síntese os modelos de Administração Pública brasileira em construção histórica. Assim apresenta-se sua origem e evolução ao longo dos anos a partir da Proclamação da República, com o fim de contextualizar o atual sistema de controle externo da Administração Pública e a gênese da auditoria operacional, objeto deste estudo.

No Brasil a organização governamental remonta ao período da transferência da Corte portuguesa para o Rio de Janeiro, quando D. João VI constituiu os Ministérios de Negócios do Reino. O contexto era caracterizado pelo patrimonialismo e, nele, o aparelho do Estado funcionava como uma extensão do poder do soberano, o que produzia como consequências a corrupção, o clientelismo e o nepotismo (MARINI, 2004).

O Estado moderno, em sua primeira versão, era absolutista e adotava uma administração patrimonialista, na qual o patrimônio público e o patrimônio do soberano confundiam-se. Todas as decisões político-administrativas concentravam-se no monarca e beneficiavam apenas o clero e a nobreza; consequentemente, a corrupção, o empreguismo e o nepotismo eram marcantes.

Na segunda metade do século XIX os países capitalistas mais avançados empreenderam a primeira grande reforma administrativa, a reforma do serviço público ou reforma burocrática, com o propósito de não só distinguir o púbico do privado, mas também diferenciar o administrador público do ser político e, assim, proteger o Estado da corrupção, do empreguismo e do nepotismo.

Para Bresser-Pereira (1998, p. 9), começava a tomar forma assim:

> (...) a administração burocrática moderna, racional-legal (nos termos de Weber); surge a organização burocrática, baseado na centralização das decisões, na hierarquia traduzida no princípio da unidade de comando, na estrutura piramidal do poder, nas rotinas rígidas, no controle passo a passo dos processos administrativos, em uma burocracia estatal formada por administradores profissionais especialmente recrutados e treinados, que respondem de forma neutra aos políticos.

É dizer, nesse novo cenário, emerge a Administração Pública burocrática com o propósito de combater a privatização do Estado e diferenciar as figuras do político e do administrador público (BRESSER-PEREIRA, 1998).

O novo sistema funda-se em valores como a impessoalidade, o formalismo, a normatização, a profissionalização, a hierarquia e a meritocracia. Uma vez que pretendeu se contrapor às práticas clientelistas e corruptas, o modelo burocrático caracterizou-se pela implantação de severos mecanismos de controle. Conformou-se, pois, uma administração baseada na centralização das decisões, na hierarquia traduzida no princípio da unidade de comando, na estrutura piramidal do poder, nas rotinas rígidas, no controle passo a passo dos processos administrativos e no recrutamento e treinamento de administradores profissionais que respondem de forma neutra aos políticos (BRESSER-PEREIRA, 1998).

Privilegiou-se a produção de leis, regulamentos e rotinas, com o objetivo de minimizar o espaço para a discricionariedade dos administradores públicos.

O controle – exercido *a priori* – transformou-se, entretanto, na própria razão de ser do funcionário (BRASIL, 1995, p. 21). O aparelho estatal tornou-se autorreferido, lento e caro, voltando-se para si mesmo em detrimento de sua missão precípua de servir à sociedade: "os setores públicos tornaram-se espaços da inércia e da falta de crítica, onde o trabalho concentrava-se mais nos procedimentos burocráticos do que na realização das atividades-fim" (MESQUITA; FERREIRA, 1997, p. 38).

A inadequação do modelo burocrático foi se tornando mais evidente na medida em que o Estado expandia as suas funções econômicas e sociais – inicialmente restritas a manter a ordem, administrar a justiça e garantir os contratos e a propriedade –, passando a assumir o papel de provedor de educação, saúde, cultura, seguridade social básica, incentivos à ciência e à tecnologia, investimentos na infraestrutura e proteção ao meio ambiente (BRESSER-PEREIRA, 1997).

Souza e Carvalho (1999) entendem que a influência do pensamento liberal sobre os movimentos reformistas teve dois momentos distintos. No primeiro, que correspondeu à fase inicial das pressões sobre a reforma do Estado, a retórica dominante propunha um drástico enxugamento do setor público, reduzindo suas responsabilidades a umas poucas funções. Em um segundo instante, entretanto, diante do "esgarçamento do tecido social", a importância da ação estatal voltou a ser reconhecida, embora sob diversos moldes do Estado-Providência e do Estado-Desenvolvimentista.

Um dos marcos desse período histórico foi a criação do DASP (Departamento Administrativo do Setor Público), em 1936, que introduz uma nova forma de Administração Pública, informada pelos princípios do tipo ideal de burocracia de Max Weber, a impessoalidade, o formalismo, a profissionalização, a ideia de carreira funcional. O interesse público e o controle *a priori* passam a determinar essa fase denominada como administração burocrática (RAMOS, 1983).

No período de pós-guerra ocorre o agravamento das desigualdades sociais e ao Estado cabia o papel de regulador dos contratos, além de prover os direitos sociais aos que se encontravam fora do mercado de trabalho para que estes pudessem participar do "pacto" como consumidores. Tal modelo de intervenção, também conhecido como *welfare state* ou Estado do bem-estar social, foi questionado pelos neoliberais durante todo esse período. Enquanto esse modelo continuou garantindo a prosperidade econômica aos países centrais, os adeptos do livre mercado permaneceram como uma tímida voz discordante, mas esse quadro mudou radicalmente quando a crise começou (PAULA, 2007).

É justamente nesse período pós-guerra que começa a surgir um ideal de planificação do Estado, que culminaria com a Lei Complementar nº 4.320, de 1964, que institui normas de Direito Financeiro para a elaboração e controle de orçamentos e balanços da União, dos Estados, dos Municípios e do Distrito Federal.

Ao final da década de 1970, a crise do modelo de acumulação que atingiu fortemente os Estados capitalistas alcança o seu apogeu e caracteriza-se pelos seguintes fatores: crise fiscal, marcada pela crescente perda de crédito por parte dos Estados e pela poupança pública, que se torna negativa; esgotamento da estratégia estatizante de intervenção do Estado; e superação da forma tradicional e burocrática de administrar o Estado.

Essas transformações se desenrolaram durante a década de 1980, entrelaçando-se à "nova cultura gerencial" que passou a dominar os Estados Unidos e a Europa. Emergiam então as esperadas soluções pós-fordistas para o mundo do trabalho, que desencadearam o enxugamento das empresas, o crescimento de pequenas unidades produtivas, a formatação de contratos flexíveis e a terceirização do trabalho (PAULA, 2007).

Dessa forma, a sobrevivência do Estado dependia da redefinição de seu papel em relação ao mercado e à sociedade civil. E a proposta sugerida pelas elites internacionais para resolver a crise foi a reforma do Estado, cuja implementação se alastrou por todo o mundo. Essa proposta apoiava-se em três pontos fundamentais: a superação da crise fiscal, a redefinição das formas de intervenção governamental e a reforma da Administração Pública (NUNES, 2004).

O crescimento do Estado, como empresário, provoca a necessidade de providências no âmbito da Administração Pública. O modelo burocrático dá lugar a um novo modelo, o chamado *pós-burocrático* ou *gerencial*. O Decreto nº 200/67 foi a primeira tentativa de superação da rigidez da administração burocrática, estabelecendo os conceitos de planejamento, descentralização, delegação da autoridade, coordenação e controle na Administração Pública brasileira. A partir deste período, há um grande crescimento do Estado, através da criação de diversas empresas estatais (administração indireta), até a década de 80 (BRESSER-PEREIRA, 1996).

Nesse contexto surge intenso debate sobre o papel que o Estado deve desempenhar na sociedade e o nível de intervenção que deve ter na economia. E, em meio a uma séria crise econômica, agravada no final dos anos 80 e início dos anos 90 por um processo de hiperinflação, entendeu-se necessário reformar o Estado brasileiro. Visto que os custos decorrentes provocados pela Constituição de 1988 encareceram significativamente o custo da máquina administrativa, constatando-se também o aumento da ineficiência dos serviços sociais ofertados e o crescimento do clientelismo, adveio a Emenda Constitucional nº 19/1998 – reforma constitucional conhecida como "Reforma Administrativa", introduzindo a gestão gerencial ou pós-burocrática (BRESSER-PEREIRA, 1998).

Esse novo paradigma exige organizações mais flexíveis e menos hierarquizadas, descentralização administrativa, fortalecimento dos papéis de formulação de política e regulação, além da definição dos objetivos a serem atingidos, na forma de indicadores de desempenho (ALBUQUERQUE, 2007).

Nesse novo modelo gerencial brasileiro, apesar de remanescerem algumas características do modelo burocrático clássico – a impessoalidade, a hierarquia e a meritocracia –, apresenta-se uma redução do formalismo (legalidade) e atribui-se maior liberdade ao gestor público.

No novo modelo, os orçamentos deveriam caracterizar-se pelo foco nos produtos, resultados e impactos da ação governamental em contraponto aos principais entraves apresentados pelo modelo burocrático, tais como: crise fiscal, persistência da cultura burocrática em meio a práticas patrimonialistas e profundo déficit de desempenho em termos de quantidade e qualidade na prestação de serviços públicos, dentre outros (MARINI, 2003).

Resende (2002, p. 69) observa que: "as reformas em diversos países são vítimas do chamado 'dilema do controle', isto é, das tensões entre performance e *accountability*, ou, mais amplamente, entre delegação e controle".

Nunes (1997) considera que as relações entre o Estado e a sociedade no Brasil, dentro do contexto mencionado, se estruturam segundo quatro padrões, que denomina de "gramáticas políticas": o clientelismo; o corporativismo; o insulamento burocrático e o universalismo de procedimentos. O clientelismo surgido desde a era Vargas como uma grave mazela estatal. O corporativismo se consubstancia através de leis e instituições com as quais o Estado intermedia interesses de empresários e trabalhadores. O insulamento burocrático e o universalismo de procedimentos são muitas vezes percebidos como maneiras de contrabalançar o clientelismo: o universalismo de procedimentos através de normas de impessoalidade, sistemas de meritocracia e mecanismos de *check and balances*, enquanto que o insulamento burocrático por meio da criação de agências e empresas estatais que formam ilhas de racionalidade e especialização técnica, promotoras do desenvolvimento.

2.2 Os Tribunais de Contas e o controle externo: elementos conceituais, históricos e constitucionais do sistema

2.2.1 Tribunal de Contas: aproximação conceitual

Silva (2006) define Tribunal de Contas como sendo o órgão responsável por coordenar e fiscalizar as aplicações dos recursos públicos pelos gestores, acompanhando a execução da lei orçamentária e julgando as contas dos responsáveis por dinheiro ou bens públicos. Precisamente, porque se ressalta nele o poder de tomar contas dos encarregados da gestão financeira do país, e particularmente individualizado pela expressão de Contas.

Meirelles (2007, p. 706) expressa seu entendimento escrevendo que: "(...) no controle externo da administração financeira, orçamentária e agora gestão fiscal é que se inserem as principais atribuições dos nossos *Tribunais de Contas*, como órgãos independentes, mas auxiliares dos Legislativos e colaboradores dos Executivos".

O Tribunal de Contas tem definições doutrinárias não somente no Direito Administrativo, mas também no Direito Constitucional. Pinto Ferreira (1999, p. 352), que realça suas funções, deixa claro que o Legislativo tem a missão do controle externo, especificando que: "a fiscalização contábil, financeira, orçamentária, operacional e patrimonial da União e das entidades da administração direta e indireta, quanto à legalidade, legitimidade, economicidade, aplicação de subvenções e renúncia de receitas, será exercida pelo Congresso Nacional, mediante controle externo".

Considerando-se, ainda, os ditames constitucionais, pode-se afirmar que o Tribunal de Contas é órgão auxiliar do Poder Legislativo, cabendo-lhe, complementarmente, a função de orientação, sem que haja qualquer subordinação entre o órgão técnico e o político. Pratica atos de natureza administrativa, que se referem, basicamente, à fiscalização.

Para as definições de Tribunal de Contas encontradas na doutrina, um traço comum entre elas é que são consideradas as características constantes na CR/88, como sendo os TCs órgãos independentes, instituídos constitucionalmente para fiscalizar financeira e patrimonialmente, prévia, concomitante e posteriormente, os demais órgãos públicos, no exercício legítimo dos cidadãos, que podem pedir prestação de contas aos administradores públicos sem dependência a qualquer outro órgão.

Segundo Oliveira (2010, p. 556): "Tribunal de Contas não é órgão auxiliar do Parlamento naquele sentido de inferioridade hierárquica ou subalternidade funcional. Não pertencendo a qualquer dos três poderes". Há que se concordar com tal assertiva, pois, as Cortes de Contas são dotadas de estrutura própria e de competência específica na Carta Política. Assim, sua dignidade é ínsita à estrutura republicana e democrática.

2.2.2 Síntese do contexto histórico dos Tribunais de Contas: o controle externo em construção evolutiva

A existência de um órgão de controle externo à Administração Pública é inerente a ela. Conforme salienta Pascoal (2010, p. 121):

> A necessidade de um órgão de controle dos atos de índole adminsitrativo-financeira surge com o próprio desenvolvimento do Estado, em que os bens administrados pertencem à coletividade, ao povo, como é o caso do Estado republicano. O princípio do contrle é, pois, corolário do princípio republicano.

Assim, em contexto histórico, elencam-se elementos atinentes à evolução do controle exerno. No ano de 1680, encontram-se as primeiras notícias sobre o controle das contas públicas na criação das Juntas das Fazendas das Capitanias e na da Junta da Fazenda do Rio de Janeiro, que ficariam ligadas a Portugal, contudo, apenas no período imperial a ideia ganha corpo.

Salienta Ferreira Filho (2006, p. 158):

> A existência de um órgão especializado que fiscalize a realização do orçamento e a aplicação do dinheiro público pelas autoridades que o despendem, é necessidade de há muito sentida, no Brasil e fora dele. Entre nós, já no Império, tentou-se implantar um órgão com essas funções.

No período da independência do Brasil, a primeira Constituição Política do Império do Brasil de 1824 previu, no artigo 170, um tribunal com o nome de "Tesouro Nacional", que tinha a função de verificar a administração, arrecadação e contabilidade da receita e da despesa da Fazenda Nacional.

As discussões em torno da criação de um Tribunal de Contas durariam quase um século, polarizadas entre aqueles que defendiam a sua necessidade, para quem as contas públicas deviam ser examinadas por um órgão independente, e aqueles que o combatiam, por entenderem que as contas públicas podiam continuar sendo controladas por aqueles mesmos que as realizavam.

Somente a queda do Império e as reformas político-administrativas da República tornaram realidade, finalmente, o Tribunal de Contas da União. Em 7 de novembro de 1890, por iniciativa do então Ministro da Fazenda, Rui Barbosa, o Decreto nº 966-A criou o Tribunal de Contas da União, norteado pelos princípios da autonomia, fiscalização, julgamento, vigilância e energia.

A Constituição de 1891, a primeira republicana, ainda por influência de Rui Barbosa, institucionalizou o Tribunal de Contas da União, em seu artigo 89, que estatuiu: "Art. 89 É instituído um Tribunal de Contas para liquidar as contas da receita e despesa e verificar a sua legalidade, antes de serem prestadas ao Congresso".

Ferraz (1999), fazendo menção às palavras de Rui Barbosa, referiu-se ao órgão como sendo um corpo de magistratura intermediária à sua administração e à sua legislatura, que, colocado em posição autônoma, com atribuições de revisão e julgamento, cercado de garantias contra quaisquer ameaças, pudesse exercer as suas funções vitais no organismo constitucional, sem risco de converter-se em instituição de ornato aparatoso e inútil. Convém levantar, entre o poder que autoriza periodicamente a despesa e o poder que cotidianamente a executa, um mediador independente, auxiliar de um e de outro, que, comunicando com a Legislatura e intervindo na administração, seja não só o vigia, como mão forte da primeira sobre a segunda, obstando a perpetração de infrações orçamentárias, por um veto oportuno aos atos do Executivo, que direta ou indiretamente, próxima ou remotamente discrepem da linha das leis das finanças. Sua instalação definitiva somente ocorreu em janeiro de 1893, no governo de Floriano Peixoto, a partir da iniciativa do tenente-coronel Innocêncio Serzedello Corrêa, então Ministro da Fazenda.

Em 1934, o Tribunal de Contas é mencionado no capítulo referente aos órgãos de cooperação, dos quais fazem parte também o Ministério Público e os conselhos técnicos. Em 1937 a instituição é inserida nos capítulos do Poder Judiciário. E, somente a partir da Constituição de 1946, o Tribunal de Contas da União, TCU, figura na parte da Constituição relativa ao Poder Legislativo. Essa orientação será reproduzida nos textos constitucionais de 1967 e 1988.

Veja-se que, apesar de o Tribunal de Contas figurar nas Constituições Federais, encontrando seu ponto alto na Constituição de 1946, onde alcançara grande prestígio, dadas as suas relevantes e independentes atribuições constantes do art. 77, a Constituição de 1967 e suas alterações posteriores diminuíram substancialmente as prerrogativas do Tribunal, que voltou a ganhar importância e atribuições na Constituição de 1988. O fato de o Tribunal de Contas prestar auxílio ao Congresso Nacional não significa que esteja ele vinculado ou subordinado a esse Poder (BANDEIRA DE MELLO, 1974).

A Constituição Federal de 1988 descreve os Tribunais de Contas como órgãos auxiliares do Legislativo no controle da Administração Pública (art. 71). Pelo fato de o Texto Constitucional tratá-los como *auxiliares* (e não como membros) desse Poder e levando-se em conta que os Tribunais de Contas agem, na prática, com significativa independência do Congresso, questiona-se: seriam os Tribunais de Contas entes controladores autônomos, na prática desvinculados de outras estruturas estatais? Ou, então, seriam os Tribunais de Contas (à semelhança de outros órgãos de controle), instância autônoma de governo? (MARQUES NETO, 2009).

A proposta de os Tribunais de Contas não pertencerem a Poder algum ganhou corpo nas palavras do expositor convidado a participar da Subcomissão do Poder Legislativo Affonso Martins de Oliveira, à época servidor da Câmara dos Deputados (pouco tempo depois ele viria a ser nomeado Ministro do TCU). Segundo ele, o Tribunal de Contas deveria se constituir em uma espécie de corte autônoma, organicamente desvinculada do Congresso Nacional, prevendo-se, contudo, a possibilidade de recursos contra suas decisões serem apreciados pelo Legislativo.

Assim é que, com o advento da Carta Política de 1988, a Constituição Cidadã, os Tribunais de Contas ganharam competências e foram fortalecidos, tendo em vista o disposto no artigo 31, quando cuida do controle das contas municipais, e nos artigos 70 a 75, quando trata da fiscalização financeira e orçamentária da União e dos Estados.

O controle externo é missão do Poder Legislativo e do Tribunal de Contas. Divide-se em controle político, fiscalização alçada no objetivo do Estado quanto às aspirações nacionais, planejadas por meio de programas delineados no orçamento que consta na Lei das Diretrizes Orçamentárias, respeitando o Plano Plurianual, e controle técnico, fiscalização financeira, patrimonial, orçamentária, contábil e operacional, sob o aspecto da legalidade, legitimidade, economicidade, aplicação das subvenções e renúncias de receitas.

O Tribunal de Contas é a instituição a exercer controle externo do ponto de vista do controle técnico, pode adentrar os juízos de conveniência e oportunidade quando na fiscalização quanto à legitimidade. Todas as unidades administrativas estão sujeitas ao controle, o Executivo, o Judiciário e o Legislativo, além de qualquer pessoa física ou jurídica, pública ou privada, que utilize, guarde, gerencie ou administre dinheiro, bens e valores públicos.

Os Tribunais de Contas passaram a exercer um controle de mérito, ultrapassando a mera legalidade dos atos governamentais, na CRFB/88. Verifica-se, pois se o ato administrativo atingiu adequadamente o seu objetivo, se os meios utilizados pela Administração foram os mais adequados e se o atingiu com o menor custo para o erário.

As reformas administrativas da Administração Pública no Brasil representam acontecimentos importantes e que impactaram de forma substancial na modernização da Administração Pública, em consequência da redefinição das práticas do controle externo.

Como parte integrante do cenário de transição do Estado burocrático para o gerencial, entre outras medidas, foi processada pelo governo federal brasileiro uma reforma orçamentária, estruturando a ação governamental finalística com a adoção de programas, conforme o artigo 1º do Decreto nº 2.829/98, que informa que, a partir do exercício financeiro do ano 2000, toda ação finalística do governo deverá ser estruturada em programas orientados para a consecução dos objetivos estratégicos.

Um programa, em síntese, consiste em um instrumento de ordenamento da atuação governamental, no qual consta um conjunto de ações, das quais os produtos ou resultados – bens ou serviços – contribuem para o atendimento das demandas da sociedade por bens e serviços públicos, tais como: segurança pública, saúde, urbanismo, habitação, saneamento, agricultura, indústria, comunicações e energia, dentre outros atinentes às funções precípuas de Estado.

No mesmo sentido, a Portaria nº 42/99, expedida pelo então Ministério do Orçamento e Gestão, atualizou a discriminação da despesa pública e estabeleceu os conceitos de função, subfunção, programa, projeto, atividade e operações especiais.

Kashiwakura (1997, p. 1) alertava que, até então, não existia um exame mais apurado quanto à otimização de recursos públicos previstos no orçamento:

> O orçamento público constitui um dos principais instrumentos para o planejamento e controle da utilização dos recursos públicos. Na medida em que sejam bem utilizados os programas governamentais atenderão cada vez melhor ao interesse da população. (...) não existe uma conscientização ampla na análise dos programas, projetos e atividades quanto a eficiência e eficácia na utilização dos insumos. Há que se privilegiar os mecanismos de

avaliação de desempenho na Administração Pública, a fim de propiciar maior retorno social na utilização dos recursos públicos.

Assim, resta evidenciada que a finalidade principal da reforma administrativa foi o destaque aos resultados da ação pública, estruturada em programas governamentais. De acordo com Araújo (2002, p. 170):

> Entre os macro-objetivos dessa reforma, podemos enfatizar a tentativa de tornar a Administração Pública menos burocrática e mais gerencial, em face da observância de dois princípios fundamentais: problematizar a realidade a ser transformada e cobrar resultados, aqui entendidos, respectivamente, como sendo a necessidade de se identificar, realmente, os anseios da comunidade e de prestar contas sobre quais foram, efetivamente, os benefícios gerados aos cidadãos, contribuinte ou não. É, em síntese, a prática fiel da *accountability*.

Dessa forma, o ato de prestar contas, que antes enfatizava o aspecto da regularidade ou legalidade, em controle repressivo ou posterior, foi fortalecido sob a ótica de resultados. A *accountability*, como responsabilidade objetiva de responder por algo – prestar contas –, abrange também aspectos de desempenho a serem apurados por meio de auditoria operacional.

Para Campos (2005, p. 387), a *accountability* se tornou uma questão de democracia: "Quanto mais avançado o estágio democrático, maior o interesse pela *accountability*. E a *accountability* governamental tende a acompanhar o avanço de valores democráticos, tais como igualdade, dignidade humana, participação, representatividade".

A avaliação de programas governamentais já constituía responsabilidade do sistema de controle interno dos Poderes, como dispôs a CRFB/88, especificamente em seu artigo 74, que estabelece que o controle interno dos poderes irá avaliar o cumprimento das metas previstas no plano plurianual, a execução dos programas de governo, comprovar a legalidade e avaliar os resultados, quanto à eficácia e eficiência, da gestão orçamentária, financeira e patrimonial nos órgãos e entidades da Administração Pública.

A relação do controle interno e externo merece destaque nesse contexto. Assim, valendo-se do quanto informa Silva (2002, p. 727), a colaboração que deve existir entre o controle interno – responsabilidade de todos os Poderes – e o controle externo, a cargo do Poder Legislativo exercido com o auxílio dos Tribunais de Contas: "(...) o exercício do controle interno, que tem como uma de suas finalidades, apoiar o controle externo no exercício de sua missão institucional".

Destarte, a própria Administração Pública é responsável pela avaliação interna dos programas governamentais, cabendo aos Tribunais de Contas o auxílio ao respectivo controle externo de aspectos legais, operacionais e de desempenho, conforme preconiza a CFRB/88, artigos 70, 71 e 75.

Entretanto, apesar das referidas normas, o controle externo no Brasil ainda apresentava uma supremacia do exame de prestações de contas, com responsabilização financeira, em relação a procedimentos auditoriais referentes a aspectos operacionais e de desempenho da ação governamental.

Segundo Gomes (2002, p. 19-20):

> Sob a influência do modelo francês de controle externo de natureza jurisdicional, os Tribunais de Contas do Brasil aperfeiçoaram com êxito a fiscalização da aplicação dos

recursos públicos sob a ótica da prestação de contas, notadamente no que diz respeito à responsabilização financeira do agente público e à aplicação de sanções pela violação da lei. Assim, a atividade dos Tribunais de Contas do Brasil tem, tradicionalmente, natureza judicialiforme, caracterizada pelo controle *ex-post*, ao contrário dos países anglo-saxões que desenvolveram os modernos procedimentos auditoriais, cujos paradigmas são a Inglaterra, os Estados Unidos e o Canadá. Somente mais recentemente, na verdade a partir da década de oitenta, alguns órgãos de controle externo do Brasil começaram a utilizar os procedimentos auditoriais (...) predominavam os aspectos jurídicos e financeiros, constituindo, assim, a bem dizer, a auditoria de regularidade (financeira e de cumprimento legal), que cederia o espaço à auditoria operacional integrada introduzida pela Constituição de 1988.

Em razão da mencionada limitação da atuação do controle externo, o Tribunal de Contas da União – TCU, para o melhor cumprimento de sua missão institucional, suas competências e atribuições, em face dos novos desafios, fortaleceu institucionalmente um modelo de auditorias de natureza operacional lastreado nos aspectos de economicidade, eficiência, eficácia e efetividade.

Nesse afã, desde 1998 o TCU mantém cooperação técnica com o Reino Unido, com o uso de novas metodologias e técnicas de auditoria. Com tal medida, melhorou, sobremaneira, o desempenho de instituições governamentais brasileiras, bem como corroborou na otimização dos recursos públicos, mediante a implementação de recomendações oriundas das auditorias de natureza operacional realizadas.

Assim, como a atuação do Tribunal Nacional e o cumprimento de suas recomendações formuladas a partir dos resultados das auditorias operacionais realizadas apresentaram resultados relevantes, com reflexos financeiros – redução de despesa ou aumento de receita – e/ou incremento no impacto social e/ou econômico dos programas de governo, outros Tribunais de Contas brasileiros adotaram esse novo modelo de controle externo. Associando o aspecto da legalidade a parâmetros operacionais e de desempenho, os TCs podem e devem adotar a metodologia, posto que gera economicidade, eficiência, eficácia e efetividade na implementação das políticas públicas a partir da alocação da coisa pública.

2.2.3 Características constitucionais dos Tribunais de Contas

A Carta Política de 1988 dedicou um capítulo a estabelecer diretrizes de instituição e funcionamento dos Tribunais de Contas. Tal disciplina está prevista nos arts. 70 e seguintes do diploma referido. Dentro do arcabouço institucional dos Tribunais de Contas temos, dentre outras funções e prerrogativas constitucionais, o exercício da fiscalização contábil, financeira, orçamentária, operacional e patrimonial da União e das entidades da administração direta e indireta, quanto à legalidade, legitimidade, economicidade na aplicação dos dinheiros públicos, e a realização de, por iniciativa própria, inclusive, inspeções e auditorias de natureza contábil, financeira, orçamentária, operacional e patrimonial nas unidades administrativas dos Poderes Legislativo, Executivo e Judiciário e demais entidades que recebem valores públicos.

Como se pode observar, os Tribunais de Contas compreendem funções de diversas naturezas, tais como: jurisdicional, administrativa, de controle, fiscalizatória, consultiva, o que também foi destacado por Guerra (2005, p. 121): "O Tribunal de Contas é órgão misto, pois exerce funções de fiscalização e controle externo, bem como a função jurisdicional de contas de forma exclusiva, posto que nenhum outro órgão poderá exercê-las".

Os Tribunais de Contas recebem da Carta Política de 1988 autonomia para o cumprimento do seu mister institucional. Nesse sentido Moreira Neto (2005, p. 104-105) estabelece como razões de tal autonomia conferida aos Tribunais de Contas:

> Primeiro, a de ser órgão constitucional subordinante, uma vez que lhe são cometidas doze funções constitucionais (artigo 71, §2º) que permitem evidenciar relações de supra-ordenação em face às funções de outros órgãos ou de conjuntos orgânicos do Estado independentes. Segundo, a de ser órgão constitucional essencial, por desempenhar funções políticas, assim entendidas as que são expressões imediatas da soberania (artigo 73, I, c/c artigo 70, *caput*), (...) Terceiro, por ser órgão garantidor dos valores político-constitucionais do Estado Democrático de Direito, ou seja, porque exerce funções indispensáveis ao funcionamento dos princípios republicano e democrático, no tocante a um dos mais delicados aspectos de qualquer complexo jus político, que é, desde a Magna Carta, a gestão fiscal, como a disposição político-administrativa dos recursos retirados impositivamente dos contribuintes.

O *caput* do artigo 37 da Carta Política de 1988 elenca os princípios da Administração Pública, dentre os quais o princípio da eficiência, que, em última instância, está ligado à análise qualitativa da aplicação dos recursos públicos nas políticas públicas e, como tal, torna-se objeto do crivo do controle externo de forma transversal em relação a todas as políticas públicas e dentre elas nos gastos com saúde.

A eficiência põe norte a toda a Administração Pública direta e indireta de qualquer dos Poderes da União, dos Estados, do Distrito Federal e dos Municípios; é mandamento nuclear de qualquer ação do administrador público e, como sendo uma exigência jurídica, compete aos Tribunais de Contas a missão de controlar a eficiência das ações do Estado por meio das auditorias operacionais, verificando se foram obtidos os melhores resultados com os meios e instrumentos a sua disposição, sem prejuízo da análise preventiva da política pública eleita pelo gestor.

Segundo Moraes (2011), o princípio da eficiência compõe-se das seguintes características: direcionamento da atividade e dos serviços públicos à efetividade do bem comum, imparcialidade, neutralidade, transparência, participação e aproximação dos serviços públicos da população, eficácia, desburocratização e busca da qualidade, e refletem mais e mais a vinculação dos atos de poder aos ditames constitucionais.

Para Marinela (2007), a eficiência abrange a efetividade e a eficácia, de modo que "exige que a atividade administrativa seja exercida com presteza, perfeição e rendimento funcional" e consistente "na busca de resultados práticos de produtividade, de economicidade, com a consequente redução de desperdícios do dinheiro público".

Oliveira *et al.* (1990) explicam que a economicidade se refere à constatação de se obter a melhor situação para efetivar a despesa pública, verifica-se se a opção pelo caminho perseguido assegurou o melhor e se houve modicidade na execução, tudo dentro da equação custo-benefício.

Ou seja, controle da economicidade significa controle da eficiência na gestão da coisa pública, consubstanciada na minimização de custos e gastos públicos e na maximização da receita e da arrecadação. É dizer, vai além do mero controle da economia de gastos, entendida como aperto ou diminuição de despesa, mas envolve também aspectos qualitativos (resultado prático social dos gastos públicos – efetividade).

O controle da economicidade, relevante no Direito Constitucional moderno, em que o orçamento está cada vez mais ligado ao programa econômico, inspira-se no princípio do custo/benefício, subordinado à ideia de justiça, que deve prevalecer no fornecimento de bens e serviços públicos. Com efeito, o princípio do custo/benefício significa que deve haver adequação entre receita e despesa, de modo que o cidadão não seja obrigado a fazer maior sacrifício e pagar mais impostos para obter bens e serviços que estão disponíveis no mercado a menor preço.

Economicidade é princípio constitucional vazio, como acontece também com a igualdade. Enuncia a necessidade de adequação e equilíbrio entre o mínimo de despesa e o *máximo de receita* nas melhores condições possíveis. Não passa de enunciado formal, porque não traz em si qualquer conteúdo ou determinação material, embora tenha por objetivo o controle dos aspectos materiais, da execução orçamentária.

Os Tribunais de Contas têm por principal função o controle externo da Administração Pública nos termos do artigo 71 da CRFB/88. Para além dessa função precípua, ampliou-se o campo de atuação dos Tribunais de Contas, que receberam a partir do Tribunal de Contas da União a competência para exercer a fiscalização contábil, financeira, orçamentária, operacional e patrimonial da União e das entidades da administração direta e indireta, quanto à legalidade, legitimidade e economicidade, além da fiscalização da aplicação das subvenções e renúncia de receitas.

Os Tribunais de Contas dos entes subnacionais são regidos pelas respectivas Constituições dos Estados, no caso dos TCEs, ou pelas Leis Orgânicas, no caso dos TCMs. Contudo, como as normas da Carta Política, no que tange ao controle externo, são de repetição obrigatória – princípio da simetria, os ditames atribuídos ao TCU são replicados nos demais entes políticos para seus TCs.

Assim, cabe um aclaramento no que diz respeito ao texto constitucional quando informa que o Tribunal de Contas, como sendo órgão auxiliar do Poder Legislativo (Congresso Nacional, Assembleia Legislativa, Câmara Legislativa ou Câmara de Vereadores – conforme o caso – União, Estados, Distrito Federal ou Municípios), não representa qualquer subordinação do controle externo (TCs) ao Poder Legislativo. Pelo contrário, compete ao Tribunal de Contas realizar por iniciativa própria inspeções e auditorias de natureza contábil, financeira, orçamentária, operacional e patrimonial, nas unidades administrativas dos Poderes Legislativo, Executivo e Judiciário, e demais entidades referidas no inciso II do artigo 71, o que não seria possível se houvesse subordinação.

Cabe, ainda, salientar que o controle externo das finanças públicas sob a égide da CR/88 foi ampliado e sistematizado, instituindo como competente para tal mister o Tribunal de Contas, que pode exercer a fiscalização financeira e orçamentária ativamente, segundo o controle externo *a priori* (controle preventivo), *concomitantemente* (controle *pari pasu*) e *a posteriori* (controle repressivo). Também a Carta Maior "possibilitou que a instituição Tribunal de Contas, no Brasil, evoluísse definitivamente da mera apreciação passiva da legalidade formal para a configuração de órgão administrativo de inquirição permanente, por provocação ou ativa (de ofício), a respeito de todos os ângulos jurídicos e extrajurídicos, atinentes à gestão administrativa integral do Estado, com relação às receitas e despesas públicas.

A esse respeito, é dizer, quanto ao momento do controle exercido pelos Tribunais de Contas, importa salientar alguns aspectos históricos acerca do momento do controle. O controle do ato da administração poderá ser feito em três momentos: a) controle preventivo – *ex ante* – que visa impedir a ilegalidade do ato ou que este seja contrário ao interesse público; b) controle concomitante – *pari passu* – realizado ao tempo do ato ou política pública e tem por fim prestar auxílio à boa aplicação dos valores públicos e avaliar as políticas e programas públicos; e c) controle posterior – *ex post* – também chamado exame de conformidade, que tem a finalidade de corrigi-los, desfazê-los ou confirmá-los, caso estejam ou não de acordo com o ordenamento de regência.

Cada uma dessas formas de controle cumpre finalidades distintas e se relaciona de maneira singular com a própria atividade administrativa – podendo condicioná-la, retardá-la, torná-la mais ou menos expedita e eficiente, etc. Por impactar significativamente a atuação da Administração Pública, o tema (momento do controle) é central nos debates sobre gestão e reforma administrativa (DI PIETRO, 2009).

Veja-se que o controle é exercido junto às políticas públicas, assim, importa conceituar a expressão política pública. Nesse sentido vale-se de Iocken (2017), que estabelece uma construção conceitual a partir da visão de diferentes autores. Segundo a autora Dye entende política pública como todo o agir do Estado, isto é, "tudo que o governo decide fazer ou não fazer". Isso traz à tona um elemento central de toda e qualquer definição acerca de política pública, que é, justamente, o próprio Estado desempenhando a função de sujeito ativo na concretização das políticas públicas. São, assim, decisões tomadas em nome dos cidadãos pelo Estado, e não por atores privados. É uma escolha feita no sentido promover determinado curso de ação, seja por decisões positivas, seja por decisões negativas ou não decisões.

Ainda segundo Iocken (2017), em outra abordagem, oferecida por Jenkins, tem-se como política pública o "conjunto de decisões inter-relacionadas, tomadas por um ator ou grupo de atores políticos, e que dizem respeito à seleção de objetivos e dos meios necessários para lográ-los, dentro de uma situação específica em que o alvo dessas decisões estaria, em princípio, ao alcance efetivo desses atores". A perspectiva dessa abordagem restringe, inicialmente, a política pública a um conjunto de decisões, afastando deste conceito os atos isolados praticados pelo Estado, uma vez que o seu campo de atuação pressupõe uma série de decisões inter-relacionadas, voltadas à resolução de um determinado problema público.

Na compreensão de Muller e Surel, a política pública compreende "processo pelo qual são elaborados e implementados programas de ação pública, isto é, dispositivos político-administrativos coordenados em princípio em torno de objetivos explícitos". Esses autores, sob uma perspectiva cognitiva, conjugam três elementos fundamentais para a compreensão da política pública: o primeiro é o quadro normativo de ação, o qual funciona como uma estrutura de sentido, resultante da interação de recursos financeiros, intelectuais, materiais e reguladores, destinados a alcançar objetivos construídos pelas trocas entre atores públicos e privados; o segundo elemento é resultante da combinação da força pública e da competência; e o último, origina-se da construção de uma ordem local (IOCKEN, 2017).

Ainda de acordo com Iocken (2017) a dificuldade em definir políticas públicas também se estende para o campo do Direito. Na percepção de Valle, política pública consiste em decisão quanto ao percurso da ação formulada por atores governamentais, revestida de autoridade e sujeita a sanções. O conceito proposto por Freitas ressalta o dever cogente de cumprimento da agenda constitucional, termos em que com a considerável minúcia define "políticas públicas como aqueles programas que o poder público, nas relações administrativas, deve enunciar e implementar de acordo com prioridades constitucionais cogentes, sob pena de omissão específica lesiva. Ou seja, as políticas públicas são assimiladas como autênticos programas de Estado (mais que de governo), que intentam, por meio de articulação eficiente e eficaz dos atores governamentais e sociais, cumprir as prioridades vinculantes da Carta, de ordem a assegurar, com hierarquizações fundamentais, a efetividade do plexo de direitos fundamentais das gerações presentes e futuras".

Assim em síntese ao aqui lançado acerca da expressão, política pública pode ser definida, em síntese, como: "decisões políticas que impulsionam ações estatais coordenadas, com o objetivo compor os conflitos resultantes da pluralidade de interesses existentes na sociedade, cujo exercício democrático pressupõe o envolvimento e a participação cidadã no processo de tomada de decisões".

Ainda no que diz respeito às políticas públicas e em uma aproximação constitucional destas, e tal como configurado pela Constituição brasileira de 1988, encontram-se os dizeres de Carvalho e Coelho (2022), que entendem que a Constituição de 1988, ao abordar a dignidade, o faz como um meio de assegurar os direitos fundamentais para que o indivíduo tenha a possibilidade de desenvolver-se integralmente na vida social. Assim, os direitos sociais constituem objetivo primordial do Estado, que busca atendimento das demandas sociais como forma de cumprimento com os direitos sociais e da dignidade da pessoa humana. Nesse sentido, quanto mais o Estado possibilita a proteção social do indivíduo tanto mais se realiza a verdadeira essência da dignidade humana e, portanto, os direitos sociais estão a serviço da dignidade humana. Assim, as pessoas alcançam vida digna tendo seus direitos sociais garantidos. Posto isso, é legítima a ideia assentada no raciocínio constitucional da efetividade das *políticas públicas* e, por consequência, dos próprios direitos fundamentais.

É dentro desse contexto que estabelece a necessidade de o Estado, por meio das políticas públicas, cumprir com sua função típica de atendimento das demandas sociais a partir dos direitos sociais fundamentais, como meio de garantia da dignidade humana, que os Tribunais de Contas exercem o controle externo da Administração Pública, por meio de fiscalização da correta alocação da coisa pública no atendimento das demandas sociais, notadamente, dos direitos sociais fundamentais, pela prestação de serviços públicos. O controle externo faz isso a partir de poderes nos termos e limites impostos pela própria Constituição de 1988. Assim, as Cortes de Contas, ao longo do tempo e por força de sucessivas reformas legislativas, já foram autorizadas a controlar de diferentes maneiras (prévia, concomitante e posteriormente à prática de atos administrativos).

O momento, a essência do próprio controle e, principalmente, a sua efetividade têm mostrado que os controles prévio ou concomitante são preferíveis ao controle posterior. Essas formas de controle permitem evitar o mal antes que ele ocorra. Apesar de a experiência atual demonstrar a pertinênica e efetividade superior dos controles prévio e concomimentate, a Declaração de Lima da Intosai ressalta o controle posterior como típico dos Tribunais de Contas.

Tal diplona normativo alude que:

> Section 2. pre-audit and post-audit – 1 Pre-audit represents a before the fact type of review of administrative or financial activities; post-audit is audit after the fact; 2 Effective pre-audit is indispensable for the sound management of public funds entrusted to the state. It may be carried out by a Supreme Audit Institution or by other audit institutions; 3 Pre-audit by a Supreme Audit Institution has the advantage of being able to prevent damage before it occurs, but has the disadvantage of creating an excessive amount of work and of blurring responsibilities under public law. Post-audit by a Supreme Audit Institution highlights the responsibility of those accountable; it may lead to compensation for the damage caused and may prevent breaches from recurring; e 4 The legal situation and the conditions and requirements of each country determine whether a Supreme Audit Institution carries out pre-audit. Post-audit is an indispensable task of every Supreme Audit Institution regardless of whether or not it also carries out pre-audits (DECLARAÇÃO DE LIMA – INTOSAI).

A Declaração de Lima, a despeito de reconhecer que o controle prévio dos recursos públicos é indispensável e de que tais controles podem ser realizados pelas EFS, como é o caso dos Tribunais ou Cortes de Contas, no Brasil – a depender, claro, das opções feitas pelos legisladores de cada país –, afirma que o controle *a posteriori* é próprio das instituições superiores de controle da Administração Pública. Isto é, o controle posterior consubstanciaria o núcleo duro ou típico das EFS.

Quanto ao momento do controle, e atualmente na ordem constitucional, fica evidenciado, a partir dos dizeres de Pascoal (2010), o momento fiscalizador, enquanto em diversos países isso acontece antes da medida administrativa surtir seus efeitos. Diz o autor que alguns tribunais ou órgãos de controle possuem a função de controlar previamente os atos e que isso existiu no Brasil até a vigência da Constituição de 1946 (art. 77). Os contratos deviam ser registrados pelo Tribunal de Contas e só depois da chancela do órgão de controle é que se poderia efetuar a despesa.

Atualmente, é pacífico que o poder fiscalizador do Tribunal de Contas se concretiza concomitante ou posteriormente à edição dos atos administrativos. Há nos dias atuais uma grande tendência de a fiscalização acompanhar – quase em tempo real – o processamento da despesa (política pública). São as chamadas auditorias de execução. Alguns autores, como Régis Fernandes de Oliveira, afirmam que a atuação do Tribunal de Contas dar-se-á concomitante ou posteriormente à realização da despesa (PASCOAL, 2010).

Assim, fica evidenciado que o controle fiscalizatório concomitante é uma realidade atual ao controle externo brasileiro. Nesse sentido, como uma das ferramentas fiscalizatórias concomitante é a auditoria operacional, pode-se afirmar que o uso de tal instrumento auditorial se mostra atual e necessário.

2.2.4 Jurisdição dos Tribunais de Contas

Há quem defenda a impossibilidade de produção de coisa julgada pelos Tribunais de Contas conforme a CRFB/88, artigo 5º, XXXV, como aponta a afirmação de Costa (2006, p. 78):

> Importante destacar que a não definitividade jurisdicional das decisões do Tribunal de Contas é motivada pelo fato de que são de natureza administrativa, considerando que no

Brasil vigora o sistema de jurisdição única, pertencendo ao Poder Judiciário o monopólio da tutela jurisdicional, cuja competência constitucional está expressa no artigo 5º., inciso XXXV, da Magna Carta Federal.

Para as atividades dos Tribunais de Contas, o legislador constituinte, em seu art. 71, empregou as expressões "apreciar", "fiscalizar", "realizar inspeção e auditoria" e, em apenas um caso, o verbo "julgar". O Tribunal de Contas tem competência para dizer o Direito, gerando coisa julgada – quanto ao mérito –, especialmente no tocante à CRFB/88, artigo 71, II, matéria de julgamento privativo.

Nesse sentido, Guerra (2005, p. 120-121) assevera:

> O Tribunal de Contas, pela competência expressa no inciso II do artigo comentado, julga e liquida as contas dos administradores públicos e demais responsáveis (...). Sua função, nesse aspecto, é contenciosa. Procedendo a essa espécie de julgamento, o Tribunal de Contas está realizando tarefa própria, típica, não se submetendo a outra jurisdição, visto tratar-se de função especializada. Por corolário, entendemos não haver possibilidade de sua decisão ser revista por outro órgão ou Poder, salvo o Poder Judiciário, que poderá, tão-só no caso de vício de legalidade, refazer o *decisum*.

A ideia da jurisdição dos Tribunais de Contas se mostra configurada nos dizeres da Carta Política de 1988, visto que há definitividade e inalterabilidade da decisão quanto ao mérito julgado pelo órgão de controle externo. Assim, se não houver possibilidade de produção de coisa julgada, não há, em termos estritos, julgamento, ademais a matéria privativa do órgão de controle externo não permite a apreciação meritória do Poder Judiciário enquanto mérito exarado nas decisões do órgão técnico.

A esse respeito, Costa Jr. (2001, p. 110) afirma:

> Quando se tratar de competência dos Tribunais de Contas ditadas pelo artigo 71, II, da Constituição da República, ou seja, de sua função jurisdicional, o Poder Judiciário não poderá rever suas decisões quanto ao mérito. A revisibilidade judicial das decisões dos Tribunais de Contas somente se dará quando estiverem elas contaminadas pelo abuso de poder, em qualquer de suas espécies, excesso de poder ou manifesta ilegalidade. A decisão do Tribunal de Contas, portanto, somente deixará de prevalecer quando o procedimento violar a inafastável garantia do devido processo legal ou a decisão contiver manifesta ilegalidade.

Por fim, nesse particular, é de se destacar que a autonomia e a jurisdição conferida aos Tribunais de Contas representam garantia da segurança jurídica das relações e de controle especializado do exercício típico do Poder Executivo e forma de garantia da melhor alocação da *res publica* em favor da coletividade.

2.2.5 O controle de resultado: elementos atinentes à atividade da Administração Pública no Brasil

O controle a cargo dos Tribunais de Contas encontra-se alargado. Não visa apenas ao exame da legalidade formal, mas também da legitimidade, economicidade, razoabilidade e eficiência dos atos de gestão. Deveras, o art. 70 da Constituição afirma que a fiscalização exercer-se-á quanto à legalidade e legitimidade. Daí extrair-se o entendimento de que o controle deva ser exercido não somente no tocante à legalidade em sentido estrito, mas no tocante ao complexo de normas e princípios.

Doutra parte, economicidade também tem conteúdo semântico. Podemos dizer que economicidade é a relação entre custos e benefícios. Aliás, em qualquer forma de administração o binômio custo-benefício é observado. Haveria irrazoabilidade se o custo fosse desproporcional ao benefício. E, atualmente, a eficiência reforça a economicidade.

"Assim, verifica-se a amplitude do controle não só na declaração expressa de que todos aqueles que manipulam recursos públicos a ele se submetem, bem como na abrangência desse controle". Dispõe o artigo 70 da Constituição Federal que a Administração, direta e indireta, será fiscalizada por meio de controles interno e externo, ou seja, todo aquele que administrar ou receber, seja a que título for, dinheiro público deverá dele prestar contas, notadamente, a partir da alteração do modelo de Administração Pública pelo qual passou recentemente o Brasil.

Impende salientar, nesse aspecto, ainda, que o novo gerencialismo implementado no final do século passado e vigente no Brasil, e que não negou princípios burocráticos como visto alhures, pelo contrário, está alicerçado no modelo anterior, do qual conserva alguns dos traços fundamentais, como a impessoalidade e a meritocracia. O que difere entre os dois modelos gerenciais é a forma de controle, que deixa de se concentrar nos processos administrativos para considerar os resultados alcançados – esse último aspecto, e desde o ponto de vista do controle externo, apurado por meio de auditorias operacionais. Os controles procedimentais rígidos representam, na nova perspectiva, entraves ao espaço decisório do gestor e à sua ação diligente e eficiente.

Esse novo paradigma exige organizações mais flexíveis e menos hierarquizadas, descentralização administrativa, fortalecimento dos papéis de formulação de políticas e regulação, além da definição dos objetivos a serem atingidos, na forma de indicadores de desempenho. Os resultados são considerados bons não porque os processos administrativos estão sob controle e são seguros, como na burocracia clássica, mas porque as necessidades do cidadão-cliente estão sendo atendidas (BRASIL, 1995, p. 23).

Apesar desse novo enfoque, Tohá e Solari (1997) frisam que a manutenção de controles *ex-ante* sobre os procedimentos continua sendo necessária para prevenir e identificar problemas de corrupção. Devem ser instituídos, todavia, mecanismos menos formalistas, que não constituam obstáculos para uma gestão eficiente, deslocando-se o centro do sistema de controle, gradualmente, dos processos para os resultados (TOHÁ; SOLARI, 1997).

Esse novo contexto repercutiu de várias formas nas Entidades Fiscalizadoras Superiores – EFS. Algumas tiveram ampliados os seus mandatos e poderes, passando o raio de ação fiscalizadora a alcançar dimensões como a eficiência e a efetividade (no Brasil, a CRFB/88 e a Lei de Responsabilidade Fiscal conferiram novas atribuições e responsabilidades aos Tribunais de Contas, como a auditoria operacional e o controle de custos e resultados). O objeto de controle das EFS também foi alterado com as privatizações, terceirizações, contratos de gestão e criação de agências reguladoras de serviços públicos. Os métodos e critérios de trabalho precisaram ser revistos diante da introdução de novos meios e ferramentas de gestão das políticas públicas, como o planejamento plurianual, orçamento por resultados, programas de governo e indicadores de desempenho, operados e monitorados através de sistemas informatizados (POLLITT *et al.*, 1999).

A difusão de doutrinas de gerenciamento público orientadas a resultados refletiu-se na institucionalização da auditoria de desempenho. Segundo a OCDE, o elemento-chave para a sustentabilidade de reformas é a coerência das iniciativas internas e externas do gerenciamento do desempenho, incluindo a auditoria de desempenho (POLLITT *et al.*, 1999).

Para Pollitt *et al.* (1999), as relações entre a auditoria de desempenho e as reformas administrativas se mostram evidenciadas, posto que novas abordagens alegaram conferir maior flexibilidade e autonomia aos gestores em relação aos insumos e aos processos, em troca do monitoramento e avaliação rigorosos dos resultados e impactos alcançados pelos programas implementados.

Os mesmos autores, antes mencionados, ressaltam, contudo, que a auditoria de desempenho não pretende substituir a auditoria de regularidade, senão complementá-la, assim como a nova gestão pública afirma adicionar eficácia e efetividade administrativa aos valores burocráticos tradicionais.

Assim, o controle pode – e deve – aferir de forma sistemática, sob os prismas legal e gerencial, os atos da Administração Pública. Mesquita (2000, p. 56) bem assinala a importância de o controle compatibilizar a verificação da legalidade dos atos administrativos com a avaliação do nível de satisfação da sociedade quanto à atuação dos gestores públicos.

Castro (2007, p. 95) concorda:

> A finalidade do controle da Administração Pública, em sentido amplo, é de verificar se o gestor aplica os recursos que lhes são repassados de maneira responsável, eficiente e moral. (...) O controle deve atuar também na avaliação de resultados no que diz respeito à eficácia e eficiência da gestão financeira, orçamentária e patrimonial da Administração Pública, direta ou indireta, assim como na verificação da eficácia e eficiência da aplicação de recursos por entidades de direito privado, quando aqueles são oriundos de ente público.

No Brasil, o controle é um poder-dever determinado constitucionalmente e irrenunciável. É fruto da conjugação dos princípios – pedras de toque – do Direito Administrativo: supremacia do interesse público e indisponibilidade do interesse público pela Administração. É dizer, em que pese o controle seja uma prerrogativa de seu exercício, não há discricionariedade em exercê-lo ou não, em razão de ser ao mesmo tempo uma sujeição do controlador externo.

2.2.6 Controle de mérito dos gastos da Administração Pública: controle substancial

O controle substancial – relacionado com o mérito dos gastos públicos e com os resultados das ações governamentais – é elemento de complementação do controle de conformidade e está vinculado às mudanças experimentadas pela Administração Pública em um contexto de transição de seu modelo burocrático para o gerencial.

Quanto à transição, a Administração Pública burocrática surgiu no século XIX como modo de combate à corrupção e ao nepotismo patrimonialista. O Plano Diretor da Reforma Brasileira do Aparelho do Estado assim definiu a Administração Pública patrimonialista:

> No patrimonialismo, o aparelho do Estado funciona como uma extensão do poder do soberano, e os seus auxiliares, servidores, possuem *status* de nobreza real. Os cargos são considerados prebendas. A *res publica* não é diferenciada da *res principis*. Em consequência, a corrupção e o nepotismo são inerentes a esse tipo de administração. No momento em que o capitalismo e a democracia se tornam dominantes, o mercado e a sociedade civil passam a se distinguir do Estado. Neste novo momento histórico, a administração patrimonialista torna-se uma excrescência inaceitável (PRESIDÊNCIA DA REPÚBLICA, 1995, p. 3).

A burocracia, em sua acepção original, como visto anteriormente, consiste em uma forma de organização humana que se fundamenta na racionalidade, ou seja, na adequação dos meios aos fins almejados, buscando-se a máxima eficiência possível na consecução desses objetivos.

Nesse modelo, imperava uma desconfiança prévia nos administradores públicos. Eram sempre necessários controles – administrativos – rigorosos dos processos, como, por exemplo, na admissão de pessoal, nas compras e no atendimento a demandas. Entretanto, o controle – garantia do poder do Estado – transformou-se na sua razão de ser. Por conseguinte, o Estado voltou-se para si mesmo, afastando-se de sua finalidade elementar, que é bem servir à sociedade.

A Administração Pública burocrática teve como destaque, inicialmente, o controle de abusos. Seus defeitos foram a autorreferência e a incapacidade de prestar serviço de qualidade aos cidadãos, que constitui o fim último do Estado e do qual não deveria desviar-se.

Como parte significativa das atividades e dos recursos do Estado eram voltados para as necessidades da própria burocracia, o seu controle acabou tornando-se lento, caro e desvinculado de resultados concretos para a sociedade. Esses defeitos, entretanto, não se mostraram determinantes na época do surgimento da Administração Pública burocrática, haja vista que os serviços do Estado eram muito reduzidos, restringindo-se à manutenção da ordem, administração da Justiça e garantia dos contratos e da propriedade.

Não obstante, com a expansão das atribuições estatais em razão do natural aumento da demanda dos cidadãos com o aumento do aparato estatal e o aparecimento de novas formas de apropriação privada do patrimônio público, a administração burocrática restou inadequada, como lembra Bresser-Pereira (2001, p. 26-27):

> Foi um grande progresso o surgimento, no século XIX, de uma Administração Pública burocrática em substituição às formas patrimonialistas de administrar o Estado. Weber (1922), o principal analista desse processo, destacou com muita ênfase a superioridade da autoridade racional-legal sobre o poder patrimonialista. Apesar disso, quando, no século XX, o Estado ampliou seu papel social e econômico, a estratégia básica adotada pela Administração Pública burocrática – o controle hierárquico e formalista dos procedimentos – provou ser inadequada. Essa estratégia podia talvez evitar a corrupção e o nepotismo, mas era lenta, cara, ineficiente. (...) À nova Administração Pública não basta ser efetiva em evitar o nepotismo e a corrupção: ela tem de ser eficiente ao prover bens públicos e semipúblicos, que cabe ao Estado diretamente produzir ou indiretamente financiar. (...) O

nepotismo e a corrupção mais visíveis foram controlados, mas surgiram novas modalidades de apropriação privada de uma fatia maior do patrimônio público. (...) Se, no século XIX, a Administração Pública do Estado liberal era um instrumento para garantir os direitos de propriedade – assegurando a apropriação dos excedentes da economia pela classe capitalista emergente – no Estado desenvolvimentista, a administração burocrática era uma modalidade de apropriação dos excedentes por uma nova classe média de burocratas e tecnoburocratas.

Segundo Barzelay (1992, p. 8): "(...) a agência burocrática concentra-se em suas próprias necessidades e perspectivas, a agência orientada para o consumidor concentra-se nas necessidades e perspectivas do consumidor".

Assim, a Administração Pública burocrática se mostrava em desajuste com a finalidade da Administração Pública e a demanda – eficácia da sociedade. Nesse contexto a Administração Pública gerencial surgiu na segunda metade do século XX, em virtude do crescimento das funções econômicas e sociais do Estado, como solução aos dilemas relacionados com o modelo anterior. Bresser-Pereira (2001, p. 28-31) assim resume o período de surgimento e ascensão da Administração Pública gerencial:

> A Administração Pública gerencial emergiu na segunda metade deste século como resposta à crise do Estado (...). Mais especificamente, desde a década de 60, ou pelo menos desde o início dos anos 70, cresceu a insatisfação, amplamente disseminada, com relação à Administração Pública burocrática. (...) Nos EUA, Osborne e Gaebler (1992) – que cunharam a expressão *reinventing government* (reinventar o governo) –, em um livro que teve grande influência nos estudos sobre o tema, descrevem as reformas administrativas que ocorreram desde o início dos anos 70, mas que não se originaram no Governo Federal e sim nas administrações municipais e estaduais. Foi em 1992 que se estabeleceu a meta de reformar a Administração Pública federal norte-americana por critérios gerenciais, quando um político democrata – o presidente Clinton – converteu a ideia de "reinventar o governo" em programa de governo: a National Performance Review (Revisão do Desempenho Nacional).

A reforma do Estado passa a ter como fundamento a eficiência da Administração Pública – diminuição de custos e incremento na qualidade dos serviços. A Administração Pública gerencial, assim, pode ser entendida como um progresso, comparativamente ao modelo burocrático, mas não repudia todos os princípios do modelo anterior.

Segundo Valente (2001, p. 87):

> A reforma administrativa gerencialista atual não acaba com o modelo de gestão burocrática, o weberiano. É um erro imaginar-se o contrário. Embora ela tenha surgido e se insurgido contra o modelo burocrático, a nova gestão pública mantém esse modelo em alguns aspectos.

A Administração Pública gerencial preserva, entre outros aspectos, os seguintes: admissão com base no sistema de mérito; avaliação constante de desempenho e treinamento contínuo. Ketil (2001, p. 89) ressalta a importância da avaliação de desempenho no setor público, no processo de busca de sua eficiência:

> Em resumo, as avaliações de desempenho procuram determinar a eficiência com que uma agência de serviços públicos traduz, em termos de resultados, o investimento (em especial, dinheiro advindo de impostos e trabalho de funcionários) feito para que a agência

pública exista; procuram determinar também quanto os resultados concorrem para que se alcancem as metas do programa. Pode-se dizer que o compromisso com a ideia de avaliar resultados é a base essencial do movimento global de reforma do setor público.

As diferenças essenciais entre os modelos residem na forma de controle, que deixa de fundamentar-se nos processos para ter foco nos resultados e na maior participação dos agentes privados e/ou das organizações da sociedade civil, como assinala Souza (2003, p. 48), ao comentar o gerencialismo dos anos 90:

> A questão da efetividade é medida pelo atingimento de objetivos previamente definidos e a da eficiência pela relação entre inputs e outputs. Os instrumentos para alcançar tais objetivos têm sido muito semelhantes nos países que têm adotado o novo gerencialismo: a) comercialização ou privatização dos serviços públicos; b) aumento das responsabilidades dos gestores; c) mudança de enfoque do controle de processos para o controle de resultados que possam ser mensuráveis; d) rigidez nas especificações de desempenho de órgãos e servidores; e) repasse de recursos para setores que não o público, mas que podem exercer funções públicas, sejam esses setores lucrativos ou não.

Araújo (2004, p. 41) concorda que o anseio social por serviços públicos eficientes deve orientar as ações governamentais:

> Concluindo, pode-se afirmar que o lema que deve prevalecer não é um governo que faz, mas sim, um governo que governa, pois, para o cidadão-usuário do serviço, não importa se ele é público ou privado, o que interessa é que funcione e funcione bem e com preço justo, gerando resultados. Um governo com qualidade, de um Estado transparente que efetivamente cumpra a sua função.

Nesse cenário de transição do modelo burocrático para o gerencial, foi aprovada a Emenda Constitucional nº 19/98, denominada Reforma Administrativa, reestruturando o regime, princípios e normas da Administração Pública. Ficaram, então, expressos cinco princípios da Administração Pública na CRFB/88, artigo 37, *caput*, a saber: legalidade, impessoalidade, moralidade, publicidade e eficiência.

A Mensagem Presidencial nº 886, de 1995, convertida em Proposta de Emenda Constitucional nº 173/95, que originou a EC nº 19/98, continha entre seus objetivos: "(...) enfatizar a qualidade e o desempenho nos serviços públicos (...)". Assim, a referida emenda introduziu expressamente o princípio da eficiência, pelo qual não basta apenas a prestação do serviço público, mas sua capacidade de atender plenamente à necessidade que o originou.

Di Pietro (1998, p. 73) afirma que o princípio da eficiência "(...) impõe ao agente público um modo de atuar que produza resultados favoráveis à consecução dos fins que cabem ao Estado alcançar". Para Freire (2007, p. 24), não basta que "as atividades sejam desempenhadas apenas com legalidade", são também exigidos "resultados positivos para o serviço público e satisfatório atendimento das necessidades dos administrados". Oliveira (2006, p. 269) resume: "A eficiência da ação administrativa é pressuposto da sua legalidade substancial".

Moraes (2004, p. 319) salienta que aos administrados cabem obrigações, mas também o direito a um serviço público eficiente:

A atividade estatal produz de modo direto ou indireto consequências jurídicas que instituem, reciprocamente, direito ou prerrogativas, deveres ou obrigações para a população, traduzindo uma relação jurídica entre a Administração e os administrados. Portanto, existirão direitos e obrigações recíprocos entre o Estado-administração e o indivíduo-administrado e, consequentemente, esse, no exercício de seus direitos subjetivos, poderá exigir da Administração Pública o cumprimento de suas obrigações da forma mais eficiente possível.

A Administração Pública passa, portanto, a enfatizar os resultados e a qualidade dos serviços prestados para a satisfação das necessidades do "cidadão-cliente". A esse respeito, Pereira e Spink (2001, p. 11) ensinam:

> A necessidade de aumentar a eficiência do Estado é uma imposição do processo de globalização, que acirrou a competição entre os países. Em consequência, a Administração Pública burocrática tornou-se obsoleta e as burocracias públicas estão sendo levadas cada vez mais a adotar uma abordagem gerencial, baseada na descentralização, no controle de resultados e não no controle de procedimentos, na competição administrada, e no controle social direto.

A Lei Complementar nº 101/2000, denominada Lei de Responsabilidade Fiscal – LRF, estabeleceu disciplina, objetivando o equilíbrio das contas públicas e, conforme o seu artigo 1º, o planejamento governamental é um de seus eixos, juntamente com a transparência, o controle, a fiscalização e a responsabilização, na medida em que tal dispositivo legal estabeleceu que a responsabilidade na gestão fiscal pressupõe a ação planejada e transparente, em que se previnem riscos e corrigem desvios capazes de afetar o equilíbrio das contas públicas, mediante o cumprimento de metas de resultados entre receitas e despesas.

A LRF dispôs sobre os instrumentos de planejamento (PPA, LDO e LOA), sendo indispensável a compatibilidade entre eles. Salienta Lino (2001, p. 31):

> É assim, o conjunto, a conexão e a articulação desses três diplomas, de iniciativa – e nos prazos fixados – exclusiva do Poder Executivo, que a LC vai procedimentalizar, dando base e conteúdo normativo às políticas públicas nacionais, realizando, inclusive, posto que parcialmente (limitado aos aspectos orçamentários, financeiros, patrimoniais e operacionais), os planos e as metas para a consecução, em sede infraconstitucional e, em dado período, dos objetivos fundamentais da República Federativa do Brasil.

Khair (2001, p. 95), ao comentar a transparência da gestão e a maior eficiência na ação governamental perseguidas pela LRF, afirmou:

> Característica marcante da Lei de Responsabilidade Fiscal é a obrigatoriedade da transparência do planejamento e da execução da gestão fiscal. A garantia de uma eficaz Administração Pública está centrada na boa interação entre governo e sociedade. (...) A interação Executivo e Legislativo com a sociedade poderá ser facilitada com a Lei de Responsabilidade Fiscal, que estabelece maior transparência na ação governamental por meio da ampla divulgação das prestações de contas, dos relatórios de gestão e, especialmente, pelo incentivo à participação da sociedade. As informações contidas nos relatórios exigidos, além de estabelecer parâmetros e metas para a Administração Pública, permitem avaliar com profundidade a gestão fiscal do Executivo e Legislativo. (...) As

dificuldades e a escassez de recursos levam os governos a fazer verdadeiros milagres para conseguir executar os projetos essenciais do plano de governo. A Lei de Responsabilidade Fiscal deverá conduzir os governos a administrarem com mais eficiência seus recursos.

São instrumentos de transparência da gestão fiscal: os planos, orçamentos e leis de diretrizes orçamentárias; as prestações de contas e o respectivo parecer prévio; o Relatório Resumido da Execução Orçamentária e o Relatório de Gestão Fiscal; e as versões simplificadas desses documentos. Deverá haver ampla divulgação pública, inclusive eletronicamente.

Para Santos (2004, p. 111), a LRF "(...) pode ser vista como um autêntico estatuto de postura ética do administrador público brasileiro, seja para aquele que exerce tipicamente a função pública ou para o que a exerce atipicamente". Com as mudanças introduzidas pela LRF, Crispim (2002, p. 41) afirma que "uma das preocupações da Auditoria Pública é fornecer subsídios para que o Governo avalie se os recursos públicos estão sendo aplicados adequadamente nas áreas a que se destinam".

A LRF estreitou o vínculo que deve existir entre a fixação e execução de metas fiscais, fortalecendo o controle dos resultados obtidos. Conforme Motta (2000, p. 181), o controle sobre a responsabilidade fiscal deverá garantir o seu cumprimento: "Apenas uma possibilidade de mudança na Administração Pública pode ser vislumbrada, frente à imposição de limites à ação dos agentes públicos; somente uma função poderá transformar em ser o dever-ser da norma: o controle". Desenvolveu-se, sobretudo, o conceito de "responsividade", correlato a todos os demais princípios da Administração Pública, previstos na CRFB/88, artigo 37.

Segundo Motta (2001, p. 4), "a concepção de responsividade traduz precisamente o direito do cidadão a "obter respostas" às suas necessidades e demandas, abrangendo muito mais do que a simples responsabilidade patrimonial do Estado por ato administrativo".

Moreira Neto (2002, p. 566) salientou a influência da CRFB/88 e da LRF nas novas formas de controle à disposição dos Tribunais de Contas:

> A Carta de 1988, acrescentando ao tradicional controle financeiro e orçamentário as dimensões operativas, em termos de eficácia, eficiência, economicidade e legitimidade, sem dúvida conclui um ciclo de aperfeiçoamento constitucional do sistema de controle de contas, superando antiquadas modalidades registrárias, mantidas apenas em matéria de administração de pessoal (admissões, acumulações, aposentadorias, reformas e pensões) às quais se acrescentou recentemente o controle prudencial, de natureza concomitante, sobre a gestão fiscal.

Castro (2004, p. 207) frisou a necessidade de modernização dos Tribunais de Contas, ao comentar, também, os novos desafios impostos pela CRFB/88 e pela LRF:

> A Constituição de 1988 promoveu profunda mudança na fiscalização dos gastos governamentais, ao incluir novos princípios de controle e avaliação, ampliando, ainda mais, as competências e atribuições dos Tribunais de Contas. A Emenda Constitucional nº 19/98, ao introduzir também o princípio da eficiência a ser obedecido pela Administração Pública, além de conceitos como programas de qualidade e produtividade, treinamento, desenvolvimento, modernização, reaparelhamento e racionalização do serviço público, consolidou a necessidade do controle externo examinar e avaliar não apenas o aspecto da

regularidade, mas também a operacionalidade, os resultados e os respectivos impactos das ações governamentais na sociedade. O modelo de gestão pública em implantação no País requer dos órgãos de controle uma atuação mais efetiva. Também a Lei Complementar nº 101/2000 (Lei de Responsabilidade Fiscal) aumentou as atribuições das Cortes de Contas, tornando-se necessárias modificações em suas estruturas funcional e operacional. Dessa forma, as competências e atribuições dos Tribunais de Contas vêm sendo ampliadas, sobretudo considerando as inovações introduzidas na Administração Pública, consubstanciadas na adoção de um modelo gerencial, que constitui um desafio a ser considerado pelos órgãos de controle externo. Outrossim, os avanços dos meios de comunicação vêm possibilitando à sociedade uma maior visibilidade das ações governamentais, exigindo do controle externo uma atuação mais eficaz e tempestiva, que torna imprescindível a modernização dos Tribunais de Contas.

A LRF trouxe, assim, desafios adicionais ao momento de transição para o modelo gerencial, afetando os Tribunais de Contas, assim como toda a Administração Pública, uma vez que os meios e os fins do controle externo a ser exercido pelos Tribunais de Contas foram alterados de tal sorte que o objeto das auditorias fiscalizatórias passa a ser a avaliação concomitante das políticas públicas com vistas ao melhor atendimento das demandas da sociedade.

Dessa maneira, na Administração Pública gerencial, destacam-se a definição precisa dos objetivos a serem alcançados e, posteriormente, o controle ou cobrança de resultados. A Administração Pública gerencial vincula o interesse público ao da coletividade e não com o do aparato do Estado, como ocorre no modelo burocrático.

Os resultados da ação governamental serão considerados bons não apenas se os processos administrativos estiverem sob controle – análise de conformidade ou de legalidade –, como prevê a Administração Pública burocrática, mas se as necessidades do cidadão-cliente estiverem sendo atendidas – modelo gerencial.

Beltrão (1983, p. 1), ao comentar o Programa Nacional de Desburocratização brasileiro, instituído em 1979, já ressaltava a necessidade de mudança na postura da Administração Pública perante o cidadão:

> O Programa não constitui uma proposição de natureza técnica e, sim, uma proposta eminentemente política. Foi instituído com o propósito de dar início a uma transformação essencial no comportamento da Administração em relação a seus usuários. O que se pretende é retirar o usuário da condição colonial de súdito para investi-lo na de cidadão, destinatário de toda a atividade do Estado.

2.2.7 Controle de resultados: instrumento de efetividade do controle externo

O processo de transição da Administração Pública, como antes relatado, impôs uma redefinição do papel do Estado e da Administração Pública. Nos diversos países em que isso já havia acontecido, foi acentuada a necessidade de aplicação de novos métodos de controle, principalmente o controle de resultados, também denominado controle global e no Brasil de igual forma ocorreu o fenômeno. Com a mudança da forma da Administração Pública do modelo burocrático para o gerencial, ou pós-burocrático, a função do controle governamental tem aumentada sua relevância para que o Estado possa garantir que os conceitos de eficiência, economicidade e eficácia, propostos pelo paradigma gerencial, possam ser seguidos.

Com o paradigma gerencial é estabelecido novo escopo na análise da aplicação dos recursos públicos, no qual a ênfase prioriza os resultados alcançados, proporcionando a perspectiva da transparência nas ações governamentais por meio do uso de novos instrumentos que possibilitem a fiscalização e avaliação dos gestores públicos.

Nessa nova forma de Administração Pública – a gerencial – requer-se, por parte dos órgãos e entidades da Administração Pública, uma visão mais estratégica bem definida, os objetivos de longo prazo em função de metas de desempenho, a serem mensuradas por meio de indicadores de desempenho com o fim de contribuir para a melhoria da efetividade dos programas em forma de controle de resultados (NUNES, 2004).

Reforce-se que o controle de resultados não incide somente sobre uma atividade, isoladamente considerada, mas sobre um conjunto de atividades administrativas – por isso, é também chamado de "global" –, cuja interligação manifesta os impactos finais da atuação governamental nos seus resultados por consequência lógica. Após a avaliação de economicidade na aplicação dos recursos públicos, os aspectos essenciais enfatizados pelo controle de resultados são: eficiência; eficácia e efetividade.

A eficiência consiste na adoção de parâmetros para a condução das atividades administrativas, evitando-se o desperdício de recursos humanos, financeiros e tecnológicos, o que auxilia o alcance dos objetivos almejados. A avaliação de eficiência compara os recursos empregados (*inputs*) com os produtos gerados/serviços prestados (*outputs*). Uma operação será eficiente se for obtido o melhor resultado possível com recursos determinados e limitados, considerando-se, também, o tempo consumido. A eficiência poderá ou não ser aferida em termos monetários. Quanto à avaliação da eficácia, torna-se essencial observar se as realizações estão de acordo com as metas programadas e o tempo previsto para cumpri-las.

No âmbito público, o resultado efetivo não pode ser avaliado com base exclusivamente nos produtos, mas, em relação aos seus impactos qualitativos e quantitativos. Dessa forma, a análise da efetividade verificará se foi gerado um impacto transformador da realidade para os demandadores do programa, tendo sido satisfeitas as suas necessidades. Os impactos devem ser mensurados primeiramente junto aos usuários e, em um segundo momento, a outros atingidos de maneira indireta.

3 Revisão da literatura especializada sobre auditoria operacional: estado da arte indicativo acerca dessa ferramenta de controle no Brasil

3.1 Origem e evolução histórica da auditoria operacional no Brasil

Antes de adentrar propriamente o estudo da auditoria operacional como instrumento de controle externo da gestão pública, importa, fazer, ainda que em apertada síntese, um apanhado histórico acerca do termo auditoria, do seu surgimento no cenário internacional e da consolidação desse instituto no Brasil.

A expressão auditoria operacional surgiu pela primeira vez no anteprojeto apresentado a essa subcomissão pelo TCU. Como apontei anteriormente, o TCU, ao anunciar o anteprojeto, frisou que ele supostamente representaria o entendimento dos Tribunais de Contas em geral. Além do mais, é importante destacar a provável influência da Declaração de Lima da Intosai na elaboração dessa proposta normativa, que, segundo se depreende do excerto a seguir transcrito, encoraja os países a autorizar suas instituições superiores de controle externo da Administração Pública a realizar a tal *performance audit*. Confira-se:

> The Supreme Audit Institution's audit objectives – legality, regularity, economy, efficiency and effectiveness of financial management – basically are of equal importance. However, *it is for each Supreme Audit Institution to determine its priorities on a case-by-case basis.*

O documento, a um só tempo, circunscreve como próprio das cortes de contas o campo da legalidade, da regularidade contábil e da administração de recursos e sugere que elas também possam realizar controle de outro tipo, mais focado em resultados e na qualidade das despesas governamentais. Talvez inspirados por esse diploma normativo, os Tribunais de Contas tenham procurado inserir na Constituição, pela primeira fez, a competência para que desempenhassem auditorias operacionais.

A auditoria operacional, no setor governamental, desenvolveu-se a partir dos anos de 1970 como um ramo da auditoria na esfera governamental. Especificamente no VII Congresso da Intosai, realizado em 1971, um dos marcos iniciais da auditoria operacional no mundo, no qual aconteceu a aprovação do conceito de auditoria integrada ou integral, com o objetivo de se estender além do enfoque tradicional, o universo de exame da auditoria financeira.

Em 1972, o GAO publicou a primeira versão das normas de auditoria governamental, que foi denominado Livro Amarelo, em função de suas características e cor da sua capa. Essas normas tratam de todos os tipos de auditoria e definiram-se o conceito e o campo de atuação da auditoria operacional, além de apresentar os preceitos desse tipo de auditoria.

No Brasil, conforme Araújo (2006), antes mesmo da CRFB/88, ainda que de forma embrionária, já se falava de auditoria operacional em 1982, pois o Tribunal de Contas da União, atento ao IX Congresso Mundial de Tribunais de Contas, através de ato administrativo – Portaria nº 199/1982 –, instituiu a auditoria programática com características bem semelhantes às da auditoria operacional. Contudo, Oliveira *apud* Leal (2006) afirma que somente em 1986 iniciou-se no Brasil, exatamente na Administração Pública federal, através do Decreto nº 93.874, cujo artigo 10, parágrafo segundo, estabeleceu que, além de examinar os atos de gestão, a fim de certificar a exatidão das regularidades das contas, a auditoria deveria verificar a eficiência e a eficácia na aplicação dos recursos.

A CRFB/88 institucionalizou o controle operacional na legislação brasileira quando, por força do *caput* do artigo 70, atribuiu ao Poder Legislativo com auxílio do Tribunal de Contas da União a competência para exercer a "fiscalização contábil, financeira, orçamentária, operacional e patrimonial da União e das entidades da administração direta e indireta".

E, por sua vez, o Tribunal de Contas da União, por meio do artigo 71, inciso IV, passou a dispor da competência constitucional de efetuar: "(...) inspeções e auditorias de natureza contábil, financeira, orçamentária e patrimonial nas unidades administrativas dos Poderes Legislativo, Executivo e Judiciário (...)". A edição da Lei de Responsabilidade Fiscal – LRF, em 2000, atribui aos Tribunais de Contas o dever de alertar as entidades públicas sobre os fatos que comprometem os custos e resultados dos programas governamentais, tornando então o exame da eficiência e eficácia desse programa um procedimento obrigatório no âmbito do controle externo.

Entretanto, apesar de ter sido instituída em 1988 no TCU, a auditoria operacional ainda está se processando, pelo fato de sua natureza ser mais complexa que a auditoria tradicional e exigir uma metodologia sofisticada para assegurar a qualidade dos trabalhos.

3.2 Auditoria operacional: conceito, elementos caracterizadores e distintores em relação à auditoria de conformidade

A auditoria governamental no setor público é a atividade, prevista constitucionalmente, por meio da qual se confronta uma condição – de realidade real – com determinados critério e ferramenta – com a realidade ideal –, sendo finalizada e consubstanciada com a emissão de um relatório final imparcial e direto, no qual encontram-se as conclusões – constatações positivas e negativas geradas no decorrer da auditoria, fruto dos achados de auditoria.

A auditoria governamental é o tipo que está voltada para o acompanhamento das ações empreendidas pelos órgãos e entidades que compõem a administração direta e indireta das três esferas de governo, ou seja, de quem gere a *res publica*. Normalmente é realizada por entidades superiores de realização, sob a forma de Tribunais de Contas ou controladoria, e organismos de controle interno da Administração Pública (ARAÚJO, 2006).

A auditoria governamental, no Brasil, é realizada, precipuamente, pelos Tribunais de Contas (ARAÚJO, 2011). Vale ressaltar que as auditorias realizadas pelas EFS com ênfase no desempenho possuem diversas nomenclaturas, a depender do país, região ou organização. Pode-se citar como as principais terminologias utilizadas: auditoria operacional, auditoria de desempenho (*performance audit*), auditoria de valor pelo dinheiro (*value-for-money audit*), auditoria administrativa, auditoria de gestão, auditoria de rendimento e auditoria de resultados (FREITAS, 2005).

A Intosai editou, em 2004, normas específicas para tratar dessa modalidade auditorial, adotando a expressão *performance auditing*, com tradução para o português como auditoria de desempenho. Portanto, nesse estudo são utilizados os termos auditoria operacional, de desempenho, de rendimento, de gestão, de resultado, de otimização de recursos e de valor pelo dinheiro como sinônimos.

A auditoria operacional representa uma das novas formas de auditorias que vêm sendo desenvolvidas pelas Entidades Fiscalizadoras Superiores – EFS nos últimos anos, notadamente, a modalidade de avaliação e revisão, também denominada auditoria de desempenho governamental (GOMES, 2002).

A auditoria operacional está situada em um campo de estudo pertencente a políticas de gerenciamento público, no que se refere, especificamente, à auditoria e à avaliação da atividade governamental (GOMES, 2002).

Muito embora alguns autores entendam serem tipos de auditoria distintos, auditoria de desempenho e auditoria operacional, trata-se, no presente estudo, de sinônimos e espécie do gênero auditoria governamental, denominado pelo *General Accounting Office* de Performance Audit (GAO, 2005) e definido pela Organização Internacional de Entidades Fiscalizadoras Superiores – Intosai da seguinte forma: "A auditoria operacional é um exame independente da eficiência e da eficácia das atividades, dos programas e dos organismos da Administração Pública, prestando atenção à economia, com o objetivo de realizar melhorias" (INTOSAI, 2005, p. 15).

Gomes (2002) propõe a seguinte conceituação para auditoria de desempenho, que será adotada neste trabalho: um conjunto de procedimentos técnicos e métodos de investigação utilizados por instituições centrais de controle da Administração Pública para obtenção, processamento e disseminação de informações relevantes de revisão e avaliação de atividades, programas, políticas e órgãos governamentais quanto a aspectos de economia, eficiência, efetividade, boas práticas de gestão, equidade, alcance de metas, capacidade de gerenciamento de desempenho, informações de desempenho, entre outros critérios orientados para o resultado da atuação pública.

As auditorias operacionais implicam exame objetivo e sistemático da evidência para apresentar uma avaliação independente do desempenho e da gestão de um programa com base em critérios objetivos, assim como avaliações que proporcionem um enfoque prospectivo ou que sintetizem informações sobre as melhores práticas ou análises de temas transversais (GAO, 2005, p. 45).

Segundo Pollitt *et al.* (2008), existe um significado consensual lato a respeito da auditoria de natureza operacional – Anop que as preconiza como uma forma de auditoria fundamentada na eficiência e na efetividade da gestão pública, contudo reconhece que ainda há muitas controvérsias sobre o papel que desempenham na estrutura governamental vigente.

Ainda, segundo Pollitt *et al.* (2008), a auditoria operacional é uma atividade bastante recente, que nasce ao final dos anos 70 como uma variante da auditoria tradicional, em razão dos movimentos reformistas da Administração Pública, que eclodem nesse mesmo período, os quais deram ênfase aos temas de descentralização e administração de resultado, com objetivo de modernizar o aparato estatal e torná-lo mais eficiente.

A auditoria operacional, na concepção de Araújo (2006), é a auditoria que objetiva avaliar o desempenho e a eficácia das operações, os sistemas de informação e de organização, os métodos de administração; a propriedade e o cumprimento das políticas administrativas; e a adequação e oportunidade das decisões estratégicas.

No aspecto conceitual, Araújo (2004, p. 34) define a auditoria operacional como sendo "o exame objetivo e sistemático da gestão operativa de uma organização, programa, atividade ou função e está voltada para a identificação das oportunidades para se alcançar maior economia, eficiência e eficácia".

Araújo (2004, p. 33), citando Reider (1993), afirma que a auditoria operacional "é o exame das operações realizadas de um ponto de vista gerencial para avaliar a economia, a eficiência e a eficácia de uma ou de todas as operações, limitado somente pela vontade da administração".

No que tange ao objetivo das auditorias de desempenho pode ser expresso como "*accountability* de desempenho". Essa dimensão possui – além da ideia de que as organizações devem ser responsabilizadas pelos resultados de sua atuação mais do que pela sua forma de funcionamento – a compreensão de que, para alguns propósitos, é melhor focalizar a atenção da Administração para a otimização dos processos produtivos e do desenho dos programas, contribuindo-se, assim, para a operacionalização de processos político-administrativos.

Assim, destaca-se como principal objetivo da auditoria operacional promover, construtivamente, a governança econômica, efetiva e eficaz. Porém, ela também contribui para a *accountability* e transparência, ao ajudar os responsáveis pela governança e supervisão a melhorar o desempenho. Resultados objetivos atingidos Eficácia Efetividade Economicidade Compromisso objetivos definidos Insumos recursos alocados Ação/Produção Ações desenvolvidas Produto bens e serviços providos Eficiência (ISSAI 3000).

No que tange à transparência, a auditoria operacional proporciona uma análise sobre a gestão e os resultados de distintas atividades governamentais ao parlamento, aos contribuintes e a outras fontes de financiamento, àqueles que são alvo das políticas de governo e à mídia. Dessa forma, fornece ao cidadão informações úteis, ao passo que serve de base para aprendizado e melhorias. Na auditoria operacional, as EFS são livres para dar publicidade aos seus achados e devem decidir, dentro de seu mandato, o que, quando e como auditar. O objeto da auditoria operacional pode incluir atividades (com seus produtos, resultados e impactos) ou situações existentes (incluindo causas e consequências), não se limitando a programas, entidades ou fundos.

Como as novas demandas sociais estão a exigir um novo padrão de informações geradas pela auditoria governamental realizada pelos Tribunais de Contas, seus relatórios – item essencial para comunicar a adequação das prestações de contas dos gestores públicos (auditoria contábil) e a avaliação dos resultados das políticas públicas (auditoria operacional) – devem ser elaborados para facilitar a interpretação dos fenômenos de gestão do setor público por parte dos seus atores interessados (ARAÚJO, 2011).

O objeto é determinado pelo objetivo e formulado nas questões de auditoria, devendo os auditores ao estabelecer um objetivo alinhá-lo aos critérios adequados que estejam relacionados aos princípios de economicidade, eficiência e efetividade e correspondam às questões de auditoria.

Os estudos nas EFS demonstram uma diversidade de práticas de revisão governamental de desempenho. Assim, importa que sejam compreendidos os processos de gerenciamento público relacionados com a auditoria, e a avaliação passa pela análise de três dimensões nas quais as EFS estão inseridas: a dimensão política, a dimensão organizacional e a dimensão gerencial a seguir discriminadas:

- dimensão política – consiste em entender quais os fatores políticos dentro dos Estados nacionais que limitam ou expandem as possibilidades de atuação de uma EFS em uma auditoria de desempenho. Esses fatores são determinantes dos modelos de auditoria que serão adotados, em que pese pressões externas para a adoção de práticas de auditoria mais qualitativas, no âmbito das instituições de controle, notadamente, nos Tribunais de Contas;
- dimensão organizacional – relaciona-se à discussão e à análise de mudanças que vêm ocorrendo no âmbito das EFS, com vistas a adequar sua estratégia organizacional para conduzir os trabalhos dessa natureza;
- dimensão gerencial – relaciona-se às práticas gerenciais voltadas para os resultados e a melhoria do desempenho, tanto no âmbito da Administração Pública quanto das próprias EFS. Especificidades do gerenciamento público

devem ser abordadas como forma de discutir as limitações e as possibilidades da auditoria de desempenho a serem utilizadas como ferramenta de aumento da *accountability* democrática e de melhoria dos serviços públicos (GOMES, 2002).

O conhecimento dessas dimensões e de suas influências no caso concreto constitui uma ferramenta importante a ser utilizada pelos estudos que pretendam identificar as possibilidades de atuação das entidades de controle em auditoria operacional. No âmbito do controle externo, o Tribunal de Contas da União tornou-se pioneiro na realização de auditorias operacionais. O órgão, desde a década de 1980, vem buscando alinhar-se à tendência internacional de avaliação dos resultados alcançados por programas, projetos, atividades, órgãos e entidades da Administração Pública (FLEISCHMANN, 2018).

A difusão desta prática para os Tribunais de Contas (TCs) estaduais e municipais se deu através do Programa de Modernização do Controle Externo dos Estados e Municípios Brasileiros – Promoex, com o apoio do Banco Interamericano de Desenvolvimento – BID, com o objetivo de fortalecer institucionalmente e modernizar os TCs pelo incremento da eficácia, eficiência e efetividade das ações de controle e dos mecanismos de articulação social (FLEISCHMANN, 2018).

Feitas as explanações introdutórias – históricas e conceituais nesse tópico, pode-se avançar para os elementos materiais a caracterizarem a auditoria operacional. Nesse contexto pode-se trazer o controle substancial – relacionado com o mérito dos gastos públicos e com os resultados das ações governamentais – da gestão pública, é forma de complemento do controle formal – ou de legalidade, devido às transformações experimentadas pela Administração Pública, principalmente no século XX, em um contexto de transição de seu modelo burocrático para o gerencial, como visto no presente estudo, e como forma de avançar o estudo da auditoria, como também previsto no presente estudo.

A CRFB/88, artigos 70 a 75, determinam tanto para o sistema de controle interno de cada Poder quanto para os Tribunais de Contas brasileiros a avaliação de aspectos operacionais e de desempenho das ações governamentais – controle substancial, portanto.

A responsabilidade primária pela avaliação dos programas governamentais é do sistema de controle interno dos Poderes. Os Tribunais de Contas, por sua vez, devem realizar auditorias de natureza operacional para o exercício externo do controle substancial. Quanto maior o nível de integração entre o controle interno e o externo, melhores serão os resultados das avaliações.

Silva (2006, p. 202) confirma a relevância da utilização das auditorias operacionais para o controle substancial da Administração Pública:

> Na época atual, quando a sociedade está mais esclarecida e consciente de seus direitos, não se admite mais que o controle da Administração Pública, realizado pelos Tribunais de Contas, se reduza basicamente ao exame da conformidade e da regularidade dos gastos públicos, deixando de avaliar os aspectos da economia, eficiência, eficácia e efetividade, quando da execução dos programas governamentais. O instrumento a ser utilizado para essa avaliação é, sem sombra de dúvida, a auditoria de natureza operacional.

A auditoria operacional consiste no acompanhamento e na avaliação da ação governamental, compreendendo a implementação de programas, a execução de projetos e atividades, a gestão de sistemas e a administração de órgãos e entidades, tendo em vista a utilização econômica dos recursos públicos, a eficiente geração de bens e serviços, o cumprimento das metas programadas e o efetivo resultado das ações governamentais.

Essa nomenclatura não guarda homogeneidade entre as diversas Entidades Fiscalizadoras Superiores. Existem várias denominações, tais como: auditoria de desempenho, administrativa, de gestão, de otimização de recursos e de resultados, contudo os instrumentos e finalidades, apesar das distintas denominações, são similares.

Registre-se, contudo, que o Tribunal de Contas da União adota a nomenclatura de auditoria de natureza operacional, abrangendo duas modalidades: auditoria de desempenho operacional – exame da ação governamental quanto aos aspectos da economicidade, eficiência e eficácia – e avaliação de programa – exame da efetividade dos programas e projetos governamentais.

Apesar das diferenças terminológicas indicadas, para os efeitos desta pesquisa, por questões didáticas, utilizaremos os termos "auditoria de desempenho" e "auditoria operacional" como expressões de mesmo significado, registrando que, para uma avaliação completa das ações governamentais, faz-se imperativo coordenar os exames de legalidade com os de desempenho, como sugere a metodologia da auditoria integrada.

Importa salientar ainda que nas auditorias operacionais, realizadas em programas de governo, a equipe deve identificar os indicadores de desempenho utilizados pela Administração para acompanhar e avaliar a sua execução, observando os critérios de economicidade, eficiência, eficácia e efetividade. Esses indicadores devem ser expressos em termos quantitativos e/ou qualitativos, considerando-se o fator temporal. As suas fontes devem ser identificadas e validadas pelos auditores.

Os indicadores de desempenho devem reunir algumas qualidades para que sejam válidos: a) acessibilidade: o custo de levantamento deve ser razoável, com facilidade de cálculo e interpretação; b) cobertura: o indicador deve compreender todos os elementos necessários à representação da meta; c) estabilidade: o indicador deve ser formulado de modo a permitir comparações ao longo do tempo; d) objetividade: o indicador não deve ser ambíguo; e) pertinência: o indicador deve ser compatível com o objeto que se almeja mensurar; f) precisão: a margem de erro deve ser aceitável; g) rastreabilidade: a Administração deve registrar todos os elementos considerados na formulação do indicador; h) relevância: o indicador deve ser essencial para informar, controlar, avaliar e tomar decisões; i) seletividade: o indicador deve identificar os aspectos e resultados principais da meta; j) sensibilidade: o indicador deve ser capaz de permitir a percepção de pequenas variações em sua medida, e k) simplicidade: o indicador deve ser de fácil compreensão.

É importante ressaltar que nem todas as ações governamentais são passíveis de mensuração física. Grateron (1999, p. 109) informa da dificuldade de medição dos efeitos da política governamental implementada, mesmo que ela possua indicadores de desempenho:

> Quiçá o problema principal na implantação de sistemas de controle de gestão na Administração Pública seja a dificuldade na mensuração do custo das entradas (*inputs*), da qualidade das saídas ou serviços (*outputs*) e dos efeitos ou benefícios advindos (*outcomes*). (...) Pode-se entender como fundamental, na avaliação da *performance*, por meio da utilização de indicadores como sistema de informação para suportar a tomada de decisões na Administração Pública, a qualidade e adequação dos recursos de entrada ou *inputs*, uma vez que, muitas vezes as ineficiências e ineficácias têm a sua origem na

utilização de recursos de entrada inadequados, introduzindo-se distorções importantes desde o começo, as quais terão seu efeito na qualidade do serviço prestado.

Cabe, no caso de algumas dificuldades concernentes ao processo de medição por indicadores, aos auditores identificá-las, dentre as quais destacam-se: dificuldade de apropriação de custos dos programas, manipulação das entradas – insumos – e dos dados constantes do sistema de informação e mensuração de resultados exclusivamente em termos quantitativos.

Faz-se mister medir os resultados, em série histórica, relacionando-os com outros de programas com características semelhantes. Também é importante verificar se são realizadas, com regularidade, avaliações de cenário concernentes, por exemplo, aos impactos das políticas governamentais vigentes e às mudanças tecnológicas que permitam ratificar ou sugerir a adoção de outros indicadores. O desempenho de grupo setorial, nacional ou estadual, com características similares ou comparáveis às do órgão ou entidade também pode auxiliar a avaliação. É importante observar se a Administração realiza pesquisas quanto ao atendimento das necessidades da comunidade beneficiada pelo programa, bem como identificar os aspectos que não foram contemplados com pelo menos um indicador por meta.

Também é possível estender a análise dos resultados para questões relacionadas à equidade, medida pela possibilidade de acesso dos grupos sociais menos favorecidos aos serviços públicos prestados, comparando-a com parâmetros disponíveis e avaliando, desta forma, o nível de distribuição equânime destes. Na análise dos critérios de economicidade, eficiência, eficácia e efetividade, algumas considerações são importantes a fim de que seja efetuada a adequada avaliação de desempenho do programa.

3.3 Estrutura conceitual básica e características da auditoria operacional

Apesar dos vários conceitos e definições utilizados pelas EFS a respeito do significado e orientação da auditoria operacional, estas possuem em comum a compreensão de que se trata de uma forma de avaliação dos chamados "Es": economicidade, eficiência e eficácia (ou efetividade). A definição recentemente cunhada pela Intosai nas suas Diretrizes para Aplicação de Normas de Auditoria Operacional (2004), divulgadas simultaneamente em cinco idiomas, resultou desse consenso profissional:

> La auditoría del rendimiento es un examen independiente de la eficiencia y la eficacia de las actividades, los programas o los organismos de la Administración pública, prestando la debida atención a la economía, y con el propósito de llevar a cabo mejoras (INTOSAI, 2004, p. 11).

Apesar desse aparente consenso conceitual, existem discussões acadêmicas acerca das linhas demarcatórias entre a auditoria de desempenho e a avaliação. Barzelay (1997) defende a tese de que a auditoria de desempenho não é auditoria propriamente dita, mas de uma atividade intermediária entre a auditoria tradicional e a avaliação de programas. Para ele, a auditoria propriamente dita se funda em verificações, ao passo que a auditoria de desempenho está alicerçada no exercício de julgamentos. Pollitt *et al.* (1999) entendem, em refutação a Barzelay, que até mesmo a auditoria de regularidade envolve juízo de valor e portando julgamento, sendo assim para os autores auditoria formal e materialmente.

Diferentemente das auditorias tradicionais, nas quais os procedimentos e rotinas são perfeitamente definidos e os auditores executam, muitas vezes, programas-padrão, nas auditorias operacionais o planejamento é dinâmico, flexível e contínuo, estendendo-se por todo o curso dos trabalhos.

É dizer, ao contrário do que ocorre com as auditorias de regularidade, em uma auditoria operacional o início dos trabalhos de análise não indica que já há uma decisão da EFS acerca da realização daquele exame. Com efeito, cada auditoria operacional é precedida de uma etapa denominada análise preliminar, na qual se estabelece se existem as condições requeridas para a execução da auditoria – análise principal – e, caso existam, é apresentada uma proposta de auditoria junto com um plano de trabalho (INTOSAI, 2004, p. 65).

No entanto, é possível até mesmo que a análise preliminar recomende que a auditoria não seja realizada, entre outros motivos, caso não sejam identificadas oportunidades de melhoria nos programas ou entes objeto do exame, ou seja, um viés utilitarista da modalidade de auditoria que afasta o formalismo puro para a busca de efetividade material da atividade de controle externo, o que torna a própria atividade dotada de razão de economicidade.

Em relação às fiscalizações de regularidade, o processo de realização das auditorias operacionais é geralmente mais longo e interativo, participando dele outros atores e a própria entidade auditada. Os critérios de auditoria não estão preestabelecidos por leis e normas aplicáveis ao objeto de estudo. Dentre as possíveis fontes de critérios para auditorias de desempenho, podem ser enumeradas, de acordo com as normas da Intosai: referências a comparações históricas e comparações com melhores práticas; normas, experiências e valores profissionais; indicadores-chave de desempenho; conhecimentos científicos novos ou já consolidados; critérios utilizados previamente em auditorias similares ou empregados por outras EFS; organizações que realizem atividades semelhantes ou tenham programas similares; e bibliografia sobre a matéria em questão (INTOSAI, 2004, p. 60-61).

Construídos a partir de fontes dessa natureza, os critérios de auditoria precisam ser validados junto aos auditados e especialistas. Para esse fim, o arcabouço procedimental usado pelas EFS prevê a realização de "painéis de referência" com a participação de representantes da sociedade civil e de instituições, como universidades e institutos de pesquisa, que são convidados a discutirem o planejamento e os achados de auditoria, apreciando desde a consistência lógica e o rigor metodológico do trabalho até o mérito das questões abordadas. Enquanto a auditoria de regularidade tem seu escopo restrito às demonstrações financeiras e normas legais, a auditoria operacional é bastante abrangente por natureza, apresenta mais pontos de discussão e argumentação e, portanto, é mais susceptível de julgamentos e interpretações. Na primeira, as evidências são normalmente conclusivas, enquanto na segunda elas devem ter um caráter mais persuasivo e convincente (INTOSAI, 2001).

Os relatórios são outro traço distintivo da auditoria operacional em relação aos exames tradicionais, pois, nas auditorias operacionais, eles podem variar consideravelmente em extensão, forma e natureza, enquanto que nas auditorias de regularidade são elaborados a partir de um perfil previamente estabelecido e pouco mutável. O produto das auditorias operacionais é consubstanciado através de relatórios construtivos, contendo informações úteis para o processo gerencial e decisório, em lugar dos achados próprios das auditorias tradicionais, que reportam apenas desconformidades, sendo, do ponto de vista prático e material, menos atrativos aos próprios fins do controle externo em atuação preventiva ou concomitante.

Apesar de ser um campo relativamente novo, a auditoria operacional vem sendo forjada a partir de outras fontes profissionais e disciplinares já estabelecidas, como argumentam Pollitt *et al.* A mistura particular destas fontes e influências varia de lugar para lugar.

Segundo Barzelay (2002), os efeitos da auditoria tradicional se traduzem na garantia da observação de critérios e regras formais, impedindo ou retificando procedimentos que representem desvios (*accountability* de regularidade), enquanto que a auditoria de desempenho resulta na responsabilização das organizações pelos resultados obtidos, mais do que pelo seu funcionamento (*accountability* de desempenho).

3.4 Princípios gerais das auditorias operacionais/critérios de auditoria

De acordo com as Normas Internacionais das Entidades Fiscalizadoras Superiores desenvolvidas pela Intosai, a auditoria operacional possui características próprias que a distinguem das auditorias tradicionais, com uma maior flexibilidade na escolha de temas, objetos de auditoria, métodos de trabalho e formas de comunicação.

Conforme definido pelas normas, essa auditoria é mais aberta a julgamentos e interpretações e seu relatório é mais analítico e argumentativo. Ainda, definem que a auditoria operacional requer do auditor flexibilidade, imaginação e capacidade analítica.

Conforme define a Issai 300, a auditoria operacional oferece novas informações, conhecimento ou valor ao proporcionar novas percepções analíticas – análises mais amplas ou novas perspectivas –; tornar as informações existentes mais acessíveis às várias partes interessadas; proporcionar uma visão independente e autorizada ou uma conclusão baseada em evidência de auditoria; e fornecer recomendações baseadas em análises dos achados de auditoria.

Conforme define a Issai 300, a auditoria operacional foca em determinar se intervenções, programas e instituições estão operando em conformidade com os princípios de economicidade, eficácia, eficiência, efetividade e equidade, bem como se há espaço para o aperfeiçoamento. Podem também ser avaliadas outras dimensões em razão da sua relevância para a delimitação do escopo das auditorias.

3.5 Os princípios de auditoria operacional e seus critérios

De acordo com a Intosai (2004, p. 119), em auditoria de desempenho "*Los criterios de auditoría son niveles razonables y alcanzables de rendimiento en comparación con los cuales pueden evaluarse la economía, la eficiencia y la eficacia de las actividades*" – os chamados três "Es".

Apesar de corresponderem às principais medidas de mérito embutidas no conceito de auditoria operacional, nem sempre os "Es" são definidos de modo uniforme pelos órgãos de controle e pela doutrina.

3.5.1 Economicidade

Economicidade pode ser entendida como os recursos adquiridos ou os recursos utilizados na produção, mas ambas as hipóteses se ajustam ao conceito. Assim, pode-se sintetizar a expressão economicidade para fins desse estudo considerando-a como critério de auditoria operacional com o sentido de medida de adequação dos recursos – em seu sentido amplo – adquiridos e/ou utilizados, em termos de qualidade, quantidade, oportunidade e custo.

3.5.2 Eficiência

A eficiência mantém estreita ligação com a economicidade, já que também neste caso a questão central se refere aos recursos utilizados (INTOSAI, 2004).

Segundo Simon (1971, p. 188), o termo eficiência foi considerado como sinônimo de eficácia praticamente até o fim do século XIX, conforme sua definição pelo Oxford Dictionary: "aptidão ou poder de realizar, ou sucesso na realização do objetivo desejado; poder adequado, efetividade, eficácia".

Contudo o termo passou a ser utilizado como representação da relação entre fatores de produção e produtos, conforme explica o autor, e com tal sentido tornou-se popular no campo da Economia nos primórdios do século XX, uma vez que o termo representa a ótima utilização dos fatores de produção disponíveis e limitados para a produção de bens e serviços.

É razoável entender que eficiência é a capacidade de, utilizando-se dos fatores de produção, produzir o máximo possível – bens e/ou serviços. Não se restringindo, contudo, a tipos de operações com *inputs* e *outputs* tangíveis, uniformes e mensuráveis ou, ainda, que estariam restritos a aspectos relativos a custos.

Considerando o antes dito, o objetivo de uma auditoria operacional realizada segundo o critério da eficiência poderá compreender, conforme o mencionado, um ou vários dos seguintes aspectos: o fato de que a eficiência é levada em consideração nos procedimentos e sistemas de informação da gerência, assim como nas práticas ou sistemas operacionais de um órgão; a adequação e a confiabilidade dos sistemas e procedimentos que servem para medir e reportar a eficiência; o grau de eficiência alcançado por um órgão ou uma operação em função de critérios razoáveis; os esforços de um órgão para envolver as possibilidades de melhoria da eficiência ou para explorá-las (OAG, 1995, p. 16).

3.5.3 Eficácia e efetividade

As Diretrizes para Aplicação de Normas de Auditoria Operacional da Intosai (2004) referem-se ao terceiro "E" como *effectiveness* na sua versão oficial no idioma inglês. O problema do termo reside em sua tradução para a língua portuguesa, pois, essa transposição gera tradução como eficácia, ora como efetividade, embora etimologicamente tais palavras não tenham o mesmo conteúdo:

> *Eficaz.* (...) 1. Que produz o efeito desejado; que dá bom resultado: *medida eficaz; tratamento eficaz.* (...)
> *Efetivo.* (...) 1. Que se manifesta por um efeito real; positivo: *negócio efetivo; promessa efetiva.* (...) 4. O que existe realmente. (...) (FERREIRA, 1986, p. 620).

Las Heras (2003, p. 108) afirma que eficácia e efetividade são termos algumas vezes utilizados indistintamente, embora tenham sentidos diferentes. Para ele, efetividade é o indicador mais apropriado para uso desde o ponto de vista do enfoque no cidadão. Avalia a produção estatal desde a ótica de quem a recebe. As coisas que o Estado faz ou produz (relacionadas à eficácia) não são suficientes para medir a qualidade de suas prestações. A efetividade também é denominada de indicador de satisfação. Trata-se de uma medida mais subjetivista que objetivista.

Aragão (1997, p. 107) vê a efetividade como o "valor social do produto". Por ser essencialmente valorativa, é uma dimensão de mensuração complexa. Dessa forma, a efetividade se afere no mundo real, fora da organização ou programa, ao passo que a eficácia – assim como a economicidade e a eficiência – pode ser medida sem sair da organização ou do programa.

Nas principais EFS, auditorias operacionais consideram apenas três "Es": economicidade, eficiência e *effectiveness* (eficácia ou efetividade). Embora o referencial teórico e metodológico utilizado pelo TCU seja compatível com os ditames técnicos da Intosai e das principais EFS, difere destes quando adota quatro "Es" e não três, distinguindo as auditorias de eficácia das de efetividade.

As chamadas "auditorias de natureza operacional" do TCU abrangem a auditoria de desempenho operacional e a avaliação de programa. A primeira tem por objetivo examinar a ação governamental quanto aos aspectos da economicidade, eficiência e eficácia. Focaliza o processo de gestão, investigando o funcionamento dos programas e o cumprimento de metas quantificáveis, como, por exemplo, o número de escolas construídas, de vacinas aplicadas, de servidores treinados ou de estradas recuperadas em relação ao previsto nos planos de governo ou na legislação específica. A segunda busca examinar a efetividade dos programas e projetos. Prioriza os efeitos produzidos pela intervenção governamental, agregando à análise dimensões que permitam à equipe pronunciar-se, por exemplo, sobre a redução da evasão escolar, a erradicação de doenças contagiosas, a qualidade dos serviços prestados pela Administração ou a redução dos índices de acidentes no trânsito (TCU, 2000).

A efetividade, por sua vez, é "definida como a relação entre os resultados – impactos observados – e os objetivos – impactos esperados" (TCU, 2000, p. 107).

Quanto à efetividade, no Manual de Auditoria de Natureza Operacional, o Tribunal de Contas da União (2000, p. 107) conceitua: "(...) relação entre os resultados (impactos observados) e os objetivos (impactos esperados)".

Matos (2002) relaciona os conceitos de economicidade, eficiência, eficácia e efetividade com o processo decisório, como demonstrado na figura:

FIGURA 1 – Relação da eficiência, eficácia, efetividade e economicidade e as decisões

	EFICIÊNCIA Resultados x Recursos	
ECONOMICIDADE Menor Custo	TOMADA DE DECISÕES	EFICÁCIA Cumprimento de Metas
	EFETIVIDADE Impacto Transformador	

Fonte: Matos (2002, p. 125).

O auditor deverá, portanto, examinar se a aquisição de recursos é realizada oportunamente, ao menor custo possível, na quantidade e qualidade adequadas, identificando os fatores antieconômicos. Tais fatores podem ser referentes a recursos humanos, materiais ou financeiros: a) recursos humanos: os seus custos podem ser extraídos do mercado de trabalho. Os fatores antieconômicos envolvidos em sua administração são referentes a despesas desnecessárias, qualidade do trabalho ou tempo despendido; b) recursos materiais: tomam-se como referência os preços de mercado, podendo ser verificados os elementos indicativos de desperdício, e c) recursos financeiros: devem ser focados observando-se, entre outros fatores, o planejamento financeiro deficiente que pode gerar uma diferença expressiva entre o executado e o orçado.

Considerando-se que a avaliação de eficiência compara os recursos empregados (*inputs*) com os produtos gerados/serviços prestados (*outputs*), uma operação será eficiente se for obtido o melhor resultado possível com recursos determinados. A eficiência poderá ou não ser aferida em termos monetários.

Objetivando mensurar a eficiência de uma operação, deve-se avaliar o benefício do serviço prestado ou do bem adquirido em relação ao seu custo e comparar este benefício com uma referência ou padrão estabelecido. Posteriormente, são elaboradas recomendações para a melhoria dos resultados verificados.

As operações são ineficientes quando são formados excedentes ou déficits de produtos ou serviços, o incremento de recursos não gera as melhorias esperadas ou quando, mantendo-se determinados recursos em termos relativos, reduz-se a qualidade dos serviços prestados ou dos produtos ofertados aos seus demandadores– a coletividade.

A eficiência pode ser deduzida da relação lógica existente entre as metas alcançadas com o tempo e o custo reais respectivos, e as metas previstas com o tempo e o custo programados para o seu cumprimento, considerando-se que, quanto menores forem o custo e o tempo para o cumprimento de uma meta, mais eficiente será o processo.

Já no que diz respeito à avaliação da eficácia, é essencial observar se as realizações estão de acordo com as metas programadas e o tempo previsto para alcançá-las coincide de forma aceitável com o da execução.

Considerando que a eficácia compreende o nível de cumprimento das metas estabelecidas, comparando os resultados alcançados com os previstos, faz-se necessário um planejamento criterioso. São aspectos relevantes na mensuração da eficácia as metas previstas e o tempo de execução correspondente.

Araújo (2001, p. 36) compara a eficiência à eficácia, enfatizando que a primeira se relaciona com o processo (meio) e a segunda, com os resultados (fins):

> A eficácia interage com a eficiência. Quanto maior for a segunda, maior será a possibilidade de se alcançar a primeira, mas essa condição não pode ser aceita como regra geral. Às vezes, os recursos são utilizados da forma mais racional possível, as ações são realizadas corretamente, mas os esforços são direcionados incorretamente, ou seja, o fim não é alcançado. Por outro lado, é oportuno frisar que não é recomendável a eficácia momentânea, ou seja, alcançar um determinado fim utilizando os recursos de forma errônea. Em síntese, podemos afirmar: eficiência é meio; eficácia é fim; eficiência é fazer bem; eficácia é fazer o que é certo.

No âmbito público, o resultado efetivo não pode ser avaliado com base exclusivamente nos produtos de um programa, mas em relação aos seus impactos sociais, tanto qualitativos quanto quantitativos. Dessa forma, a análise da efetividade verificará se foi gerado um impacto transformador da realidade para o público-alvo do programa – a sociedade –, tendo sido satisfeitas as suas necessidades. Os impactos devem ser mensurados primeiramente junto aos usuários e, em um segundo momento, a outros atingidos de maneira indireta.

A avaliação dos impactos de um programa constitui um processo complexo, porém é essencial para que se obtenha a compreensão da relação entre as causas e efeitos, e sua associação aos resultados alcançados. Sua mensuração é realizada mediante a relação entre resultados e objetivos, identificados e ordenados hierarquicamente, com a ponderação respectiva, pois, com frequência, tais objetivos são complementares ou concorrentes. Portanto, a condução de uma avaliação requer do auditor capacidade analítica, estratégica e conceitual.

Além dos critérios aqui mencionados ou dimensões de desempenho examinadas, o TCU afirma que "outras, a elas relacionadas, poderão ser explicitadas em razão de sua relevância para a delimitação do escopo das auditorias operacionais" (BRASIL, 2010, p. 12). Nesse sentido, o tribunal destaca o exame da equidade como sendo derivado da dimensão de efetividade da política pública e que "baseia-se no princípio que reconhece a diferença entre os indivíduos e a necessidade de tratamento diferenciado" (BRASIL, 2010, p. 13).

3.5.4 Outros critérios

Há, ainda, um quinto "E", de *ejecutividad* no idioma espanhol, como indicador de oportunidade, que pondera o valor tempo, ou seja, a disponibilidade ou acessibilidade temporal dos insumos, produtos intermediários e finais por parte dos usuários. Denomina-se também de indicador de serviços, de prazo de resposta ou de demora de atendimento. No entanto, o próprio autor reconhece que a entrega oportuna dos insumos e produtos já está implícita nos indicadores de eficiência e eficácia (LAS HERAS, 2003).

De acordo com o modelo adotado nesta pesquisa, os 4 "Es" englobam tais critérios: os dois primeiros – boas práticas e boa governança – estariam contidos na dimensão da eficiência, como definida anteriormente; o atendimento de metas se confunde com a eficácia; e a qualidade do serviço pode referir-se à eficácia, se observada desde o ponto de vista dos planos da Administração, ou à efetividade, segundo a perspectiva do cidadão usuário. Barzelay (2002, p. 10) classifica a avaliação de qualidade de serviço como um caso especial de auditoria de efetividade de programa. Neste caso, consideram-se os objetivos do programa como definidos no estágio de produto e não no de impacto.

Em suas auditorias de natureza operacional, o TCU tem formulado questões específicas com vistas a avaliar a equidade na implementação das políticas públicas. Trata-se de examinar a alocação equitativa dos recursos dos programas, levando-se em conta as diversidades de gênero, raça, renda e outras. Como nos demais casos, o que se observa, a rigor, é muito mais a explicitação de determinado aspecto que a EFS prioriza examinar do que propriamente o aparecimento de uma nova dimensão de desempenho. Por tais razões, este estudo assume como critérios de auditoria operacional apenas os 4 "Es" antes definidos e delimitados, que correspondem às dimensões de desempenho mais difundidas pela comunidade profissional.

3.6 Ciclo da auditoria operacional: o planejamento, a execução, o relatório e o monitoramento

A auditoria operacional contempla, com o fim de avaliar aspectos de economicidade, eficiência, eficácia e efetividade de uma gestão, a adoção de vários procedimentos para tanto. Ao final, se for o caso, propondo recomendações para melhorar o desempenho da Administração Pública fiscalizada. Contudo, essa responsabilidade recai sobre o administrador, em última análise cabendo e ele a responsabilidade primária por implementar ações capazes de assegurar o incremento da performance operacional estatal.

Para alcançar seus objetivos, explana Araújo (2006, p. 65-66): "a auditoria operacional é desenvolvida, basicamente, em quatros estágios: planejamento, execução, relatório e acompanhamento".

No mesmo sentido as Normas Internacionais das Entidades Fiscalizadoras Superiores – Issai, desenvolvidas pela Organização Internacional das Entidades Fiscalizadoras Superiores – Intosai e traduzidas pelo TCU, notadamente as que se relacionam com o processo de auditoria operacional, informam que tal processo divide-se em quatro fases: 1) planejamento da auditoria – consiste na seleção de temas, pré-estudo e desenho da auditoria; 2) execução – consiste na coleta e análise de dados e informações; 3) relatório – consiste na apresentação dos resultados da auditoria: respostas às questões de auditoria, achados, conclusões e recomendações aos usuários; e 4) monitoramento – consiste em determinar se as ações adotadas em resposta aos achados e recomendações resolveram os problemas e/ou deficiências subjacentes (INTOSAI, 2019).

3.6.1 Planejamento

A etapa de planejamento é dividida em duas partes distintas e complementares. A primeira delas consiste na seleção do tema, de forma integrada ao planejamento estratégico da organização de controle e ao sistema de planejamento anual (BRASIL, 2010). "A segunda é relacionada ao planejamento individual de cada auditoria, concentrando-se no que auditar, que critérios aplicar e que métodos de coleta e análise de dados usar" (INTOSAI, 2019, p. 3).

Importa ser ressaltado aqui que o objetivo da auditoria operacional é fornecer informações acerca do desempenho da atividade governamental e oferecer oportunidade de aperfeiçoamento. Para tanto o objeto escolhido precisa ser relevante, bem como o melhor atendimento das demandas da sociedade (BRASIL, 2010).

Nesse sentido, a seleção do tema deve ser baseada em critérios e métodos que auxiliem os auditores no desempenho da auditoria operacional. O TCU destaca quatro critérios de seleção que podem ter maior ou menor peso no processo de escolha, são eles: agregação de valor, materialidade, relevância e vulnerabilidade.

Planejar é a técnica de tomar ou não uma decisão hoje, em que se busca antever as suas implicações futuras. É uma ação racional em que se tenta antever ocorrências e decidir em consonância com tais circunstâncias. É função básica da administração e também da atividade auditorial. Na auditoria é o "trabalho de preparação para qualquer empreendimento, segundo roteiro e métodos determinados; elaboração, por etapas, com bases técnicas – especialmente no campo socioeconômico –, de planos, programas com objetivos definidos", conforme define o Dicionário Aurélio (FERREIRA, 1986).

Segundo Megginson *et al.* (1998, p. 129), o planejamento pode ser concebido como "o processo de estabelecer objetivos ou metas, determinando a melhor maneira de atingi-las. O planejamento estabelece o alicerce para as subsequentes funções de organizar, liderar e controlar, e por isso é considerado função fundamental do administrador".

O planejamento é a primeira etapa do processo auditorial e é nela que se obtém a percepção geral do trabalho a ser realizado, ou seja, definem-se as diretrizes – princípios norteadores –, os objetivos – o que se pretende realizar em termos de metas – e as ações necessárias para implementação – procedimentos metodológicos –, bem como identificam-se as questões que deverão ser respondidas.

O objetivo fundamental é obter e avaliar as principais informações sobre um programa, projeto ou ente examinado, para fornecer subsídios à elaboração do plano de auditoria e permitir uma adequada realização dos exames, com a identificação das áreas que serão examinadas e os respectivos critérios auditoriais.

Entre a fase de planejamento e a execução é feita uma análise específica como elo fundamental entre as etapas da auditoria. É nesse momento que se efetua a avaliação dos pontos identificados no estágio inicial do planejamento, de modo a estabelecer se será ou não necessário examinar os assuntos de potencial importância e a profundidade a ser adotada na fase de execução.

Na fase de planejamento são aplicadas técnicas e coletados dados que facilitem a definição do foco do trabalho, isto é, as questões levantadas a serem abordadas na auditoria propriamente dita – execução. Entre as ferramentas de modelagem de dados que podem ser empregadas, destacamos: o modelo de marco lógico e o modelo de insumo produto.

O modelo de insumo-produto facilita os trabalhos de análise acerca da economicidade, eficiência, eficácia e, também, da efetividade do objeto da auditoria, podendo ser, portanto, utilizado nos dois tipos de auditoria de natureza operacional: auditoria de desempenho operacional e avaliação de programas. Ademais, a identificação dos principais processos permite que se apure o controle que os gestores têm obre esses processos.

Outra técnica muito difundida, preferencialmente na fase de planejamento e que pode ser revista durante a fase de execução dos trabalhos, conhecida como análise de atores (*stakeholder*), identifica inicialmente através de entrevistas abertas com os gestores quais são os *stakeholders* relevantes para o programa ou entidade auditado. Numa fase posterior, esses atores relevantes são submetidos a questionários estruturados ou semiestruturados com o propósito de coletar informações para: a) identificar pessoas ou grupos de pessoas interessadas na melhoria do desempenho de suas instituições e obter apoio para introduzir mudanças; b) identificar conflito de interesse entre as partes envolvidas, possibilitando, dessa forma, diminuir os riscos envolvidos no desenvolvimento de um programa/projeto; c) obter grande quantidade de informações sobre um determinado programa/projeto; e d) desenvolver estratégias que permitam implementar efetivamente a melhoria do desempenho.

Quando se aplica a análise *stakeholder* na fase de planejamento, dentre outras ferramentas, pode ser feita a análise ambiental por meio da matriz (SWOT) e o levantamento do ambiente interno e externo que dão contexto ao ambiente auditorial. Como ferramenta complementar, essa análise proporciona uma visão global do programa ou entidade auditada e consiste no levantamento dos pontos fortes e fracos por meio de informações obtidas no ambiente interno, bem como das variáveis dos ambientes externos que podem ajudar ou impedir o alcance das metas planejadas, qual sejam: internamente as fortalezas e as fraquezas e externamente as oportunidades e as ameaças.

Com base nos resultados da análise SWOT, é possível efetuar a verificação de risco, importante ferramenta de diagnóstico que subsidia a formulação do problema de auditoria ao possibilitar a identificação dos riscos que podem afetar o desempenho do programa, que são: internamente as fraquezas e externamente as ameaças, bem como assegurar que as áreas de risco do programa serão investigadas com profundidade para minimizar o impacto das fraquezas e evitarem-se as ameaças do mercado. Do mesmo modo ao verificar-se as forças internas e as oportunidades externas, o decisor, poderá utilizar-se de tais vantagens e potencializar os resultados das políticas públicas, ou seja, a alocação dos recursos de forma eficiente, econômica, eficaz e dotada de efetividade.

Na fase do planejamento ocorre, ainda, a elaboração da matriz de planejamento, que consiste na esquematização das informações relevantes do planejamento de uma auditoria com o propósito de auxiliar na elaboração conceitual do trabalho e na orientação da equipe na fase de execução. É na matriz de planejamento que se enuncia o problema de auditoria, isto é, a razão pela qual o trabalho de fiscalização é proposto. Constam também na matriz de planejamento as questões de auditorias, elementos centrais para o direcionamento dos caminhos a serem percorridos para que se obtenham informações necessárias à f formulação de um juízo e de recomendações para enfrentar o problema declarado inicialmente. Para obter a resposta de cada uma das questões, definem-se as fontes de informações, as estratégias metodológicas a serem empregadas, técnicas de coleta e análise de dados, as possíveis limitações à utilização da abordagem proposta pela questão de auditoria e o que a análise dessa questão permitirá dizer.

Ao fim da fase de planejamento, é emitido um relatório padronizado, que agrega e ajusta as informações obtidas no estudo de viabilidade, contendo o Plano de Auditoria e a Matriz de Planejamento. Em seguida, são elaborados os programas de auditoria, devendo conter os procedimentos específicos e detalhados a serem seguidos durante a execução dos trabalhos, com vistas a atingir os resultados almejados.

3.6.2 Execução

A etapa de execução do processo de auditoria é levada a efeito com vistas à obtenção de evidência suficiente e apropriada para fundamentar os achados, para chegar a conclusões em resposta aos objetivos e questões de auditoria e emitir recomendações (INTOSAI, 2017).

Desse conceito, ressalte-se a relevância dos achados e das vidências para o contexto da auditoria operacional. São da essência da atividade de auditoria operacional – "achado é a discrepância entre a situação existente e o critério. (...) Quando o critério é comparado com a situação existente, surge o achado de auditoria" (BRASIL, 2010, p. 35).

As evidências, por sua vez, "são informações obtidas durante a auditoria e usadas para fundamentar os achados. (...) A equipe deve esforçar-se para obter evidências de diferentes fontes e de diversas naturezas, porque isso fortalecerá as conclusões" (BRASIL, 2010, p. 37).

Ademais, as principais atividades realizadas durante a execução são: a) desenvolvimento dos trabalhos de campo; b) análise dos dados coletados; c) elaboração da matriz de achados; e d) validação da matriz de achados (BRASIL, 2010).

O trabalho de campo consiste na coleta de dados e informações definidos no planejamento de auditoria. Via de regra, os dados são coletados, interpretados e analisados simultaneamente (BRASIL, 2010).

Uma vez concluídos os trabalhos de coleta e análise de dados, as constatações e informações, bem como as propostas de conclusões e recomendações são registradas na matriz de achados, que é o instrumento que subsidiará a elaboração do relatório de auditoria (BRASIL, 2010).

Para a Intosai realizar uma auditoria pode ser considerado um processo analítico e, ao mesmo tempo, de comunicação. No processo analítico os dados são coletados, interpretados e analisados. Já no processo de comunicação, este se inicia no momento em que a auditoria se apresenta pela primeira vez ante a entidade auditada, continua à medida que avança, ao avaliar os distintos resultados e temas, e prossegue com a entrega final do relatório de auditoria.

Ou seja, a execução consiste na aplicação dos procedimentos de auditoria – ou auditoria, propriamente dita –, cujos mecanismos são utilizados para se obter evidências ou provas que fundamentarão o relatório de auditoria. Assim, são o conjunto de técnicas ou métodos que permitem a obtenção de achados – elementos probatórios –, de forma suficiente e adequada, para fundamentar os comentários, opiniões e recomendações quando da elaboração do relatório de auditoria. São os instrumentos utilizados para verificar se determinada condição está em conformidade com determinado critério.

Dentre os procedimentos de auditoria, cujo emprego pode variar de auditoria para auditoria, podem-se citar: exame de registros; exame documental; conferência de cálculos; entrevistas; inspeção física; circularização; observação e correlação. E devem ser aplicados em razão da complexidade e do volume das operações de cada entidade auditada, cabendo ao responsável pela auditoria, com base na análise de riscos envolvidos e outros elementos de que disponha, determinar a amplitude e o escopo dos exames probatórios.

3.6.3 Relatório

A elaboração do relatório é a fase do processo de auditoria que formaliza os trabalhos e exames realizados, os fatos apurados com base em evidências concretas, as conclusões, opiniões, recomendações e as providências a serem tomadas pela administração apresentadas pela auditoria. Os resultados dos trabalhos de auditoria direcionados para as demonstrações financeiras ou contábeis são apresentados, preferencialmente, sob a forma de parecer de auditoria ou sob a forma de relatório amplo, que é muito mais adequado para a auditoria operacional. Assim, temos relatório como gênero e parecer de auditoria e relatório de auditoria operacional como espécies (ARAÚJO, 2006).

"O relatório é o principal produto da auditoria. É o instrumento formal e técnico por intermédio do qual a equipe comunica o objetivo e as questões de auditoria, a metodologia usada, os achados, as conclusões e a proposta de encaminhamento" (BRASIL, 2010, p. 43).

Conforme a Intosai (2019), o relatório de auditoria possui os objetivos de: a) comunicar os resultados da auditoria aos usuários previstos; b) tornar os resultados menos suscetíveis a mal-entendidos; e c) dar transparência dos resultados à sociedade; facilitando o monitoramento.

Ainda de acordo com a Intosai (2019), é papel do auditor fornecer relatórios completos, convincentes, tempestivos, de fácil leitura e equilibrados.

Para que o relatório seja completo, o auditor deverá descrever os objetivos, o escopo e a metodologia utilizada para responder as questões de auditoria, bem como apresentar evidência suficiente e apropriada para sustentar os achados e as conclusões (INTOSAI, 2019).

Minimamente, o relatório de auditoria operacional deve conter: o objeto, o(s) objetivo(s) e/ou as questões de auditoria, os critérios de auditoria e as suas fontes, os métodos específicos de auditoria para coleta e análise de dados aplicados, o período de tempo abrangido, as fontes de dados, as limitações dos dados utilizados, os achados de auditoria, as conclusões e, caso haja alguma, as recomendações (INTOSAI, 2017).

A GAO compreende que o conteúdo do relatório de auditoria operacional deve incluir os objetivos, o escopo, a metodologia utilizada; os resultados da auditoria, inclusive os achados, conclusões; e as recomendações, se cabível, uma referência ao cumprimento das NAGs; os comentários dos dirigentes responsável; e, se aplicável, a natureza de qualquer informação privilegiada e confidencial que tenha sido emitida.

O relatório de auditoria operacional pode ser definido como a exposição fundamentada de comentários de forma conclusiva, no qual se descrevem os fatos mais importantes – denominados achados de auditoria – constatados durante o curso normal dos trabalhos de auditoria e sugeridas as respectivas soluções, através de recomendações. Tais recomendações deverão ser soluções construtivas, que visem ao aperfeiçoamento do controle interno, redução de custos, aumento da economia, aprimoramento da eficiência, da eficácia na utilização dos recursos públicos, e ao melhoramento das práticas contábeis e administrativas e até mesmo a uma forma mais apropriada de gestão administrativa.

Para que o relatório seja convincente, o auditor deve seguir um fluxo lógico com achados, conclusões e recomendações relacionadas às questões, objetivos e critérios da auditoria, apresentando-os de forma persuasiva e objetiva (INTOSAI, 2019). "A precisão assegura aos leitores que o que é relatado é crível e confiável" (INTOSAI, 2017).

O relatório deve ser tempestivo para que as entidades auditadas possam adotar as melhorias necessárias a tempo de responder às necessidades dos usuários (INTOSAI, 2019).

Além do mais, o relatório de auditoria operacional deve ser claro, conciso lógico e focado no tema, a fim de transmitir melhor a mensagem e agregar valor efetivo aos seus destinatários (INTOSAI, 2019).

A Intosai defende que o relatório de auditoria operacional tem que ser justo, evitando apresentar os resultados com imparcialidade e tendência a enfatizar em excesso as deficiências de desempenho, além de incluir os aspectos positivos e não somente os negativos. Relativamente às recomendações, o auditor deve trabalhar para que estas sejam capazes de contribuir significativamente para sanar as deficiências ou problemas identificados pela auditoria (INTOSAI, 2019).

Quanto ao padrão para elaboração do relatório de auditoria o TCU define que ele, por ser o instrumento formal e técnico por intermédio do qual se comunica aos que são interessados, contenha o objetivo e as questões de auditoria; a metodologia utilizada; os achados de auditoria; as conclusões e recomendações; e as propostas de encaminhamento.

Por fim, o relatório deve ser equilibrado, ou seja, deve ser imparcial em termos de conteúdo e de tom. Para tanto, "o auditor precisa explicar os efeitos/impactos dos problemas no relatório de auditoria, pois isso permitirá que o leitor entenda melhor a importância do problema. Isso, por sua vez, incentivará ações corretivas e levará a melhorias por parte da entidade auditada" (INTOSAI, 2019, p. 28).

O produto final da auditoria operacional é o relatório. Após a sua conclusão pela equipe de auditoria, é encaminhada uma versão preliminar ao gestor da entidade ou programa auditado, para que se pronuncie sobre as recomendações apresentadas e estabeleça um cronograma de implantação dessas recomendações. A resposta do gestor é incorporada ao relatório final de auditoria em capítulo próprio intitulado "comentários do gestor" (TCU, 2004).

3.6.4 Monitoramento

O monitoramento é a última fase do ciclo de auditoria operacional e consiste na verificação do cumprimento das deliberações emanadas dos órgãos fiscalizadores em decorrência da realização de uma auditoria. Seu objetivo é verificar as providências adotadas pela Administração Pública e aferir seus efeitos (LIMA, 2018).

O processo de auditoria não se encerra com a publicação do relatório. Após a etapa de divulgação, inicia-se a etapa de monitoramento do impacto da auditoria (INTOSAI, 2019). Nessa linha, a Intosai define o monitoramento como sendo "a análise feita pelo auditor das ações corretivas adotadas pela entidade auditada ou outra parte responsável, com base nos resultados da auditoria operacional" (INTOSAI, 2017, p. 16).

Nesse sentido, o principal objetivo do monitoramento é "aumentar a probabilidade de resolução dos problemas identificados durante a auditoria, seja pela implementação das deliberações ou pela adoção de outras medidas de iniciativa do gestor" (BRASIL, 2010, p. 53).

Ademais, o monitoramento permite: a) identificar as dificuldades enfrentadas pelo gestor para solucionar os problemas apontados; b) avaliar a qualidade das auditorias; c) identificar oportunidades de aperfeiçoamento, de aprendizado e de quantificação de benefícios; e d) subsidiar o processo de seleção de novos objetos de auditoria (BRASIL, 2010).

A operacionalização do monitoramento se dará através do plano de ação elaborado pelo gestor, o qual deverá conter um cronograma em que são definidos responsáveis, atividades e prazos para a implementação das deliberações (BRASIL, 2010).

> Recomenda-se que o plano de ação inclua campo para registro dos benefícios previstos após a implementação das deliberações. São estes que, em última análise, justificam a realização das auditorias operacionais. Os benefícios devem ser estimados junto aos gestores, ainda durante a auditoria. Podem implicar redução de despesas, aumento de receitas, eliminação de desperdícios, melhoria de desempenho. Também é possível obter benefícios não financeiros, tais como: melhorias organizacionais, aperfeiçoamento de controles internos, benefícios sociais e econômicos, redução do sentimento de impunidade, aumento do sentimento de cidadania (BRASIL, 2010, p. 53).

O resultado dessa etapa do processo de auditoria é consolidado através de relatório de monitoramento, que tem como objetivo apresentar a situação de implementação das deliberações, demonstrar o benefício efetivo decorrente da implementação e mensurar o custo/benefício da auditoria (BRASIL, 2010). A fase de monitoramento é o desfecho do ciclo da auditoria operacional.

4 Conclusões

O estudo em conclusão, que ressalta a auditoria operacional institucional como instrumento de atuação concomitante na fiscalização avaliativa das políticas públicas dos seus jurisdicionados, tendo para tal fim construído um caminho metodológico necessário e suficiente ao pretendido, chega a título conclusivo com algumas ideias centrais fundamentadas ao longo do presente estudo, em particular os elementos que demonstram o atingimento do objetivo aqui indicado, que norteou a pesquisa. Dentre tais ideias elencam-se as seguintes em síntese conclusiva.

O processo de transição entre o modelo burocrático para o gerencial – novo gerencialismo público – impôs um novo desafio ao controle externo dos agentes públicos e das atividades governamentais. Dentro desse desafio surge uma nova modalidade de auditoria – a auditoria operacional – com força como mecanismo de controle externo e como ferramenta auxiliar da própria Administração Pública em seu fazer institucional.

O controle do modelo burocrático passou a ser excessivamente rígido e autorreferido, tornando o aparelho estatal lento e caro e contribuindo para a sua ineficiência. No novo modelo de controle, deixa-se de focar nos processos administrativos para se concentrar nos resultados obtidos através dos programas de governo implementados e serviços prestados ao cidadão-cliente. Nesse novo modelo as organizações se tornam mais flexíveis e menos hierarquizadas, abrandando-se os controles formais, definindo-se claramente os objetivos a serem atingidos, na forma de indicadores de desempenho, de modo a possibilitar a implantação de uma *accountability* de resultados a ser efetivada pelas auditorias operacionais.

É dizer, a importância do controle de conformidade, historicamente exercido pelos órgãos de controle da adminsitração pública, notadamente através das auditorias de regularidade, é agora relativizada. Ao lado dos critérios emanados pelas leis e regulamentos, surgem novos valores e dimensões aos quais os administradores públicos devem se submeter, tais como a economicidade, a eficiência, a eficácia e a efetividade, sendo o instrumento de controle adequado para tal fim a auditoria operacional ou concomitante – auditoria de desempenho.

Dessas transformações pelas quais passou a Administração Pública, especialmente a partir das reformas administrativas do final do século passado (anos 1980 e 1990), restaram como consequência a evolução da concepção de *accountability*, a partir da qual deixa de ser compreendida como simples prestação de contas e responsabilização dos responsáveis para se transformar em *accountability* democrática – à qual se incorporam a transparência e o controle do desempenho a ser realizado por meio da ferramenta auditoria operacional, notadamente.

Dentro do contexto antes mencionado e de forte crise fiscal, da inserção do princípio da eficiência no *caput* do artigo 37 da Carta Política de 1988 pela EC nº 19/98 e da aprovação e vigência da Lei Complementar nº 101/2000 (Lei de Responsabilidade Fiscal – LRF), se impõem aos estados e governos crescentes exigências pela melhoria dos serviços públicos e aos Tribunais de Contas são impostos desafios a desenvolverem ferramentas para sua atividade de controle para além da maneira tradicionalmente realizada.

O desafio a que se refere aqui é colocado ao sistema de controle externo, em especial aos Tribunais de Contas, que precisaram buscar mecanismos para se adequarem à flexibilização trazida pelo modelo gerencialista de gestão – não mais atrelado a normas, mas ao desempenho da gestão no atendimento das demandas sociais.

No Brasil, a realização de auditorias de desempenho ou operacionais é prevista constitucionalmente como um dos tipos de fiscalização sob a responsabilidade do controle externo, juntamente com as fiscalizações contábil, financeira, orçamentária e patrimonial.

É justamente nesse sentido que a boa literatura pátria indica que o advento da nova gestão pública no Brasil trouxe mudanças significativas na atuação dos Tribunais de Contas, sobretudo na preocupação crescente com a análise dos resultados. Dentro dessa perspectiva, nesta pesquisa foi abordado o surgimento da realização das auditorias operacionais no âmbito do controle externo em decorrência da atual configuração de gestão do setor público.

No Brasil, os papéis do controle externo e interno estão expressamente delimitados na Constituição Federal. Sobre este último, o artigo 74 da Carta Magna dispõe que é responsável, entre outras coisas, pela avaliação do cumprimento das metas previstas no plano plurianual e a execução dos programas de governo, bem como dos resultados, quanto à eficácia e eficiência, da gestão orçamentária, financeira e patrimonial nos órgãos e entidades da Administração, a ser exercida com o auxílio do sistema de Tribunal de Contas.

Por sua vez, os Tribunais de Contas, na medida em que são instituições indispensáveis à manutenção dos regimes democráticos, posto que com a evolução do Estado e a implantação de regimes democráticos, o poder estatal é o poder do próprio povo e em seu favor, as fiscalizações das contas públicas, passam a constituir prerrogativa da soberania popular, sendo parte imprescindível à manutenção do regime democrático. Como sendo da essência dos órgãos de controle tais fiscalizações, este órgão de controle – Tribunal de Contas em sua atuação típica – é a ligação do povo ao povo no que diz respeito às políticas públicas, constituindo – o Tribunal de Contas – peça imprescindível do regime democrático.

Assim, como compete aos Tribunais de Contas o controle das políticas públicas, e a denominada auditoria operacional ou auditoria de desempenho, por definição, é instrumento dessa atividade –, deve buscar precipuamente avaliar o nível de excelência das organizações públicas a partir de aspectos como eficiência, economicidade, eficácia e efetividade, que surgem para auxiliar os órgãos de controle governamental, em especial os Tribunais de Contas, no atendimento das novas demandas sociais e na consolidação e manutenção do próprio regime democrático.

No que diz respeito à normatização do instituto da auditoria operacional, esta tem na esfera internacional seu principal meio de obtenção. Na esfera internacional as normas estão previstas nos instrumentos normativos das EFS, notadamente da Issai e da Intosai. No Brasil o Instituto Rui Barbosa – IRB, por meio do NBASP, é o paradigma normativo. Ademais dos instrumentos normativos, pode-se inferir que, ainda que pouco explorado, o tema encontra doutrina relevante no Brasil, especialmente construída em revistas especializadas e em teses e dissertações, geralmente por integrantes do próprio sistema de controle externo.

Para o exercício do seu controle externo dentro desse novo modelo de Administração Pública – o gerencialismo – o sistema de Tribunais de Contas deve fazer uso da ferramenta de auditoria operacional para o melhor cumprimento de sua missão institucional, lastreado nos aspectos de economicidade, eficiência, eficácia e efetividade. Ou seja, a auditoria operacional como instrumento que visa contribuir para o aperfeiçoamento da Administração Pública, mediante a produção de informações que propiciem a melhoria da gestão e dos resultados das políticas públicas, em benefício da sociedade.

Portanto é medida que se impõe ao órgão de controle externo a utilização, como ferramenta fiscalizatória, da auditoria operacional e, como tal atuação deve ser orientada por manual que apresente o melhor caminho ou trilha a ser seguida em determinada atividade, tendo por destinatário último os agentes públicos – para que estes realizem auditorias operacionais amparados por um documento formal, que, além de garantir a boa prática, padroniza procedimentos fiscalizatórios.

Referências

AGUIAR, Ubiratan. Controle dos Gastos no Poder Público. *Revista Gestão Pública e Controle*, Salvador, TCE-BA, v. 1, n. 2, p. 13-26, ago. 2006.

ALBUQUERQUE, Frederico de Freitas Tenório. *A Auditoria Operacional e seus desafios*: um estudo a partir da experiência do Tribunal de Contas da União. 2006. 154f. Dissertação (Mestrado Profissional em Administração) – Escola de Administração da Universidade Federal da Bahia, Salvador, 2006.

ALBUQUERQUE, Frederico de Freitas Tenório. *A Auditoria Operacional e seus Desafios:* Um Estudo a partir da experiência do Tribunal de Contas da União. Rio de Janeiro: Renovar, 2007.

ARAGÃO, Cecília Vescovi. Burocracia, eficiência e modelos de gestão pública: um ensaio. *Revista do Serviço Público*, Brasília, ano 48, n. 3, p. 104-132, set./dez. 1997.

ARANTES, R. et al. Controles democráticos sobre a Administração Pública no Brasil. *In:* LOUREIRO, M. R.; ABRUCIO, F. L.; PACHECO, R. S. *Burocracia e política no Brasil*. 1. ed. Rio de Janeiro: Editora FGV, 2010.

ARAÚJO, Inaldo da Paixão Santos. Auditoria operacional: o sonho em realidade. *Revista do TCE da Paraíba*, João Pessoa, n. 9, p. 67-89, jan./jun. 2011.

ARAÚJO, Inaldo da Paixão Santos. *Introdução à Auditoria Operacional*. 3. ed. Rio de Janeiro: FGV Editora, 2006.

ARAÚJO, Inaldo da Paixão Santos et al. *Auditoria Contábil* – Enfoque teórico, prático e normativo. São Paulo: Saraiva, 2008.

ARAÚJO, Inaldo da Paixão Santos. *Introdução à Auditoria Operacional*. Rio de Janeiro: FGV, 2001.

ARAÚJO, Inaldo da Paixão Santos. Auditoria em Programas Governamentais e os Tribunais de Contas no Brasil. *Revista do Tribunal de Contas do Estado da Bahia*, Salvador, TCE- BA, v.15, n. 18, p. 169-176, ago. 2002.

ARAÚJO, Inaldo da Paixão Santos. *Redescobrindo a Contabilidade Governamental*: uma mudança de paradigmas para uma melhor transparência. Rio de Janeiro: Renovar, 2004.

ARAUJO, Maria Arlete Duarte de. Responsabilização na Administração Pública: limites e possibilidades do gestor público. *In:* MEDEIROS Paulo Cesar; LEVY, Evelyn (org.). *Construindo uma Nova Gestão Pública*. Natal: Escola de Governo – SEARH/RN, 2010.

BANDEIRA DE MELLO, Oswaldo Aranha. *Princípios gerais de direito administrativo*. 1. ed. Rio de Janeiro: Forense, 1974.

BARBOSA, Rui. *Exposição de Motivos:* Brasil. Decreto n° 966-A, de 7 de novembro de 1890. Cria um Tribunal de Contas para o exame, revisão e julgamento dos atos concernentes à receita e despesa da República. 1ª Coleção de Leis do Brasil.

BARROS, Elizabeth Ferraz. *Auditoria de desempenho nos Tribunais de Contas estaduais brasileiros*: uma pesquisa exploratória. Dissertação (Mestrado). Faculdade de Economia, Administração e Contabilidade da USP. São Luís, 2000.

BARZELAY, Michael. *Breaking through bureaucracy*. Berkeley: University of Califórnia Press, 1992.

BARZELAY, Michael. Instituições Centrais de Auditoria e Auditoria de Desempenho: uma análise comparativa das estratégias organizacionais na OCDE. *Revista do Serviço Público*, Brasília, ano 53, n.2, p-5-35, abr./jun. 2002.

BELTRÃO, Hélio. *As múltiplas dimensões da desburocratização*. 1983. Disponível em: http://www.desburocratizar.org.br. Acesso em: 19 mar. 2022.

BRASIL. Constituição (1988). *Constituição da República Federativa do Brasil*. 29. ed. São Paulo: Saraiva, 2002.

BRASIL. Tribunal de Contas da União. *Manual de auditoria operacional*. 3. ed. Brasília: TCU, 2010.

BRASIL. *Diagnóstico complementar dos Tribunais de Contas dos estados e municípios brasileiros*: pesquisa com atores externos. Ministério do Planejamento, 2003. Disponível em: http://www.marisealmeida.locaweb.com.br/irb/promoex/relatorio_final_promoex.pdf Acesso em: 9 mar. 2022.

BRASIL. *Lei complementar nº 101, de 4 de maio de 2000*. Estabelece normas de finanças públicas voltadas para a responsabilidade na gestão fiscal e dá outras providências. Diário Oficial da República Federativa do Brasil, Brasília, DF.

BRASIL. *Plano Diretor de Reforma do Aparelho do Estado*. Brasília: Presidência da República, Câmara da Reforma do Estado, Ministério da Administração Federal e Reforma do Estado, 1995.

BRESSER-PEREIRA, Luiz Carlos. Da Administração Pública Burocrática à Gerencial. *Revista do Serviço Público*, Brasília, ano 47, n. 1, jan./abr. 1996.

BRESSER-PEREIRA, Luiz Carlos. *A reforma do Estado dos anos 90:* lógica e mecanismos de controle. Lua Nova, São Paulo, n. 45, p. 49-95, 1998.

BRESSER-PEREIRA, Luiz Carlos. Estratégia e estrutura para um novo Estado. *Revista do Serviço Público*, Brasília, ano 48, n. 1, p. 5-25, jan./abr. 1997.

BRESSER-PEREIRA, Luiz Carlos. Uma reforma gerencial da Administração Pública no Brasil. *Revista do Serviço Público*, Brasília, ano 49, n. 1, p 5-42, jan./mar. 1998.

BRESSER-PEREIRA, L. C.; SPINK, P. (org.). *Reforma do Estado e Administração Pública Gerencial*. 4. ed. Rio de Janeiro: Editora FGV, 2001.

BRESSER-PEREIRA, L. C.; SPINK, P. Apresentação. *In*: BRESSER-PEREIRA, L. C.; SPINK, P. (org.). *Reforma do Estado e Administração Pública Gerencial*. 4. ed. Rio de Janeiro: FGV, 2001.

BRESSER-PEREIRA, Luiz Carlos. Gestão do setor público: estratégia e estrutura para um novo Estado. *In*: BRESSER-PEREIRA, L. C.; SPINK, P. (org.). *Reforma do Estado e Administração Pública Gerencial*. 4. ed. Rio de Janeiro: Editora FGV, 2001.

BRITTO, Alzemeri Martins Ribeiro de. O Contrato de Gestão Antecedente à Qualificação das Agências Executivas. *Revista Gestão Pública e Controle*, Salvador, TCE-BA, v. 1, n. 2, p. 73-99, ago. 2006.

BRITTO, Carlos Ayres. O Regime Constitucional dos Tribunais de Contas. *In*: SOUSA, Alfredo José de et al. *O Novo Tribunal de Contas*: órgão protetor dos direitos fundamentais. 3. ed. Belo Horizonte: Fórum, 2005.

CAMPELO, Valmir. Controle Social da Gestão Pública. *Revista do Tribunal de Contas dos Municípios do Estado do Ceará*: Edição Comemorativa do Cinquentenário, Fortaleza, n. 16, p. 119-123, 2004.

CAMPOS, Ana Maria. Accountability: quando poderemos traduzi-la para o português? *Revista Gestão Pública e Controle Externo*, Salvador, vol. 1, n. 1, p. 381- 421, 2005.

CARVALHO, Osvaldo Ferreira; COELHO, Saulo de Oliveira Pinto. A confluência do Direito com as políticas públicas no constitucionalismo contemporâneo: aportes para o mapeamento crítico do estado da arte. *Revista Brasileira de Estudos Políticos*, Belo Horizonte, n. 124, p. 365-434, 2022.

CASTRO, Celso Luiz Braga de. Revigoração Executiva dos Contratos Administrativos e a Visão do Tribunal de Contas da União. *Revista Gestão Pública e Controle Externo*, Salvador, TCE-BA, v. 1, n. 1, p. 141-160, nov. 2005.

CASTRO, Domingos Poubel. *Auditoria, Contabilidade e Controle Interno no Setor Público*. 3. ed. São Paulo: Atlas, 2010.

CASTRO, Manoel Figueiredo. Uma Contribuição para o Processo de Modernização dos Tribunais de Contas. *Revista do Tribunal de Contas dos Municípios do Estado do Ceará*, Edição Comemorativa do Cinquentenário, Fortaleza, n. 16, p. 207-209, 2004.

CASTRO, Rodrigo Pironti Aguirre de. *Sistema de Controle Interno*: uma perspectiva do modelo de gestão pública gerencial. Belo Horizonte: Fórum, 2007.

COSTA JR., Eduardo Carone. As funções Jurisdicional e Opinativa do Tribunal de Contas. *Revista do Tribunal de Contas do Estado de Minas Gerais*, Belo Horizonte, ano XIX, n. 2, 2001.

COSTA, Delanise; RUTHER, Soraia. A Auditoria Interna e a Auditoria de Gestão: Compatibilização de Objetivos para o Aprimoramento da Gestão. *Revista Gestão Pública e Controle*, Salvador, TCE-BA, v. 1, n. 2, p. 149-175, ago. 2006.

COSTA, Luiz Bernardo Dias. *Tribunal de Contas*: evolução e principais atribuições no Estado Democrático de Direito. Belo Horizonte: Fórum, 2006.

COSTA, Frederico Lustosa da. *Condicionantes da Reforma do Estado do Brasil*. Em Martins, Paulo Emílio Matos e Pieranti, Octavio Penna, Estado e Gestão Pública – Visões do Brasil Contemporâneo. Rio de Janeiro: FGV Editora, 2006.

DI PIETRO, Maria Sylvia Zanella. *Direito Administrativo*. 10. ed. São Paulo: Atlas, 1998.

DI PIETRO, Maria Sylvia Zanella. *Direito Administrativo*. 18. ed. São Paulo: Atlas, 2005.

DI PIETRO, Maria Sylvia Zanella. *Direito Administrativo*. 22. ed. São Paulo: Atlas, 2009.

FERNANDES, Jorge Ulisses Jacoby. *Tribunais de Contas do Brasil*: jurisdição e competência. 2. ed. Belo Horizonte: Fórum, 2005.

FERRAZ, Luciano. *O Controle da Administração Pública*: elementos para a compreensão dos Tribunais e Contas. Belo Horizonte: Mandamentos, 1999.

FERRAZ, Luciano. Novas Formas de Participação Social na Administração Pública: conselhos gestores de políticas públicas. *Revista Gestão Pública e Controle Externo*, Salvador, TCE-BA, v. 1, n. 1, p. 101-114, nov. 2005.

FERREIRA FILHO, Manoel Gonçalves. *Comentários à Constituição Brasileira de 1988*. Saraiva, 1992.

FERREIRA FILHO, Manoel Gonçalves. *Curso de direito constitucional*. 32. ed. São Paulo: Saraiva, 2006.

FERREIRA, Pinto. *Curso de direito constitucional*. São Paulo: Saraiva, 1999.

FERREIRA, Aurélio Buarque de Holanda. *Novo dicionário da língua portuguesa*. 2. ed. Rio de Janeiro: Nova Fronteira, 1986.

FIGUEIREDO, Francisco Nelson de Andrade. Avaliação de Desempenho da Gestão Governamental. *Revista do Tribunal de Contas dos Municípios do Estado do Ceará*. Edição Comemorativa do Cinquentenário, Fortaleza, n. 16, p. 91-98, 2004.

FLEISCHMANN, Roberto Silveira. *Auditoria Operacional no Tribunal de Contas do Estado de Santa Catarina*: práticas atuais e perspectivas de avanços. 2017. 248 f. Dissertação (Mestrado) – Universidade do Estado de Santa Catarina, Florianópolis.

FLEISCHMANN, Roberto Silveira. Auditoria operacional: uma nova classificação para os resultados de seus monitoramentos. *Revista de Administração Pública*, Rio de Janeiro, v. 53, n. 1, p. 23-44, dez. 2018.

FLEURY, Sonia Maria. *Fundamentos de la reforma del Estado*. In: Anais do XXV Congresso Brasileiro de Pós-Graduação em Administração. Foz de Iguaçu, 2001.

FREITAS, Carlos Alberto Sampaio; SILVA, Artur Adolfo Cotias. *Avaliação de programas públicos no Brasil*: o papel do Tribunal de Contas da União. In: TCU – Tribunal de Contas da União. Prêmio Serzedello Corrêa 2003: monografias vencedoras: 2005.

GAO – United States General Accounting Office. *Normas de Auditoria Governamental do Escritório da Controladoria Geral dos Estados Unidos*. Trad. Inaldo da Paixão Santos Araújo. Salvador: Tribunal de Contas do Estado da Bahia, 1995.

GATTI, Bernadete Angelina. *Grupo focal na pesquisa em Ciências sociais e humanas*. Brasília: Líber Livro, 2005.

GODOY, Arilda Simidth. Introdução à pesquisa qualitativa e suas possibilidades. *Revista de Administração de Empresas*, São Paulo, 1995.

GOMES, Marcelo Barros. Auditoria de Desempenho Governamental e o papel das Entidades Fiscalizadoras Superiores (EFS). *Revista do Serviço Público*, Brasília, ano 53, n. 2, p. 36-78, abr./jun.2002.

GOMES, Marcelo Barros. *O papel do TCU na avaliação de programas de governo*: em busca de um governo de resultados. In: TCU – Tribunal de Contas da União. Prêmio Serzedello Corrêa 2003: monografias vencedoras: 2005.

GORDILLO, Agustin. *Princípios Gerais de Direito Público*. São Paulo: Revista dos Tribunais, 1977.

GUALAZZI, Eduardo Lobo Botelho. *Regime Jurídico dos Tribunais de Contas*. São Paulo: Revista dos Tribunais, 1992.

GUERRA, Evandro Martins. *Os Controles Externo e Interno da Administração Pública*. 2. ed. Belo Horizonte: Fórum, 2005.

GUERRA, Evandro Martins. *Os controles externo e interno da Administração Pública*. 2. ed. rev. e ampl. Belo Horizonte: Fórum, 2007.

HARADA, Kiyoshi. *Dicionário de Direito Público*. São Paulo: Atlas, 1999.

HOWLETT, Michael; RAMESH, M.; PERL, Anthony. *Política Pública*: seus ciclos e subsistemas – uma abordagem ingegral. 3. ed. Rio de Janeiro: Elsevier, 2013.

IOCKEN, Sabrina Nunes. *O controle compartilhado das políticas públicas*: uma nova racionalidade para o exercício democrático na sociedade da desconfiança. 279p. Tese (doutorado) – Universidade Federal de Santa Catarina, Centro de Ciências Jurídicas, Programa de Pós-Graduação em Direito, Florianópolis, 2017.

INTOSAI. International Organization of Supreme Audit Institutions. *Diretrizes para Aplicação de Normas de Auditoria Operacional*. Trad. Inaldo da Paixão S. Araújo e Cristina Maria Cunha Guerreiro, Salvador: Tribunal de Contas do Estado da Bahia, 2005.

INTOSAI. Norma para auditoria operacional. *Issai 3000*. Aprovada pela Organização Internacional das Entidades Fiscalizadoras Superiores (Intosai) em 2016 e traduzida pelo Tribunal de Contas da União (TCU) em 2017.

INTOSAI. Princípios Fundamentais de Auditoria Operacional. *Issai 300*. Aprovada pela Organização Internacional das Entidades Fiscalizadoras Superiores (Intosai) em 2013 e traduzida pelo Tribunal de Contas da União (TCU) em 2017.

INTOSAI. *Código de Ética y Normas de Auditoría*. Viena. 2001. 78 p. Disponível em: http://www.Intosai.org/Level3/Guidelines/3_AudStandComm/3_CodEth_AudStand2001_S.pdf. Acesso em: 9 mar. 2022.

INTOSAI. *Directrices de aplicación de las normas de auditoría del rendimiento*: normas y directrices para la auditoría del rendimiento basadas en las normas de auditoría y la experiencia práctica de la Intosai. Estocolmo, 2004. Disponível em: http://www.Intosai.org/Level3/Guidelines/3_AudStandComm/3_ImplGPerfAud_S.pdf. Acesso em: 8 mar. 2022.

KASHIWAKURA, Helder Kioshi. *O Controle das Contas Públicas*: um enfoque na avaliação e no desempenho do Orçamento-Programa da Administração Pública Federal. 1997. 215f. Dissertação (Mestrado em Ciências Contábeis) – Faculdade de Administração e Finanças da Universidade do Estado do Rio de Janeiro. Rio de Janeiro, 1997.

KETIL, Donald. A revolução global: reforma da administração do setor público. *In:* LAS HERAS, José Maria. *Estado Eficaz*. 1. ed. Buenos Aires: Osmar Buyatti, 2003.

LIMA JUNIOR, Benjamin. *Avaliação de programas públicos no Brasil*: o papel do Tribunal de Contas da União. O TCU e a busca pelo aprimoramento das avaliações de políticas públicas no Brasil *In:* TRIBUNAL DE CONTAS DA UNIÃO. Prêmio Serzedello Corrêa 2003: monografias vencedoras: 2005.

LINO, Pedro Henrique. *Comentários à Lei de Responsabilidade Fiscal*. Lei Complementar nº 101/2000. São Paulo: Atlas, 2001.

LINO, Pedro Henrique. Reflexões sobre um Código de Processo de Controle. *Revista Gestão Pública e Controle Externo, Salvador*, TCE-BA, v. 1, n. 1, p. 57-74, nov. 2005.

MACHADO, Maíra Rocha (org.). *Pesquisar empiricamente o direito*. São Paulo: Rede de Estudos Empíricos em Direito, 2017.

MARCONI, Marina Andrade; LAKATOS, Eva Maria. *Técnicas de pesquisa*. São Paulo: Atlas, 1990.

MARINELA, Fernanda. *Direito administrativo*. 3. ed. Salvador: Juspodivm, 2007.

MARINI, Caio. *Gestão pública*: o debate contemporâneo. Fundação Luíz Eduardo Magalhães. Salvador: FLEM: 2003.

MARINI, Caio. *Gestão Pública no Brasil*: Temas Preservados e Temas Emergentes na Formação da Agenda. Artigo apresentado no VII Congresso da Associação de Estudos Brasileiro BRASA – Brazilian Studies Association, Junho de 2004.

MARQUES NETO, Floriano de Azevedo. Os grandes desafios do controle da Administração Pública. *In:* MODESTO, Paulo (coord.). *Nova Organização Administrativa Brasileira*. Belo Horizonte: Fórum, 2009.

MATOS, Dêlza Maria Teixeira. Contabilidade Governamental e seus fatores determinantes de sucesso: fatores básicos. *Revista do Tribunal de Contas do Estado da Bahia*, Salvador, TCE-BA, v. 15, n. 18, p. 123-139, ago. 2002.

MARTINS, Carlos Estevam. Governabilidade e Controles. *Revista de Administração Pública*, Rio de Janeiro: FGV, 23 (1), p. 5-20, 1º trim. jan. 1989.

MEGGINSON, Leon *et al*. *Administração*: conceitos e aplicações. Tradução de AURIPHEBO Berrance Simões, São Paulo: Harbra, 1986.

MEIRELLES, Hely Lopes. *Direito Administrativo Brasileiro*. 32. ed. São Paulo: Malheiros, 2006.

MEIRELLES, Hely Lopes. *Direito administrativo brasileiro*. 33. ed. São Paulo: Malheiros, 2007.

MILESKI, Helio Saul. *O Controle da Gestão Pública*. São Paulo: Revista dos Tribunais, 2003.

MORAES, Alexandre de. *Direito Constitucional*. 15. ed. São Paulo: Atlas, 2004.

MORAES, Alexandre de. *Constituição do Brasil interpretada*. 8. ed. São Paulo: Atlas, 2011.

MORAES, Silvio Freire de. *Controle Externo*: estudos e casos concretos. Belo Horizonte: Fórum, 2005.

MOREIRA NETO, Diogo de Figueiredo. *Curso de Direito Administrativo*. 12. ed. Rio de Janeiro: Forense, 2002.

MOREIRA NETO, Diogo de Figueiredo. O Parlamento e a Sociedade como Destinatários do Trabalho dos Tribunais de Contas. *In*: SOUSA, Alfredo José de *et al*. *O Novo Tribunal de Contas*: Órgão Protetor dos Direitos Fundamentais. Belo Horizonte: Fórum, 2003.

MOREIRA NETO, Diogo de Figueiredo. O Parlamento e a Sociedade como Destinatários do Trabalho dos Tribunais de Contas. *In*: SOUSA, Alfredo José de *et al*. *O Novo Tribunal de Contas*: órgão protetor dos direitos fundamentais. 3. ed. Belo Horizonte: Fórum, 2005.

NAO – National Audit Office (Londres). *Ajudando a Nação a gastar sabiamente:* um guia para o Escritório Nacional de Auditoria. Trad. Maria Emiliana Passos *et al*. 1. ed. Salvador: Tribunal de Contas do Estado da Bahia, 1995.

NAO – National Audit Office (Londres). *Normas de auditoria*. Trad. Maria Emiliana Passos *et al*. 1. ed. Salvador: Tribunal de Contas do Estado da Bahia, 1995.

NAO – National Audit Office (Londres). *Um modelo para auditorias de otimização de recursos.* Trad. Maria Emiliana Passos *et al*. 1. ed. Salvador: Tribunal de Contas do Estado da Bahia. 1995.

NUNES, Edson. *A gramática política do Brasil*: clientelismo e insulamento burocrático. Rio de Janeiro: Jorge Zahar Ed.; Brasília, DF, ENAP, 1997.

NUNES, Wanda Cláudia Galluzzi. Auditorias de desempenho. *Revista do Tribunal de Contas do Município do Rio de Janeiro*, Rio de Janeiro, n. 26, p. 64-74, abr. 2004.

OAG – Office of the Auditor General of Canada. *Auditoria de eficiência* – guia de auditoria – parte 1. 1993. Trad. Curso de Francês Lê Lyceé.1. ed. Salvador: Tribunal de Contas do Estado da Bahia, 1995.

OLIVEIRA, Roberto Vasconcellos. *Auditoria Operacional:* uma nova ótica dos Tribunais de Contas auditarem a gestão pública, sob o prisma da eficiência, economicidade, eficácia e efetividade, e o desafio de sua consolidação no TCE/RJ. Dissertação de Mestrado em Administração Pública. Fundação Getólio Vargas – FGV. Rio de Janeiro, 2008.

OLIVEIRA, Arildo. *Controle Social:* perspectivas para a fiscalização popular da Administração Pública no Brasil. Prêmio Serzedello Corrêa 2001 – monografias vencedoras: Perspectivas para o controle social e a transparência da Administração Pública. Brasília: TCU, 2002.

OLIVEIRA, José Roberto Pimenta. *Os princípios da razoabilidade e da proporcionalidade no Direito Administrativo brasileiro*. São Paulo: Malheiros, 2006.

OLIVEIRA, Régis Fernandes de; HORVATH, Estevão; TAMBASCO, Teresa Cristina Castrucci. *Manual de Direito Financeiro*. São Paulo: Revista dos Tribunais, 1990.

OLIVEIRA, Régis Fernandes de. *Curso de direito financeiro*. 3. ed. São Paulo: Revista dos Tribunais, 2010.

ORGANIZAÇÃO INTERNACIONAL DE ENTIDADES FISCALIZADORAS SUPERIORES (Intosai). *Normas de Auditoria da Intosai*. Salvador: TCE-BA, 1995 (Série de Traduções do TCE-BA, n. 5).

PASCOAL, Valdecir. *Direito financeiro e controle externo*. Rio de Janeiro: Elsevier, 2010.

PATTON, Michael Quinn. *Qualitative evaluation methods*. Beverly Hills: Sage, 1986.

PETER, Maria da Glória Arrais; MACHADO, Marcus Vinícius Veras. *Manual de Auditoria Governamental*. 2. ed. São Paulo: Atlas, 2014.

POLLITT, Christopher; BOUCKAERT, Geert. Avaliando reformas da gestão pública: uma perspectiva internacional. *Revista do Serviço Público*, Brasília, ano 53, n. 3, p. 5-29, jul./set. 2002.

POLLITT, Christopher et al. *Performance or Compliance?* Performance Audit and Public management in Five Countries. Oxford: Oxford University Press: Addison- Wesley. 1999.

POLLITT, Christopher et al. *Desempenho ou legalidade?* Auditoria operacional e de gestão pública em cinco países. Tradução Pedro Buck. Belo Horizonte: Fórum, 2008.

POLLITT, Christopher; SUMMA, Hilkka. *Auditoria operacional e reforma da Administração Pública. In:* POLLITT, Christopher et al. Desempenho ou legalidade? Auditoria operacional e de gestão pública em cinco países. Belo Horizonte: Fórum, 2009.

RESENDE, Flávio da Cunha. O dilema do controle e a falha sequencial nas reformas gerenciais. *Revista do Serviço Público*, Brasília, ano 53, n. 3, p. 50-72, jul./set. 2002.

RIBEIRO, Sheila Maria Reis. *Controle interno e paradigma gerencial*. Brasília: ENAP, 1997.

SANTOS, Luiz Alberto dos; CARDOSO, Regina Luna Santos. *Perspectivas para o controle social e a transparência da Administração Pública*. Prêmio Serzedello Corrêa 2001 – monografias vencedoras: Perspectivas para o controle social e a transparência da Administração Pública. Brasília: TCU, 2002.

SANTOS, Luiz Carlos dos. Lei de Responsabilidade Fiscal sob o Aspecto da Despesa com Pessoal. *In:* SANTOS, L. C. *Artigos técnico-científicos e textos de opinião*: coletânea. Salvador: UNEB, 2004.

SCAFF, Fernando Facury. *Orçamento republicano e liberdade igual:* ensaio sobre direito financeiro, república e direitos fundamentais no Brasil. Belo Horizonte: Forum, 2018.

SCAFF, Fernando Facury. Reserva do possível, mínimo existencial e Direitos Humanos. *Argumentum Revista de Direito*, São Paulo, n. 6, 2006.

SILVA, Eliane de Sousa. Auditoria Operacional: um Instrumento de Controle Social. *Revista Gestão Pública e Controle*, Salvador, TCE-BA, v. 1, n. 2, p. 177-205, ago. 2006.

SILVA, Francisco Carlos da Cruz. *Controle Social:* reformando a administração para a sociedade. Prêmio Serzedello Corrêa 2001 – monografias vencedoras: Perspectivas para o controle social e a transparência da Administração Pública. Brasília: TCU, 2002.

SILVA, Oscar Joseph de Plácido e. *Vocabulário jurídico*. 27. ed. Rio de Janeiro: Forense, 2006.

SIMON, Herbert Alexander. *Comportamento administrativo*: estudo dos processos decisórios nas organizações administrativas. Trad. de Aluízio Loureiro Pinto. 2. ed. rev. Rio de Janeiro, Fundação Getúlio Vargas, 1971.

SMANIO, Gianpaolo Poggio; BOLFARINI, Chistina da Mota; FALEIROS, Juliana Leme; AMARAL, Renato Rossato. *Políticas Públicas no Brasil:* trajetórias, conquistas e desafios. Rio de Janeiro: Lumen Juris, 2016.

SOUZA, Adrianne Mônica Oliveira. *Auditorias Operacionais:* controle substancial da gestão pública pelos Tribunais de Contas. Dissertação de Mestrado em Direito Público. Universidade Federal da Bahia. Salvador, 2007.

SOUZA, Celina. Por que mudam as formas de gestão pública? *In: Gestão Pública*: a trajetória da função administração no Estado da Bahia. Fundação Luíz Eduardo Magalhães. Salvador: FLEM: 2003.

SOUZA, Celina. A Nova Gestão Pública. *In: A gestão pública*: desafios e perspectivas. Salvador: FLEM, 2001. p. 43-68.

SOUZA, Celina. *Políticas públicas:* uma revisão da literatura. Sociologias: Porto Alegre, 2006. Disponível em: http://www.scielo.br/pdf/soc/n16/a03n16.pdf. Acesso em: 27 mar. 2022.

SOUZA, Celina; CARVALHO, Inaiá Maria Moreira de. Reforma do Estado, descentralização e desigualdades. *Lua Nova*, São Paulo, n. 48, p. 187-212, 1999.

SOUZA, Wilson Alves de. *Acesso à Justiça e Responsabilidade Civil do Estado por sua Denegação*: Estudo Comparativo entre o Direito Brasileiro e o Direito Português. 2006. 428f. Tese (pós-doutoramento em Direito) – Universidade de Coimbra, Coimbra, 2006.

SPECK, Bruno Wilhelm. *Inovação e rotina no Tribunal de Contas da União*. O papel da instituição superior de controle financeiro no sistema político-administrativo do Brasil. São Paulo: Fundação Konrad Adenauer, 2000.

TCU – Tribunal de Contas da União. *Avaliação de Programas de Governo*. 2005. Disponível em: http://www2.tcu.gov.br/portal/page?_pageid=33,534523&_ dad=portal&_schema=PORTAL. Acesso em: 20 fev. 2022.

TCU – Tribunal de Contas da União. *Controle de qualidade de auditorias de natureza operacional*. Brasília: TCU, Secretaria de Fiscalização e Avaliação de Programas de Governo, 2020.

TCU – Tribunal de Contas da União. *Manual de auditoria de desempenho*. Brasília: TCU, Secretaria de Auditoria e Inspeções, 1998.

TCU – Tribunal de Contas da União. *Manual de auditoria de natureza operacional*. Brasília: TCU, Coordenadoria de Fiscalização e Controle, 2020.

TCU – Tribunal de Contas da União. *O Tribunal de Contas da União frente às tendências do controle da gestão pública*: uma proposta de mudança institucional. Área Temática 1: Paradigma de controle externo. Brasília: TCU, 1999.

TCU – Tribunal de Contas da União. *Técnicas de auditoria*: análise SWOT e matriz de verificação de risco. Brasília: TCU, Secretaria de Fiscalização e Avaliação de Programas de Governo, 2001.

TOHÁ, Carolina; SOLARI, Ricardo. A modernização do Estado e a gerência pública. *Revista do Serviço Público*, Brasília, ano 48, n. 3, p. 84-103, set./dez. 1997.

TORRES, Ricardo Lobo. *Tratado de Direito Constitucional Financeiro e Tributário*. 2. ed. Rio de Janeiro: Renovar, 2000.

TRIBUNAL DE CONTAS DA UNIÃO. *Manual de Auditoria de Natureza Operacional*. Brasília: TCU, 2000.

Informação bibliográfica deste texto, conforme a NBR 6023:2018 da Associação Brasileira de Normas Técnicas (ABNT):

MELLO, Daniel. Controle externo brasileiro e a auditoria operacional como instrumento de atuação fiscalizatória concomitante: construção de um arcabouço teórico acerca da ferramenta auditoria operacional. *In*: LIMA, Edilberto Carlos Pontes (coord.). *Os Tribunais de Contas e as políticas* públicas. Belo Horizonte: Fórum, 2023. p. 107-161. ISBN 978-65-5518-596-6.

O TCU E A COOPERAÇÃO INTERNACIONAL ALEMÃ: PROTEÇÃO AO CLIMA E A CONSERVAÇÃO DA BIODIVERSIDADE

DIEGO MARQUES GONÇALVES
EZEQUIEL MARIANO TEIXEIRA DA COSTA

1 Introdução

A fiscalização dos gastos públicos é uma atividade essencial para a transparência e a efetividade da gestão dos recursos estatais. Nesse sentido, o Tribunal de Contas da União (TCU) é uma instituição fundamental para o controle externo das contas públicas brasileiras. Além disso, o TCU também tem buscado ampliar sua atuação no cenário internacional, estabelecendo cooperações com outras instituições e países.

De acordo com Oliveira e Teixeira (2017), a cooperação internacional é uma ferramenta importante para o fortalecimento do TCU e para o aprimoramento das práticas de controle externo. Nesse sentido, o TCU tem buscado estabelecer parcerias com organismos internacionais, como a Organização Latino-Americana e do Caribe de Entidades Fiscalizadoras Superiores (OLACEFS) e a European Organization of Supreme Audit Institutions (INTOSAI).

Entre os países com os quais o TCU tem estabelecido cooperação internacional, destaca-se a Alemanha. O Ministério Federal de Cooperação Econômica e Desenvolvimento (BMZ) da Alemanha é um importante parceiro do TCU em ações voltadas para a proteção do meio ambiente e da biodiversidade. Segundo o BMZ (2021), a cooperação alemã com o TCU tem como objetivo principal a promoção da transparência, da responsabilidade e do controle social nas políticas públicas relacionadas ao clima e à biodiversidade.

Nesse contexto, este artigo busca analisar a cooperação entre o TCU e o BMZ da Alemanha, com foco nas ações desenvolvidas para a proteção do meio ambiente e da biodiversidade. Serão abordados temas como a história do TCU, a cooperação internacional do TCU com outras instituições e países, o Ministério Federal de Cooperação Econômica e Desenvolvimento da Alemanha e o trabalho conjunto do

TCU e da cooperação alemã pela BMZ e pela Deutsche Gesellschaft für Internationale Zusammenarbeit (GIZ).

Portanto, o objetivo deste trabalho é contribuir para a discussão sobre a importância da cooperação internacional para o fortalecimento do controle externo e para a proteção do meio ambiente e da biodiversidade. Para tanto, serão utilizadas fontes bibliográficas e documentais, a fim de aprofundar a análise sobre as ações conjuntas entre as duas instituições.

2 História do TCU e suas atribuições

A criação do TCU está diretamente ligada à história da administração pública no Brasil, uma vez que a sua existência é fundamental para garantir a transparência e a eficiência na gestão dos recursos públicos. Em 7 de novembro de 1890, o Decreto nº 966-A instituiu o TCU, por iniciativa do então Ministro da Fazenda, Rui Barbosa. O órgão foi criado com base em princípios como autonomia, fiscalização, julgamento, vigilância e energia (TCU, 2018). Posteriormente, foi institucionalizado pela Constituição Federal de 1891, art. 89, que estabeleceu o "Tribunal de Contas para liquidar as contas da receita e despesa e verificar a sua legalidade, antes de serem prestadas ao Congresso" (BRASIL, 1891).

Desde a promulgação da Constituição de 1891, o Tribunal de Contas da União (TCU) tem sido uma instituição presente em todas as constituições brasileiras subsequentes, com suas atribuições sendo acrescentadas e retiradas ao longo do tempo. A partir da Constituição de 1934, o TCU adquiriu maior relevância, ganhando um capítulo próprio na Carta Política, bem como competências específicas, tais como o controle prévio de contratos administrativos e a emissão de parecer prévio sobre as contas do Presidente da República (TCU, 2017).

A Constituição de 1946 estabeleceu que o Congresso Nacional é responsável pelo controle externo no âmbito federal, com o auxílio do Tribunal de Contas, que passou a ter como uma de suas atribuições o julgamento da legalidade das concessões iniciais de aposentadorias, reformas e pensões. A Constituição de 1967 suspendeu a necessidade de controle prévio dos contratos administrativos. Atualmente, qualquer pessoa, física ou jurídica, pública ou privada, que utilize, arrecade, guarde, gerencie ou administre dinheiros, bens ou valores públicos pelos quais a União responda ou que, em nome desta, assuma obrigações de natureza pecuniária, deve prestar contas ao TCU (*ibidem*).

A atuação do TCU na fiscalização da gestão pública evoluiu ao longo do tempo, passando por diferentes fases e enfrentando desafios complexos. Durante as décadas de 1930 a 1960, o TCU tinha um papel mais restrito na fiscalização da gestão pública, limitando-se a verificar a legalidade e a legitimidade dos atos administrativos, sem abranger aspectos técnicos e gerenciais das ações governamentais (ROCHA, 2016).

No entanto, a partir da década de 1970, o TCU começou a ampliar seu escopo de atuação, passando a analisar também a eficiência e a efetividade da gestão pública. Essa ampliação foi impulsionada pela crescente complexidade das políticas públicas e pela necessidade de aprimorar o uso dos recursos públicos em um contexto de escassez de recursos (SILVA, 2019).

Nesse contexto, o TCU passou a utilizar uma série de ferramentas para avaliar a gestão pública, como auditorias, fiscalizações e análises de processos, e a trabalhar em parceria com outros órgãos de controle e fiscalização, como os Tribunais de Contas estaduais e municipais e o Ministério Público (ROCHA, 2016).

Com o advento da Constituição de 1988, o TCU ganhou mais autonomia e atribuições, como a possibilidade de realizar auditorias de natureza contábil, financeira, orçamentária, operacional e patrimonial, além de poder apreciar as contas de todos os gestores e responsáveis por dinheiros públicos (BRASIL, 1988). Nesse sentido, reitera Silva:

> Com a Constituição de 1988, o TCU foi elevado à condição de órgão auxiliar do Congresso Nacional e teve suas competências ampliadas, passando a abranger também a fiscalização das empresas estatais, das sociedades de economia mista e das fundações instituídas pelo Poder Público federal. Além disso, ganhou maior autonomia para gerir seu orçamento e realizar concursos públicos para ingresso de novos servidores (*Curso de Direito Constitucional Positivo*, 2019, p. 22).

No entanto, a atuação do TCU na fiscalização da gestão pública ainda enfrenta desafios, como a necessidade de aprimorar seus métodos de fiscalização e controle, aperfeiçoar a comunicação com outros órgãos de controle e fiscalização e melhorar a efetividade de suas ações (SILVA, 2019).

Em suma, ao longo de sua história, o TCU evoluiu em sua atuação na fiscalização da gestão pública, ampliando seu escopo de atuação e aprimorando suas ferramentas e métodos de controle. No entanto, ainda há desafios a serem enfrentados para garantir a efetividade do controle e da fiscalização da gestão pública no Brasil.

Ao longo da história, o TCU enfrentou diversos desafios no cumprimento de suas atribuições de fiscalização da gestão pública. Um dos principais desafios foi a falta de autonomia para investigar e julgar casos de corrupção envolvendo altos cargos públicos, em especial durante o período da ditadura militar. Como ressalta Paiva (2018, p. 87), "o TCU sofria constantes pressões e ingerências políticas, o que dificultava a sua atuação como órgão de controle". Além disso, a falta de recursos financeiros e de pessoal capacitado também foi um desafio enfrentado pelo TCU em diversos momentos de sua história (SOUZA, 2015).

Outro desafio enfrentado pelo TCU foi a necessidade de acompanhar o crescente número de obras públicas em todo o país, o que exigiu a criação de mecanismos mais eficientes de controle e fiscalização. Nesse sentido, a então vigente Lei de Licitações e Contratos (Lei nº 8.666/1993) representou um avanço significativo ao estabelecer regras claras para a realização de obras e serviços públicos, bem como para a fiscalização desses processos pelo TCU, o que foi confirmado pela nova Lei de Licitações nº 14.333/2021. No entanto, apesar desses avanços, o TCU ainda enfrenta desafios na fiscalização de obras públicas, como a dificuldade de acesso a informações por parte dos gestores públicos e a falta de capacitação técnica de alguns servidores públicos envolvidos nesses processos (CARVALHO, 2017).

Um terceiro desafio enfrentado pelo TCU foi a necessidade de adaptar-se às mudanças tecnológicas e ao avanço da informatização na administração pública. Com a criação do Sistema Integrado de Administração Financeira do Governo Federal (SIAFI) em 1986, por exemplo, o TCU precisou desenvolver novas técnicas de fiscalização para acompanhar as transações financeiras realizadas pelo governo federal em tempo real (SILVA, 2019). Além disso, a crescente utilização de tecnologias digitais na gestão pública também trouxe desafios em relação à proteção de dados e à segurança da informação, o que exigiu a criação de novos mecanismos de controle e auditoria por parte do TCU (LEITE, 2018). Nesse sentido, reforça Pereira

> O TCU tem enfrentado desafios crescentes no que se refere à gestão de suas próprias atividades. A necessidade de manter uma estrutura moderna e eficiente, capaz de responder às demandas da sociedade, passa pela adoção de medidas que possibilitem o aumento da produtividade e da eficiência no uso dos recursos. Dentre as medidas adotadas, destacam-se a implantação de processos eletrônicos e a modernização dos sistemas de informação (2017, p. 32).

Diante desses desafios, o TCU tem buscado superá-los por meio da adoção de novas estratégias e ferramentas de fiscalização e controle. Entre as principais medidas adotadas pelo TCU estão a criação de equipes especializadas em auditoria e fiscalização de obras públicas, a utilização de tecnologias avançadas de análise de dados e a promoção de parcerias com outros órgãos de controle, como o Ministério Público e a Polícia Federal (SOUZA, 2015). Além disso, o TCU também tem buscado aperfeiçoar seus processos internos de gestão e controle por meio da adoção de sistemas integrados de gestão e da capacitação constante de seus servidores e aprimorar cada vez mais os mecanismos de cooperação internacional.

3 TCU e sua cooperação internacional

A cooperação internacional é um tema cada vez mais presente na gestão pública, principalmente no que se refere ao desenvolvimento sustentável. A busca por soluções globais para problemas locais é uma das principais motivações para a cooperação internacional na área pública. Segundo Schäfer (2018, p. 15), a cooperação internacional é uma forma de "ampliar as opções dos governos e promover o diálogo e a troca de experiências, visando aprimorar a gestão pública e o bem-estar social".

A importância da cooperação internacional para o desenvolvimento sustentável é reconhecida internacionalmente. Em 2015, os Estados-membros das Nações Unidas adotaram a Agenda 2030 para o Desenvolvimento Sustentável, que tem como objetivo principal a erradicação da pobreza e a promoção do desenvolvimento sustentável em todo o mundo. A Agenda 2030 é composta por 17 Objetivos de Desenvolvimento Sustentável (ODS), que visam a resolver problemas globais, como a fome, a desigualdade social, as mudanças climáticas e a preservação dos recursos naturais. A cooperação internacional é fundamental para o alcance desses objetivos, uma vez que muitos dos problemas enfrentados pelos países são transnacionais e exigem soluções conjuntas (ONU, 2015). Nessa toada,

> A cooperação internacional é um importante instrumento para a promoção da governança global, ao permitir a participação dos diferentes atores e interesses na busca de soluções compartilhadas para os problemas globais. Através da cooperação internacional, é possível

promover a transparência, a prestação de contas, a participação e o engajamento dos cidadãos, a fim de garantir que as decisões e ações tomadas estejam em sintonia com as necessidades e expectativas da sociedade civil (ONU, p. 8, 2015).

Além disso, a cooperação internacional também é uma forma de promover a democratização do conhecimento e a troca de experiências entre os países. Por meio da cooperação, é possível disseminar boas práticas e soluções que foram bem-sucedidas em outros países, adaptando-as à realidade local. Segundo Borba (2019, p. 34), "a cooperação internacional permite a abertura de novos canais de diálogo e aprendizado que enriquecem a gestão pública, fortalecem a democracia e ampliam a participação social na elaboração e implementação de políticas públicas".

Por fim, a cooperação internacional também é uma forma de fortalecer as relações diplomáticas entre os países, promovendo o diálogo e o respeito mútuo. Através da cooperação, é possível estabelecer parcerias duradouras e construir uma rede de relacionamentos que pode ser útil em diversas áreas, como comércio, cultura, turismo e ciência e tecnologia (SILVA, 2017).

Compreendendo a importância do diálogo e da cooperação entre as diversas instituições nacionais e internacionais no campo da fiscalização, o TCU tem adotado uma postura de integração e colaboração com organizações de cooperação internacional. A atuação em organizações como a INTOSAI, EFS e OLACEFS tem permitido a troca de experiências e boas práticas entre os órgãos de controle externo de diversos países, além de fomentar a adoção de normas e padrões internacionais que contribuem para o fortalecimento da gestão pública e a promoção do desenvolvimento sustentável.

Nesse sentido, conforme destacam Sampaio e Cruz (2020), a participação do TCU na INTOSAI tem se mostrado fundamental para o aprimoramento da atuação do órgão. A INTOSAI, sigla para International Organization of Supreme Audit Institutions, é uma organização internacional de entidades de controle externo presentes em mais de 190 países e tem como objetivo principal promover a cooperação e o intercâmbio de informações entre as instituições filiadas. A participação do TCU na INTOSAI tem possibilitado a aproximação com os Tribunais de Contas de outros países, permitindo a troca de informações e experiências, bem como a participação em atividades de capacitação e treinamento.

Inclusive, o Brasil sediou em 9 de novembro de 2022 a XXIV Assembleia Geral das Instituições Superiores de Controle (Incosai) que reúne cerca de 147 países e 30 instituições parceiras. Na situação, o ministro Bruno Dantas, ao assumir oficialmente em nome do TCU a presidência da INTOSAI, para o mandato de 2023 a 2028, destacou que:

> Asseguro que nosso propósito na presidência será o de sempre atuar como facilitador e apoiador dos projetos aprovados pelas estruturas da Intosai, estreitando o diálogo interno com os membros e o diálogo externo com outros organismos multilaterais e organizações da sociedade civil (TCU, 2022).

Além disso, conforme destaca Souza (2019), a participação do TCU na OLACEFS tem permitido a ampliação da cooperação e do intercâmbio entre os Tribunais de Contas dos países da América Latina e Caribe, o que tem contribuído para a adoção de melhores práticas no campo da fiscalização e da gestão pública. A OLACEFS, sigla para Organización Latinoamericana y del Caribe de Entidades Fiscalizadoras Superiores, é uma organização que reúne as entidades de controle externo dos países da América Latina e Caribe e tem como objetivo aprimorar a fiscalização e o controle externo dos recursos públicos na região. Nesse sentido, reitera Souza que a

> A OLACEFS é uma organização de cooperação internacional que tem como objetivo promover a melhoria da gestão pública na América Latina e no Caribe, por meio do fortalecimento da fiscalização superior. Fundada em 1965, a OLACEFS conta atualmente com 24 membros e é reconhecida como uma das principais organizações regionais na área de fiscalização superior. O TCU é um membro ativo da OLACEFS e tem contribuído para o aprimoramento da gestão pública na região, por meio do compartilhamento de experiências e melhores práticas (SOUZA, 2019, p. 151).

Além da INTOSAI e da OLACEFS, o TCU também tem participado ativamente da EFS, sigla para European Organisation of Supreme Audit Institutions, organização que reúne as entidades de controle externo dos países da Europa. A participação do TCU na EFS tem possibilitado a troca de experiências e boas práticas com os Tribunais de Contas da Europa, bem como a participação em atividades de capacitação e treinamento. Cabendo um destaque para a atuação da organização durante a pandemia da covid-19 (TCU, 2020).

Nesse contexto, a participação do TCU em organizações de cooperação internacional tem se mostrado fundamental para a promoção da transparência, efetividade e eficiência na gestão pública. A troca de informações e experiências, bem como a adoção de normas e padrões internacionais, tem contribuído para o aprimoramento das atividades de fiscalização e controle externo, além de fomentar a adoção de boas práticas no campo da gestão pública.

O TCU tem se destacado pela realização de projetos de cooperação internacional em parceria com outras organizações, visando o aprimoramento da gestão pública e a troca de experiências. Esses projetos são fundamentais para o fortalecimento da atuação do TCU no contexto global, assim como para a disseminação de boas práticas de gestão pública.

Um exemplo de cooperação desenvolvido pelo TCU em parceria com outras organizações é o Projeto de Fortalecimento das Capacidades em Auditoria Interna Governamental (PROFAG), realizado em conjunto com a Organização dos Estados Americanos (OEA). O projeto teve como objetivo fortalecer as capacidades de auditoria interna governamental nos países da América Latina e do Caribe, por meio da formação de auditores e da elaboração de manuais de auditoria interna. Segundo Sampaio e Cruz (2020), o PROFAG possibilitou a capacitação de cerca de 1.500 profissionais em auditoria interna governamental, além da produção de seis manuais de auditoria interna. Ademais, importante destacar que

> O projeto de cooperação entre o TCU e a EFS de Angola, denominado 'Fortalecimento do Controle Externo em Angola', tem como objetivo contribuir para o fortalecimento das capacidades técnicas e institucionais da EFS de Angola na área de auditoria e fiscalização de recursos públicos. O projeto envolve a realização de capacitações em auditoria governamental e gestão pública, a elaboração de manuais de boas práticas em auditoria e fiscalização, o intercâmbio de experiências e conhecimentos, além da realização de auditorias conjuntas em áreas prioritárias para Angola, como a gestão de recursos hídricos e a infraestrutura de transportes (SAMPAIO; CRUZ, 2020, p. 115).

Outro projeto de cooperação desenvolvido pelo TCU foi o Programa de Fortalecimento Institucional do Tribunal de Contas do Estado da Bahia (TCMBA), realizado em conjunto com a Agência Alemã de Cooperação Internacional (GIZ). O objetivo do projeto foi fortalecer a atuação do TCM-BA na fiscalização e controle da gestão pública por meio da realização de diagnósticos, da elaboração de planos de ação e da capacitação de servidores. De acordo com Souza (2019), o programa resultou em avanços significativos na atuação do TCM-BA, como a melhoria na gestão de processos e a ampliação da capacidade de fiscalização. Outro que vale atenção foi a cooperação entre

> o TCU e a EFS do Peru, denominado 'Fiscalización de Obras por Resultados', tem como objetivo compartilhar as práticas do TCU na fiscalização de obras públicas com a EFS do Peru, visando contribuir para o aprimoramento das práticas de fiscalização nesse país. O projeto tem como foco principal o acompanhamento e monitoramento das obras públicas executadas por meio do sistema de contratações públicas do Peru. As ações desenvolvidas incluem a realização de auditorias conjuntas, a troca de informações e experiências e o treinamento de auditores peruanos na metodologia de fiscalização de obras públicas desenvolvida pelo TCU (SOUZA, 2019, p. 65).

Além disso, o TCU também tem desenvolvido projetos em parceria com outras organizações internacionais, como a Organização para a Cooperação e Desenvolvimento Econômico (OCDE) e o Banco Interamericano de Desenvolvimento (BID). Tais projetos têm como objetivo aprimorar a gestão pública e o controle externo, contribuindo para o fortalecimento das instituições responsáveis pelo controle da gestão pública nos países parceiros (TCU, 2022).

Os resultados desses projetos de cooperação internacional são muito positivos, visto que contribuem para a melhoria da gestão pública nos países envolvidos, além de reforçar a atuação do TCU no cenário internacional. Essas parcerias também permitem a troca de experiências e o compartilhamento de boas práticas, possibilitando que o TCU continue aprimorando sua atuação.

4 Ministério Federal de Cooperação Econômica e Desenvolvimento (BMZ)

O Ministério Federal de Cooperação Econômica e Desenvolvimento (BMZ) da Alemanha é um importante ator da cooperação internacional para o desenvolvimento. Criado em 1961, ele é responsável por planejar, implementar e coordenar a política de cooperação econômica e de desenvolvimento do governo alemão (BMZ, 2022).

Ao longo dos anos, o BMZ vem passando por mudanças estruturais e organizacionais que acompanham as transformações na agenda internacional de desenvolvimento. Segundo Schmitz (2019), essas mudanças são reflexo da adaptação do BMZ às demandas da política de desenvolvimento internacional e das pressões orçamentárias que limitam a capacidade de atuação do ministério.

O BMZ tem como áreas de atuação prioritárias o desenvolvimento sustentável, a luta contra a pobreza, a promoção da democracia e da paz, a igualdade de gênero e o fortalecimento da sociedade civil (BMZ, 2021). O ministério destaca a importância da cooperação para o desenvolvimento como um meio de alcançar esses objetivos, por meio do diálogo político, da transferência de conhecimentos, da formação de recursos humanos e do financiamento de projetos (*ibidem*). Ademais,

> O BMZ concentra-se em quatro áreas prioritárias em sua cooperação para o desenvolvimento: (1) desenvolvimento econômico sustentável, (2) alimentação e agricultura sustentáveis, (3) energia e clima sustentáveis e (4) prevenção de conflitos civis e construção da paz. Nessas áreas, o BMZ trabalha para promover o desenvolvimento econômico e social, melhorar as condições de vida e apoiar a participação democrática e a boa governança (BMZ, 2021).

O BMZ também está envolvido em iniciativas internacionais que visam a garantir a efetividade da cooperação para o desenvolvimento. Dentre essas iniciativas, destaca-se a Parceria de Busan, que estabelece princípios e diretrizes para uma cooperação mais efetiva, e a Agenda 2030 para o Desenvolvimento Sustentável, que estabelece objetivos e metas globais para o desenvolvimento sustentável até 2030 (ONU, 2015).

Nesse sentido, o BMZ tem atuado em diversas áreas temáticas, tais como educação, saúde, desenvolvimento rural, meio ambiente, governança e direitos humanos. Através de programas e projetos, o ministério tem buscado fomentar o desenvolvimento econômico e social em países parceiros, apoiando ações que visam a erradicação da pobreza e a promoção de condições de vida dignas para todas as pessoas (BMZ, BRAZIL, 2021).

Como já falamos, a cooperação internacional é um importante instrumento de políticas públicas para o alcance de objetivos estratégicos de desenvolvimento socioeconômico e ambiental. A cooperação alemã com o Brasil e outros países em desenvolvimento tem sido realizada principalmente pelo Ministério Federal de Cooperação Econômica e Desenvolvimento (BMZ), que tem como objetivo apoiar projetos e programas de cooperação para o desenvolvimento sustentável e a redução da pobreza em países parceiros (BMZ, 2021).

Um dos principais temas da cooperação alemã com o Brasil e outros países em desenvolvimento é a proteção ao clima e a conservação da biodiversidade. A Alemanha tem se destacado como um dos principais atores internacionais no combate às mudanças climáticas, tendo assumido um compromisso de redução das emissões de gases de efeito estufa em 65% até 2030, em relação aos níveis de 1990 (PERFIL DA ALEMANHA, 2023).

A cooperação alemã com o Brasil em relação à proteção ao clima e conservação da biodiversidade é realizada por meio de diversos projetos e programas. Um exemplo é o Programa de Apoio à Conservação da Biodiversidade e do Cerrado (Pro-Cerrado), que tem como objetivo fortalecer a gestão ambiental e promover a conservação e o uso sustentável da biodiversidade no bioma cerrado (GIZ, 2021). Outro projeto importante é o Programa de Combate ao Desmatamento na Amazônia Legal (PRODES), que busca reduzir o desmatamento ilegal na Amazônia Legal por meio do fortalecimento da fiscalização e controle ambiental, da promoção de atividades econômicas sustentáveis e do desenvolvimento de alternativas econômicas para as populações locais (GIZ, 2021).

Além disso, a cooperação alemã com outros países em desenvolvimento também tem sido realizada por meio de programas e projetos voltados para a proteção ao clima e a conservação da biodiversidade. Um exemplo é o Programa de Proteção das Florestas Tropicais da Iniciativa Internacional para o Clima (IKI), que visa contribuir para a proteção e o uso sustentável das florestas tropicais em diversos países em desenvolvimento, incluindo o Brasil. Entre as principais iniciativas destacam-se o Programa Água e

Floresta, que tem como objetivo promover a gestão integrada de recursos naturais em áreas de proteção ambiental na Amazônia (BMZ, 2021).

Além disso, o BMZ tem apoiado financeiramente o Fundo Brasileiro para a Biodiversidade (Funbio) para a implementação do Projeto GEF Terrestre, que tem como objetivo ampliar a cobertura de áreas protegidas e promover a conservação da biodiversidade em biomas terrestres brasileiros. Nesse mesmo sentido, podemos avistar que o aceno de apoio do Ministério de Desenvolvimento da Alemanha ao disponibilizar 35 milhões de euros para proteger a floresta, no comunicado a imprensa em 1º de janeiro de 2023, demonstra a força e que os laços estão unidos para fortalecer o Fundo Amazônia. Assim,

> O compromisso foi anunciado pelo presidente federal, Frank-Walter Steinmeier, e pelo secretário de estado parlamentar do Ministério do Desenvolvimento (BMZ) Niels Annen. Uma das primeiras ações oficiais do presidente Lula da Silva desde que tomou posse ontem foi a edição de um decreto restabelecendo o comitê gestor do Fundo e reativando o plano de combate ao desmatamento. Isso significa que a base necessária para o compromisso alemão via Fundo Amazônia já está estabelecida. Apoiar o Fundo Amazônia e proteger a floresta tropical também foram temas discutidos nas conversas políticas que aconteceram no Brasil. Annen prometeu ao novo governo brasileiro apoio à proteção florestal e ação climática. (BMZ, 2023)

Ademais, por meio de diversos projetos e programas da Agência de Cooperação Internacional Alemã (GIZ), o BMZ tem promovido a capacitação de técnicos, gestores e lideranças comunitárias em temas relacionados à conservação ambiental e uso sustentável de recursos naturais. Também tem apoiado o fortalecimento de instituições governamentais e organizações da sociedade civil atuantes na área ambiental, contribuindo para o desenvolvimento de capacidades locais para gestão ambiental. É importante ressaltar que essa cooperação tem sido realizada de forma conjunta com os países parceiros, visando a construção de soluções integradas inclusive com órgãos públicos, como o Tribunal de Contas da União.

A cooperação entre o Tribunal de Contas da União (TCU) e o Ministério Federal de Cooperação Econômica e Desenvolvimento da Alemanha (BMZ) tem se mostrado de grande importância para a promoção da efetividade da gestão pública e do desenvolvimento sustentável no Brasil. Desde 2014, o TCU tem desenvolvido uma parceria estratégica com o BMZ, visando fortalecer as capacidades do TCU na área de auditoria ambiental e promover o desenvolvimento sustentável em setores-chave da economia brasileira, como o agronegócio e a energia (RAJÃO, 2021).

Um dos principais resultados dessa cooperação foi a criação da Rede de Fiscalização e Controle da Gestão Ambiental, que reúne instituições brasileiras e alemãs para compartilhar informações e boas práticas na área de auditoria ambiental. A rede tem promovido a realização de auditorias ambientais integradas, abrangendo temas como a gestão de resíduos sólidos, o licenciamento ambiental e a gestão de recursos hídricos (RAJÃO, 2021).

Além disso, a cooperação tem se concentrado na capacitação de auditores do TCU em temas relacionados à gestão ambiental e ao desenvolvimento sustentável. Por meio de cursos, oficinas e intercâmbios de conhecimento, os auditores do TCU têm adquirido novas habilidades e conhecimentos técnicos para a realização de auditorias em setores-chave da economia brasileira (RAJÃO, 2021).

Essa parceria também tem sido fundamental para o fortalecimento da gestão pública no Brasil, uma vez que tem contribuído para o aprimoramento dos sistemas de monitoramento e avaliação de políticas públicas. Nesse sentido, a cooperação tem se concentrado na elaboração de indicadores de desempenho ambiental e na realização de avaliações de impacto de políticas públicas, visando aprimorar a efetividade das ações governamentais (RAJÃO, 2021).

Além disso, a cooperação tem tido um papel importante na promoção da transparência e da participação social na gestão pública. Por meio da realização de audiências públicas e da promoção de espaços de diálogo entre a sociedade civil e o governo, a cooperação tem contribuído para o fortalecimento da democracia e para a construção de políticas públicas mais inclusivas e participativas (TCU, RELAÇÕES INTERNACIONAIS, 2021).

Em suma, a cooperação entre o TCU e o BMZ tem se mostrado fundamental para a promoção da efetividade da gestão pública e do desenvolvimento sustentável no Brasil. Por meio da criação de redes de conhecimento, da capacitação de auditores e da promoção da transparência e da participação social, essa parceria tem contribuído para aprimorar a gestão pública e garantir um desenvolvimento mais sustentável e inclusivo no país.

5 Trabalho conjunto do TCU e cooperação alemã pela BMZ e GIZ

A parceria entre o TCU e a cooperação alemã, representada pelo Ministério Federal de Cooperação Econômica e Desenvolvimento (BMZ) e a Agência Alemã de Cooperação Internacional (GIZ), tem possibilitado o desenvolvimento de diversos projetos em prol da proteção ao clima e conservação da biodiversidade no Brasil. Esses projetos envolvem ações conjuntas em diversas áreas, como fiscalização ambiental, monitoramento de áreas protegidas e gestão de recursos naturais.

Um dos projetos em destaque é o Projeto GEF Terrestre, que tem como objetivo fortalecer a gestão de áreas protegidas no Brasil e promover a conservação da biodiversidade em todo o país. O projeto é implementado pelo Ministério do Meio Ambiente (MMA) e conta com o apoio técnico do TCU, além da cooperação financeira da GIZ e do BMZ. De acordo com o TCU (2019), o projeto tem sido efetivo no fortalecimento das unidades de conservação brasileiras, com avanços significativos em áreas como planejamento e gestão, monitoramento e fiscalização, e envolvimento da sociedade na conservação da biodiversidade.

Outro projeto importante desenvolvido em parceria é o Projeto Pampa+, que tem como objetivo contribuir para a conservação da biodiversidade do Bioma Pampa, por meio do fortalecimento das áreas protegidas e do desenvolvimento de práticas produtivas sustentáveis. O projeto é coordenado pelo MMA e conta com o apoio técnico do TCU, além da cooperação financeira da GIZ e do BMZ. Segundo o TCU (2019), o projeto tem avançado na promoção de práticas produtivas sustentáveis na região, como a agroecologia, a pecuária sustentável e a produção de energias renováveis.

Além, disso destacamos o projeto de apoio ao governo do Brasil na implementação da sua Agenda Nacional de Adaptação à Mudança do Clima (ProAdapta) em

> cooperação com o Ministério do Meio Ambiente (MMA), fortalecendo sua função de coordenação com o auxílio de ferramentas de gestão, como o monitoramento de medidas de adaptação [...] Por outro lado, o ProAdapta sensibiliza tomadores de decisão. Além disso, são desenvolvidas ferramentas para permitir a adaptação à mudança do clima e a integração desse tema nos processos de planejamento e de tomada de decisão (GIZ, 2018).

Além disso, o TCU tem atuado em parceria com a GIZ e o BMZ no fortalecimento da gestão ambiental nos municípios brasileiros, por meio do Programa Nacional de Fortalecimento dos Conselhos Municipais de Meio Ambiente (PNFCMMA). Esse programa tem como objetivo melhorar a gestão ambiental em nível local, por meio do fortalecimento dos conselhos municipais de meio ambiente, contribuindo para a efetividade das políticas públicas ambientais em todo o país. Ademais, a parceria tem sido efetiva na capacitação de conselheiros e técnicos municipais para o exercício de suas atribuições, bem como no fortalecimento da transparência e da participação social nas decisões ambientais (OLACEFS; Contema, 2019).

O projeto "Apoio ao Programa Áreas Protegidas da Amazônia (ARPA)" também se destaca como uma parceria entre o TCU e a Cooperação Alemã. O ARPA é considerado um dos maiores programas de conservação ambiental em áreas protegidas tropicais do mundo e tem como objetivo estabelecer um sistema de áreas protegidas na Amazônia brasileira, garantindo a proteção de ecossistemas, espécies e a manutenção dos serviços ecossistêmicos para as populações locais. O BMZ, por meio da GIZ, apoia o ARPA desde 2003 com ações que vão desde o planejamento estratégico até o monitoramento e avaliação dos resultados alcançados (BMZ, 2021).

Além disso, em 2019, o TCU e a GIZ iniciaram um novo projeto de cooperação intitulado "Apoio ao Combate à Desertificação e Mitigação da Seca no Nordeste do Brasil". O projeto visa contribuir para a implementação da Política Nacional de Combate à Desertificação e Mitigação dos Efeitos da Seca (PNMC), por meio do fortalecimento institucional e da troca de conhecimentos entre as instituições brasileiras e alemãs. Entre as ações previstas, destacam-se o desenvolvimento de estudos técnicos, a realização de eventos de capacitação e a promoção de intercâmbios entre especialistas e representantes das comunidades locais (GIZ, 2021).

A parceria entre o TCU e a Cooperação Alemã tem sido fundamental para a implementação de projetos de conservação ambiental e desenvolvimento sustentável no Brasil. A cooperação tem permitido a troca de conhecimentos e experiências entre os órgãos brasileiros e alemães, contribuindo para o fortalecimento institucional e a melhoria da gestão pública. Além disso, as ações desenvolvidas em conjunto têm impacto positivo na proteção ao clima e na conservação da biodiversidade, temas de grande importância global e que requerem esforços conjuntos para sua solução.

A cooperação técnica entre o TCU e a Cooperação Alemã pela BMZ e GIZ tem sido essencial para o sucesso dos projetos desenvolvidos em parceria. Como já exposto, a cooperação técnica é um importante instrumento de capacitação e fortalecimento institucional, que possibilita o compartilhamento de conhecimentos e experiências entre países e instituições, visando ao aprimoramento das políticas públicas e da gestão de recursos. Nesse sentido, a cooperação técnica tem sido fundamental para aprimorar as práticas do TCU em relação à proteção ao clima e conservação da biodiversidade, além de contribuir para o desenvolvimento sustentável do país.

Um exemplo da importância da cooperação técnica é o Projeto de Apoio à Gestão Ambiental (PAGAM), desenvolvido em parceria entre o TCU e a GIZ. Segundo o TCU (2020), o projeto teve como objetivo principal fortalecer as instituições brasileiras responsáveis pela gestão ambiental e pela proteção da biodiversidade por meio da elaboração de planos de ação e da capacitação de gestores públicos. A cooperação técnica entre as instituições permitiu o compartilhamento de experiências e boas práticas, bem como o estabelecimento de uma rede de colaboração entre os órgãos envolvidos no projeto, o que contribuiu para o seu sucesso.

Além disso, a cooperação técnica também é importante para garantir a continuidade e a sustentabilidade dos projetos desenvolvidos em parceria. Segundo as diretrizes para o desenvolvimento da cooperação técnica internacional multilateral e bilateral do Ministério das Relações Exteriores (2020), a cooperação técnica permite a transferência de tecnologia e de conhecimentos, além de capacitar os gestores públicos para dar continuidade aos projetos após o término da cooperação. Dessa forma, a cooperação técnica contribui para o fortalecimento institucional e para a melhoria da gestão pública, o que é fundamental para o desenvolvimento sustentável do país.

Nesse contexto, a cooperação técnica entre o TCU e a Cooperação Alemã pela BMZ e GIZ tem sido um importante instrumento para o desenvolvimento de projetos que visam à proteção do clima e à conservação da biodiversidade, bem como para o fortalecimento institucional e para o aprimoramento da gestão pública no país. A cooperação técnica permite o compartilhamento de conhecimentos e experiências, a transferência de tecnologia e de capacitação de gestores públicos, o que contribui para a continuidade e a sustentabilidade dos projetos desenvolvidos em parceria.

Os projetos desenvolvidos pela cooperação técnica entre o TCU e a Cooperação Alemã, através da BMZ e GIZ, têm impactado significativamente a gestão pública e o desenvolvimento sustentável no Brasil. Dentre os principais impactos, pode-se destacar o fortalecimento dos sistemas de controle interno, aprimoramento da gestão ambiental e a capacitação técnica dos servidores públicos envolvidos.

No que diz respeito ao fortalecimento dos sistemas de controle interno, a atuação conjunta do TCU e da GIZ, por exemplo, resultou na elaboração de uma metodologia específica para avaliação da qualidade dos sistemas de controle interno dos municípios brasileiros (RAJÃO, 2018). Tal metodologia tem sido aplicada pelo TCU em seus trabalhos de fiscalização, contribuindo para o aprimoramento da gestão pública local e consequentemente para o desenvolvimento sustentável dessas regiões.

Além disso, a cooperação técnica também tem se dedicado a aprimorar a gestão ambiental no Brasil, através do desenvolvimento de projetos voltados para a gestão de resíduos sólidos, recursos hídricos, mudanças climáticas, entre outros. Nesse sentido, destaca-se o Projeto de Apoio à Gestão Ambiental (PAGAM), executado pela GIZ em parceria com o Ministério do Meio Ambiente, que tem como objetivo fortalecer a gestão ambiental municipal em estados selecionados (GIZ, 2021). Através de ações como o fortalecimento dos órgãos de controle ambiental, a melhoria dos sistemas de coleta e tratamento de resíduos e capacitação técnica de servidores públicos, o projeto tem contribuído para aprimorar a gestão ambiental e promover o desenvolvimento sustentável em nível local.

Por fim, a cooperação técnica entre o TCU e a Cooperação Alemã também tem possibilitado a capacitação técnica de servidores públicos, através de cursos, treinamentos e intercâmbios de conhecimento. Esse tipo de ação contribui para a melhoria da qualidade dos serviços públicos prestados à população, além de possibilitar o surgimento de novas ideias e práticas inovadoras na gestão pública (TCU, 2020).

É importante destacar que os impactos dos projetos desenvolvidos pela cooperação técnica não se limitam ao território brasileiro. Dada a relevância e a efetividade das iniciativas, há possibilidades de replicação dos projetos em outros países em desenvolvimento, possibilitando o aprimoramento da gestão pública e do desenvolvimento sustentável em outras regiões do mundo.

Em suma, os projetos desenvolvidos pela cooperação técnica entre o TCU e a Cooperação Alemã têm tido um impacto significativo na gestão pública e no desenvolvimento sustentável no Brasil. Dentre os principais impactos, destacam-se o fortalecimento dos sistemas de controle interno, aprimoramento da gestão ambiental e a capacitação técnica dos servidores públicos envolvidos.

Conclusão

Por fim, pode-se afirmar que a cooperação internacional entre o TCU e a Cooperação Alemã pela BMZ e GIZ tem desempenhado um papel importante no aprimoramento da gestão pública no Brasil, especialmente em relação à gestão de projetos de desenvolvimento sustentável. Os estudos de caso apresentados mostraram que essa cooperação tem sido efetiva na promoção de boas práticas de gestão e na implementação de projetos que contribuem para o desenvolvimento econômico, social e ambiental do país.

Refletindo sobre a atualidade e a relevância do tema, destaca-se a importância da cooperação internacional como uma estratégia para o desenvolvimento sustentável e a necessidade de se estabelecer parcerias sólidas entre países desenvolvidos e em desenvolvimento. Além disso, destaca-se a necessidade de se investir em capacitação e formação de gestores públicos, especialmente no que diz respeito à gestão de projetos de desenvolvimento sustentável, a fim de garantir a efetividade e a sustentabilidade desses projetos.

Portanto, pode-se concluir que a cooperação internacional é uma estratégia importante para o desenvolvimento sustentável e que as parcerias entre o TCU e a Cooperação Alemã têm contribuído de forma significativa para o aprimoramento da gestão pública no Brasil. No entanto, é necessário continuar investindo em capacitação e formação de gestores públicos, bem como em pesquisas que possam aprimorar a efetividade e a sustentabilidade dos projetos de desenvolvimento sustentável.

Referências

BMZ. 2022. Disponível em: https://www.bmz.de/en/ministry/diversity-at-thebmz. Acesso em: 21 fev. 2023.

BMZ. Brazil. 2021. Disponível em: https://www.bmz.de/en/countries_regions/lac/brazil/index.html. Acesso em: 27 fev. 2023.

BMZ. Development Ministry makes 35 million euros available to protect the rainforest in Brazil. 2023. Disponível em: https://www.bmz.de/en/news/pressreleases/germany-makes-35-million-euros-available-for-amazon-fund-136006 . Acesso em: 25 fev. 2023.

BMZ. Working Approach. 30 mar. 2021. Disponível em: https://www.bmz.de/en/ministry/working-approach. Acesso em: 27 fev. 2023.

BORBA, J. A. Cooperação Internacional para o Desenvolvimento Sustentável e a Gestão Pública: possibilidades e desafios. *Revista do Serviço Público*, Brasília, v. 70, n. 1, p. 31-47, jan./mar. 2019.

BRASIL. Constituição (1891). Constituição da República dos Estados Unidos do Brasil. Rio de Janeiro, 24 fev. 1891. Disponível em: http://www.planalto.gov.br/ccivil_03/constituicao/constituicao91.htm. Acesso em: 24 fev. 2023.

BRASIL. *Lei nº 14.333*, de 11 de abril de 2021. Disponível em: https://www.planalto.gov.br/ccivil_03/_ato2019-2022/2021/lei/l14133.htm . Acesso em: 26 fev. 2023.

BRASIL. *Lei nº 8.666*, de 21 de junho de 1993. Regulamenta o art. 37, inciso XXI, da Constituição Federal, institui normas para licitações e contratos da Administração Pública e dá outras providências. Diário Oficial da União, Brasília, DF, 22 jun. 1993.

BRASIL. Ministério das Relações Exteriores. Agência Brasileira de Cooperação. Diretrizes para o desenvolvimento da cooperação técnica internacional multilateral e bilateral/Ministério das Relações Exteriores. 5. ed. Brasília, Agência Brasileira de Cooperação, 2020.

CARVALHO, M. A. *Curso de direito administrativo*. 32. ed. São Paulo: Atlas, 2017.

FREITAS, J. V. *Manual de direito administrativo*. 8. ed. São Paulo: Atlas, 2019.

GIZ. Climate, environment and biodiversity, 2021. Disponível em: https://www.giz.de/en/ourservices/environment_and_climate_change.html . Acesso em: 27 fev. 2023.

GIZ. ProAdapta – Apoio para adaptação à mudança do clima. 19 set. 2018. Disponível em: https://www.giz.de/en/worldwide/69877.html. Acesso em: 27 fev. 2023.

LEITE, G. F. *Controle externo da administração pública*: uma abordagem didática. São Paulo: Fórum, 2018.

OLACEFS. Comtema. Auditoria Coordenada Objetivos de Desenvolvimento Sustentável. Cooperação Brasil-Alemanha para o Desenvolvimento Sustentável, por meio da GIZ – Deutsche Gesellschaft für Internationale Zusammenarbeit GmbH. Brasília: Tribunal de Contas da União (TCU), 2019.

ONU. Agenda 2030 e os Objetivos de Desenvolvimento Sustentável: uma oportunidade para o Brasil. Brasília: ONU, 2015.

ONU. Transformando Nosso Mundo: A Agenda 2030 para o Desenvolvimento Sustentável. 2015. Disponível em: https://brasil.un.org/pt-br/91863-agenda2030-para-o-desenvolvimento-sustentavel. Acesso em: 22 fev. 2023.

PAIVA, F. M. A. *Direito administrativo*. São Paulo: Atlas, 2018.

PEREIRA, A. C. C. *O controle externo da administração pública no Brasil*: análise da atuação do Tribunal de Contas da União. São Paulo: Atlas, 2017.

PERFIL DA ALEMANHA. Pioneira na política climática. 2023. Disponível em: https://www.tatsachen-ueber-deutschland.de/pt-br/alemanha-sinopse/pioneirana-politica-climatica . Acesso em: 19 fev. 2023.

RAJÃO, R. G. L.; FERNANDES JR., J. L.; MELO, L. P. V.; BOTELHO, J.; CISALPINO, T. *Benchmarking Internacional*: Práticas e procedimentos governamentais para tomada de decisão sobre investimentos em programas e projetos de infraestrutura. 2021. Disponível em: https://indd.adobe.com/view/a9d9cdc7-7fe7-40e3-843f-0fe6a0ec5451.

ROCHA, S. S. *O Tribunal de Contas da União na república brasileira*: trajetória histórica e perspectivas. 2016. Tese (Doutorado em Ciência Política) – Universidade Federal de Minas Gerais, Belo Horizonte, 2016.

SAMPAIO, J. J. L.; CRUZ, M. S. S. A atuação do Tribunal de Contas da União na INTOSAI: uma análise do período 2010-2018. *Revista Controle* – doutrina e artigos, Brasília, v. 18, n. 1, p. 19-50, jan./abr. 2020.

SAMPAIO, J. A; CRUZ, M. B. da. Cooperação Internacional: atuação do TCU no exterior. *Revista do Tribunal de Contas da União*, Brasília, n. 157, p. 31-50, jan./mar. 2020. Disponível em: https://revista.tcu.gov.br/ojs/index.php/RTC/article/view/500. Acesso em: 23 fev. 2023.

SAMPAIO, R. A.; CRUZ, J. A. O. A participação do Tribunal de Contas da União (TCU) na cooperação internacional. *In*: CASTRO, N. C.; ABRUCIO, F. L.; FERREIRA, R. P. (org.). *O Tribunal de Contas da União e a Governança Pública no Brasil*. Brasília: Ipea, 2020. p. 101-125.

SCHÄFER, A. *Cooperação Internacional e Gestão Pública*. São Paulo: Saraiva, p. 15, 2018.

SCHMITZ, H. The BMZ: A ministry in transition. German Development Institute, 2019. Disponível em: https://www.die-gdi.de/en/the-current-column/article/thebmz-a-ministry-in-transition/. Acesso em: 24 fev. 2023.

SILVA, A. C. A. *Cooperação Internacional em Matéria Penal*: um Estudo de Direito Comparado. 2017. Tese (Doutorado em Direito) – Faculdade de Direito, Universidade de São Paulo, São Paulo, 2017.

SILVA, José Afonso da. *Curso de Direito Constitucional Positivo*. São Paulo: Malheiros, 2019.

SILVA, L. S. O papel do Tribunal de Contas da União na fiscalização da gestão pública. *In*: Anais do Seminário Nacional de Política Fiscal, 2019, Belo Horizonte. Anais eletrônicos. Belo Horizonte: Escola de Governo Professor Paulo Neves de Carvalho, 2019.

SOUZA, F. Cooperação Internacional. *In*: TCU. Boas Práticas de Auditoria de Obras Públicas. Brasília: TCU, 2019.

SOUZA, F. *Cooperação Internacional no âmbito do Tribunal de Contas da União (TCU):* Estudo de Caso sobre a Cooperação com o Banco Interamericano de Desenvolvimento (BID). Dissertação (Mestrado em Administração Pública) – Fundação Getúlio Vargas, Escola Brasileira de Administração Pública e de Empresas, Rio de Janeiro, 2019.

SOUZA, L. R. *Licitações e contratos*: orientações e jurisprudência do TCU. 4. ed. São Paulo: Fórum, 2015.

SOUZA, R. V. S. O Tribunal de Contas da União e a cooperação internacional no âmbito da OLACEFS. *In*: CONGRESSO BRASILEIRO DE DIREITO INTERNACIONAL, 18, 2019, Rio de Janeiro. Anais... Rio de Janeiro: ABDI, 2019. p. 241-256.

SOUZA, T. P. de. A participação do Tribunal de Contas da União na INTOSAI e na OLACEFS: uma análise do discurso oficial. *Revista Controle* – doutrina e artigos, Brasília, v. 17, n. 1, p. 145-160, jan./mar. 2019.

TCU. EFS e Organizações Internacionais no enfrentamento à crise da Covid19. 30 de abril de 2020. Disponível em: https://portal.tcu.gov.br/imprensa/noticias/efs-eorganizacoes-internacionais-no-enfrentamento-a-crise-da-covid-19.htm. Acesso em: 26 fev. 2023.

TCU. História do TCU. 2018. Disponível em: https://portal.tcu.gov.br/institucional/conheca-o-tcu/historia/historia-dotcu.htm#:~:text=Institucional,-Ministros&text=1890%20%2D%20Em%207%20de%20novembro,%2C%20julgamento%2C%20vigil%C3%A2ncia%20e%20energia. Acesso em: 17 fev. 2023.

TCU. O Tribunal e as constituições. 2017. Disponível em: https://portal.tcu.gov.br/centro-cultural-tcu/museu-do-tribunal-de-contas-dauniao/tcu-a-evolucao-do-controle/tcu-e-as-constituicoes.htm. Acesso em: 27 fev. 2023.

TCU. Relações Internacionais. 21 de março de 2021. Disponível em: https://portal.tcu.gov.br/relacoes-institucionais/relacoesinternacionais/relatorios-de-participacao-em-eventos-internacionais.htm. Acesso em: 26 fev. 2023.

TCU. TCU reúne 147 países no Rio de Janeiro e assume a presidência da Intosai. 10 de novembro de 2022. Disponível em: https://portal.tcu.gov.br/imprensa/noticias/tcureune-147-paises-no-rio-de-janeiro-e-assume-a-presidencia-da-intosai.htm#:~:text=Ministro%20Bruno%20Dantas,-O%20presidente%20em&text=Ao%20assumir%20oficialmente%20a%20presid%C3%AAncia,o%20segundo%20tema%20do%20congresso. Acesso em: 26 fev. 2023.

TCU. TCU tem muito a contribuir com a entrada do Brasil na OCDE. 21 de junho de 2022. Disponível em: https://portal.tcu.gov.br/imprensa/noticias/tcu-tem-muito-acontribuir-com-a-entrada-do-brasil-na-ocde.htm. Acesso em: 26 fev. 2023.

Informação bibliográfica deste texto, conforme a NBR 6023:2018 da Associação Brasileira de Normas Técnicas (ABNT):

GONÇALVES, Diego Marques; COSTA, Ezequiel Mariano Teixeira da. O TCU e a cooperação internacional alemã: proteção ao clima e a conservação da biodiversidade. *In*: LIMA, Edilberto Carlos Pontes (coord.). *Os Tribunais de Contas e as políticas públicas*. Belo Horizonte: Fórum, 2023. p. 163-178. ISBN 978-65-5518-596-6.

OS TRIBUNAIS DE CONTAS COMO INDUTORES DE SOLUÇÕES CONSENSUAIS PARA A EDUCAÇÃO PÚBLICA

GERSON DOS SANTOS SICCA

LUIZ HENRIQUE LIMA

1 Introdução

A construção de canais eficazes de diálogo entre a gestão pública e o controle externo, além dos tradicionalmente utilizados, é tema atual na agenda dos Tribunais de Contas. A aproximação com gestores, usuários dos serviços públicos e setores da sociedade interessados na boa execução das políticas públicas é percebida como condição salutar para o melhor conhecimento das dificuldades existentes na implementação de políticas públicas, além de viabilizar construções em rede das soluções necessárias.

A perspectiva consensual do controle e o olhar para a consecução de resultados concretos, agregadores de benefícios reais à população, integra o debate sobre o valor público gerado pelo controle externo. Para tanto, princípios são estabelecidos pelas NBASP 12 – Normas Brasileiras de Auditoria do Setor Público (IRB, 2015), dentre eles o dever de o trabalho de fiscalização responder às demandas da sociedade, incluir participação em foros de debates, assegurar que as expectativas das partes interessadas sejam consideradas nos seus planos estratégicos e promover de forma ampla iniciativas de comunicação.

Há várias maneiras de construir um ambiente de governança do controle capaz de atender a esses princípios. Os temas abordados pelas Cortes de Contas são variados, e para cada arena de política pública surgem atores com perfil e interesses específicos. Em consequência, estratégias consensuais pressupõem a compreensão do universo de cada política pública, de maneira a garantir uma inserção efetiva e construtiva dos Tribunais no debate.

Na dinâmica atual da atuação de vários Tribunais de Contas, a abordagem atribuída ao tema da *educação*, principalmente após a edição da Resolução nº 03/2015, da Associação dos Membros dos Tribunais de Contas do Brasil – Atricon, que aprovou as diretrizes para a fiscalização dessa política pública, tem trilhado o caminho de abertura dialógica com atores externos da política educacional, com nuances específicas em cada Corte de Contas. O fenômeno merece análise detida pelo caráter de inovação e de *reforço da legitimidade* desses Tribunais perante atores da sociedade civil.

Nesse cenário, a fim de expor a prática dos Tribunais de Contas no controle da política educacional, em especial na sua dimensão de *inovação*, focada no controle de resultados e no diálogo social, após discorrer sobre as competências dessas Cortes em matéria de avaliação de políticas públicas e descrever a progressiva inserção do consensualismo no ordenamento jurídico brasileiro e na atuação do controle externo, o artigo intenta categorizar os modelos adotados e indicar traços comuns de uma trajetória do controle da educação voltado para a *efetividade da política pública* e a *atuação em rede*. Para isso, fez-se uma pesquisa nas informações divulgadas pelos Tribunais de Contas internet, para, então, propor categorias conceituais básicas e identificar padrões de ação. Além disso, foram selecionadas as experiências de trabalho dos Tribunais de Contas dos Estados de Rondônia e de Santa Catarina para análise, por ilustrarem os padrões apresentados.

Os objetivos do texto são: a) demonstrar que a ação em rede dos Tribunais de Contas na área do controle da educação tem aderência aos princípios descritos nas Normas Brasileiras de Auditoria do Setor Público – NBASP 12, que dispõem sobre *os princípios que devem ser observados pelos Tribunais de Contas para: a) demonstrar o valor e o benefício da sua atuação para a sociedade*, principalmente no que tange à abertura de novos canais de comunicação e de cristalização de ambientes propícios à concretização de soluções eficazes para problemas públicos, caracterizando um modelo de controle consensual; b) identificar notas características na atuação consensual dos Tribunais de Contas na área da educação; c) expor que o controle consensual adéqua-se e complementa as demais funções desempenhadas pelas Cortes de Contas, notadamente no espectro da fiscalização e avaliação de políticas públicas.

2 Tribunais de Contas, avaliação de políticas públicas, competências, funções e consensualismo

2.1 Competências dos Tribunais de Contas na avaliação de políticas públicas

Embora presente na organização do Estado brasileiro desde a primeira Constituição republicana de 1891, o Tribunal de Contas da União – TCU teve suas competências consideravelmente ampliadas e fortalecidas pela Carta de 1988, o que se estendeu aos órgãos de controle subnacionais em decorrência do princípio da simetria.[1] No que interessa ao objeto deste artigo, o destaque é para a expressão "operacional" introduzida como uma das modalidades de fiscalização a serem desenvolvidas pelos órgãos de controle externo, em conjunto com as tradicionais fiscalizações contábil, financeira, orçamentária e patrimonial.[2] No dizer de Lima (2023a):

---

[1] CF: art. 75, *caput*.
[2] CF: art. 70, *caput*.

Esse singular vocábulo, quando integrado ao texto constitucional, legitimou e desencadeou profundas alterações nos métodos de atuação das Cortes de Contas brasileiras, sob a liderança e inspiração do TCU. (...) A auditoria operacional permite a avaliação sistemática de políticas, programas, projetos, atividades e sistemas governamentais ou de órgãos e unidades jurisdicionados ao Tribunal de Contas (...).

As principais competências do TCU estão dispostas nos incisos do art. 71 da Constituição, sem prejuízo de outras dispersas no texto constitucional. Dentre elas, avulta a de realizar, por iniciativa própria ou por provocação da Câmara dos Deputados, do Senado Federal, de comissão técnica ou de inquérito, trabalhos de fiscalização de natureza operacional nas unidades administrativas dos Poderes Legislativo, Executivo e Judiciário, e demais entidades da Administração indireta da União.[3]

Posteriormente, novas atribuições foram sendo acrescidas à atuação das Cortes de Contas em virtude de dispositivos presentes nas suas leis orgânicas e na legislação de licitações e contratos,[4] responsabilidade fiscal,[5] improbidade administrativa,[6] regimes previdenciários,[7] educação[8] e saúde.[9] Nada menos que 30 emendas constitucionais e leis nacionais editadas desde 1988[10] prestigiam o exercício do controle externo ao exigir sua participação em múltiplos aspectos da atuação estatal.

A compulsoriedade da avaliação de políticas públicas adquiriu *status* constitucional com a promulgação da Emenda Constitucional nº 109/2021, que acrescentou ao art. 37, que dispõe sobre os princípios e regras da administração pública, o §16, que prevê que os órgãos e entidades da administração pública, individual ou conjuntamente, devem realizar avaliação das políticas públicas, inclusive com divulgação do objeto a ser avaliado e dos resultados alcançados, na forma da lei. Referida norma ainda não foi editada, sendo oportuno destacar que são os Tribunais de Contas os órgãos vocacionados para proceder a tais avaliações, a uma, por disporem de independência funcional, e a duas, por terem acumulado expertise com a realização de auditorias operacionais. Esse, inclusive, é o padrão internacional na atuação das entidades de fiscalização superior, tendo a Organização Internacional das Entidades Fiscalizadoras Superiores – INTOSAI editado o GUID 9020 – *Evaluation of Public Policies*, que no Brasil converteu-se na NBASP 9020 – Avaliação de Políticas Públicas (IRB, 2020).

De acordo com a NBASP 9020, a avaliação de política pública é um exame que objetiva avaliar a utilidade dessa política e a efetividade de seus instrumentos mediante a análise sistemática de seus objetivos, implementação, produtos, resultados e impactos. A relevância da política diz respeito à adequação dos seus objetivos em relação às necessidades sociais, econômicas ou ambientais que a política pública quer atender. Por sua vez, a sua vantajosidade leva em consideração, por um lado, todos os seus

---

[3] CF: art. 71, IV.
[4] Leis nºs 8.666/1993 e 14.133/2021.
[5] Lei Complementar nº 101/2000 (Lei de Responsabilidade Fiscal): arts. 56 a 59; Lei nº 10.028/2000: arts. 4º e 5º.
[6] Lei nº 8.429/1992: arts. 15 e 17-B, §3º.
[7] Lei nº 9.717/1998.
[8] Leis nºs 9.394/1996, 11.947/1996 e 14.113/2020.
[9] Lei Complementar nº 141/2012.
[10] Conforme levantamento constante de LIMA (2023a).

efeitos diretos (resultados) e indiretos (impactos), inclusive os não intencionais ou não esperados e, por outro, as necessidades que pretendia contemplar.

No que concerne especificamente à política pública da educação, o art. 73 da Lei de Diretrizes e Bases da educação nacional – LDB (Lei nº 9.394/1996) estabelece que os órgãos fiscalizadores devem, na prestação de contas de recursos públicos, examinar prioritariamente o cumprimento do disposto no art. 212 da Constituição, no art. 60 do Ato das Disposições Constitucionais Transitórias – ADCT e na legislação concernente. No mencionado artigo 212 consta a obrigação da União aplicar, anualmente, nunca menos de 18%, e os Estados, o Distrito Federal e os Municípios 25%, no mínimo, da receita resultante de impostos, compreendida a proveniente de transferências, na manutenção e desenvolvimento do ensino. Por sua vez, o art. 60 originalmente destinava pelo menos 50% dos recursos a que se refere o art. 212 da Constituição, para eliminar o analfabetismo e universalizar o ensino fundamental, durante os primeiros dez anos da promulgação da Carta Magna. Sucessivas alterações no dispositivo[11] culminaram na instituição do Fundo de Manutenção e Desenvolvimento da Educação Básica e de Valorização dos Profissionais da Educação – Fundeb, para vigorar até 2020.

Por fim, a Emenda Constitucional nº 108/2020 tornou o Fundeb permanente,[12] com regramento constante do art. 212-A da Constituição, e destinado à manutenção e ao desenvolvimento da educação básica pública e à valorização dos trabalhadores em educação, incluindo sua condigna remuneração. Ademais, a EC nº 108/2020 acrescentou o §9º ao art. 212, prevendo que a lei disporá sobre normas de fiscalização, de avaliação e de controle das despesas com educação nas esferas estadual, distrital e municipal. Da mesma forma, o §7º vedou a utilização de recursos destinados à manutenção e desenvolvimento do ensino no pagamento de aposentadorias e pensões. A EC nº 108/2020 foi regulamentada pela Lei nº 14.113/2020.

O art. 30 da Lei nº 14.113/2020 preceitua que a fiscalização e o controle referentes ao seu cumprimento e ao do disposto no art. 212 da Constituição Federal, especialmente em relação à aplicação da totalidade dos recursos dos Fundos, serão exercidos:

I – pelo órgão de controle interno no âmbito da União e pelos órgãos de controle interno no âmbito dos Estados, do Distrito Federal e dos Municípios;

II – pelos Tribunais de Contas dos Estados, do Distrito Federal e dos Municípios, perante os respectivos entes governamentais sob suas jurisdições;

III – pelo Tribunal de Contas da União, no que tange às atribuições a cargo dos órgãos federais, especialmente em relação à complementação da União;

IV – pelos respectivos conselhos de acompanhamento e controle social dos fundos.

---

[11] Emendas Constitucionais nºs 14/1996 e 53/2006.

[12] Os fundos, no âmbito de cada Estado e do Distrito Federal, são compostos por 20% das seguintes receitas: ITD, ICMS, IPVA, parcela do produto da arrecadação do imposto que a União eventualmente instituir no exercício da competência que lhe é atribuída pelo inciso I do *caput* do art. 154 da Constituição, parcela do produto da arrecadação do ITR, parcelas do produto da arrecadação do IR e do IPI devidas ao FPE e ao FPM, parcela do IPI – Exportação e receitas da dívida ativa tributária relativa a tais impostos, bem como juros e multas eventualmente incidentes, adicional da alíquota de ICMS prevista no §1º do art. 82 do ADCT, além de complementação da União.

Os conselhos de âmbito estadual, distrital e municipal poderão, sempre que julgarem conveniente, apresentar ao Poder Legislativo local e aos órgãos de controle interno e externo manifestação formal acerca dos registros contábeis e dos demonstrativos gerenciais do fundo.

Aos conselhos incumbe, ainda, entre outros, acompanhar a aplicação dos recursos federais transferidos à conta do Programa Nacional de Apoio ao Transporte do Escolar – PNATE e do Programa de Apoio aos Sistemas de Ensino para Atendimento à Educação de Jovens e Adultos – PEJA e receber e analisar as prestações de contas referentes a esses programas, com a formulação de pareceres conclusivos acerca da aplicação desses recursos e o encaminhamento deles ao Fundo Nacional de Desenvolvimento da Educação – FNDE.

Os Estados, o Distrito Federal e os Municípios prestarão contas dos recursos dos Fundos conforme os procedimentos adotados pelos Tribunais de Contas competentes, observada a legislação aplicável.

A fiscalização pelo TCU da aplicação dos recursos do Fundeb foi disciplinada pela IN TCU nº 60/2009. Esse normativo definiu que a fiscalização do cumprimento, pela União, da aplicação do mínimo de 18% da receita resultante de impostos federais na manutenção e desenvolvimento do ensino, prevista no art. 212 da Constituição, bem como dos procedimentos sob responsabilidade dos órgãos federais para o cumprimento do art. 60 e seus parágrafos do ADCT, e ainda da aplicação, no âmbito de cada Fundeb subnacional, de recursos federais oriundos da complementação da União,[13] será realizada mediante inspeções, auditorias e análise de demonstrativos próprios, relatórios, dados e informações pertinentes, inclusive com a possibilidade de instauração, se for o caso, de tomada de contas especial.

Essencialmente, compete ao TCU em relação ao Fundeb:
a) exame e revisão do cálculo de coeficientes;
b) acompanhamento de repasses e da complementação federal;
c) fiscalização da aplicação da complementação da União.

2.2 Emergência de novas funções para os Tribunais de Contas

A doutrina clássica (DI PIETRO, 2006; ZYMLER; ALMEIDA, 2005) costumava associar as diversas funções do TCU às competências que lhe foram conferidas pela Constituição e pela sua Lei Orgânica.[14] Assim, com uma ou outra nuance de denominação, tais funções podem ser sintetizadas no seguinte quadro, proposto por Lima (2023a):

---

[13] Ao julgar a ADI nº 5.719, o STF considerou constitucional o art. 26 da Lei nº 11.494/2007, reproduzido no art. 30 da Lei nº 14.113/2020 no que concerne à competência do TCU na fiscalização dos recursos aportados ao Fundeb mediante complementação da União.
[14] Lei nº 8.443/1992.

QUADRO – Funções das Cortes de Contas

Função	Previsão na Constituição e na Lei Orgânica do TCU
Fiscalizadora	CF: art. 71, IV, V, VI e XI
Opinativa	CF: art. 71, I
Judicante	CF: art. 71, II, III
Sancionadora	CF: art. 71, VIII
Corretiva	CF, art. 71, IX e X
Consultiva	LOTCU: art. 1º, XVII
Informativa	CF: art. 71, VII
Ouvidora	CF: art. 74, §2º
Normativa	LOTCU: art. 3º

Contudo, o Direito Público é uma disciplina em constante evolução, cuja velocidade foi acentuada diante do profundo impacto que a pandemia de covid-19 provocou na sociedade e na gestão pública. Como reflexo das inovações presentes na nova Lei de Licitações e Contratos – Lei nº 14.133/2021 – bem como das importantes alterações que a Lei nº 14.230/2021 trouxe para a lei da improbidade administrativa,[15] entre outras, alguns estudiosos passaram a identificar novas funções exercidas pelos Tribunais de Contas. É o caso de Motta e Godinho (2022), que vislumbraram as funções articuladora, indutora, colaborativa e educadora.

Para os autores, a função *articuladora* consiste na coordenação de instâncias interinstitucionais de diálogo e atuação conjunta dos diversos atores envolvidos no ciclo das políticas públicas, com a finalidade de incrementar a eficiência e garantir a atuação coerente e confiável da administração pública.

Por seu turno, a função *indutora* ocorre quando o Tribunal de Contas promove incentivos à criação de evidências para a melhoria do processo de escolhas públicas (fornecendo elementos para a tomada de decisão) e da eficiência nas políticas públicas; ao aprimoramento e à difusão de boas práticas, como a implantação e o desenvolvimento da transparência, da governança, do planejamento, da integridade e da gestão de riscos.

A função *colaborativa* diz respeito à produção de dados que colaborem com a administração no planejamento e execução das políticas públicas e no abastecimento de informações destinadas ao controle social, com amparo na Lei do Governo Digital – Lei nº 14.129/2021.

A função *educadora*, que os autores distinguem da função pedagógica, de índole processual, se materializa na atuação dos tribunais por meio de suas escolas próprias, com vistas a difundir o conhecimento e profissionalizar a gestão pública, capacitando gestores, servidores e cidadãos, conforme expressa previsão do art. 173 da Lei nº 14.133/2021.

---

[15] Lei nº 8.429/1992.

Além das novas funções sugeridas pelos eminentes autores, pode-se distinguir também uma função *orientadora*, exercida, por exemplo, mediante a emissão de Termos de Alerta em que o órgão de controle recomenda a adoção de determinadas providências visando evitar a ocorrência de falhas e fomentar a adoção de boas práticas para o melhor desempenho da gestão pública.

Em boa medida, todas essas novas funções concorrem para a promoção de soluções consensuais em matéria de controle externo.

2.3 Democratização da administração pública, consensualismo e controle externo

Poucos temas têm merecido tanta atenção da doutrina nos anos recentes como a aplicação do consensualismo à administração pública. Na dicção de Vieira (2019), é:

> (...) na busca pela realização do melhor interesse público que emerge o consensualismo, movimento que assenta as suas bases fundantes na racionalidade e na eficiência, a realizar-se por meio de instrumentos construídos na arena deliberativa.

A democratização da administração pública é tema recorrente desde o final da Segunda Guerra Mundial. No Brasil, o advento da Constituição de 1988 conferiu ao tema expressão destacada no debate sobre os melhores desenhos institucionais e formas de atuação pública para a concretização dos direitos fundamentais. A abertura do poder público a novas demandas e a premente necessidade de respondê-las com eficiência e eficácia trouxeram à tona questões como os limites da democracia representativa tradicional para canalizá-las e a importância de se conferir à pessoa humana a devida centralidade na razão de ser da atividade administrativa.

O crescente grau de intervenção do poder público nas mais variadas searas, a incapacidade de regular toda a ação do administrador por meio da lei, com o recurso cada vez mais frequente do legislador a cláusulas abertas,[16] e a superação da concepção liberal, que separava rigidamente Estado e sociedade,[17] fizeram com que o Direito Administrativo refletisse sobre formas consensuais de exercício do poder, na medida em

---

[16] As cláusulas abertas nos textos legais são característica marcante da legislação que regula a moderna administração incumbida da prestação de serviços e compelida a planejar ações e prever riscos. A abertura das normas leva a administração a programar-se a si mesma, bem como envolve o poder público "em negociações com sistemas funcionais da sociedade, com grandes organizações, associações, etc., que se subtraem, em larga escala, a uma regulação imperativa" (HABERMAS, 1997). Foucault (1996) advertiu da necessidade de não se tratar o discurso apenas como um conjunto de fatos linguísticos, "mas como jogos, (games), jogos estratégicos, de ação e reação, de pergunta e de resposta, de dominação e de esquiva, como também de luta. O discurso é esse conjunto regular de fatos linguísticos em determinado nível, e polêmicos e estratégicos em outro (...)". As negociações com esferas da sociedade a que se refere Habermas podem ser captadas em algum grau pela análise do discurso jurídico, construído não apenas em uma vertente semântica, e sim mediante usos pragmáticos da linguagem, instrumentalizando-a para o alcance de fins dos atores do debate na arena institucional do Direito.

[17] "O fenômeno da participação dos particulares na vida administrativa é uma realidade específica da superação do Estado liberal. É a conjugação entre a progressiva intervenção pública no domínio social e o reforço dos meios e mecanismos de garantia dos particulares que está na justificação e explicação do incremento participatório que, no quadro dos sistemas ocidentais, terá atravessado a sua euforia ideológico-doutrinária nos anos sessenta e setenta" (DUARTE, 1996).

que, "quanto mais o direito é tomado como meio de regulação política e de estruturação social, tanto maior é o peso de legitimação a ser carregado pela gênese democrática do direito" (HABERMAS, 1997).

Nas palavras de Baptista (2003):

> O déficit de legitimidade democrática da função administrativa e a redefinição do papel da Administração Pública em função da dignidade da pessoa humana foram propulsores da construção dessa nova vertente do fenômeno participativo.

Conceitualmente, a participação política pode ser distinguida em três formas: *presença*, nas hipóteses em que o indivíduo assume postura passiva, como a mera assistência em reuniões; *ativação*, quando o cidadão desempenha atividades, interna ou externamente a uma organização política, a exemplo de participação em campanhas eleitorais ou protestos; e a *participação em sentido estrito*, para os casos em que a pessoa colabora para o alcance de uma decisão política (BOBBIO; MATTEUCI; PASQUINO, 1994).

É sobre a participação em sentido estrito que as redefinições propostas pelo Direito Administrativo versam com maior atenção, no afã de densificar a *participação administrativa* como uma categoria dogmática útil. Participação aqui entendida não no sentido contratual de colaboração dos particulares para o fornecimento de bens e serviços para a administração, acepção assumida pela doutrina francesa para dar contornos aos contratos administrativos após os anos 30 do século passado (ESTORNINHO, 2003), e sim como a integração do cidadão aos processos de formação da vontade administrativa, fenômeno observado em vários trechos da legislação brasileira.[18][19] Nesse cenário, a administração pública busca *"filtros de legitimação*, os quais podem ser cedidos pelo direito procedimental" (HABERMAS, 1997), sendo que:

> práticas de participação na administração não devem ser tratadas apenas como sucedâneos da proteção jurídica, e sim como processos destinados à legitimação de decisões, eficazes

---

[18] Estabelece o art. 37, §3º, da Constituição: "Art. 37 (...): §3º A lei disciplinará as formas de participação do usuário na administração pública direta e indireta, regulando especialmente:
I – as reclamações relativas à prestação dos serviços públicos em geral, asseguradas a manutenção de serviços de atendimento ao usuário e a avaliação periódica, externa e interna, da qualidade dos serviços;
II – o acesso dos usuários a registros administrativos e a informações sobre atos de governo, observado o disposto no art. 5º, X e XXXIII;
III – a disciplina da representação contra o exercício negligente ou abusivo de cargo, emprego ou função na administração pública".

[19] Sobre a possibilidade de consulta pública em processos administrativos que versem sobre assunto de interesse geral, prevê a Lei nº 9.784/1999: "Art. 31. Quando a matéria do processo envolver assunto de interesse geral, o órgão competente poderá, mediante despacho motivado, abrir período de consulta pública para manifestação de terceiros, antes da decisão do pedido, se não houver prejuízo para a parte interessada.
§1º A abertura da consulta pública será objeto de divulgação pelos meios oficiais, a fim de que pessoas físicas ou jurídicas possam examinar os autos, fixando-se prazo para oferecimento de alegações escritas.
§2º O comparecimento à consulta pública não confere, por si, a condição de interessado do processo, mas confere o direito de obter da Administração resposta fundamentada, que poderá ser comum a todas as alegações substancialmente iguais.
Art. 32. Antes da tomada de decisão, a juízo da autoridade, diante da relevância da questão, poderá ser realizada audiência pública para debates sobre a matéria do processo.
Art. 33. Os órgãos e entidades administrativas, em matéria relevante, poderão estabelecer outros meios de participação de administrados, diretamente ou por meio de organizações e associações legalmente reconhecidas.
Art. 34. Os resultados da consulta e audiência pública e de outros meios de participação de administrados deverão ser apresentados com a indicação do procedimento adotado".

ex ante, os quais, julgados de acordo com seu conceito normativo, substituem atos da legislação ou da jurisdição. (HABERMAS, 1997)

A participação administrativa angaria espaço destacado pela constatação da existência de vários limites do Estado Liberal clássico e da democracia representativa tradicional. Outro tema ligado à crise do Estado irrompe com igual relevância: a (in)eficiência da ação do poder público na consecução dos objetivos fixados por meio de *normas-objetivo,* momento em que "o Direito passa a ser dinamizado como um instrumento de governo e deixa de ser sua finalidade, única exclusivamente, a de *ordenação.* Enquanto instrumento de governo, agora, o Direito passa a ser atuado tendo vista a *implementação de políticas* (...)" (GRAU, 1988). Bem assevera Gabardo (2003) que inexiste contraposição entre Estado Social e o princípio da eficiência, mormente por ser "uma ilusão acreditar em uma política eficiente que ignore problemas sociais, ainda que sob a promessa de, 'no futuro', ocorrer a estabilização das condições sociais em níveis qualitativos superiores".

As reflexões sobre a democratização da administração e os propósitos de eficiência, ou seja, de realização dos objetivos do Estado Social, notadamente a garantia dos direitos sociais, não passaram desapercebidas ao controle. Willeman (2020) bem percebeu as transformações do Direito Administrativo, não mais autocentrado no Estado, e destacou o movimento da legislação francesa em matéria de jurisdição de contas no sentido do *controle de resultados,* além de referir a relevância de que os Tribunais de Contas, em matéria de *accountability,* abram-se ao diálogo com os atores da sociedade, destinatários de sua atividade e demais instituições estatais.

Portanto, a *participação* e a adoção de fórmulas consensuais no controle não são fenômeno isolado: é parte de uma trajetória de aprofundamento do modelo democrático em todas as esferas estatais, não mais percebidas como entes distanciados da sociedade e autocentrados no poder que a lei lhes confere.

2.3.1 Consensualismo no ordenamento jurídico brasileiro

No ordenamento jurídico brasileiro, a introdução de meios alternativos de resolução de conflitos, como a mediação e a arbitragem, teve início na esfera cível, como forma de evitar o recurso ao Poder Judiciário, buscando maior celeridade e menores custos para as partes envolvidas.

Na mediação, o mediador atua para promover um diálogo entre as partes, que chegam a uma solução de comum acordo. Na arbitragem, as partes escolhem um árbitro que, examinando os argumentos de ambas, adota uma decisão – a sentença arbitral – que não será objeto de recurso judicial. A conciliação, por sua vez, assemelha-se à mediação, nas ações em que não houver vínculo anterior entre as partes.[20] A mediação é regulada pela Lei nº 13.140/2015 e a arbitragem pela Lei nº 9.307/1996.

Em 2015, a Lei nº 13.129 alterou a lei da arbitragem para introduzir a hipótese da administração pública direta e indireta utilizar a arbitragem, mas mencionando apenas a possibilidade de dirimir conflitos relativos a direitos patrimoniais disponíveis.

---

[20] Código de Processo Civil; art. 165.

No mesmo ano, a Lei nº 13.190/2015 acrescentou o art. 44-A à Lei do Regime Diferenciado de Contratações Públicas – RDC,[21] prevendo que nos contratos por ela regidos poderá ser admitido o emprego dos mecanismos privados de resolução de disputas, inclusive a arbitragem, a ser realizada no Brasil e em língua portuguesa, e a mediação, para dirimir conflitos decorrentes da sua execução ou a ela relacionados.

A adoção de práticas consensuais ganhou impulso também com a edição da Lei nº 13.655/2018, que acrescentou à Lei de Introdução às Normas do Direito Brasileiro[22] disposições sobre segurança jurídica e eficiência na criação e na aplicação do Direito Público. Com efeito, o seu art. 26, *caput*, prevê:

> Art. 26. *Para eliminar* irregularidade, incerteza jurídica ou *situação contenciosa na aplicação do direito público*, inclusive no caso de expedição de licença, a autoridade administrativa poderá, após oitiva do órgão jurídico e, quando for o caso, após realização de consulta pública, e presentes razões de relevante interesse geral, *celebrar compromisso com os interessados*, observada a legislação aplicável, o qual só produzirá efeitos a partir de sua publicação oficial. (grifos nossos)

Referido compromisso deverá buscar solução jurídica proporcional, equânime, eficiente e compatível com os interesses gerais. O Decreto nº 9.830/2019, que regulamentou os dispositivos da Lei nº 13.655/2018, positivou a possibilidade de celebração de termos de ajustamento de gestão entre os agentes públicos e os órgãos de controle interno da administração pública com a finalidade de corrigir falhas apontadas em ações de controle, aprimorar procedimentos, assegurar a continuidade da execução do objeto, sempre que possível, e garantir o atendimento do interesse geral. De igual modo, o seu art. 13, §1º, prevê que a atuação de órgãos de controle privilegiará ações de prevenção antes de processos sancionadores.

Finalmente, a Lei nº 14.133/2021, a Nova Lei de Licitações e Contratos – NLL dedicou todo o Capítulo XII do seu Título III – Dos Contratos Administrativos à disciplina "Dos meios alternativos de resolução de controvérsias".

Assim, nas contratações regidas pela NLL poderão ser utilizados meios alternativos de prevenção e resolução de controvérsias, notadamente a conciliação, a mediação, o comitê de resolução de disputas e a arbitragem, inclusive nas controvérsias relacionadas a direitos patrimoniais disponíveis, como as questões relacionadas ao restabelecimento do equilíbrio econômico-financeiro do contrato, ao inadimplemento de obrigações contratuais por quaisquer das partes e ao cálculo de indenizações.[23] Em relação às contratações públicas, a arbitragem será sempre de direito e observará o princípio da publicidade.[24]

A adoção dos meios alternativos de resolução de controvérsias poderá ser feita mediante aditamento contratual, isto é, mesmo sem ter sido prevista durante a licitação.[25]

---

[21] Lei nº 12.462/2011.
[22] Decreto-Lei nº 4.657/1942.
[23] Lei nº 14.133/2021: art. 151.
[24] Lei nº 14.133/2021: art. 152.
[25] Lei nº 14.133/2021: art. 153.

O processo de escolha dos árbitros, dos colegiados arbitrais e dos comitês de resolução de disputas observará critérios isonômicos, técnicos e transparentes.[26]

Finalmente, há previsão da possibilidade de extinção do contrato de modo consensual, por acordo entre as partes, por conciliação, por mediação ou por comitê de resolução de disputas, desde que haja interesse da Administração, ou, ainda, determinada por decisão arbitral, em decorrência de cláusula compromissória ou compromisso arbitral.[27]

Como observa Lima (2023b), a compreensão desses novos instrumentos e a sua implementação representam um desafio para gestores historicamente acomodados à tradição de judicializar as controvérsias. É ainda um desafio para a atuação dos Tribunais de Contas, no exercício do controle externo, cabendo-lhes também inovar em seus procedimentos de fiscalização e consolidar uma jurisprudência específica.

Neste sentido, cabe salientar que, no que concerne aos processos de controle externo, a Atricon editou a Nota Recomendatória 02/2022 com recomendação aos Tribunais de Contas brasileiros para que, observado o regime jurídico-administrativo, adotem instrumentos de solução consensual de conflitos quando do enfrentamento de temas controvertidos relacionados à administração pública e ao controle externo, aprimorando essa dimensão nos processos de controle externo, dentro de uma perspectiva de atuação marcada pela consensualidade.

O documento destaca que a atuação dialógica e consensual tem se revelado uma prática adotada por diversos Tribunais de Contas no exercício instrumental de suas competências e visando ao cumprimento de suas atribuições relacionadas ao controle externo, conforme previsto nos artigos 70 e 71 da Constituição da República. Salienta, ainda, que as ações de controle consensual têm alcançado notória relevância no âmbito de atuação dos Tribunais de Contas, especialmente os denominados Termos de Ajustamento de Gestão – TAGs. Em levantamento realizado em 2021, identificaram-se 11 Tribunais de Contas que haviam regulamentado a celebração de TAGs (FECURI, 2021).

Possivelmente, a iniciativa pioneira na busca de soluções consensuais no âmbito do controle externo foi a implantação das Mesas Técnicas no Tribunal de Contas do município de São Paulo. Como explicam Monteiro e Bordin (2021), as Mesas Técnicas são reuniões especializadas, realizadas durante a instrução de processos de fiscalização, com o objetivo de esclarecimento de apontamentos e de justificativas, com fulcro na cooperação interinstitucional. Para esses autores, as Mesas Técnicas guardam semelhança com as audiências judiciais, em que há a presença das "partes" – no caso, dos órgãos técnicos do TCMSP e dos representantes do jurisdicionados – e do julgador – com a participação de servidores lotados nos gabinetes e, eventualmente, de conselheiros. Esclarecem que o instrumento, embora não tenha finalidade conciliatória, nem caráter decisório, pode ensejar propostas de solução mediante Termos de Ajustamento de Gestão. Entendem que as Mesas Técnicas:

> São espécies de "diálogos público-públicos" (SCHIEFLER, 2016, p. 286), voltadas que estão a esclarecimentos recíprocos entre distintos órgãos e entes estatais a respeito de matérias

---

[26] Lei nº 14.133/2021: art. 154.
[27] Lei nº 14.133/2021: art. 138, incisos II e III.

constantes do processo de fiscalização, do que resulta o paulatino aperfeiçoamento da gestão pública – finalidade última dos Tribunais de Contas.

Em diversas decisões recentes, o TCU explicitamente reconheceu o fenômeno do consensualismo:

18. Creio que seria inadequado compreender o novo à luz do velho, dando uma leitura simplista e burocrática às ações negociais que têm crescido na Administração Pública e, consequentemente, ao acompanhamento delas pelo Tribunal. Tangenciei esse tema no meu comunicado ao Plenário sobre o presente acompanhamento:
Aliás, *os acordos de leniência* (arts. 16 e 17 da Lei Anticorrupção), os termos de ajustamento de conduta (previstos nas leis e nas resoluções que regem a atuação das agências reguladoras) e a previsão expressa de autocomposição envolvendo entes estatais (arts. 32 a 40 da Lei de Mediação c/c arts. 3º, §3º, 15, 174 e 175 do Código de Processo Civil) são apenas os exemplos mais evidentes do crescente consensualismo que vem modificando a Administração Pública contemporânea, *atribuindo-lhe perspectivas mais negociais e mais mediadoras*. Teremos de aprender a lidar, cada vez mais, com essa realidade inexorável. (Acórdão 1.790/2017-TCU-Plenário, Relator Ministro Bruno Dantas) (grifos no original)
34. No presente caso, tem-se uma obra parcialmente executada com recursos federais, em terreno de propriedade da Sabesp, antiga concessionária dos serviços públicos de esgotamento sanitário. Dessa forma, tomando por base a evolução do entendimento do TCU sobre o repasse de recursos federais para a construção de objetos a serem incorporados a contratos de concessão celebrados com empresas privadas, *julgo pertinente, em vez de condenar os responsáveis ao pagamento de débito, incentivar a adoção de uma solução consensual*, que, ao final, permita a população do Álvares Florence/SP usufruir do bem construído.
35. Nesse quadro, julgo pertinente sobrestar a análise da responsabilidade do Sr. Alberto Cesar de Caires pelo débito e, *prestigiando a ideia de consensualismo no âmbito da Administração Pública*, fixar prazo para que a Prefeitura Municipal de Álvares Florence/SP, se for do seu interesse, comprove a regularização da propriedade na qual foram construídas as obras do Termo de Compromisso TC/PAC 967/2009, nos termos da Portaria nº 628, de 18/12/2009, do Ministério das Cidades, e adote as providências necessárias para a conclusão do objeto da avença, com recursos próprios ou mediante a celebração de nova proposta de convênio junto à Funasa, o qual deve seguir as condições especificadas no Acórdão 347/2016-Plenário. (Acórdão 15.684/2018 – TCU – 1ª Câmara, Relator Ministro Benjamin Zymler). (grifos nossos)
Embora não haja lei nem ato normativo interno que discipline a matéria, entendo que a *aceitação da postura de colaboração aos processos de controle externo*, que permita a rápida solução do litígio e o ressarcimento dos prejuízos, parece de acordo com os princípios da lealdade e da boa-fé processual e com a *ideia de consensualismo que permeia o Direito Administrativo Sancionador e todo o sistema processual brasileiro*. (Acórdão 965/2022 – TCU – Plenário, Relator Ministro Benjamin Zymler). (grifos nossos)

Como fruto desse amadurecimento, em 2022, o TCU editou a Instrução Normativa nº 91 para disciplinar os procedimentos voltados para a solução consensual de controvérsias relevantes e prevenção de conflitos afetos a órgãos e entidades da administração pública federal.

Entre outras disposições, a solicitação de solução consensual deverá indicar precisamente o seu objeto, com a discriminação da materialidade, do risco e da relevância da situação apresentada, além de pareceres técnico e jurídico sobre a controvérsia, com a especificação das dificuldades encontradas para a construção da solução, bem como da manifestação de interesse na solução consensual dos órgãos e entidades da administração pública federal envolvidos na controvérsia.

O Plenário, por meio de acórdão, deliberará acerca da proposta de solução elaborada pela Comissão de Solução Consensual, composta de servidores do TCU e representantes dos órgãos ou entidades que tenham manifestado interesse na solução.

A formalização da solução será realizada por meio de termo a ser firmado pelo Presidente do TCU e pelo respectivo dirigente máximo dos órgãos e entidades interessados, e a verificação do seu cumprimento será realizada por meio de monitoramento.

3 Atuação consensual dos Tribunais de Contas na política pública de educação

O exercício das competências do controle externo em matéria de educação segue parâmetros básicos adotados pelos Tribunais de Contas na fiscalização de atos e contratos, no julgamento de contas e na emissão de parecer prévio sobre as contas apresentadas pelos mandatários do Poder Executivo, ou seja, aspectos de *regularidade*. Como referido, é consolidada na ação das Cortes de Contas a verificação do cumprimento da aplicação de percentual mínimo da receita de impostos na manutenção e desenvolvimento do ensino (art. 212), a aplicação do salário educação (art. 212, §§5º, 6º e 7º) e o controle da aplicação dos recursos do Fundo de Manutenção e Desenvolvimento da Educação Básica e de Valorização dos Profissionais da Educação. Da mesma forma, a regularidade na aplicação dos recursos, a exemplo da observância dos artigos 70 e 71 da Lei nº 9.394/1996 – LDB[28], é tema recorrente das matrizes de auditoria.

No aspecto *operacional*, a fiscalização adota como vetores os princípios da legalidade, legitimidade e economicidade, a indicar uma extensão de competências

---

[28] "Art. 70. Considerar-se-ão como de manutenção e desenvolvimento do ensino as despesas realizadas com vistas à consecução dos objetivos básicos das instituições educacionais de todos os níveis, compreendendo as que se destinam a:
I – remuneração e aperfeiçoamento do pessoal docente e demais profissionais da educação;
II – aquisição, manutenção, construção e conservação de instalações e equipamentos necessários ao ensino;
III – uso e manutenção de bens e serviços vinculados ao ensino;
IV – levantamentos estatísticos, estudos e pesquisas visando precipuamente ao aprimoramento da qualidade e à expansão do ensino;
V – realização de atividades-meio necessárias ao funcionamento dos sistemas de ensino;
VI – concessão de bolsas de estudo a alunos de escolas públicas e privadas;
VII – amortização e custeio de operações de crédito destinadas a atender ao disposto nos incisos deste artigo;
VIII – aquisição de material didático-escolar e manutenção de programas de transporte escolar.
Art. 71. Não constituirão despesas de manutenção e desenvolvimento do ensino aquelas realizadas com:
I – pesquisa, quando não vinculada às instituições de ensino, ou, quando efetivada fora dos sistemas de ensino, que não vise, precipuamente, ao aprimoramento de sua qualidade ou à sua expansão;
II – subvenção a instituições públicas ou privadas de caráter assistencial, desportivo ou cultural;
III – formação de quadros especiais para a administração pública, sejam militares ou civis, inclusive diplomáticos;
IV – programas suplementares de alimentação, assistência médico-odontológica, farmacêutica e psicológica, e outras formas de assistência social;
V – obras de infraestrutura, ainda que realizadas para beneficiar direta ou indiretamente a rede escolar;
VI – pessoal docente e demais trabalhadores da educação, quando em desvio de função ou em atividade alheia à manutenção e desenvolvimento do ensino." BRASIL. Lei nº 9.394, de 20 de dezembro de 1996. Brasília, DF. Disponível em: L9394 (planalto.gov.br). Acesso em: 12 mar. 2023.

que não se limita à mera observação do cumprimento da lei pelos administradores públicos. Há uma verdadeira indicação da *avaliação de resultados* da ação administrativa.

Na seara da educação, a avaliação de resultados ganhou delineamento de maior robustez com os novos contornos estabelecidos ao Plano Nacional de Educação – PNE pela Emenda Constitucional nº 59/2009. De acordo com a modificação do art. 214, incumbe ao PNE a articulação colaborativa do sistema nacional de educação e a *definição de diretrizes, objetivos, metas e estratégias de implementação*, especificação que não constava na redação anterior.

A Constituição alça o PNE a elemento estruturante da política educacional brasileira, e que em seu teor não enuncia apenas mensagens gerais e abstratas. Deve, ao contrário, garantir a formulação de métricas de avaliação, com a definição de objetivos, metas e estratégias para a sua concretude. Em consequência, é o PNE o parâmetro por excelência da atividade de controle e avaliação da política educacional por parte dos Tribunais de Contas.

Contudo, o acompanhamento de uma política pública pelo controle externo não se resume à fiscalização de conformidade e operacional nas formas consolidadas na legislação dos Tribunais de Contas, já que podem atuar de forma *dialógica* e *colaborativa*, cumprindo *função indutora*, a ser realizada tanto processualmente quanto sem a instauração de processos de fiscalização.

Para identificar as estratégias de atuação dos Tribunais de Contas no contexto dos *inputs* trazidos pela Resolução Atricon 03/2015, foram eleitos dois critérios de análise: *criação de projeto de atuação específico na área da educação, com foco em resultado da política pública e/ou articulação de atores*, e *participação em instância de articulação/colaboração*. Para a pesquisa, utilizaram-se como fontes as informações divulgadas nos sítios eletrônicos dos Tribunais de Contas na internet, ou seja, projetos que estejam sendo comunicados ao público em geral pelos sítios institucionais.

Como resultado, identificaram-se nove Tribunais de Contas estaduais e municipais que desenvolvem projetos ou programas com escopo voltado para os resultados da política pública de educação e articulação de atores externos. São eles:

TABELA 1
Tribunais de Contas com projetos/programas na área da educação

TRIBUNAL	DESIGNAÇÃO DO PROJETO/PROGRAMA
Tribunal de Contas do Amapá	Juntos pela educação
Tribunal de Contas da Bahia	Educação é da Nossa Conta
Tribunal de Contas dos Municípios da Bahia	Educação é da Nossa Conta
Tribunal de Contas dos Municípios de Goiás	Programa de Acompanhamento do PNE
Tribunal de Contas de Minas Gerais	Na Ponta do Lápis
Tribunal de Contas dos Municípios do Pará	Projeto Marajó
Tribunal de Contas do Município do Rio de Janeiro	Programa de Visitas às Unidades Escolares da Rede Municipal de Ensino da Cidade do Rio de Janeiro
Tribunal de Contas de Rondônia	TCE Educação – Programa de Aprimoramento da Política de Alfabetização na Idade Certa (PAIC)
Tribunal de Contas de Santa Catarina	TCE Educação

Fonte: elaboração própria dos autores.

Todos os projetos/programas adotaram designação e identidades visuais próprias, estratégia claramente definida como meio de comunicação dos propósitos a serem perseguidos e, além disso, destinada a registrar para o público externo o compromisso com a pauta da educação.

Dentre os projetos/programas estabelecidos para a área da educação, representativa é a importância do Programa de Visitas às Unidades Escolares da Rede Municipal de Ensino da Cidade do Rio de Janeiro, ou Programa de Visita às Escolas, instituído pelo Tribunal de Contas do Município do Rio de Janeiro no ano de 2003 (TCM-RJ, 2018). Doze anos antes da Resolução Atricon 03/2015, o Programa introduziu elementos inovadores em matéria de controle.

O Programa de Visita às Escolas é alicerçado em pressupostos comunicacionais consistentes, destinados a edificar um espaço de diálogo ordenado e contínuo com atores do pensamento científico e da comunidade escolar. É, portanto, um demarcado exemplo de democratização da função de controle, que, sem perder a sua autonomia e o seu papel, abre espaço para receber informações externas e melhor compreender o universo fiscalizado. Mais que isso, é *responsivo*, porque, ao criar vínculos permanentes com o meio escolar e acompanhá-lo periodicamente, compromete-se a utilizar das competências de que dispõe para contribuir de fato com a resolução dos problemas detectados.

Sinteticamente, o Programa de Visita às Escolas possui duas dimensões inovadoras de abertura dialógica. A primeira é a definição do plano amostral das escolas visitadas em cada ano e a avaliação e validação dos procedimentos por consultoria da Fundação COPPETEC da Universidade Federal do Rio de Janeiro (TCM-RJ, 2018). Neste ponto, a abertura dá-se pela aceitação do conhecimento científico produzido em ambiente acadêmico, como base para a realização do trabalho de fiscalização, rompendo com a concepção tradicional de definição exclusiva pelo órgão de controle dos recortes da sua ação controladora.

A segunda dimensão de abertura proposta pelo Programa de Visita às Escolas é a escuta dos destinatários do serviço público e profissionais da educação, avançando em relação à concepção tradicional de formação da relação processual no processo de controle, em que o *jurisdicionado*, ou seja, o obrigado a prestar contas, assume a posição de único interlocutor junto ao órgão de controle.

Na execução das atividades, as equipes do TCM-RJ utilizam técnicas de auditoria operacional, como a aplicação de questionários, e de auditoria de conformidade. Avalia principalmente problemas de infraestrutura e alimentação escolar, entrevista gestores escolares e manipuladores de alimentos e dirige questionários a professores, alunos, pais e responsáveis (TCM-RJ, 2018). Conquanto os dados sirvam para a elaboração de relatórios que servirão de base para requerer esclarecimentos do gestor, *a base informacional do programa privilegia os elementos obtidos junto à comunidade escolar*, notadamente para colher a percepção dos sujeitos envolvidos, e não apenas a oficialidade dos atos de gestão.

Em suma, o Programa de Visita às Escolas do TCM-RJ forneceu ao controle externo um modelo de ação estruturada e estável ao longo do tempo na área da educação, tendo subjacente a diretriz de democratização da ação controladora. Por seu caráter precursor, forneceu subsídios essenciais para o desenho institucional dos programas posteriores dos demais Tribunais de Contas.

No que se refere ao segundo critério de análise de que se lança mão para identificar a atuação dos Tribunais de Contas após a Resolução Atricon 03/2015, a *participação em instância de articulação/colaboração*, a pesquisa identificou os tribunais partícipes de arranjos interinstitucionais criados para debater e desenvolver soluções para a política educacional. Há uma tendência de incentivo à criação e participação nos denominados Gabinetes de Articulação para a Efetividade da Política Educacional – GAEPE. De acordo com a conceituação apresentada pelo GAEPE-Brasil, esse consiste em "uma instância de diálogo e cooperação entre atores do setor público e sociedade civil envolvidos na política pública educacional, com o objetivo de fomentar maior interlocução entre essas instituições" (GAEPE BRASIL, 2023). Não obstante, há outras formas de organização identificadas no levantamento.

A busca de informações nos sítios eletrônicos dos Tribunais de Contas estaduais e de municípios apurou a participação de nove Cortes de Contas em concertações da área da política educacional:

TABELA 2
Tribunais de Contas que participam de instâncias de colaboração

TRIBUNAL	INSTÂNCIA DE PARTICIPAÇÃO
Tribunal de Contas de Goiás	GAEPE/GO
Tribunal de Contas dos Municípios de Goiás	GAEPE/GO
Tribunal de Contas do Mato Grosso	GAEPE/MT
Tribunal de Contas do Mato Grosso do Sul	Comitê de Articulação para Efetividade da Política Educacional no Estado do Mato Grosso do Sul (CAEPE)
Tribunal de Contas dos Municípios do Pará	GAEPE/Marajó
Tribunal de Contas do Piauí	GAEPE/PI
Tribunal de Contas de Rondônia	GAEPE/RO
Tribunal de Contas de Santa Catarina	Acordo de Cooperação para o monitoramento dos Planos Estadual e Municipais de Educação
Tribunal de Contas de Sergipe	Pacto pela Educação

Fonte: elaboração própria dos autores.

Os fóruns de articulação da política educacional com a participação de entidades e órgãos da comunidade de interesses da área, e integração permanente dos Tribunais de Contas, são fenômenos recentes para o controle externo, principalmente a partir do ano de 2019 e intensificados durante a pandemia. É característico de uma estratégia de controle consensual, indutivo e extraprocessual, em que os Tribunais de Contas pretendem alcançar resultados em termos de governança e ajustes de regularidade nos atos praticados pela administração pública.

Expostos os critérios de pesquisa e os resultados encontrados, amplia-se a análise de duas experiências de Tribunais de Contas que ilustram bem as características da nova atuação consensual do controle externo na área da educação.

3.1 Tribunal de Contas de Rondônia: o Programa de Aprimoramento da Política de Alfabetização na Idade Certa (PAIC)

A experiência do Tribunal de Contas de Rondônia revela duas características marcantes da matriz dialógica que se pretende assentar em matéria de controle da política pública da educação: o *incentivo à formação de uma instância colaborativa* e o *apoio técnico aos entes públicos*.

Em Rondônia, o Gabinete de Articulação para Enfrentamento da Pandemia na Educação no Estado de Rondônia, embrião do Gabinete de Articulação para a Efetividade da Política Educacional – GAEPE/RO, teve por propósito explícito o fomento à colaboração, como bem destacou a ata da reunião de 08.05.2020 (GAEPE-RO, 2020):

> No concernente aos órgãos de controle participantes, malgrado a dificuldade em se conseguir uniformidade de ações ante as diferenças das respectivas competências e âmbitos de atuação, ressaltou-se a importância de se buscar articulação, e não necessariamente a uniformidade, constituindo semelhante abordagem em verdadeira mudança de cultura institucional, com a adoção de medidas concertadas e a valorização do diálogo colaborativo com o gestor, com vistas ao incremento de segurança jurídica (GAEPE-RO, 2020).

Participam do GAEPE Rondônia, além do Tribunal de Contas do Estado, representantes dos seguintes poderes, órgãos ou entidades: a) Ministério Público de Contas; b) Ministério Público Estadual; c) Defensoria Pública Estadual; d) Poder Judiciário; e) Associação Rondoniense de Municípios – AROM; f) União Nacional dos Dirigentes Municipais de Educação em Rondônia – UNDIME/RO; g) Sindicato dos Estabelecimentos Particulares de Ensino de Rondônia – SINEPE/RO; h) Conselho Estadual de Educação de Rondônia – CEE/RO; i) Secretaria de Estado da Educação de Rondônia – SEDUC/RO; j) Conselho de Secretarias Municipais de Saúde de Rondônia – COSEMS/RO); k) Agência Estadual de Vigilância em Saúde de Rondônia – AGEVISA/RO; e l) União Nacional dos Conselhos Municipais de Educação em Rondônia – UNCME/RO.

Os temas discutidos pelo GAEPE são amplos e as notas técnicas expedidas demonstram o intento de obter acordos mínimos sobre situações da gestão educacional. Nesse contexto, por exemplo, o Gabinete recomendou (GAEPE, 2020): 1) a suspensão das aulas presenciais em razão do advento da pandemia e, posteriormente, a necessidade de retomada dessas atividades; 2) a necessidade de os responsáveis pela política educacional aplicarem ao menos 25% dos recursos não vinculados, recebidos da União durante a pandemia, na manutenção e desenvolvimento do ensino; 3) a inclusão dos profissionais da educação como prioritários nos planos de vacinação contra a covid-19; 4) a necessidade de adesão à estratégia de busca ativa do UNICEF; 5) a sugestão de adoção, pelas autoridades responsáveis pela política pública de saúde, de providências para exigir dos servidores públicos o atestado de vacinação; e 6) a implantação dos padrões de qualidade da educação infantil estabelecidos pelo MEC.

O GAEPE pode ser considerado uma ferramenta de governança pública, entendida, nos termos do conceito ofertado pelo art. 2º, I, do Decreto nº 9.203/2017, como o "conjunto de mecanismos de liderança, estratégia e controle postos em prática para avaliar, direcionar e monitorar a gestão, com vistas à condução de políticas públicas e à prestação de serviços de interesse da sociedade". Nesse caso, é meio de governança não constituído unicamente no seio da administração pública, havendo o nítido objetivo de integrar os órgãos de controle na estratégia de obtenção de valor às atividades das organizações públicas.

A participação efetiva e protagonista do Tribunal de Contas no GAEPE denota a abertura de via de diálogo que aproxima o órgão das demais instituições controladoras e controladas, com dois efeitos imediatos: a aceleração do processo de comunicação, na medida em que os órgãos de controle podem fazer chegar de maneira célere os seus entendimentos aos destinatários; e a integração do Tribunal de Contas à cadeia de compromisso de geração de valor público, caracterizada como produtos e resultados "que representem respostas efetivas e úteis às necessidades ou às demandas de interesse público e modifiquem aspectos do conjunto da sociedade ou de alguns grupos específicos reconhecidos como destinatários legítimos de bens e serviços públicos", na dicção do art. 2º, II, do Decreto nº 9.203/2017.

A segunda característica da estratégia eleita pelo Tribunal de Contas de Rondônia externa bem essa integração do órgão de controle externo à rede de governança da política de educação, e o desígnio de geração de valor público não apenas à atividade controladora, e sim aos resultados dessa política pública. É o *apoio técnico* aos entes responsáveis pela prestação do serviço público de educação.

O eixo estratégico I do Planejamento Estratégico 2021-2028 do Tribunal de Contas de Rondônia prevê a avaliação das "políticas públicas estratégicas para promover o bem-estar e preparar a sociedade para o futuro", estabelecidas como prioritárias a educação e o desenvolvimento econômico sustentável (TCE-RO, 2023). Para a primeira, projetou-se a avaliação das políticas de a) alfabetização na idade certa; b) acesso à creche e universalização da pré-escola; e c) correção de fluxo idade-série e de aprendizagem para os ensinos fundamental e médio. O condutor do processo de avaliação é o Programa de Aprimoramento da Política de Alfabetização na Idade Certa – PAIC.

A avaliação das políticas referidas assume escopo amplo e alcança elementos da execução da política, o que confere notas de efetivo *apoio técnico* aos jurisdicionados. Como a sua descrição aponta, o PAIC tem por objetivo "melhorar os resultados educacionais por meio de um amplo programa de apoio técnico, que abrange*: 1) organização e análise de dados; 2) criação de painéis gerenciais; 3) avaliação diagnóstica; 4) definição de currículo e concepção de alfabetização na idade certa; 5) definição das diretrizes estratégicas de alfabetização e aprimoramento de processos de: 6) capacitação inicial e formação continuada; 7) monitoramento e avaliação de resultados e 8) elaboração do orçamento para a alfabetização na idade certa"* (TCE-RO, 2023).

O Tribunal de Contas de Rondônia estabeleceu um modelo de controle dialógico original que associa diálogo institucional, integração à cadeia responsável pela geração de valor público e apoio técnico, pelo órgão de controle, aos executores da política de educação. Das experiências inovadoras de controle em execução no Brasil, é a de maior aproximação com a atividade administrativa, podendo-se caracterizá-la, em um juízo comparativo com as demais, como um modelo de *controle cooperativo máximo*.

3.2 Tribunal de Contas de Santa Catarina: projeto TCE Educação

A segunda experiência analisada é a do Tribunal de Contas de Santa Catarina – TCE-SC, organizada no bojo do denominado projeto TCE Educação, principiado em 2018. O projeto tem como uma de suas características a definição de um padrão de comunicação não hermético. Há identidade visual própria, identificada com os padrões de imagens e cores da área educacional, e força simbólica na utilização da linguagem, para tornar acessível a mensagem e aumentar o reconhecimento e legitimidade social da atuação do Tribunal de Contas (VIRICIMO, 2021).

O objetivo de geração de valor público e de diálogo com atores da sociedade é enunciado expressamente no memorial informativo do projeto, apresentado como "um compromisso com a sociedade", sendo que o "diálogo com vários setores da educação básica de Santa Catarina garantiu o adensamento necessário para a correta definição do escopo do projeto" (TCE-SC, s.d).

O TCE Educação é um plano tático integrado ao Planejamento Estratégico do Tribunal de Contas de Santa Catarina que fixou a prioridade na fiscalização da educação para a implementação das previsões da Resolução Atricon 03/2015. O seu memorial descreve com clareza o significado do projeto e seus objetivos (TCE-SC, s.d.):

> O "TCE Educação" possui identidade visual própria e estão sendo estabelecidas estratégias capazes de garantir adequada comunicação com os stakeholders da área da educação e sociedade como um todo. O "TCE Educação" teve suas ações pensadas e estruturadas de acordo com as diretrizes da Resolução Atricon nº 003/2015 e segue a sua sequência, está integrado ao Planejamento Estratégico e foi formalizado por Portaria do Presidente do TCE/SC.
> Em suma, estabeleceram-se todas as condições para que haja a integração na instituição de processos de trabalho que permitam a concretude do objetivo de garantir a educação como prioridade na fiscalização realizada pelo Tribunal de Contas.
> Assim, o "TCE Educação" é um conjunto de ações integradas do TCE/SC destinado à implementação da fiscalização financeira, orçamentária, operacional e patrimonial voltada à execução dos Planos Nacional, Estadual e Municipais de Educação, bem como à ampliação dos mecanismos de transparência da aplicação dos recursos públicos destinados à área.
> Compõe-se de cinco vetores:
> 1) monitoramento de metas e estratégias dos Planos de Educação;
> 2) planejamento e execução da fiscalização;
> 3) análise do planejamento e execução dos orçamentos da educação;
> 4) capacitação e orientação para gestores públicos e membros de conselhos da área da educação;
> e 5) transparência, controle social e relacionamento com a sociedade civil.
> Esses vetores, para que sejam concretizados, pressupõem:
> a) o acesso a bases de dados confiáveis e a definição de parâmetros para o monitoramento;
> b) o uso da tecnologia da informação; e
> c) a relação interinstitucional e a comunicação com os atores da educação.

O TCE Educação é um projeto de preparação do Tribunal de Contas para o controle da política pública da educação, tanto nos aspectos operacionais como de regularidade, de acordo com as diretrizes, metas e estratégias dos Planos Nacional, Estadual e Municipais de Educação. Adota, como pressupostos necessários, a utilização de bases de dados e da tecnologia no controle, e a transparência e o diálogo com os atores externos à instituição, em aderência a diretrizes de governança pública previstas no art. 4º, III, IV, VIII e X, do Decreto nº 9.203/2017, a saber, o monitoramento de desempenho das políticas públicas, a articulação de instituições para entregar valor público, a análise baseada em evidências e a promoção da comunicação aberta, voluntária e transparente das atividades.

O objetivo de orientar a fiscalização à verificação do cumprimento das metas e estratégias dos Planos de Educação, tanto sob o enfoque da eficiência e eficácia quanto da regularidade dos atos praticados pelos gestores, e a preocupação de acompanhar a execução daqueles com base em indicadores metodologicamente embasados, conduziu o Tribunal de Contas a um processo de trabalho que associou prioridade ao uso de dados no controle e diálogo interinstitucional. O produto dessa associação são os *painéis de monitoramento dos Planos de Educação*, construídos em parceria com o Ministério Público Estadual e o Ministério Público de Santa Catarina, no bojo de acordo de cooperação que abarca outros oito órgãos e entidades.

O Acordo de Cooperação nº 07/2019 (TCE-SC, s.d) tem por objeto "o estabelecimento de formas de cooperação para, a partir de base de dados comum, desenvolver painéis eletrônicos de acompanhamento da execução dos Planos Estadual e Municipais de Educação em Santa Catarina, para fins de gestão, controle e incentivo ao controle social".

Participam do acordo, além dos três órgãos de controle mencionados: a) a Assembleia Legislativa de Santa Catarina; b) o Poder Executivo, por meio da Secretaria de Estado da Educação; c) a Fundação Universidade do Estado de Santa Catarina – UDESC; d) a Federação Catarinense de Municípios – FECAM; e) a União Nacional dos Dirigentes Municipais de Educação de Santa Catarina – UNDIME/SC; f) o Conselho Estadual de Educação; g) a União Nacional dos Conselhos Municipais de Educação em Santa Catarina – UNCME/SC; e h) a Associação Catarinense das Fundações Educacionais – ACAFE.

O acordo de cooperação técnica é a base do trabalho dos painéis de monitoramento dos Planos de Educação do Estado e dos Municípios de Santa Catarina, disponibilizados no site do Tribunal de Contas (TCE-SC s.d.). Atualmente, estão disponíveis na internet, no Espaço TCE Educação, os painéis das metas 1 (educação infantil), 2 (ensino fundamental), 7 (qualidade da educação), 10 (educação de jovens e adultos integrada à educação profissional), 19 (gestão democrática) e 20 (financiamento da educação).

O monitoramento da meta 1 dos planos de educação indica o porquê da ação dos órgãos do controle em interação com vários órgãos e entidades. A ausência de dados atualizados sobre a população brasileira, de acordo com as faixas etárias das etapas de ensino, provocou a elaboração de metodologia de estimação populacional pelo Tribunal de Contas de Santa Catarina, a fim de apresentar no painel o número de crianças atendidas e de vagas a serem criadas por Município, em número o mais próximo possível da realidade. A elaboração do painel, juntamente com o Ministério Público de Santa Catarina, propõe outra solução para as dificuldades no acompanhamento dos planos de educação: a ausência de uma base de dados estruturada com todas as metas dos planos municipais de educação. Devido a isso, o órgão ministerial tabulou as metas dos planos de todos os Municípios de Santa Catarina, para que o monitoramento leve em consideração os percentuais aprovados nos planos locais.

O acordo de cooperação difere em objetivo do desenho do GAEPE. Enquanto aquele vislumbra um alinhamento dos atores sobre os dados do monitoramento dos planos de educação, a fim de evitar divergências que dificultam a condução da política pública, o GAEPE pretende ser uma instância de colaboração e debate para a obtenção de soluções para a política educacional. É, portanto, de maior amplitude.

Contudo, o escopo delimitado do acordo de cooperação catarinense não significa a limitação do controle consensual a esse aspecto. Ao contrário, a aproximação com atores externos à organização é ponto fulcral do projeto, de modo que o Tribunal de Contas possa ter uma nova forma de ação no controle da educação, incorporando características de outras instituições em um processo de construção de redes de relações (VIRICIMO, 2021).

Duas ações relevantes e de grande impacto indicam a existência de uma rede de diálogo no Estado de Santa Catarina com a participação do Tribunal de Contas, rede essa na qual os agentes envolvidos no projeto TCE Educação "viram oportunidade de participar das instâncias de decisões, em um processo de negociação, em uma tentativa de aumentar a eficiência e evitar conflitos institucionais" (VIRICIMO, 2021). Descreve-se aqui o processo de retorno às aulas presenciais nas redes pública e privada de Santa Catarina, e a aprovação do ICMS Educação, mecanismo indutor criado pela Emenda Constitucional nº 108/2020.

O Tribunal de Contas e o Ministério Público de Santa Catarina participaram como observadores do Comitê Estratégico de Retorno às Aulas instituído pela Secretaria de Estado da Educação. Cumpriram papel indutor com a designação de servidores para os grupos de trabalho, e a posição, comunicada aos gestores, de que as aulas deviam retornar assim que houvesse a liberação pelas autoridades sanitárias, assim como a impossibilidade de dispensar tratamento desigual às redes pública e privada (RETORNO, 2020).

A construção colaborativa do processo de retomada das aulas presenciais nas redes estadual, municipais e privada, e o retorno dos alunos às escolas no início do ano letivo de 2021 demonstram o grau de articulação alcançado. O Comitê era integrado por 18 entidades, e os protocolos estabelecidos foram replicados nos 295 Municípios do Estado (SANTA CATARINA, 2020).

A garantia da volta às aulas já no início de 2021, com um grau de alinhamento de diretrizes e ações sem paralelo no Brasil no período pandêmico, externou uma concepção de controle consensual capaz de demarcar o espaço dialógico e diferenciá-lo da esfera do inegociável em matéria de execução da política pública. As posições do TCE-SC e do Ministério Público de Santa Catarina, firmes sobre a inexistência de discricionariedade do gestor sobre o tema da volta às aulas, a exigência de que o retorno ocorresse imediatamente após a autorização sanitária (sendo ilegítimas escusas baseadas em possível falta de infraestrutura) e a rejeição absoluta à hipótese de distinção entre redes pública e privada sinalizaram para o gestor o que não era objeto de debate. Em contrapartida, tanto órgãos de controle quanto entidades educacionais agiram em conjunto para criar as condições para o retorno, tema que dependia de debates e medidas operacionais de elevada complexidade.

A segunda ação que indica um grau significativo de interação com agentes da área da política educacional é a participação do TCE-SC na regulamentação do ICMS educacional. De acordo com o art. 3º, II, da Lei nº 18.489, de 22 de agosto de 2022, do Estado de Santa Catarina, para o cálculo final do índice "ICMS Educação" será adotado o índice provisório publicado pelo TCE-SC, que utiliza a metodologia desenvolvida pelo órgão de controle externo, juntamente com órgãos e entidades que fizeram parte de grupo de trabalho instituído pelo Secretário de Estado da Educação.

O grupo de trabalho foi composto por representantes do Ministério Público Estadual, Assembleia Legislativa, Federação Catarinense de Municípios – FECAM, Tribunal de Contas do Estado, Conselho Estadual de Educação, Controladoria-Geral do Estado, Procuradoria-Geral do Estado, e Secretarias de Estado da Fazenda e da Educação (TCE/SC, s.d.).

O ICMS educacional adveio com a Emenda Constitucional nº 108/2020. De acordo com a nova redação do art. 158, parágrafo único, II, da Constituição, da parcela pertencente aos Municípios relativa ao Imposto sobre Circulação de Mercadorias e Serviços – ICMS, que representa 25% do tributo arrecadado, até 35% serão distribuídos conforme critérios dispostos pela legislação estadual, "observada, obrigatoriamente, a distribuição de, no mínimo, dez pontos percentuais com base em indicadores de melhoria nos resultados de aprendizagem e de aumento da equidade, considerado o nível socioeconômico dos educandos".

A participação do TCE-SC no processo de elaboração da fórmula de repartição de receita tributária do ICMS com base em indicadores educacionais e o reconhecimento em lei da sua incumbência de estruturar a metodologia e divulgar anualmente os índices indicam o grau de controle consensual alcançado. Em suma, o dever permanente de avaliação e atualização dos indicadores insere formalmente o TCE-SC na rede de diálogo da educação.

A fórmula de controle consensual adotada pelo TCE-SC difere em certa medida da alternativa eleita pelo TCE-RO. Não se destina a oferecer apoio técnico aos jurisdicionados em matéria própria do cerne da política pública, a dimensão pedagógica, reservando essa matéria para o espaço da capacidade institucional dos entes sob sua jurisdição e priorizando a função indutora do controle mediante o desenvolvimento de indicadores. Caracteriza-se, portanto, como um *controle consensual moderado*. Em comum às duas experiências está a ação em rede, necessária para o alcance do valor público perseguido por esses tribunais.

4 Considerações finais

A Resolução Atricon 03/2015 propôs um novo paradigma para o controle da política pública de educação. Ao apontar que os Tribunais de Contas "desenvolverão, de forma continuada, competência técnica para analisar a governança das políticas públicas de educação, a qualidade do planejamento e os aspectos operacionais da gestão da rede de ensino" e deverão "utilizar referencial comum de governança de políticas públicas", a Resolução desafiou o controle externo a ampliar o seu horizonte de análise.

Mais que isso, registrou o compromisso dos Tribunais de Contas com o Plano Nacional de Educação – PNE, expressamente mencionado como uma das suas bases normativas.

No entanto, os enormes desafios para a realização das metas e estratégias estabelecidas para a política educacional conduziram os Tribunais de Contas por novos caminhos de controle. Surgiram projetos específicos voltados para a educação, e a alternativa do controle consensual ganhou corpo como ferramenta útil para uma atuação resolutiva.

O aprendizado decorrente dessas experiências indica que, para o sucesso do controle consensual, é fundamental a participação consistente e permanente dos Tribunais de Contas na rede da política pública, com efetivo engajamento e dedicação na tarefa de buscar soluções para os problemas que se apresentam. Nessa perspectiva, Tribunais de Contas que pretendam avançar no controle consensual devem ter presente a necessidade de estabelecer bases organizacionais sólidas, suficientes para assegurar o trabalho contínuo, o que inclui elementos robustos de governança, como liderança estratégica, garantia de alocação de recursos e processos internos bem definidos.

Inconsistências sérias na governança do controle consensual podem trazer graves implicações e, no limite, a perda de credibilidade institucional perante atores externos. Por outro lado, projetos de atuação dos Tribunais de Contas bem definidos, associados a uma adequada articulação dos membros da rede da educação, tendem a trazer resultados frutíferos, principalmente para problemas estruturantes da política pública.

O controle consensual não substitui a verificação de conformidade; ao contrário, a complementa. Em igual sentido, não solapa a dimensão operacional. Representa, em verdade, um conjunto de ferramentas postas à disposição do controlador, que, se utilizadas de forma articulada e estratégica, podem contribuir para agregar valor às atividades dos Tribunais de Contas, nos termos clamados pelas NBASP 12 – Normas Brasileiras de Auditoria do Setor Público (IRB, 2015).

Identificar problemas públicos para os quais os Tribunais de Contas possam contribuir integrando redes de diálogo, estruturar-se internamente para esse desafio e ampliar o conhecimento interno sobre a política pública, definindo uma potente governança do controle, são os alicerces do controle consensual, como demonstram as iniciativas desenvolvidas na área da educação. Com isso, os Tribunais de Contas entregam à sociedade maior benefício, atendendo a sua missão constitucional.

Referências

BAPTISTA, Patrícia. *Transformações do Direito Administrativo*. Rio de Janeiro: Renovar, 2003.

BOBBIO, Norberto; MATTEUCI; Nicola; PASQUINO, Gianfranco. *Dicionário de Política*. Trad. Carmen C. Varriale. 6. ed. Brasília: Editora Universidade de Brasília, 1994.

DI PIETRO, Maria Sylvia Zanella. *Direito administrativo*. 19. ed. São Paulo: Atlas, 2006.

DUARTE, David. *Procedimentalização, participação e fundamentação*: para uma concretização do princípio da imparcialidade administrativa como parâmetro decisório. Coimbra: Almedina, 1996.

ESTORNINHO, Maria João. *Requiem pelo contrato administrativo*. Coimbra: Almedina, 2003.

FECURI, Ana Cristina. Acordos no âmbito da atividade sancionatória do Tribunal de Contas da União: por que não? *Fórum Administrativo – FA*, Belo Horizonte, ano 21, n. 241, p. 141-171, mar. 2021.

FOUCAULT, Michel. *A Verdade e as Formas Jurídicas*. Trad. de Roberto Cabral de Melo Machado e Eduardo Jardim Morais. Rio de Janeiro: Nau, 1996.

GABARDO, Emerson. *Eficiência e Legitimidade do Estado*: uma análise das estruturas simbólicas do direito político. Barueri: Manole, 2003.

GAEPE BRASIL. Gabinete de Articulação para a Efetividade da Política da Educação no Brasil (GAEPE Brasil). (2023). Disponível em: Gaepe Brasil – Diálogo e Articulação pela Educação Pública. Acesso em: 17 mar. 2023.

GAEPE RONDÔNIA. Gabinete de Articulação para Efetividade da Política da Educação em Rondônia (GAEPE-RO) (2020). Disponível em: tcero.tc.br. Acesso em: 17 mar. 2023.

GRAU, Eros Roberto. *Direito, Conceito e Normas Jurídicas*. São Paulo: Revista dos Tribunais, 1988.

HABERMAS, Jürgen. *Direito e Democracia*: entre facticidade e validade. V. II. Tradução de Flávio Beno Siebeneichler. Rio de Janeiro: Tempo Brasileiro, 1997.

LIMA, Luiz Henrique. *Controle Externo, teoria e jurisprudência para os Tribunais de Contas*. 10. ed. Rio de Janeiro: Método, 2023a.

LIMA, Luiz Henrique. A nova lei de licitações: apontamentos sobre inovações e impactos relevantes para o exercício do controle. *In*: LIMA, Luiz Henrique; CUNDA, Daniela Zago Gonçalves da; GODINHO, Heloísa Helena Antonacio Monteiro (coord.). *Controle externo e as mutações do Direito Público*: licitações e contratos – Estudos de ministros e conselheiros substitutos dos Tribunais de Contas. Belo Horizonte: Fórum, 2023b. p. 15-56.

MONTEIRO, Egle dos Santos; BORDIN, Newton Antonio Pinto. Mesas Técnicas em Tribunais de Contas. *Revista Simetria do Tribunal de Contas do Município de São Paulo*, [S. l.], v. 1, n. 7, p. 46-50, 2021. Disponível em: https://revista.tcm.sp.gov.br/simetria/article/view/10. Acesso em: 28 mar. 2023.

MOTTA, Fabrício; GODINHO, Heloísa Helena. Processo de modernização e novas funções dos Tribunais de Contas. *Revista Consultor Jurídico*, 4 de agosto de 2022, disponível em: https://www.conjur.com.br/2022-ago-04/interesse-publico-processo-modernizacao-novas-funcoes-tribunais-contas. Acesso em: 29 mar. 2023.

RETORNO gradual das escolas é direito das crianças nas regiões em que a condição epidemiológica permitir, sustenta MPSC em reunião com a FECAM. 2020. Ministério Público de Santa Catarina, 8 out. 2020. Disponível em: https://mpsc.mp.br/noticias/retorno-gradual-das-escolas-e-direito-das-criancas-nas-regioes-em-que-a-condicao-epidemiologica-permitir-sustenta-mpsc-em-reuniao-com-a-fecam. Acesso em: 18 mar. 2023.

SANTA CATARINA. Secretaria de Estado da Educação. Plano Estadual de Contingência – Educação. Florianópolis, SC, 2020. Disponível em: https://www.sed.sc.gov.br/professores-e-gestores/30719-diretrizes-para-retorno-as-aulas. Acesso em: 18 mar. 2023.

TRIBUNAL DE CONTAS DO ESTADO DE RONDÔNIA (TCE-RO). Planejamento Estratégico 2021-2028, c2018. Disponível em: tcero.tc.br. Acesso em: 30 mar. 2023.

TRIBUNAL DE CONTAS DE SANTA CATARINA (TCE-SC) Espaço TCE Educação. (s.d.). Disponível em: https://servicos.tce.sc.gov.br/tceeducacao/. Acesso em: 18 mar. 2023.

TRIBUNAL DE CONTAS DO MUNICÍPIO DO RIO DE JANEIRO (TCM-RJ). Programa de Visitas às Escolas: visitas técnicas realizadas pela 3ª Inspetoria Geral de Controle Externo. 2ª Edição, 2018. Disponível em: tcm.rj.gov.br. Acesso em: 17 mar. 2023.

VIEIRA, Cristiane Gonçalves. Instrumentos consensuais de modulação dos efeitos da responsabilização de agentes públicos nos processos de controle. *R. Técn. dos Tribunais de Contas – RTTC*, Curitiba, ano 4, n. 1, p. 360-381, nov. 2019.

VIRICIMO, Luan. *Tribunal de Contas de Santa Catarina e o Plano Nacional de Educação*: um novo padrão de atuação no campo educacional. Orientador: Eduardo Vilar Bonaldi. Dissertação (mestrado) – Universidade Federal de Santa Catarina, Centro de Filosofia e Ciências Humanas, Programa de Pós-Graduação em Sociologia Política, Florianópolis, 2021. 148p.

WILLEMAN, Marianna Montebello. *Accountability democrática e o desenho institucional dos Tribunais de Contas no Brasil*. 2. ed. Belo Horizonte: Fórum, 2020.

ZYMLER, Benjamin; ALMEIDA, Guilherme Henrique de La Rocque. *O controle externo das concessões de serviços públicos e das parecerias público-privadas*. Belo Horizonte: Fórum, 2005.

Legislação e normas

ATRICON – Associação dos Membros dos Tribunais de Contas do Brasil. Resolução 03/2015. Aprova as Diretrizes de Controle Externo Atricon relacionadas à temática "Controle externo nas despesas com educação". Disponível em: Resolução Atricon nº 03/2015 – Controle Externo nas despesas com educação – Atricon. Acesso em: 31 mar. 2023.

ATRICON – Associação dos Membros dos Tribunais de Contas do Brasil. Nota Recomendatória Atricon nº 02/2022. Recomendação aos Tribunais de Contas brasileiros para que, observado o regime jurídico-administrativo, adotem instrumentos de solução consensual de conflitos, aprimorando essa dimensão nos processos de controle externo. Brasília: 2022. Disponível em: https://atricon.org.br/wp-content/uploads/2022/08/Nota-Tecnica-Atricon-no002-2022.pdf. Acesso em: 11 mar. 2023.

BRASIL. Constituição Federal 1988. Brasília, 1988. Disponível em: http://www.planalto.gov.br/ccivil_03/constituicao/constituicao.htm. Acesso em: 11 mar. 2023.

BRASIL. *Decreto nº 9.203*, de 22 de novembro de 2017. Dispõe sobre a política de governança da administração pública federal direta, autárquica e fundacional. Brasília, DF. Disponível em: D9203 (planalto.gov.br). Acesso em: 17 mar. 2023.

BRASIL. *Decreto nº 9.830*, de 10 de junho de 2019. Regulamenta o disposto nos arts. 20 a 30 do Decreto-Lei nº 4.657, de 4 de setembro de 1942, que institui a Lei de Introdução às normas do Direito brasileiro. Brasília, 2019. Disponível em: https://www.planalto.gov.br/ccivil_03/_ato2019-2022/2019/decreto/D9830.htm. Acesso em: 11 mar. 2023.

BRASIL. *Decreto-Lei nº 4.657*, de 4 de setembro de 1942. Lei de Introdução às Normas do Direito Brasileiro. Rio de Janeiro, 1942. Disponível em: https://www.planalto.gov.br/ccivil_03/Decreto-Lei/Del4657.htm. Acesso em: 11 mar. 2023.

BRASIL. *Emenda Constitucional nº 14*, de 12 de setembro de 1996. Modifica os arts. 34, 208, 211 e 212 da Constituição Federal e dá nova redação ao art. 60 do Ato das Disposições Constitucionais Transitórias. Brasília, 1996. Disponível em: http://www.planalto.gov.br/ccivil_03/Constituicao/Emendas/Emc/emc14.htm. Acesso em: 11 mar. 2023.

BRASIL. *Emenda Constitucional nº 53*, de 19 de dezembro de 2006. Dá nova redação aos arts. 7º, 23, 30, 206, 208, 211 e 212 da Constituição Federal e ao art. 60 do Ato das Disposições Constitucionais Transitórias. Brasília, 2006. Disponível em: http://www.planalto.gov.br/ccivil_03/Constituicao/Emendas/Emc/emc53.htm. Acesso em: 11 mar. 2023.

BRASIL. *Emenda Constitucional nº 108*, de 26 de agosto de 2020. Altera a Constituição Federal para estabelecer critérios de distribuição da cota municipal do Imposto sobre Operações Relativas à Circulação de Mercadorias e sobre Prestações de Serviços de Transporte Interestadual e Intermunicipal e de Comunicação (ICMS), para disciplinar a disponibilização de dados contábeis pelos entes federados, para tratar do planejamento na ordem social e para dispor sobre o Fundo de Manutenção e Desenvolvimento da Educação Básica e de Valorização dos Profissionais da Educação (Fundeb); altera o Ato das Disposições Constitucionais Transitórias; e dá outras providências. Brasília, 2020. Disponível em: http://www.planalto.gov.br/ccivil_03/Constituicao/Emendas/Emc/emc108.htm. Acesso em: 11 mar. 2023.

BRASIL. *Emenda Constitucional nº 109*, de 16 de março de 2021. Altera os arts. 29-A, 37, 49, 84, 163, 165, 167, 168 e 169 da Constituição Federal e os arts. 101 e 109 do Ato das Disposições Constitucionais Transitórias; acrescenta à Constituição Federal os arts. 164-A, 167- A, 167-B, 167-C, 167-D, 167-E, 167-F e 167-G; revoga dispositivos do Ato das Disposições Constitucionais Transitórias e institui regras transitórias sobre redução de benefícios tributários; desvincula parcialmente o superávit financeiro de fundos públicos; e suspende condicionalidades para realização de despesas com concessão de auxílio emergencial residual para enfrentar as consequências sociais e econômicas da pandemia da Covid-19. Brasília, 2021. Disponível em: http://www.planalto.gov.br/ccivil_03/Constituicao/Emendas/Emc/emc109.htm. Acesso em: 11 mar. 2023.

BRASIL. *Lei nº 8.429*, de 2 de junho 1992. Dispõe sobre as sanções aplicáveis aos agentes públicos nos casos de enriquecimento ilícito no exercício de mandato, cargo, emprego ou função na administração pública direta, indireta ou fundacional e dá outras providências. Brasília, 1992. Disponível em: http://www.planalto.gov.br/ccivil_03/leis/l8429.htm. Acesso em: 11 mar. 2023.

BRASIL. *Lei nº 8.443*, de 16 de julho de 1992. Dispõe sobre a Lei Orgânica do Tribunal de Contas da União e dá outras providências. Brasília, 1992. Disponível em: https://www.planalto.gov.br/ccivil_03/leis/l8443.htm. Acesso em: 11 mar. 2023.

BRASIL. *Lei nº 8.666*, de 21 de junho de 1993. Regulamenta o art. 37, inciso XXI, da Constituição Federal, institui normas para licitações e contratos da Administração Pública e dá outras providências. Brasília, 1993. Disponível em: https://www.planalto.gov.br/ccivil_03/leis/l8666cons.htm. Acesso em: 11 mar. 2023.

BRASIL. *Lei nº 9.307*, de 23 de setembro de 1996. Dispõe sobre a arbitragem. Brasília, 1996. Disponível em: http://www.planalto.gov.br/ccivil_03/Leis/L9307.htm. Acesso em: 11 mar. 2023.

BRASIL. *Lei nº 9.394*, de 20 de dezembro de 1996. Estabelece as diretrizes e bases da educação nacional. Brasília, 1996. Disponível em: https://www.planalto.gov.br/ccivil_03/leis/l9394.htm. Acesso em: 11 mar. 2023.

BRASIL. *Lei nº 9.717*, de 27 de novembro de 1998. Dispõe sobre regras gerais para a organização e o funcionamento dos regimes próprios de previdência social dos servidores públicos da União, dos Estados, do Distrito Federal e dos Municípios, dos militares dos Estados e do Distrito Federal e dá outras providências. Brasília, 1998. Disponível em: https://www.planalto.gov.br/ccivil_03/leis/l9717.htm#:~:text=LEI%20N%C2%BA%209.717%2C%20DE%2027%20DE%20NOVEMBRO%20DE%201998.&text=Disp%C3%B5e%20sobre%20regras%20gerais%20para,Federal%20e%20d%C3%A1%20outras%20provid%C3%AAncias. Acesso em: 11 mar. 2023.

BRASIL. *Lei nº 9.784*, de 29 de janeiro de 1999. Regula o processo administrativo no âmbito da Administração Pública Federal. Brasília, 1999. Disponível em: https://www.planalto.gov.br/ccivil_03/leis/l9784.htm. Acesso em: 11 mar. 2023.

BRASIL. *Lei nº 10.028*, de 19 de outubro de 2000. Altera o Decreto-Lei nº 2.848, de 7 de dezembro de 1940 – Código Penal, a Lei nº 1.079, de 10 de abril de 1950, e o Decreto-Lei nº 201, de 27 de fevereiro de 1967. Brasília, 2000. Disponível em: https://www.planalto.gov.br/ccivil_03/Leis/L10028.htm. Acesso em: 11 mar. 2023.

BRASIL. *Lei nº 11.947*, de 16 de junho de 2009. Dispõe sobre o atendimento da alimentação escolar e do Programa Dinheiro Direto na Escola aos alunos da educação básica; altera as Leis nºs 10.880, de 9 de junho de 2004, 11.273, de 6 de fevereiro de 2006, 11.507, de 20 de julho de 2007; revoga dispositivos da Medida Provisória nº 2.178-36, de 24 de agosto de 2001, e a Lei nº 8.913, de 12 de julho de 1994; e dá outras providências. Brasília, 2009. Disponível em: https://www.planalto.gov.br/ccivil_03/_ato2007-2010/2009/lei/l11947.htm. Acesso em: 11 mar. 2023.

BRASIL. *Lei nº 12.462/2011*. Institui o Regime Diferenciado de Contratações Públicas – RDC; altera a Lei nº 10.683, de 28 de maio de 2003, que dispõe sobre a organização da Presidência da República e dos Ministérios, a legislação da Agência Nacional de Aviação Civil (Anac) e a legislação da Empresa Brasileira de Infraestrutura Aeroportuária (Infraero); cria a Secretaria de Aviação Civil, cargos de Ministro de Estado, cargos em comissão e cargos de Controlador de Tráfego Aéreo; autoriza a contratação de controladores de tráfego aéreo temporários; altera as Leis nºs 11.182, de 27 de setembro de 2005, 5.862, de 12 de dezembro de 1972, 8.399, de 7 de janeiro de 1992, 11.526, de 4 de outubro de 2007, 11.458, de 19 de março de 2007, e 12.350, de 20 de dezembro de 2010, e a Medida Provisória nº 2.185-35, de 24 de agosto de 2001; e revoga dispositivos da Lei nº 9.649, de 27 de maio de 1998. Brasília, 2011. Disponível em: https://www.planalto.gov.br/ccivil_03/_ato2011-2014/2011/lei/l12462.htm. Acesso em: 11 mar. 2023.

BRASIL. *Lei nº 13.105*, de 16 de marco de 2015. Código de Processo Civil. Brasília, 2015. Disponível em: https://www.planalto.gov.br/ccivil_03/_ato2015-2018/2015/lei/l13105.htm. Acesso em: 11 mar. 2023.

BRASIL. *Lei nº 13.129*, de 26 de maio de 2015. Altera a Lei nº 9.307, de 23 de setembro de 1996, e a Lei nº 6.404, de 15 de dezembro de 1976, para ampliar o âmbito de aplicação da arbitragem e dispor sobre a escolha dos árbitros quando as partes recorrem a órgão arbitral, a interrupção da prescrição pela instituição da arbitragem, a concessão de tutelas cautelares e de urgência nos casos de arbitragem, a carta arbitral e a sentença arbitral, e revoga dispositivos da Lei nº 9.307, de 23 de setembro de 1996. Brasília, 2015. Disponível em: http://www.planalto.gov.br/ccivil_03/_ato2015-2018/2015/lei/L13129.htm. Acesso em: 11 mar. 2023.

BRASIL. *Lei nº 13.140*, de 26 de junho de 2015. Dispõe sobre a mediação entre particulares como meio de solução de controvérsias e sobre a autocomposição de conflitos no âmbito da administração pública; altera a Lei nº 9.469, de 10 de julho de 1997, e o Decreto nº 70.235, de 6 de março de 1972; e revoga o §2º do art. 6º da Lei nº 9.469, de 10 de julho de 1997. Brasília, 2015. Disponível em: https://www.planalto.gov.br/ccivil_03/_ato2015-2018/2015/lei/l13140.htm. Brasília, 2015. Disponível em:

BRASIL. *Lei nº 13.190*, de 19 de novembro de 2015. Altera as Leis nºs 12.462, de 4 de agosto de 2011, que institui o Regime Diferenciado de Contratações Públicas – RDC, 7.210, de 11 de julho de 1984, 6.015, de 31 de dezembro de 1973, 8.935, de 18 de novembro de 1994, 11.196, de 21 de novembro de 2005, e 12.305, de 2 de agosto de 2010; e dá outras providências. Brasília, 2015. Disponível em: http://www.planalto.gov.br/ccivil_03/_ato2015-2018/2015/lei/L13190.htm. Acesso em: 11 mar. 2023.

BRASIL. *Lei nº 13.655*, de 25 de abril de 2018. Inclui no Decreto-Lei nº 4.657, de 4 de setembro de 1942 (Lei de Introdução às Normas do Direito Brasileiro), disposições sobre segurança jurídica e eficiência na criação e na aplicação do direito público. Brasília, 2018. Disponível em: https://www.planalto.gov.br/ccivil_03/_ato2015-2018/2018/lei/l13655.htm. Acesso em: 11 mar. 2023.

BRASIL. *Lei nº 14.113*, de 25 de dezembro de 2020. Regulamenta o Fundo de Manutenção e Desenvolvimento da Educação Básica e de Valorização dos Profissionais da Educação (Fundeb), de que trata o art. 212-A da Constituição Federal; revoga dispositivos da Lei nº 11.494, de 20 de junho de 2007; e dá outras providências. Brasília, 2020. Disponível em: http://www.planalto.gov.br/ccivil_03/_Ato2019-2022/2020/Lei/L14113.htm. Acesso em: 11 mar. 2023.

BRASIL. *Lei nº 14.129*, de 29 de março de 2021. Dispõe sobre princípios, regras e instrumentos para o Governo Digital e para o aumento da eficiência pública e altera a Lei nº 7.116, de 29 de agosto de 1983, a Lei nº 12.527, de 18 de novembro de 2011 (Lei de Acesso à Informação), a Lei nº 12.682, de 9 de julho de 2012, e a Lei nº 13.460, de 26 de junho de 2017. Brasília, 2021. Disponível em: http://www.planalto.gov.br/ccivil_03/_ato2019-2022/2021/lei/l14129.htm. Acesso em: 11 mar. 2023.

BRASIL. *Lei nº 14.133*, de 1º de abril de 2021. Lei de Licitações e Contratos Administrativos. Brasília, 2021. Disponível em: http://www.planalto.gov.br/ccivil_03/_ato2019-2022/2021/lei/L14133.htm. Acesso em: 11 mar. 2023.

BRASIL. *Lei nº 14.230/2021*, de 25 de outubro de 2021. Altera a Lei nº 8.429, de 2 de junho de 1992, que dispõe sobre improbidade administrativa. Brasília, 2021. Disponível em: http://www.planalto.gov.br/ccivil_03/_Ato2019-2022/2021/Lei/L14230.htm#art2. Acesso em: 11 mar. 2023.

BRASIL. *Lei Complementar nº 101*, de 4 de maio de 2000. Estabelece normas de finanças públicas voltadas para a responsabilidade na gestão fiscal e dá outras providências. Brasília, 2000. Disponível em: https://www.planalto.gov.br/ccivil_03/leis/lcp/lcp101.htm. Acesso em: 11 mar. 2023.

BRASIL. *Lei Complementar nº 141*, de 13 de janeiro de 2012. Regulamenta o §3º do art. 198 da Constituição Federal para dispor sobre os valores mínimos a serem aplicados anualmente pela União, Estados, Distrito Federal e Municípios em ações e serviços públicos de saúde; estabelece os critérios de rateio dos recursos de transferências para a saúde e as normas de fiscalização, avaliação e controle das despesas com saúde nas 3 (três) esferas de governo; revoga dispositivos das Leis nºS 8.080, de 19 de setembro de 1990, e 8.689, de 27 de julho de 1993; e dá outras providências. Brasília, 2012. Disponível em: https://www.planalto.gov.br/ccivil_03/leis/lcp/lcp141.htm. Acesso em: 11 mar. 2023.

BRASIL. Tribunal de Contas da União. *Instrução Normativa nº 60*, de 4 de novembro de 2009. Dispõe sobre os procedimentos para a fiscalização do cumprimento do disposto no art. 212 da Constituição Federal, no art. 60 do Ato das Disposições Constitucionais Transitórias – ADCT e nas Leis nºs 11.494, de 20 de junho de 2007, 9.394, de 20 de dezembro de 1996 e 9.424, de 24 de dezembro de 1996, no âmbito federal. Brasília, 2009. Disponível em: https://pesquisa.apps.tcu.gov.br/#/documento/ato-normativo/*/TIPO%253A%2528%2522Instru%25C3%25A7%25C3%25A3o%2520Normativa%2522%2529%2520NUMATO%253A60/score%2520desc/0/%2520. Acesso em: 11 mar. 2023.

BRASIL. Tribunal de Contas da União. *Instrução Normativa nº 91*, de 22 de dezembro de 2022. Institui, no âmbito do Tribunal de Contas da União, procedimentos de solução consensual de controvérsias relevantes e prevenção de conflitos afetos a órgãos e entidades da Administração Pública Federal. Brasília, 2022. Disponível em: https://pesquisa.apps.tcu.gov.br/#/documento/ato-normativo/Instru%25C3%25A7%25C3%25A3o%2520Normativa%252088%252F2020/%2520/score%2520desc/1/%2520. Acesso em: 11 mar. 2023.

IRB – INSTITUTO RUI BARBOSA. Normas Brasileiras de Auditoria do Setor Público: NBASP 12 – Valor e Benefício dos Tribunais de Contas – Fazendo a diferença na vida dos cidadãos. Belo Horizonte: IRB, 2015.

IRB – INSTITUTO RUI BARBOSA. Normas Brasileiras de Auditoria do Setor Público: NBASP 9020 – Avaliação de Políticas Públicas. Curitiba: IRB, 2020.

SANTA CATARINA. *Lei nº 18.489*, de 22 de agosto de 2022. Dispõe sobre a repartição do produto da arrecadação do Imposto sobre Operações Relativas à Circulação de Mercadorias e sobre Prestações de Serviços de Transporte Interestadual e Intermunicipal e de Comunicação (ICMS) pertencente aos Municípios, nos termos da alínea "a" do inciso II do *caput* e do §3º do art. 133 da Constituição do Estado, e estabelece outras providências. Disponível em: alesc.sc.gov.br (Lei nº 18.489, de 22 de agosto de 2022). Acesso em: 30 mar. 2023.

Jurisprudência

BRASIL. TRIBUNAL DE CONTAS DA UNIÃO. Acórdão nº 1.790/2017-TCU-Plenário Disponível em: https://pesquisa.apps.tcu.gov.br/#/documento/acordao-completo/*/NUMACORDAO%253A1790%2520ANOACORDAO%253A2017/DTRELEVANCIA%2520desc%252C%2520NUMACORDAOINT%2520desc/0/%2520. Acesso em: 11 mar. 2023.

BRASIL. TRIBUNAL DE CONTAS DA UNIÃO. Acórdão nº 15.684/2018 – TCU – 1ª Câmara Disponível em: https://pesquisa.apps.tcu.gov.br/#/documento/acordao-completo/*/NUMACORDAO%253A15684%2520ANOACORDAO%253A2018%2520COLEGIADO%253A%2522Primeira%2520C%25C3%25A2mara%2522/DTRELEVANCIA%2520desc%252C%2520NUMACORDAOINT%2520desc/0/%2520. Acesso em: 11 mar. 2023.

BRASIL. TRIBUNAL DE CONTAS DA UNIÃO. Acórdão nº 965/2022 – TCU – Plenário Disponível em: https://pesquisa.apps.tcu.gov.br/#/documento/acordao-completo/*/NUMACORDAO%253A965%2520ANOACORDAO%253A2022%2520COLEGIADO%253A%2522Plen%25C3%25A1rio%2522/DTRELEVANCIA%2520desc%252C%2520NUMACORDAOINT%2520desc/0/%2520. Acesso em: 11 mar. 2023.

Informação bibliográfica deste texto, conforme a NBR 6023:2018 da Associação Brasileira de Normas Técnicas (ABNT):

SICCA, Gerson dos Santos; LIMA, Luiz Henrique Os Tribunais de Contas como indutores de soluções consensuais para a educação pública. *In*: LIMA, Edilberto Carlos Pontes (coord.). *Os Tribunais de Contas e as políticas públicas*. Belo Horizonte: Fórum, 2023. p. 179-206. ISBN 978-65-5518-596-6.

O CONTROLE DAS POLÍTICAS PÚBLICAS PARA AS COMUNIDADES QUILOMBOLAS: DESAFIOS PARA OS TRIBUNAIS DE CONTAS

GILSON ARAÚJO
MAMADÚ DJALÓ

"Oxalá evoluamos para compreender que o problema de um é de todos. A pluralidade é a maior riqueza da sociedade e deve ser aproveitada em benefício de todos."
Marco Aurélio de Melo

1 Introdução

Este artigo aborda a atuação dos Tribunais de Contas brasileiros na fiscalização de políticas públicas destinadas às comunidades quilombolas. O ponto de partida é o reconhecimento dos quilombolas como sujeitos de direito, notadamente após a Constituição de 1988, o que resulta num dever do Estado em implementar políticas afirmativas e a consequente fiscalização dessas políticas pelos Tribunais de Contas. Pergunta-se: como os Tribunais de Contas podem auxiliar para garantir a efetividade dessas políticas públicas?

A intenção é identificar como o Tribunal de Contas da União, os Tribunais de Contas dos Estados e os Tribunais de Contas dos Municípios têm exercido o controle externo da formulação, financiamento e execução de políticas públicas destinadas aos quilombos.

Para tanto, vale-se de pesquisa bibliográfica e documental. A primeira consubstanciada em obras referenciais do assunto, dentre as quais se destacam: Leite (2010) e Iocken (2017). A segunda constituída de processos de controle externo em trâmite no Tribunal de Contas da União (BRASIL, 2023) e no Tribunal de Contas do Estado do Piauí (PIAUÍ, 2023a, 2023b).

Os resultados estão expostos em três seções, além desta introdução, que é a primeira. A segunda trata das políticas públicas destinadas às comunidades quilombolas brasileiras pós-Constituição de 1988. A terceira seção expõe como os Tribunais de Contas têm exercido o controle em políticas públicas quilombolas e os desafios para a implementação desse controle.

2 As políticas públicas destinadas às comunidades quilombolas pós-1988

As comunidades quilombolas são grupos de afrodescendentes que vivem em áreas remanescentes de antigos quilombos, assentamentos formados por pessoas escravizadas e fugitivas durante o período colonial no Brasil. Essas comunidades, mais recentemente, passaram a reivindicar o direito à permanência e ao reconhecimento legal de posse das terras ocupadas, bem como o livre exercício de suas práticas, crenças e valores. O termo "quilombo", a partir de um conceito socioantropológico, proporcionou maior visibilidade desses atores sociais, ampliando e renovando os modos de ver e viver a identidade negra e, ao mesmo tempo, permitindo o diálogo com outras etnicidades e lutas sociais, como a dos diversos povos indígenas no Brasil (LEITE, 2000).

Com o reconhecimento das terras indígenas e quilombolas, o Estado brasileiro passou a implementar políticas públicas destinadas a esses povos, como a decretação de áreas reservadas, a publicação de legislação protetora e a concepção de instituições e projetos assistencialistas.

Surgida na Assembleia Constituinte de 1988, a expressão "remanescente das comunidades de quilombos" é associada não somente aos pleitos por títulos fundiários, mas a uma discussão mais ampla travada pelos movimentos negros e entre parlamentares envolvidos com a luta antirracista. Segundo Leite (2000), o quilombo é trazido novamente ao debate para fazer frente a um tipo de reivindicação que, à época, aludia a uma "dívida" que a nação brasileira teria para com os afro-brasileiros em consequência da escravidão.

A Constituição Federal de 1988 foi a primeira constituição a garantir expressamente os direitos dos quilombolas sobre suas terras. Em seus Atos das Disposições Constitucionais Transitórias, a Lei Maior definiu que "aos remanescentes das comunidades dos quilombos que estejam ocupando suas terras é reconhecida a propriedade definitiva, devendo o Estado emitir-lhes os títulos respectivos" (BRASIL, 1988). Esse reconhecimento se caracterizou como forma de compensação e/ou reparação histórica à opressão sofrida por essas comunidades na defesa de suas culturas e identidades étnicas, criando ao Estado brasileiro a obrigação de formular políticas públicas de proteção a esses povos, como a delimitação, demarcação e titulação de suas terras (SIMEÃO, 2010).

O dispositivo constitucional, todavia, ao utilizar a expressão "remanescentes das comunidades dos quilombos", dificulta a compreensão do processo de garantia dos direitos desses povos e cria vários impasses conceituais, pois, segundo Leite (2000), é "a comunidade" que deveria ser o sujeito da oração e dela derivar "os remanescentes", denominados posteriormente quilombolas. O artigo constitucional instrui, mesmo que indiretamente, a forma como a questão deve ser tratada no campo jurídico.

A despeito da discussão conceitual, a Constituição foi além e garantiu expressamente em seu texto a proteção das manifestações culturais afro-brasileiras e o tombamento de todos os documentos e os sítios detentores de reminiscências históricas dos antigos quilombos (BRASIL, 1988).

Para o constituinte, a participação na vida coletiva e o esforço de consolidação do grupo são o que o Direito Constitucional deve contemplar. A capacidade de auto-organização e o poder de autogestão para identificar e decidir quem é e quem não é um membro da sua comunidade, mais do que a cor da pele, devem ser garantidos, de forma que o quilombo passou a significar a recuperação da identidade positiva, tornando seus membros cidadãos de direitos e não apenas de deveres (LEITE, 2000).

A Constituição Federal de 1988 introduziu, assim, um novo campo da prática e da ciência jurídica, o Direito Étnico, obrigando o Estado brasileiro a colocar-se como árbitro e defensor desses cidadãos, reconhecendo a existência de grupos culturalmente diferenciados, ou seja, uma formação social diversa e desigual. Há o reconhecimento dos quilombos como uma forma de organização social, com características próprias no uso das terras, nos seus costumes, tradições e condições sociais que os diferenciam dos demais grupos existentes na comunidade nacional (SIMEÃO, 2010).

De acordo com Leite (2000), mesmo com o reconhecimento no Texto Constitucional, o projeto de cidadania dos negros encontra-se, hoje, fortemente ameaçado. A legislação expressa a necessidade do reconhecimento da cidadania destes grupos étnicos entendida como direito ao exercício da diversidade étnico-cultural, mas esbarra nas discordâncias sobre o próprio significado do que vem a ser este reconhecimento: se é uma questão de preservação de um patrimônio cultural ou se trata de direito à terra e à diversidade étnica.

Além disso, juristas aguardam por critérios universais para a definição de quilombolas como sujeitos do direito e, na ânsia de encontrar uma definição genérica de quilombo que se aplique a todos os casos, desconsideram que os processos de apropriação/expropriação somente guardam pertinência pela sua especificidade histórica (LEITE, 2000). Nesse sentido, Leite ressalta que é preciso que os cientistas sociais proponham um único conceito de quilombo universalmente aplicável a todos os casos ou que os antropólogos invistam mais nos laudos periciais e em torno de argumentos teóricos consensuais capazes de definir "de modo preciso" se uma comunidade é ou não remanescente de quilombo.

Para Silva (2018), há ainda outros empecilhos para a efetivação de direitos quilombolas, tais como: excesso de burocracia institucional, falta de recursos humanos especializados localizados em comunidades tradicionais, reduzido acesso a informações pela população quilombola, dificuldades de infraestrutura, serviços públicos basilares de baixa qualidade, terras quilombolas em litígio, dentre outros.

Apesar dessas dificuldades, a partir dos anos 2000, políticas públicas afirmativas e específicas começaram a ser implantadas no Brasil. Já em 2003, foi criada a Secretaria Especial de Políticas de Promoção da Igualdade Racial (Seppir), com a missão de coordenar e articular a formulação, coordenação e avaliação de políticas de promoção da igualdade racial e de combate à discriminação racial ou étnica (BRASIL, 2003b).

No mesmo ano, o Decreto Federal nº 4.887/2003 representou um marco no procedimento para identificação, reconhecimento, delimitação, demarcação e titulação das terras ocupadas por remanescentes das comunidades dos quilombos de que trata o art. 68 do Ato das Disposições Constitucionais Transitórias. A norma reconheceu o direito de autoatribuição desse grupo étnico-racial, "com presunção de ancestralidade negra relacionada com a resistência à opressão histórica sofrida" e "atestada mediante autodefinição da própria comunidade" (BRASIL, 2003a), e gerou discussões político-jurídicas, até que o Supremo Tribunal Federal, em 2018, reconheceu, por maioria dos votos, a sua constitucionalidade (BRASIL, 2018).

Em 2004, o Governo Federal criou o Programa Brasil Quilombola, com o objetivo de coordenar as ações do poder público junto às comunidades, a partir de quatro eixos estruturados, conforme Quadro 1.

QUADRO 1 – Quatro eixos estruturados do Programa Brasil Quilombola

Eixo	Ação
Acesso à terra	Execução e acompanhamento dos trâmites necessários para a regularização fundiária das áreas de quilombo, que constituem título coletivo de posse das terras tradicionalmente ocupadas. O processo se inicia com a certificação das comunidades e se encerra na titulação, que é a base para a implementação de alternativas de desenvolvimento para as comunidades, além de garantir a sua reprodução física, social e cultural.
Infraestrutura e qualidade de vida	Consideração de mecanismos efetivos para a destinação de obras de infraestrutura (saneamento, habitação, eletrificação, comunicação e vias de acesso) e construção de equipamentos sociais destinados a atender as demandas, notadamente as de saúde, educação e assistência social.
Inclusão produtiva e desenvolvimento local	Apoio ao desenvolvimento produtivo local e autonomia econômica, baseado na identidade cultural e nos recursos naturais presentes no território, visando à sustentabilidade ambiental, social, cultural, econômica e política das comunidades.
Direitos e cidadania	Fomento de iniciativas de garantia de direitos promovidas por diferentes órgãos públicos e organizações da sociedade civil, estimulando a participação ativa dos representantes dos quilombos nos espaços coletivos de controle e participação social, como os conselhos e fóruns locais e nacionais de políticas públicas, de modo a promover o acesso das comunidades ao conjunto de ações definidas pelo governo e seu envolvimento no monitoramento daquelas que são implementadas em casa município onde houver comunidades remanescentes de quilombos.

Fonte: Elaboração própria a partir de informações disponíveis no sítio eletrônico do Ministério dos Direitos Humanos e da Cidadania (BRASIL, 2021).

O programa pressupõe a transversalidade, com o envolvimento de vários órgãos responsáveis pela execução e gestão das ações voltadas para o combate às desigualdades e preservação da diversidade cultural, gestão descentralizada, que implica a articulação de todos os entes federativos e a gestão democrática, a partir da interlocução com as associações representativas das comunidades quilombolas e demais parceiros não governamentais, considerando-os agentes ativos na formulação e monitoramento da política (BRASIL, 2021).

As associações representativas tiveram como precursora o Movimento Nacional das Comunidades Negras Rurais Quilombolas. Unidos pela força da identidade étnica e com o objetivo de estabelecer uma articulação própria com contornos nacionais, o Movimento Nacional foi criado em 1995 e busca defender o território quilombola que permanece sob constante ameaça de invasão (SANTOS; LIMA, 2013).

Com a produção legislativa sobre o tema e o fortalecimento das associações representativas, estima-se que hoje haja cerca de 5.972 comunidades quilombolas em todo o território nacional, distribuídas em 1.672 municípios brasileiros, mais que o dobro do número de localidades indígenas (827). Do total, apenas 404 desses territórios são reconhecidos, 2.308 são denominados agrupamentos quilombolas e 3.260 são identificados como outras localidades quilombolas (IBGE, 2019).

Ainda segundo o IBGE (2019), o Nordeste é a região do Brasil que concentra o maior número de localidades quilombolas, 3.171, onde está localizado, também, o maior número de territórios quilombolas oficialmente reconhecidos (176). Mas é no estado do Pará, na região Norte, que está a maioria das localidades com delimitação oficial (75) (IBGE, 2019).

Contudo, muitas dessas comunidades caracterizam-se pela baixa renda *per capita*, por elevados índices de analfabetismo, condições sanitárias precárias e pela prática de agricultura rudimentar para sobrevivência, de forma que continuam isoladas do ponto de vista de políticas públicas afirmativas, que preservem seus territórios, suas tradições e a sua autonomia (SOARES *et al.*, 2020).

A criação, nos Estados, de instâncias vinculadas ao Executivo, tem proporcionado a ampliação da discussão sobre as políticas públicas a serem implementadas a nível estadual, como territorialidades, identidades, cidadania e regularização fundiária. No estado do Piauí, por exemplo, a criação, em 1990, de uma Coordenação Estadual de Comunidades Quilombolas fortaleceu a luta pela posse da terra, a busca pela garantia de institucionalização de seus direitos sociais e o reconhecimento de identidades negras em cerca de 170 comunidades quilombolas (SANTOS; LIMA, 2013).

Nesse contexto, como os Tribunais de Contas exercem o controle externo de forma a garantir os direitos sociais a essas comunidades é o que se expõe a seguir.

3 Desafio do controle externo das políticas públicas para comunidades quilombolas

O controle da Administração Pública transcende o debate em torno da delimitação das competências dos Tribunais de Contas ou mesmo os procedimentos voltados a coibir desvios e desmandos na ação dos agentes públicos. A dimensão do controle envolve a própria configuração do Estado Moderno, na medida em que, ao tempo que se outorga o poder decisório para efetivação dos fins coletivos de uma dada sociedade, faz-se necessária a implementação de um arcabouço de regras e princípios que o limite, como proteção contra o risco de exercício arbitrário do poder político (MARQUES NETO, 2010).

Duas são as maneiras encontradas nos vários ordenamentos jurídicos para se efetivar o controle da Administração Pública. A solução francesa, observada em países como Alemanha, Suécia e Portugal, adotou um sistema de jurisdição dual, caraterizado por uma jurisdição ordinária ou comum e uma jurisdição administrativa, formada por um conjunto de juízes ou tribunais administrativos, a quem cabe o controle dos atos do Poder Executivo (MARQUES NETO, 2010).

A solução encontrada em países anglo-saxônicos e em muitos países latino-americanos, como a Argentina e o Brasil, foi o estabelecimento de uma jurisdição una, na qual aos mesmos juízes e tribunais compete o julgamento dos litígios comuns e aqueles que envolvem a Administração Pública (MARQUES NETO, 2010).

Assim, em que pese tal sistemática relacionar-se ao controle exercido pelo Poder Judiciário, "para que não se possa abusar do poder, é preciso que, pela disposição das coisas, o poder contenha o poder" (MONTESQUIEU, 2006, p. 164), de forma que a Administração Pública se sujeite, ainda, ao controle por parte do próprio Poder Executivo, por meio de mecanismos de controle interno, e pelo Poder Legislativo.

O controle externo exercido pelo Legislativo dá-se a partir da fiscalização contábil, financeira, orçamentária, operacional e patrimonial, quanto à legalidade, legitimidade, economicidade, aplicação das subvenções e renúncia de receitas, com o auxílio, nos termos do art. 71, *caput*, da Constituição Federal, dos Tribunais de Contas, aos quais compete realizar inspeções e auditorias (BRASIL, 1988).

No que tange às Cortes de Contas, Speck (2002) afirma que, até recentemente, eram instituições com reduzida visibilidade pública, sendo também limitada a literatura acadêmica dedicada ao seu estudo, tanto no Brasil quanto nos demais países que contam com instituições similares e, com a recente reorientação metodológica das ciências sociais, houve um maior interesse entre os cientistas sociais em torno dos arranjos de controle sobre os agentes públicos.

Assim, o que se percebeu é que, desde a criação, em 1831, do Tribunal do Tesouro Público Nacional, que possuía função consultiva e se voltava à racionalidade gerencial, e, com a primeira Constituição Republicana, a criação do Tribunal de Contas da União, em 1891, foi com a Constituição Federal de 1988 que se iniciou uma nova trajetória institucional dos Tribunais de Contas, com a ampliação dos critérios de controle a serem empregados, contemplando, além da fiscalização formal das contas sob a ótica da legalidade, o controle da legitimidade e da economicidade das medidas adotadas pelos gestores. Tal alteração teria permitido ao Tribunal de Contas ir além do simples controle formalista, financeiro e contábil, inserindo em sua atuação a realização de auditorias próprias de avaliação (SPECK, 2002).

Como o funcionamento do Estado pressupõe a existência de uma atividade financeira responsável pela obtenção, gestão e aplicação dos recursos nos serviços públicos, a mera prestação de tais serviços por parte do Estado não é suficiente para que se dê como cumprida sua obrigação. Faz-se necessária a prestação com qualidade, de forma que o campo de atuação dos órgãos responsáveis pelo controle alargou-se.

Assim, a fiscalização realizada pelos Tribunais de Contas dá-se por meio de auditorias, que se classificam, segundo a natureza, em auditoria de regularidade e auditoria operacional. Nas primeiras, chega-se a conclusões "sobre demonstrativos financeiros e sobre a conformidade das transações com leis e regulamentos" (BRASIL, 2010, p. 13). As auditorias operacionais, por sua vez, referem-se a um exame "independente e objetivo da economicidade, eficiência, eficácia e efetividade", "com a finalidade de promover o aperfeiçoamento da gestão pública" (BRASIL, 2010, p. 11).

A economicidade diz respeito aos custos dos meios utilizados para atingir determinados fins, avaliando-se "se não existiriam outros meios de obter o mesmo produto ou serviço com custos mais baixos" (LIMA; DINIZ, 2018, p. 402), o que se relaciona com a eficiência. Esta, por sua vez, também se refere a custos, mas incorpora com mais ênfase o fator tempo, de forma que determinada atividade ou programa será mais eficiente se entregar certo produto ou serviço com o menor custo possível e no menor tempo. Assim, "ambas trazem o conceito de produtividade aos programas, às atividades e às ações dos órgãos auditados, de forma a associar os resultados alcançados pela política pública aos insumos utilizados" (LIMA; DINIZ, 2018, p. 403).

A eficácia relaciona-se à entrega propriamente dita do produto ou serviço, sendo um projeto ou atividade eficaz se conseguir prover bens ou serviços conforme foi planejado. Já a efetividade relaciona-se mais ao alcance dos objetivos governamentais. "Não se trata apenas do produto ou serviço entregue, mas do objetivo de política alcançado" (LIMA; DINIZ, 2018, p. 403).

As auditorias operacionais realizadas pelos Tribunais de Contas, por fim, não se limitam a apontar problemas, mas fazem recomendações e determinações aos responsáveis pela política pública. Como observam Lima e Diniz (2018), determinações quando dispositivos legais forem desobedecidos e recomendações quando, embora não haja obrigatoriedade legal para se realizar certo procedimento, o Tribunal de Contas avaliar a oportunidade de adotá-lo.

A introdução desse instrumento, inovador no sistema dos Tribunais de Contas, trouxe, tão logo após a promulgação da Constituição, dificuldades iniciais para a sua implantação, por se tratar, propriamente, de uma nova forma de proceder ao exame da ação pública. Assim, o desafio que se pôs aos Tribunais de Contas foi além de suas atribuições cotidianas da fiscalização de atos e contratos, como veículos de realização das despesas públicas, pois introduziu a competência própria para a avaliação de políticas públicas, sob o olhar conjunto da economicidade, eficiência, eficácia e efetividade (IOCKEN, 2017).

Iocken (2017), a partir da análise dos dados relativos às contas do Governo do Estado no exercício de 2015, em todos os 27 Tribunais de Contas do Estado e do Distrito Federal, concluiu, entretanto, que as avaliações das políticas públicas pelos órgãos de controle ainda são incipientes e muito pontuais, rematando que a necessidade de construção de relação dialógica em prol do exercício contínuo de legitimidade democrática impõe ao controle um novo modelo para a avaliação dos programas governamentais. Para a autora, "o controle do orçamento público não pode ser reduzido à análise de dotações orçamentárias relativas a despesas e receitas" (IOCKEN, 2017, p. 181), devendo avançar para traduzir para a sociedade como ou se os recursos públicos foram utilizados no atendimento do interesse comum, "tornando imprescindível a inserção do exame das políticas públicas, ou seja, dos programas governamentais" (IOCKEN, 2017, p. 181).

A partir de consulta ao termo "comunidade quilombola" na pesquisa integrada disponibilizada no sítio eletrônico do Tribunal de Contas da União, verificaram-se 192 aparições da expressão. Destas, apenas 48 tratam de relatórios de auditoria operacional. A análise desses processos, todavia, demonstra que em sua maioria a discussão sobre as políticas públicas destinadas às comunidades quilombolas é apenas incidental, 12 deles tratando de obras e serviços de engenharia e outros 14 com foco na alimentação escolar (BRASIL, 2023).

Apenas três processos no TCU abordaram prioritariamente as comunidades quilombolas. Em 2014, uma auditoria operacional foi realizada no Programa Brasil Quilombola – PBQ e na Secretaria de Políticas de Promoção da Igualdade Racial da Presidência da República – SEPPIR/PR. Em 2018, foi realizada outra auditoria operacional nas unidades de conservação federais, aplicando-se o Índice de Implementação e da Gestão de Áreas Protegidas (INDIMAPA), e uma auditoria atendendo solicitação do

Congresso Nacional para apurar possíveis irregularidades em atos administrativos, convênios firmados e nos processos de titulação de territórios quilombolas (BRASIL, 2023).

Nos Tribunais de Contas estaduais e municipais os dados encontrados são mais preocupantes. A busca pelo termo "comunidades quilombolas" à consulta de jurisprudência selecionada do Tribunal de Contas do Estado do Piauí não retornou resultados (PIAUÍ, 2023). Já a busca em todas as publicações do Diário Oficial Eletrônico do TCE/PI encontrou três resultados, todos referentes a um mesmo processo de prestação de contas da Secretaria Estadual da Agricultura Familiar, sem qualquer relação com a efetividade das políticas públicas destinadas às comunidades quilombolas no Estado (PIAUÍ, 2023).

Os Tribunais de Contas devem deixar de lado, pois, "o mero exame de papéis e voltar sua atenção para as situações da vida vivida, da vida real, da vida empírica, da vida do ser humano comum, para garanti-lo e ampará-lo" (OLIVEIRA, 2012, p. 148), pois "o que vale é o olhar social sobre as situações da vida para que se afiram as condições de execução das políticas públicas" (OLIVEIRA, 2012, p. 147).

Nessas circunstâncias, os Tribunais de Contas no Brasil têm passado por restruturações, com a criação de unidades especializadas em auditorias com o viés operacional. Um exemplo disso é o Tribunal de Contas do Estado do Piauí, que em 2018 criou a Diretoria de Fiscalizações Especializadas, posteriormente renomeada para Diretoria de Fiscalização de Políticas Públicas – DFPP. Essa Diretoria é composta pelas Divisões de Fiscalização da Educação, da Saúde, da Segurança Pública e Tecnologia da Informação, e da Assistência Social e Outras Políticas Públicas, a elas competindo, dentre outras funções, fiscalizar a gestão das políticas públicas por meio de auditorias, inspeções ou quaisquer outras modalidades processuais, fiscalizar as políticas públicas em relação à governança, à qualidade do planejamento e aos aspectos operacionais da gestão e acompanhar os resultados dos indicadores das políticas públicas (PIAUÍ, 2022).

A DFPP, portanto, ao propor a avaliação da efetividade de políticas públicas, como aquelas destinadas às comunidades quilombolas, tem o condão de medir "os efeitos positivos ou negativos na realidade que sofreu a intervenção", não se limitando a aferir apenas os níveis de despesas, senão a qualidade do serviço, apontando "se houve mudanças socioeconômicas, ambientais ou institucionais decorrentes dos resultados obtidos pela política, plano ou programa" (BRASIL, 2012, p. 22). Esse aspecto, segundo o Manual sobre Orientações Aplicadas à Gestão Pública (2012), "é o que realmente importa para efeitos de transformação social" (BRASIL, 2012, p. 22).

Assim, a DFPP vai além da avaliação da eficácia e eficiência, medindo a efetividade das ações do governo, esclarecendo se aquele objetivo alcançado (eficácia), utilizando-se aqueles insumos (eficiência), "trouxe melhorias para a população visada" (CASTRO, 2006, p. 5).

4 Conclusão

Este artigo abordou a atuação dos Tribunais de Contas brasileiros na fiscalização de políticas públicas destinadas às comunidades quilombolas, tendo como ponto de partida o dever estatal de implementar políticas afirmativas para esses grupos originários, em especial após a Constituição de 1988. Desejava-se identificar como os órgãos de controle podem auxiliar para garantir a efetividade dessas políticas públicas.

A Constituição Federal de 1988, ao reconhecer aos remanescentes das comunidades de quilombos seus pleitos por títulos fundiários, a proteção das manifestações culturais afro-brasileiras e o tombamento de todos os documentos e os sítios detentores de reminiscências históricas dos antigos quilombos, introduziu no ordenamento jurídico brasileiro o Direito Étnico, reconhecendo a existência de grupos culturalmente diferenciados.

A definição dos quilombolas como sujeitos do direito criou para o Estado a obrigação de promover direitos sociais destinados a esse grupo, que começou a ser implantada no Brasil a partir dos anos 2000, com a instituição da Secretaria Especial de Políticas de Promoção da Igualdade Racial (Seppir), em 2003, a expedição do Decreto Federal nº 4.887/2003 e a criação do Programa Brasil Quilombola, pelo Governo Federal, em 2004.

Apesar desses avanços, muitas comunidades quilombolas brasileiras sofrem com baixa renda *per capita*, elevados índices de analfabetismo, condições sanitárias precárias e a prática de agricultura rudimentar para sobrevivência, exigindo especial atenção estatal para políticas públicas mais afirmativas, que preservem seus territórios, suas tradições e a sua autonomia.

Nesse contexto, os Tribunais de Contas no Brasil devem agir além do simples controle formalista, financeiro e contábil, inserindo em sua atuação a realização de auditorias próprias de avaliação, as auditorias operacionais, que têm o condão de avaliar a economicidade, eficiência, eficácia e efetividade da gestão pública. Considerar somente os níveis de gastos revela-se uma análise apenas do ponto de vista da eficiência da política – os métodos e insumos utilizados para a concretização dos objetivos governamentais, inapropriada, portanto, para se revelar a qualidade dos serviços prestados às comunidades quilombolas.

Nem mesmo a eficácia, enquanto concretização dos objetivos inicialmente planejados dentro da organização, deve ser avaliada isoladamente na concretização dessa política, tendo em vista que o atingimento dos objetivos nem sempre é acompanhado de elevação na qualidade de vida da população visada.

Assim, os Tribunais de Contas da União, dos Estados e Municípios podem auxiliar na efetividade das políticas públicas destinadas às comunidades quilombolas por meio de processos de fiscalização do tipo auditoria operacional, permitindo a avaliação de aspectos relacionado à governança, ao planejamento e ao acompanhamento dos resultados dos indicadores das políticas públicas.

Referências

BRASIL. Constituição (1988). *Constituição da República Federativa do Brasil*. Brasília: Planalto. Disponível em: http://www.planalto.gov.br/ccivil_03/constituicao/constituicao.htm. Acesso em: 20 mar. 2023.

BRASIL. *Decreto Federal nº 4.887*, de 20 de novembro de 2003. Regulamenta o procedimento para a identificação, reconhecimento, delimitação, demarcação e titulação das terras ocupadas por remanescentes das comunidades dos quilombos de que trata o art. 68 do Ato das Disposições Constitucionais Transitórias. Diário Oficial da República Federativa do Brasil. Brasília: 2003a. Disponível em: http:// http://www.planalto.gov.br/ccivil_03/decreto/2003/d4887.htm. Acesso em: 20 mar. 2023.

BRASIL. *Lei Federal n° 10.678*, de 23 de maio de 2003. Cria a Secretaria Especial de Políticas de Promoção da Igualdade Racial, da Presidência da República, e dá outras providências. Diário Oficial da República Federativa do Brasil. Brasília: 2003b. Disponível em: https://www.planalto.gov.br/ccivil_03/leis/2003/l10.678.htm#:~:text=LEI%20No%2010.678%2C%20DE%2023%20DE%20MAIO%20DE%202003.&text=Cria%20a%20Secretaria%20Especial%20de,Rep%C3%BAblica%2C%20e%20d%C3%A1%20outras%20provid%C3%AAncias. Acesso em: 20 mar. 2023.

BRASIL. Ministério do Planejamento, Orçamento e Gestão. *Orientações básicas aplicadas à gestão pública*: Indicadores. Brasília: MP, 2012. Disponível em: http://www.gespublica.gov.br/sites/default/files/documentos/indicadores_orientacoes_basicas_aplicadas_a_gestao_publica.pdf. Acesso em: 22 fev. 2023.

BRASIL. Ministério dos Direitos Humanos e da Cidadania. *STF rejeita ADI n° 3.239:* vitória se torna uma referência histórica dos direitos quilombolas. Brasília: 2018. Disponível em: https://www.gov.br/mdh/pt-br/noticias_seppir/noticias/2018/02-fevereiro-1/vitoria-no-julgamento-da-adi-3239-se-torna-uma-referencia-historica-dos-direitos-quilombolas-1. Acesso em: 22 fev. 2023.

BRASIL. Ministério dos Direitos Humanos e da Cidadania. *Programa Brasil Quilombola*. Brasília: 2021. Disponível em: https:// https://www.gov.br/mdh/pt-br/navegue-por-temas/igualdade-etnico-racial/acoes-e-programas/programa-brasil-quilombola. Acesso em: 22 fev. 2023.

BRASIL. Tribunal de Contas da União. *Manual de Auditoria Operacional*. Brasília: TCU, 2010. Disponível em: portal2.tcu.gov.br/portal/pls/portal/docs/2058980.pdf. Acesso em: 27 fev. 2023.

BRASIL. Tribunal de Contas da União. *Pesquisa Integrada do TCU*. Brasília: 2023. Disponível em: https://pesquisa.apps.tcu.gov.br/#/resultado/todas-bases/%2522comunidades%2520quilombolas%2522?pb=acordao-completo. Acesso em: 30 mar. 2023.

CASTRO, R. B. *Eficácia, Eficiência e Efetividade na Administração Pública*. *In*: ENCONTRO NACIONAL DE ASSOCIAÇÃO NACIONAL DOS PROGRAMAS DE PÓS-GRADUAÇÃO EM ADMINISTRAÇÃO, 30, 2006, Salvador – BA. Anais... Rio de Janeiro: ANPAD, 2006.

IBGE – INSTITUTO BRASILEIRO DE GEOGRAFIA E ESTATÍSTICA. *Quilombolas no Brasil*. Brasília, DF, 2018. Disponível em: https://educa.ibge.gov.br/jovens/materias-especiais/21311-quilombolas-no-brasil.html. Acesso em: 25 mar. 2023.

IOCKEN, S. N. *O controle compartilhado das políticas públicas*: uma nova racionalidade para o exercício democrático na sociedade da desconfiança. 2017. 279 f. Doutorado – Direito, Florianópolis, 2017. Orientação de: Luiz Carlos Cancellier de Olivo.

LEITE, I. B. Os quilombos no Brasil: questões conceituais e normativas. *Etnográfica. Revista do Centro em Rede de Investigação em Antropologia*, v. 4, n. 2, p. 333-354, 2000.

LIMA, E. C. P.; DINIZ, G. Avaliação de políticas públicas pelos Tribunais de Contas: fundamentos, práticas e a experiência nacional e internacional. *In*: SACHSIDA, A. *Políticas públicas: avaliando mais de meio trilhão de reais em gastos públicos*. Brasília: Ipea, 2018.

MARQUES NETO, F. de A. Os grandes desafios do controle da Administração Pública. *Fórum de Contratação e Gestão Pública FCGP*, Belo Horizonte, ano 9, n. 100, abr. 2010. Disponível em: http://www.bidforum.com.br/bid/PDI0006.aspx?pdiCntd=66621. Acesso em: 5 set. 2022.

MONTESQUIEU. *Do espírito das leis*. São Paulo: Martin Claret, 2006.

OLIVEIRA, R. F. *Gastos Públicos*. São Paulo: Revista dos Tribunais, 2012.

PIAUÍ. Tribunal de Contas do Estado do Piauí. *Busca Avançada de Diários Oficiais*. Teresina, PI: 2023a. Disponível em: https://sistemas.tce.pi.gov.br/diario-oficial-externo/index.xhtml. Acesso em: 30 mar. 2023.

PIAUÍ. Tribunal de Contas do Estado do Piauí. *Consulta de Jurisprudência Selecionada*. Teresina, PI: 2023b. Disponível em: https://www.tcepi.tc.br/legislacao/jurisprudencia/consulta-de-jurisprudencia-selecionada/. Acesso em: 30 mar. 2023.

PIAUÍ. Tribunal de Contas do Estado do Piauí. *Resolução TCE/PI n° 40/2022*, de 15 de dezembro de 2022. Dispõe sobre o Regulamento da Secretaria do Tribunal de Contas do Estado do Piauí. Teresina, PI: 2022. Disponível em: https://www.tcepi.tc.br/resolucao-no-40-2022-de-15-de-dezembro-de-2022/. Acesso em: 30 mar. 2023.

SANTOS, D. M.; LIMA, S. O. Movimento Quilombola do Piauí: participação e organização para além da terra. *Espacialidades*, Natal, v. 6, n. 5, 2013. Disponível em: https://periodicos.ufrn.br/espacialidades/article/view/17606/11477. Acesso em: 15 mar. 2023.

SILVA, A. R. F. da. Políticas públicas para comunidades quilombolas: uma luta em construção. *Política & trabalho*, n. 48, p. 128, 2018.

SIMEÃO, A. V. *O Direito dos quilombolas aos seus territórios como direito fundamental*. Brasília, 2010. 196f. Dissertação (Mestrado). Instituto Brasiliense de Direito Público. 2010.

SOARES, L. F. *et al.* Aspectos socioeconômicos e de condições de saúde em populações quilombolas no estado do Piauí, Brasil. *Research, Society and Development*, v. 9, n. 2, p. e73922091-e73922091, 2020.

SPECK, B. W. *Caminhos da transparência*. Análise dos componentes de um sistema nacional de integridade. 1. ed. Campinas: Editora Unicamp, 2002.

Informação bibliográfica deste texto, conforme a NBR 6023:2018 da Associação Brasileira de Normas Técnicas (ABNT):

ARAÚJO, Gilson; DJALÓ, Mamadú. O controle das políticas públicas para as comunidades quilombolas: desafios para os Tribunais de Contas. *In*: LIMA, Edilberto Carlos Pontes (coord.). *Os Tribunais de Contas e as políticas públicas*. Belo Horizonte: Fórum, 2023. p. 207-217. ISBN 978-65-5518-596-6.

CONTRATAÇÕES PÚBLICAS E POLÍTICAS DE DESENVOLVIMENTO À LUZ DO SISTEMA DE CONTAS

IVAN LELIS BONILHA

1 Contratações públicas como política de desenvolvimento

De acordo com o Banco Mundial,[1] as contratações públicas são o processo de aquisição, pelo setor público, de bens, serviços ou trabalhos do setor privado e elas representam, em média, de 13% a 20% do PIB dos países, perfazendo um dispêndio global de aproximadamente 9,5 trilhões de dólares. As compras públicas são um importante fator de dinamização da economia, na medida em que geram demanda por material, serviço, equipamento, tecnologia, aprendizado, especialização e concorrência no setor privado e apresentam potencial de promoção do desenvolvimento cujos efeitos não se limitam à Administração ou aos cidadãos diretamente atendidos pelo serviço público prestado.

No mesmo sentido, a OCDE[2] aponta que as compras públicas são um instrumento estratégico cada vez mais usado pelos governos para o desempenho de suas competências, que, além de alavancar a eficiência e a efetividade do gasto público, permitem a promoção de objetivos mais amplos, como inovação, sustentabilidade, inclusão social e suporte às pequenas e médias empresas.[3]

Interessante notar que, embora a importância econômica e social das compras públicas seja geral, elas apresentam caráter diferenciado a depender do grau de desenvolvimento de cada país.

---

[1] Disponível em: https://www.worldbank.org/en/news/feature/2020/03/23/global-public-procurement-database-share-compare-improve.

[2] OECD (2019), Government at a Glance 2019, OECD Publishing, Paris. Disponível em: https://doi.org/10.1787/8ccf5c38-en.

[3] De acordo com a OCDE, as compras públicas são uma atividade-chave que representa desde 4,9% do PIB no México até 19,5% nos Países Baixos, atingindo aproximadamente 12% do PIB, em média, nos seus países membros.

Em relação aos países desenvolvidos, Uyarra e Flanagan[4] mostram que está bastante bem enraizada na agenda dos formuladores de políticas públicas europeus a noção de que as compras públicas podem ser usadas ativamente com o objetivo de promover a inovação. Segundo os autores, as compras públicas podem influenciar a inovação de diferentes maneiras, como um objetivo explícito ou não.

Como política explícita, sob certas circunstâncias, as compras podem fazer emergir inovações, como nos casos das indústrias de computadores, de aviação civil e de semicondutores. Todavia, os autores alertam que este caráter explícito de inovação é adequado a um número menor de casos, notadamente aqueles ligados à defesa, tendo potencial para resultados negativos se mal direcionado a um protecionismo reacionário ou ao suporte de campeões nacionais. As condições para o fomento da inovação abrangem a introdução de altos padrões normativos, um claro conjunto de requisitos para novos produtos e serviços em estágios iniciais de ciclo de vida e a promoção da competição.

Como política implícita, as compras públicas influenciam diretamente a inovação através da aquisição de produtos e serviços inovativos ou, indiretamente, influenciando o tamanho e a estrutura do mercado ao definir padrões ou ao aumentar ou reduzir a competição. Além disso, através das compras públicas o governo pode ajudar a criar padrões ou promover a convergência para um único padrão, encorajando a difusão, além de reduzir a incerteza em face de investimentos de longo prazo e grandes custos afundados.

Já em relação aos países em desenvolvimento, de acordo com Wayne Wittig,[5] apesar de as compras públicas representarem de 9 a 13% do PIB, em muitos casos elas não são devidamente gerenciadas e há relutância na participação tanto das firmas nacionais quanto das internacionais neste mercado em face da percepção (e, eventualmente, da realidade) de que o governo não é um bom pagador e de que a corrupção faz parte do processo decisório. Para o autor, há necessidade de melhoria dos sistemas de compras públicas desses países através da promoção de um robusto sistema legal, de procedimentos efetivos de monitoramento e auditoria, da criação de padrões de contratação e da melhoria da transparência e da capacidade governamental de treinar e manter em seus quadros pessoal capacitado para trabalhar com a matéria.

Pode-se afirmar que o Brasil apresenta uma situação intermediária entre os dois enfoques demarcados, que indicam distintos graus de maturidade institucional. Tal situação denota uma necessidade de mudança de paradigma, com especial atenção à capacitação de todos os envolvidos no sistema de compras públicas. Como mostra Paim Terra:

> Entender e discutir as compras públicas a partir de um olhar sistêmico é fundamental. Vive-se um momento de transformação e de consolidação de um novo paradigma na área de compras públicas, o qual impõe a execução de compras públicas inteligentes, o que inclui que as compras sejam mais eficientes e sustentáveis, utilizando-se o poder de compra do Estado para contribuir para o alcance das políticas públicas, tais como o

---

[4] UYARRA, E.; FLANAGAN, K. Understanding the Innovation Impacts of Public Procurement. *Manchester Business School Working Paper*, Number 574, 2009, available: http://www.mbs.ac.uk/research/workingpapers.

[5] WITTIG, Wayne A. Public Procurement and the Development Agenda. International Trade Centre UNCTAD/WTO (ITC). Disponível em: https://www.wto.org/english/tratop_e/gproc_e/wkshop_tanz_jan03/itcdemo1_e.pdf. Acesso em: 6 fev. 2023.

desenvolvimento socioeconômico local e regional, a melhoria da distribuição de renda, o incentivo a inovação, ao meio ambiente, entre outras questões.[6]

Deve-se ressaltar que o avanço institucional requerido não pode ficar restrito ao âmbito governamental. Há necessidade de definição de um feixe de políticas públicas integradas, como já alertava Moura:

> (...) as compras sustentáveis não podem ser vistas como uma política a ser implantada de forma isolada. O setor produtivo precisaria ser trabalhado de forma integrada e em seu conjunto para a formação de um mercado de produtos "verdes" ou sustentáveis – desde a extração da matéria-prima na natureza, passando pelo uso de técnicas de produção mais limpas, pela gestão ambiental nas indústrias, pela manufatura dos produtos, até a reciclagem ou disposição final. Para atender às demandas futuras de grandes volumes de compras governamentais, este setor de produção sustentável talvez necessite de estímulos e políticas econômicas específicas (por exemplo, redução de taxas e disponibilidade de financiamento para novas tecnologias) para estimular seu desenvolvimento, bem como o investimento em novas tecnologias.[7]

Assim, a contratação deve ocorrer de modo consciente e com o objetivo de promover o desenvolvimento sustentável, como manda a legislação: há que se conhecer objetivamente as influências da contratação pública pretendida sobre o mercado. Muito mais do que perseguir o menor preço e, por consequência, selecionar a proposta mais vantajosa, deve o Poder Público se preocupar em aferir economicidade e sustentabilidade do meio ambiente natural, artificial, cultural e do trabalho.

Além disso, a Administração deve questionar se os bens e serviços adquiridos não estão utilizando mão de obra escrava ou infantil, se há observância da preservação do meio ambiente nos processos de fabricação, se os fornecedores respeitam os direitos trabalhistas e se as escolhas em projetos realizadas hoje não comprometerão irremediavelmente a capacidade de financiamento e de escolha das gerações futuras.

Diante do novo contexto, ganha destaque, também, o papel do controle externo e dos procedimentos de auditoria governamental para aferir a aplicação de técnicas de governança pública nas aquisições, inclusive para promover a elaboração do plano de contratações anual alinhado ao planejamento estratégico e às leis orçamentárias e a ampla utilização das ferramentas de transparência nos processos de compras, nos termos da nova Lei de Licitações.

2 A nova Lei de Licitações

A Lei nº 14.133, de 1º de abril de 2021, nova Lei de Licitações e Contratos Administrativos, veio para substituir a Lei nº 8.666/93 (Licitações e Contratos

---

[6] PAIM TERRA, Antonio Carlos. Compras públicas inteligentes: uma proposta para a melhoria da gestão das compras governamentais. Escola Nacional de Administração Pública (Enap). Disponível em: https://repositorio.enap.gov.br/handle/1/3166. Acesso em: 20 mar. 2023.

[7] MOURA, Adriana Maria Magalhães de. As compras públicas sustentáveis e sua evolução no Brasil. *Ipea boletim regional, urbano e ambiental*, 7, jan./jun. 2013. Disponível em: https://repositorio.ipea.gov.br/bitstream/11058/5584/1/BRU_n07_compras.pdf. Acesso em: 21 mar. 2023.

Administrativos), a Lei nº 10.520/02 (Pregão) e a disciplina da Lei nº 12.462/11, referente ao Regime Diferenciado de Contratações Públicas – RDC.

Cumpre destacar que a Lei nº 14.133/21 inova em diversos aspectos, a começar pela extensa carga principiológica explicitamente referenciada a ser observada em sua aplicação. Traz o seu art. 5º:

> Art. 5º Na aplicação desta Lei, serão observados os princípios da legalidade, da impessoalidade, da moralidade, da publicidade, da eficiência, do interesse público, da probidade administrativa, da igualdade, do planejamento, da transparência, da eficácia, da segregação de funções, da motivação, da vinculação ao edital, do julgamento objetivo, da segurança jurídica, da razoabilidade, da competitividade, da proporcionalidade, da celeridade, da economicidade e do desenvolvimento nacional sustentável, assim como as disposições do Decreto-Lei nº 4.657, de 4 de setembro de 1942 (Lei de Introdução às Normas do Direito Brasileiro).

De forma semelhante, o novo diploma buscou explicitar também os objetivos do processo licitatório:

> Art. 11. O processo licitatório tem por objetivos:
> I – assegurar a seleção da proposta apta a gerar o resultado de contratação mais vantajoso para a Administração Pública, inclusive no que se refere ao ciclo de vida do objeto;
> II – assegurar tratamento isonômico entre os licitantes, bem como a justa competição;
> III – evitar contratações com sobrepreço ou com preços manifestamente inexequíveis e superfaturamento na execução dos contratos;
> IV – incentivar a inovação e o desenvolvimento nacional sustentável.
> Parágrafo único. A alta administração do órgão ou entidade é responsável pela governança das contratações e deve implementar processos e estruturas, inclusive de gestão de riscos e controles internos, para avaliar, direcionar e monitorar os processos licitatórios e os respectivos contratos, com o intuito de alcançar os objetivos estabelecidos no caput deste artigo, promover um ambiente íntegro e confiável, assegurar o alinhamento das contratações ao planejamento estratégico e às leis orçamentárias e promover eficiência, efetividade e eficácia em suas contratações.

Em contraste, a lei anterior de licitações, Lei nº 8.666/93, em sua versão original, estabelecia que a licitação destinava-se a garantir a observância do princípio constitucional da isonomia e a selecionar a proposta mais vantajosa para a Administração, devendo ser processada e julgada em estrita conformidade com os princípios básicos da legalidade, da impessoalidade, da moralidade, da igualdade, da publicidade, da probidade administrativa, da vinculação ao instrumento convocatório, do julgamento objetivo e dos que lhes são correlatos.

Assim, no mesmo texto eram mesclados objetivos e princípios da licitação, sendo estes últimos endereçados de forma não exaustiva. Também deve-se pontuar que o princípio do desenvolvimento nacional sustentável não era referenciado na versão original da antiga lei, somente sendo introduzido naquele texto através da redação dada pela Lei nº 12.349, de 2010.[8]

---

[8] Como mostra Crislayne Cavalcante: "(...) na exposição de motivos do projeto de lei que culminou na Lei nº 12.349/2010, o texto original do projeto (PL nº 13/2010) utilizava o termo 'desenvolvimento nacional', focava na

No novo diploma, o desenvolvimento nacional sustentável, além de ser explicitamente referenciado no rol de princípios, é colocado como um dos objetivos do processo licitatório. Trata-se da homenagem definitiva da principal lei de contratações públicas nacional à meta 12.7 das Nações Unidas de "promover práticas de compras públicas sustentáveis, de acordo com as políticas e prioridades nacionais", do Objetivo de Desenvolvimento Sustentável (ODS) 12, de assegurar padrões de produção e de consumo sustentáveis.

Marçal Justen Filho[9] apresenta uma interessante análise estrutural das inovações trazidas pela nova lei, das quais destacamos aquelas correlacionadas ao tema em tela. Em primeiro lugar, o autor aponta que a nova lei consagra a incorporação da tecnologia: no uso intensivo do processo administrativo eletrônico,[10] na criação do Portal Nacional de Contratações Públicas (PNCP),[11] na centralização de informações, controle e transparência da atividade licitatória,[12][13] no controle e fiscalização da execução contratual[14][15] e no acompanhamento de obras.[16][17]

---

criação de margens de preferência para aquisição de produtos nacionais, fortalecimento das cadeias produtiva nacionais e incentivo à inovação e à pesquisa. Cite-se trecho da exposição de motivos: '(...) 6. A modificação do caput do artigo 3º visa agregar às finalidades das licitações públicas o desenvolvimento econômico nacional'. Mas, durante a tramitação do projeto de lei, uma das emendas alterou o texto original para incluir a palavra 'sustentável' ao termo 'desenvolvimento nacional', o que ampliou a abrangência hermenêutica dos objetivos da licitação para as várias dimensões do desenvolvimento sustentável, que não apenas o aspecto econômico". CAVALCANTE, Crislayne. Desenvolvimento Nacional, Licitações e Fiscalização pelos Tribunais de Contas. *Revista do TCU*, maio/ago. 2016. Disponível em: https://revista.tcu.gov.br/ojs/index.php/RTCU /article/view/1360/1487. Acesso em: 25 out. 2018.

[9] Disponível em: https://youtu.be/DmHpEuN003M. Acesso em: 17 maio 2021.

[10] Art. 12. No processo licitatório, observar-se-á o seguinte: (...) VI – *os atos serão preferencialmente digitais, de forma a permitir que sejam produzidos, comunicados, armazenados e validados por meio eletrônico*; (...) Art. 17. O processo de licitação observará as seguintes fases, em sequência: (...) §4º Nos procedimentos realizados por meio eletrônico, *a Administração poderá determinar, como condição de validade e eficácia, que os licitantes pratiquem seus atos em formato eletrônico*.

[11] Art. 174. É criado o *Portal Nacional de Contratações Públicas (PNCP), sítio eletrônico oficial* destinado à: I – *divulgação centralizada e obrigatória dos atos exigidos por esta Lei; II – realização facultativa das contratações pelos órgãos e entidades dos Poderes Executivo, Legislativo e Judiciário de todos os entes federativos*.

[12] Art. 17. O processo de licitação observará as seguintes fases, em sequência: (...) §2º As licitações serão realizadas *preferencialmente sob a forma eletrônica, admitida a utilização da forma presencial, desde que motivada, devendo a sessão pública ser registrada em ata e gravada em áudio e vídeo*. (...) §5º Na hipótese excepcional de licitação sob a forma presencial a que refere o §2º deste artigo, a sessão pública de apresentação de propostas *deverá ser gravada em áudio e vídeo, e a gravação será juntada aos autos* do processo licitatório depois de seu encerramento.

[13] Art. 25. O edital deverá conter o objeto da licitação e as regras relativas à convocação, ao julgamento, à habilitação, aos recursos e às penalidades da licitação, à fiscalização e à gestão do contrato, à entrega do objeto e às condições de pagamento. (...) §3º *Todos os elementos do edital, incluídos minuta de contrato, termos de referência, anteprojeto, projetos e outros anexos, deverão ser divulgados em sítio eletrônico oficial na mesma data de divulgação do edital*, sem necessidade de registro ou de identificação para acesso.

[14] Art. 91. *Os contratos e seus aditamentos terão forma escrita e serão juntados ao processo que tiver dado origem à contratação, divulgados e mantidos à disposição do público em sítio eletrônico oficial*. (...) §2º Contratos relativos a direitos reais sobre imóveis serão formalizados por escritura pública lavrada em notas de tabelião, cujo teor deverá ser divulgado e mantido à disposição do público em sítio eletrônico oficial.

[15] Art. 94. *A divulgação no Portal Nacional de Contratações Públicas (PNCP) é condição indispensável para a eficácia do contrato e de seus aditamentos e deverá ocorrer nos seguintes prazos, contados da data de sua assinatura*: (...) §3º *No caso de obras, a Administração divulgará em sítio eletrônico oficial, em até 25 (vinte e cinco) dias úteis após a assinatura do contrato, os quantitativos e os preços unitários e totais que contratar e, em até 45 (quarenta e cinco) dias úteis após a conclusão do contrato, os quantitativos executados e os preços praticados*.

Ainda, de acordo com o autor, a nova lei inova na imposição de um ambiente de integridade de forma ampla, manifesto na exigência de governança pública do parágrafo único do art. 11,[18] mas que se espraia por todo o texto legal, fazendo com que o poder controle o poder, ou seja, que haja limitação da autonomia para a adoção de condutas abusivas, despropositadas, impensadas e incompetentes (e corruptas). O art. 169[19] estabelece as linhas de defesa do interesse público e atribui a todos os agentes públicos responsabilidades, em especial, aos advogados, o que inviabiliza sua cegueira deliberada. Também traz a lei a vedação à omissão da autoridade superior, que passa a compartilhar com seus subordinados a responsabilidade por desvios por eles cometidos.[20] [21]

---

[16] Art. 19. Os órgãos da Administração com competências regulamentares relativas às atividades de administração de materiais, de obras e serviços e de licitações e contratos deverão: (...) §3º Nas licitações de obras e serviços de engenharia e arquitetura, sempre que adequada ao objeto da licitação, *será preferencialmente adotada a Modelagem da Informação da Construção (Building Information Modelling – BIM)* ou tecnologias e processos integrados similares ou mais avançados que venham a substitui-la.

[17] Art. 115. O contrato deverá ser executado fielmente pelas partes, de acordo com as cláusulas avençadas e as normas desta Lei, e cada parte responderá pelas consequências de sua inexecução total ou parcial. (...) §5º *Em caso de impedimento, ordem de paralisação ou suspensão do contrato*, o cronograma de execução será prorrogado automaticamente pelo tempo correspondente, anotadas tais circunstâncias mediante simples apostila. §6º Nas contratações de obras, verificada a ocorrência do disposto no §5º deste artigo por mais de 1 (um) mês, *a Administração deverá divulgar, em sítio eletrônico oficial e em placa a ser afixada em local da obra de fácil visualização pelos cidadãos, aviso público de obra paralisada*, com o motivo e o responsável pela inexecução temporária do objeto do contrato e a data prevista para o reinício da sua execução.

[18] Art. 11 (...) Parágrafo único. *A alta administração do órgão ou entidade é responsável pela governança das contratações e deve implementar processos e estruturas, inclusive de gestão de riscos e controles internos*, para avaliar, direcionar e monitorar os processos licitatórios e os respectivos contratos, com o intuito de alcançar os objetivos estabelecidos no caput deste artigo, promover um ambiente íntegro e confiável, assegurar o alinhamento das contratações ao planejamento estratégico e às leis orçamentárias e promover eficiência, efetividade e eficácia em suas contratações.

[19] Art. 169. As contratações públicas deverão submeter-se a práticas contínuas e permanentes de gestão de riscos e de controle preventivo, inclusive mediante adoção de recursos de tecnologia da informação, e, além de estar subordinadas ao controle social, *sujeitar-se-ão às seguintes linhas de defesa: I – primeira linha de defesa, integrada por servidores e empregados públicos, agentes de licitação e autoridades que atuam na estrutura de governança do órgão ou entidade; II – segunda linha de defesa, integrada pelas unidades de assessoramento jurídico e de controle interno do próprio órgão ou entidade; III – terceira linha de defesa, integrada pelo órgão central de controle interno da Administração e pelo tribunal de contas.* (...).

[20] Art. 7º *Caberá à autoridade máxima do órgão ou da entidade, ou a quem as normas de organização administrativa indicarem, promover gestão por competências e designar agentes públicos para o desempenho das funções essenciais à execução desta Lei que preencham os seguintes requisitos*: I – sejam, preferencialmente, servidor efetivo ou empregado público dos quadros permanentes da Administração Pública; II – tenham atribuições relacionadas a licitações e contratos ou possuam formação compatível ou qualificação atestada por certificação profissional emitida por escola de governo criada e mantida pelo poder público; e III – não sejam cônjuge ou companheiro de licitantes ou contratados habituais da Administração nem tenham com eles vínculo de parentesco, colateral ou por afinidade, até o terceiro grau, ou de natureza técnica, comercial, econômica, financeira, trabalhista e civil. §1º *A autoridade referida no caput deste artigo deverá observar o princípio da segregação de funções*, vedada a designação do mesmo agente público para atuação simultânea em funções mais suscetíveis a riscos, de modo a reduzir a possibilidade de ocultação de erros e de ocorrência de fraudes na respectiva contratação. §2º *O disposto no caput e no §1º deste artigo, inclusive os requisitos estabelecidos, também se aplica aos órgãos de assessoramento jurídico e de controle interno da Administração.*

[21] Art. 11. O processo licitatório tem por objetivos: (...) Parágrafo único. *A alta administração do órgão ou entidade é responsável pela governança das contratações e deve implementar processos e estruturas, inclusive de gestão de riscos e controles internos, para avaliar, direcionar e monitorar os processos licitatórios e os respectivos contratos*, com o intuito de alcançar os objetivos estabelecidos no caput deste artigo, promover um ambiente íntegro e confiável, assegurar o alinhamento das contratações ao planejamento estratégico e às leis orçamentárias e promover eficiência, efetividade e eficácia em suas contratações.

Além disso, Justen Filho mostra que a nova lei se preocupa também com a incorporação de soluções ambientalmente satisfatórias, com margem de preferência para bens reciclados, recicláveis e biodegradáveis,[22] observância da disposição final[23] e possibilidade de remuneração variável vinculada à sustentabilidade ambiental.[24]

E, por fim, ele chama a atenção para a identificação da melhor proposta, questão muito discutida em face da Lei nº 8.666/93. Para a nova lei, o menor preço não é o menor pagamento feito ao particular e, sim, de forma expressa, o menor dispêndio para a Administração,[25] considerados os custos indiretos, o ciclo de vida do objeto e seus impactos ambientais, dada a exigência, também expressa, de parâmetro de qualidade mínima a ser definida no edital – a fim de evitar produtos de qualidade inferior.

De acordo com Nóbrega e Malta,

> Em relação às diretrizes compatíveis com a sustentabilidade ambiental na Lei 14.133/2021, sugere-se que a interface dos contratos sustentáveis esteja diretamente ligada à mudança da noção de vantagem, que se constitui como objetivo fundamental do processo licitatório, pois a avaliação do preço do fornecimento historicamente valorizado no regime anterior (Lei 8.666/1993, 10.520/2022 e 12.462/2011) cede diante do objetivo imposto pela nova lei, quanto à avaliação do ciclo de vida do objeto nos contratos de fornecimento e concessão de uso de bens públicos.[26]

A consideração do ciclo de vida do objeto, estampada no novo texto legal, se mostra como uma verdadeira mudança de paradigma em face das compras públicas que sintetiza novas preocupações, bem como novos enfoques para antigas preocupações, além de configurar uma exigência de alteração qualitativa no modo como o Poder Público se relaciona com a compra pública. Nas palavras de Juarez Freitas sobre o ciclo de vida do objeto na nova lei de licitações:

> (...) a) As licitações e as contratações públicas, em louvável convergência internacional, precisam gravitar em torno do eixo da sustentabilidade; b) A proposta mais vantajosa, escrupulosamente atenta ao ciclo de vida do objeto, é aquela que resiste ao crivo de indicadores multifacetados de custos e benefícios diretos e indiretos, exorcizando os perigos de irreversíveis perdas trágicas patrocinadas pelos desequilíbrios ecossistêmicos; c) O escrutínio coeso e integrado do ciclo de vida do objeto demanda a refutação incisiva

---

[22] Art. 26. No processo de licitação, *poderá ser estabelecida margem de preferência para: (...) II – bens reciclados, recicláveis ou biodegradáveis*, conforme regulamento. (...)

[23] Art. 45. As licitações de obras e serviços de engenharia devem respeitar, especialmente, as normas relativas a: I – *disposição final ambientalmente adequada dos resíduos sólidos gerados pelas obras contratadas*; (...)

[24] Art. 144. Na contratação de obras, fornecimentos e serviços, inclusive de engenharia, *poderá ser estabelecida remuneração variável vinculada ao desempenho do contratado*, com base em metas, padrões de qualidade, critérios de sustentabilidade ambiental e prazos de entrega definidos no edital de licitação e no contrato. (...)

[25] Art. 34. O julgamento por menor preço ou maior desconto e, quando couber, por técnica e preço considerará *o menor dispêndio para a Administração, atendidos os parâmetros mínimos de qualidade definidos no edital de licitação*. §1º Os custos indiretos, relacionados com as despesas de manutenção, utilização, reposição, depreciação e impacto ambiental do objeto licitado, entre outros fatores vinculados ao seu ciclo de vida, poderão ser considerados para a definição do menor dispêndio, sempre que objetivamente mensuráveis, conforme disposto em regulamento. §2º O julgamento por maior desconto terá como referência o preço global fixado no edital de licitação, e o desconto será estendido aos eventuais termos aditivos.

[26] NÓBREGA, Theresa Christine de Albuquerque; MALTA, Anna Dolores Barros de Oliveira Sá. A expectativa por contratos públicos sustentáveis na Lei 14.133/2021. *Revista CNJ*, v. 6, n. 2, jul./dez. 2022. Disponível em: https://www.cnj.jus.br/ojs/revista-cnj/article/view/398. Acesso em: 20 mar. 2023.

da análise imantada exclusivamente pelo viés economicista, haja vista a centralidade indiscutível de variáveis sociais, ambientais e éticas, acima das tentações utilitárias de curto prazo; d) A motivação de licitar e contratar, na seara pública, jamais se revela neutra. Portanto, na avaliação do ciclo de vida do objeto, não merecem prosperar as metodologias incapazes de traduzir adequada precificação sustentável; e) Imprescindível transitar para a governança pública sustentável, que pratique a aferição confiável do ciclo de vida, por intermédio de ferramentas hábeis a dialogar com múltiplas técnicas avaliativas (por exemplo, a avaliação de impactos ambientais), afastando fórmulas simplistas e redundantes; f) O exame do ciclo de vida requer permanente refinamento metodológico, com a decisão iluminada por protocolos engajadamente indutores do primado líquido de benefícios e cobenefícios.[27]

À luz do rol de inovações apresentadas no novo diploma legal, verifica-se que os desafios a serem enfrentados pela Administração, pelos particulares e pelo sistema de contas para fazerem frente aos mandamentos da nova lei são bastante significativos. Será necessária uma ampla carga de estudo, intensa preparação e prática com o regramento para que se possa atuar de forma adequada em face do novo grau de complexidade e das inovações tecnológicas e institucionais que ora se apresentam.

A título de síntese, pode-se verificar que, ao incorporar tecnologia, impor um ambiente de governança pública, buscar soluções ambientalmente satisfatórias e caracterizar a melhor proposta como aquela que considera, inclusive, o ciclo de vida do objeto, a nova lei de licitações traz inovações em sintonia com o grau intermediário de maturidade institucional do país e, ao mesmo tempo, indica, a partir das compras públicas, um caminho de evolução, de desenvolvimento sustentável.

3 Fiscalização e avaliação pelos Tribunais de Contas

A nova lei de licitações cuida de tecer mais alguns liames no sistema de contas nacional. Reforça, dessa forma, o caráter sistêmico e interinstitucional do aparato de integridade do Estado brasileiro definido na Constituição Federal, que dedica ao controle da Administração Pública um conjunto extenso de normas, em especial os artigos 70, 71 e 74, que definem um verdadeiro sistema, baseado no tripé Controle Externo, Controle Interno e Controle Social. Um papel fundamental que os Tribunais de Contas desempenham neste sistema de contas é o de assegurar que seus componentes atuem de forma coordenada e efetiva, o que ocorre de diversas maneiras.

O Controle Social é o acompanhamento sistemático e atento que o cidadão faz do uso do dinheiro público por parte do governo, é aceito como o controle potencialmente mais eficaz, mas não pode se realizar sem que seja promovida a transparência da atuação da Administração Pública. Transparência que não significa apenas a necessária disponibilização de informação, mas uma informação detalhada, acompanhada de explicação sobre o seu conteúdo, que pode se transformar em conhecimento acessível

---

[27] FREITAS, Juarez. Nova Lei de Licitações e o ciclo de vida do objeto. *Rev. Direito Adm.*, Rio de Janeiro, v. 281, n. 2, p. 91-106, maio/ago. 2022. Disponível em: https://doi.org/10.12660/rda.v281.2022.86046. Acesso em: 17 mar. 2023.

e que deve estar disponível em padrões abertos que permitam sua análise e validação independente. Ao promover a transparência substantiva da Administração e ao receber e processar denúncias e representações, as Cortes de Contas estão viabilizando a atuação efetiva do Controle Social.

O Controle Interno, definido como um processo formado por políticas, manuais, formulários e atividades de controle que tem como finalidade fornecer uma segurança razoável de que os objetivos das entidades públicas estejam sendo atingidos, é responsabilidade da alta administração de cada ente público e tem como assegurador máximo o Tribunal de Contas. Esta asseguração ocorre através das fiscalizações, das linhas obrigatórias de comunicação e dos processos administrativos abertos e instruídos pela Administração e julgados pelo Tribunal de Contas.

O art. 70 do Texto Constitucional estabelece o Controle Externo como sendo exercido pelo Congresso Nacional, destacando o Poder Legislativo como detentor primeiro desta competência. Avulta, no art. 71, o extenso rol de competências das Cortes de Contas resultante, nas palavras do eminente jurista Carlos Ayres Britto, ex-ministro do Supremo Tribunal Federal, do próprio princípio republicano. E neste amplo conjunto de poderes e deveres constitucionalmente atribuídos, destaca-se a missão de aferir o resultado das políticas públicas: um grande diferencial que distingue os Tribunais de Contas das demais instituições e que tem o potencial de contribuir, de forma decisiva, para o desenvolvimento econômico e social do país.

A Constituição reservou aos Tribunais de Contas abrangentes atribuições na fiscalização da Administração Pública, impondo-lhes um apuramento técnico atualizado e multidisciplinar. Além disso, estas instituições exercem também o papel de repositório de conhecimento, que proporciona acesso à informação ao cidadão para o controle social e treinamento aos gestores públicos sobre boas práticas e procedimentos administrativos através das suas escolas de gestão pública.

Tanto este rol de atribuições das Cortes de Contas quanto o próprio sistema de contas são extensamente reafirmados na nova Lei de Licitações. Se, de um lado, tem-se o disposto no art. 173 da nova lei[28] a respeito do dever dos Tribunais de Contas de promoverem, por meio de suas escolas de contas, eventos de capacitação para os servidores encarregados das tarefas relacionadas à licitação, por outro tem-se a explicitação do sistema de linhas de defesa do interesse público que concretiza, no âmbito das compras públicas, o próprio sistema de contas. Destaque-se que, nos dois casos, a lei está privilegiando uma atuação preventiva do sistema de controle.

O novo diploma legal foi extremamente didático e minudente e trouxe inclusive explicitamente o modelo de três linhas de defesa adaptado ao processo licitatório, o que evidencia a grande importância atribuída pela Lei à existência de um sistema de controle interno efetivo e sua necessária relação com o controle externo.

Tomando-se as definições do art. 169 da Lei, à luz dos conceitos do *Institute of Internal Auditors*, a primeira linha de defesa está relacionada aos agentes que desenvolvem atividades que criam e/ou gerenciam os riscos e, portanto, são exatamente estas pessoas

---

[28] Art. 173. Os tribunais de contas deverão, por meio de suas escolas de contas, promover eventos de capacitação para os servidores efetivos e empregados públicos designados para o desempenho das funções essenciais à execução desta Lei, incluídos cursos presenciais e a distância, redes de aprendizagem, seminários e congressos sobre contratações públicas.

que podem facilitar ou dificultar que os objetivos da organização sejam atingidos. No caso, são os servidores e empregados públicos que trabalham na linha de frente das licitações, nas atividades operacionais de licitação.

Já a segunda linha de defesa se refere ao pessoal de suporte ao gerenciamento, com conhecimento especializado, que desempenha funções típicas de gerenciamento e/ou de revisão, mas que detém na sua competência muitos aspectos do gerenciamento de riscos. Uma característica importante dos servidores da segunda linha de defesa está na capacidade de enxergar todos ou boa parte dos processos de licitação de forma transversal, sob a lente de um conhecimento especializado, como é o caso das unidades de assessoramento jurídico e de controle interno do próprio órgão ou entidade.

A terceira linha de defesa, no modelo tradicional do IIA, tem como função assegurar à alta administração e aos órgãos de governança que a primeira e a segunda linhas de defesa desempenham seus papéis de acordo com as expectativas da administração e daqueles órgãos. Na versão do modelo adotada pela lei, são acrescentados à terceira linha de defesa os Tribunais de Contas, que, no modelo do IIA, seriam instituições externas às três linhas de defesa de cada entidade. Tipicamente, a terceira linha de defesa desenvolve atividades de auditoria e não se permite que ela desenvolva atividades de gerenciamento de forma a proteger sua objetividade e independência organizacional.

Assim, de acordo com a nova Lei, é dever do gestor público manter um sistema de controle interno devidamente estruturado e, do mesmo modo, posicionando os Tribunais de Contas como terceira linha de defesa, a Lei evidencia seu papel institucional de assegurar que os jurisdicionados possuam um sistema de controle interno independente, atuante e efetivo.

O crescente direcionamento do arcabouço legal para uma perspectiva substantiva de desenvolvimento sustentável implica obviamente a transformação do aparato institucional de maneira a dar suporte a uma nova forma de conceber e implantar as políticas públicas lastreadas no sistema de compras. E se cresce a complexidade do trabalho a ser desempenhado pela Administração e pelo Controle, aumentam-se as exigências sobre os servidores públicos envolvidos nas atividades correspondentes.

De acordo com a professora Susan Rose-Ackerman,[29] o efetivo combate à corrupção deve estar embasado no aumento dos seus riscos e dos seus custos. A receita para o sucesso pressupõe que os servidores públicos sejam bem remunerados e tenham acesso a pensões generosas desde que apresentem carreiras probas. O sistema de seleção dos servidores públicos deve ser transparente e as penalidades por incorrer em corrupção devem estar correlacionadas aos benefícios marginais por agir de forma corrupta. O pano de fundo de um serviço público refratário à corrupção é a existência de um sistema de controle interno eficiente e de leis anticorrupção que sejam vigorosamente aplicadas a corruptos e corruptores. Instituições externas podem complementar os sistemas de controle interno e devem, elas mesmas, estar livres de corrupção para poderem exercitar efetivamente a supervisão. Em suma, esta é exatamente a descrição do papel do sistema de contas no combate preventivo à corrupção.

---

[29] Susan Rose-Ackerman, The Political Economy of Corruption – CORRUPTION AND THE GLOBAL ECONOMY – Institute for International Economics. Disponível em: https://www.piie.com/bookstore/corruption-and-global-economy.

Por fim, a ampla incorporação da tecnologia ao processo de compras demanda que se apliquem no controle novos desenvolvimentos de tecnologia de informação, tais como métodos estatísticos, *data mining*, inteligência artificial e *blockchain*, sempre no intuito de buscar um trabalho de auditoria mais rápido e efetivo e que amplie o alcance da avaliação de políticas públicas.[30]

4 As diretrizes de auditoria da INTOSAI para contratações públicas

A auditoria é a ferramenta de referência para todos os tipos de fiscalização desenvolvidos pelos Tribunais de Contas e daí deriva a importância de serem padronizadas e disseminadas suas técnicas, em especial através das Normas Brasileiras de Auditoria do Setor Público (NBASP), de forma a assegurar um alto padrão de qualidade dos trabalhos. As NBASP, com edição e revisão efetuadas pelo Instituto Rui Barbosa (IRB), formam um arcabouço básico cujo alinhamento às normas internacionais emitidas pela Organização Internacional das Entidades Fiscalizadoras Superiores (INTOSAI) e adaptação ao marco normativo brasileiro representam a aderência dos trabalhos de auditoria aos padrões internacionais.

É interessante notar que, embora os países possuam regramentos distintos sobre o tema, a existência de tratados e interesses comuns e a participação em organismos multilaterais de comércio implicam a existência de um núcleo central de princípios compartilhado por todos, núcleo este consistente com os princípios e disposições da lei modelo da UNCITRAL (*United Nations Commission On International Trade Law*) sobre contratos públicos.[31]

---

[30] Tarefa que ganhou, inclusive, *status* constitucional com a EC nº 109, de 15 de março de 2021: CF, art. 37: §16. Os órgãos e entidades da administração pública, individual ou conjuntamente, devem realizar avaliação das políticas públicas, inclusive com divulgação do objeto a ser avaliado e dos resultados alcançados, na forma da lei.

[31] GUID5280, ANEXO 1: "Princípios de contratação pública. Os auditores referem-se principalmente aos princípios de contratação pública estabelecidos em suas leis nacionais. Esses princípios visam orientar o conteúdo dos regulamentos, a interpretação dos dispositivos legais e a tomada de decisões ao longo de todo o processo de aquisição. Hoje em dia, por influência das melhores práticas internacionais em contratos públicos e da orientação da ONU incluída na lei modelo da UNCITRAL sobre Compras de Bens, Construção e Serviços, as leis e regulamentos nacionais de contratos públicos muitas vezes se referem aos princípios internacionalmente aceitos que transmitem. A UNCITRAL é um órgão subsidiário da Assembleia Geral da ONU e, entre outras funções, prepara leis modelo, que são textos legislativos recomendados aos estados para promulgação como parte de suas leis nacionais. A lei modelo da UNCITRAL sobre Aquisição de Bens, Construção e Serviços incentiva as disposições nacionais das leis de contratação pública a incorporar os seguintes princípios: *Participação aberta e competição*: Todos os potenciais fornecedores qualificados devem ser autorizados a participar em procedimentos de contratação pública, exceto em circunstâncias específicas, regulamentadas e justificadas, que permitem exclusões; *Justiça e igualdade*: Todos os licitantes interessados/potenciais devem poder ter acesso e confiar em informações e critérios claros, objetivos e completos, divulgados publicamente pela entidade adjudicante. Os licitantes também têm o direito de esperar que serão tratados de forma justa e em igualdade de condições com os demais participantes. *Integridade e transparência*: Os contribuintes e os cidadãos em geral têm o direito de esperar que os contratos públicos sejam realizados com integridade, exclusivamente no interesse público e de forma transparente; *Economia, Eficiência e/ou Eficácia*: Eles também esperam que os preços pagos pelos bens, serviços e obras representem o máximo *value for money* e sejam adquiridos na qualidade, quantidade e tempo certos".

A GUID5280 – Orientação para Auditoria das Contratações Públicas é uma tradução[32] da proposta *Guidance for Public Procurement Audit*, da INTOSAI. Trata-se de um documento que tem por objetivo fornecer orientação ao auditor sobre como conduzir auditorias operacionais e/ou de conformidade sobre contratações públicas, conformando uma ferramenta de auxílio para o planejamento e a execução de auditorias relacionadas ao tema.

A partir do texto da Orientação e tomando-se alguns dos principais pontos de contraste das auditorias de compras públicas para as auditorias governamentais em geral, pode-se destacar primeiramente que "o objeto de uma auditoria de contratos públicos pode abranger todas ou etapas separadas do ciclo de contratação, processos em etapas individuais ou pode estar relacionado à função de contratação em geral".

Como critérios de avaliação da auditoria, têm-se os princípios de economia, eficiência e eficácia/efetividade, caso se trate de uma auditoria operacional, ou leis e regulamentos para o caso de uma auditoria de conformidade. Todavia, o documento chama a atenção para o fato de que nem sempre estes tipos são estanques, podendo haver uma relação estreita entre os dois tipos de auditoria.

A Orientação traz alguns aspectos e circunstâncias específicas que o auditor pode utilizar para a definição do objetivo da auditoria e são apresentados dois métodos de análise das contratações públicas: o método estratégico e o método de processo. O primeiro busca averiguar se o Poder Público adota um método estratégico para as contratações, de forma que suas atividades e prioridades estejam vinculadas e incorporadas às prioridades gerais. Já o método de processo busca analisar as contratações sob a perspectiva de um processo, organizado de acordo com regulamentos e dividido em fases operacionais.

O documento chama a atenção para os riscos de corrupção e fraude nas contratações públicas. Ao ser considerado o volume de recursos envolvidos e os potenciais conflitos de interesse, de acordo com a Orientação, esta é uma das atividades públicas mais propensas a desvios, na qual ocorre metade das situações de corrupção, que podem implicar custos adicionais de 10 a 25%. Dessa forma, "os riscos de fraude e corrupção relevantes para os objetivos da auditoria estão entre as principais questões a serem consideradas em uma auditoria de contratos públicos".

Para a GUID5280, dentre os principais fatores de risco nas compras públicas, tem-se: grande volume de recursos substanciais, variedade de itens, aquisições em larga escala, especificações complexas, complexidade de aparato normativo, situações de aprovação e utilização excepcionais, complexidade dos controles, conflito de interesses ou conluio, redução da concorrência, contratos genéricos e lacunas regulatórias, falta de transparência e falta de formação dos servidores públicos.

A Orientação enfatiza a importância de que o auditor esteja atento aos processos internos dos entes auditados, em especial para fatores de risco, como: volume de operações, volume de contratos adjudicados por meio de procedimentos de contratação fechados ou restritos, complexidade relativa do sistema de compras e escala das atividades do sistema de controle interno, sensibilidade do sistema a aquisições complexas e de

---

[32] Tradução efetuada pela Vice-Presidência de Relações Institucionais do Instituto Rui Barbosa (IRB), conduzida pelo Conselheiro Ivan Lelis Bonilha do Tribunal de Contas do Estado do Paraná (TCE-PR). Disponível em: https://irbcontas.org.br/wp-content/uploads/2022/06/traducao-da-minuta-da-guid-5280.pdf. Acesso em: 19 jan. 2023.

multicomponentes ou a grande quantidade de itens heterogêneos e baratos, coincidência de fornecedor para distintas áreas geográficas e histórico da conduta de licitantes, fornecedores servidores integrantes das comissões de licitação.

As contratações públicas de emergência são outro ponto destacado no documento, pois geralmente envolvem a aplicação de um volume significativo de recursos com relaxamento dos controles normalmente aplicáveis. Fatores como falta de revisão *ex-ante*, processos simplificados, prazos de pagamento flexíveis e antecipação de pagamentos podem favorecer a fraude e a corrupção. Também podem ocorrer previsões de necessidades exageradas, adjudicação direta tendenciosa, manipulação do mercado e de preços, cobrança de propinas e má execução contratual. Especial atenção deve ser dada aos riscos de interação entre o fornecedor e o funcionário público e à falta de controle físico sobre os bens fornecidos.

Para as situações emergenciais, a GUID5280 recomenda que as entidades de controle, tomado o devido cuidado de salvaguardar sua independência, procurem aumentar o valor das auditorias de contratações públicas emergenciais em andamento, estreitando o seu escopo, encurtando seus prazos e entregando relatórios mais curtos, factuais e provisórios de forma que o próprio trabalho de auditoria possa ser usado para preencher lacunas de informações ou de promoção da transparência. Também, de acordo com o documento, a eventual necessidade de contornar as regras em virtude da situação emergencial deve ser documentada em tempo hábil e justificada.

Considerando que cada vez mais a contratação pública é realizada através de meios eletrônicos, a Orientação destaca a necessidade de que os órgãos públicos garantam que a utilização de tais recursos não introduza barreiras técnicas aos potenciais licitantes e que as ferramentas e equipamentos necessários à comunicação eletrônica sejam de uso e disponibilidade geral. A GUID5280 recomenda especial cuidado com a segurança dos sistemas eletrônicos. Devem ser previstos o uso de assinaturas eletrônicas, níveis de acesso e procedimentos de credenciamento. As regras e algoritmos do sistema de compras devem obedecer a elevados padrões de segurança, garantindo integridade, confidencialidade, autenticidade e disponibilidade dos documentos da licitação (p. ex. submissões, decisões e propostas) e anonimização, quando cabível.

Foram aqui destacados apenas alguns pontos da GUID5280 que podem ser objeto de atenção nas fiscalizações a serem realizadas pelo sistema de contas. Trata-se de uma ferramenta útil a ser considerada nas auditorias sobre contratações públicas apta a contribuir com o desempenho das novas tarefas derivadas das inovações presentes na nova lei de licitações, que apontam para um aumento da sofisticação e complexidade dos procedimentos e, consequentemente, a necessidade de aprimoramento do controle.

Referências

FREITAS, Juarez. Nova Lei de Licitações e o ciclo de vida do objeto. *Rev. Direito Adm.*, Rio de Janeiro, v. 281, n. 2, p. 91-106, maio/ago. 2022. Disponível em: https://doi.org/10.12660/rda.v281.2022.86046. Acesso em: 17 mar. 2023.

INSTITUTO RUI BARBOSA. Tradução efetuada pela Vice-Presidência de Relações Institucionais do Instituto Rui Barbosa (IRB), conduzida pelo Conselheiro Ivan Lelis Bonilha do Tribunal de Contas do Estado do Paraná (TCE-PR). Disponível em: https://irbcontas.org.br/wp-content/uploads/2022/06/traducao-da-minuta-da-guid-5280.pdf. Acesso em: 19 jan. 2023.

MOURA, Adriana Maria Magalhães de. As compras públicas sustentáveis e sua evolução no Brasil. *IPEA Boletim Regional, Urbano e Ambiental*, n. 7, jan./jun. 2013. Disponível em: https://repositorio.ipea.gov.br/bitstream/11058/5584/1/BRU_n07_compras.pdf. Acesso em: 21 mar. 2023.

NÓBREGA, Theresa Christine de Albuquerque; MALTA, Anna Dolores Barros de Oliveira Sá. A expectativa por contratos públicos sustentáveis na Lei nº 14.133/2021. *Revista CNJ*, vol. 6, n. 2, jul./dez. 2022. Disponível em: https://www.cnj.jus.br/ojs/revista-cnj/article/view/398. Acesso em: 20 mar. 2023.

OECD (2019), Government at a Glance 2019, OECD Publishing, Paris, https://doi.org/10.1787/8ccf5c38-en.

PAIM TERRA, Antonio Carlos. Compras públicas inteligentes: uma proposta para a melhoria da gestão das compras governamentais. Escola Nacional de Administração Pública (Enap). Disponível em: https://repositorio.enap.gov.br/handle/1/3166. Acesso em: 20 mar. 2023.

ROSE-ACKERMAN, Susan. The Political Economy of Corruption. Corruption and the global economy – Institute for International Economics, edited by Kimberly Ann Elliott (PIIE), June 1997. ISBN: 978-0-88132-233-0.256. Disponível em: https://www.piie.com/bookstore/corruption-and-global-economy. Acesso em: 6 fev. 2023.

THE WORLD BANK (2020). Global Public Procurement Database: Share, Compare, Improve! Disponível em: https://www.worldbank.org/en/news/feature/2020/03/23/global-public-procurement-database-share-compare-improve. Acesso em: 6 fev. 2023.

UYARRA, E.; FLANAGAN, K. Understanding the Innovation Impacts of Public Procurement. *Manchester Business School Working Paper*, n. 574, 2009. Available: http://www.mbs.ac.uk/research/workingpapers.

WITTIG, Wayne A. Public Procurement and the Development Agenda. International Trade Centre UNCTAD/WTO (ITC). Disponível em: https://www.wto.org/english/tratop_e/gproc_e/wkshop_tanz_jan03/itcdemo1_e.pdf. Acesso em: 6 fev. 2023.

Informação bibliográfica deste texto, conforme a NBR 6023:2018 da Associação Brasileira de Normas Técnicas (ABNT):

BONILHA, Ivan Lelis. Contratações públicas e políticas de desenvolvimento à luz do sistema de contas. *In*: LIMA, Edilberto Carlos Pontes (coord.). *Os Tribunais de Contas e as políticas públicas*. Belo Horizonte: Fórum, 2023. p. 219-232. ISBN 978-65-5518-596-6.

O TRIBUNAL DE CONTAS: ATOR OU COADJUVANTE NA IMPLEMENTAÇÃO DAS POLÍTICAS PÚBLICAS NA PERSPECTIVA DO DIREITO CONSTITUCIONAL CONTEMPORÂNEO?

JEANINE LYKAWKA MEDEIROS
JANRIÊ RODRIGUES RECK

Introdução

Como reflexo dos movimentos experimentados pelo Direito Constitucional contemporâneo, a Constituição Federal de 1988, ao exercer sua supremacia, formou um novo paradigma calcado na valorização da dignidade da pessoa humana e dos direitos fundamentais, os quais passaram a ser compreendidos como um dever a ser realizado e tutelado pelo Estado por meio da concretização das políticas públicas.

No entanto, para que o Estado possa realizar estes direitos protegidos, é indispensável a materialização da boa administração pública e, por conseguinte, o bom controle público. Para tanto, esta mesma carta constitucional ampliou mecanismos de controle externo sobre a atuação do Estado no que se refere à legalidade, legitimidade e economicidade de forma a regular a Administração Pública quanto aos limites orçamentários, econômicos e fiscais.

Vale ressaltar que este referido controle surgiu no Brasil, em 1890, pelas mãos de Rui Barbosa, então Ministro da Fazenda do Governo Provisório que idealizou o Tribunal de Contas como um órgão urgente e necessário para o controle das contas públicas (FERREIRA JÚNIOR, 2021). Com objetivo inicial de impedir o desvio de recursos e de finalidades na gestão administrativa, os Tribunais de Contas avançaram como contribuintes na implementação de políticas públicas de qualidade, vislumbrando o uso consciente e planejado de recursos públicos de maneira mais eficiente e eficaz.

Neste contexto, surge o problema: por serem os recursos públicos limitados, o controle externo exercido pelo Tribunal de Contas, a partir do exame da legalidade, legitimidade e economicidade, poderia limitar ou determinar a implementação de uma política pública, considerando como forma de efetivação de um direito fundamental?

A hipótese estaria baseada na competência constitucional dos Tribunais de Contas no exercício do controle externo e as próprias normas referentes aos gastos públicos, as quais permitem uma possível interferência destes órgãos de controle na implementação de uma política pública em consonância com a efetivação de um direito fundamental. No entanto, faz-se necessário refletir sobre a competência institucional dos Tribunais de Contas no atual cenário constitucional, especialmente quanto a sua atuação preventiva e colaborativa como órgão de controle.

Ademais, há certa discricionariedade do gestor quanto ao cumprimento dos compromissos estabelecidos na Constituição Federal, vez que num Estado democrático as ações públicas são realizadas a partir das prioridades eleitas pela sociedade. Por conseguinte, deverá haver maior ou menor emprego de verbas públicas destinadas à realização daquelas políticas públicas consideradas como de maior ou menor relevância para a agenda política e social.

A importância desta pesquisa cinge-se em compreender qual o limite de competência do Tribunal de Contas no exercício do controle externo sobre a implementação ou efetivação de uma política pública a partir de sua análise e definição. E qual seria a competência do Tribunal de Contas sobre ela, diante do exame da legalidade, legitimidade e economicidade?

Para tanto, utilizar-se-á como metodologia para a abordagem a dedutiva, onde a análise da competência do Tribunal de Contas em relação à implementação das políticas públicas se dará a partir dos institutos da política pública, direitos fundamentais e exercício do controle externo. O método de procedimento será o monográfico e a técnica de pesquisa a bibliográfica, com base na doutrina nacional, legislação e investigação documental.

No primeiro capítulo, foi estabelecida a definição de política pública a partir da forma de atuação governamental. O segundo capítulo destaca a relação entre política pública e direito fundamental e, na sequência, a discricionariedade da gestão administrativa em relação às políticas públicas. O último capítulo analisa a atuação dos Tribunais de Contas como órgão controlador em relação às políticas públicas.

1 A expressão "política pública"

Na literatura especializada não há um consenso na definição de política pública. Apenas a partir da compreensão do que é essencial para ela é que se pode defini-la, segundo Leonardo Secchi (2019, p. 2), como "uma diretriz elaborada para enfrentar um problema público".

Buscando compreender e descrever a ação governamental como aquela por meio da qual se deve garantir uma situação melhor para todos através da arrecadação de recursos mediante a tributação, a ciência política iniciou, de forma pioneira, a procura das ferramentas necessárias para o estudo da política pública (FONTE, 2021). Surgiu, portanto, da necessidade de estabelecer diretrizes para tratar problemas coletivos que impactavam grupos sociais, relacionados à escassez de recursos necessários para atender as crescentes demandas por soluções de problemas públicos.

O início do estudo da política pública teve como marco, na década de 50, a publicação do artigo do cientista político Harold Lasswell (1951) sobre "the policy orientation", a partir do qual ele propõe que a ciência política observe as ações dos governos considerando a multidisciplinariedade, a solução de problemas e a forma explicitamente normativa (HEIDEMANN, 2014). Entre as décadas de 60 e 80, a análise política passou a ser construída com fundamento em proposições e recomendações que apontassem soluções para os problemas oriundos das demandas sociais. Os especialistas deveriam trazer soluções para os problemas da sociedade, tendo como base as ações governamentais inter-relacionadas, o que se passou a denominar como política pública.

No entanto, a partir do século XX, as constituições introduziram em seus textos normativos os direitos fundamentais em sentido amplo, provocando uma postura do Estado prestacional de forma a garantir os direitos sociais. Na medida em que as normas constitucionais exigiam a concretização destes direitos, houve a necessidade de se compreender política pública como indispensável à existência de um Estado Democrático de Direito (BUCCI, 2006). Por conseguinte, os estudiosos do Direito desenvolveram a relação da política pública como meio para efetivação de direitos sociais.

Neste sentido, é importante destacar que a política pública não consiste na norma em si, mas em uma atividade, ou seja, em um conjunto organizado de normas e atos tendentes à realização de um objetivo determinado. Como bem assevera Maria Paula Dallari Bucci (2006, p. 31), "as políticas públicas não são, portanto, categorias definidas e instituídas pelo direito, mas arranjos complexos, típicos da atividade político-administrativa". Portanto, as políticas públicas compreendem as ações e programas para dar efetividade aos comandos gerais impostos pela ordem jurídica que necessitam da ação estatal.

No entanto, embora a política pública não consista na norma em si, para que seja realizada, deve estar dentro dos parâmetros da legalidade e da constitucionalidade, ou seja, deve ser reconhecida pelo Direito para estar apta a gerar efeitos jurídicos (BUCCI, 2006).

Ressalta-se que o Direito está baseado em procedimentos de decisão, os quais devem ser democráticos de forma a induzir a integração social. Segundo Reck (2018a), ao se criar uma política pública, há o exercício da autonomia gerado a partir dos processos democráticos em conjugação com a característica sancionatória da positividade do Direito.

É importante assinalar que normas instituidoras de políticas públicas pretendem definir as competências administrativas, estabelecer princípios, diretrizes, regras, além de impor metas e prever resultados específicos, como, por exemplo, a Lei nº 11.343/2006, que instituiu o Sistema Nacional de Políticas Públicas sobre Drogas; a Lei nº 6.938/81, que organizou a Política Nacional do Meio Ambiente; a Lei nº 11.771/2008, a qual estabeleceu a Política Nacional de Turismo; e a Lei nº 11.445/2007, que implementou as diretrizes nacionais de saneamento básico.

Pode-se definir política pública, então, segundo Bucci (2006, p. 38) como

> programa de ação governamental que resulta de um processo ou conjunto de processos juridicamente regulados visando coordenar os meios à disposição do Estado e as atividades privadas para a realização de objetivos socialmente relevantes e politicamente determinados.

Desta definição compreende-se a política pública como um conjunto de decisões e atos inter-relacionados de um indivíduo ou de um grupo de atores políticos a respeito de escolhas de objetivos e meios de realizá-los em uma situação específica, considerando as limitações ao poder de ação dos governantes, ao que se pode atribuir a competência, considerando os problemas sociais. De um modo geral, a política pública é uma ação intencional construída por um ator ou um conjunto de atores para tratar um problema, o qual no âmbito da ciência do Direito é definido como um direito social.

Assim, políticas públicas tornam-se o meio para a efetivação de direitos sociais. Por conseguinte, as ações e programas realizados pela Administração Pública que visam dar efetividade aos comandos gerais impostos pela ordem jurídica podem ser identificados como políticas públicas, as quais servem, em regra, aos direitos fundamentais sociais.

Toda política pública é uma diretriz para enfrentar um problema e, portanto, possui dois elementos: a intencionalidade pública e a resposta a um problema público. Segundo Secchi, Coelho e Pires (2020), a política pública é formada por uma razão para o seu estabelecimento e o tratamento ou solução de um problema relevante.

2 Políticas públicas e direitos fundamentais

As políticas públicas estão fortemente relacionadas aos direitos fundamentais prestacionais, que, em regra, encontram-se nos direitos de segunda e terceira geração, ou direitos sociais. No entanto, há políticas públicas relativas aos direitos de primeira geração, como, por exemplo, a política pública de segurança pública, que objetiva a proteção da propriedade e das liberdades individuais.

Para compreender a política pública como um conjunto de decisões e atos capazes de efetivar um direito fundamental social, é necessário identificar qual poderia ser este direito, já que, segundo Konrad Hesse, "direitos fundamentais não podem existir sem deveres" (1991, p. 21).

O reconhecimento dos direitos fundamentais surge a partir do momento em que houve uma inversão na tradicional relação entre Estado e indivíduo, quando na formação do Estado moderno se estabeleceu que o indivíduo possui, em primeiro lugar, direitos e depois deveres perante o Estado e que "os direitos que o Estado tem em relação aos indivíduos se ordenam ao objetivo de melhor cuidar das necessidades dos cidadãos" (MENDES; BRANCO, 2012, p. 155).

Num primeiro momento do constitucionalismo contemporâneo em que foram estabelecidos os direitos fundamentais, também se impuseram os deveres do Estado de garantir as liberdades individuais, criando obrigações de não fazer, de não intervir sobre aspectos da vida individual, o que se denominou direitos fundamentais de primeira geração, relacionados ao direito de propriedade, direito de liberdade, direito de manifestação do pensamento, por exemplo.

No entanto, com a evolução da sociedade e o aumento dos problemas sociais decorrentes da industrialização, surgiu a necessidade de o Estado intervir na vida econômica e orientar as ações na busca de objetivos de justiça social. No mesmo contexto, a influência do constitucionalismo permitiu que o Estado viesse garantir a realização de ações corretivas, a fim de estabelecer uma liberdade real e igual para todos por meio de prestações positivas do Estado, como assistência social, saúde, educação, trabalho, lazer etc. Estes direitos, de segunda geração, são concebidos como direitos a prestação e reconhecimento de liberdades sociais.

A ampliação das esferas de atuação do Estado também precisava garantir não só a proteção do homem isoladamente, mas de coletividades, de grupos. Têm-se, assim, os direitos de terceira geração, cuja peculiaridade encontra-se na titularidade difusa ou coletiva, de forma a garantir o direito à paz, ao desenvolvimento, à proteção ao meio ambiente, à conservação do patrimônio histórico e cultural.

Com o objetivo de conferir efetividade a estes direitos, as constituições os consagraram em seus textos de forma a vincular os poderes públicos, tendo em vista que, segundo Konrad Hesse, "a Constituição não configura, portanto, apenas expressão de um ser, mas também de um dever ser; ela significa mais do que o simples reflexo das condições fáticas de sua vigência, particularmente as forças sociais e políticas" (1991, p. 15).

Neste sentido, na Constituição Federal de 1988, o §1º do artigo 5º estabelece a obrigatoriedade da observância em relação às normas definidoras dos direitos e garantias fundamentais: "as normas definidoras dos direitos e garantias fundamentais têm aplicação imediata". O texto adotado pelo constituinte determina a eficácia de todos os direitos fundamentais, não são, portanto, meramente normas matrizes de outras normas, mas normas diretamente reguladoras de relações jurídicas. São normas definidoras de direitos fundamentais que desfrutam de aplicabilidade imediata (HACHEM, 2003).

Evidentemente, algumas normas constitucionais relativas aos direitos fundamentais não são autoaplicáveis e carecem de complementação pelo legislador para a sua ampla eficácia, mas isso não retira a garantia do direito fundamental, o qual terá apenas a sua eficácia condicionada a uma norma infraconstitucional. Entretanto, em relação aos direitos fundamentais sociais há um dever do Estado de agir, uma obrigação prestacional. Eles exigem do Estado uma prestação para atenuar as desigualdades; um agir para libertar os indivíduos das necessidades (MENDES; BRANCO, 2012).

Vale ressaltar que os direitos sociais estão expressos no texto constitucional brasileiro como direitos fundamentais (MARTINS, 2022). Assim, todas as normas constitucionais que definem direitos sociais produzem eficácia objetiva no sentido de influenciar a interpretação da Constituição, servindo de parâmetro para o controle de constitucionalidade.

Entretanto, quanto à eficácia da norma como subjetiva, como exercício do próprio Direito, dependerá de sua estrutura como regra ou princípio. As normas-regras são de cumprimento imediato e pleno e, assim, garantem a eficácia imediata do direito; enquanto as normas-princípios serão objetivadas por meio do legislador ordinário e das normas concretas que implementam as políticas públicas. Por isso é que, em muitas vezes, a efetividade dos direitos fundamentais está condicionada à disponibilidade financeira do Estado ou outras contingências fáticas ou econômicas. Entretanto, segundo Maciel (2020), por serem todas as pessoas titulares de direitos fundamentais, a sua efetividade depende da implantação eficaz, por isso, não basta apenas elencar o rol de direitos, mas determinar ao Estado o dever de garantir e efetivação deles.

Diante do reconhecimento de que o direito fundamental social é uma obrigação prestacional do Estado é que se pode compreender que através da política pública se concretizam estes direitos, os quais requerem do Estado ações (atividades administrativas e atuação legislativa) tendentes a realizar programas neles contidos. De uma forma geral, pode-se afirmar que políticas públicas são providências a serem tomadas pelos Estados para que os direitos fundamentais sejam realizados e as determinações constitucionais atendidas.

Os direitos fundamentais sociais constituem os objetivos das políticas públicas, assim como as políticas públicas constituem um meio para a efetivação dos direitos fundamentais e, por isso, estão intimamente relacionados (CAVALCANTE FILHO, 2017). Pode-se, portanto, reconhecer a política pública como um dever estatal de efetivar direitos sociais, porém, cabe aos poderes políticos, de forma discricionária, definir modos de realizar essa obrigação a partir de formulação e implementação de políticas públicas.

A política pública parte de uma demanda social da qual se elabora um programa, de forma a utilizar-se de elementos e instrumentos para alcançar um resultado. Segundo Reck (2018c), a política pública é "um todo orgânico especializado em algo, cujo discurso apresenta uma coerência narrativa entre fins e os atos de fala necessários em sede de poder administrativo".

A política pública realiza direitos por meio de arranjos institucionais que se expressam em programas de ação governamental complexos, previstos inicialmente na Constituição ou dela derivam. Partem de uma ação do Estado de forma coordenada por meio da implementação de programas que envolvem a combinação de elementos, instrumentos e o ciclo da política pública.

3 A autonomia das instituições políticas e a discricionariedade relativa às políticas públicas

Políticas públicas são o resultado de várias escolhas. Como a política pública é uma unidade de decisões políticas e jurídicas, ela utiliza-se de instrumentos para que seus objetivos sejam atingidos de forma coerente. Trata-se, portanto, de um modo de atuação das políticas públicas na sociedade de acordo com os modelos decisórios e organizacionais. Usualmente, as políticas públicas se valem de mais de um instrumento (BITENCOURT; RECK, 2021), os quais conjugados e articulados pretendem alcançar os objetivos das políticas públicas.

Assim, a política pública, por ter múltiplas dimensões, depende da verificação e realização de seus instrumentos, os quais irão variar dependendo dos tipos e dos elementos da política pública. Por ser a política pública um agrupamento de ações e decisões, ela deve passar por um processo de elaboração conhecido como ciclo de políticas públicas.

Pode-se compreender o ciclo de políticas públicas como um modelo, uma simplificação de realidade complexa, que será formado por vários estágios e fases. Estes estágios e fases não serão, necessariamente, lineares, mas irão orientar a formulação, a implementação e a avaliação de políticas públicas (BRASIL, 2020). Quando a política pública é implementada, torna-se indispensável o seu monitoramento e avaliação, tendo em vista que políticas públicas são o resultado de diversas escolhas, desde o modelo, o desenho, o público-alvo e até mesmo o orçamento a ser destinado.

Por isso, levando em consideração esta discricionariedade é que o gestor deverá estar cercado do máximo de informações, a fim de que tome as decisões baseadas em evidências e, por conseguinte, atinja os objetivos da política pública. Quando se fala em discricionariedade, não se pode compreender como o poder do Estado de realizar ou não um direito fundamental através de uma política pública, mas tão somente como a necessidade de distribuição adequada de recursos por meio das leis orçamentárias.

A norma estabelece parâmetros a serem observados cabendo ao ente administrativo as ações mais convenientes e oportunas para realizar o direito fundamental por meio da política pública. Conforme Hachem (2016, p. 321), "não cabe à Administração deliberar se vai cumprir esses deveres objetivos de agir, nem quando irá atendê-los". A administração poderá escolher quais ações devem ser priorizadas, quais os meios devem ser empregados para implementar as políticas públicas e quais as formas jurídicas utilizadas. É neste ponto que recai a discricionariedade. Entretanto, quanto ao dever de proporcionar a realização dos direitos fundamentais, não há que se falar em discricionariedade.

Partindo da premissa de que toda política pública é uma tentativa de oferecer solução a um problema relevante, a primeira etapa consiste na identificação do problema e quais os propósitos que se quer idealizar para solucioná-lo. Isso exige planejamento e tomada de decisão baseada em evidências, as quais fundamentam a escolha do gestor na implementação de uma política pública.

No entanto, para se ter êxito, deve-se ter clareza quanto ao propósito e o que se pretende idealizar para solucionar determinada demanda. A partir da escolha do problema a ser combatido, se inicia o processo de elaboração de política pública ou ciclo de políticas públicas.

Considerando os agentes políticos envolvidos, os recursos utilizados e as questões ideológicas e culturais, pode-se definir como fases principais do ciclo de políticas públicas, segundo Secchi, Coelho e Pires (2022): 1) a identificação do problema e demandas a serem observados para a definição das prioridades, 2) formação da agenda, 3) formulação de alternativas, 4) tomada de decisão, 5) implementação, 6) avaliação e 7) extinção.

Como se verifica, a formulação e a consecução de políticas públicas são realizadas a partir do ciclo de políticas públicas, o qual organiza as ideias, estabelece um referencial e permite compreender como uma política pública surge e se desenvolve. No entanto, em cada fase deste ciclo têm-se diversos agentes ou atores, como o Tribunal de Contas.

Por serem os problemas sociais cada vez mais complexos e estarem sistematicamente interligados, surge a necessidade de trazer os atores essenciais que entendem do problema par auxiliar o gestor público de forma a criar uma rede de apoio que tenha por objetivo único a implementação de políticas públicas de qualidade (TEIXEIRA; GOMES, 2021).

No modelo constitucional brasileiro, os Tribunais de Contas são um destes atores das políticas públicas capazes de contribuir para a verificação da qualidade do gasto público, possuindo competência e atribuições relacionadas às fases de formulação, implementação e avaliação das políticas públicas a depender do momento em que a política pública está sendo desenvolvida.

Nos processos decisórios, como ocorre em toda política pública, faz-se necessária a identificação das competências de cada um dos atores ou agentes, tendo em vista que sua função é diminuir a complexidade de opções de uma decisão a ser tomada (RECK, 2018a). Vale ressaltar que a competência conecta a matéria a ser decidida com a forma jurídica da decisão, tornando estas legítimas assim como a existência do próprio órgão.

A competência permite a especialização do órgão, sendo uma comunicação do tipo jurídica, a ser produzida pelo próprio Direito, ou seja, uma prestação do sistema jurídico ao sistema da organização política (RECK 2018b). Contudo, pode-se identificar estas organizações políticas que agem sob uma forma de unidade, processos, decisões e órgãos, gerando outras comunicações jurídicas, capazes de produzir decisões vinculantes a toda a comunidade.

Num Estado Democrático de Direito as organizações políticas produzem decisões, as quais são processualizadas pelos órgãos que também tomam decisões justificadas, nas razões anteriormente enlaçadas em rede vinculada à esfera pública, democráticas e autônomas (RECK, 2018b). A legitimidade de impor programas à sociedade é do Direito, mas a organização política realiza o processo de criação do Direito, vez que é sua função criar decisões vinculantes para toda a sociedade.

Vale ressaltar que a formulação e realização da política pública dependem de previsão na lei orçamentária, a qual é objeto de decisão da organização política. Ademais, em razão do princípio da legalidade decorrente do Direito, bem como da obrigatoriedade de que os gastos públicos estejam devidamente previstos no orçamento, o gestor público ficará vinculado sob pena de sua responsabilização.

4 Atuação dos Tribunais de Contas em relação às políticas públicas

Num Estado de Direito é lógica a existência de um órgão autônomo e independente, controlador de toda a atividade estatal, a fim de verificar a sua legalidade, legitimidade e economicidade. Neste sentido, o Tribunal de Contas torna-se essencial, considerando os artigos 70 e 71 da Constituição Federal, em relação à formulação, implementação e avaliação de políticas públicas.

Isto porque, quando o constituinte estabelece que o controle externo, a cargo do Tribunal de Contas, terá como atribuição a fiscalização contábil, financeira, orçamentária, operacional e patrimonial sobre os entes federativos e toda a administração no que tange à legalidade, legitimidade e economicidade, permite que se faça uma análise não só em relação à prática de atos de acordo com o sistema normativo, mas também em relação à eficiência na aplicação dos recursos e na obtenção do melhor proveito com o mínimo de despesa (OLIVEIRA, 2019).

Daí por que a necessidade da atuação dos Tribunais de Contas em relação às políticas públicas.

Toda política pública decorre de uma determinação constitucional ou legal ao Estado, o qual deverá implementá-la para realizar os direitos assegurados e, assim, cumprir seu papel (LEITE, 2021). Evidente que, para atender aos ditames constitucionais e legais, o Estado despenderá recursos que devem ser aplicados em todo o ciclo da política pública, especialmente na formulação, implementação e avaliação. Portanto, a concretude da política pública passa pelo gasto público necessário para materializá-la.

No entanto, os recursos são limitados, o que leva à escolha dos melhores instrumentos a fim de garantir a realização dos direitos sociais por meio da política pública. Vale ressaltar que o aumento na qualidade de vida de uma sociedade depende de um programa adequado de serviços públicos inseridos nas políticas públicas, os quais irão impactar diretamente no crescimento econômico do país.

A simples alegação de ausência de recursos públicos não é argumento para postergar investimentos socialmente importantes. Segundo Amartya Sem (2010), a escassez de recursos requer um exame crítico das políticas econômicas ligadas aos incentivos e investimentos, o que não justifica a falta de comprometimento para realizar as políticas públicas.

Assim, diante do interesse público, deve o gestor tomar decisões administrativas discricionárias, já que os recursos são limitados, pautadas na legalidade, legitimidade e economicidade. Sobre esta conduta administrativa é que o Tribunal de Contas irá realizar o controle externo, de forma a garantir que os direitos fundamentais sejam efetivados por meio da implementação e realização das políticas públicas.

Como os direitos sociais servem de guia para as políticas públicas, estas exigem o controle de sua execução, que deve ser político, finalístico, valorativo e norteado pelos princípios financeiros (RODRIGUES, 2014), vez que o gasto deve estar associado à legalidade, legitimidade e economicidade a que os Tribunais de Contas competem analisar ao exercer o controle.

Enquanto o exame da legalidade consiste na verificação das formalidades legais, o da legitimidade observa, de uma forma mais detalhada e minuciosa, os requisitos materiais fundamentados na moralidade que regem a ação administrativa na consecução do interesse público. A economicidade, por outro lado, implica uma avaliação qualitativa entre os custos e os resultados alcançados para a sociedade. Não se trata de gastar menos, mas sim de gastar bem, atendendo às necessidades acolhidas nas políticas públicas a um custo razoável, sob pena de responsabilização do agente público.

Neste sentido, a apreciação da realização de uma política pública envolve a formulação de um juízo de valor, uma avaliação das circunstâncias em que foi realizada, uma ponderação da prioridade relativa entre a despesa efetuada e as outras necessidades da comunidade (LIMA, 2021).

No que se refere ao controle exercido pelos Tribunais de Contas, ele é conhecido como controle externo, por meio do qual é possível a realização de auditorias, avaliações e inspeções, por exemplo, de onde se analisa a qualidade, o desempenho das políticas públicas, a relevância e a coerência em relação ao problema identificado. De forma que a formulação, a implementação e a avaliação de uma política pública levem em consideração o impacto global e a sua utilidade.

Quando a formulação de alternativas está incluída no orçamento aprovado (Programa Plurianual, Lei de Diretrizes Orçamentárias e Lei Orçamentária Anual), ali estão tomadas as decisões sobre as quais os Tribunais de Contas exercerão o controle em relação ao que fora estabelecido na norma constitucional. Irrelevante, para efeito de competência do Tribunal de Contas, se a realização do controle externo dar-se-á sobre atos decorrentes de políticas públicas de Estado ou de governo, vez que sobre ambas haverá atuação do órgão.

De uma forma ampla, a distinção entre política pública de Estado ou de governo traz como consequência a observância obrigatória, ou não, de uma determinada administração pública em seguir uma política pública, vez que a de governo compreende uma menor estabilidade, já que depende de eventuais interesses.

No entanto, as políticas públicas de Estado estariam inseridas na Constituição Federal, o que traria maior estabilidade, generalidade e exigibilidade, inclusive judicial (BITENCOURT; RECK, 2021). Por outro lado, as políticas públicas de governo atenderiam a interesses de grupos numa menor obrigatoriedade, vez que poderiam ser alteradas.

Há de se ressaltar que a distinção entre política de Estado ou de governo será necessária para o estudo e reformulação das políticas públicas, pois, a depender disso, o ciclo de políticas públicas será distinto, mas isso não retira a competência do Tribunal de Contas do controle sobre as suas formulações, implementações ou avaliações. Isto porque, ao verificar a gestão na execução orçamentária, também deverá considerar a gestão da política pública, a fim de aperfeiçoar o monitoramento e a avaliação das finanças e das políticas públicas.

Cabe ressaltar que numa democracia faz-se necessária a imposição de mecanismos de fiscalização e controle, a fim de limitar os poderes e impedir o desvio de condutas, a inobservância de normas e qualquer tipo de irregularidade. Neste sentido, o Tribunal de Contas exerce uma função essencial, que consiste em realizar o controle externo sobre as condutas administrativas, especialmente em relação ao orçamento público e sua destinação, para a realização do interesse público.

Por isso é que, segundo Luiz Henrique Lima (2018), os Tribunais de Contas são considerados guardiões da responsabilidade fiscal e da probidade e eficiência administrativa, devendo atuar como impulsionadores da transparência na gestão pública, da qualidade na execução de políticas públicas e da criação e aperfeiçoamento de mecanismos de participação da cidadania.

Há uma tendência que reforça o papel dos Tribunais de Contas como atores políticos que participam, num regime de cooperação, das avaliações periódicas relativas à implementação das políticas públicas. Isso contribui para a verificação da qualidade do gasto público de forma a alcançar os objetivos da boa gestão dos recursos públicos.

Neste sentido, o Tribunal de Contas, exercendo suas funções fiscalizadora, opinativa, julgadora, sancionadora, corretiva, consultiva, informativa, ouvidora e normativa, atua na efetivação ou implementação de uma política pública. Considerando que toda política pública, de Estado ou de governo, deve estar prevista no ordenamento jurídico, conforme estabelece o princípio da legalidade, cabe aos Tribunais de Contas realizar o seu acompanhamento de forma que o dispêndio de recursos públicos seja necessário e eficiente, alcançando a legitimidade e a economicidade.

Importante destacar que os Tribunais de Contas, ao avaliar os resultados e impactos das políticas públicas, oferecem uma referência técnica aos agentes públicos e à sociedade de forma a qualificar o debate relativo ao desempenho, utilidade e resultados das políticas públicas.

Portanto, ao Tribunal de Contas compete a missão de acompanhar, fiscalizar e controlar a execução orçamentária relativas à realização e implementação de políticas públicas, de modo que o dinheiro público seja empregado em conformidade com as leis, regulamentos e normas emanadas das autoridades competentes, as quais devem garantir a efetivação dos direitos fundamentais, bem como em relação à legitimidade e eficiência.

5 Conclusão

A política pública pode ser compreendida como um instrumento de realização de direito fundamental, concebida como um programa de ação governamental do Estado visando coordenar os meios disponíveis para a realização de objetivos socialmente relevantes e politicamente determinados.

No entanto, a escassez de recursos públicos se torna um desafio para a implementação das políticas públicas e efetivação dos direitos sociais contidos na Constituição de 1988. Por isso indispensável que se estabeleça um sistema de avaliação e controle de políticas públicas sobre a sua realização ou implementação, o qual tem como um dos participantes o Tribunal de Contas.

Por certo que as políticas públicas de Estado estão estabelecidas no texto constitucional possuindo um maior grau de exigibilidade e, por isso, teriam menor discricionariedade da Administração Pública e maior atuação do Tribunal de Contas no exercício do controle sobre elas. Entretanto, sobre as políticas públicas de governo também se exige a atuação dos Tribunais de Contas na verificação de sua implementação e realização, considerando a legalidade das ações administrativas, já que a legitimidade dos dispêndios correlaciona-se à satisfação dos anseios da sociedade e a economicidade na busca pelo melhor gasto.

Como etapa do ciclo da política pública, a avaliação é imprescindível para a verificação da qualidade do gasto público. Se a política pública é a forma de materialização de um direito fundamental, torna-se indispensável.

Neste sentido, ao Tribunal de Contas não compete a função de determinar a realização ou implementação de uma política pública, exceto se ela estiver estabelecida em uma norma (constitucionais ou infraconstitucionais) para efetivar um direito fundamental social, especialmente as normas de características orçamentárias. Neste caso, deve exigir a sua observância com o emprego de recursos necessários de forma eficiente, sob pensa, inclusive, de responsabilização do gestor público. E, além de exigir sua implementação, deverá realizar o acompanhamento de forma a avaliar resultados e impactos da política pública, oferecer recomendações e aperfeiçoamento.

Referências

BITENCOURT, Caroline Müller; RECK, Janriê. *O Brasil em crise e a resposta das políticas públicas*: diagnóstico, diretrizes e propostas. Curitiba: Íthala, 2021.

BITENCOURT, Caroline Muller; RECK, Janriê Rodrigues. Políticas públicas de Governo e de Estado – uma distinção pouco complexa: necessidade de diferenciação entre modelos decisórios, arranjos institucionais e objetivos de políticas públicas de Governo e Estado. *Revista de Direito Econômico e Socioambiental*, [S. l.], v. 12, n. 3, p. 631-667, 2021. DOI: 10.7213/rev.dir.econ.soc.v12i3.28105. Disponível em: https://periodicos.pucpr.br/direitoeconomico/article/view/2810 5. Acesso em: 24 mar. 2022.

BRASIL. *Constituição da República Federativa do Brasil de 1988*. Disponível em: http://www.planalto.gov.br/ccivil_03/constituicao/constituicao.htm. Acesso em: 22 mar. 2022.

BRASIL. *Lei nº 4.320*, de 17 de março de 1964. Estatui Normas Gerais de Direito Financeiro para elaboração e controle dos orçamentos e balanços da União, dos Estados, dos Municípios e do Distrito Federal. Disponível em: http://www.planalto.gov.br/ccivil_03/leis/l4320.htm Acesso em: 28 mar. 2022.

BRASIL. Tribunal de Contas da União. Referencial de Controle de Políticas Públicas. Brasília: TCU, Secretaria de Controle Externo do Desenvolvimento Econômico (Secex Desenvolvimento), Secretaria de Métodos e Suporte ao Controle Externo (Semec) e Secretaria de Macroavaliação Governamental (Semag), 2020.

BUCCI, Maria Paula Dallari. *Fundamentos para uma Teoria Jurídica das Políticas Públicas.* 2. ed. São Paulo: Saraiva Educação, 2021.

BUCCI, Maria Paula Dallari. O conceito de política pública em direito. *In*: BUCCI, Maria Paula Dallari (org.). *Políticas públicas*: reflexões sobre o conceito jurídico. São Paulo: Saraiva, 2006.

CAVALCANTE FILHO, João Trindade. A Constituição de 1988 como matriz de Políticas Públicas: Direitos, Deveres e Objetivos no campo dos Direitos Sociais. *In:* MENDES, Gilmar; PAIVA, Paulo (org.). *Políticas Públicas no Brasil*: uma abordagem institucional. 1. ed. São Paulo: Saraiva, 2017.

FERREIRA JÚNIOR, Adircélio de Moraes. A águia, a coruja, a hibridez material e a metamorfose institucional das cortes de contas: da casa dos contos aos tribunais da governança pública. *In*: LIMA, Edilberto Carlos Pontes (coord.). *Os Tribunais de Contas, a pandemia e o futuro do controle.* Belo Horizonte: Fórum, 2021. p. 33-57.

FONTE, Felipe de Melo. *Políticas Públicas e Direitos Fundamentais.* 3. ed. São Paulo: Saraiva Educação, 2021.

HACHEM, Daniel Wunder. A noção constitucional de desenvolvimento para além do viés econômico: reflexos sobre algumas tendências do Direito Público brasileiro. *In: A&C – Revista de Direito Administrativo & Constitucional*, Belo Horizonte, ano 13, n. 53, p. 133-168, jul./set. 2013.

HACEHM, Daniel Wunder. A discricionariedade administrativa entre as dimensões objetivas e subjetivas dos direitos fundamentais sociais. *In: Direitos Fundamentais & Justiça*, Belo Horizonte, ano 10, n. 35, p. 313-343, jul./dez. 2016.

HEIDEMANN, Francisco G.; SALM, José Francisco (org.). *Políticas Públicas e Desenvolvimento*: Bases epistemológicas e modelos de análise. 3. ed. Brasília: Editora Universidade de Brasília, 2014.

HESSE, Konrad. *A Força Normativa da Constituição.* Porto Alegre: Sérgio Antônio Fabris Editor, 1991.

LIMA, Luiz Henrique. O Controle da Responsabilidade Fiscal e os Desafios para os Tribunais de Contas em Tempos de Crise. *In*: LIMA, Luiz Henrique; OLIVEIRA, Weder de; CAMARGO, João Batista (coord.). *Contas Governamentais e Responsabilidade Fiscal*: desafios para o controle externo. Belo Horizonte: Fórum, 2018.

LIMA, Luiz Henrique. *Controle Externo*: Teoria e Jurisprudência para os Tribunais de Contas. 9. ed. Rio de Janeiro: Forense, 2021,

LEITE, Harrison. *Manual de Direito Financeiro.* 10. ed. Salvador: Juspodivm, 2021.

MACIEL, Moises. *Tribunais de Contas e o direito fundamental ao bom governo.* Belo Horizonte: Fórum, 2020.

MARTINS, Flávio. *Direitos sociais em tempo de crise econômica.* 2. ed. São Paulo: SaraivaJur, 2022.

MENDES, Gilmar Ferreira; BRANCO, Paulo Gustavo Gonet. *Curso de Direito Constitucional.* 7. ed. São Paulo: Saraiva, 2012.

OLIVEIRA, Regis Fernandes de. *Curso de Direito Financeiro.* 8. ed. São Paulo: Malheiros, 2019.

RECK, Janriê Rodrigues. Observação Pragmático-Sistêmica da competência como decisão coordenadora de ações. *In*: BITENCOURT, Caroline Muller; RECK, Janriê Rodrigues. *Políticas Públicas e Matriz Pragmático-Sistêmica*: os novos caminhos científicos do Direito Administrativo no Brasil. Santa Cruz do Sul: Essere nel Mondo, 2018, p. 32-51.

RECK, Janriê Rodrigues. Observação Pragmático-Sistêmica da personalização dos entes federativos e suas competências em políticas públicas. *In*: BITENCOURT, Caroline Muller; RECK, Janriê Rodrigues. *Políticas Públicas e Matriz Pragmático-Sistêmica*: os novos caminhos científicos do Direito Administrativo no Brasil. Santa Cruz do Sul: Essere nel Mondo, 2018, p. 52-69.

RECK, Janriê Rodrigues. Observação Pragmático-Sistêmica das políticas públicas e sua relação com os serviços públicos. *In*: BITENCOURT, Caroline Muller; RECK, Janriê Rodrigues. *Políticas Públicas e Matriz Pragmático-Sistêmica*: os novos caminhos científicos do Direito Administrativo no Brasil. Santa Cruz do Sul: Essere nel Mondo, 2018, p. 114-132.

RECK, Janriê Rodrigues; BITENCOURT, Caroline Müller. Categorias de análise de políticas públicas e gestão complexa e sistêmica de políticas públicas. *In: A&C – Revista de Direito Administrativo & Constitucional*, Belo Horizonte, ano 16, n. 66, p. 131-151, out./dez. 2016.

RODRIGUES, Ricardo Schneider. *Os Tribunais de Contas e o Controle de Política* Pública. Maceió: Viva Editora, 2014.

SCHMIDT, João Pedro. Para estudar políticas públicas: aspectos conceituais, metodológicos e abordagens teóricas. *Revista do Direito*, Santa Cruz do Sul, v. 3, n. 56, jan. 2019.

SECCHI, Leonardo; COELHO, Fernando de Souza; PIRES, Valdemir. *Políticas Públicas*: conceitos, casos práticos, questões de concursos. 3. ed. São Paulo: Cengage, 2022.

SEN, Amartya. *Desenvolvimento como Liberdade*. São Paulo: Companhia das Letras, 2010.

TEIXEIRA, Marco Antônio Carvalho; GOMES, Maria Alice Pinheiro Nogueira. Os Tribunais de Contas do século XXI: atuação preventiva e colaborativa para melhores resultados com políticas públicas. *In*: LIMA, Edilberto Carlos Pontes (coord.). *Os Tribunais de Contas, a pandemia e o futuro do controle*. Belo Horizonte: Fórum, 2021. p. 395-415. ISBN 978-65-5518-282-8.

Informação bibliográfica deste texto, conforme a NBR 6023:2018 da Associação Brasileira de Normas Técnicas (ABNT):

MEDEIROS, Jeanine Lykawka; RECK, Janriê Rodrigues. O Tribunal de Contas: ator ou coadjuvante na implementação das políticas públicas na perspectiva do Direito Constitucional contemporâneo? *In*: LIMA, Edilberto Carlos Pontes (coord.). *Os Tribunais de Contas e as políticas públicas*. Belo Horizonte: Fórum, 2023. p. 233-245. ISBN 978-65-5518-596-6.

A REDE *BLOCKCHAIN* BRASIL E O CONTROLE DAS POLÍTICAS PÚBLICAS: CONTRIBUIÇÕES E DESAFIOS PARA OS TRIBUNAIS DE CONTAS BRASILEIROS

KARINE TOMAZ VEIGA

1 Introdução

O presente estudo tem como objetivo geral analisar quais são as principais contribuições e desafios da Rede *Blockchain* Brasil para o fortalecimento do papel dos Tribunais de Contas na manutenção da credibilidade das contas públicas no país. Para tanto, especificamente, pretende: i. explicar como funciona o sistema orçamentário e o controle das contas públicas; ii. apresentar o conceito de *blockchain* e a sua relação com o princípio da transparência pública; além de iii. demonstrar como ocorreu a criação da Rede *Blockchain* Brasil e quais as possíveis soluções voltadas ao interesse público e à programação e execução das políticas públicas, na visão do Tribunal de Contas da União.

Para alcançar os objetivos delineados nesta pesquisa, optou-se pelo método documental e bibliográfico, de caráter qualitativo, tendo em vista a revisão realizada sobre os Acórdãos de nº 1.123/2020, nº 1.613/2020, nº 2.009/2020, nº 2.351/2020, nº 3.144/2020, nº 1.494/2021, nº 1.776/2021 e nº 1.152/2022, todos do Tribunal de Contas da União, e a análise das manifestações deliberadas, destacando os principais argumentos com impacto na integridade das contas públicas.

Oportunamente, espera-se que, do levantamento feito, argumentos orçamentários possam subsidiar a validação da Rede *Blockchain* Brasil, quanto ao fortalecimento da segurança jurídica dos atos e fatos orçamentários praticados, provocando o aumento da credibilidade das contas públicas. Essa expectativa corrobora com a hipótese de que as etapas e informações geradas durante cada ciclo orçamentário não estão adequadas à transparência determinada pela Lei de Acesso à Informação (Lei nº 12.527, de 18 de novembro de 2011).

Com o propósito de atingir os objetivos pretendidos, o artigo foi dividido em três seções. A primeira destaca conceitos elementares para o entendimento do sistema orçamentário brasileiro e o controle das contas públicas, dando destaque para o detalhamento e vigência do ciclo orçamentário e para as relações estabelecidas entre as peças do orçamento e a credibilidade nas contas públicas. Em seguida, aborda-se o ecossistema de inovação e transparência, mediante recuperação do dever do Estado de prover o cidadão com informações de interesse coletivo, de forma primária, na íntegra, autênticas e atualizadas e da conceituação e afinidade da tecnologia *blockchain* com a transparência pública. Em concluso, demonstra como foi criada a Rede *Blockchain* Brasil e quais as suas características e apresenta a importância da integridade dos dados, na visão do Tribunal de Contas da União, para o controle da programação e execução das políticas públicas.

2 O sistema orçamentário e o controle das contas públicas

De acordo com a Constituição Federal de 1988 (CRFB/88), o Sistema Orçamentário Brasileiro (SOB) é composto por um conjunto integrado de regras que orientam a arrecadação de receitas e a execução de despesas em diferentes etapas do devido processo orçamentário. É caracterizado pela relação estabelecida entre objetivos, finalidades e metas da administração pública, nas fases de elaboração, execução e controle das leis orçamentárias: Plano Plurianual (PPA), Lei de Diretrizes Orçamentárias (LDO) e Lei Orçamentária Anual (LOA).

2.1 O detalhamento e vigência do ciclo orçamentário

O ciclo orçamentário reflete a união de todas as etapas que contemplam o devido processo orçamentário. Nasce na preparação das propostas orçamentárias, no âmbito de cada unidade orçamentária, em todos os Poderes, mediante elaboração do planejamento setorial individualizado, e segue até o momento em que as contas de cada governo são apreciadas pelos Tribunais de Contas e posteriormente julgadas pelo Poder Legislativo.

Nas lições de Oliveira *et al.* (2016), o ciclo orçamentário se divide em cinco fases: i. fase administrativa de elaboração do orçamento (são realizados os cálculos das receitas estimadas que servirão como base para a elaboração do orçamento setorial pelas diversas unidades orçamentárias e consolidação pelo órgão central competente); ii. participação popular na elaboração do orçamento; iii. fase legislativa de aprovação do orçamento; iv. execução orçamentária (momento em que se buscam atingir os propósitos da lei orçamentária aprovada); e v. controle do orçamento (exercido pelos Poderes Executivo, Legislativo e Judiciário, e ainda pelos Tribunais de Contas, pelo Ministério Público e pela sociedade).

Para esta pesquisa, em síntese, adotam-se como etapas do ciclo orçamentário as seguintes fases:

a) Elaboração do Planejamento Setorial e Consolidado que comporão o orçamento anual – momento em que é elaborado o projeto de lei (PL) da Lei Orçamentária Anual (LOA). Ocorre no âmbito de todos os poderes e órgãos autônomos (Poder Executivo (segregada a Defensoria Pública), Legislativo, Judiciário, Ministério Público e Tribunal de Contas). Quanto à natureza das peças, o Plano Plurianual é elaborado a cada quatro anos, podendo ser revisado a cada exercício junto com a LOA. A LDO também é elaborada anualmente, mas em período diverso. Assim, enquanto os projetos de LOA e PPA seguem[1] em 31 de agosto, devendo retornar em 22 de dezembro; a LDO segue em 15 de abril e volta até 17 de julho. Para o calendário de eventos orçamentários, ressalta-se, cada Estado disporá na sua Constituição Estadual os seus prazos e os municípios nas suas Leis Orgânicas.

b) Discussão e Aprovação da Programação Orçamentária – momento em que são realizadas audiências públicas nas comissões temáticas do parlamento, a fim de provocar ampla discussão sobre as escolhas alocativas, antes da aprovação dos referidos projetos de lei. Ocorre, de forma centralizada, no Poder Legislativo. Neste momento as emendas parlamentares também são propostas.

c) Execução da Programação Orçamentária – ocorre no âmbito de cada unidade orçamentária detentora de créditos do orçamento vigente, após a sanção das peças orçamentárias e a partir da sua abertura anual, por meio dos Decretos de Programação Financeira e do Cronograma Mensal de Desembolso. Nesta etapa, a receita prevista é arrecadada e a despesa fixada é realizada (empenhada, liquidada e paga), podendo haver, inclusive, a inscrição de restos a pagar em exercício futuro, conforme dispõe o art. 36 do Marco Legal das Finanças Públicas (Lei nº 4.320, de 17 de março de 1964).

d) Monitoramento da Programação e da Execução Orçamentárias – ocorre em todo o período de execução, mediante disponibilização bimestral e quadrimestral de relatórios técnicos exigidos pela Lei de Responsabilidade Fiscal (LRF), respectivamente, Relatório Resumido de Execução Orçamentária (RREO) e Relatório de Gestão Fiscal (RGF), bem como pelos portais de transparência dos entes públicos.

e) Avaliação da Programação e da Execução Orçamentárias – ocorre ao final de cada execução da programação orçamentária, ou seja, após 31 de dezembro de cada ano, a fim de verificar a permanência ou interrupção das ações governamentais que contemplam políticas públicas, para cada programa de governo. Nesta circunstância, examinam-se as metas físicas e financeiras de entrega de bens e serviços à sociedade, com o propósito de rever toda a destinação de recursos, quanto à compatibilidade e suficiência. Ademais, a "Seção IV - Da Execução Orçamentária e do Cumprimento das Metas" da LRF também define como instrumento de avaliação a emissão, pelo Poder Executivo, de relatório técnico que demonstre e avalie o cumprimento das metas fiscais de cada quadrimestre, em audiência pública por comissão temática ou equivalente nas Casas Legislativas estaduais e municipais, até o final dos meses de maio, setembro e fevereiro (art. 9º, §4º).

f) Prestação de Contas da Programação e Execução Orçamentárias – de acordo com a CRFB/88 (art. 71, *caput* c/c inciso I), a prestação de contas do chefe do Poder Executivo é anual e deve ser composta pela emissão de parecer prévio dos Tribunais de Contas e pelo julgamento político exercido pelo Poder Legislativo. Importante ressaltar que a Carta Magna estabelece o prazo de emissão do parecer até "sessenta dias a contar de seu recebimento" (CRFB/88, art. 71, I) e define que "é competência exclusiva do Congresso Nacional julgar anualmente as contas prestadas pelo Presidente da República e apreciar os relatórios sobre a execução dos planos de governo" (CRFB/88, art. 49, IX). Desse modo, constitucionalmente, há prazo definido apenas para a apreciação das contas públicas pelos Tribunais de Contas.

Ainda, sobre a temporalidade de cada ciclo orçamentário, não há um consenso doutrinário que defina os prazos mínimo e máximo. Isso porque, em 2022, por exemplo,

---

[1] Conforme define o art. 35, §2º, do Ato das Disposições Constitucionais Transitórias (ADCT).

ainda há prestações de contas do governo federal apreciadas pelo Tribunal de Contas da União pendentes de julgamento pelo Congresso Nacional desde 2002.[2] Logo, caso este orçamento venha a ser questionado, estaríamos falando exatamente do ciclo orçamentário de 2002, ainda que totalmente executado (em termos orçamentários e financeiros), mas que possui a fase da *Prestação de Contas da Programação e Execução Orçamentárias* não concluída. Portanto, o ciclo ainda não fora controlado/julgado. Havendo qualquer referência a ilegalidades ou irregularidades apontadas nas suas etapas, o ciclo confrontado comprometeria, no mínimo, a segurança jurídica dos atos orçamentários praticados.

Considerando a complexidade das informações que remetem às contas públicas e todas as suas classificações, o conhecimento necessário do devido processo orçamentário, na visão de Dornelas e Pederiva (2018, p. 762), favorece a própria persecução dos direitos do cidadão, tendo em vista o caráter fundante de uma sociedade democrática:

> A análise de processos constituintes de obrigações com efeito patrimonial diminutivo da Fazenda Pública, nas esferas judiciais e administrativas dos entes públicos, pode contribuir para o aperfeiçoamento do arcabouço institucional-orçamentário nacional e a diminuição da litigiosidade. O conhecimento quantitativo e qualitativo do devido processo orçamentário e seus princípios possui nuances ínsitas ao caráter representativo de uma sociedade democrática, na qual são postos em alto relevo questões como inclusão, garantia do núcleo jurídico mínimo, descentralização e participação popular.

Assim, não há como discutir a suficiência de recursos para demandas urgentes, ainda que judicializadas, sem conhecer *as voltas* do orçamento público. Para o Senado Federal (2021, p. 18), as alterações promovidas nos projetos de lei orçamentária, ocorridas na etapa da fase legislativa de edição das emendas parlamentares, devem ser procedidas com a "máxima clareza, transparência e exatidão". Quanto à integridade das informações referentes ao ciclo orçamentário, trata-se de:

> [...] condição indispensável para o cumprimento do devido processo orçamentário, sem o qual resta prejudicada a segurança jurídica, a utilização de atributos como premissas, metodologia ou memórias de cálculo - itens exigidos pela Lei de Responsabilidade Fiscal quando de ampliações em despesas obrigatórias (SENADO FEDERAL, 2021, p. 18).

Por isso, para fins deste estudo, compreende-se como ciclo orçamentário válido aquele período em que vige cada orçamento anual, desde a elaboração do planejamento setorial e consolidado até o momento em que as contas de governo do exercício em questão sejam efetivamente julgadas.

---

[2] Disponível em: https://www.congressonacional.leg.br/materias/materias-orcamentarias/contas-da-presidencia. Acesso em: 20 dez. 2022.

2.2 Contas públicas e credibilidade orçamentária

Sobre a forma como as contas públicas estão inseridas no orçamento anual e são demonstradas nos relatórios de execução, faz-se necessário compreender, inicialmente, a natureza das peças orçamentárias, suas classificações e quais são os elementos orçamentários que compõem o PPA, a LDO e a LOA.

O PPA funciona como planejamento estratégico do governo, de médio prazo, contempla as diretrizes, os objetivos e as metas de cada gestão. Ainda que tenha vigência de quatro anos, o seu período de validade não coincide com o mandato do chefe do Poder Executivo. Na verdade, ele é elaborado no primeiro ano de mandato e segue até o primeiro ano do mandato seguinte, a fim de assegurar a continuidade da Administração Pública, conforme preceitua a Constituição Federal:

> Art. 165. [...] §1º A lei que instituir o plano plurianual estabelecerá, de forma regionalizada, as diretrizes, objetivos e metas da administração pública federal para as despesas de capital e outras delas decorrentes e para as relativas aos programas de duração continuada.

Para Fernandes e Souza (2019), as dimensões do Plano Plurianual podem ser representadas da seguinte forma, com destaque para os programas de gestão, manutenção e serviços do Estado e para os programas temáticos que devem nortear as ações orçamentárias praticadas:

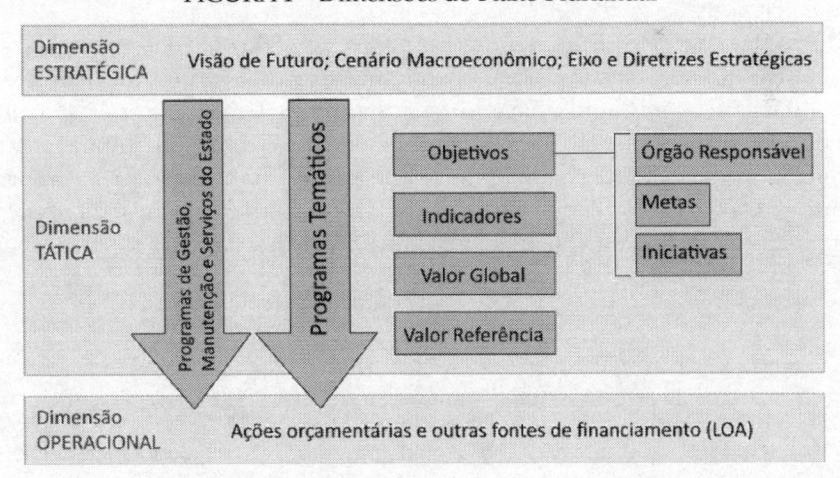

FIGURA 1 – Dimensões do Plano Plurianual

Fonte: FERNANDES; SOUZA (2019, p. 75).

Já a LDO funciona como elo entre o planejamento estratégico (PPA) e o planejamento operacional (LOA), traduzindo o *modus operandi* sobre como o orçamento anual deve ser programado e executado. Com vigência para um ano, define as metas e prioridades dos programas de governo escolhidos pelo PPA, com destaque para as ações governamentais. Assim definiu a CRFB/88:

> Art. 165. [...] §2º A lei de diretrizes orçamentárias compreenderá as metas e prioridades da administração pública federal, incluindo as despesas de capital para o exercício financeiro subsequente, orientará a elaboração da lei orçamentária anual, disporá sobre as alterações na legislação tributária e estabelecerá a política de aplicação das agências financeiras oficiais de fomento.

Na visão de Fernandes e Souza (2019, p. 79), a LDO também tem suprido "lacunas e imperfeições legais", tendo em vista a ausência de lei complementar prevista no §9º do art. 165 da CRFB/88. Recai sobre a lei de dimensão tática, a cada exercício e a depender da gestão, "a competência de 'restabelecer' as regras básicas de elaboração, execução e controle orçamentários, assim resultando em considerável insegurança ao arcabouço jurídico brasileiro". Ou seja, o próprio controlado define como quer ser controlado.

Ainda com o objetivo de contextualizá-la com a política macroeconômica e o aspecto qualitativo das políticas públicas, a Lei de Responsabilidade Fiscal dispôs, no seu art. 4º, o dever de atendimento da LDO ao disposto no §2º do art. 165[3] da CRFB/88, além da inserção de regras alusivas ao: a) equilíbrio entre a receita e a despesa; b) critérios e forma de limitação de empenho; c) controle de custos e avaliação dos resultados dos programas; e d) condições e exigências para transferências de recursos a entidades públicas e privadas.

Outro detalhe relevante, quanto ao prazo de elaboração e vigência, na esfera federal é que o PLDO é encaminhado até oito meses e meio antes do encerramento do exercício financeiro (15 de abril), devendo ser devolvido para sanção até o encerramento do primeiro período da sessão legislativa (ou seja, até o dia 17 de julho).[4] Ressalta-se, no exercício em que a LDO é sancionada, que servirá para orientar a elaboração do orçamento subsequente, no ano seguinte à sanção e ainda em vigência, e orientará a execução orçamentária da respectiva LOA, conforme ilustra a figura 2:

---

[3] §2º A lei de diretrizes orçamentárias compreenderá as metas e prioridades da administração pública federal, estabelecerá as diretrizes de política fiscal e respectivas metas, em consonância com trajetória sustentável da dívida pública, orientará a elaboração da lei orçamentária anual, disporá sobre as alterações na legislação tributária e estabelecerá a política de aplicação das agências financeiras oficiais de fomento.

[4] Disponível em: https://www12.senado.leg.br/noticias/glossario-legislativo/sessao-legislativa. Acesso em: 20 dez. 2022.

FIGURA 2 – Elaboração, aprovação e vigência da Lei de Diretrizes Orçamentárias

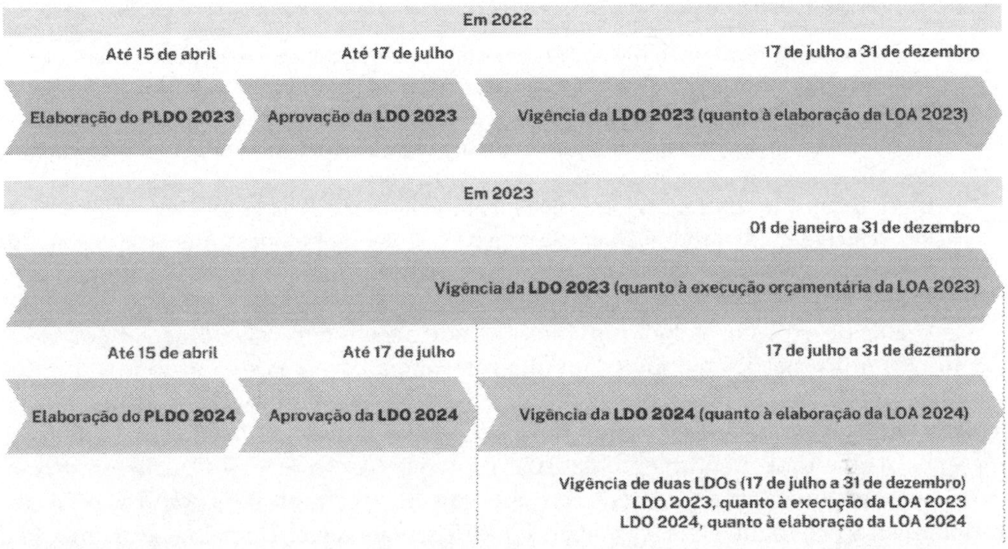

Em 2022
- Até 15 de abril: Elaboração do **PLDO 2023**
- Até 17 de julho: Aprovação da **LDO 2023**
- 17 de julho a 31 de dezembro: Vigência da **LDO 2023** (quanto à elaboração da LOA 2023)

Em 2023
- 01 de janeiro a 31 de dezembro: Vigência da **LDO 2023** (quanto à execução orçamentária da LOA 2023)
- Até 15 de abril: Elaboração do **PLDO 2024**
- Até 17 de julho: Aprovação da **LDO 2024**
- 17 de julho a 31 de dezembro: Vigência da **LDO 2024** (quanto à elaboração da LOA 2024)

Vigência de duas LDOs (17 de julho a 31 de dezembro)
LDO 2023, quanto à execução da LOA 2023
LDO 2024, quanto à elaboração da LOA 2024

Fonte: Elaboração própria.

Dessa forma, entre 17 de julho e 31 de dezembro, em regra, duas LDOs encontram-se vigentes. A primeira aprovada (no ano anterior), orientando sobre as regras e critérios para *execução* do orçamento anual daquele exercício, e a aprovada mais recente (no mesmo ano em questão), guiando sobre a elaboração do orçamento subsequente.

Por fim, quanto à LOA, esta será a lei mais importante do ordenamento jurídico, abaixo da Constituição Federal, na visão do ex-ministro do Supremo Tribunal Federal, Carlos Ayres de Freitas Britto.[5] Considerando o seu papel essencial para tornar possível que direitos possam ser entregues ao cidadão, serve para autorizar a realização de despesas e a arrecadação de receitas, a cada exercício.

Em respeito aos princípios orçamentários, segundo o art. 5º da LRF, seu projeto de lei deve ser compatível com o PPA, com a LDO e com a própria LRF, devendo conter: i. demonstrativo da compatibilidade da programação dos orçamentos com os objetivos e metas constantes do Anexo de Metas Fiscais estabelecido pela LDO; ii. demonstrativo regionalizado do efeito, sobre as receitas e despesas, decorrente de isenções, anistias, remissões, subsídios e benefícios de natureza financeira, tributária e creditícia, bem como sobre as medidas de compensação das renúncias de receita e do aumento de despesas obrigatórias de caráter continuado; e iii. reserva de contingência destinada ao atendimento de passivos contingentes e outros riscos e eventos fiscais imprevistos.

---

[5] Tribunal Pleno, ADI nº 4.048 (Rel. Min. Gilmar Mendes, j. 14.5.2008), p. 92.

Com vigência anual, a LOA subdivide-se em, de acordo com o §5º do art. 165 da CRFB/88:

> I - o orçamento fiscal referente aos Poderes da União, seus fundos, órgãos e entidades da administração direta e indireta, inclusive fundações instituídas e mantidas pelo Poder Público;
> II - o orçamento de investimento das empresas em que a União, direta ou indiretamente, detenha a maioria do capital social com direito a voto;
> III - o orçamento da seguridade social, abrangendo todas as entidades e órgãos a ela vinculados, da administração direta ou indireta, bem como os fundos e fundações instituídos e mantidos pelo Poder Público.

Diante do exposto, as contas públicas, desde o seu planejamento, são organizadas por prazos, informações e dados com alta relevância para a consecução dos direitos fundamentais. Como é possível constatar, o aspecto da credibilidade orçamentária é central, tendo em vista que a confiança provoca expectativas de direitos na sociedade, em especial quanto ao atendimento das suas principais necessidades. Considerando que são as peças orçamentárias que traduzem as escolhas e o caminho das políticas públicas, as demonstrações financeiras, contábeis e patrimoniais devem espelhar exatamente a realidade fiscal e as decisões políticas tomadas no período de cada gestão.

Para Pinto (2022), o conceito de ordenação legítima de prioridades orçamentárias fundamenta a conduta daqueles que ocupam qualquer posição de poder no setor público. Por meio de diagnósticos que comprovem problemas sociais, espera-se, naturalmente, que o Estado aja definindo o que será solucionado primeiro e o que virá depois. Planejar, ou seja, "ordenar prioridades é reconhecer que o Estado não consegue atender a tudo o que a sociedade demanda que ele resolva, de uma vez só e de uma vez por todas" (PINTO, 2022, *on-line*). De forma coordenada, deve-se manter a coesão social e atender o interesse público por meio de escolhas responsáveis e de ações planejadas e transparentes (LRF, §1º, do art. 1º).

A credibilidade dos atos e das informações orçamentários se sobressai quando os conflitos distributivos são mitigados, reduzindo iniquidades em políticas públicas que não podem esperar, como, por exemplo, aquelas relacionadas à segurança alimentar e à redução das vulnerabilidades. Para aqueles que arrecadam, guardam, administram, gerenciam ou utilizam qualquer espécie de bem, dinheiro ou valor público, é dever prestar contas (material e formalmente). A transparência e clareza das contas públicas passam a ser o grande primado que confere aos atos de gestão e de governo maior segurança de que o planejamento deixa de ser fictício e passa a ser factível.

3 Ecossistema para um governo digital transparente

Com o Decreto nº 10.332, de 28 de abril de 2020 (alterado pelo Decreto nº 10.996, de 14 de março de 2022, e pelo Decreto nº 11.260, de 23 de novembro de 2022), a Estratégia Nacional de Governo Digital (ENGD) foi aprovada para o período de 2020 a 2023, organizada em princípios, objetivos e iniciativas que nortearão a transformação do governo por meio do uso de tecnologias digitais, com a promoção da efetividade das políticas e da qualidade dos serviços públicos e com o objetivo final de reconquistar a confiança dos brasileiros.

Na elaboração da ENGD foram observados: i. o disposto na Lei do Governo Digital (Lei nº 14.129, de 29 de março de 2021); ii. os instrumentos de planejamento e as políticas nacionais existentes que se relacionem com as políticas de governo digital; iii. a Estratégia Brasileira para a Transformação Digital (E-Digital); iv. a Política de Dados Abertos; v. as disposições de governança no compartilhamento de dados; vi. a Política Nacional de Modernização do Estado; vii. a Estratégia Federal de Desenvolvimento para o Brasil; e viii. os resultados obtidos da avaliação da execução da Estratégia de Governo Digital.

Considerando que a economia do futuro encontra-se fundamentada no tratamento e no uso dos dados, em especial daqueles detidos e/ou armazenados pelo governo, importa observar que todas as medidas a serem adotadas devem atribuir valor público às estratégias de governança digital. Assim, a ENGD é subdividida em quatro dimensões de benefícios (figura 3) para a sociedade: informação, serviço, participação e princípios.

FIGURA 3 – Diagrama da Estratégia Nacional de Governança Digital

Fonte: Ministério do Planejamento, Desenvolvimento e Gestão (2018, p. 96).

São nove os princípios que orientam a ENGD: i. a abertura e transparência; ii. a inovação; iii. a simplicidade; iv. o governo como plataforma; v. o compartilhamento da capacidade de serviço; vi. a participação e o controle social; vii. o foco nas necessidades do cidadão; viii. a segurança e a privacidade; e ix. a priorização de serviços públicos disponibilizados em meio digital.

Sobre o ambiente onde ocorrem as transformações digitais necessárias para o atendimento da ENGD, na visão de Dias e Gomes (2021), a evolução da tecnologia e do e-Gov possuem três fases de inovação: a Web 1.0 (de documentos, com interatividade restrita e orientada para o governo); a Web 2.0 (de pessoas, com interatividade e orientada para o cidadão); e a Web 3.0 (de dados, colaborativa e que proporciona serviços para os indivíduos).

FIGURA 4 – Evolução da tecnologia e do e-Gov

Web 1.0 > e-Gov 1.0	Web 2.0 > e-Gov 2.0	Web 3.0 > e-Gov 3.0
Orientado para o Governo	Orientado para o Cidadão	Serviços para indivíduos
Interatividade restrita	Interativo	Colaborativo
Serviço restrito no tempo e no espaço	Serviço móvel	Serviço integrado, acessível em qualquer local e a qualquer momento
Informações baseadas na oferta	Serviços baseados na participação	Serviços inteligentes
Organizações publicam conteúdo	Pessoas publicam conteúdo	Pessoas e organizações interagem e publicam/criam conteúdo.
Web Page com informações em Hiper Texto	Portais de serviços com tecnologias associadas a *Blog*, *Wiki*, *RSS feeds*, *podcasts* e redes sociais.	Plataforma multisserviços integrados, com base em *Web* Semântica, IA, *Blockchain*,

Fonte: DIAS; GOMES (2021, p. 97).

Assim, é no ambiente Web 3.0 que se enquadra a tecnologia *blockchain* como ferramenta indutora de serviços inteligentes. Ademais, de acordo com Loukis; Charalabidis e Flack (2019, *apud* DIAS; GOMES, 2021, p.98), tecnologias com potencial disruptivo, além de potencializar a oferta de serviços digitais, também podem ajudar na formulação de políticas públicas fundamentadas em dados.

Na atualidade, o surgimento de tecnologias com potencial disruptivo está a influenciar uma nova geração de e-Gov. Web semântica, mineração de dados, *Blockchain*, Internet das Coisas (IoT), Inteligência Artificial (IA) e *Bots* são exemplos dessas novas tecnologias que permeiam as discussões em torno da Web 3.0. Os governos planejam hoje utilizar essas tecnologias para fornecer serviços inteligentes, formular políticas públicas fundamentadas, explorar recursos da sociedade e gerar valor público de forma colaborativa.

Todavia, apesar do avanço normativo, outros entraves associados à transparência e à gestão pública dos dados devem ser observados. Na seção seguinte, as orientações sobre os procedimentos para acesso às informações públicas serão abordadas.

3.1 Transparência e comportamento da gestão pública

O princípio da transparência deriva do princípio da publicidade inscrito no art. 37, *caput*, da CRFB/88, tendo sido regulamentado pela LRF e pela LAI.

Nesse sentido, cabe à Administração Pública, conforme determina a LAI, no seu art. 6º, assegurar a:

I - gestão transparente da informação, propiciando amplo acesso a ela e sua divulgação;
II - proteção da informação, garantindo-se sua disponibilidade, autenticidade e integridade; e

III - proteção da informação sigilosa e da informação pessoal, observada a sua disponibilidade, autenticidade, integridade e eventual restrição de acesso.

No âmbito do setor público, o acesso à informação engloba o direito de obter orientação sobre os procedimentos para acesso, ter conhecimento sobre o local onde poderá ser encontrada ou mesmo obtida a informação almejada. Além disso, confere o direito de conhecer a informação contida em registros ou documentos, produzidos ou acumulados, recolhidos ou não a arquivos públicos, logo, deve estar disponível àquele que deseja se valer do seu inteiro teor.

Ressalta a LAI que o direito de obter acesso à informação recai sobre a informação primária, na íntegra, autêntica e atualizada (art. 7º, inciso IV), ainda que seja sobre as atividades exercidas pelos órgãos e entidades, inclusive quando relativas à sua política, organização ou serviços.

Desse modo, deve corresponder também àquela que remete à administração do patrimônio público, à utilização de recursos públicos, aos procedimentos licitatórios e seus contratos administrativos, além daquelas relativas: i. à implementação, acompanhamento e resultados dos programas, projetos e ações governamentais, bem como metas e indicadores de resultados; e ii. ao resultado de inspeções, auditorias, prestações e tomadas de contas realizadas pelos órgãos de controle interno e externo, incluindo prestações de contas relativas a exercícios anteriores.

Ou seja, todo e qualquer ato, fato ou dado que faça referência às ações governamentais praticadas pela Administração Pública deve ser publicizado, nos termos da lei, tornando disponível ao cidadão qualquer informação do seu interesse. Dessa forma, "é dever dos órgãos e entidades públicas promover, independentemente de requerimentos, a divulgação em local de fácil acesso, no âmbito de suas competências, de informações de interesse coletivo ou geral por eles produzidas ou custodiadas" (LAI, art. 8º).

A se considerar, quais são os avanços tecnológicos promovidos pelo setor público para atendimento da transparência demandada pela sociedade? A seguir, diferentes soluções tecnológicas são apresentadas, com destaque para a *blockchain*.

3.2 Outras soluções tecnológicas

Sobre as alternativas de avanços tecnológicos contendo propostas de soluções para problemas estruturantes do setor público, a criação da Plataforma de Cidadania Digital (PCD), pelo Decreto nº 8.936, de 19 de dezembro de 2016, trouxe grande expectativa para a modernização do Estado e para a adoção dos princípios de governo digital (mencionados no tópico 3), e não propriamente de governo eletrônico.

Todavia, no bojo do Processo TC nº 036.673/2019-6, o TCU trouxe questões relevantes acerca da necessidade de avaliação da implementação da PCD, tendo em vista a diversidade de conceitos e nomenclaturas envolvendo os planos de digitalização elaborados pelo Ministério da Economia em conjunto com os demais órgãos da Administração Pública.

Para assegurar a eficácia do processo de transformação digital do Estado, é preciso superar "as dificuldades generalizadas da quantidade e da qualidade da força de trabalho e as limitações orçamentárias a que todo órgão é exposto" (TCU, Processo TC nº 036.673/2019-6). Logo, a forma como o Estado se relaciona com a sociedade, por meio da tecnologia, demanda diferenciar conceitos fundamentais relacionados à *digitalização de serviços públicos* daqueles relacionados à *informatização de etapas de prestação dos serviços*.

Note que não há que se confundir informatização, digitização, digitalização, automação e transformação digital. Para a Organização para a Cooperação e Desenvolvimento Econômico (OCDE),[6] no contexto do setor público, a transformação para um governo digital é provocada pela transição da digitalização de processos existentes para a existência de processos digitais por concepção (*digital by design*), concebendo o serviço público em si como um serviço digital.

Para o TCU, baseado nos princípios da ENGD, são condições para o surgimento dos serviços digitais: i. o redesenho do processo anterior, ou um modelo totalmente novo de execução, mais simplificado; ii. a integração de dados e de outros processos já digitalizados; iii. a utilização de várias plataformas, dispositivos e interfaces; e iv. que o foco permaneça na jornada do usuário. Desse modo, fez questão de distinguir as seguintes terminologias:

> Informatização (em sentido amplo) - Conceito genérico do processo em que algo é criado ou ampliado no ambiente digital, tendo a informação como principal ativo.
> Digitização - Tornar uma informação analógica em digital
> Informatização - Digitização de processos analógicos, por meio da adoção de ferramentas eletrônicas.
> Digitalização - Emprego de tecnologia e informação para modificar a forma de interação e como processos de negócio são executados, com alguma automatização aplicada, em maior ou menor grau, sem mudanças substanciais na forma como o processo é executado.
> Transformação Digital - Mudança radical na forma como a organização atua, com processos de negócio concebidos de forma digital, totalmente integrados, por meio de diferentes plataformas, dispositivos e interfaces, com base na jornada do usuário (TCU, PROCESSO TC nº 036.673/2019-6).

Na sequência da Plataforma de Cidadania Digital, surge o Conecta gov.br, definido da seguinte forma:

> O Conecta gov.br é um programa que promove a troca automática e segura de informações entre os sistemas para que o cidadão não tenha que reapresentar informações que o governo já possua. Isso é um direito do cidadão garantido pela Lei 13.726/2018 - Simplificação e pela Lei 14.129/2021 - Governo Digital.
> Essa integração de dados, conhecida como *interoperabilidade, desonera o cidadão, simplifica o serviço público, reduz fraude e traz segurança e economia para todo o processo*.
> O Conecta é uma iniciativa da Secretaria de Governo Digital do Ministério da Economia para os órgãos e entidades do Poder Executivo Federal (GRIFOS NOSSOS).[7]

Assim, a plataforma mantida pelo Ministério da Economia é consequência das iniciativas de transformação digital. Destacou o TCU (Processo TC nº 036.673/2019-6),

---

[6] Disponível em: https://www.oecd.org/going-digital/strengthening-digital-government.pdf. Acesso em: 20 dez. 2022.

[7] Disponível em: https://www.gov.br/governodigital/pt-br/governanca-de-dados/conecta-gov.br. Acesso em: 20 dez. 2022.

quanto às principais características do Conecta gov.br: i. promove a integração de serviços públicos; ii. favorece o compartilhamento de informações e a mediação de aplicações; iii. estimula a governança dos ativos e do processo de integração; iv. formaliza o modelo simplificado de consumo de *Application Programming Interface* (API's).

Outra iniciativa estruturante diz respeito à criação do Documento Nacional de Identidade (DNI), que beneficia todos os órgãos públicos, mediante integração de bases de dados do governo federal e do Poder Judiciário, validadas por meio dos dados biométricos. Com origem na Lei nº 13.444, de 11 de maio de 2017, que dispôs sobre a Identificação Civil Nacional (ICN), com bases de dados sob a responsabilidade do Tribunal Superior Eleitoral (TSE), assim definiu a legislação, quanto à origem das informações:

> Art. 2º A ICN utilizará:
> I – a base de dados biométricos da Justiça Eleitoral;
> II – a base de dados do Sistema Nacional de Informações de Registro Civil (Sirc), criado pelo Poder Executivo federal, e da Central Nacional de Informações do Registro Civil (CRC Nacional), instituída pelo Conselho Nacional de Justiça, em cumprimento ao disposto no art. 41 da Lei nº 11.977, de 7 de julho de 2009;
> III – outras informações, não disponíveis no Sirc, contidas em bases de dados da Justiça Eleitoral, dos institutos de identificação dos Estados e do Distrito Federal ou do Instituto Nacional de Identificação, ou disponibilizadas por outros órgãos, conforme definido pelo Comitê Gestor da ICN.
> §1º A base de dados da ICN será armazenada e gerida pelo Tribunal Superior Eleitoral, que a manterá atualizada e adotará as providências necessárias para assegurar a integridade, a disponibilidade, a autenticidade e a confidencialidade de seu conteúdo e a interoperabilidade entre os sistemas eletrônicos governamentais.
> §2º A interoperabilidade de que trata o §1º deste artigo observará a legislação aplicável e as recomendações técnicas da arquitetura dos Padrões de Interoperabilidade de Governo Eletrônico (e-Ping).
> [...]
> Art. 8º É criado o Documento Nacional de Identidade (DNI), com fé pública e validade em todo o território nacional.
> §1º O DNI faz prova de todos os dados nele incluídos, dispensando a apresentação dos documentos que lhe deram origem ou que nele tenham sido mencionados.

Ademais, esclareceu o TCU (Processo TC nº 036.673/2019-6) que o caráter estruturante do DNI se deve à oferta de "serviços públicos digitais em vários órgãos (transversalidade), permitindo a interoperabilidade de bases e sua integração". E destacou:

> Uma das vantagens dessa integração é que se pode, futuramente, agregar outros documentos ao DNI, conforme convênios sejam firmados com órgãos públicos, de forma a ampliar as possibilidades de autenticação e simplificando a identificação para o cidadão (TCU, PROCESSO TC nº 036.673/2019-6).

3.2.1 A tecnologia *blockchain* na visão do Tribunal de Contas da União

Ainda em evolução, as transformações do serviço digital apontam para a tecnologia *blockchain* como sendo uma proposta de baixo custo e com solução disruptiva para o setor público. Por meio dela, informações descentralizadas tornam-se mais seguras por meio de criptografia. Para Zambão; Zavolski e Gibran (2022), os benefícios podem atingir, inclusive, a detecção de falsificações de modo geral.

Em 2020, por meio do Acórdão nº 1.613/2020 (TC nº 031.044/2019-0), o TCU realizou auditoria na modalidade levantamento a fim de identificar riscos e oportunidades na adoção da tecnologia *blockchain*. Importante observar que outros levantamentos para induzir o reforço das capacidades do governo a fim de promover a transformação digital do Estado e identificar as áreas de aplicação da tecnologia *blockchain* no setor público, já haviam sido iniciados em 2017 (Acórdão nº 1.469/2017 Plenário), com destaque para os riscos e fatores a serem enfrentados, além dos desafios para as auditorias e para o próprio controle.

Originariamente pensada para marcar documentos com data e hora (NYSSCPA, 2019), a preocupação inicial dos inventores (Stuart Saber e W. Scott Stornetta) da tecnologia *blockchain* residia na autenticidade e verificabilidade de todos os registros históricos dos dados armazenados. Buscou-se, como solução para esse problema, o que se chamava "*Hash and Sign*", uma espécie de confiança atribuída, quanto à integridade das informações, a uma única entidade. Certos de que havia um risco presente ao confiarem em uma única instituição, os inventores começaram a questionar como seria possível gerar confiança sem que as informações estivessem depositadas em uma única entidade central? Como resposta surgiu o primeiro *blockchain* (NYSSCPA, 2019).

De modo geral, a cadeia de blocos interligados por criptografia estaria representada na metáfora de uma impressão digital, considerando que cada impressão é única e não diz quase nada sobre quem a imprimiu,[8] com o acréscimo de que cada arquivo impresso receberia um carimbo diferente. Com o passar do tempo, os inventores passaram a defender a ideia de que as impressões digitais poderiam ser atualizadas periodicamente, englobando agora, para cada unidade impressa, todo o "bloco de impressões anteriores", registrando, portanto, além da unidade das informações, a série histórica das impressões. Esta seria a base do mecanismo de integridade da tecnologia *blockchain*.

Retomando o levantamento realizado pelo TCU com o objetivo conhecer os conceitos da tecnologia *blockchain*, identificar as áreas de aplicação e os tipos de problema que os governos do Brasil e de outros países podem resolver e, ainda, compreender o potencial disruptivo no progresso dos serviços digitais, sob a ótica da desburocratização e do combate à corrupção, diferentes questões de auditoria nortearam a fiscalização:

Q1 - Como a tecnologia *blockchain* pode ser vista por meio de estruturas de inovação e quais possibilidades existem para futuros desenvolvimentos no setor público?

Q2 – Quais funcionalidades de uma *blockchain* podem atender a transformação digital no setor público e como o Brasil e governos de outros países estão lidando atualmente com os desafios desta nova tecnologia?

---

[8] Disponível em: https://www.nysscpa.org/news/publications/the-trusted-professional/article/inventors-of-Blockchain-explain-project's-humble-beginnings-sound-warnings-about-its-future-102919.

Q3 – Quais são os benefícios e riscos esperados da tecnologia e quais são os impactos que podem surgir do uso da tecnologia na esfera pública?
Q4 – Como a tecnologia impacta nas atividades de controle externo e auditoria?

Em paralelo, o TCU também participou como colaborador da Estratégia Nacional de Combate à Corrupção e à Lavagem de Dinheiro (ENCCLA) na intitulada "AÇÃO 08/2020: Elaborar diagnóstico sobre as possibilidades de uso de tecnologias como *blockchain* no setor público".[9] A proposta era aprofundar o conhecimento em busca de possíveis soluções tecnológicas que favorecessem o combate à corrupção e à lavagem de dinheiro.

Na ocasião da auditoria, os principais conceitos apontados pela Corte de Contas federal foram:

> *Blockchains* são livros-razões digitais resistentes contra intrusões e com acesso não autorizado facilmente detectável por observadores, implementados de forma distribuída, normalmente sem uma autoridade central (banco, empresa ou governo). Em seu nível básico, *blockchains* habilitam que usuários registrem transações em um livro-razão compartilhado dentro da comunidade, de forma que, considerando a operação normal da rede *blockchain*, nenhuma transação pode ser alterada após ser publicada (tradução livre) (*National Institute of Standards and Technology* – NIST).
>
> *Blockchain* é o tipo de livro-razão em que transações com troca de valores (na forma de criptoocorrências, *tokens* ou informações) são sequencialmente agrupadas em blocos. Cada bloco contém uma assinatura baseada no conteúdo exato (*strings* de dados) daquele bloco. O próximo bloco contém esta assinatura também, encadeando todos os blocos anteriores um ao outro, até o primeiro bloco. Blocos são registrados de forma imutável através de uma rede *peer-to-peer*, usando confiança na autenticação criptográfica e mecanismos de garantia (tradução livre) (*European Commission*).
>
> Tecnologia *blockchain* é uma forma de tecnologia distribuída de livro-razão, a qual atua como um registro (uma lista) aberto e autenticado de transações de uma parte para outra (ou múltiplas partes), que não são armazenadas por uma autoridade central. Em vez disso, uma cópia é armazenada por cada usuário rodando um software *blockchain* e conectado a uma rede *blockchain* – também conhecido como nó. Ao invés de uma autoridade central manter exclusivamente a base de dados, todos os nós têm uma cópia do livro-razão, sendo que as atualizações do livro-razão *blockchain* são propagadas através da rede em minutos ou segundos (tradução livre) (Organização para a Cooperação e Desenvolvimento Econômico – OCDE) (PROCESSO TCU TC nº 031.044/2019-0).

Com características de "descentralização, desintermediação, imutabilidade, irrefutabilidade, rastreabilidade e garantia de veracidade das informações, inibindo o comportamento fraudulento" (TCU, 2020, on-line[10]), chegou-se à conclusão que as transações operadas na tecnologia *blockchain* ocorreriam em um ambiente mais seguro e completamente auditável. A seguir, a figura 5 demonstra quais seriam as etapas de funcionamento de um evento na tecnologia *blockchain*:

---

[9] Disponível em: http://enccla.camara.leg.br/acoes.
[10] Disponível em: https://portal.tcu.gov.br/imprensa/noticias/tcu-realiza-estudo-inovador-sobre-a-tecnologia-blockchain-e-elabora-guia-para-orientar-os-gestores.htm. Acesso em: 20 dez. 2022.

FIGURA 5 – Funcionamento genérico de uma *blockchain*

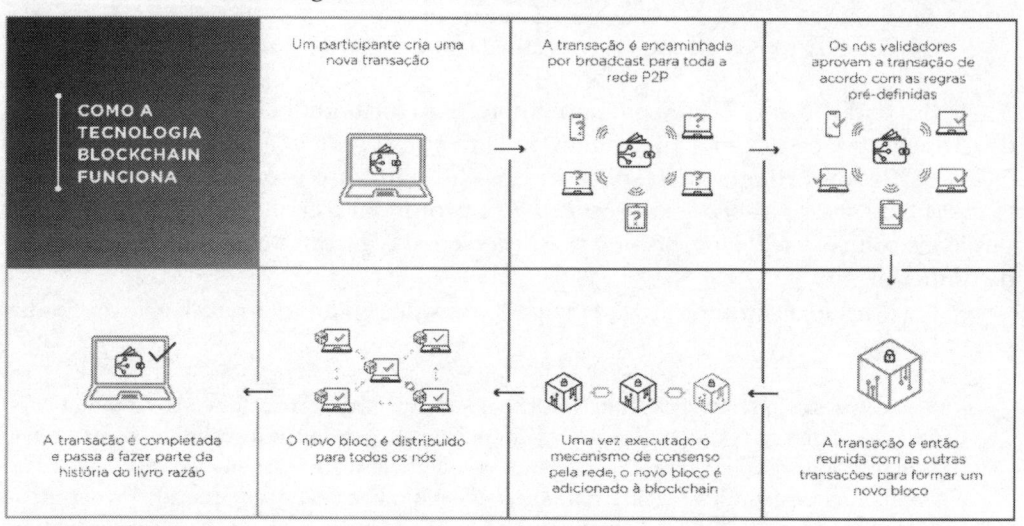

Fonte: Adaptado pelo TCU (Processo TC nº 031.044/2019-0) de Comissão Europeia.

Com destaque para a característica de *Distributed Ledger Technology* (DLT), enquanto "tecnologia que facilita a expansão de registros transacionais inalteráveis, assinados criptograficamente em uma lista ordenada cronologicamente e compartilhada por todos os participantes da rede" (PROCESSO TC nº 031.044/2019-0), a tecnologia *blockchain* permite, portanto, que qualquer usuário possa rastrear a origem de uma transação "em qualquer ponto de sua história, pertencente a qualquer ator da rede" (PROCESSO TC nº 031.044/2019-0).

Dessa forma, para implementação da *blockchain*, o TCU destacou a relação da *blockchain* com os oráculos, estabelecida entre o livro-razão distribuído (*Ledger*), os mecanismos de consenso, os contratos inteligentes e a criptografia, por meio de *tokens* (PROCESSO TC nº 031.044/2019-0).

No livro-razão as transações são registradas e as informações são replicadas em todos os nós da rede *peer-to-peer*, "verificadas e aceitas por todas as partes, eliminando a necessidade de intermediários" e, portanto, com dados imutáveis (PROCESSO TC nº 031.044/2019-0).

Os mecanismos de consenso remetem às regras e procedimentos que deverão ser respeitados por todos, para que haja a validação das transações em cada nó de uma rede distribuída. Na visão do TCU, "o consenso é obtido por meio da convergência dos nós em direção a uma versão única e imutável do livro-razão" (PROCESSO TC nº 031.044/2019-0).

Um contrato inteligente (*smart contracts*), por sua vez, "são código-fonte em linguagem de programação (*scripts*), que podem ser definidos e autoexecutados em uma infraestrutura de *blockchain* ou DLT" (PROCESSO TC nº 031.044/2019-0). Assim, diferentemente do que ocorre em contratos "comuns", que necessitam da intermediação de cartórios (tabeliães), corretores, auditores ou empresas responsáveis por estabelecer a relação de confiança entre as partes, nos contratos inteligentes não há necessidade de intermediários.[11] Na visão de Szabo (1996), que definiu o conceito de *smart contracts*, artigos e cláusulas permaneceriam embutidos em programas, proibida a violação. Com tradução livre, Szabo (1996)[12] o conceitua como "um conjunto de promessas, especificadas em formato digital, incluindo protocolos dentro dos quais as partes cumprem essas promessas". Com a medida, os seguintes objetivos passariam a ser atingidos:

> a. Observabilidade: a habilidade de verificar se as partes envolvidas no contrato cumpriram a sua parte, ou seja, se o resultado esperado segundo a lógica computacional do contrato inteligente foi alcançado;
> b. Verificabilidade: é a possibilidade de uma das partes envolvidas reclamar que o contrato foi cumprido ou violado. A verificação pode ser feita por uma terceira parte, como juízes, fiscais, auditores etc.;
> c. Privacidade: o conhecimento sobre o conteúdo e a execução do contrato deve ser distribuído apenas na medida certa, ou seja, o mínimo possível de dados deve ser compartilhado (apenas o necessário para a criação e execução do contrato);
> d. Obrigatoriedade: se dá pela própria natureza automatizada do contrato inteligente. O contrato é executado de forma obrigatória, em sua completude, conforme programado em seu código-fonte, sem margem para interpretações diversas (PROCESSO TC nº 031.044/2019-0).

Responsáveis por "garantir a integridade das informações armazenadas", as criptografias podem ser percebidas na utilização de algoritmos criptográficos de chaves públicas, nas funções de *hash* e nas assinaturas digitais. Enquanto isso, os *tokens* "representam ou materializam um ativo do mundo real, ou mesmo um direito, como ações de uma empresa ou investimento, ou mesmo uma recompensa por um serviço" (PROCESSO TC nº 031.044/2019-0).

> A tecnologia *blockchain* permite que todo tipo concebível de ativos, direitos e obrigações de dívida, relacionados a bens materiais e imateriais, seja representado por *tokens*, e sua negociabilidade e permutabilidade sejam potencialmente simplificadas (PROCESSO TC nº 031.044/2019-0).

---

[11] Para o TCU, "a utilização de contratos inteligentes provê as seguintes vantagens: a. *Transparência*: contratos inteligentes podem ser escritos e verificados a qualquer momento por todas as partes envolvidas, que podem verificar o código-fonte do contrato. E o mais importante, a execução do contrato fica totalmente registrada, reduzindo o número de disputas judiciais em torno de sua definição e execução; b. *Menor prazo para execução*: intermediários humanos podem causar todo tipo de atraso na elaboração e execução de contratos. A eliminação dos passos manuais torna, portanto, a execução do contrato mais rápida e eficiente; c. *Precisão*: como o contrato é descrito por um algoritmo computacional, sua execução é precisa, salvo se houver erro de programação. Qualquer condição não cumprida no contrato gera erro de execução. Contratos em papel podem dar margem a interpretações diversas, causando imprecisão; d. *Segurança*: a infraestrutura de DLT garante a segurança em contratos inteligentes, que são assinados por chaves criptográficas e não podem ser violados por terceiros sem permissão de acesso; e. *Rastreabilidade*: todos os dados, de cada execução das "funções" do contrato ficam armazenados na DLT, permitindo que a execução do contrato seja auditável a qualquer tempo; f. *Menor custo*: por sua natureza digital e eliminação de intermediários, os contratos inteligentes reduzem os custos de execução; g. *Confiança*: as características citadas acima levam à maior confiança entre as partes envolvidas no contrato" (PROCESSO TC 031.044/2019-0).

[12] SZABO, Nick. Smart contracts: building blocks for digital markets. Phonetic Sciences Amsterdam, 1996. Disponível em: http://www.fon.hum.uva.nl/rob/Courses/InformationInSpeech/CDROM/Literature/LOT winterschool2006/szabo.best.vwh.net/smart_contracts_2.html. Acesso em: 20 dez. 2022.

Sobre o papel dos oráculos, relevante enfatizar o posicionamento do TCU (2020):

> [...] em *blockchains* permissionadas, eventos do mundo exterior podem ter relevância no contexto das redes *blockchain*. Assim, pode haver a necessidade de um agente digital que funcione como um intermediário central de confiança sobre fatos externos à rede. Um oráculo, no contexto de *blockchains*, é um agente que localiza e verifica ocorrências do mundo real e envia essas informações para uma *blockchain*, a fim de serem usadas por contratos inteligentes. Os oráculos fornecem dados externos e acionam execuções de contratos inteligentes quando ocorrem condições pré-definidas. Importante ressaltar que oráculos são serviços que não fazem parte do mecanismo de consenso da *blockchain*. Em outras palavras, são serviços que verificam ocorrências do mundo físico e enviam essas informações a contratos inteligentes, desencadeando mudanças de estado na *blockchain*. Nota-se que um oráculo não é a fonte de dados em si, é uma camada que faz interface com as fontes de dados e a blockchain (PROCESSO TC nº 031.044/2019-0).

Assim, de acordo com o levantamento, a tecnologia *blockchain* é hipertransparente e auditável, a ponto de "aumentar a rastreabilidade das operações a um grau em que qualquer usuário pode auditar completamente todas as transações", plenamente aderente à LAI. Com a adoção da tecnologia, a integração das informações, dentro e fora dos limites da Administração Pública, passaria a ser distribuída e descentralizada, mediante compartilhamento de dados em tempo real (governo hiperconectado), assegurando a autenticidade de quem praticou cada transação (irrefutabilidade) (PROCESSO TC nº 031.044/2019-0).

Além disso, não há necessidade de intermediários nas transações, sendo um possível ganho para a automação de eventos e processos. Também não existe ponto de falha que traga risco de violação dos registros, ou seja, "não há um ponto central de vulnerabilidade que agentes maliciosos possam explorar, de modo que derrubar um nó não levará a uma quebra da cadeia de blocos". Logo, para qualquer transgressão das informações e dados seria necessário alterar o livro-razão de cada nó participante, desestimulando, por si só, a prática destes atos (PROCESSO TC nº 031.044/2019-0).

Ademais, ficou evidente que redes *peer-to-peer* aumentam o nível da segurança da informação. O TCU (2020) também fez referência à imutabilidade e integridade dos registros em redes *blockchain*, apesar de alertar que, para redes permissionadas, quando uma estrutura é responsável pelo controle da rede, não seria possível garantir que um registro ou contrato inteligente não fossem alterados. Nestes casos, "a imutabilidade absoluta não existe, pois, em teoria, a história do livro-razão pode ser alterada caso nós suficientes ajam em conluio, embora isso seja detectável por nós honestos da rede" (PROCESSO TC nº 031.044/2019-0).

Em síntese, a ilustração disponibilizada pelo TCU (2020) demonstrou o *framework* necessário para a implementação da tecnologia *blockchain*.

FIGURA 6 – *Framework* para implementação da *blockchain*

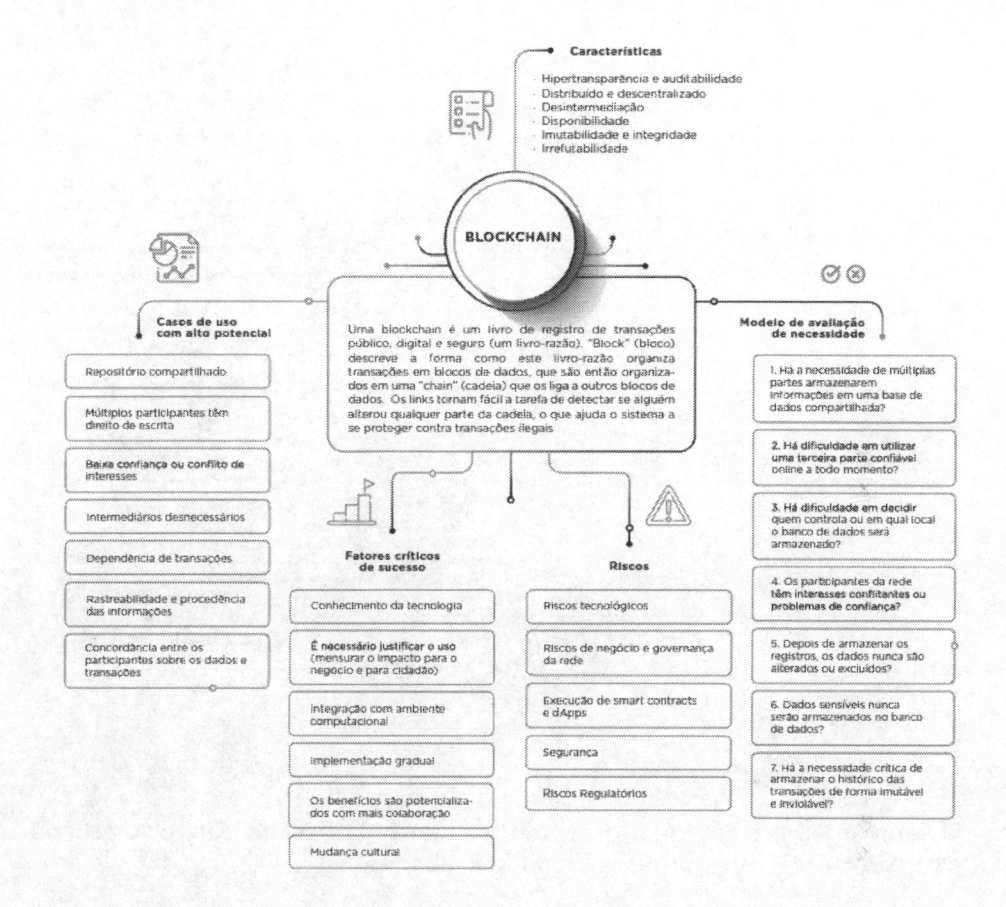

Características
- Hipertransparência e auditabilidade
- Distribuído e descentralizado
- Desintermediação
- Disponibilidade
- Imutabilidade e integridade
- Irrefutabilidade

BLOCKCHAIN

Uma blockchain é um livro de registro de transações público, digital e seguro (um livro-razão). "Block" (bloco) descreve a forma como este livro-razão organiza transações em blocos de dados, que são então organizados em uma "chain" (cadeia) que os liga a outros blocos de dados. Os links tornam fácil a tarefa de detectar se alguém alterou qualquer parte da cadeia, o que ajuda o sistema a se proteger contra transações ilegais.

Casos de uso com alto potencial
- Repositório compartilhado
- Múltiplos participantes têm direito de escrita
- Baixa confiança ou conflito de interesses
- Intermediários desnecessários
- Dependência de transações
- Rastreabilidade e procedência das informações
- Concordância entre os participantes sobre os dados e transações

Fatores críticos de sucesso
- Conhecimento da tecnologia
- É necessário justificar o uso (mensurar o impacto para o negócio e para o cidadão)
- Integração com ambiente computacional
- Implementação gradual
- Os benefícios são potencializados com mais colaboração
- Mudança cultural

Riscos
- Riscos tecnológicos
- Riscos de negócio e governança da rede
- Execução de smart contracts e dApps
- Segurança
- Riscos Regulatórios

Modelo de avaliação de necessidade
1. Há a necessidade de múltiplas partes armazenarem informações em uma base de dados compartilhada?
2. Há dificuldade em utilizar uma terceira parte confiável online a todo momento?
3. Há dificuldade em decidir quem controla ou em qual local o banco de dados será armazenado?
4. Os participantes da rede têm interesses conflitantes ou problemas de confiança?
5. Depois de armazenar os registros, os dados nunca são alterados ou excluídos?
6. Dados sensíveis nunca serão armazenados no banco de dados?
7. Há a necessidade crítica de armazenar o histórico das transações de forma imutável e inviolável?

Fonte: Processo TCU TC nº 031.044/2019-0.

Frente ao exposto, o levantamento realizado identificou riscos em cinco dimensões: tecnológica, governança da rede, execução, segurança e regulação, nesta última, incluída a privacidade. Com o fim didático, o TCU (2020) esquematizou ainda, detalhando o risco de cada área:

FIGURA 7 – Áreas dos riscos relativos à implementação da *blockchain*

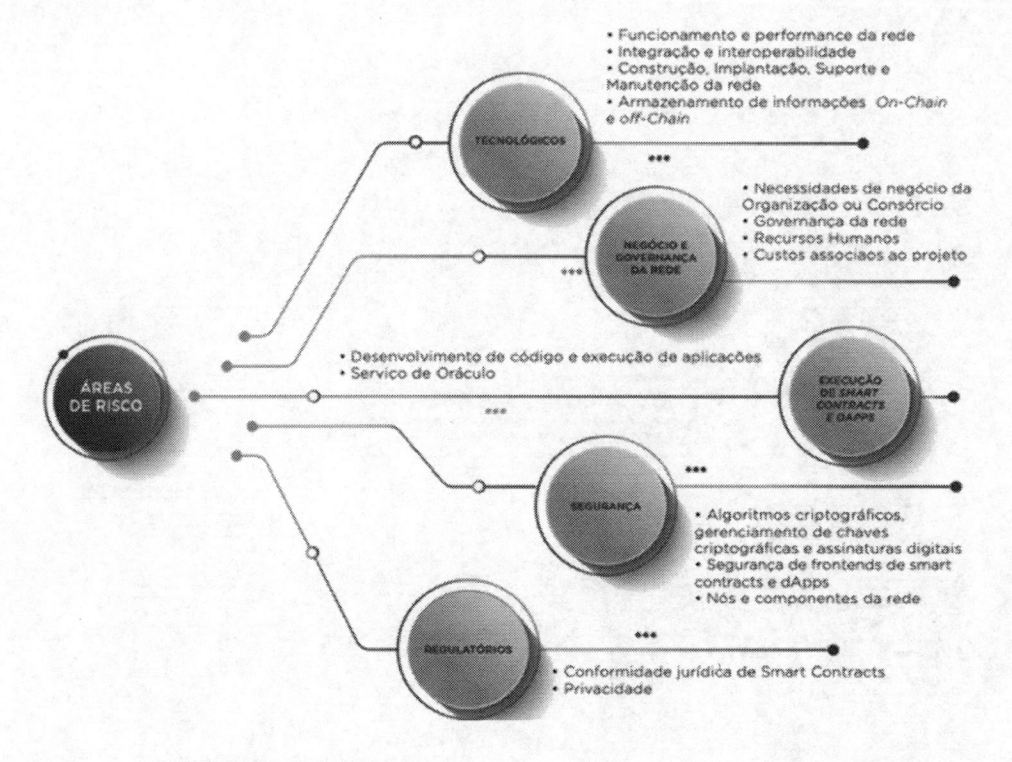

TECNOLÓGICOS
- Funcionamento e performance da rede
- Integração e interoperabilidade
- Construção, Implantação, Suporte e Manutenção da rede
- Armazenamento de informações On-Chain e off-Chain

NEGÓCIO E GOVERNANÇA DA REDE
- Necessidades de negócio da Organização ou Consórcio
- Governança da rede
- Recursos Humanos
- Custos associaos ao projeto

EXECUÇÃO DE SMART CONTRACTS E DAPPS
- Desenvolvimento de código e execução de aplicações
- Serviço de Oráculo

SEGURANÇA
- Algoritmos criptográficos, gerenciamento de chaves criptográficas e assinaturas digitais
- Segurança de frontends de smart contracts e dApps
- Nós e componentes da rede

REGULATÓRIOS
- Conformidade jurídica de Smart Contracts
- Privacidade

Fonte: Processo TCU TC nº 031.044/2019-0.

Diante dos riscos apontados, como resultado da fiscalização, o Acórdão nº 1.613/2020 proferiu, dentre outras, a seguinte deliberação:

> 9.3. determinar à Secretaria Especial de Desburocratização, Gestão e Governo Digital (SEDGG) do Ministério da Economia, à Secretaria de Coordenação e Governança das Empresas Estatais do Ministério da Economia, ao Conselho Nacional de Justiça e ao Conselho Nacional do Ministério Público que, caso identifiquem órgãos e entidades *sob sua supervisão que considerem o uso da tecnologia Blockchain/DLT*, informe-os que atentem para:
> 9.3.1. a necessidade de realizar um estudo de viabilidade sobre a utilização das tecnologias *blockchain* e Distributed Ledger Technology (DLT), considerando os recursos humanos disponíveis e os requisitos de negócio da organização, se for o caso, inicialmente com a condução de um projeto-piloto para validação do caso de uso, com o intuito de verificar a real necessidade de se utilizar uma solução desse tipo, podendo ser aplicados, por exemplo, o modelo de árvore de decisão e o modelo canvas, apresentados no presente Levantamento, para auxiliar o referido estudo;
> 9.3.2. os desafios, riscos, oportunidades e fatores críticos de sucesso das tecnologias *blockchain* e Distributed Ledger Technology (DLT) identificados no presente Levantamento;
> 9.3.3. a necessidade de incluir medidas anticorrupção e pró-transparência, ainda na fase de desenho da solução *blockchain* pretendida, considerando o potencial da tecnologia para favorecer a abertura de dados e reduzir fraudes e desvios (PROCESSO TCU TC nº 031.044/2019-0) (grifos nossos).

Como consequência, a Secretaria de Coordenação e Governança das Empresas Estatais/ME opôs embargos de declaração por entender que não há poder de supervisão entre suas competências normativas, considerando o art. 98 do Decreto nº 9.745/2019 que lhe atribuiu competências gerais de coordenação e governança.

Nesse aspecto, o TCU atualizou a decisão (Acórdão nº 2.009/2020) alterando a determinação para "caso identifiquem órgãos e entidades *sob sua supervisão, governança ou coordenação* que considerem o uso da tecnologia *Blockchain*/DLT, informe-os que atentem para [...]", ratificando o dever de cuidado inicialmente proposto.

4 Contribuições e desafios da Rede *Blockchain* Brasil

De acordo com o Referencial de Avaliação de Governança de Políticas Públicas do TCU (2014, p. 55), "a obtenção de resultados nas políticas públicas exige, cada vez mais, que as organizações públicas trabalhem em conjunto". Isso porque a pluralidade de iniciativas com sobreposições de tecnologias, além de encarecerem todo o processo de transformação digital, ainda dificulta a coordenação dos procedimentos e a implementação transversalizada das medidas. Sob este aspecto, releva apresentar as contribuições e os desafios da Rede *Blockchain* Brasil, por meio do Acordo de Cooperação celebrado em 2022 entre o Tribunal de Contas da União e o Banco Nacional de Desenvolvimento Econômico e Social (BNDES).

4.1 O acordo de cooperação entre o Tribunal de Contas da União e o Banco Nacional de Desenvolvimento Econômico e Social

A partir da Política Nacional de Governo Aberto, instituída pelo Decreto nº 10.160, de 9 de dezembro de 2019, novas iniciativas, ações, projetos, programas e políticas públicas passaram a ser estimuladas, no âmbito federal, com o objetivo de: i. aumentar a transparência; ii. aprimorar a governança pública; iii. promover o acesso às informações públicas; iv. promover a prevenção e o combate à corrupção; v. estimular a melhoria da prestação de serviços públicos; vi. aumentar a eficiência administrativa; e vii. fortalecer a integridade pública.

Ainda nesse cenário de inovação, a Lei nº 14.133, de 29 de março de 2021, que dispôs sobre princípios, regras e instrumentos para o governo digital e para o aumento da eficiência pública, destaca-se a preferência por contratações na forma eletrônica, com atos "preferencialmente digitais", ou seja, produzidos, comunicados, armazenados e validados por meio eletrônico (art. 12, inciso VI c/c art. 17, §2º e §4º).

No documento "*Blockchain* no setor público: Guia de conceitos e usos potenciais" elaborado pela Estratégia Nacional de Combate à Corrupção e à Lavagem de Dinheiro (Enccla), em 2020, são diferentes as circunstâncias de aplicabilidade da tecnologia *blockchain* com alto potencial de uso no setor público. Um exemplo é a adoção em repositórios compartilhados, com diferentes participantes em transações e acesso a todas as informações na integridade. A total transparência dos atos e a inalterabilidade dos dados contribuem para o aumento da confiança mínima e reduzem conflitos de interesses. Ainda, o uso da tecnologia pode favorecer o controle de intermediários que não agregam valor na rede, promovendo a concordância entre participantes sobre os dados e transações realizadas, acarretando maior rastreabilidade e fidedignidade da procedência das informações. De acordo com a Enccla (2020), na prática, a *blockchain* tem sido utilizada no Brasil da seguinte forma:

> O setor público vem adotando a tecnologia distribuída para registros públicos, identidade digital, saúde e assistência médica, comércio exterior, "tokenização" de moeda nacional fiduciária, programas sociais e compartilhamento de informações entre órgãos públicos (ENCCLA, 2020, p. 14).

Nesse contexto, em abril de 2022, o Tribunal de Contas da União assinou acordo de cooperação técnica (Processo TC nº 039.840/2021-2) com o Banco Nacional de Desenvolvimento Econômico e Social para criação da Rede *Blockchain* Brasil (RBB), publicado no Diário Oficial da União, edição de 18 de abril.

FIGURA 8 – Extrato do Acordo de Cooperação da Rede *Blockchain* Brasil

BANCO NACIONAL DE DESENVOLVIMENTO ECONÔMICO E SOCIAL

EXTRATO DO ACORDO DE COOPERAÇÃO Nº D-121.2.0014.22

PARTÍCIPES: Banco Nacional de Desenvolvimento Econômico e Social - BNDES e Tribunal de Contas da União - TCU. OBJETO: A cooperação entre os Partícipes, com vistas à criação e manutenção da Rede Blockchain Brasil - RBB. ESPÉCIE: Acordo de Cooperação (sem repasse de recursos). FUNDAMENTO: Lei 13.303/2016, Decreto 8.945/2016, Resolução DIR nº 3.729/2021 - BNDES, Regimento Interno/TCU e Resolução-TCU 211/2008. AUTORIZAÇÃO: Decisão dos Diretores Executivos do BNDES responsáveis pela Área de Tecnologia da Informação e pela Área de Governo e Relacionamento Institucional, na Informação Padronizada Conjunta ATI/DESIS1 nº 02/2022 e AGOV/DEREG nº 04/2022, de 07.03.2022. PRAZO: 60 (sessenta) meses, contados da data de sua assinatura, sem possibilidade de prorrogação. DATA DA ASSINATURA: 12/04/2022 (data da última assinatura digital). SIGNATÁRIOS DO BNDES: Gustavo Henrique Moreira Montezano (Presidente) e Ricardo Wiering de Barros (Diretor Executivo). SIGNATÁRIO DO TCU: Ana Arraes (Ministra Presidente). Ct00099.rtf

Fonte: Publicação DOU nº 73, de 18 de abril de 2022.

De acordo com a plataforma (https://github.com/RBBNet/rbb) de construção da Rede *Blockchain* Brasil, a iniciativa surgiu na segunda edição do Fórum *BlockchainGov*,[13] realizado no BNDES, em 2019. Dentre as discussões, a maior preocupação entre as instituições públicas era a duplicação de esforços, além do risco de não integração de diferentes iniciativas em andamento:

> A percepção geral era que havia uma duplicação de esforços no uso da tecnologia pelo governo. Em geral, para cada caso de uso, a organização interessada precisava superar diversas barreiras legais, organizacionais e técnicas. Embora faça sentido em alguns casos, a necessidade de resolver os mesmos problemas a cada aplicação acaba inibindo a

---

[13] Disponível em: https://www.bndes.gov.br/wps/portal/site/home/conhecimento/seminarios/II-forum-blockchaingov. Acesso em: 20 dez. 2022.

inovação. Adicionalmente, a existência de várias redes inibe a possibilidade de integração entre diversas iniciativas, além de reuso de soluções entre diferentes organizações.[14]

Com a medida, cria-se a Rede *Blockchain* Brasil na intenção de estabelecer parceria e fomento à inovação na administração pública, possibilitando o uso da ferramenta, inclusive, "em ações de controle externo, com o objetivo de trazer mais segurança para atos e contratos da administração pública" (TCU, 2022, *on-line*).[15]

Assim, sem a pactuação de que haja transferência de recursos, foram definidas as atribuições dos partícipes, de acordo com o Acordo de Cooperação RBB D-121.2.0014.22:[16]

FIGURA 9 – Atribuições dos partícipes da Rede *Blockchain* Brasil

CLÁUSULA SEGUNDA
DAS ATRIBUIÇÕES DOS PARTÍCIPES

Constituem atribuições comuns dos **PARTÍCIPES**, além de outras que estejam estipuladas neste instrumento:

I - executar fielmente o presente **ACORDO**, em consonância com as disposições pactuadas em suas Cláusulas, respondendo cada um dos **PARTÍCIPES** pelas consequências da inexecução total ou parcial do instrumento, naquilo a que tenham dado causa;

II - arcar com os custos necessários ao cumprimento de suas respectivas atribuições referentes às atividades de cooperação objeto deste **ACORDO**, cobertas pelas dotações dos seus respectivos orçamentos, incluindo despesas administrativas com pessoal, gastos com deslocamentos, viagens, comunicação e despesas de escritório;

III - assumir todos os encargos e obrigações legais que lhes são pertinentes, decorrentes da consecução do objeto deste **ACORDO**, inclusive as obrigações trabalhistas e/ou previdenciárias de seus empregados ou servidores, colaboradores e prepostos, a qualquer título envolvidos nos trabalhos desenvolvidos no âmbito deste **ACORDO**, os quais permanecerão, administrativa e juridicamente, subordinados aos seus respectivos empregadores, não resultando para os outros **PARTÍCIPES** vínculo empregatício de qualquer natureza;

IV - manter os outros **PARTÍCIPES** informados sobre quaisquer eventos que dificultem ou interrompam o curso normal da execução deste **ACORDO**;

V - não transferir, total ou parcialmente, direitos e atribuições decorrentes deste **ACORDO**;

VI - atuar de forma integrada e colaborativa no desenvolvimento e divulgação da **RBB**;

VII - participar das reuniões propostas para a articulação necessária dos entes públicos ou de entidades privadas na **RBB**;

VIII - cooperar nas ações determinadas para a expansão da **RBB**;

IX - cooperar no compartilhamento de experiências, boas práticas, novos serviços e soluções, contribuindo para a gestão do conhecimento, aprimoramento e aprendizado contínuo na **RBB**; e

X - designar, por escrito, representantes para acompanhar a execução do presente **ACORDO**.

Fonte: Acordo de Cooperação RBB – TCU e BNDES.

---

[14] Disponível em: https://github.com/RBBNet/rbb.
[15] Disponível em: https://portal.tcu.gov.br/imprensa/noticias/rede-blockchain-brasil-vai-garantir-mais-seguranca-a-atos-e-contratos-publicos.htm.
[16] Disponível em: https://github.com/RBBNet/rbb/blob/master/documentos/ACT_TCU_BNDES_RBB.pdf

De acordo com o objeto pactuado, os partícipes são classificados, quanto ao momento da adesão, como *fundadores* (TCU e BNDES) ou *aderentes* (aqueles que aderirem posteriormente ao Acordo de Cooperação, por meio de Termo de Adesão, na posição de parceiro ou associado). Quanto ao roteiro de solicitação para adesão à RBB, o repositório de arquivos para a construção da rede de infraestrutura, na plataforma *https://github.com/RBBNet/rbb*, esclarece:

> Os solicitantes à RBB devem preencher, assinar e apresentar o Termo de Adesão. Sobre o seu preenchimento:
> O Termo de Adesão deverá especificar se o novo aderente será um *Partícipe Parceiro* ou um *Partícipe Associado*, conforme detalhado no Acordo de Cooperação, Cláusula II, Parágrafo I.
> Preencher a designação de representantes para acompanhar o Acordo, conforme o Acordo de Cooperação, Cláusula II, Inciso X.
> Caso seja enviado o modelo anterior de Termo de Adesão, sem a indicação do representante, poderá ser usado o modelo de carta de indicação de representante.
> Os representantes indicados no item anterior devem assinar o Termo de Confidencialidade.
> O Termo de Confidencialidade pode ser apresentado posteriormente à aceitação do novo partícipe.
> *Entidades nacionais de direito privado sem fins lucrativos ou empresas estatais, federais, estaduais, municipais e distritais devem:*
> Apresentar Estatuto ou Contrato Social, acompanhado dos atos constitutivos e/ou modificativos, oficialmente arquivados e publicados.
> Ata da Assembleia Geral e, se for o caso, Ata da Reunião do Conselho de Administração em que houver sido eleita a diretoria em exercício, oficialmente arquivadas e publicadas.
> No caso de não haver diretoria, apresentar a Ata referente ao órgão de administração.
> No caso de entidade de direito privado sem fins lucrativos, apresentar um relato da experiência da entidade na tecnologia *blockchain* de tal forma a atender a Cláusula II, Parágrafo IV, Inciso III do Acordo de Cooperação.
> Quando cabível, preencher declaração de que não é Parte Relacionada às Empresas do Sistema BNDES (em observância à Política para Transações com Partes Relacionadas do Sistema BNDES). Ser Parte Relacionada não impede a adesão à RBB.
> *Estados, municípios ou distrito federal ou qualquer órgão ou entidade da administração pública direta federal, estadual, municipal e distrital, autarquias e fundações de direito público federais, estaduais, distritais ou municipais ou órgão ou entidade do poder legislativo ou do poder judiciário devem:*
> Apresentar Decreto ou Ato de criação do órgão/Lei instituidora, além de cópia do Estatuto/Regimento Interno.
> Apresentar Ato do Chefe do Poder Executivo de nomeação do dirigente/representante legal.
> *Se o Partícipe Aderente for Estado, Distrito Federal e Município ou órgão ou entidade de sua Administração Pública Direta, deverá ser apresentada, ainda:*
> A respectiva Constituição (Estados) ou Lei Orgânica (Distrito Federal ou Municípios) e eventuais emendas, acompanhada de declaração do representante do Partícipe Aderente informando que não houve alterações posteriores no texto.
> Certidão Negativa de Débitos relativos aos Tributos Federais e à Dívida Ativa da União (CND) ou Certidão Positiva com Efeitos de Negativa de Débitos relativos aos Tributos Federais e à Dívida Ativa da União (CPEND), expedida conjuntamente pela Secretaria da Receita Federal do Brasil (RFB) e pela Procuradoria-Geral da Fazenda Nacional (PGFN), por meio de INTERNET, a ser extraída no endereço www.receita.fazenda.gov.br ou www.pgfn.fazenda.gov.br.
> Comprovação da regularidade previdenciária relacionada ao regime próprio de previdência social, mediante a apresentação do Certificado de Regularidade Previdenciária - CRP,

expedido pelo Ministério da Previdência e Assistência Social, por meio da INTERNET, nos endereços www.previdenciasocial.gov.br ou www.receita.fazenda.gov.br ou declaração firmada pelos representantes legais do Partícipe Aderente (grifos nossos).

Quanto à classificação por função, os partícipes podem ser denominados:

a) partícipes aderentes parceiros: devem utilizar a RBB em aplicações do serviço público e de interesse público e seguir as decisões proferidas pela governança da RBB. Podem executar nós que enviem transações para a rede, com acesso a toda a cadeia de blocos, e devem ser aceitos, previamente, pela governança da RBB;

b) partícipes aderentes associados: possuem os mesmos direitos dos partícipes aderentes parceiros e ainda têm o compromisso de executar nós que possam participar do consenso da rede; ou

c) partícipes patronos: exclusivamente formados pelos partícipes fundadores, os quais, além dos direitos dos partícipes aderentes associados, também têm os seguintes direitos adicionais: apresentar propostas, participar de reuniões de governança, votar nas propostas apresentadas, inclusive com voto de desempate, e vetar propostas apresentadas. Definem ainda o modelo de votação a ser utilizado no início da construção do regulamento pela governança da RBB.

A governança da RBB, portanto, é composta pelos partícipes patronos e pelos partícipes aderentes associados e tem como atribuições o disposto no parágrafo segundo da cláusula segunda do Acordo de Cooperação RBB D-121.2.0014.22:

FIGURA 10 – Atribuições da governança da Rede *Blockchain* Brasil

I - desenvolver e manter atualizado um **REGULAMENTO** que defina regras para o funcionamento da **RBB**, assim como do funcionamento da própria **GOVERNANÇA DA RBB**, desde que não conflite com os termos estabelecidos nesse **ACORDO**;

II - analisar e julgar o cumprimento ou não do **REGULAMENTO** pelos **PARTÍCIPES**, incluindo possíveis penalidades pelo não cumprimento do **REGULAMENTO**, cuja sanção máxima é a exclusão de um **PARTÍCIPE ADERENTE** do **ACORDO**;

III - decidir sobre aceitação de novos **PARTÍCIPES ADERENTES**, considerando os critérios estabelecidos nesse **ACORDO** e possíveis critérios adicionais estabelecidos no **REGULAMENTO**;

IV - definir critérios para aceitação de casos de uso a serem suportados pela **RBB**, assim como o processo para avaliação de tais critérios, sempre com foco em aplicações de interesse público, conforme avaliação da própria **GOVERNANÇA DA RBB**, inserindo tais critérios no **REGULAMENTO**;

V - definir critérios para aceitação de **USUÁRIOS** na RBB, definidos como as pessoas físicas ou jurídicas que podem realizar transações na rede, assim como o processo para avaliação de tais critérios, inserindo tais critérios no **REGULAMENTO**;

VI - analisar e definir esforços necessários para a melhor operação e evolução da **RBB**, em alinhamento e como um detalhamento do **PLANO DE TRABALHO**.

Fonte: Acordo de Cooperação RBB – TCU e BNDES.

Na sequência, no dia 29 de novembro de 2022 o Regulamento da RBB e de sua governança foi aprovado com a constituição de dois comitês permanentes, com o objetivo de garantir a adequada operação, evolução e promoção da RBB: o Comitê Executivo e o Comitê Técnico.

Assim, o Comitê Executivo ficou responsável por: i. desenvolver e atualizar o Regulamento da RBB; ii. decidir sobre a aceitação de novos participantes; iii. definir critérios para a aceitação de casos de uso a serem suportados pela RBB; iv. definir critérios para a aceitação de usuários na RBB; e v. analisar e definir esforços necessários para a melhor operação e evolução da RBB.

Enquanto isso, compete ao Comitê Técnico: i. acompanhar, revisar e avaliar o funcionamento da RBB; ii. propor ao Comitê de Governança ajustes, alterações ou iniciativas de inovação nos processos ou nos componentes técnicos da RBB; iii. apoiar o Comitê de Governança no acompanhamento de projetos e iniciativas em andamento; iv. apoiar o Comitê de Governança com o levantamento e análises de dados demandados para a tomada de decisões.

De acordo com o Regulamento, regras de *Compliance by Design* também foram pactuadas, a fim de validar controles antes mesmo da implementação da solução *blockchain*. Dentre as penalidades dispostas pelo não cumprimento das regras, restou definido:

> 7. DAS PENALIDADES PELO NÃO CUMPRIMENTO DO REGULAMENTO
> 7.1.1. Nos termos da Cláusula Segunda, Parágrafo Segundo, Inciso II, do ACORDO, o descumprimento do presente Regulamento pelos PARTÍCIPES ADERENTES poderá acarretar a aplicação das seguintes penalidades: (i) suspensão temporária ou definitiva de sua participação nas reuniões dos Comitês; (ii) suspensão temporária ou definitiva do direito de apresentação de propostas nos Comitês; (iii) suspensão temporária ou definitiva do direito de votação nas reuniões dos Comitês; (iv) impedimento temporário ou definitivo de acesso a um CONTRATO INTELIGENTE da RBB; (v) redução temporária ou definitiva da parcela de uso da rede; (vi) impedimento temporário ou definitivo do envio de transações por usuários de interesse dos PARTÍCIPES; (vii) desconexão temporária ou definitiva de nós do PARTÍCIPE da RBB; (viii) exclusão temporária ou definitiva de um nó na participação do algoritmo de consenso da rede; e (ix) suspensão ou exclusão do próprio PARTÍCIPE da RBB.

De outra forma, o modelo de topologia adotado pela RBB encontra-se baseado no *framework* da LACChain[17] e tem código aberto *Hyperledger Besu*, baseado na rede *Ethereum*. Com a topologia demonstrada na figura 11, disponível na plataforma RBB, existem seis tipos de nós, sendo dois estruturais (*nós núcleo* e *nós satélites*) e quatro funcionais (*nós conectores, nós validadores, nós registradores* e *nós observadores*).

---

[17] A LACChain é uma aliança global formada por diferentes atores no ambiente *blockchain*, liderada pelo Laboratório de Inovação do Grupo do Banco Interamericano de Desenvolvimento (IDB Lab) para o desenvolvimento do ecossistema *blockchain* na América Latina e no Caribe. Disponível em: https://www.lacchain.net/home. Acesso em: 22 dez. 2022.

FIGURA 11 – Topologia da Rede *Blockchain* Brasil

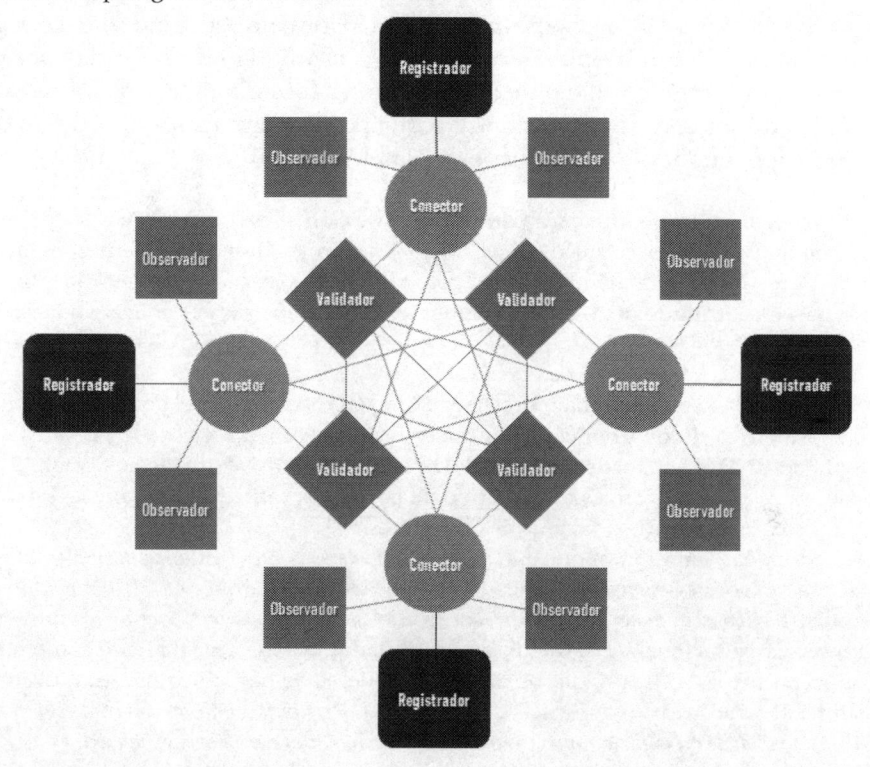

Fonte: https://github.com/RBBNet/rbb.

Detalhando, sem aprofundar nos aspectos mais técnicos, os *nós núcleo* são essenciais para o correto funcionamento da rede. Subdividem-se em *nós conectores* (*boot nodes*) e *nós validadores*. Os primeiros são responsáveis por conectar *nós validadores* a *nós satélites*, compartilhando o histórico e o estado dos blocos com novos nós. Dessa forma, atualizam os *nós satélites* sobre a geração de novos blocos gerados pelos *nós validadores*, além de repassar transações enviadas pelos *nós registradores* aos *nós validadores*. Logo, conectam-se com os *nós validadores* e *nós registradores* designados. Já os *nós validadores* (*validator nodes*) servem para validar as transações submetidas à RBB, participando do protocolo de consenso e sendo responsáveis pela geração de novos blocos. Conectam-se, portanto, entre si e com os *nós conectores*.

Quanto aos *nós satélites*, importante ressaltar, podem se conectar e desconectar da rede sem que isso prejudique o seu funcionamento, sendo categorizados em *nós registradores* (*writer nodes*) e *nós observadores* (*observer nodes*). Os *nós registradores* podem submeter transações para a rede, enviando informações aos *nós conectores*, que por sua vez as repassam aos *nós validadores*. Conectam-se, dessa forma, com *nós conectores* designados. Sobre os *nós observadores* (*observer nodes*), estes somente são leitores das informações registradas na rede, podendo conectar-se apenas com os *nós conectores* que estiverem abertos e permitam a leitura de blocos. Conforme a plataforma, a RBB ainda não suporta *nós conectores* com essa possibilidade.

Por fim, sobre a condição de participação do Tribunal de Contas da União na Rede *Blockchain* Brasil, ainda que partícipe fundador, não lhe compete chancelar, corroborar, atestar a validade ou emitir opinião prévia sobre as atividades praticadas por outros partícipes. Dessa forma, por meio de representantes formalmente indicados, exercerá papel administrativo como qualquer outro partícipe, resguardadas as funções e poderes por ser partícipe fundador. Assim dispôs a plataforma RBB:

> Aviso Legal sobre a participação do Tribunal de Contas da União – TCU
> O Tribunal de Contas da União – TCU, órgão de controle externo do governo federal, auxilia o Congresso Nacional na missão de acompanhar a execução orçamentária e financeira do país e contribuir com o aperfeiçoamento da Administração Pública em benefício da sociedade. Para isso, tem como visão ser referência na promoção de uma Administração Pública efetiva, ética, ágil e responsável.
> No âmbito da Rede Blockchain Brasil (RBB), o TCU exerce o papel de partícipe fundador, conforme Acordo de Cooperação número D-121.2.0014.22, celebrado em abril de 2022 junto ao BNDES – Banco Nacional de Desenvolvimento Econômico e Social. O acordo estabelece as prerrogativas de cada tipo de partícipe (partícipes fundadores e partícipes aderentes), suas funções, atribuições e poderes.
> Vale destacar, entretanto, que *o TCU, por meio de seus representantes formalmente indicados,* assim como ocorre em outras iniciativas similares, *exerce na RBB papel meramente administrativo, sem qualquer vínculo com as atividades de Controle Externo* advindas de sua função constitucional. A despeito de ser fundador, o TCU atua na Rede como qualquer outro partícipe, resguardadas as funções e poderes de partícipe fundador, descritas no supracitado acordo de cooperação. Portanto, *o TCU, nessa condição, não chancela, corrobora, atesta a validade ou emite opinião prévia sobre as atividades exercidas por partícipes da RBB que porventura sejam passíveis das ações de Controle Externo.*[18]

No momento em que se conclui esta pesquisa, as reuniões de governança da RBB foram iniciadas e, mediante exame documental e formalização para adesões de partícipes aderentes, atualmente, são partícipes da Rede *Blockchain* Brasil: o TCU (partícipe patrono); o BNDES (partícipe patrono); o Prodest[19] (partícipe aderente associado); a Dataprev[20] (partícipe aderente associado); o CPQD[21] (partícipe aderente associado); e o RNP[22] (partícipe aderente associado).

---

[18] Disponível em: https://github.com/RBBNet/rbb.

[19] O Instituto de Tecnologia da Informação e Comunicação do Estado do Espírito Santo (Prodest) é uma autarquia do governo do Estado do Espírito Santo, vinculada à Secretaria de Estado de Gestão e Recursos Humanos (Seger).

[20] A Dataprev é uma empresa pública federal que fornece soluções de Tecnologia da Informação e Comunicação para o aprimoramento e a execução de políticas sociais do Estado brasileiro.

[21] O Centro de Pesquisa e Desenvolvimento em Telecomunicações (CPQD) foi criado em 1976 como Centro de Pesquisa e Desenvolvimento da Telebrás. Em 1998, tornou-se fundação de direito privado e passou a atender os segmentos de telecomunicações, finanças, indústria, energia, comércio, saúde, agronegócio, defesa e administração pública.

[22] A Rede Nacional de Ensino e Pesquisa (RNP) é uma associação civil sem fins lucrativos qualificada pelo Poder Executivo Federal como Organização Social (OS) e supervisionada pelo Ministério da Ciência, Tecnologia, Inovações e Comunicações (MCTIC).

4.2 A importância da integridade dos dados públicos

Sobre a importância da integridade dos dados orçamentários, optou-se por apresentar nesta pesquisa exemplos de fiscalizações realizadas no âmbito do Tribunal de Contas da União, a fim de demonstrar possíveis aplicações da tecnologia *blockchain* voltadas para o interesse coletivo e, em especial, para a programação e execução das contas públicas.

4.2.1 Processo TC nº 025.798/2021-9 – fidedignidade da Dívida Pública Federal

Em consequência à decisão exarada no Acórdão nº 3.144/2020, o Processo TC nº 025.798/2021-9 trata da auditoria realizada no Ministério da Economia que teve como objetivo avaliar a fidedignidade das informações financeiras e contábeis da Dívida Pública Federal, em todos os aspectos relevantes (posição patrimonial, financeira e orçamentária da União).

Considerando que a Dívida Pública Federal (DPF) é composta pela dívida mobiliária e contratual interna e a dívida externa, com responsabilidade do Tesouro Nacional, o Balanço Geral da União 2020 (BGU 2020) trouxe na conta Empréstimos e Financiamentos[23] de curto e longo prazo o montante aproximado de R$ 6,939 trilhões, como demonstrado a seguir:

FIGURA 12 – Dívida Pública Federal (2020)

Tabela 86 – Empréstimos e Financiamentos da União a Curto e a Longo Prazo
Dados em: R$ milhões
Fonte: Siafi

	31/12/2020	31/12/2019	AH (%)	AV (%)
Empréstimos e Financiamentos a Curto Prazo	1.708.285	1.098.497	55,51	24,62
Empréstimos e Financiamentos a Longo Prazo	5.230.969	5.068.110	3,21	75,38
Total	**6.939.254**	**6.166.607**	**12,53**	**100,00**

Fonte: Balanço Geral da União (BGU, 2020, p. 142).

---

[23] Os empréstimos e financiamentos da União são representados praticamente em sua totalidade (99,98%) pela Dívida Pública Federal (DPF), que se classifica segundo dois critérios: I. quanto ao instrumento utilizado para captação dos recursos: dívida mobiliária (quando ocorre por meio da emissão de títulos públicos); ou dívida contratual (quando ocorre por meio de contratos); II. quanto à moeda: dívida interna (quando as transações são realizadas na moeda corrente do país – real); ou dívida externa (quando as transações ocorrem em moeda estrangeira).

Devido à complexidade apresentada pela Dívida Pública Federal Externa, o TCU não a incluiu na referida auditoria.

Dentre os achados de auditoria, sem aprofundar nas evidências, considerando o objeto deste estudo, restou verificado que houve deficiência nos controles internos quanto à incompatibilidade no cálculo dos juros e encargos e à falha de controle significativo na geração de Autorizações de Execução pelo Sistema Integrado da Dívida (SID), divergente do valor calculado no Relatório de Apropriação contábil, no mesmo sistema, "apresentando riscos para lançamentos errados nas contas de variação patrimoniais e nas contas orçamentárias" (TCU, 2022).

Quanto à deficiência dos controles internos, o TCU percebeu uma incompatibilidade no cálculo dos juros e encargos, provocando superestimação da conta Juros e Encargos da Dívida Pagos e uma subestimação da conta Amortização da Dívida Paga, conforme explicou:

> A equipe de auditoria identificou a utilização de metodologia de cálculo de juros e encargos incompatível com as normas contábeis vigentes. Devido a isso, foi estimado que houve lançamentos classificados como juros e encargos a maior de R$ 37,6 bilhões e a menor de R$ 36,3 bilhões, totalizando uma diferença positiva estimada em R$ 1,3 bilhão, até agosto de 2021, resultando em uma superavaliação da conta de Juros e Encargos da Dívida Pagos do Balanço Orçamentário no valor de R$ 1,3 bilhão, com consequente subavaliação da conta de Amortização da Dívida Paga do Balanço Orçamentário, no mesmo valor (PROCESSO TC nº 025.798/2021-9).

Ainda quanto aos controles internos, o TCU procedeu com a verificação dos dados registrados nos relatórios de apropriação, utilizados pela Secretaria do Tesouro Nacional na tarefa mensal de fechamento do estoque da dívida, com os dados das Autorizações de Execução (AE), utilizadas para a apropriação contábil da dívida e posterior registro no Sistema Integrado de Administração Financeira (Siafi).

> Portanto, verifica-se uma diferença de R$ 90.356,45 entre o valor autorizado e o lançado com aquele calculado pelo sistema, conforme apresentado no Relatório de Apropriação. Ainda durante a execução da auditoria, a STN comunicou que o assunto foi encaminhado para análise do Serpro. Destacou, ainda, que as diferenças encontradas entre os relatórios não geraram impacto sobre o resultado patrimonial nas demonstrações contábeis da União, pois o valor a maior registrado como variação positiva foi neutralizado pelo valor a menor registrado com variação negativa (anexo da peça 19).
> Em que pese tal divergência não ocasionar impacto no saldo devedor acumulado da conta, há um erro de classificação que repercute nos valores das contas de juros e encargos e de principal e atualização monetária, tanto nas contas de variação patrimonial quanto nas orçamentárias. Além disso, como este procedimento é automatizado, entende-se que existe um risco de recorrência desse erro em eventos futuros (PROCESSO TC nº 025.798/2021-9).

O Acórdão nº 1.152/2022 recomendou que o Ministério da Economia identifique as causas das divergências entre o Relatório de Apropriação e o Relatório de Execução Financeira e Orçamentária e corrija os lançamentos identificados, além de avaliar a melhor ação para mitigar o risco de novas ocorrências dessa falha.

4.2.2 Processo TC nº 033.311/2020-0 – Fundos Públicos no Orçamento Geral da União

A fiscalização teve como objetivo conhecer a organização e o funcionamento dos fundos públicos infraconstitucionais que compõem o Orçamento Geral da União, nos aspectos contábil, financeiro, orçamentário, operacional e patrimonial, em consequência do Acórdão nº 588/2018.

Ao todo, 271 fundos públicos, incluindo extintos, inativos, infraconstitucionais e constitucionais foram avaliados, somando, em recursos fiscalizados, R$ 1.479.396.202.219,00 de dotação atualizada total, no exercício de 2020.

Ainda acerca do objeto, o TCU apontou que, apesar da notoriedade e relevância dos fundos, em especial, por serem instrumento de execução de políticas públicas, tornando viáveis direitos que possuem recursos específicos reservados por lei, fragilidades relacionadas à consolidação, sobreposições e transparência das informações foram apontadas pelo Acórdão nº 1.494/2021:

> [...] existe uma lacuna normativa, doutrinária e regulamentar sobre o tema. Também é limitada a literatura técnica e acadêmica. Constatou-se, ainda, a *inexistência de informações consolidadas e sistematizadas sobre o universo de fundos públicos federais*, embora existam informações pontuais, apresentadas isoladamente por cada órgão vinculador em portais específicos ou no portal da transparência pública.
> Constatou-se, ainda, a possibilidade de sobreposição de fundos. No caso dos recursos destinados à Unidade Orçamentária 26298 – Fundo Nacional de Desenvolvimento da Educação (FNDE), alocados na ação orçamentária 0E36 – Complementação da União ao Fundo de Manutenção e Desenvolvimento da Educação Básica e de Valorização dos Profissionais da Educação – FUNDEB, e provenientes da fonte de recursos 108 – Fundo Social – Parcela Destinada à Educação Pública e à Saúde, por exemplo, eles aparecem nos três fundos: FNDE, FUNDEB e Fundo Social. Logo, *a soma dos valores de uma coluna da tabela não corresponde ao total alocado ou executado no agregado no orçamento, uma vez que há sobreposição*.
> Portanto, verifica-se uma dificuldade em se obter informações consistentes sobre a execução orçamentária dos fundos públicos de forma consolidada. Além disso, não existe acompanhamento sistemático e consolidado dos fundos públicos pelo Ministério da Economia. Se, por um lado, a transparência em relação à execução orçamentária consolidada dos fundos é deficiente, por outro, é significativa a materialidade dos recursos que eles envolvem (PROCESSO TC nº 033.311/2020-0) (grifos nossos).

4.2.3 Processo TC nº 016.834/2020-8 – o controle do Cadastro de Pessoas Físicas (CPF)

Esta auditoria, na modalidade acompanhamento, tratou das ações de combate à covid-19 (TC nº 016.602/2020-0), com foco na análise e cruzamento de dados, por meio de testes e procedimentos de auditoria específicos.

Como o Tribunal de Contas da União conta com um conjunto abrangente de bases de dados e já realizou diversos trabalhos com apoio de técnicas de análise de dados, está em uma posição favorável para contribuir por meio de fiscalizações que forneçam transparência sobre as medidas de resposta à crise do novo Coronavírus e que identifiquem eventuais falhas nos programas e ações emergenciais em curso (PROCESSO TC nº 016.834/2020-8).

Como consequência de uma análise preliminar procedida pelo TCU anteriormente (TC nº 016.841/2020-4), indícios graves de inconsistências na base de dados do Cadastro de Pessoas Físicas (CPF) foram apontados, necessitando de um maior aprofundamento nas informações e falhas apontadas "por meio da aplicação de técnicas de auditoria com uso de análise de dados e de tecnologia da informação" (Processo TC nº 016.834/2020-8).

Considerando que o CPF é reconhecido como a principal informação de identificação dos cidadãos brasileiros, conforme dispõe o Decreto nº 9.723/2019, qualquer alteração que provoque prejuízo na qualidade dos seus dados pode impactar diretamente na identificação de pessoas, na qualificação e quantificação de políticas públicas, no custeio estimado de serviços públicos, além do próprio "Sistema Financeiro Nacional, que utiliza o CPF como chave primária das transações de pessoas físicas" (Processo TC nº 016.834/2020-8). Para verificação e análise, adotou-se a seguinte metodologia:

> A metodologia adotada nesta fiscalização compreendeu a realização das etapas de: entendimento do negócio e dos dados; preparação dos dados, que inclui a avaliação de qualidade (credibilidade) dos dados, a higienização e o enriquecimento das bases e a construção de bases qualificadas; a elaboração de modelos de análise, que abrange o desenvolvimento de tipologias, a identificação de padrões de regularidade e irregularidade; a avaliação dos resultados; e as etapas de conclusão e elaboração de propostas de encaminhamento (PROCESSO TC nº 016.834/2020-8).

Ademais, para medição da credibilidade das informações, foram utilizados como atributos os seguintes critérios de qualidade dos dados:[24] completude, unicidade, validade, consistência, acurácia e uniformidade.

Assim, a base de dados de inscrições de CPF recebida em junho de 2020 apontou para 254,7 milhões de cadastros, dos quais 226,9 milhões estavam em situação *regular*:

---

[24] Para o TCU: a *completude* é a verificação da existência de registros com dados faltantes. Há casos em que essa falta é justificável, por exemplo, pode ser que o campo 'Título de Eleitor' não precise estar preenchido para todos os registros da base. A *unicidade* do campo verifica se existe duplicidade na chave primária (simples ou composta) [...]. Alguns exemplos são o número do CPF ou do Cadastro Nacional de Pessoas Jurídicas (CNPJ) nas bases da RFB e a chave composta por Código de Prefeitura, Código de Família e Código de Pessoa na base do Cadastro Único, do Ministério da Cidadania. A *validade* busca identificar se o esquema do banco de dados está sendo respeitado. Verifica-se, por exemplo: se campos que deveriam ser numéricos estão sendo disponibilizados dessa forma; se números de CPF e título de eleitor respeitam suas regras de formação (algoritmo para dígitos verificadores); se campos do tipo 'data' apresentam apenas datas válidas; ou se campos com códigos (como 'sexo' e 'estado civil') apresentam apenas códigos existentes. A *consistência* é verificada a partir de testes que confrontem diferentes variáveis do banco de dados, que, em tese, devem trazer a mesma informação, como o Código de Endereçamento Postal (CEP), bairro e endereço. Nesses casos, os resultados podem ser que todas as informações prestadas correspondam a uma só situação de fato ou que há problemas de consistência (campos de data de nascimento posterior à data de inscrição no CPF, por exemplo). A *acurácia* dos dados é verificada por meio de testes que confrontem os dados obtidos com outras fontes de informação. Números de CPFs e informações cadastrais ('nome', 'nome da mãe' e 'data de nascimento') do CadÚnico ou do título de eleitor podem ser comparados com seus equivalentes nos bancos de dados da RFB, por exemplo. A *uniformidade* busca verificar se campos com informações quantitativas mantêm um padrão de medida. Esses testes podem ser feitos em campos numéricos monetários (descrições em reais, centavos, dólares, cruzeiros) ou baseados em outras unidades (quilo, litro, resma, etc.), conforme o caso (PROCESSO TC nº 016.834/2020-8).

FIGURA 13 – Base de dados de inscrições de CPF (junho de 2020)

Código	Situação Cadastral	Quantidade
0	Regular	226.957.798
2	Suspensa	8.867.821
3	Titular falecido	16.848.026
4	Pendente de regularização	113.205
5	Cancelada por multiplicidade	1.856.002
8	Nula	18.030
9	Cancelada de ofício	133.229
	Total	254.794.111

Fonte: Processo TC nº 016.834/2020-8.

Desse modo, de acordo com as orientações contidas na Instrução Normativa RFB nº 1548/2015:

> Conforme os artigos 17 e 21 da IN RFB 1.548/2015, a inscrição é 'Suspensa' quando ocorrer inconsistência cadastral, 'Pendente de Regularização' quando houver omissão na Declaração do Imposto de Renda da Pessoa Física (DIRPF), 'Cancelada por multiplicidade' quando houver mais de uma inscrição no CPF para a mesma pessoa, 'Titular falecido' quando for incluído o ano de óbito e 'Nula' quando for constatada fraude. Segundo o artigo 16 da mesma IN, a inscrição no CPF é 'Cancelada de Ofício' nas hipóteses de: atribuição de mais de um número de inscrição para uma mesma pessoa física; por decisão judicial; ou por decisão administrativa (PROCESSO TC nº 016.834/2020-8).

Sobre os achados, merecem destaque: i. 3.359.609 inscrições apresentaram indícios de óbito, em bases da Administração Pública Federal ou Estadual, mas estavam com situação cadastral *regular*; ii. 72.817 pessoas com registro ativo, com idade entre 110 e 122 anos, foram identificadas no país, sendo 5.699 com idade superior a 122 anos;[25] iii. de 8.867.821 inscritos na situação cadastral *suspensa*, 7.706.686 estão nessa situação há mais de 11 anos (87%);[26] iv. o número de cadastros de CPF em situação *regular* superava em mais de 12,5 milhões a população estimada pelo IBGE para o mesmo período.

Desta análise, o Acórdão nº 2.351/2020 proferiu a seguinte decisão:

> 9.1. determinar à Secretaria da Receita Federal do Brasil, com fulcro no art. 43, inciso I, da Lei 8.443/1992, c/c art. 250, inciso II, do Regimento interno/TCU, que, no prazo de 120 (cento e vinte) dias a contar da ciência deste Acórdão: 9.1.1. indique as providências ou os controles que serão tomados para *reduzir o número de inconsistências identificadas no Cadastro*

---

[25] De acordo com os dados atualizados pela *Gerontology Research Group* (GRG), entidade internacional de pesquisa e autenticidade de pessoas velhas, em 30.7.2020, existem apenas 29 pessoas comprovadamente supercentenárias vivas, sendo apenas uma delas no Brasil. Supercentenários são pessoas que, comprovadamente, viveram mais de 110 anos. Disponível em: http:// supercentenarian-research-foundation.org/TableE.aspx.

[26] De acordo com a IN RFB 1.548/2015: art. 12. A suspensão da inscrição será realizada pela RFB quando houver inconsistência cadastral. Parágrafo único. Será dada ciência da suspensão por meio do: I - Comprovante de Situação Cadastral no CPF', conforme modelo constante do Anexo V desta Instrução Normativa, disponível em: http://www.receita.fazenda.gov.br; II - Comprovante de Situação Cadastral no CPF acessado por meio do aplicativo APP Pessoa Física para dispositivos móveis; ou III - pelo serviço de atendimento telefônico da RFB.

de Pessoas Físicas (CPF) quanto: 9.1.1.1. à avaliação de credibilidade; 9.1.1.2. aos registros de óbito em bases da Administração Pública Federal ou Estadual que se encontrem em situação regular; 9.1.1.3. aos registros de supercentenários; 9.1.1.4. às inscrições suspensas há 11 anos ou mais; 9.1.2. apresente plano de ação visando estabelecer procedimentos para notificação ativa do cidadão em caso de suspensão de seu CPF, bem como regulamentar prazo limite para um CPF constar na situação "suspensa" após a notificação do cidadão, incluindo no processo de trabalho a forma de tratamento desses registros após o prazo estabelecido; 9.2. recomendar à Secretaria da Receita Federal do Brasil, com fundamento no art. 250, inciso III, do Regimento Interno do TCU, que *adote medidas para obter acesso a outras bases que tragam informações de falecimentos ou possam servir para comprovar nascimentos, a fim de aprimorar continuamente a base cadastral do CPF*, a exemplo do Sistema Nacional de Registros Civis – Sirc, do Sistema de Controle de Óbitos – Sisobi, das folhas de pagamentos de benefícios do INSS – Maciça, do Cadastro Único, das folhas de pagamento de agentes públicos federais – Siape/Extrasiape e das folhas de pagamento de agentes públicos estaduais e municipais, mantidas pelos Tribunais de Contas Estaduais; 9.3. encaminhar cópia desta deliberação e da metodologia detalhada de avaliação do Cadastro de Pessoas Físicas – CPF (Apêndice I da instrução à peça 85) à Secretaria da Receita Federal do Brasil (PROCESSO TC nº 016.834/2020-8) (grifos nossos).

Na sequência, em atendimento ao Acórdão nº 2.351/2020, a Coordenação Geral de Gestão de Cadastros e Benefícios Fiscais (Cocad) da RFB informou por meio da Nota/Cocad nº 07, de 14.1.2021, e da Nota/Cocad nº 22, de 15.3.2021, que tomou as seguintes providências:

> (…) Integração com o Registro Geral (RG) dos estados de São Paulo, Paraíba e Santa Catarina, além disso, há previsão de que a integração com o RG do Rio de Janeiro seja implementada até 29/01/2021 (ref. Item 9.1.1.1);
> (…) Atendimento de CPF por meio dos cartórios de registro civil de pessoas naturais [que] (…) passaram a prestar serviços de inscrição, alteração e recuperação no número de inscrição no CPF (ref. Item 9.1.1.1);
> (…) Integração com o Sistema Nacional de Informações de Registro Civil (SIRC) (ref. Item 9.1.1.1);
> (…) Criação de Grupo de Trabalho para aperfeiçoar a integridade do CPF (…) por meio da Portaria RFB nº 4.492, de 1º de outubro de 2020, (…) com a finalidade de realizar ações necessárias à integridade dos dados cadastrais e ao combate às fraudes, compreendendo a extração, apuração e tratamento de dados, bem como a proposição de atos normativos e ajustes em regras de sistemas, com vistas à redução do risco negativo de inserção de informações inconsistentes ou fraudulentas no CPF (ref. Item 9.1.1.1);
> (…) a partir de outubro/2020, passou a receber informações de óbito constantes do Cadastro Eleitoral e do Registro Nacional Migratório (ref. Item 9.1.1.2);
> (…) está realizando tratativas com representante do Comitê do SIRC para obter dados de nascimento, casamento e óbito e com representante do INSS para obter dados de óbito (ref. Item 9.1.1.2);
> (…) enviado Ofício nº 12/2021-RFB/COCAD que solicita ao Presidente do Instituto Nacional do Seguro Social acesso a dados do Sirc (ref. Item 9.1.1.2);
> (…) realização de reuniões virtuais dessa Coordenação Geral com Representantes da Secretaria de Previdência do Ministério da Economia e do Comitê do SIRC, no dia 15 de janeiro de 2021, com vistas a buscar-se alinhamento frente ao tema (ref. Item 9.1.1.2);
> (…) em 03/09/2020, realizou suspensão de 64.944 (sessenta e quatro mil novecentos e quarenta e quatro) CPFs de pessoas com idade igual a 110 anos ou mais e menor de 120

anos; na mesma data, foram suspensos 8.782 (oito mil setecentos e oitenta e dois) CPFs de pessoas com idade superior a 120 anos (ref. Item 9.1.1.3);

(...) Em relação ao item 9.1.1.4, informa-se que a RFB definiu como meta para 2021 que cerca de 1,2 milhão de CPFs, em situação cadastral suspensa, deverão ser cancelados. No decorrer de 2021, esse quantitativo poderá ser revisto com o objetivo de possibilitar um saneamento mais amplo das inscrições suspensas (ref. Item 9.1.1.4);

(...) há diversas ações de desenvolvimento e especificação ocorrendo em paralelo em busca da automatização de procedimentos relacionados à suspensão e cancelamento de CPFs em lote, por motivo de fraude, como o desenvolvimento de ferramentas tecnológicas institucionais como ContÁgil, plugin Projeto Farol e respectivas alterações nas Instruções Normativas e Normas de Execução que tratam do CPF (ref. Item 9.1.1.4) (PROCESSO TC nº 016.834/2020-8).

Dessa forma, mediante Acórdão nº 1.776/2021, as determinações e recomendações elencadas neste estudo foram consideradas cumpridas.

Apesar disso, relevante ressaltar, acerca da gravidade dos achados apontados nesse acompanhamento e dos riscos associados ao pagamento de benefícios, à programação de políticas públicas e ao pleito eleitoral, que outra recomendação inserida no Acórdão nº 1.123/2020 destaca a necessidade de promoção da qualidade e interoperabilidade dos dados relativos aos cidadãos e da otimização na implementação de políticas públicas que dependem de vários atores, inclusive da própria Receita Federal.

O TCU já se posicionou sobre a necessidade de maior integração entre os cadastros de pessoas físicas, como na seguinte deliberação do Acórdão 1.123/2020-TCU-P: '9.9. recomendar, com fundamento no art. 250, inciso III, do Regimento Interno/TCU, ao Comitê Central de Governança de Dados, conforme previsto no art. 21 do Decreto 10.046/2019, à Receita Federal do Brasil e ao Tribunal Superior Eleitoral que *envidem esforços para fornecimento dos motivos de suspensão do CPF, bem como do Título de Eleitor associado a um CPF (a exemplo de sua inclusão na solução blockchain de CPF da Receita Federal do Brasil), de forma a promover a qualidade e interoperabilidade dos dados relativos aos cidadãos e otimizar a implementação de políticas públicas,* nos moldes do previsto na Lei 13.444/2017, que instituiu a Identificação Civil Nacional, e do Decreto 10.046/2019, que criou o Cadastro Base do Cidadão (itens 2.6 e 2.7 do relatório de auditoria) (PROCESSO TC nº 016.834/2020-8) (grifos nossos).

Frente ao exposto, resta evidente o papel que exercem as bases cadastrais no país. Falhas nos registros quanto à integridade, fidedignidade e atualidade das informações podem gerar prejuízos consideráveis à população, em especial, quando do custeio de políticas públicas essenciais.

5 Considerações finais

O objetivo primordial deste trabalho consistiu em analisar quais são as principais contribuições e desafios da Rede *Blockchain* Brasil para o fortalecimento da credibilidade orçamentária no país pelos Tribunais de Contas. De forma detalhada explicou como funciona o sistema orçamentário brasileiro e o controle das contas públicas, relacionou o conceito de *blockchain* com o princípio da transparência pública e apresentou a criação da Rede *Blockchain* Brasil, por meio do Acordo de Cooperação entre TCU e BNDES. Conclui com os desafios apresentados em fiscalizações realizadas pelo Tribunal de Contas da União que trouxeram elementos de incentivo à implementação da tecnologia, a fim de proporcionar maior segurança nas informações contidas nas principais bases cadastrais públicas.

Inicialmente, verificou que o Sistema Orçamentário Brasileiro é composto por um conjunto integrado de regras que orientam a arrecadação de receitas e a execução de despesas, por meio de leis específicas (PPA, LDO e LOA) que são elaboradas em respeito ao devido processo orçamentário.

Apesar de muito bem definidas, as etapas que compõem cada ciclo orçamentário podem demorar mais tempo do que o previsto para serem concluídas, conforme ficou demonstrado nas contas de governo pendentes de julgamento pelo Congresso Nacional desde 2002. Além disso, as informações que compõem o ingresso de recursos e a realização dos gastos públicos devem ser evidenciadas durante todo o ciclo, desde o momento em que se planejam as políticas públicas até às circunstâncias mais específicas de prestação de contas à sociedade, apreciação, pelos Tribunais de Contas, e de julgamento, pelo Poder Legislativo. Para que haja credibilidade orçamentária, é fundamental que as informações estejam disponíveis na sua completude.

De forma especial, para que um governo possa ser considerado digital e transparente, alguns avanços foram observados. Desde a criação da Lei do Governo Digital às iniciativas defendidas pelo E-Digital, políticas de incentivos à transformação digital, e não meramente de informatização e digitalização de processos, já refletem benefícios para a sociedade. Com a Plataforma Cidadania Digital e o Conecta gov.br, por exemplo, serviços públicos foram simplificados, reduzindo custo e tempo de processamento para o cidadão, além de trazer mais segurança e economia para todo o processo.

Neste contexto, a tecnologia *blockchain* surge como uma proposta de baixo custo e com diferentes vantagens disruptivas para o setor público. Informações públicas quando descentralizadas adequadamente, por meio de criptografia, tornam-se protegidas e auditáveis, favorecendo o controle, de modo objetivo e *por todos*, inclusive, da execução de contratos inteligentes, da detecção de falsificações e do combate à corrupção e à lavagem de dinheiro.

Desse modo, diante de seleção de fiscalizações realizadas pelo Tribunal de Contas da União, foi possível evidenciar diferentes situações e aplicações possíveis para o uso da tecnologia em benefício da sociedade, em especial quanto à necessidade de fidedignidade e integridade das bases cadastrais públicas.

Nesse sentido, a Rede *Blockchain* Brasil surge como tecnologia distribuída potencial para os registros públicos, por meio do Acordo de Cooperação D-121.2.0014.22 entre TCU e BNDES, com o objetivo de fomentar a inovação e fortalecer a integridade das informações, proporcionando segurança para os atos e contratos da administração pública. Composta por partícipes patronos (fundadores) e por partícipes aderentes (parceiros ou associados), o Regulamento da Rede *Blockchain* Brasil e de sua Governança trazem regras de *Compliance by Design* pactuadas, com o propósito de validar controles antes mesmo da sua implementação.

Quanto aos conhecimentos depreendidos nesta pesquisa, apesar de relevantes ao interesse público e úteis para a discussão dos órgãos de controle (judiciais, sociais, internos ou externos), ressalta-se que ainda são embrionários e carecem de mais estudos que permitam o aprofundamento no tema e o acompanhamento das medidas já iniciadas.

Frente ao exposto, no que diz respeito à transparência orçamentária demandada pela sociedade e pelos seus órgãos de controle, desde a programação das alocações de recursos em políticas públicas até a execução das receitas arrecadadas, acredita-se que a tecnologia *blockchain* pode trazer relevantes contribuições para que haja, no mínimo, interoperabilidade entre as bases cadastrais. Principalmente quanto aos critérios associados à rastreabilidade das alterações promovidas no orçamento público via contingenciamentos ou remanejamentos abusivos, além da observabilidade, verificabilidade e irrefutabilidade das partes envolvidas em cada uma das etapas do ciclo orçamentário.

Por fim, fica evidente que a otimização das políticas públicas depende da aplicação transparente e responsável dos recursos públicos. Todavia, em um cenário de *orçamento secreto*, com CPFs que não correspondem verdadeiramente ao número de brasileiros, registros e lançamentos financeiros superestimados ou subavaliados, a tecnologia *blockchain*, enquanto base compartilhada de dados inalteráveis, manifesta-se como instrumento de transformação digital e segurança da transparência.

Referências

BRASIL. *Lei nº 4.320*, de 17 de março de 1964. Estatui Normas Gerais de Direito Financeiro para elaboração e controle dos orçamentos e balanços da União, dos Estados, dos Municípios e do Distrito Federal. Disponível em: https://www.planalto.gov.br/ccivil_03/ leis/l4320.htm. Acesso em: 11 jan. 2023.

BRASIL. *Constituição da República Federativa do Brasil (1988)*. Disponível em: https://www. planalto.gov.br/ccivil_03/constituicao/constituicao.htm. Acesso em: 11 jan. 2023.

BRASIL. *Lei Complementar nº 101*, de 4 de maio de 2000. Estabelece normas de finanças públicas voltadas para a responsabilidade na gestão fiscal e dá outras providências. Disponível em: https://www.planalto.gov.br/ccivil_03/leis/lcp/lcp101.htm. Acesso em: 11 jan. 2023.

BRASIL. *Lei nº 12.527*, de 18 de novembro de 2011. Regula o acesso a informações previsto no inciso XXXIII do art. 5º, no inciso II do §3º do art. 37 e no §2º do art. 216 da Constituição Federal; altera a Lei nº 8.112, de 11 de dezembro de 1990; revoga a Lei nº 11.111, de 5 de maio de 2005, e dispositivos da Lei nº 8.159, de 8 de janeiro de 1991; e dá outras providências. Disponível em: https://www.planalto.gov.br/ccivil_03/_ato2011-2014/2011/lei/l12527.htm. Acesso em: 11 jan. 2023.

BRASIL. Receita Federal do Brasil. *Instrução Normativa RFB nº 1.548*, de 13 de fevereiro de 2015. Dispõe sobre o Cadastro de Pessoas Físicas (CPF). Disponível em: http://normas.receita.fazenda.gov.br/sijut2consulta/link.action?idAto=61197&visao=anotado. Acesso em: 11 jan. 2023.

BRASIL. *Decreto nº 8.936*, de 19 de dezembro de 2016. Institui a Plataforma de Cidadania Digital e dispõe sobre a oferta dos serviços públicos digitais, no âmbito dos órgãos e das entidades da administração pública federal direta, autárquica e fundacional. Disponível em: https://www.planalto.gov.br/ccivil_03/_ato2015-2018/2016/decreto/d8936.htm. Acesso em: 11 jan. 2023.

BRASIL. *Lei nº 13.444*, de 11 de maio de 2017. Dispõe sobre a Identificação Civil Nacional (ICN). Disponível em: https://www.planalto.gov.br/ccivil_03/_ato2015-2018/2017/lei/ l13444.htm. Acesso em: 11 jan. 2023.

BRASIL. Ministério da Ciência, Tecnologia, Inovações e Comunicações. *Estratégia Brasileira para a Transformação Digital – E-Digital*. Brasília, 2018.

BRASIL. *Decreto nº 9.745*, de 8 de abril de 2019. Aprova a Estrutura Regimental e o Quadro Demonstrativo dos Cargos em Comissão e das Funções de Confiança do Ministério da Economia, remaneja cargos em comissão e funções de confiança, transforma cargos em comissão e funções de confiança e substitui cargos em comissão do Grupo-Direção e Assessoramento Superiores – DAS por Funções Comissionadas do Poder Executivo – FCPE. Disponível em: https://www.planalto.gov.br/ccivil_03/_ato2019-2022/2019/decreto/d9745.htm. Acesso em: 11 jan. 2023.

BRASIL. *Decreto nº 10.160*, de 9 de dezembro de 2019. Institui a Política Nacional de Governo Aberto e o Comitê Interministerial de Governo Aberto. Disponível em: http://www.planalto.gov.br/ccivil_03/_ato2019-2022/2019/decreto/d10160.htm. Acesso em: 11 jan. 2023.

BRASIL. *Decreto nº 10.332*, de 28 de abril de 2020. Institui a Estratégia de Governo Digital para o período de 2020 a 2022, no âmbito dos órgãos e das entidades da administração pública federal direta, autárquica e fundacional e dá outras providências. Disponível em: https://www.in.gov.br/en/web/dou/-/decreto-n-10.332-de-28-de-abril-de-2020-254430358. Acesso em: 11 jan. 2023.

BRASIL. *Lei nº 14.133*, de 29 de março de 2021. Lei de Licitações e Contratos Administrativos. Disponível em: https://www.planalto.gov.br/ccivil_03/_ato2019-2022/2021/lei/l14133.htm. Acesso em: 11 jan. 2023.

BRASIL. *Lei nº 14.129*, de 29 de março de 2021. Dispõe sobre princípios, regras e instrumentos para o Governo Digital e para o aumento da eficiência pública e altera a Lei nº 7.116, de 29 de agosto de 1983, a Lei nº 12.527, de 18 de novembro de 2011 (Lei de Acesso à Informação), a Lei nº 12.682, de 9 de julho de 2012, e a Lei nº 13.460, de 26 de junho de 2017. Disponível em: https://www.in.gov.br/en/web/dou/-/lei-n-14.129-de-29-de-marco-de-2021-311282132. Acesso em: 11 jan. 2023.

COURI, D. V. *Credibilidade da proposta orçamentária*: Uma comparação entre a proposta enviada ao Legislativo e sua execução. Escola do Tribunal de Contas da União. Brasília, 2012. Disponível em: http://portal2.tcu.gov.br/portal/pls/portal/docs/2541126.PDF. Acesso em: 20 dez 2022.

DIAS, R. C.; GOMES, M. A. S. Do Governo eletrónico à governança digital: modelos e estratégias de governo transformacional. *Public Sciences & Policies*, vol. 7, n. 1, p. 93-117. Disponível em: https://capp.iscsp.ulisboa.pt/images/CPP/V7N1/ Ahead_of_Print_Online/3_V7_N1_AoP.pdf. Acesso em: 20 dez. 2022.

DIVINO, S. B. S. Considerações críticas sobre os *smart contracts*. *Juris Plenum*, Caxias do Sul, ano XV, n. 87, maio/jun. 2019.

DORNELAS, C. R. O.; PEDERIVA, J. H. Decisões judiciais e representações orçamentárias: o caso das terceirizações. *Revista da CGU*, v. 10, n. 16, p. 761-787, 2018.

ESTRATÉGIA NACIONAL DE COMBATE À CORRUPÇÃO E À LAVAGEM DE DINHEIRO (ENCCLA). *AÇÃO 08/2020*: Elaborar diagnóstico sobre as possibilidades de uso de tecnologias como blockchain no setor público. Disponível em: http://enccla.camara.leg.br/acoes. Acesso em: 20 dez. 2022.

FERNANDES, Antônio Sergio Araújo; SOUZA, Thiago Silva. *Ciclo orçamentário brasileiro*. Brasília: Enap, 2019.

NYSSCPA, The Newspaper of the New York State Society of Certified Public Accountants. *Inventors of Blockchain Explain Project's Humble Beginnings, Sound Warnings About Its Future*. The Trusted Professional. Oct. 29, 2019. Disponível em: https://www.nysscpa.org/news/publications/the-trusted-professional/article/inventors-of-Blockchain-explain-project's-humble-beginnings-sound-warnings-about-its-future-102919 Acesso em: 20 dez 2022.

OLIVEIRA, R. F.; HORVATH, E.; CONTI, J. M.; SCAFF, F. F. *Lições de Direito Financeiro*. São Paulo: Revista dos Tribunais, 2016.

PINTO, E. G. Ordenação legítima de prioridades é nosso maior desafio nos 34 anos da CF. Contas à vista. Revista *Consultor Jurídico*, 4 de outubro de 2022, 8h00. Disponível em: https://www.conjur.com.br/2022-out-04/contas-vista-ordenacao-legitima-prioridades-desafio-34-anos-cf. Acesso em: 20 dez. 2022.

REDE BLOCKCHAIN BRASIL. *Acordo de Cooperação Rede Blockchain Brasil D-121.2.0014.22*. Brasília, 2022. Disponível em: https://github.com/RBBNet/rbb. Acesso em: 20 dez. 2022.

SENADO FEDERAL. Consultoria de Orçamentos, Fiscalização e Controle, de 8 de abril de 2021. Nota Técnica nº 45/2021. *Comentários acerca de aspectos relacionados ao processo de aprovação do PLOA 2021*. Disponível em: https://www12.senado.leg.br/orcamento /documentos/estudos/tipos-de-estudos/notas-tecnicas-e-informativos/nota-tecnica-45-2021-comentarios-acerca-de-aspectos-relacionados-ao-processo-de-aprovacao-do-ploa-2021. Acesso em: 20 dez. 2022.

SILVA SANTOS, S. S.; ANGELO JÚNIOR, L. A. Entorno legal e adoção de *blockchain* como ferramenta para prevenir a corrupção em contratações públicas: reflexões sobre iniciativas europeias e os marcos normativos brasileiros. *Revista da CGU*, [S. l.], v. 14, n. 26, 2022. DOI: 10.36428/revistadacgu.v14i26.528. Disponível em: https://revista.cgu.gov.br/ Revista_da_CGU/article/view/528. Acesso em: 22 dez. 2022

SZABO, N. *Smart contracts*: building blocks for digital markets. Phonetic Sciences Amsterdam, 1996. Disponível em: https://www.fon.hum.uva.nl/rob/Courses/ InformationInSpeech/CDROM/Literature/LOTwinterschool2006/szabo.best.vwh.net/smart_contracts_2.html. Acesso em: 27 dez. 2022.

TRIBUNAL DE CONTAS DA UNIÃO. *Referencial de Avaliação de Governança de Políticas Públicas*. 2014.

TRIBUNAL DE CONTAS DA UNIÃO. *Acórdãos e Processos*. Disponível em: https://pesquisa.apps.tcu.gov.br/#/pesquisa /integrada. Acesso em: 20 dez. 2022.

TRIBUNAL DE CONTAS DA UNIÃO. *TCU avalia tecnologias da informação Blockchain e livros-razão distribuídos para o setor público*. Disponível em: https://portal.tcu.gov.br/imprensa/noticias/tcu-avalia-tecnologias-da-informacao-blockchain-e-livros-razao-distribuidos-para-o-setor-publico.htm Acesso em: 20 dez. 2022.

ZAMBÃO, L. H. L.; ZAVOLSKI, L. U. T.; GIBRAN, S. M. Considerações sobre o uso da tecnologia *blockchain* como ferramenta de auxílio ao programa de *compliance*. Administração de Empresas em Revista, [S.l.], v. 1, n. 27, p. 353-370, mar. 2022. ISSN 2316-7548. Disponível em: http://revista.unicuritiba.edu.br/ index.php/admrevista/article/view/5464. Acesso em: 27 dez. 2022.

Informação bibliográfica deste texto, conforme a NBR 6023:2018 da Associação Brasileira de Normas Técnicas (ABNT):

VEIGA, Karine Tomaz. A Rede *Blockchain* Brasil e o controle das políticas públicas: contribuições e desafios para os Tribunais de Contas brasileiros. *In*: LIMA, Edilberto Carlos Pontes (coord.). *Os Tribunais de Contas e as políticas públicas*. Belo Horizonte: Fórum, 2023. p. 247-285. ISBN 978-65-5518-596-6.

QUALIDADE NA EDUCAÇÃO: UM ESTUDO DE CASO NOS MUNICÍPIOS BAIANOS

LEONICE SILVA DE OLIVEIRA

1 Introdução

A Educação é um direito de todos.

No Brasil este direito, além de já estar contemplado desde 1946 na Declaração Universal dos Direitos Humanos, quando, em seu artigo 26, diz que todo ser humano tem direito à instrução, sendo gratuita pelo menos nos graus elementares e fundamentais, está inserido na Constituição Federal Brasileira de 1988 como um direito social (art. 6º) e, como forma de garantir o pleno desenvolvimento da pessoa, seu preparo para o exercício da cidadania e sua qualificação para o trabalho, está estabelecido como um direito de todos e uma obrigação do Estado e da família (art. 205).

Para garantir este direito de forma eficiente, a Carta Magna brasileira atual dedica uma seção ao tema Educação (artigos 205 a 214), onde estabelece, dentre outros, princípios, garantias, possibilidade de ser realizada pela iniciativa privada, formas de organização, priorização de cada Ente Federativo, financiamento da educação pública do país e índices para a aplicação mínima dos recursos públicos na manutenção e desenvolvimento do ensino.

Além disso, a Lei de Diretrizes e Bases da Educação – LDB (Lei nº 9.394/1996) estabelece princípios (dentre os quais a garantia de padrão de qualidade), direitos, deveres e forma de organização da educação nacional, além dos critérios de seu financiamento.

Dessa forma, além do mínimo constitucional de aplicação de recursos no ensino, para medir a qualidade da Educação foram estabelecidos alguns indicadores de desempenho, a exemplo do Índice de Desenvolvimento da Educação Básica (IDEB) e do Exame Nacional do Ensino Médio (ENEM).

Assim, percebe-se uma preocupação tanto no estabelecimento de valores mínimos de recursos que devem ser aplicados na educação pública brasileira bem como no estabelecimento de medidores de qualidade e desempenho deste ensino.

A questão que se apresenta é se esse mínimo aplicado está sendo utilizado de forma eficiente como meio de garantir que o ensino público seja realizado com qualidade.

Tendo em vista que o IDEB é um importante condutor de política pública em prol da qualidade na educação, que existe uma meta estabelecida para que o Brasil alcance um sistema de qualidade comparável ao dos países desenvolvidos até 2022, ou seja, até o ano em curso, e considerando, ainda, que o Plano Nacional de Educação (PNE) estabelece que a utilização dos recursos públicos no âmbito da Educação deve buscar a melhoria da qualidade do sistema educacional, este estudo teve o objetivo de verificar se os municípios baianos que atingiram o índice constitucional de educação nos exercícios de 2017 e 2019, que são os últimos exercícios em que as metas executadas do IDEB estão disponíveis até o presente momento, também alcançaram a meta do IDEB, ou seja, verificar se a utilização dos recursos públicos em educação foi direcionada na promoção da melhoria da qualidade do sistema educacional.

Para isso foi feito o levantamento, relativo a todos os 417 municípios baianos, referentes aos anos de 2017 e 2019, dos índices de educação alcançados e das metas do IDEB projetadas e executadas para os anos iniciais e finais da educação básica.

Neste levantamento verificou-se que, apesar de mais de 95% dos municípios apresentarem índice de educação superior ao mínimo constitucional estabelecido, não houve o mesmo reflexo no atingimento das metas projetadas pelo IDEB, no que se conclui que a quantidade de recursos públicos aplicados não está resultando na eficiência, eficácia e efetividade dos investimentos realizados em Educação.

2 Revisão teórica

A Constituição Federal Brasileira de 1988 (CF/88) estabelece, em seu art. 6º, a Educação como um direito social. Além disso, como anteriormente mencionado, dedica toda a seção I, do Capítulo III, englobando os artigos 205 a 214, ao tema Educação.

Especificamente para os Municípios, a CF/88 estabelece que eles atuarão, prioritariamente, no ensino fundamental e na educação infantil (art. 211, §2º) e deverão aplicar, no mínimo, 25% da receita oriunda de impostos e transferências de impostos na manutenção e desenvolvimento do ensino (art. 212).

Também determina a Carta Magna de 1988 (art. 214) que a lei estabelecerá o PNE com o objetivo de se articular um sistema nacional de educação para que, por meio de ações integradas dos poderes públicos, seja assegurada a melhoria da qualidade de ensino, dentre outras questões.

Já a Lei de Diretrizes e Bases da Educação – LDB (Lei nº 9.394/1996), além de estabelecer como um dever do Estado ofertar educação básica obrigatória e gratuita dos quatro aos 17 dezessete anos de idade, dividida entre pré-escola, ensino fundamental e ensino médio (art. 4º, I), a qual deve vincular-se ao mundo do trabalho e à prática social (art. 1º, §2º), define como um dos seus princípios a garantia do padrão de qualidade (art. 3º, IX). No quesito financiamento da Educação, a LDB, em seu art. 69, reproduz o texto constitucional.

Em 25.06.2014 foi sancionada a Lei nº 13.005 aprovando o PNE, que estabelece, em seu artigo segundo, a melhoria na qualidade da educação como uma de suas diretrizes e atribui aos gestores federais, estaduais e municipais a responsabilidade pela adoção das medidas necessárias para o alcance das metas previstas no referido plano (PNE – art.

7º, §1º), valendo-se dos investimentos públicos em educação em conformidade com o estabelecido no texto constitucional (PNE – art. 5º, §4º).

Sendo assim, percebe-se no Plano Nacional de Educação uma preocupação de que os recursos financeiros dos entes federais sejam aplicados de forma a garantir a melhoria da qualidade do ensino público brasileiro.

Para mensurar essa melhoria da qualidade de ensino, foram estabelecidos indicadores de desempenho, dentre estes, o IDEB.

O IDEB é um indicador estatístico de qualidade educacional, criado em 2007, com metas bienais que servem para avaliar a evolução da qualidade da educação brasileira e tem como base para seu cálculo o tempo de permanência do aluno na escola (fluxo escolar – taxas de aprovação, reprovação e abandono) obtido através do censo escolar combinado com a média dos desempenhos dos estudantes nas avaliações externas aplicadas a cada dois anos na rede pública, e em uma amostra da rede privada (Prova Brasil ou SAEB – Sistema de Avaliação da Educação Básica), visando incentivar ações para o alcance das metas estabelecidas e permitindo a avaliação da qualidade da educação oferecida aos estudantes.

Importante ressaltar que o PNE estabeleceu como uma de suas metas (meta 7) "fomentar a qualidade da educação básica em todas as etapas e modalidades, com melhoria do fluxo escolar e da aprendizagem" e, para o atingimento desta meta, fixou médias nacionais bienais escalonadas para o IDEB de forma a alcançar em 2022 (ano do bicentenário da independência do Brasil), a média 6,0, índice este que corresponde a um sistema educacional de qualidade comparável aos dos países desenvolvidos integrantes da OCDE, sigla em inglês para a Organização para a Cooperação e Desenvolvimento Econômico.

Dessa forma, o IDEB torna-se uma ferramenta de acompanhamento das metas de qualidade da educação básica, com a projeção de metas intermediárias individuais (estaduais, municipais e escolares) para o alcance do nível de qualidade de ensino desejada.

Estas metas intermediárias são calculadas pelo Instituto Nacional de Estudos e Pesquisas Educacionais Anísio Teixeira (INEP) de forma que redes e escolas com maior dificuldade necessitam aplicar um esforço maior e concentrado de forma a reduzir a desigualdade educacional. À vista disso, as metas intermediárias traduzem o esforço necessário de cada esfera no atingimento da média nacional almejada no período.

Importante destacar que a OCDE, com apoio do Todos pela Educação (uma organização da sociedade civil, sem fins lucrativos, plural e suprapartidária, fundada em 2006), lançou em 2021 um relatório sobre a educação brasileira, no qual indica dez passos para elevar a qualidade da educação no Brasil, registrando como primeiro passo, tendo em vista que os recursos públicos são escassos, o estabelecimento de prioridades e a implementação de um sistema de monitoramento e prestação de contas mais robusto para estimular melhorias. Ou seja, em seu relatório a OCDE registra a importância de se estabelecer não apenas um percentual mínimo de aplicação de recursos públicos em despesas com Educação, mas fazer com que os gestores públicos prestem contas, além do montante gasto em termos monetários, do que conquistam em termos de melhorias de resultados de aprendizagem e qualidade educacional. Em outras palavras, é importante que seja demonstrado que os recursos públicos são aplicados de forma eficiente na melhoria do sistema educacional brasileiro.

Entretanto, o estudo de Monteiro (2015), ao analisar a relação entre gasto público em educação e desempenho educacional em municípios produtores de petróleo beneficiados com aumentos de receitas de *royalties*, concluiu que, apesar de terem promovido um aumento de despesas em educação na ordem de 14% maior que os municípios costeiros vizinhos, não obtiveram o mesmo reflexo na melhoria do aprendizado dos alunos.

A semelhante conclusão chegaram Domiciano e Almeida (2015), em seu estudo sobre os efeitos dos gastos municipais, de custeio e de capital, em educação sobre o cumprimento das metas do IDEB 2011 na Paraíba, a partir do indicador de eficiência da gestão pública na rede municipal de ensino fundamental, ao registrarem que

> Os resultados descritivos da pesquisa revelaram as primeiras evidências de que os gastos educacionais, corrente e de capital, por aluno, não aparentavam exercer relações estreitas com um maior nível de eficácia da gestão municipal, bem como com o indicador de qualidade da educação básica. [...]
> Já em relação aos resultados gerados pelas evidências econométricas, foi possível concluir que para o caso da Paraíba, não existe relação significativa estatisticamente entre gastos públicos educacionais, por aluno e como proporção do PIB, a nível municipal com *status* de eficácia da gestão municipal em termos de IDEB. Assim tem-se uma possível sinalização que o importante para a educação não está tão somente no montante empregado ou gasto no setor, mas sim na forma como são geridos e administrados esses recursos pelos gestores municipais.

3 Material e métodos

Pela experiência de 15 anos trabalhando na análise de prestações de contas dos municípios baianos, a autora tem, empiricamente, observado que, em sua grande maioria, os entes municipais vêm ao longo dos anos alcançando o mínimo constitucional exigido para aplicação de recursos públicos na Educação. Contudo, o mesmo não tem sido observado com relação ao alcance das metas estabelecidas para o IDEB.

Dessa forma, em que pese empiricamente se observar um baixo atingimento das metas IDEB, ao contrário do registrado no relatório da OCDE citado no item anterior, não se observa uma escassez de recursos aplicados em Educação.

Como forma de comprovar o que foi observado de forma empírica, este estudo se propõe a analisar se os municípios baianos que alcançaram o mínimo constitucional de aplicação em Educação nos anos de 2017 e 2019 (dois últimos anos que tem a meta IDEB divulgada) também alcançaram a meta IDEB.

Para a realização deste estudo foram consultados os sites do INEP, responsável pelos cálculos e divulgação dos dados referentes ao IDEB, e do TCM-BA – Tribunal de Contas dos Municípios do Estado da Bahia – responsável pela apreciação das Contas de Governo dos municípios baianos.

Em relação aos 417 municípios baianos e referentes aos exercícios de 2017 e 2019, foram extraídas no site do INEP (http://ideb.inep.gov.br/) as metas projetadas e executadas para os municípios baianos e no site do TCM (https://www.tcm.ba.gov.br/) todos os valores apurados relativos ao índice constitucional de aplicação de recursos na educação básica. Salienta-se, entretanto, que, por ausência de divulgação dos dados de aplicação em educação de forma consolidada pelo TCM, foram consultados todos os pareceres prévios referentes ao julgamento das contas de governo dos exercícios de 2017 e 2019 disponíveis até a data da consulta (09.02.2022) para a extração individual dos valores.

Com o levantamento destes dados, buscou-se verificar, nos municípios baianos, a relação entre o atingimento das metas relativas ao IDEB e o atingimento do mínimo constitucional de aplicação de recursos públicos na manutenção e desenvolvimento do ensino.

Como o foco do estudo foram os municípios que atingiram o índice de aplicação em educação, foram desconsiderados os dados referentes aos municípios com valor apurado abaixo de 25% (CF/88 – art. 212) ou que ainda não tiveram o percentual de aplicação divulgado, quer seja pelo fato dos dados estarem indisponíveis por decisão judicial ou pelo fato das contas de governo do referido ano ainda não terem sido julgadas.

Os valores referentes ao exercício de 2017 estão detalhados no Anexo I e os referentes ao exercício de 2019 estão detalhados no Anexo II.

4 Análise de dados e resultados

Considerando que o objeto do presente estudo teve foco no município que atingiu o percentual mínimo de 25% de aplicação dos recursos públicos nas ações de manutenção e desenvolvimento do ensino, dos 417 municípios baianos, foram analisados os dados referentes a 413 municípios em 2017 e a 398 municípios em 2019, conforme detalhado nos Anexos I e II e resumido na tabela:

TABELA 1
Índice educação

Descrição	2017	2019
Sem julgamento	01	2
Dados indisponíveis	01	1
Abaixo do mínimo	02	16
Acima do mínimo	413	398
Total	417	417

Fonte: Elaboração própria. Dados retirados do site TCM-BA (https://www.tcm.ba.gov.br/. Acesso em: 9 fev. 2022).

Pela tabela, está claramente evidenciado que do total de municípios baianos 99,04% e 95,44% atingiram o índice de educação nos anos de 2017 e 2019, respectivamente.

Já com relação à meta IDEB, verificou-se que, em 2017, dos municípios que atingiram o índice de educação, 241 municípios atingiram a meta IDEB para os anos iniciais e apenas 45 municípios atingiram a meta IDEB para os anos finais, conforme resumido na tabela:

TABELA 2
Resultado IDEB para municípios Índice Educação ≥ 25% (2017)

Descrição	Anos iniciais	%	Anos finais	%
Sem nota meta executada	03	0,73%	22	5,33%
Sem alcançar a meta	169	40,92%	346	83,78%
Alcance meta do Município	**241**	**58,35%**	**45**	**10,90%**
Total	413	100,00%	413	100,00%

Fonte: Elaboração própria. Dados retirados do site do TCM-BA (http://idep.inep.gov.br/. Acesso em: 5 fev. 2022).

Por outro lado, no ano de 2019, dos 398 municípios que cumpriram o índice de educação, 211 atingiram a meta IDEB para os anos iniciais e somente 69 atingiram a meta para os anos finais, conforme resumido na tabela:

TABELA 3
Resultado IDEB para municípios Índice Educação ≥ 25% (2019)

Descrição	Anos iniciais	%	Anos finais	%
Sem nota meta executada	06	1,51%	30	7,54%
Sem alcançar a meta	181	45,48%	299	75,13%
Alcance meta do Município	**211**	**53,02%**	**69**	**17,34%**
Total	398	100,00%	398	100,00%

Fonte: Elaboração própria. Dados retirados do site do INEP (http://idep.inep.gov.br/. Acesso em: 5 fev. 2022).

Analisando os dados em termos percentuais, tendo como referência o total de municípios com índice de educação igual ou superior ao mínimo constitucional (25% da receita de impostos e de transferências de impostos), verificou-se que, conforme demonstrado nos gráficos 1 e 2, em relação ao exercício de 2017, somente 58,35% e 10,90% atingiram a meta IDEB, respectivamente, para os anos iniciais e finais.

GRÁFICO 1 – IDEB 2017 – anos iniciais – dos municípios que atingiram o índice de educação

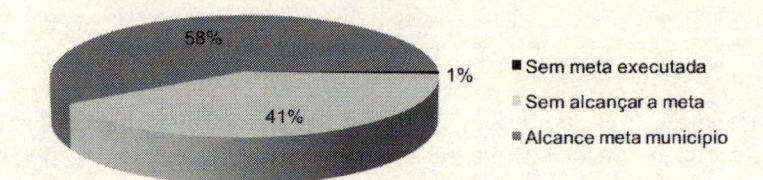

GRÁFICO 2 – IDEB 2017 – anos finais – dos municípios que atingiram o índice de educação

- 84% Sem meta executada
- 11% Sem alcançar a meta
- 5% Alcance meta município

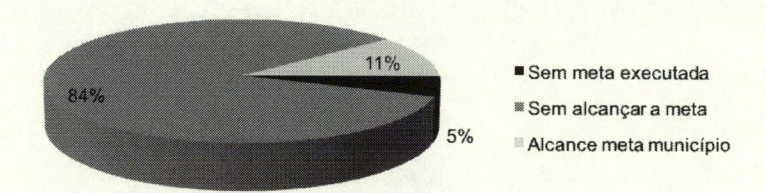

No ano de 2019, conforme demonstrado nos gráficos 3 e 4, os percentuais observados passaram a ser de 53,02% e 17,34%, respectivamente, para os anos iniciais e finais.

GRÁFICO 3 – IDEB 2019 – anos iniciais – dos municípios que atingiram o índice de educação

- 53% Sem meta executada
- 2% Sem alcançar a meta
- 45% Alcance meta município

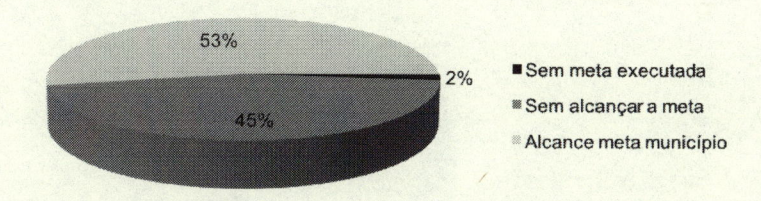

GRÁFICO 4 – IDEB 2019 – anos finais – dos municípios que atingiram o índice de educação

- 75% Sem meta executada
- 17% Sem alcançar a meta
- Alcance meta município

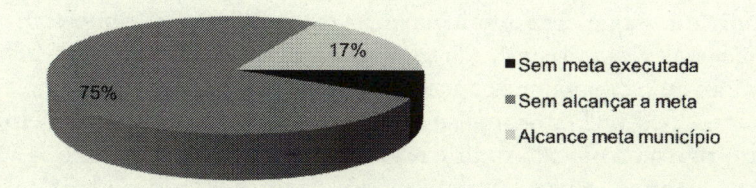

Pelos dados apurados, percebeu-se que, em ambos os exercícios, apesar de uma pequena piora em relação aos anos iniciais e uma pequena melhora em relação aos anos finais, conforme demonstram os gráficos 5 e 6, o atingimento das metas do IDEB foi muito aquém do esperado, visto que praticamente só metade dos municípios que atingiram o índice constitucional de educação também atingiram a meta IDEB para os anos iniciais e menos que 20% atingiram a meta IDEB para os anos finais.

GRÁFICO 5 – Comparativo IDEB – anos iniciais – 2017/2019

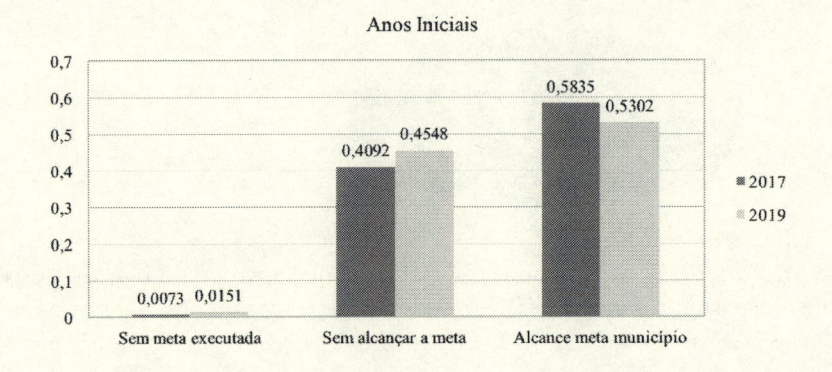

Anos Iniciais

- Sem meta executada: 0,0073 (2017); 0,0151 (2019)
- Sem alcançar a meta: 0,4092 (2017); 0,4548 (2019)
- Alcance meta município: 0,5835 (2017); 0,5302 (2019)

GRÁFICO 6 – Comparativo IDEB – anos finais – 2017/2019

Anos Finais

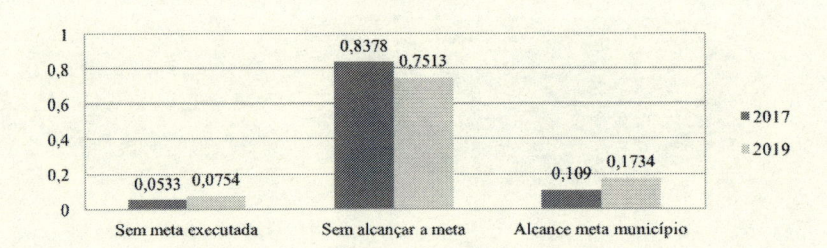

- Sem meta executada: 0,0533 (2017); 0,0754 (2019)
- Sem alcançar a meta: 0,8378 (2017); 0,7513 (2019)
- Alcance meta município: 0,109 (2017); 0,1734 (2019)

Tendo em vista que as metas do IDEB aqui apresentadas são as metas intermediárias cujos valores não são idênticos para todos os municípios, pelo fato de que refletem os esforços individuais que cada município deve realizar para contribuir com o atingimento da meta nacional, resta prejudicada uma análise tendo por base um valor médio bem como o melhor ou o pior valor alcançado, pois não resultaria num diagnóstico realístico.

Porém, é possível uma análise com base no porte de cada município.

Conforme informação contida no site do Tribunal de Contas dos Municípios da Bahia (https://iegm.tcm.ba.gov.br/publico/), e representado no gráfico a seguir, dos 417 municípios baianos, 5 são considerados de grande porte, 164 de médio porte, 239 de pequeno porte e 9 de porte muito pequeno (vide detalhamento nos Anexos I e II).

GRÁFICO 7 – Municípios baianos por porte

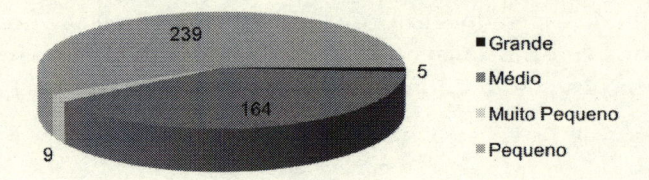

- Grande: 5
- Médio: 164
- Muito Pequeno: 9
- Pequeno: 239

Nas tabelas seguintes é possível verificar que no exercício de 2017 nenhum município de grande porte, ou de porte muito pequeno, atingiu a meta IDEB para anos finais. Tal fato se repetiu em 2019 para os municípios de porte muito pequeno, já para os de grande porte, 40% dos municípios atingiram a meta.

Também é destaque o fato de que 40% dos municípios de grande porte atingiram a meta IDEB para os anos iniciais em 2017, dobrando esse percentual (ou seja, 80% dos municípios) em 2019, enquanto que para os municípios de porte pequeno houve uma pequena redução.

Já em relação aos municípios de médio e pequeno porte, os percentuais de atingimento da meta IDEB nos anos de 2017 e 2019 oscilaram entre 42% e 59% para os anos iniciais e entre 9% e 18% para os anos finais.

TABELA 4
Percentual meta IDEB 2017

Porte do município	Total	% sobre total	Anos iniciais	% sobre porte	Anos finais	% sobre porte
Grande	5	1,20	2	40,00	0	0,00
Médio	164	39,33	92	56,10	15	9,15
Muito pequeno	9	3,77	6	66,67	0	0,00
Pequeno	239	57,31	141	59,00	30	12,55
Total	417		241		45	

Análise percentual dos municípios que atingiram a meta do IDEB e tiveram Índice Educação ≥ 25%

Fonte: Elaboração própria

TABELA 5
Percentual meta IDEB 2019

Porte do município	Total	% sobre total	Anos iniciais	% sobre porte	Anos finais	% sobre porte
Grande	5	1,20	4	80,00	2	40,00
Médio	164	39,33	70	42,68	23	14,02
Muito pequeno	9	3,77	5	55,56	0	0,00
Pequeno	239	57,31	132	55,23	44	18,41
Total	417		211		69	

Análise percentual dos municípios que atingiram a meta do IDEB e tiveram Índice Educação ≥ 25%

Fonte: Elaboração própria

5 Conclusões

A Educação é um direito de todos e um dever do Estado e, como tal, recursos públicos devem ser investidos na disponibilização de um sistema educacional gratuito e de qualidade.

No Brasil, visando o atingimento deste objetivo, foi estabelecido na Carta Magna do país um percentual mínimo de aplicação de recursos públicos na manutenção e desenvolvimento do ensino. Além disso, também foram estabelecidas diretrizes e metas para que esses recursos sejam aplicados em um sistema educacional com qualidade comparável a de países desenvolvidos.

Entretanto, com base nos resultados obtidos, constatou-se que, em que pese exista uma preocupação na quantidade de valores investidos na Educação considerando que mais de 95% dos municípios baianos atingiram o mínimo constitucional em ambos os anos analisados, esses investimentos não estão sendo aplicados em ações que efetivamente resultem na melhora da qualidade do sistema educacional como um todo, haja vista o baixo atingimento das metas do IDEB, com uma significativa piora dos anos finais em relação aos anos iniciais do ensino fundamental.

Também se conclui que o porte do município não tem influência direta para o alcance da meta do IDEB, haja vista que nenhum município de grande porte atingiu as metas para os anos finais em 2017, assim como mais de 55% dos municípios de porte muito pequeno atingiram as metas para os anos iniciais, tanto em 2017 quanto em 2019.

Verifica-se, dessa forma, que a análise encontrou situação semelhante a outros estudos já realizados, conforme explicitado na revisão teórica deste artigo.

Sendo assim, torna-se necessário que se volte o olhar não apenas para o quantitativo dos investimentos que estão sendo feitos na educação, ou seja, qual o volume dos recursos públicos que está sendo investido na Educação, sem o que seria impossível ter avanços no setor educacional, mas também e principalmente na qualidade desses investimentos, melhor dizendo, é importante desenvolver ações para que os recursos públicos aplicados tenham foco na melhoria do sistema educacional como um todo, o que demanda um maior acompanhamento da eficiência, eficácia e efetividade na utilização desses recursos públicos na área da Educação tanto dos entes municipais quanto dos órgãos de controle e da sociedade.

Referências

BAHIA. Tribunal de Contas dos Municípios do Estado da Bahia. Pareceres a cerca das contas anuais. Disponível em: https://www.tcm.ba.gov.br/. Acesso em: 9 fev. 2022.

BRASIL. Constituição (1988). Constituição da República Federativa do Brasil. Brasília, DF: Senado Federal. Disponível em: http://www.planalto.gov.br/ccivil_03/constituicao/constituicaocompilado.htm. Acesso em: 24 jan. 2022.

BRASIL. Lei nº 13.005, de 25 de junho de 2014. Aprova o Plano Nacional de Educação – PNE e dá outras providências. Disponível em: http://www.planalto.gov.br/ccivil_03/_ato2011-2014/2014/lei/l13005.htm. Acesso em: 25 jan. 2022.

BRASIL. Ministério da Educação. IDEB – Resultados e Metas. Disponível em: http://ideb.inep.gov.br/. Acesso em: 5 fev. 2022.

BRASIL. Ministério da Educação. IDEB – Nota Técnica. Disponível em: http://ideb.inep.gov.br/. Acesso em: 26 jan. 2022.

DOMICIANO, Frânio L.; ALMEIDA, Aléssio T. C. Gastos Públicos Municipais e os Resultados do IDEB: Evidências para os municípios paraibanos. *Revista Economia e Desenvolvimento*. João Pessoa, v. 14, n. 1, p. 44-55, 2015. Disponível em: https://periodicos.ufpb.br/index.php/economia/article/view/27512. Acesso em: 7 mar. 2022.

FERNANDES, Reynaldo. Índice de Desenvolvimento da Educação Básica (IDEB): Metas Intermediárias para a sua trajetória no Brasil, Estados, Municípios e Escolas. Brasília, DF: INEP – Instituto Nacional de Estudos e Pesquisas Anísio Teixeira. Disponível em: https://www.gov.br/inep/pt-br/areas-de-atuacao/pesquisas-estatisticas-e-indicadores/ideb/metas. Acesso em: 26 jan. 2022.

MONTEIRO, Joana. Gasto Público em Educação e Desempenho Escolar. *Revista Brasileira de Economia*, Rio de Janeiro, v. 69, n. 4, p. 467-488, out./dez. 2015. Disponível em: https://www.scielo.br/j/rbe/a/GFsVGL8wvqsRQBB3wKVMB3h/abstract/?lang=pt. Acesso em: 7 mar. 2022.

ORGANIZAÇÃO DAS NAÇÕES UNIDAS. Declaração Universal dos Direitos Humanos, 1948. Disponível em: https://www.unicef.org/brazil/declaracao-universal-dos-direitos-humanos. Acesso em: 24 jan. 2022.

ANEXO I – Comparativo metas IDEB x índices de educação 2017

(continua)

Município	Porte	2017				Índice Educação
		Resultado IDEB				
		Anos iniciais		Anos finais		
		Meta projetada	Meta executada	Meta projetada	Meta executada	
Abaíra	Pequeno	5,2	5,6	4,2	4,4	27,00%
Abaré	Médio	4,2	4,9	3,9	4,2	25,16%
Acajutiba	Pequeno	4,1	3,9	3,3	2,6	25,06%
Adustina	Médio	5,1	5,1	4,5	3,2	31,81%
Água Fria	Pequeno	4,1	3,7	3,9	3,2	28,27%
Aiquara	Pequeno	3,8	3,8	3,6	2,7	33,89%
Alagoinhas	Pequeno	4,6	4,2	4,4	3,1	25,62%
Alcobaça	Pequeno	4,8	4,8	4,2	3,2	26,05%
Almadina	Pequeno	4,5	3,4	4,3	3,1	26,14%
Amargosa	Médio	4,2	5,0	4,1	4,3	26,93%
Amélia Rodrigues	Pequeno	4,6	4,3	4,4	3,4	26,60%
América Dourada	Médio	4,8	4,9	4,6	3,9	26,09%
Anagé	Pequeno	4,4	4,6	4,3	3,2	26,98%
Andaraí	Pequeno	4,4	5,7	4,9	4,0	26,19%
Andorinha	Médio	4,3	4,0	4,0	2,6	29,75%
Angical	Pequeno	5,2	4,6	4,0	3,5	28,16%
Anguera	Pequeno	4,3	5,0	3,7	3,1	26,00%
Antas	Pequeno	4,4	4,0	4,0	3,5	26,58%
Antônio Cardoso	Pequeno	4,2	4,1	****	*****	25,52%
Antônio Gonçalves	Pequeno	4,1	5,1	4,5	3,5	26,68%
Aporá	Pequeno	4,1	3,4	4,3	3,2	25,47%
Apuarema	Médio	4,0	3,9	3,7	3,2	28,43%
Araçás	Pequeno	4,6	4,0	4,2	3,6	28,26%

(continua)

Município	Porte	2017 Resultado IDEB				Índice Educação
		Anos iniciais		Anos finais		
		Meta projetada	Meta executada	Meta projetada	Meta executada	
Aracatu	Pequeno	4,9	4,5	3,8	3,8	26,05%
Araci	Médio	4,3	3,5	3,7	*****	25,67%
Aramari	Pequeno	4,2	4,0	3,5	2,7	30,32%
Arataca	Pequeno	3,6	3,4	3,7	2,7	31,14%
Aratuípe	Médio	4,3	3,8	4,1	3,1	29,24%
Aurelino Leal	Pequeno	3,8	3,8	4,0	3,0	27,08%
Baianópolis	Médio	5,1	5,1	5,1	2,9	27,48%
Baixa Grande	Pequeno	3,8	4,5	3,8	3,1	25,28%
Banzaê	Pequeno	4,5	5,6	4,0	3,7	26,02%
Barra	Pequeno	4,2	4,2	4,2	3,2	25,79%
Barra da Estiva	Grande	4,9	5,5	5,7	4,6	26,76%
Barra do Choça	Médio	4,2	4,1	4,4	3,6	27,69%
Barra do Mendes	Pequeno	5,1	5,9	4,7	4,1	28,80%
Barra do Rocha	Médio	3,9	***	3,6	3,4	26,83%
Barreiras	Pequeno	4,6	5,0	4,4	4,1	26,03%
Barro Alto	Pequeno	5,0	5,1	4,6	3,9	31,57%
Barro Preto	Pequeno	4,3	5,2	4,3	3,7	25,50%
Barrocas	Médio	4,0	4,4	4,2	3,8	26,43%
Belmonte	Médio	4,3	4,0	4,5	3,0	25,26%
Belo Campo	Pequeno	4,4	4,9	4,6	3,6	25,85%
Biritinga	Médio	3,9	3,3	4,2	2,5	29,39%
Boa Nova	Muito pequeno	5,0	4,6	3,7	3,6	25,86%
Boa Vista do Tupim	Médio	3,8	5,1	3,8	3,7	26,71%
Bom Jesus da Lapa	Pequeno	4,3	4,8	4,3	3,8	26,49%
Bom Jesus da Serra	Pequeno	4,3	4,7	4,0	3,4	25,62%
Boninal	Pequeno	4,5	5,2	4,4	3,0	27,43%
Bonito	Médio	4,1	5,0	4,8	3,9	25,09%
Boquira	Pequeno	4,0	5,2	4,8	4,2	31,53%
Botuporã	Muito pequeno	4,2	6,1	4,4	4,2	27,59%
Brejões	Pequeno	4,4	5,1	4,6	3,3	25,87%
Brejolândia	Pequeno	5,5	4,7	4,2	*****	26,00%
Brotas de Macaúbas	Médio	4,5	4,4	4,1	3,1	30,42%
Brumado	Pequeno	4,8	6,1	4,4	4,9	26,48%
Buerarema	Pequeno	4,4	3,9	4,4	2,8	28,40%
Buritirama	Pequeno	4,3	4,5	4,1	3,5	25,61%
Caatiba	Médio	4,5	5,0	4,0	3,9	25,30%
Cabaceiras do Paraguaçu	Médio	4,8	3,8	3,9	3,0	25,27%

(continua)

Município	Porte	2017 Resultado IDEB				Índice Educação
		Anos iniciais		Anos finais		
		Meta projetada	Meta executada	Meta projetada	Meta executada	
Cachoeira	Pequeno	4,3	3,8	3,5	2,4	25,96%
Caculé	Pequeno	5,4	6,4	5,2	4,3	26,12%
Caem	Muito pequeno	4,6	4,6	3,2	3,1	25,20%
Caetanos	Pequeno	4,6	4,5	4,5	3,4	25,72%
Caetite	Pequeno	4,7	5,1	4,1	4,0	28,85%
Cafarnaum	Pequeno	4,3	4,9	3,8	3,4	27,50%
Cairu	Grande	4,2	4,4	3,5	2,7	26,21%
Caldeirão Grande	Pequeno	3,7	3,7	3,8	3,0	27,02%
Camacã	Pequeno	4,3	3,7	4,0	2,9	30,32%
Camaçari	Médio	4,5	4,8	4,0	3,9	26,24%
Camamu	Médio	4,4	4,1	3,7	3,3	26,43%
Campo Alegre de Lourdes	Pequeno	4,5	5,1	5,1	3,5	28,36%
Campo Formoso	Médio	4,2	4,4	3,9	2,9	25,85%
Canápolis	Médio	4,8	4,3	4,3	3,0	27,00%
Canarana	Pequeno	4,3	4,4	4,6	3,4	25,94%
Canavieiras	Pequeno	4,6	4,0	4,2	2,8	25,41%
Candeal	Pequeno	4,0	3,8	3,6	2,6	25,16%
Candeias	Pequeno	4,6	4,7	3,9	2,8	30,64%
Candiba	Muito pequeno	4,5	4,9	4,2	4,1	29,80%
Cândido Sales	Médio	4,3	4,3	3,8	3,2	26,28%
Cansanção	Pequeno	3,8	3,5	3,6	3,0	26,16%
Canudos	Pequeno	4,7	4,2	3,5	2,9	28,73%
Capela do Alto Alegre	Pequeno	4,6	4,9	4,2	2,9	27,97%
Capim Grosso	Pequeno	4,2	4,4	3,8	3,4	25,74%
Caraíbas	Pequeno	5.2	4,1	4,0	3,4	25,21%
Caravelas	Pequeno	4,4	4,8	3,8	3,3	25,47%
Cardeal da Silva	Pequeno	4,5	3,8	4,2	3,0	26,71%
Carinhanha	Médio	4,5	4,4	4,2	***	25,60%
Casa Nova	Médio	4,1	4,2	3,6	3,1	25,14%
Castro Alves	Médio	4,7	4,4	4,0	3,5	25,63%
Catolândia	Médio	4,4	5,1	4,1	4,0	31,76%
Catu	Pequeno	4,6	4,8	4,0	3,3	26,08%
Caturama	Pequeno	4,4	4,6	3,5	3,9	26,10%
Central	Pequeno	4,8	4,5	4,2	4,0	26,72%
Chorrocho	Médio	3,8	4,6	4,1	3,8	26,41%
Cícero Dantas	Pequeno	4,6	4,4	4,2	(*****)	25,03%
Cipó	Pequeno	4,6	3,7	3,8	3,1	28,04%

(continua)

Município	Porte	2017 Resultado IDEB				Índice Educação
		Anos iniciais		Anos finais		
		Meta projetada	Meta executada	Meta projetada	Meta executada	
Coaraci	Médio	4,5	4,2	4,1	3,4	26,94%
Cocos	Médio	5,2	4,9	4,4	3,8	29,85%
Conceição da Feira	Pequeno	5.2	4,6	4,2	2,6	25,90%
Conceição do Almeida	Pequeno	4,7	4,3	3,3	3,2	26,76%
Conceição do Coité	Pequeno	4,3	4,3	3,4	(*****)	25,26%
Conceição do Jacuípe	Pequeno	4,3	4,5	3,8	3,4	25,98%
Conde	Pequeno	5,0	4,0	4,9	3,4	26,67%
Condeúba	Pequeno	5,5	6,1	5,0	4,2	27,43%
Contendas do Sincorá	Médio	4,5	5,2	4,0	3,5	26,16%
Coração de Maria	Pequeno	4,4	3,7	4,6	2,3	26,85%
Cordeiros	Médio	4,4	6,3	4,3	4,8	26,39%
Coribe	Pequeno	5,2	5,1	3,9	4,2	28,09%
Coronel João Sá	Pequeno	4,5	4,6	3,4	2,5	27,32%
Correntina	Pequeno	4,4	4,4	4,2	3,6	37,11%
Cotegipe	Médio	3,9	4,5	3,6	3,5	32,67%
Cravolândia	Pequeno	4,0	4,7	3,1	3,8	(*)
Crisópolis	Pequeno	5,1	5,1	3,9	3,9	25,53%
Cristópolis	Pequeno	4,4	4,9	4,2	4,0	26,22%
Cruz das Almas	Médio	4,5	4,7	4,4	3,2	26,98%
Curaçá	Médio	4,0	4,9	4,0	3,5	26,32%
Dário Meira	Pequeno	4,2	3,9	4,2	3,8	30,85%
Dias d'Ávila	Pequeno	4,5	4,5	4,1	3,2	25,48%
Dom Basílio	Muito pequeno	5,1	5,3	4,0	3,9	26,20%
Dom Macedo Costa	Pequeno	4,4	5,7	****	*****	30,78%
Elísio Medrado	Pequeno	4,2	4,6	4,0	4,6	27,70%
Encruzilhada	Médio	4,5	4,5	5,0	3,3	25,54%
Entre Rios	Médio	4,4	3,9	4,2	3,1	26,80%
Erico Cardoso	Pequeno	3,9	4,2	4,7	3,6	27,80%
Esplanada	Pequeno	4,4	3,7	4,0	2,9	26,88%
Euclides da Cunha	Médio	4,5	4,1	3,8	2,8	25,42%
Eunápolis	Médio	4,5	4,4	4,0	3,4	27,91%
Fátima	Pequeno	4,7	5,4	3,9	3,9	25,38%
Feira da Mata	Médio	4,7	5,8	3,8	4,0	30,98%
Feira de Santana	Pequeno	4,5	4,4	4,3	3,6	28,03%
Filadélfia	Pequeno	4,1	4,1	4,0	3,4	25,80%
Firmino Alves	Pequeno	4,3	4,5	4,1	3,4	30,60%
Floresta Azul	Pequeno	4,5	4,2	3,9	3,8	26,86%

(continua)

Município	Porte	2017 Resultado IDEB				Índice Educação
		Anos iniciais		Anos finais		
		Meta projetada	Meta executada	Meta projetada	Meta executada	
Formosa Rio Preto	Pequeno	4,4	4,5	4,0	3,5	38,12%
Gandu	Pequeno	4,7	5,3	4,0	3,8	24,73%
Gavião	Médio	5,1	4,6	4,6	2,9	27,45%
Gentio do Ouro	Pequeno	4,3	5,4	4,2	3,5	27,83%
Gloria	Médio	4,8	4,2	4,7	3,3	27,06%
Gongogi	Pequeno	4,0	4,5	4,3	3,3	28,83%
Governador Mangabeira	Médio	4,7	4,7	3,9	3,2	25,26%
Guajeru	Pequeno	4,7	4,6	4,1	4,2	27,16%
Guanambi	Pequeno	4,8	4,9	4,1	4,3	29,18%
Guaratinga	Médio	4,7	4,2	4,2	3,5	27,61%
Heliópolis	Pequeno	4,6	4,9	4,0	3,6	28,11%
Iaçu	Pequeno	4,0	4,8	3,6	4,0	25,47%
Ibiassuce	Médio	5,6	6,0	4,8	4,1	28,85%
Ibicaraí	Médio	4,0	4,7	4,2	*****	26,65%
Ibicoara	Pequeno	4,5	4,4	4,5	3,3	26,13%
Ibicuí	Pequeno	4,2	4,9	4,1	3,9	28,75%
Ibipeba	Médio	5,0	4,8	3,8	4,2	28,18%
Ibipitanga	Pequeno	4,6	5,0	4,3	3,8	26,69%
Ibiquera	Pequeno	4,1	4,0	****	*****	28,43%
Ibirapitanga	Pequeno	4,3	4,4	4,1	3,4	25,33%
Ibirapuã	Pequeno	4,5	5,1	4,4	*****	29,92%
Ibirataia	Pequeno	4,5	4,2	3,9	2,6	26,80%
Ibitiara	Médio	5,6	5,7	5,1	4,1	32,28%
Ibititá	Pequeno	4,4	4,3	4,9	3,7	26,46%
Ibotirama	Médio	4,9	4,7	3,9	3,4	25,09%
Ichu	Médio	4,3	4,1	3,9	3,4	26,06%
Igaporã	Médio	4,7	4,7	4,1	3,9	30,56%
Igrapiúna	Médio	4,5	4,2	3,8	3,4	25,42%
Iguaí	Pequeno	4,3	4,2	4,3	3,3	29,71%
Ilhéus	Médio	4,6	4,6	4,4	3,3	25,59%
Inhambupe	Pequeno	3,9	3,7	3,7	3,0	27,20%
Ipecaetá	Pequeno	4,3	3,7	3,6	2,5	26,29%
Ipiaú	Pequeno	4,5	4,4	3,9	3,6	25,88%
Ipira	Médio	4,2	4,4	4,3	3,2	27,22%
Ipupiara	Pequeno	4,7	5,4	3,7	3,7	26,81%
Irajuba	Pequeno	3,9	4,8	3,4	2,6	27,12%
Iramaia	Médio	4,2	4,3	3,6	3,3	25,68%

(continua)

Município	Porte	2017 Resultado IDEB				Índice Educação
		Anos iniciais		Anos finais		
		Meta projetada	Meta executada	Meta projetada	Meta executada	
Iraquara	Pequeno	4,5	5,6	4,9	4,1	28,79%
Irará	Médio	4,1	4,6	4,2	3,7	25,98%
Irecê	Médio	4,7	5,5	4,3	4,0	28,53%
Itabela	Pequeno	4,2	4,3	4,1	3,2	26,44%
Itaberaba	Médio	4,6	4,7	3,9	3,2	25,38%
Itabuna	Médio	4,8	4,0	4,8	2,6	25,76%
Itacaré	Pequeno	4,0	4,3	4,2	3,2	26,75%
Itaeté	Médio	4,3	5,1	4,6	4,0	25,21%
Itagi	Pequeno	4,0	4,9	3,7	2,7	26,52%
Itagiba	Médio	4,0	4,9	4,0	4,3	25,74%
Itagimirim	Pequeno	4,2	3,7	3,7	3,0	26,02%
Itaguaçu da Bahia	Médio	4,5	4,4	4,5	3,2	26,55%
Itaju do Colônia	Pequeno	4,5	3,7	4,1	2,8	26,04%
Itajuípe	Pequeno	4,3	4,1	3,8	3,3	28,39%
Itamaraju	Pequeno	4,2	5,2	4,0	4,0	26,40%
Itamari	Grande	3,3	4,4	3,8	1,9	29,35%
Itambé	Pequeno	4,4	3,6	3,8	2,8	25,84%
Itanagra	Pequeno	4,4	4,0	3,8	2,1	28,62%
Itanhém	Pequeno	4,4	5,1	4,2	4,1	31,12%
Itaparica	Médio	4,5	4,3	3,8	3,0	25,09%
Itapé	Médio	4,2	4,5	3,6	3,5	28,78%
Itapebi	Pequeno	4,0	4,1	3,8	2,0	25,84%
Itapetinga	Médio	4,3	4,5	4,2	3,7	26,97%
Itapicuru	Médio	4,5	4,1	3,9	2,3	25,26%
Itapitanga	Médio	4,3	4,3	4,2	3,7	26,97%
Itaquara	Médio	4,1	5,4	3,6	3,2	25,92%
Itarantim	Pequeno	3,7	4,5	3,6	2,6	28,75%
Itatim	Pequeno	3,9	7,1	3,7	4,4	28,48%
Itiruçu	Pequeno	4,2	4,1	3,7	2,9	25,06%
Itiúba	Pequeno	4,0	4,0	3,7	3,1	28,48%
Itororó	Pequeno	4,3	4,3	3,8	3,1	25,78%
Ituaçu	Médio	4,9	5,2	4,5	3,0	26,58%
Itubera	Pequeno	4,3	4,6	3,5	3,5	26,02%
Iuiú	Pequeno	3,7	4,6	4,3	3,4	27,12%
Jaborandi	Médio	4,6	5,8	4,1	3,8	25,99%
Jacaraci	Pequeno	5,5	6,6	5,5	5,5	26,40%
Jacobina	Pequeno	4,5	4,9	4,0	3,4	26,39%

(continua)

Município	Porte	2017				Índice Educação
		Resultado IDEB				
		Anos iniciais		Anos finais		
		Meta projetada	Meta executada	Meta projetada	Meta executada	
Jaguaquara	Pequeno	4,4	4,1	3,9	3,2	26,11%
Jaguarari	Pequeno	3,9	4,5	3,8	3,5	28,97%
Jaguaripe	Pequeno	4,5	4,3	4,1	2,7	27,42%
Jandaíra	Médio	3,8	4,4	3,3	2,8	25,38%
Jequié	Pequeno	4,4	4,4	3,7	3,4	26,57%
Jeremoabo	Médio	4,5	3,7	3,7	3,0	25,33%
Jiquiriçá	Pequeno	4,2	4,9	4,0	***	30,18%
Jitaúna	Pequeno	4,1	4,1	3,6	3,7	29,72%
João Dourado	Pequeno	5,1	4,7	4,6	3,9	30,42%
Juazeiro	Médio	4,3	5,4	4,2	4,3	25,64%
Jucurucu	Pequeno	4,1	4,6	3,8	3,3	26,42%
Jussara	Médio	4,6	4,8	3,7	2,9	29,82%
Jussari	Pequeno	4,1	4,0	4,0	1,9	29,54%
Jussiape	Pequeno	5,0	5,1	4,3	4,0	30,73%
Lafaiete Coutinho	Médio	4,7	4,9	****	*****	25,80%
Lagoa Real	Pequeno	4,3	4,8	3,9	3,2	25,99%
Laje	Médio	4,8	4,3	4,6	3,3	26,54%
Lajedão	Grande	5,0	4,9	5,3	3,5	30,34%
Lajedinho	Pequeno	4,0	4,2	4,2	2,9	27,47%
Lajedo do Tabocal	Pequeno	5,0	4,6	4,2	3,5	27,78%
Lamarão	Médio	3,8	4,2	3,5	3,8	27,41%
Lapão	Médio	4,6	4,6	4,1	3,8	25,61%
Lauro de Freitas	Pequeno	5,0	4,5	4,3	3,5	26,22%
Lençóis	Médio	4,1	4,7	4,1	3,6	**24,05%**
Licínio de Almeida	Pequeno	5,3	6,8	4,3	6,0	27,96%
Livramento Nossa Senhora	Médio	5,2	5,8	5,0	4,0	26,95%
Luís Eduardo Magalhães	Pequeno	5,3	5,5	4,5	4,8	28,33%
Macajuba	Pequeno	4,5	4,2	4,1	(***)	28,22%
Macarani	Pequeno	4,8	5,1	4,7	3,3	27,19%
Macaúbas	Pequeno	4,4	5,4	4,5	4,3	25,64%
Macururé	Pequeno	4,1	4,2	3,1	3,6	25,36%
Madre de Deus	Médio	5,3	5,1	4,0	3,1	29,06%
Maetinga	Pequeno	5,0	5,8	4,2	3,0	26,09%
Maiquinique	Médio	4,0	4,5	3,9	2,7	38,88%
Mairi	Pequeno	4,2	4,6	4,3	3,4	29,82%
Malhada	Pequeno	4,5	3,9	4,1	3,4	27,68%
Malhada de Pedras	Médio	4,1	5,7	4,2	4,8	26,99%

(continua)

Município	Porte	2017 Resultado IDEB				Índice Educação
		Anos iniciais		Anos finais		
		Meta projetada	Meta executada	Meta projetada	Meta executada	
Manoel Vitorino	Pequeno	4,1	4,3	4,8	2,6	27,14%
Mansidão	Pequeno	5,4	5,3	4,3	***	27,60%
Maracas	Pequeno	4,1	4,8	4,4	3,5	25,45%
Maragogipe	Pequeno	3,8	4,0	4,5	2,9	25,48%
Maraú	Pequeno	4,3	4,1	4,2	3,4	25,20%
Marcionílio Souza	Pequeno	4,1	4,8	4,1	***	30,47%
Mascote	Médio	4,0	4,0	3,7	3,0	29,63%
Mata de São João	Pequeno	4,2	5,7	4,0	4,6	26,81%
Matina	Pequeno	4,2	5,2	3,8	3,2	28,09%
Medeiros Neto	Médio	4,2	5,0	4,3	3,5	26,25%
Miguel Calmon	Pequeno	4,8	4,6	4,3	3,2	26,99%
Milagres	Pequeno	4,4	4,2	4,5	3,3	26,57%
Mirangaba	Médio	4,2	4,6	3,8	3,3	26,01%
Mirante	Pequeno	4,1	5,1	4,4	4,0	25,63%
Monte Santo	Médio	4,7	4,0	4,3	3,0	25,30%
Morpará	Pequeno	4,3	4,1	3,2	3,5	25,57%
Morro do Chapéu	Pequeno	4,7	4,4	4,4	3,4	26,12%
Mortugaba	Pequeno	5,9	6,1	4,8	3,9	25,32%
Mucugê	Grande	5,2	5,1	4,2	4,1	25,85%
Mucuri	Médio	4,6	4,5	4,0	3,2	25,62%
Mulungu do Morro	Pequeno	4,9	4,3	4,5	3,5	27,52%
Mundo Novo	Médio	4,3	4,8	4,7	5,0	25,65%
Muniz Ferreira	Pequeno	4,3	4,4	3,8	4,0	26,74%
Muquém do São Francisco	Pequeno	3,8	4,8	4,3	4,0	29,20%
Muritiba	Pequeno	4,9	3,8	3,6	3,2	29,60%
Mutuípe	Médio	4,9	4,2	4,6	3,8	28,77%
Nazaré	Médio	4,6	5,1	3,8	2,9	26,90%
Nilo Peçanha	Pequeno	4,1	4,4	3,7	3,2	25,13%
Nordestina	Médio	4,4	4,1	4,4	3,4	26,90%
Nova Canaã	Muito pequeno	4,2	3,8	4,3	3,0	29,77%
Nova Fátima	Médio	4,6	4,5	4,6	3,3	26,36%
Nova Ibiá	Pequeno	4,7	4,5	4,2	2,6	32,56%
Nova Itarana	Pequeno	3,9	5,4	4,5	4,1	25,97%
Nova Redenção	Pequeno	4,4	4,3	3,9	3,1	26,47%
Nova Soure	Médio	4,5	4,2	3,6	2,4	27,14%
Nova Viçosa	Pequeno	4,6	5,0	4,0	3,4	25,01%
Novo Horizonte	Muito pequeno	5,1	6,4	5,0	5,1	26,16%

(continua)

Município	Porte	2017 Resultado IDEB				Índice Educação
		Anos iniciais		Anos finais		
		Meta projetada	Meta executada	Meta projetada	Meta executada	
Novo Triunfo	Pequeno	4,0	4,0	3,4	3,0	30,62%
Olindina	Pequeno	4,0	4,3	3,5	3,4	26,02%
Oliveira Brejinhos	Médio	4,2	4,3	3,7	2,7	25,74%
Ouriçangas	Pequeno	4,4	4,3	4,3	3,2	26,11%
Ourolândia	Pequeno	4,3	4,1	4,0	3,2	26,45%
Palmas de Monte Alto	Pequeno	5,0	4,2	4,1	3,3	26,73%
Palmeiras	Médio	5,6	5,2	3,6	3,5	26,49%
Paramirim	Médio	4,7	5,1	4,8	4,1	27,09%
Paratinga	Pequeno	4,5	4,4	4,3	3,6	26,70%
Paripiranga	Pequeno	4,2	5,1	3,5	(*****)	28,28%
Pau Brasil	Muito pequeno	4,3	5,3	3,8	3,8	30,10%
Paulo Afonso	Pequeno	5,1	5,3	4,1	4,6	26,30%
Pé de Serra	Pequeno	4,5	(***)	4,8	3,7	26,09%
Pedrão	Pequeno	5,0	3,7	3,3	3,0	26,26%
Pedro Alexandre	Grande	4,2	3,8	3,8	2,8	28,10%
Piatã	Pequeno	4,9	5,9	4,5	5,0	25,52%
Pilão Arcado	Pequeno	4,5	3,5	3,9	2,7	26,47%
Pindaí	Médio	4,3	4,8	4,0	3,3	28,42%
Pindobaçu	Médio	4,0	4,5	4,4	3,6	25,21%
Pintadas	Pequeno	4,9	5,1	4,7	4,1	26,49%
Piraí do Norte	Médio	4,3	4,4	3,7	2,9	30,42%
Piripá	Médio	4,5	5,8	4,2	4,7	25,21%
Piritiba	Pequeno	4,3	3,9	3,9	2,6	26,50%
Planaltino	Pequeno	4,3	5,2	4,1	3,6	27,86%
Planalto	Pequeno	4,3	4,8	3,9	3,5	29,19%
Poções	Pequeno	4,8	4,7	4,3	3,7	26,14%
Pojuca	Muito pequeno	4,9	5,2	4,0	3,4	29,02%
Ponto Novo	Médio	4,4	3,6	4,3	2,4	25,23%
Porto Seguro	Pequeno	4,7	4,5	4,3	3,4	27,31%
Potiraguá	Pequeno	3,9	4,2	4,2	3,4	27,17%
Prado	Pequeno	4,6	4,0	4,2	3,3	25,52%
Presidente Dutra	Pequeno	5,6	5,1	4,5	3,7	26,94%
Presidente Jânio Quadros	Pequeno	4,6	4,9	4,7	3,3	25,76%
Presidente Tancredo Neves	Pequeno	4,1	4,8	3,9	3,1	27,31%
Queimadas	Pequeno	4,0	4,7	3,6	3,1	25,45%
Quijingue	Médio	4,7	4,1	3,8	3,4	25,35%
Quixabeira	Médio	4,0	4,6	3,7	3,6	29,50%

(continua)

Município	Porte	2017 Resultado IDEB				Índice Educação
		Anos iniciais		Anos finais		
		Meta projetada	Meta executada	Meta projetada	Meta executada	
Rafael Jambeiro	Médio	4,3	4,3	4,7	3,4	25,66%
Remanso	Médio	4,2	4,0	4,1	3,2	25,89%
Retirolândia	Pequeno	4,0	4,6	4,4	2,8	25,83%
Riachão das Neves	Pequeno	4,2	4,2	4,2	3,0	29,16%
Riachão do Jacuípe	Pequeno	4,6	3,9	4,2	3,3	25,26%
Riacho de Santana	Médio	4,5	6,1	4,6	4,3	26,00%
Ribeira do Amparo	Pequeno	4,1	4,0	4,2	2,7	25,23%
Ribeira do Pombal	Pequeno	4,7	5,5	4,3	4,0	25,31%
Ribeirão do Largo	Médio	4,5	3,8	3,4	2,9	25,31%
Rio de Contas	Médio	4,7	6,2	****	*****	26,13%
Rio do Antônio	Pequeno	4,6	5,2	4,0	3,8	30,43%
Rio do Pires	Pequeno	4,8	4,3	3,8	3,2	26,82%
Rio Real	Pequeno	5,1	4,8	4,5	3,0	25,39%
Rodelas	Pequeno	5,2	5,2	5,2	4,1	29,18%
Ruy Barbosa	Pequeno	4,4	4,4	3,7	3,0	26,10%
Salinas das Margaridas	Pequeno	4,4	4,4	4,0	3,3	25,30%
Salvador	Médio	4,5	5,3	4,0	3,9	27,23%
Santa Bárbara	Pequeno	4,9	4,0	2,7	2,2	25,35%
Santa Brígida	Médio	4,0	5,1	4,0	3,8	25,73%
Santa Cruz Cabrália	Pequeno	5,0	4,3	4,3	3,3	25,45%
Santa Cruz da Vitória	Pequeno	4,7	4,3	3,9	3,4	25,25%
Santa Inês	Pequeno	4,2	4,3	4,2	4,0	27,86%
Santa Luzia	Médio	3,7	3,7	4,2	(***)	26,59%
Santa Maria da Vitória	Pequeno	4,3	5,0	3,9	3,4	27,84%
Santa Rita de Cássia	Pequeno	4,5	4,0	3,7	3,6	26,30%
Santa Terezinha	Pequeno	4,8	4,6	3,9	4,1	25,81%
Santaluz	Médio	4,3	4,5	4,2	3,4	26,16%
Santana	Médio	4,3	4,6	5,0	3,5	29,38%
Santanópolis	Pequeno	4,3	3,5	3,3	2,6	25,33%
Santo Amaro	Pequeno	4,4	4,5	3,9	2,9	25,34%
Santo Antônio de Jesus	Muito pequeno	4,9	4,8	4,7	3,6	29,57%
Santo Estevão	Pequeno	4,3	4,4	4,3	2,5	25,99%
São Desidério	Pequeno	5,3	4,9	3,9	3,6	28,34%
São Domingos	Médio	4,6	4,3	4,7	3,4	27,15%
São Felipe	Médio	4,5	4,9	3,9	*****	25,68%
São Félix	Pequeno	4,5	4,0	4,3	3,8	25,10%
São Félix do Coribé	Pequeno	5,0	5,4	4,2	***	27,97%

(continua)

Município	Porte	2017 Resultado IDEB				Índice Educação
		Anos iniciais		Anos finais		
		Meta projetada	Meta executada	Meta projetada	Meta executada	
São Francisco do Conde	Médio	4,5	5,0	4,0	2,6	34,14%
São Gabriel	Médio	5,2	5,0	4,2	4,1	30,62%
São Gonçalo dos Campos	Pequeno	5,0	4,3	4,4	3,3	29,57%
São José da Vitória	Médio	3,8	3,7	3,8	2,5	36,22%
São José do Jacuípe	Pequeno	4,2	4,2	4,2	3,0	27,83%
São Miguel das Matas	Pequeno	3,9	4,9	4,1	2,9	30,02%
São Sebastião do Passé	Pequeno	4,7	4,9	4,1	3,4	27,99%
Sapeaçu	Pequeno	4,0	4,7	3,7	2,4	29,00%
Sátiro Dias	Pequeno	4,5	4,3	3,7	3,5	25,63%
Saubara	Pequeno	4,1	4,2	3,8	3,5	25,59%
Saúde	Médio	4,3	4,1	3,8	3,2	25,62%
Seabra	Pequeno	4,9	5,8	4,2	4,8	28,00%
Sebastião Laranjeiras	Médio	4,6	6,4	3,9	5,0	27,62%
Senhor do Bonfim	Pequeno	4,6	4,0	4,0	2,6	**
Sento Sé	Médio	4,5	4,1	4,1	3,3	26,68%
Serra do Ramalho	Pequeno	4,8	4,6	4,5	3,8	27,76%
Serra Dourada	Pequeno	4,7	4,9	4,4	3,7	26,80%
Serra Preta	Médio	4,1	4,3	3,5	3,2	26,01%
Serrinha	Pequeno	3,8	3,8	4,1	3,0	25,63%
Serrolândia	Pequeno	3,8	5,4	3,8	3,1	26,71%
Simões Filho	Médio	4,4	4,4	4,1	2,8	27,18%
Sitio do Mato	Médio	3,8	4,6	3,7	2,7	28,39%
Sitio do Quinto	Pequeno	4,8	4,1	4,2	3,0	25,61%
Sobradinho	Pequeno	5,2	5,1	4,2	4,6	28,11%
Souto Soares	Médio	4,5	5,9	4,9	4,5	29,22%
Tabocas do Brejo Velho	Pequeno	5,4	4,5	4,5	3,2	26,37%
Tanhaçu	Pequeno	4,9	4,3	4,1	2,8	26,96%
Tanque Novo	Pequeno	5,2	5,2	4,2	4,4	27,83%
Tanquinho	Pequeno	4,3	4,2	****	******	27,80%
Taperoá	Pequeno	4,4	4,2	3,6	3,1	25,09%
Tapiramuta	Médio	4,1	5,3	4,3	4,5	27,43%
Teixeira de Freitas	Pequeno	5,1	5,0	4,6	3,7	25,66%
Teodoro Sampaio	Médio	4,1	4,1	3,6	2,7	25,51%
Teofilândia	Médio	4,3	4,5	4,0	3,1	26,03%
Teolândia	Médio	4,2	4,1	4,1	3,9	26,53%
Terra Nova	Médio	4,5	3,7	4,0	3,6	**23,96%**
Tremedal	Pequeno	4,5	4,7	4,1	3,7	28,31%

(conclusão)

Município	Porte	2017 Resultado IDEB				Índice Educação
		Anos iniciais		Anos finais		
		Meta projetada	Meta executada	Meta projetada	Meta executada	
Tucano	Médio	4,4	5,1	4,1	3,2	27,05%
Uauá	Pequeno	5,2	5,2	5,5	4,0	26,18%
Ubaíra	Pequeno	4,2	4,5	4,3	3,3	27,05%
Ubaitaba	Pequeno	4,8	***	5,0	***	25,70%
Ubatá	Médio	4,2	4,0	3,4	3,1	28,06%
Uibaí	Pequeno	5,1	4,6	4,5	3,6	26,85%
Umburanas	Pequeno	4,3	4,0	3,7	3,3	26,58%
Una	Médio	4,5	4,3	4,1	3,7	29,26%
Urandi	Pequeno	5,2	6,0	4,2	3,8	26,33%
Uruçuca	Médio	4,0	3,6	4,1	3,0	29,47%
Utinga	Médio	3,8	4,7	4,3	3,5	25,90%
Valença	Pequeno	4,5	4,2	4,3	3,2	26,63%
Valente	Médio	4,4	5,1	3,6	3,8	27,63%
Várzea da Roca	Médio	4,4	3,6	3,5	2,7	26,48%
Várzea do Poço	Pequeno	4,2	4,2	3,9	3,2	26,97%
Várzea Nova	Médio	4,5	4,5	3,8	3,6	26,74%
Varzedo	Pequeno	3,9	4,3	4,1	3,6	28,01%
Vera Cruz	Médio	4,4	4,3	3,9	3,1	29,70%
Vereda	Pequeno	4,0	5,6	3,9	4,0	27,86%
Vitória da Conquista	Médio	4,9	4,7	4,1	3,6	27,75%
Wagner	Pequeno	5,1	5,9	****	3,6	27,23%
Wanderley	Pequeno	3,7	5,3	4,0	3,5	28,20%
Wensceslau Guimarães	Pequeno	4,1	4,0	4,0	3,4	25,77%
Xique-Xique	Grande	4,1	4,6	3,9	3,1	26,20%

* Em julgamento.

** Dados indisponíveis face a decisão judicial.

*** Número de participantes no SAEB insuficiente para que os resultados sejam divulgados.

**** Sem meta projetada.

***** Sem média no SAEB: não participou ou não atendeu os requisitos necessários para ter o desempenho calculado.

****** Não existem resultados para a 8ª série/9º ano.

Legenda:	Igual ou acima meta
	Não considerado

ANEXO II – Comparativo metas IDEB X índices de educação 2019

(continua)

Município	Porte	2019 Resultado IDEB Anos iniciais Meta projetada	Anos iniciais Meta executada	Anos finais Meta projetada	Anos finais Meta executada	Índice Educação
Abaíra	Pequeno	5,5	5,5	4,5	4,7	25,42%
Abaré	Médio	4,5	5,5	4,1	4,9	**23,53%**
Acajutiba	Pequeno	4,7	3,8	3,6	3,0	25,75%
Adustina	Médio	5,4	5,0	4,8	4,7	28,74%
Água Fria	Pequeno	4,4	4,2	4,1	3,3	26,86%
Aiquara	Pequeno	4,2	3,9	3,8	3,3	26,04%
Alagoinhas	Pequeno	4,9	4,7	4,7	3,8	26,06%
Alcobaça	Pequeno	5,1	5,0	4,5	3,3	25,53%
Almadina	Pequeno	4,8	4,6	4,6	3,9	26,69%
Amargosa	Médio	4,5	5,3	4,4	3,9	25,60%
Amélia Rodrigues	Pequeno	4,9	4,6	4,7	3,0	25,53%
América Dourada	Médio	5,1	5,1	4,9	4,4	25,95%
Anagé	Pequeno	4,7	4,9	4,6	4,4	25,29%
Andaraí	Pequeno	4,7	5,9	5,1	4,3	25,10%
Andorinha	Médio	4,6	4,4	4,3	2,6	27,42%
Angical	Pequeno	5,5	4,8	4,3	3,7	**23,43%**
Anguera	Pequeno	4,6	4,5	4,0	2,8	**
Antas	Pequeno	4,7	4,4	4,2	3,9	25,44%
Antônio Cardoso	Pequeno	4,5	***	****	2,7	26,23%
Antônio Gonçalves	Pequeno	4,4	5,3	4,8	4,1	25,60%
Aporá	Pequeno	4,5	3,3	4,5	3,2	27,09%
Apuarema	Médio	4,3	4,2	4,0	3,4	26,94%
Araçás	Pequeno	4,9	4,5	4,5	4,4	28,80%
Aracatu	Pequeno	5,1	4,7	4,1	4,2	25,87%
Araci	Médio	4,6	4,4	3,9	3,8	25,50%
Aramari	Pequeno	4,5	4,8	3,8	4,5	28,50%
Arataca	Pequeno	4,1	3,7	4,0	3,0	31,92%
Aratuípe	Médio	4,6	3,3	4,4	3,5	27,46%
Aurelino Leal	Pequeno	4,1	4,1	4,2	3,3	25,54%
Baianópolis	Médio	5,4	5,0	5,3	3,8	26,58%
Baixa Grande	Pequeno	4,1	4,8	4,0	3,5	26,27%
Banzaê	Pequeno	4,8	5,8	4,2	3,7	25,79%
Barra	Pequeno	4,5	4,4	4,5	3,5	26,28%
Barra da Estiva	Grande	5,2	6,0	5,9	4,3	25,15%
Barra do Choça	Médio	4,5	4,1	4,7	3,8	27,37%

(continua)

Município	Porte	2019				Índice Educação
		Resultado IDEB				
		Anos iniciais		Anos finais		
		Meta projetada	Meta executada	Meta projetada	Meta executada	
Barra do Mendes	Pequeno	5,4	6,2	4,7	4,7	27,08%
Barra do Rocha	Médio	4,3	4,6	3,9	3,5	26,88%
Barreiras	Pequeno	4,9	5,1	4,7	4,3	26,04%
Barro Alto	Pequeno	5,3	5,2	4,9	4,2	26,50%
Barro Preto	Pequeno	4,6	5,4	4,6	4,2	25,30%
Barrocas	Médio	4,3	5,2	4,4	4,0	26,88%
Belmonte	Médio	4,6	4,2	4,8	3,2	25,66%
Belo Campo	Pequeno	4,7	4,3	4,9	3,7	26,48%
Biritinga	Médio	4,2	***	4,5	3,0	26,10%
Boa Nova	Muito pequeno	5,3	5,2	4,0	3,8	25,11%
Boa Vista do Tupim	Médio	3,8	5,1	4,0	4,1	26,51%
Bom Jesus da Lapa	Pequeno	4,6	4,4	4,6	4,1	25,04%
Bom Jesus da Serra	Pequeno	4,6	4,7	4,3	3,7	27,48%
Boninal	Pequeno	4,8	5,5	4,6	4,4	26,18%
Bonito	Médio	4,4	5,2	5,1	4,0	27,08%
Boquira	Pequeno	4,3	5,0	5,0	4,6	28,15%
Botuporã	Muito pequeno	4,5	6,0	4,7	4,8	25,48%
Brejões	Pequeno	4,7	5,2	4,9	4,0	**21,64%**
Brejolândia	Pequeno	5,8	4,9	4,5	3,7	25,40%
Brotas de Macaúbas	Médio	4,8	5,3	4,3	4,3	29,48%
Brumado	Pequeno	5,1	6,1	4,7	5,1	28,31%
Buerarema	Pequeno	4,7	4,0	4,7	2,8	25,54%
Buritirama	Pequeno	4,6	4,7	4,4	3,7	28,03%
Caatiba	Médio	4,8	5,4	4,3	4,1	25,11%
Cabaceiras do Paraguaçu	Médio	5,1	3,7	4,2	3,3	27,88%
Cachoeira	Pequeno	4,6	4,0	3,7	3,1	26,69%
Caculé	Pequeno	5,7	6,6	5,5	5,2	25,54%
Caem	Muito pequeno	4,9	4,4	3,5	3,2	25,42%
Caetanos	Pequeno	4,9	4,9	4,7	3,6	26,44%
Caetite	Pequeno	5,0	5,3	4,4	3,7	25,33%
Cafarnaum	Pequeno	4,6	4,9	4,1	4,2	27,57%
Cairu	Grande	4,5	4,8	3,8	***	25,89%
Caldeirão Grande	Pequeno	4,0	4,2	4,0	***	25,95%
Camacã	Pequeno	4,6	4,1	4,3	3,6	27,58%
Camaçari	Médio	4,8	5,1	4,3	4,2	28,19%

(continua)

Município	Porte	2019				Índice Educação
		Resultado IDEB				
		Anos iniciais		Anos finais		
		Meta projetada	Meta executada	Meta projetada	Meta executada	
Camamu	Médio	4,7	4,0	4,0	3,7	25,33%
Campo Alegre de Lourdes	Pequeno	4,8	4,2	5,4	3,5	29,54%
Campo Formoso	Médio	4,5	4,7	4,1	3,1	25,72%
Canápolis	Médio	5,1	4,8	4,6	3,7	25,76%
Canarana	Pequeno	4,6	4,8	4,9	4,3	23,91%
Canavieiras	Pequeno	4,9	4,0	4,4	3,3	25,09%
Candeal	Pequeno	4,3	4,4	3,9	2,9	26,11%
Candeias	Pequeno	4,9	4,9	4,1	3,4	30,91%
Candiba	Muito pequeno	4,8	5,2	4,5	4,2	25,54%
Cândido Sales	Médio	4,6	4,4	4,1	3,2	26,93%
Cansanção	Pequeno	4,1	3,9	3,9	2,7	25,17%
Canudos	Pequeno	5,0	4,2	3,7	3,7	27,20%
Capela do Alto Alegre	Pequeno	4,9	5,1	4,5	3,4	28,13%
Capim Grosso	Pequeno	4,5	4,6	4,1	4,0	25,91%
Caraíbas	Pequeno	5,3	4,5	4,3	2,9	25,54%
Caravelas	Pequeno	4,7	4,7	4,0	***	26,66%
Cardeal da Silva	Pequeno	4,8	4,8	4,5	3,7	27,80%
Carinhanha	Médio	4,8	4,7	4,5	4,1	25,22%
Casa Nova	Médio	4,4	4,3	3,9	3,2	27,16%
Castro Alves	Médio	5,0	5,0	4,2	4,3	26,04%
Catolândia	Médio	4,7	4,9	4,4	4,1	27,82%
Catu	Pequeno	4,9	5,1	4,3	3,9	25,33%
Caturama	Pequeno	4,7	4,5	3,8	4,6	26,43%
Central	Pequeno	5,1	4,0	4,4	3,8	27,96%
Chorrocho	Médio	4,2	4,9	4,4	4,3	25,12%
Cícero Dantas	Pequeno	4,9	4,7	4,2	***	26,08%
Cipó	Pequeno	4,9	4,0	4,1	3,7	25,32%
Coaraci	Médio	4,8	4,5	4,4	3,4	26,10%
Cocos	Médio	5,5	5,1	4,7	4,0	26,71%
Conceição da Feira	Pequeno	5,3	4,0	4,4	3,4	25,71%
Conceição do Almeida	Pequeno	5,0	4,1	3,6	3,8	25,11%
Conceição do Coité	Pequeno	4,6	4,6	3,7	*****	25,19%
Conceição do Jacuípe	Pequeno	4,6	4,5	4,1	3,3	26,78%
Conde	Pequeno	5,3	3,9	5,1	3,9	25,77%
Condeúba	Pequeno	5,8	6,2	5,2	5,1	29,40%

(continua)

Município	Porte	2019 Resultado IDEB Anos iniciais Meta projetada	Anos iniciais Meta executada	Anos finais Meta projetada	Anos finais Meta executada	Índice Educação
Contendas do Sincorá	Médio	4,8	5,1	4,3	3,8	29,50%
Coração de Maria	Pequeno	4,7	4,1	4,9	3,3	25,74%
Cordeiros	Médio	4,7	6,2	4,5	5,0	27,27%
Coribe	Pequeno	5,5	5,5	4,2	4,9	25,73%
Coronel João Sá	Pequeno	4,8	4,7	3,7	3,3	25,79%
Correntina	Pequeno	4,7	4,9	4,5	3,7	31,64%
Cotegipe	Médio	4,5	5,0	3,9	3,5	31,74%
Cravolândia	Pequeno	4,4	5,3	3,4	4,5	28,19%
Crisópolis	Pequeno	5,4	4,9	4,2	3,9	25,08%
Cristópolis	Pequeno	4,8	4,8	4,5	4,3	25,83%
Cruz das Almas	Médio	4,8	4,8	4,7	4,0	25,92%
Curaçá	Médio	4,3	4,9	4,3	3,6	25,30%
Dário Meira	Pequeno	4,5	4,5	4,5	4,3	26,11%
Dias d'Ávila	Pequeno	4,8	4,7	4,4	3,8	26,18%
Dom Basílio	Muito pequeno	5,4	5,4	4,3	4,5	25,26%
Dom Macedo Costa	Pequeno	4,7	5,1	****	*****	28,80%
Elísio Medrado	Pequeno	4,5	5,1	4,3	4,4	25,75%
Encruzilhada	Médio	4,8	4,7	5,3	4,7	25,63%
Entre Rios	Médio	4,7	4,1	4,5	2,9	25,78%
Érico Cardoso	Pequeno	4,2	4,4	5,0	3,7	25,38%
Esplanada	Pequeno	4,8	3,5	4,3	3,0	27,00%
Euclides da Cunha	Médio	4,8	4,3	4,1	3,5	25,15%
Eunápolis	Médio	4,8	4,5	4,3	3,6	25,27%
Fátima	Pequeno	5,0	5,2	4,1	3,8	**24,59%**
Feira Da Mata	Médio	5,0	***	4,1	5,2	30,04%
Feira de Santana	Pequeno	4,8	4,8	4,6	3,7	28,69%
Filadélfia	Pequeno	4,4	4,2	4,3	3,7	25,68%
Firmino Alves	Pequeno	4,6	5,0	4,4	4,9	30,87%
Floresta Azul	Pequeno	4,8	4,3	4,2	4,4	26,05%
Formosa Rio Preto	Pequeno	4,7	4,9	4,2	3,8	36,08%
Gandu	Pequeno	5,0	5,0	4,2	4,1	25,06%
Gavião	Médio	5,4	4,7	4,9	3,8	28,27%
Gentio do Ouro	Pequeno	4,6	5,8	4,5	4,4	30,71%
Glória	Médio	5,1	***	4,9	4,1	27,28%
Gongogi	Pequeno	4,3	4,1	4,6	4,5	**24,33%**

(continua)

Município	Porte	2019				Índice Educação
		Resultado IDEB				
		Anos iniciais		Anos finais		
		Meta projetada	Meta executada	Meta projetada	Meta executada	
Governador Mangabeira	Médio	5,0	4,9	4,2	3,4	25,34%
Guajeru	Pequeno	5,0	4,6	4,4	4,2	25,69%
Guanambi	Pequeno	5,1	5,2	4,4	4,3	25,66%
Guaratinga	Médio	5,0	4,3	4,5	3,5	28,36%
Heliopólis	Pequeno	4,9	4,8	4,3	3,4	27,28%
Iaçu	Pequeno	4,4	4,7	3,9	3,9	25,64%
Ibiassucê	Médio	5,9	6,1	5,1	4,7	26,28%
Ibicaraí	Médio	4,3	4,2	4,5	*****	27,76%
Ibicoara	Pequeno	4,8	4,5	4,8	4,0	25,65%
Ibicuí	Pequeno	4,5	4,9	4,3	4,0	26,05%
Ibipeba	Médio	5,3	5,3	4,0	4,0	26,65%
Ibipitanga	Pequeno	4,9	6,2	4,5	4,3	25,31%
Ibiquera	Pequeno	4,4	4,7	****	3,2	27,12%
Ibirapitanga	Pequeno	4,6	4,6	4,6	3,4	26,39%
Ibirapuã	Pequeno	4,8	4,9	4,7	4,0	28,69%
Ibirataia	Pequeno	4,8	4,0	4,1	3,1	26,29%
Ibitiara	Médio	5,8	6,5	5,4	5,2	29,33%
Ibititá	Pequeno	4,7	4,7	5,2	4,0	29,12%
Ibotirama	Médio	5,2	4,8	4,2	3,4	28,16%
Ichu	Médio	4,6	4,9	4,2	***	25,54%
Igaporã	Médio	5,0	5,2	4,3	4,0	26,76%
Igrapiúna	Médio	4,8	4,2	4,1	3,0	25,23%
Iguaí	Pequeno	4,6	4,5	4,6	2,9	25,22%
Ilhéus	Médio	4,9	4,6	4,6	3,6	**24,34%**
Inhambupe	Pequeno	4,2	3,8	3,9	3,2	26,53%
Ipecaetá	Pequeno	4,6	4,0	3,9	2,5	28,40%
Ipiaú	Pequeno	4,8	4,7	4,2	3,8	26,90%
Ipirá	Médio	4,5	4,4	4,6	3,3	25,98%
Ipupiara	Pequeno	5,0	5,3	3,9	4,5	27,40%
Irajuba	Pequeno	4,2	4,5	3,7	3,7	25,32%
Iramaia	Médio	4,5	4,4	3,8	***	26,42%
Iraquara	Pequeno	4,8	6,1	5,2	4,7	29,40%
Irará	Médio	4,4	4,6	4,5	3,2	25,83%
Irecê	Médio	5,0	5,9	4,6	4,9	25,93%
Itabela	Pequeno	4,5	4,3	4,4	3,5	25,32%
Itaberaba	Médio	4,9	4,7	4,1	3,7	25,21%

(continua)

Município	Porte	2019 Resultado IDEB				Índice Educação
		Anos iniciais		Anos finais		
		Meta projetada	Meta executada	Meta projetada	Meta executada	
Itabuna	Médio	5,1	4,3	5,1	3,1	(*)
Itacaré	Pequeno	4,3	4,3	4,5	3,5	25,93%
Itaeté	Médio	4,6	4,8	4,9	4,1	25,49%
Itagi	Pequeno	4,3	4,3	4,0	3,0	25,54%
Itagiba	Médio	4,4	4,9	4,2	4,7	25,95%
Itagimirim	Pequeno	4,5	4,2	4,0	3,1	25,10%
Itaguaçu da Bahia	Médio	4,8	4,0	4,8	***	28,56%
Itaju do Colônia	Pequeno	4,8	4,2	4,4	3,3	26,01%
Itajuípe	Pequeno	4,6	4,2	4,1	2,9	26,15%
Itamaraju	Pequeno	4,5	5,5	4,3	4,5	25,76%
Itamari	Grande	3,6	4,4	4,0	***	26,63%
Itambé	Pequeno	4,7	3,4	4,0	3,1	25,04%
Itanagra	Pequeno	4,7	5,5	4,0	3,3	26,09%
Itanhém	Pequeno	4,7	5,1	4,5	4,5	26,26%
Itaparica	Médio	4,8	4,7	4,1	4,3	25,70%
Itape	Médio	4,5	5,3	3,9	3,6	27,28%
Itapebi	Pequeno	4,3	3,7	4,1	***	30,31%
Itapetinga	Médio	4,6	4,7	4,5	3,4	22,93%
Itapicuru	Médio	4,8	4,7	4,2	3,3	26,04%
Itapitanga	Médio	4,6	5,0	4,5	3,4	27,83%
Itaquara	Médio	4,4	5,4	3,9	3,4	25,08%
Itarantim	Pequeno	4,0	4,6	3,9	2,8	28,06%
Itatim	Pequeno	4,2	6,9	3,9	4,8	25,05%
Itiruçu	Pequeno	4,5	4,8	4,0	3,3	25,96%
Itiúba	Pequeno	4,4	4,6	3,9	3,5	25,18%
Itororó	Pequeno	4,6	4,4	4,1	3,7	26,35%
Ituaçu	Médio	5,2	5,7	4,8	3,9	26,10%
Itubera	Pequeno	4,6	4,7	3,7	3,9	26,19%
Iuiu	Pequeno	4,1	4,9	4,5	4,3	25,86%
Jaborandi	Médio	4,9	5,9	4,4	4,7	28,20%
Jacaraci	Pequeno	5,7	6,5	5,8	6,3	26,26%
Jacobina	Pequeno	4,8	4,8	4,3	3,4	26,29%
Jaguaquara	Pequeno	4,7	4,6	4,2	3,4	25,41%
Jaguarari	Pequeno	4,2	4,3	4,1	3,4	27,97%
Jaguaripe	Pequeno	4,8	4,3	4,4	3,8	29,20%
Jandaíra	Médio	4,1	4,7	3,6	3,4	26,08%

(continua)

Município	Porte	2019				Índice Educação
		Resultado IDEB				
		Anos iniciais		Anos finais		
		Meta projetada	Meta executada	Meta projetada	Meta executada	
Jequié	Pequeno	4,7	4,4	3,9	3,1	26,39%
Jeremoabo	Médio	4,8	4,0	4,0	3,1	27,19%
Jiquiriçá	Pequeno	4,5	4,7	4,3	3,8	25,24%
Jitaúna	Pequeno	4,4	4,7	3,9	4,2	25,70%
João Dourado	Pequeno	5,4	5,3	4,8	4,8	28,08%
Juazeiro	Médio	4,6	5,7	4,4	4,2	25,11%
Jucuruçu	Pequeno	4,4	5,2	4,1	3,7	49,40%
Jussara	Médio	4,9	5,0	4,0	***	27,04%
Jussari	Pequeno	4,4	4,0	4,3	3,3	26,80%
Jussiape	Pequeno	5,3	5,2	4,6	4,4	26,52%
Lafaiete Coutinho	Médio	5,0	5,3	****	3,8	26,23%
Lagoa Real	Pequeno	4,6	5,1	4,2	3,5	26,14%
Laje	Médio	5,1	4,5	4,9	4,2	25,84%
Lajedão	Grande	5,3	***	5,6	***	30,55%
Lajedinho	Pequeno	4,3	3,8	4,5	4,3	26,64%
Lajedo do Tabocal	Pequeno	5,3	5,9	4,4	4,3	26,58%
Lamarão	Médio	4,1	4,0	3,8	3,4	27,20%
Lapão	Médio	4,9	5,2	4,4	3,9	25,65%
Lauro de Freitas	Pequeno	5,3	4,9	4,5	3,8	26,71%
Lençóis	Médio	4,4	4,8	4,3	4,0	25,14%
Licínio de Almeida	Pequeno	5,6	7,3	4,6	6,3	25,91%
Livramento Nossa Senhora	Médio	5,5	5,5	5,3	4,4	25,60%
Luís Eduardo Magalhães	Pequeno	5,6	5,3	4,7	4,7	26,34%
Macajuba	Pequeno	4,8	4,6	4,3	2,8	**24,49%**
Macarani	Pequeno	5,1	5,5	5,0	4,7	25,40%
Macaúbas	Pequeno	4,7	5,7	4,8	4,8	25,58%
Macururé	Pequeno	4,4	4,3	3,4	3,9	26,28%
Madre de Deus	Médio	5,6	5,3	4,3	***	32,90%
Maetinga	Pequeno	5,3	5,3	4,4	***	25,74%
Maiquinique	Médio	4,3	4,9	4,2	3,6	27,41%
Mairi	Pequeno	4,5	4,2	4,5	3,3	26,84%
Malhada	Pequeno	4,8	5,1	4,4	4,2	25,62%
Malhada de Pedras	Médio	4,4	6,2	4,5	4,7	27,34%
Manoel Vitorino	Pequeno	4,4	4,6	5,0	3,6	30,48%
Mansidão	Pequeno	5,7	4,6	4,6	***	27,80%

(continua)

Município	Porte	2019				Índice Educação
		Resultado IDEB				
		Anos iniciais		Anos finais		
		Meta projetada	Meta executada	Meta projetada	Meta executada	
Maracas	Pequeno	4,4	5,0	4,7	4,1	26,64%
Maragogipe	Pequeno	4,1	4,0	4,7	3,4	26,11%
Maraú	Pequeno	4,6	***	4,5	3,8	25,39%
Marcionílio Souza	Pequeno	4,4	5,0	4,4	4,0	28,01%
Mascote	Médio	4,3	3,7	4,0	3,4	29,11%
Mata de São João	Pequeno	4,5	5,9	4,2	4,8	29,35%
Matina	Pequeno	4,5	5,1	4,1	4,1	27,31%
Medeiros Neto	Médio	4,5	4,8	4,6	4,1	26,07%
Miguel Calmon	Pequeno	5,1	4,7	4,6	3,3	25,74%
Milagres	Pequeno	4,7	4,5	4,8	4,0	26,89%
Mirangaba	Médio	4,5	5,2	4,0	***	26,78%
Mirante	Pequeno	4,4	5,8	4,7	4,2	25,30%
Monte Santo	Médio	5,0	4,3	4,5	3,4	25,16%
Morpará	Pequeno	4,6	3,9	3,5	3,1	26,38%
Morro do Chapéu	Pequeno	5,0	5,4	4,6	3,9	26,29%
Mortugaba	Pequeno	6,1	6,5	5,1	4,6	26,26%
Mucugê	Grande	5,5	5,5	4,4	4,3	25,59%
Mucuri	Médio	4,9	5,0	4,3	3,9	28,73%
Mulungu do Morro	Pequeno	5,2	4,8	4,8	3,9	25,91%
Mundo Novo	Médio	4,6	5,3	5,0	4,7	27,70%
Muniz Ferreira	Pequeno	4,6	5,0	4,1	4,5	25,80%
Muquém do São Francisco	Pequeno	4,1	4,3	4,5	4,5	30,39%
Muritiba	Pequeno	5,2	4,0	3,8	3,1	27,77%
Mutuípe	Médio	5,2	4,8	4,9	3,0	25,76%
Nazaré	Médio	4,9	5,2	4,1	4,4	25,09%
Nilo Peçanha	Pequeno	4,4	4,7	4,0	3,3	25,12%
Nordestina	Médio	4,7	4,7	4,6	3,6	25,29%
Nova Canaã	Muito pequeno	4,5	3,6	4,6	3,5	25,23%
Nova Fátima	Médio	4,9	5,2	4,9	***	25,11%
Nova Ibiá	Pequeno	5,0	4,4	4,5	3,7	28,93%
Nova Itarana	Pequeno	4,2	5,5	4,8	3,8	25,09%
Nova Redenção	Pequeno	4,7	5,0	4,2	***	27,51%
Nova Soure	Médio	4,8	4,7	3,8	3,1	25,79%
Nova Viçosa	Pequeno	4,9	4,9	4,3	3,9	25,21%
Novo Horizonte	Muito pequeno	5,4	6,6	5,0	6,0	25,88%

(continua)

Município	Porte	2019				Índice Educação
		Resultado IDEB				
		Anos iniciais		Anos finais		
		Meta projetada	Meta executada	Meta projetada	Meta executada	
Novo Triunfo	Pequeno	4,3	3,9	3,7	3,2	29,25%
Olindina	Pequeno	4,4	4,4	3,8	3,5	25,37%
Oliveira Brejinhos	Médio	4,6	5,6	4,0	4,0	25,06%
Ouriçangas	Pequeno	4,7	4,6	4,5	3,5	26,11%
Ourolândia	Pequeno	4,6	4,1	4,2	3,5	25,46%
Palmas de Monte Alto	Pequeno	5,3	4,5	4,3	3,1	25,63%
Palmeiras	Médio	5,9	5,5	3,9	3,4	26,77%
Paramirim	Médio	5,0	5,1	5,1	4,6	27,39%
Paratinga	Pequeno	4,8	4,2	4,5	4,0	25,29%
Paripiranga	Pequeno	4,5	4,9	3,7	4,1	25,27%
Pau Brasil	Muito pequeno	4,6	5,2	4,1	3,3	28,47%
Paulo Afonso	Pequeno	5,4	5,1	4,4	4,9	25,67%
Pé de Serra	Pequeno	4,8	4,9	5,1	4,0	26,62%
Pedrão	Pequeno	5,3	4,2	3,5	2,9	25,41%
Pedro Alexandre	Grande	4,6	3,6	4,0	3,6	26,43%
Piatã	Pequeno	5,2	6,6	4,7	4,7	25,72%
Pilão Arcado	Pequeno	4,8	4,0	4,2	3,3	27,20%
Pindaí	Médio	4,6	4,9	4,3	3,6	26,00%
Pindobaçu	Médio	4,3	5,0	4,6	3,3	25,64%
Pintadas	Pequeno	5,2	5,5	5,0	4,1	26,17%
Piraí do Norte	Médio	4,6	4,4	3,9	3,0	27,40%
Piripá	Médio	4,8	6,6	4,5	5,3	25,35%
Piritiba	Pequeno	4,6	4,8	4,1	3,4	26,00%
Planaltino	Pequeno	4,6	5,4	4,4	4,0	26,33%
Planalto	Pequeno	4,6	5,4	4,2	3,5	26,18%
Poções	Pequeno	5,1	5,0	4,6	4,1	25,50%
Pojuca	Muito pequeno	5,2	5,7	4,2	3,7	31,43%
Ponto Novo	Médio	4,7	4,8	4,5	3,8	25,49%
Porto Seguro	Pequeno	5,0	4,8	4,6	3,6	26,70%
Potiraguá	Pequeno	4,2	4,4	4,4	3,6	**24,37%**
Prado	Pequeno	4,9	4,3	4,4	3,6	26,30%
Presidente Dutra	Pequeno	5,9	5,1	4,7	3,9	25,39%
Presidente Jânio Quadros	Pequeno	4,9	4,5	4,9	***	25,93%
Presidente Tancredo Neves	Pequeno	4,4	4,9	4,2	3,6	26,62%
Queimadas	Pequeno	4,3	4,8	3,8	***	25,70%

(continua)

Município	Porte	2019				Índice Educação
		Resultado IDEB				
		Anos iniciais		Anos finais		
		Meta projetada	Meta executada	Meta projetada	Meta executada	
Quijingue	Médio	5,0	4,2	4,1	3,2	26,11%
Quixabeira	Médio	4,3	5,4	3,9	5,0	25,71%
Rafael Jambeiro	Médio	4,6	4,5	4,0	4,0	26,84%
Remanso	Médio	4,5	4,3	4,4	3,7	27,40%
Retirolândia	Pequeno	4,3	4,8	4,7	3,7	26,54%
Riachão das Neves	Pequeno	4,5	4,0	4,5	3,9	29,52%
Riachão do Jacuípe	Pequeno	4,9	4,8	4,4	3,7	25,90%
Riacho de Santana	Médio	4,8	5,5	4,8	4,8	26,07%
Ribeira do Amparo	Pequeno	4,4	4,2	4,4	4,4	28,53%
Ribeira do Pombal	Pequeno	5,0	5,8	4,6	4,7	25,85%
Ribeirão do Largo	Médio	4,8	4,2	3,7	3,1	25,78%
Rio de Contas	Médio	5,0	5,1	(****)	4,5	26,63%
Rio do Antônio	Pequeno	4,9	5,3	4,2	4,0	28,85%
Rio do Pires	Pequeno	5,1	4,6	4,1	3,6	26,36%
Rio Real	Pequeno	5,4	4,8	4,8	3,3	25,97%
Rodelas	Pequeno	5,5	4,7	5,4	3,9	25,43%
Ruy Barbosa	Pequeno	4,7	4,8	3,9	3,6	*
Salinas das Margaridas	Pequeno	4,7	5,1	4,3	3,8	26,04%
Salvador	Médio	4,8	5,6	4,2	4,3	25,34%
Santa Bárbara	Pequeno	5,2	4,1	2,9	***	25,87%
Santa Brígida	Médio	4,3	4,7	4,3	4,3	25,18%
Santa Cruz Cabrália	Pequeno	5,3	4,8	4,6	3,7	26,07%
Santa Cruz da Vitória	Pequeno	5,0	4,7	4,8	4,1	**24,69%**
Santa Inês	Pequeno	4,5	5,0	4,5	4,4	27,21%
Santa Luzia	Médio	4,0	4,2	4,5	2,9	26,34%
Santa Maria da Vitória	Pequeno	4,6	4,9	4,2	3,7	26,13%
Santa Rita de Cássia	Pequeno	4,8	4,6	4,0	4,1	26,61%
Santa Terezinha	Pequeno	5,1	4,8	4,2	4,4	25,25%
Santaluz	Médio	4,6	4,7	4,5	3,9	25,22%
Santana	Médio	4,6	5,0	5,2	3,7	25,11%
Santanópolis	Pequeno	4,6	4,1	3,6	2,7	26,32%
Santo Amaro	Pequeno	4,7	4,7	4,1	2,9	25,56%
Santo Antônio de Jesus	Muito pequeno	5,2	4,8	5,0	3,9	26,90%
Santo Estevão	Pequeno	4,6	4,3	4,6	3,3	25,74%
São Desidério	Pequeno	5,6	5,0	4,2	3,9	29,67%

(continua)

Município	Porte	2019				Índice Educação
		Resultado IDEB				
		Anos iniciais		Anos finais		
		Meta projetada	Meta executada	Meta projetada	Meta executada	
São Domingos	Médio	4,9	4,4	4,9	4,2	25,20%
São Felipe	Médio	4,8	4,7	4,2	3,2	25,97%
São Félix	Pequeno	4,8	4,9	4,5	3,3	25,37%
São Félix do Coribe	Pequeno	5,3	5,5	4,4	4,5	28,44%
São Francisco do Conde	Médio	4,8	4,6	4,3	3,0	36,77%
São Gabriel	Médio	5,5	5,6	4,5	3,8	25,44%
São Gonçalo dos Campos	Pequeno	5,3	4,4	4,6	3,3	33,30%
São José da Vitoria	Médio	4,1	4,3	4,1	2,9	29,20%
São José do Jacuípe	Pequeno	4,5	4,0	4,5	3,6	25,11%
São Miguel das Matas	Pequeno	4,2	5,0	4,4	3,6	28,10%
São Sebastião do Passé	Pequeno	5,0	5,5	4,4	3,8	26,74%
Sapeaçu	Pequeno	4,3	4,6	3,9	3,7	**21,05%**
Sátiro Dias	Pequeno	4,8	4,7	3,9	3,8	26,59%
Saubara	Pequeno	4,4	5,0	4,1	3,8	29,61%
Saúde	Médio	4,6	4,5	4,1	4,3	25,37%
Seabra	Pequeno	5,2	6,2	4,4	5,1	25,17%
Sebastião Laranjeiras	Médio	4,9	6,1	4,1	5,1	26,56%
Senhor do Bonfim	Pequeno	4,9	4,4	4,2	3,8	25,61%
Sento-Sé	Médio	4,8	4,5	4,4	3,2	27,50%
Serra do Ramalho	Pequeno	5,1	4,8	4,8	***	25,31%
Serra Dourada	Pequeno	5,0	5,0	4,7	4,0	26,68%
Serra Preta	Médio	4,4	4,5	3,8	3,5	25,56%
Serrinha	Pequeno	4,2	3,8	4,3	3,3	25,43%
Serrolândia	Pequeno	4,1	5,4	4,1	***	26,50%
Simões Filho	Médio	4,7	4,6	4,3	3,1	28,47%
Sítio do Mato	Médio	4,1	4,2	3,9	3,9	28,77%
Sítio do Quinto	Pequeno	5,1	3,9	4,4	***	25,35%
Sobradinho	Pequeno	5,5	5,2	4,5	4,5	26,45%
Souto Soares	Médio	4,8	5,7	5,1	4,5	27,24%
Tabocas do Brejo Velho	Pequeno	5,7	4,8	4,7	3,7	25,71%
Tanhaçu	Pequeno	5,2	5,7	4,4	***	27,70%
Tanque Novo	Pequeno	5,5	6,2	4,5	4,5	25,19%
Tanquinho	Pequeno	4,6	4,0	****	******	26,94%
Taperoá	Pequeno	4,7	4,3	3,9	***	**24,47%**
Tapiramutá	Médio	4,4	6,0	4,5	4,3	28,78%
Teixeira de Freitas	Pequeno	5,4	4,9	4,9	4,0	25,84%

(conclusão)

Município	Porte	2019 Resultado IDEB				Índice Educação
		Anos iniciais		Anos finais		
		Meta projetada	Meta executada	Meta projetada	Meta executada	
Teodoro Sampaio	Médio	4,4	4,2	3,9	3,6	27,34%
Teofilândia	Médio	4,6	4,5	4,2	3,6	25,59%
Teolândia	Médio	4,5	3,9	4,4	3,8	28,98%
Terra Nova	Médio	4,8	4,4	4,3	2,9	25,16%
Tremedal	Pequeno	4,8	5,4	4,4	4,0	29,67%
Tucano	Médio	4,7	5,0	4,4	3,6	25,24%
Uauá	Pequeno	5,5	5,3	5,7	4,0	26,08%
Ubaíra	Pequeno	4,5	5,1	4,5	3,5	25,01%
Ubaitaba	Pequeno	5,1	5,0	5,2	4,2	25,15%
Ubatã	Médio	4,5	4,0	3,7	2,8	**24,65%**
Uibaí	Pequeno	5,3	4,5	4,8	4,4	29,50%
Umburanas	Pequeno	4,6	4,2	4,0	3,6	27,20%
Una	Médio	4,8	4,8	4,4	***	28,00%
Urandi	Pequeno	5,4	6,0	4,4	***	26,57%
Uruçuca	Médio	4,3	4,2	4,4	2,9	**24,30%**
Utinga	Médio	4,1	4,9	4,5	4,2	26,42%
Valença	Pequeno	4,8	4,1	4,6	3,5	26,84%
Valente	Médio	4,7	5,5	3,9	4,1	25,08%
Várzea da Roça	Médio	4,7	4,3	3,8	2,9	25,99%
Várzea do Poço	Pequeno	4,5	4,2	4,2	3,4	26,09%
Várzea Nova	Médio	4,8	4,7	4,1	3,8	25,69%
Varzedo	Pequeno	4,2	4,6	4,4	4,1	27,88%
Vera Cruz	Médio	4,7	4,8	4,1	3,6	26,11%
Vereda	Pequeno	4,3	5,6	4,1	4,5	**24,80%**
Vitória da Conquista	Médio	5,2	5,6	4,4	4,6	26,20%
Wagner	Pequeno	5,1	6,5	3,9	4,4	25,86%
Wanderley	Pequeno	4,0	5,5	4,2	3,9	25,80%
Wensceslau Guimarães	Pequeno	4,4	4,4	4,3	3,4	25,07%
Xique-Xique	Grande	4,4	4,7	4,1	3,8	26,77%

* Em julgamento.

** Dados indisponíveis face à decisão judicial.

*** Número de participantes no SAEB insuficiente para que os resultados sejam divulgados.

**** Sem meta projetada.

***** Sem média no SAEB: Não participou ou não atendeu os requisitos necessários para ter o desempenho calculado.

****** Não existem resultados para a 8ª série/9º ano.

Legenda:	Igual ou acima meta
	Não considerado

Informação bibliográfica deste texto, conforme a NBR 6023:2018 da Associação Brasileira de Normas Técnicas (ABNT):

OLIVEIRA, Leonice Silva de. Qualidade na educação: um estudo de caso nos municípios baianos. *In*: LIMA, Edilberto Carlos Pontes (coord.). *Os Tribunais de Contas e as políticas públicas*. Belo Horizonte: Fórum, 2023. p. 287-321. ISBN 978-65-5518-596-6.

CAPACITAÇÃO PARA GESTÃO DE RESÍDUOS SÓLIDOS: DESAFIOS E EXPERIÊNCIAS OBTIDAS COM A PARCERIA ENTRE TCE-SP, CETESB E USP

MANUELA PRADO LEITÃO
MARIA LUIZA PASCALE
FERNANDA DA ROCHA BRANDO
LEANDRO DALL'OLIO
LIA HELENA DEMANGE
PATRÍCIA FAGA IGLECIAS LEMOS
SILVIA M. ASCENÇÃO GUEDES GALLARDO
TADEU FABRÍCIO MALHEIROS
TAMARA MARIA GOMES

Introdução

O lema da Agenda 2030, compromisso internacional firmado em 2015 pelos países integrantes da Organização das Nações Unidas (ONU), é "não deixar ninguém para trás", buscando-se o contínuo aprimoramento da qualidade de vida das pessoas ao redor do planeta. Com esse intuito, foi estabelecido um conjunto de 17 Objetivos de Desenvolvimento Sustentável (ODS) e 169 metas distribuídas para cada um desses objetivos até o ano de 2030.

Apesar de se tratar de um compromisso global, as reiteradas discussões travadas para a implementação da Agenda apontam para ações dentro das esferas dos governos subnacionais – Estados e Municípios –, uma vez que são os responsáveis pela formulação e cumprimento de políticas públicas mais próximas do dia a dia dos cidadãos, os verdadeiros catalisadores de mudanças e os mais adequados à aplicação dos ODS a fim de conectar as metas globais às realidades locais – também identificado por "localização dos ODS" (ONUBR, 2017). Por essa razão, o estreitamento de laços entre as instituições públicas tem o condão de fortalecer a sua própria atuação e permitir o alcance das metas propostas pelos ODS.

Nesse contexto, a complexidade das relações sociais, as inovações tecnológicas que cada vez mais abraçam o setor público e a crescente demanda da sociedade civil por instituições democráticas, fortes e efetivas têm sugerido a necessidade de parcerias entre o Legislativo, o Executivo e a academia, tanto no nível nacional quanto subnacional. Tais alianças permitem a conjugação de esforços, por meio de perspectivas complementares e integradas, para o desenvolvimento e implementação de políticas públicas de impacto social concreto.

Os ODS e o Tribunal de Contas do Estado de São Paulo

O papel exercido pelas Cortes de Contas tem sido transformado na última década, eis que, à função de exercício do controle externo em auxílio ao Poder Legislativo, antes restrito à análise de legalidade e conformidade, cada vez mais se acrescenta a averiguação de efetividade das políticas públicas. Em outras palavras, não se busca apenas verificar se a despesa é legal e está de acordo com regras e princípios orçamentários e contábeis, mas também se o gasto público traz algum impacto de melhoria real na qualidade de vida dos cidadãos.

Com efeito, a Resolução nº A/RES/66/209 da ONU (UNITED NATIONS, 2012) ao enfatizar o papel das Entidades Superiores de Fiscalização para a promoção da transparência, eficiência, efetividade e *accountability* da administração pública, reconheceu a relevância das Cortes de Contas para o alcance dos Objetivos do Milênio, então em vigor (sucedidos, em 2015, pelos ODS).

Também a fim de elucidar a relevância dos Tribunais de Contas dos países aderentes à Agenda 2030 para monitorarem o preparo das instituições e de sua governança a fim de atender aos ODS, a *International Organization of Supreme Audit Institutions* (INTOSAI) publicou um guia com a definição de desenvolvimento sustentável e esclarecimento de como esse conceito pode estar refletido em estratégias, políticas, auditorias e operações da administração pública e das próprias entidades fiscalizadoras (INTOSAI, 2019). As possíveis abordagens das Cortes de Contas envolvem, assim, desde a avaliação do progresso das políticas públicas para o alcance dos ODS, a partir de dados confiáveis e auditáveis, até a realização de auditorias de desempenho que permitam examinar os pilares de economia, eficiência e eficácia dos programas governamentais, além de serem elas próprias modelos de transparência e prestação de contas de suas atividades (DUTRA, 2016).

Tendo isso em vista, o Tribunal de Contas do Estado de São Paulo (TCE-SP) firmou Memorando de Entendimentos com o Programa das Nações Unidas para o Desenvolvimento (PNUD) em 2017, a fim de integrar os ODS às suas atividades. Desde então, foram realizadas diversas ações voltadas para a capacitação e sensibilização de seus servidores e gestores públicos sobre a Agenda 2030 e meios de incorporá-la ao planejamento público.

Como exemplos de algumas das ações e sistemas desenvolvidos pelo TCE-SP que congregam os ODS à gestão interna e à de seus jurisdicionados, podem-se nomear diversas ferramentas de fiscalização e controle social, disponibilizadas para livre acesso pelo *website* do TCE-SP.

É o caso do Índice de Efetividade da Gestão Municipal – IEG-M (TRIBUNAL DE CONTAS..., 2022), indicador criado em 2015 que tem como objetivo medir a eficiência e a efetividade das ações adotadas pelas prefeituras, com foco em infraestrutura e processos, em sete setores da administração: saúde, planejamento, educação, gestão fiscal, proteção aos cidadãos (Defesa Civil), meio ambiente e governança e tecnologia da informação.

A ferramenta permite a comparação de resultados entre municípios de mesmo porte e o intercâmbio de boas práticas, além de permitir ao gestor avaliar sua evolução ao longo dos anos nos diversos setores abrangidos pelos índices.

Além do IEG-M, cumpre mencionar diversos painéis dinâmicos com dados coletados pela Corte de Contas e de livre acesso pela população por meio de sua página eletrônica. Entre eles, pode-se citar o Painel do Saneamento Básico, que consolida dados do IEG-M, do IBGE e do Sistema Nacional de Informações sobre Saneamento – SNIS, com o objetivo de demonstrar de forma clara e objetiva os dados locais relacionados a cada uma das atividades do saneamento. Outro exemplo é o Painel ODS, que apresenta respostas dos Municípios aos quesitos do IEG-M a partir do ODS correspondente.

Também há as Fiscalizações Ordenadas, que tratam de temas afetos aos ODS. São realizadas *in loco*, sem prévio aviso, de forma concomitante e coordenada por todo o Estado, apresentando um retrato fiel e atual de como as políticas públicas estão sendo aplicadas nos Municípios jurisdicionados. Assim, já foram desenvolvidas fiscalizações ordenadas em temas como merenda e transporte escolar, infraestrutura na educação, atendimento em hospitais, UPAs e UBSs, obras paralisadas e resíduos sólidos, entre outros. Os relatórios gerados representam alertas aos gestores e um transparente retrato da execução dos serviços para a sociedade.

Dentre algumas das publicações da Corte, foi editado um Manual de Planejamento Público com o objetivo de demonstrar como o IEG-M e os Objetivos de Desenvolvimento Sustentável inserem-se no ciclo de políticas públicas e peças orçamentárias.

Vale indicar, ainda, a realização de concursos de boas práticas entre os órgãos jurisdicionados para divulgar e estimular ações governamentais relacionadas aos ODS com impacto positivo. A premiação encontra-se atualmente em sua terceira edição.

Os ODS e a Universidade de São Paulo

No contexto da academia, aqui representada pela USP, as atividades que tratam os ODS são desenvolvidas no tripé do ensino, pesquisa, cultura e extensão. Para representar as ações em gestão ambiental em 2012, foi criada a Superintendência de Gestão Ambiental (SGA), cuja competência é a de planejar, implantar, manter e promover a sustentabilidade ambiental nos *campi* da USP (art. 38-D, UNIVERSIDADE DE SÃO PAULO, 2012). A principal missão é incorporar a dimensão ambiental de sustentabilidade às políticas, planos e atividades da universidade, sejam estes nas áreas do ensino, pesquisa, extensão ou gestão (https://sga.usp.br/sobre-a-sga/).

Após a criação da SGA em 2012, houve a elaboração de uma política ambiental norteada pelo dever de a Universidade cumprir seu papel de exemplaridade pela aplicação dos princípios de sustentabilidade perante a comunidade universitária e a sociedade (UNIVERSIDADE DE SÃO PAULO, 2018). Também, as ações passaram a envolver a Agenda 2030 nos seus 17 ODS, considerando as especificidades de cada *campus* e a realidade local, dando legitimidade às ações de sustentabilidade na Universidade. A criação de editais específicos da SGA para a comunidade gestora interna da USP, voltados para mitigar e compensar a emissão de gases de efeito estufa, inovações em circularidade, *retrofit* para prédios inteligentes, acordo de cooperação técnico-educacional para atividades com conteúdos audiovisuais educativos, entre outros, são alguns exemplos.

Há de se considerar a forte atuação da USP nas questões de sustentabilidade no cenário internacional, com diferentes participações na Conferência das Partes da Convenção-Quadro das Nações Unidas sobre a Mudança do Clima e de Biodiversidade.

No contexto das universidades, a USP integra redes como: a ISCN (*International Sustainable Campus Network*), cujo objetivo é fornecer um fórum global para apoiar o intercâmbio de informações, ideias e melhores práticas para alcançar operações sustentáveis nos *campi* e integrar a sustentabilidade à pesquisa e ao ensino; o *THE Impact Ranking* (*Times Higher Education*), cuja proposta é avaliar o comprometimento e o impacto social das ações desenvolvidas pelas universidades em relação aos Objetivos de Desenvolvimento Sustentável usando indicadores em quatro grandes áreas: pesquisa, administração, extensão e ensino; e o *UI GreenMetric World University Ranking*, cuja finalidade é medir os esforços de sustentabilidade dos *campi*, focada nas ações de infraestrutura, mobilidade, gestão da água, energia e resíduos, assim como a educação ambiental. Na última edição do *UI GreenMetric World University Ranking*, em 2022, a USP foi classificada na 10ª posição entre 1.050 universidades do mundo todo, resultado que mostra a sua relevância nas ações de sustentabilidade.

Os ODS e a CETESB

Criada em 1968, a Companhia Ambiental do Estado de São Paulo – CETESB é um dos primeiros órgãos criados no Brasil para o controle e monitoramento da poluição. Como membro do SISNAMA – Sistema Nacional do Meio Ambiente e órgão executor do Sistema Estadual de Administração da Qualidade Ambiental, Proteção, Controle e Desenvolvimento do Meio Ambiente e Uso Adequado dos Recursos Naturais – SEAQUA, a CETESB desenvolve ações em licenciamento ambiental e fiscalização de atividades com impacto sobre o meio ambiente, fiscalização e licenciamento de corte de vegetação e intervenções em áreas consideradas de preservação permanente e ambientalmente protegidas, monitoramento da qualidade do ar, das águas e do solo, fiscalização e controle das fontes de emissão de poluentes, proteção aos mananciais, atendimento a emergências químicas e análise de riscos.

Enquanto instituição vinculada ao Poder Executivo do Estado de São Paulo, a CETESB participou da Câmara Temática Planeta da Comissão Estadual dos Objetivos de Desenvolvimento Sustentável (2019-2022), cuja missão era "Proteger o planeta contra a degradação, por meio do consumo e da produção sustentáveis, da gestão sustentável de seus recursos naturais e de medidas urgentes para combater a mudança do clima, para atender as necessidades da presente e futuras gerações".

Essa Câmara elegeu como prioritários os ODS 6 "garantir disponibilidade e manejo da água e saneamento para todos", 7 "garantir acesso à energia barata, confiável, sustentável e renovável para todos", 12 "assegurar padrões de produção e consumo sustentáveis", 13 "tomar medidas urgentes para combater a mudança do clima e seus impactos", 14 "conservar e promover o uso sustentável dos oceanos, dos mares e dos recursos marinhos para o desenvolvimento sustentável", 15 "proteger, recuperar e promover o uso sustentável dos ecossistemas terrestres, gerir de forma sustentável as florestas, combater a desertificação, deter e reverter a degradação da terra e deter a perda de biodiversidade" e 17 "fortalecer os meios de implementação e revitalizar a parceria global para o desenvolvimento sustentável".

A Comissão Estadual dos Objetivos de Desenvolvimento Sustentável elaborou dois Relatórios de Acompanhamento dos Objetivos do Desenvolvimento Sustentável (ODS) do Estado de São Paulo, os quais foram reconhecidos pelas Nações Unidas como iniciativa subnacional da Agenda 2023 e podem ser acessados na página https://sdgs.un.org/topics/voluntary-local-reviews (item 21 – p. 2).

As iniciativas da CETESB reportadas no II Relatório de Acompanhamento dos Objetivos do Desenvolvimento Sustentável (ODS) do Estado de São Paulo foram: o Acordo Ambiental São Paulo – iniciativa para incentivar empresas, associações e municípios paulistas a assumirem voluntários de redução de emissão de gases de efeito estufa, a capacitação em adaptação às mudanças climáticas de agentes públicos, sociedade civil, o Comitê de Bacias Hidrográficas, programa de consumo e produção responsáveis nas contratações públicas, a promoção da implantação da logística reversa no Estado de São Paulo, o licenciamento ambiental e a fiscalização de atividades poluidoras e degradadoras, o monitoramento da qualidade das águas interiores e o monitoramento da qualidade do ar.

Além disso, a CETESB realizou o *Programa ODS CETESB* (2021-2022), iniciativa com o intuito de incentivar, reunir, disseminar e difundir o progresso, ações e transformações alcançadas pelo setor privado no Estado de São Paulo, no atendimento aos Objetivos de Desenvolvimento Sustentável. Trata-se de um programa que busca incentivar o setor produtivo, o setor de serviços, entidades e empresas a adotarem ações voluntárias relacionadas aos ODS. Dentro desse programa, foram celebrados, em 2021, Protocolos de Intenções com a Abiclor – Associação Brasileira da Indústria de Álcalis, Cloro e Derivados, com a ABIT – Associação Brasileira da Indústria Têxtil e de Confecção, e o SINDITÊXTIL SP, com plano de trabalho para a efetivação dos ODS.

A parceria em prol dos ODS

Na busca constante pelo aperfeiçoamento de suas atividades, mostrou-se fundamental a essas instituições o desenvolvimento de projetos em conjunto, com o escopo comum de fortalecer a sua atuação e seus objetivos de transformação social. Assim, seria possível enaltecer o Objetivo nº 16 – paz, justiça e instituições eficazes, como colocar em prática o Objetivo nº 17 – parcerias e meios de implementação com o desenvolvimento de projetos em conjunto.

Desse modo, o TCE-SP, a USP e CETESB uniram-se na elaboração de um curso na modalidade EaD (ensino adistância) para a capacitação de gestores públicos a partir das experiências e competências de cada uma.

A escolha do tema: ODS 6, 11 e 12

Uma questão que assola os municípios paulistas e está diretamente imbricada com o meio ambiente e a sustentabilidade da vida nas cidades é a adequada gestão de resíduos sólidos. A escolha desse tema para o cerne da capacitação almejada pelas três instituições públicas se mostrou relevante, não apenas considerando o período de vigência da Lei nº 12.305/2010 (que instituiu a Política Nacional de Resíduos Sólidos – PNRS – no país), quando a primeira edição do curso seria ofertada ao público-alvo, como também a sua atualidade diante das mudanças legislativas decorrentes do chamado novo Marco do Saneamento.

É cediço que o saneamento básico representa um conjunto de atividades e serviços fundamentais para o desenvolvimento socioeconômico, com impactos diretos sobre a saúde e qualidade de vida da população. A Lei nº 11.445/2007, que estabelece as diretrizes nacionais para o saneamento básico, alterada recentemente pela Lei nº 14.026/2020, disciplinou que as atividades de abastecimento de água potável, esgotamento sanitário, limpeza urbana e manejo de resíduos sólidos e drenagem e manejo das águas pluviais urbanas integram o conceito de saneamento básico.

Apesar de reunidos em um mesmo conceito, as atividades de saneamento apresentam legislação e regulamentações específicas e que se encontram em diferentes estágios de implantação e eficácia nos municípios brasileiros.

Assim, a Lei nº 11.445/2007 define as atividades de limpeza urbana e manejo de resíduos sólidos como "coleta, varrição manual e mecanizada, asseio e conservação urbana, transporte, transbordo, tratamento e destinação final ambientalmente adequada dos resíduos sólidos domiciliares e dos resíduos de limpeza urbana". Tais atividades devem ser consideradas em um processo de gestão integrada dos resíduos, definida na supramencionada Lei nº 12.305/2010 como o "conjunto de ações voltadas para a busca de soluções para os resíduos sólidos, de forma a considerar as dimensões política, econômica, ambiental, cultural e social, com controle social e sob a premissa do desenvolvimento sustentável".

Essas soluções devem integrar ações de políticas públicas que priorizem atividades de menor impacto ao meio ambiente, seguindo a ordem de prioridade estabelecida na PNRS de não geração, redução, reutilização, reciclagem e tratamento dos resíduos sólidos, seguidas da disposição final ambientalmente adequada dos rejeitos.

Trata-se, pois, de processo de gestão bastante complexo para grande parte dos municípios paulistas, que sofrem com quadros técnicos reduzidos, com relação à expertise necessária para o planejamento das respectivas contratações públicas, além de ser necessário o conhecimento da legislação e a consideração das metas definidas no plano municipal de gestão integrada de resíduos sólidos ou plano de gerenciamento de resíduos sólidos, também com conteúdo mínimo definido em lei.

Tais atividades devem considerar a responsabilidade compartilhada de todos os atores, contemplando todo o ciclo de vida dos produtos, do "berço ao caixão", isto é, desde a sua concepção – que deve considerar a mitigação da produção de resíduos e de rejeitos – até a destinação ambientalmente adequada desses resíduos e rejeitos. Isso inclui, portanto, fabricantes, importadores, distribuidores e comerciantes, consumidores e os próprios titulares dos serviços públicos de limpeza urbana e de manejo dos resíduos sólidos.

A isso se acresce outro elemento crucial para a gestão de resíduos: a introdução da logística reversa, entendida como a obrigação imposta pela PNRS a fabricantes, importadores, comerciantes e distribuidores de produtos e embalagens definidos na legislação de agirem para viabilizar a coleta dos resíduos gerados após o consumo e o retorno deles ao setor empresarial, para reciclagem ou outra destinação adequada. Nesse contexto, há necessidade de definir os produtos que estão sujeitos a ela, a regras de operação, as metas de atendimento e as condições para o envolvimento do poder público, quando necessário.

Afora isso, a PNRS aboliu os chamados "lixões", tidos como irregulares e, portanto, proibidos, e relegou a disposição final em aterros sanitários apenas para os rejeitos – assim chamados os resíduos que não são passíveis de reutilização, reciclagem ou qualquer forma de reaproveitamento. O objetivo da norma foi buscar a inovação para a redução de resíduos na produção e no fim da vida útil dos produtos, incentivando a reutilização e a reciclagem de materiais. Não obstante, o Brasil segue sendo um país em que a maior parte da destinação final dos resíduos (61%) ainda é feita em aterros (ABRELPE, 2022).

No Estado de São Paulo, 95,8% dos municípios destinam seus resíduos para aterros adequados, conforme o Índice de Qualidade de Aterro de Resíduos (CETESB, 2022), patamar muito superior ao nacional, em que apenas 46,1% dos municípios dispõem seus resíduos em aterros sanitários (e não aterro controlado/lixão), conforme dados do Plano Nacional de Resíduos Sólidos.

Apesar de o Estado de São Paulo ter feito muitos avanços na qualidade da disposição final de resíduos nas últimas décadas, ainda há muito a ser feito para que tais resíduos sejam desviados de aterros sanitários, sendo reutilizados, reciclados ou, de outra forma, reaproveitados. Conforme levantamento do SNIS, apenas 2,5% dos resíduos sólidos urbanos eram coletados por meio de coleta seletiva na Região Sudeste em 2018 (ANCAT; PRAGMA, 2020).

É igualmente grave identificar que em torno de 20% dos Municípios sequer elaboraram os seus planos municipais de gestão integrada de resíduos sólidos, apesar de concluída uma década da vigência da PNRS (TRIBUNAL DE CONTAS, 2021). Tal peça de planejamento, essencial para viabilizar a transferência de recursos entre entes federativos, é fundamental para delinear estratégias para uma adequada gestão de resíduos, possibilitando uma mitigação de impactos e até potenciais danos ambientais.

Além dessa importante fase de diagnóstico inicial, as contratações públicas irão demandar outras fases cruciais de planejamento, que incluem dimensionamento dos serviços e sua precificação, para o posterior lançamento dos editais de licitação para o mercado.

De se destacar que a importância do conhecimento e devido planejamento dos serviços é ampliada pelo impacto financeiro dos respectivos gastos nos orçamentos municipais. Trata-se de serviços contínuos e de elevado custo, portanto que demandam capacitação dos gestores públicos.

A temática dos resíduos sólidos abarca, de forma transversal, no mínimo, três ODS: o Objetivo nº 6 – Água potável e saneamento; o Objetivo nº 11 – Cidades e Comunidades Sustentáveis e o Objetivo nº 12 – Produção e consumo responsáveis, em especial nas metas a seguir transcritas:

> 6.3 – Até 2030, melhorar a qualidade da água, reduzindo a poluição, eliminando despejo e minimizando a liberação de produtos químicos e materiais perigosos, reduzindo à metade a proporção de águas residuais não tratadas e aumentando substancialmente a reciclagem e reutilização segura globalmente;
> 11.6 – Até 2030, reduzir o impacto ambiental negativo per capita das cidades, inclusive prestando especial atenção à qualidade do ar, gestão de resíduos municipais e outros;
> 12.4 – Até 2020, alcançar o manejo ambientalmente saudável dos produtos químicos e todos os resíduos, ao longo de todo o ciclo de vida destes, de acordo com os marcos internacionais acordados, e reduzir significativamente a liberação destes para o ar, água e solo, para minimizar seus impactos negativos sobre a saúde humana e o meio ambiente;
> 12.5 – Até 2030, reduzir substancialmente a geração de resíduos por meio da prevenção, redução, reciclagem e reuso.

Diante de todos esses elementos, constatou-se que a problemática em questão apresentava diversas dificuldades a serem enfrentadas pelos agentes públicos e seria, ao mesmo tempo, uma oportunidade para a conscientização dos ODS mencionados e seus reflexos práticos, tratando os resíduos sólidos, portanto, de tema com grande potencial de aprimoramento. Justificou-se, assim, a sua escolha para um projeto-piloto do EaD.

Elaboração do curso

A fim de alcançar o propósito de aprimorar a gestão de resíduos sólidos nos municípios paulistas, o TCE-SP, a CETESB e a USP colaboraram ativamente para o desenho do curso, o estabelecimento de sua metodologia, público-alvo, critérios de seleção, conteúdo, avaliação, de modo a proporcionar visões distintas e complementares sobre a temática, de acordo com as respectivas competências e atribuições legais. Assim, aliando teoria e prática, reuniram-se dois órgãos de controle e fiscalização (TCE-SP e CETESB) e uma instituição acadêmica (USP).

Tendo em vista que a Constituição Estadual atribui à Corte de Contas paulista a prerrogativa de fiscalizar a aplicação dos recursos públicos de todos aqueles que façam a sua gestão (artigo 33), coube ao TCE-SP desenvolver conteúdo que apontasse para as principais irregularidades identificadas nos editais de contratação e nos próprios contratos dos serviços de coleta, transporte, tratamento e destinação final de resíduos sólidos pelos Municípios, além de demonstrar achados obtidos durante auditorias específicas e *in loco*, indicando as recomendações orientadas pela Corte para sanar tais impropriedades e promover contratações dentro de critérios técnicos.

E não só. Uma vez que a efetividade do gasto público tem sido fonte de crescente preocupação dos Tribunais de Contas, o TCE-SP também buscou traçar um paralelo entre a efetividade da despesa com os ODS e suas metas. Para tanto procurou demonstrar como os ODS devem integrar-se ao planejamento dos entes municipais e estar presentes nas peças orçamentárias, a fim de atender ao compromisso estabelecido por meio da Agenda 2030. A partir daí, contextualizou a relação entre os ODS 6, 11 e 12 e a gestão dos resíduos sólidos, esclarecendo não estar no seu rol de competências questões atinentes ao licenciamento e à análise da responsabilidade por danos e impactos ambientais.

Além de discutir elementos sedimentados em sua jurisprudência, a Corte de Contas paulista invocou, ainda, o uso de seu indicador de sustentabilidade, isto é, o Índice de Efetividade da Gestão Municipal (IEG-M), como instrumento de persecução das políticas públicas – no caso concreto, voltados para a gestão de resíduos sólidos, dentro da sua dimensão ambiental – o i-Amb – que possui questionamentos relacionados à existência de legislação específica de gestão de resíduos sólidos e de resíduos da construção civil, qualidade de aterros, existência de coleta seletiva, realização de segregação e tratamento de resíduos antes de sua destinação final e ações de educação ambiental.

A CETESB reuniu especialistas que abordaram os conteúdos mínimos de planos municipais de gestão integrada de resíduos, destacando a sua importância na contratação de serviços municipais de coleta e tratamento de resíduos, bem como a sua relação com planos de gerenciamento de resíduos elaborados por empreendedores. Também foram elaboradas aulas sobre os requisitos, desafios e critérios imprescindíveis para a adequação de aterros sanitários, bem como questões dedicadas à logística reversa e à coleta seletiva de resíduos sólidos.

No módulo dedicado às principais irregularidades, a equipe da CETESB abordou as principais deficiências comumente identificadas pela CETESB na operação de aterros sanitários e transbordos, bem como descartes e destinações finais irregulares de resíduos, sem licenciamento ambiental.

A USP, por sua vez, incumbiu-se dos aspectos teóricos da legislação de resíduos e o conteúdo mínimo dos planos exigidos pela Lei nº 12.305/2010. Enalteceu também alternativas à deposição de resíduos em aterros, tais como a compostagem e o aproveitamento energético. Problematizou a questão dos resíduos como aspecto de saúde pública e de qualidade de vida urbana e, ainda, trouxe experiências para a promoção de educação ambiental adequada e eficaz.

Distribuídos segundo um encadeamento lógico de introdução dos ODS e planejamento público, passando pela identificação das questões legislativas e irregularidades identificadas pelos órgãos de fiscalização (ambiental e de controle externo) e, ainda, pela discussão de outros métodos de tratamento e gestão de resíduos, o curso previu em seu encerramento um módulo específico sobre boas práticas e experiências exitosas, a fim de incentivar o gestor público a adotar soluções semelhantes que sejam possíveis diante da realidade de seu município, infraestrutura e de seu orçamento.

O curso, assim, foi estruturado em seis módulos:

Módulo 1: O impacto da Agenda 2030 no planejamento público – 4h
Módulo 2: Diagnóstico dos resíduos sólidos – 4h
Módulo 3: Legislação – 6h
Módulo 4: Gestão de resíduos – 7h
Módulo 5: Principais irregularidades observadas e recomendações nas contratações relacionadas aos resíduos sólidos – 5h
Módulo 6: Práticas de sucesso e efetividade da gestão de resíduos – 4h

Denominado "Gestão de Resíduos Sólidos no Estado de SP: desafios e possibilidades para os Municípios" e promovido em caráter EaD na modalidade autoinstrucional, sua carga horária total foi estimada em 30 horas, a ser cumprida dentro de três meses (de setembro a dezembro de 2021). Todo o material foi disponibilizado na plataforma Moodle da Escola Paulista de Contas Públicas, do TCE-SP. Equipe especialmente dedicada aos conteúdos em EaD foi responsável pela formatação, organização e seleção de métodos e técnicas dos recursos educacionais que pudessem facilitar a aprendizagem on-line e tornar a experiência do aluno mais agradável.

Com base nessa premissa, o conteúdo do curso desdobrou-se em videoaulas, apostilas, apresentações, *podcasts* e exercícios de fixação. Uma vez que a modalidade EaD autoinstrucional prescinde de um professor como transmissor direto do conteúdo, a utilização de diferentes recursos didáticos torna-se imprescindível para o processo de autoaprendizagem, porque a forma de aprendizado difere de indivíduo para indivíduo.

Ao final de cada módulo, foi disponibilizada ao aluno uma autoavaliação, a fim de verificar a sua aquisição de conhecimento e controle da evolução de sua aprendizagem diante da ausência de acompanhamento por um professor ou tutor.

Para a aprovação no curso, seria necessária a realização de no mínimo 85% (oitenta e cinco por cento) das atividades propostas. Não foram atribuídas notas, apenas o conceito de *aprovado* ou *reprovado*. O respectivo certificado seria emitido pela Pró-reitoria de Cultura e Extensão da Universidade de São Paulo.

A fim de testar os métodos empregados e também validar o conteúdo e a dinâmica propostos para o curso, foram inicialmente oferecidas 60 vagas, em junho de 2021, para a formação de uma "turma-piloto". Para tanto, os candidatos que desejassem se inscrever deveriam atender às seguintes condições:

1. Ter diploma graduação (obrigatório);
2. Ser servidor municipal responsável ou atuante na área de resíduos sólidos, mediante comprovação de seu cargo ou função (prioridade de até 1 (um) servidor por município);
3. Apresentação de carta de indicação de sua chefia, justificando a escolha do servidor (prioridade de até 1 (um) servidor por município).

Mas não só. Considerando-se os 644 municípios do Estado de São Paulo jurisdicionados pelo Tribunal de Contas (isto é, todos, exceto a capital São Paulo, que possui um Tribunal de Contas próprio do Município), as três instituições públicas envolvidas entenderam ser necessária a adoção de critérios de seleção dos inscritos que permitissem limitá-los ao número de vagas disponíveis. Destarte, poderiam matricular-se os candidatos que, cumulativamente, integrassem os 10 municípios com pior resultado na subárea ambiental (i-Amb) do Índice de Efetividade da Gestão Municipal (IEG-M), assim considerados aqueles que:

- obtiveram, nos 5 anos imediatamente anteriores (2016-2020), nota *C ou C+* no i-Amb;
- município sem *Plano de Gestão Municipal de Resíduos* aprovado e publicado (dado extraído do Painel de Saneamento do TCE-SP e do IEG-M);
- município com nota menor ou igual a 7 em seu *IQR* – Índice de Qualidade de Aterro de Resíduos (índice que pontua e classifica os locais de destinação de resíduos e rejeitos desde 1997, a partir de vistorias realizadas pelo corpo técnico da CETESB, incorporando, assim, o conhecimento e experiência adquiridos ao longo dos anos pela CETESB).

Não tendo as vagas se esgotado após as inscrições dos interessados provenientes dos dez municípios supramencionados, candidatos provenientes de outros municípios foram aceitos, respeitando-se a ordem de inscrição. Desse modo, ao final na análise das candidaturas, foram matriculados representantes de pelo menos 40 diferentes municípios paulistas:

Adamantina	Jacareí	
Águas de Santa Bárbara	Jaguariuna	Santa Bárbara D'Oeste
Arealva	Luiz Antonio	Santo André
Cajamar	Mauá	São Paulo
Cajuru	Mogi Guaçu	São Sebastião da Grama
Cesário Lange	Narandiba	Suzano
Cravinhos	Nova Odessa	Taboão da Serra
Elias Fausto	Onda Verde	Tarabai
Guarulhos	Osasco	Urupês
Ipiguá	Ourinhos	Valinhos
Iracemápolis	Paraibuna	Vargem Grande do Sul
Itaí	Pereiras	Vista Alegre do Alto
Itatiba	Peruíbe	Tietê
Ituverava	Presidente Bernardes	

A modalidade autoinstrucional, sem a disponibilização de aulas síncronas, contou com um fórum de discussões para que os alunos pudessem trocar ideias e experiências, além de enviar suas potenciais dúvidas aos professores. No entanto, notou-se terem sido poucos os participantes que se apropriaram desse espaço de discussão e dificuldade de acompanhamento em simultâneo pela equipe técnica do curso, surgindo a necessidade de tal fórum ser repensado para futuras edições.

Ao final, dos 60 inscritos, 48, isto é, o equivalente a 80%, concluíram o curso e foram aprovados.

Pesquisa e resultados

Para medir o impacto do curso no tocante aos ODS 6, 11 e 12 sob o denominador comum dos resíduos sólidos, foi realizada uma avaliação sobre duas perspectivas: (i) reação ao curso, isto é, opinião dos participantes e (ii) aproveitamento do curso pelos alunos após um ano de sua conclusão. Considerou-se não ter transcorrido lapso temporal suficiente para se medir uma melhora nos conceitos do IEG-M, em especial o índice ambiental, tendo em vista que o seu resultado depende de outros elementos que não exclusivamente o aprendizado obtido com o curso.

(i) Pesquisa de reação

A primeira delas – avaliação de reação – foi realizada imediatamente após o encerramento do período disponibilizado para a conclusão das atividades (90 dias), sendo solicitado aos alunos que indicassem a sua visão sobre o conteúdo oferecido, a dinâmica dos módulos, a qualidade do material, a facilidade no acesso à plataforma etc. dentro dos conceitos fraco, regular, bom e muito bom. Das 47 respostas obtidas, 100% consideraram o curso muito bom.

De modo geral, foi externada a importância da apresentação da jurisprudência da Corte de Contas, muitas delas consolidadas em súmulas, orientações dos órgãos fiscalizadores e ferramentas de controle, a fim de que o gestor possa adotar medidas com maior eficiência e eficácia.

O aspecto eminentemente prático do curso foi considerado um diferencial, tendo, de um lado, auxiliado os agentes públicos na percepção de como diversas questões relacionadas aos resíduos sólidos podem ser materializadas, e, de outro lado, aperfeiçoado o entendimento dessas questões pelos agentes que já vivenciavam algumas dessas experiências em seu cotidiano.

Também foi apontada a possibilidade do uso das iniciativas apresentadas para o desenvolvimento de projetos de educação ambiental e criação de políticas públicas.

Quanto ao conteúdo, a maior parte dos respondentes à enquete entendeu que o conteúdo apresentado foi abrangente e com satisfatório grau de profundidade, tendo a sequência de apresentação dos temas sido adequada:

Qualidade e abrangência do conteúdo apresentado

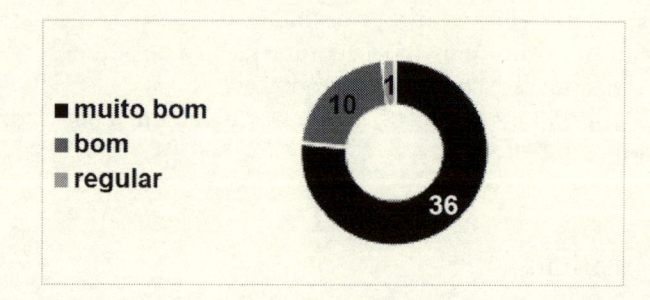

Grau de profundidade desenvolvido no curso

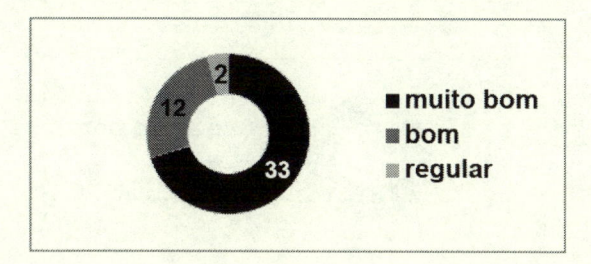

Gráfico de rosca: muito bom 33, bom 12, regular 2

Adequação da sequência de apresentação dos temas e dos módulos

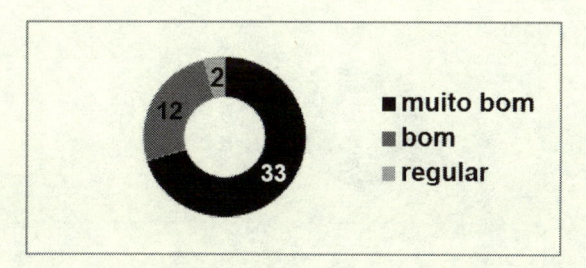

Gráfico de rosca: muito bom 33, bom 12, regular 2

Distribuição do conteúdo dos módulos em relação à carga horária

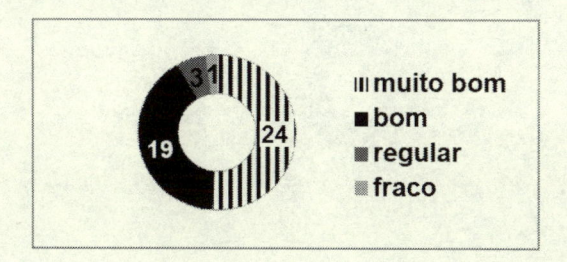

Gráfico de rosca: muito bom 24, bom 19, regular 3, fraco 1

De igual modo, foi considerada a existência de relação entre o conteúdo apresentado e a atividade profissional do aluno, o que reforça a relevância de seu caráter eminentemente aplicado. Com efeito, dentre os comentários realizados pelos participantes, anotou-se o maior envolvimento com os módulos voltados à gestão de resíduos e às irregularidades observadas nas contratações relacionadas aos resíduos sólidos, enquanto os menos envolventes para os alunos foram os módulos de legislação e do impacto da Agenda 2030 no planejamento público.

Exemplos utilizados ilustrativos, relevantes e ajustados aos conceitos principais

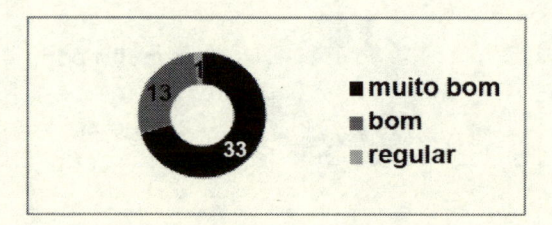

[Gráfico: muito bom 33, bom 13, regular 1]

Relação ou influência do conteúdo em sua atividade profissional

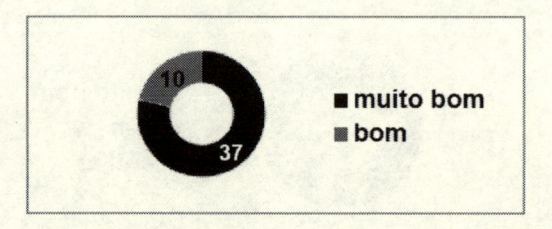

[Gráfico: muito bom 37, bom 10]

Facilidade de colocação do conteúdo em prática

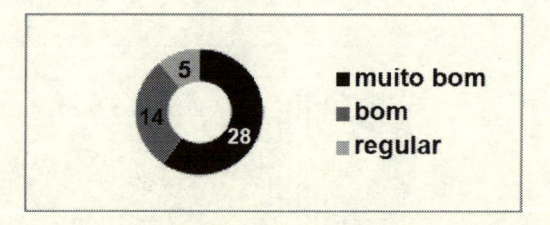

[Gráfico: muito bom 28, bom 14, regular 5]

O curso atingiu os objetivos propostos?

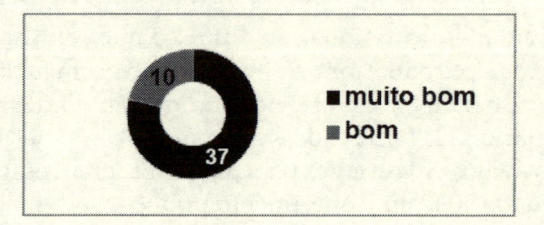

[Gráfico: muito bom 37, bom 10]

Cumpre salientar que o formato de parte do material em mídia visual contribuiu para essa proximidade entre o conteúdo disponibilizado e o cotidiano do servidor, tendo um dos comentários evidenciado que os "(...) exemplos adotados e especialmente as imagens (vídeos e fotografias) das apresentações servem sobremaneira para que seja possível uma analogia frente aos casos específicos de nossa cidade".

Além disso, a variedade de materiais disponibilizados foi considerada elemento favorável, servindo para consulta dos participantes, mesmo após o encerramento do curso, e compartilhamento com colegas de trabalho.

Como ponto desfavorável foi destacada a falta de interação com outros alunos, a fim de enriquecer a troca de experiências. Das sugestões de melhorias apresentadas, a existência de um fórum de debates mais ativo foi a que mais teve destaque.

Perguntados sobre as formas pelas quais imaginavam que poderiam aplicar os conhecimentos adquiridos, os alunos indicaram a análise do projeto de lei contendo o Plano Municipal de Saneamento, na época, em trâmite no órgão legislativo; a multiplicação do conhecimento com demais equipes de trabalho; a inclusão dos ODS em termos de referência e esclarecimentos quanto ao editais elaborados sobre resíduos sólidos; iniciativas para educação ambiental; esclarecimentos quanto à legislação específica para auxiliar nas questões ambientais de Prefeituras e respectivas prestações de contas.

No que se refere ao estímulo a novas ideias, foi frisada a proposta de identificar os ODS nas atividades, a realização de compostagem, aproveitamento energético dos resíduos e aprimoramento dos sistemas de coleta de recicláveis e de logística reversa.

Sobre o processo de aprendizagem em si, um dos maiores desafios identificados foi a autodisciplina dos alunos, para que se mantivessem firmes na sua motivação e ritmo de estudo até a conclusão do curso.

(ii) Pesquisa de efetividade

Para a pesquisa sobre o aproveitamento do curso após um ano de sua oferta (ou seja, setembro de 2022), foi enviado questionário para os 48 participantes aprovados. No entanto, tendo em vista a voluntariedade do seu preenchimento, obtiveram-se apenas 14 respondentes, ou seja, aproximadamente 29% dos aprovados. Ainda que a amostragem não tenha sido expressiva e até considerada desafiadora, mostrou-se relevante para identificar potencial aplicação prática daquilo que fora lecionado.

A maior parte dos respondentes declarou atuar com a temática dos resíduos sólidos entre 4 e 6 anos (5 respondentes), seguidos daqueles envolvidos há mais de 10 anos (4 alunos). Os demais variaram o período em que estão expostos à matéria entre 8 e 10 anos, 2 e 4 anos e menos de 2 anos (1 respondente cada). Por fim, 3 informaram não atuar diretamente com o assunto. Estão eles distribuídos entre cargos na Secretaria de Meio Ambiente e Obras (10), Planejamento (1), Habitação (1), Vigilância Sanitária (1) e Câmara Municipal (1).

Questionados sobre os aspectos que o aluno conseguiu colocar em prática, o maior número de respostas afirmou ter havido melhor identificação das irregularidades destacadas, possibilitando, assim, o alerta aos responsáveis ou a busca de soluções para a sua correção (9 respostas). Além disso, apontou-se para a conscientização sobre questões envolvidas na gestão de resíduos sólidos junto à equipe de trabalho (7 respostas), bem assim ações e revisões dos planos de gestão de resíduos no respectivo município ou setor de atuação do aluno dentro da Administração (5 respostas) e novas iniciativas para adoção de boas práticas a partir daquelas apresentadas ao longo do curso (5 respostas). De outro modo, nenhuma pessoa afirmou ter encontrado dificuldades para colocar em prática a matéria com a qual teve contato no curso. O questionário permitia ao participante assinalar mais de uma resposta:

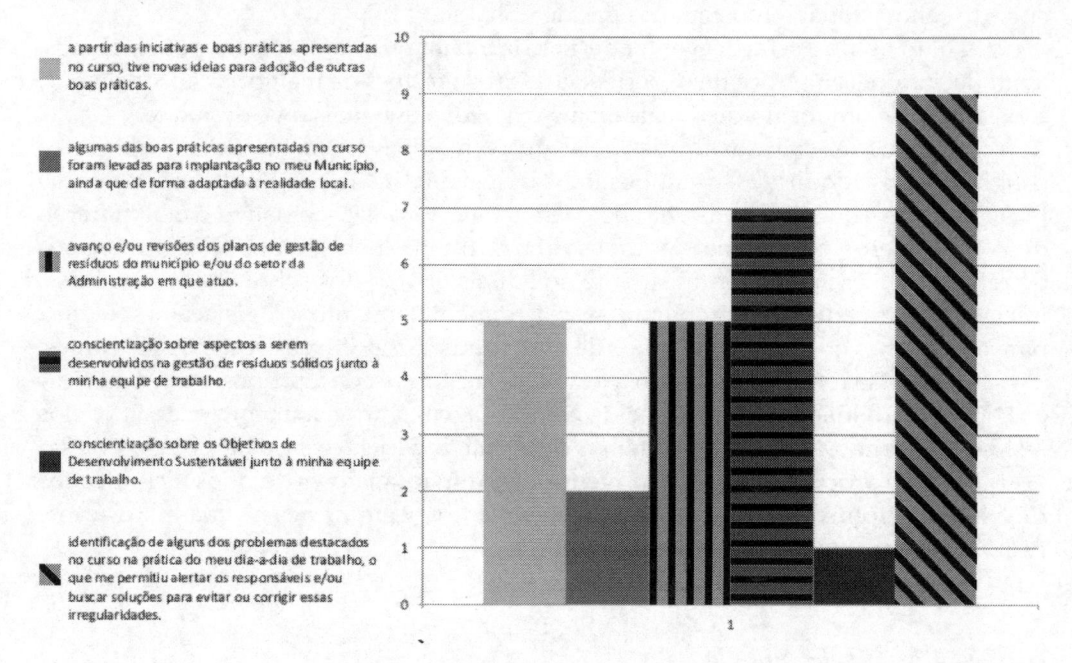

- a partir das iniciativas e boas práticas apresentadas no curso, tive novas ideias para adoção de outras boas práticas.
- algumas das boas práticas apresentadas no curso foram levadas para implantação no meu Município, ainda que de forma adaptada à realidade local.
- avanço e/ou revisões dos planos de gestão de resíduos do município e/ou do setor da Administração em que atuo.
- conscientização sobre aspectos a serem desenvolvidos na gestão de resíduos sólidos junto à minha equipe de trabalho.
- conscientização sobre os Objetivos de Desenvolvimento Sustentável junto à minha equipe de trabalho.
- identificação de alguns dos problemas destacados no curso na prática do meu dia-a-dia de trabalho, o que me permitiu alertar os responsáveis e/ou buscar soluções para evitar ou corrigir essas irregularidades.

Dentre os aspectos considerados mais úteis para as atividades desenvolvidas no âmbito da administração municipal destaca-se a melhor capacitação para colaborar com a elaboração, análise ou revisão dos planos de gestão e gerenciamento de resíduos sólidos (4 respostas). Além disso, foram apontados:
- entendimento do contexto dos resíduos como um todo, principalmente na questão da tarifa;
- apoio às equipes de execução para melhor segregação e aproveitamento dos materiais;
- conhecimento sobre o funcionamento da fiscalização e avaliação do TCE-SP e da CETESB sobre a temática dos resíduos;
- a relação entre os Objetivos de Desenvolvimento Sustentável e a gestão de resíduos sólidos.

Mesmo após um ano, esses pontos seguiram sendo assinalados como elementos previamente desconhecidos pelos participantes do curso e que mais lhes interessaram durante o processo de aprendizagem. Também aparecem dentre os comentários pertinentes às novidades do conteúdo que mais despertaram a atenção a conscientização sobre o ODS de modo geral a importância do uso de indicadores (como o IEG-M e o IQR) para o monitoramento e efetividade das políticas públicas no Município e/ ou relacionadas ao trabalho no cotidiano da administração; as irregularidades mais frequentes anotadas pelos órgãos de controle; aspectos da legislação, coleta seletiva e logística reversa, dos quais o servidor dispunha de pouco conhecimento; modalidades de tratamento de resíduos (ex. reciclagem, compostagem) e sua diferença com a disposição final, além de práticas relacionadas à educação ambiental.

No que se refere aos pontos considerados contemplados durante o curso com alguma repercussão para a atuação profissional dos alunos, houve destaque para o aprofundamento teórico do assunto (9 respostas) e a possibilidade de sua aplicação prática (11 respostas). Além do conteúdo, também foi identificado o desenvolvimento de habilidades no uso dos recursos digitais para o aprendizado (6 respostas).

De outro modo, um dos respondentes afirmou ter encontrado dificuldade na criação, no Município, de um sistema de controle e fiscalização de resíduos irregularmente descartados quando inexiste legislação específica ou um plano municipal de gestão, nem pessoal especializado para tal função. Tal comentário reflete a carência de inúmeras Prefeituras de pessoal capacitado e a dificuldade na criação de estrutura adequada para lidar com o tema, a despeito das obrigações impostas pela PNRS para a gestão de resíduos sólidos. Isso sugere, portanto, a necessidade de manutenção de iniciativas como a do EaD descrito neste trabalho para auxiliar os governos locais a suprirem as lacunas existentes.

Conclusões

A experiência obtida com o desenvolvimento do curso em tela por três instituições públicas e juntamente com os resultados das pesquisas permitiu traçar algumas considerações.

Primeiramente, o engajamento dos coordenadores de cada uma das instituições e alinhamento com os professores e especialistas que ministraram seu conteúdo foi *conditio sine qua non* para elaborar o produto inicialmente almejado: um curso em EaD integralmente gratuito para o público-alvo do Estado de São Paulo. A dedicação de cada um dos envolvidos não foi exclusiva para a elaboração desse projeto e, sem a constante comunicação entre todos, espírito de equipe e objetivos comuns de atender aos anseios da sociedade, a materialização desse resultado não teria sido possível. No contexto do fortalecimento das instituições e das parcerias, podem-se destacar as seguintes metas relacionadas aos ODS nº 16 e 17, no nível local:

16.6 – Desenvolver instituições eficazes, responsáveis e transparentes em todos os níveis;
17.14 – Aumentar a coerência das políticas para o desenvolvimento sustentável;
17.16 – Reforçar a parceria global para o desenvolvimento sustentável, complementada por parcerias multissetoriais que mobilizem e compartilhem conhecimento, expertise, tecnologia e recursos financeiros, para apoiar a realização dos objetivos do desenvolvimento sustentável em todos os países, particularmente nos países em desenvolvimento.

Em segundo lugar, a abordagem prática e de visões complementares fornecidas pelo TCE-SP, USP e CETESB revelou-se fundamental, não apenas para atrair o aluno, mas sobretudo para viabilizar a aproximação entre o conteúdo teórico e o dia a dia do servidor. Desse modo, depreende-se que o conhecimento aplicado possibilitará uma melhor capacidade e fundamentação para a tomada de decisões pelo agente público.

Em acréscimo, há enorme interesse pela troca de experiências entre colegas que enfrentam desafios com características semelhantes, denotando que o compartilhamento de soluções e boas práticas deve ser incentivado pela academia e escolas pertencentes aos órgãos de controle.

Verificou-se, ainda, que, não obstante a ampla atuação dos órgãos de controle externo e fiscalização ambiental, o conhecimento sobre as suas ferramentas e ações não é perfeitamente claro, demandando uma exposição frequente sobre suas competências, instrumentos para detecção de irregularidades e para o aprimoramento das políticas públicas.

Demais disso, constatou-se que a modalidade EaD possui vantagens pela facilidade de acesso e alocação de tempo conforme a disponibilidade do aluno, porém requer permanente acompanhamento pela equipe técnica para auxílio no uso da plataforma e para manter o aluno engajado nas atividades propostas, na conclusão do curso e até mesmo no compartilhamento da efetividade do conhecimento adquirido e aplicado.

Por fim, a grande procura pela primeira edição demonstrou a importância de sua manutenção com atualizações, quando cabíveis, como ferramenta de capacitação dos interessados, com importantes reflexos na qualidade de implantação de políticas públicas.

Em 2022, foi disponibilizada uma segunda edição do curso, com público-alvo ampliado e cujos resultados das respectivas pesquisas encontram-se em análise, para que se possa traçar um paralelo com a primeira edição e extrair conclusões de aprimoramento da experiência. Assim, a sua repetição com melhorias em 2023 traz ainda maiores expectativas de efetividade e caminhos para o alcance das metas propostas pelos ODS até 2030.

Não se pode perder de vista, porém, que para avaliação dos resultados do curso no longo prazo será de extrema valia o monitoramento de indicadores de gestão de resíduos sólidos urbanos que já vem sendo realizado no Estado por meio do Índice de Efetividade da Gestão Municipal, apurado pelo Tribunal de Contas, Índice de Qualidade de Aterro de Resíduos – IQR, Índice de Qualidade de Usinas de Compostagem – IQC e Índice de Qualidade de Estações de Transbordo – IQT, apurados pela CETESB, e o Índice de Gestão de Resíduos Sólidos – IGR, apurado pela Secretaria de Meio Ambiente, Infraestrutura e Logística, entre outros indicadores oficiais.

Afinal, planejamento, efetividade e monitoramento são o tripé indispensável para políticas públicas bem-sucedidas.

Referências

ABRELPE. Panorama dos Resíduos Sólidos no Brasil. 2022. Disponível em: https://abrelpe.org.br/download-panorama-2022/. Acesso em: 30 mar. 2023.

ANCAT; Pragma. *Anuário da Reciclagem* – 2020. Disponível em: https://ancat.org.br. Acesso em: 31 mar. 2023.

BRASIL. Ministério do Meio Ambiente. Secretaria de Qualidade Ambiental. *Plano Nacional de Resíduos Sólidos – Planares* [recurso eletrônico] / André Luiz Felisberto França... *et al.* (coord.). Brasília, DF: MMA, 2022.

CETESB. *Inventário Estadual de Resíduos Sólidos Urbanos 2021* [recurso eletrônico] / CETESB; Maria Heloisa de Pádua Lima (coord.). São Paulo: CETESB, 2022.

CETESB. *CETESB 50 anos de histórias e estórias* [recurso eletrônico]. São Paulo: CETESB, 2018.

DUTRA, Paula Hebling. Framework de Resultados de Auditorias nos Temas dos Objetivos de Desenvolvimento Sustentável. *Revista do Tribunal de Contas da União*, n. 1.356, p. 32-37, maio/ago. 2016. Disponível em: http://revista.tcu.gov.br/ojs/index.php/RTCU/article/view/1356. Acesso em: 20 mar. 2023.

GOVERNO DO ESTADO DE SÃO PAULO. *II Relatório de Acompanhamento dos Objetivos do Desenvolvimento Sustentável (ODS) do Estado de São Paulo* [recurso eletrônico]. Governo do Estado de São Paulo: Ana Paula Fava (coord.). São Paulo: Governo do Estado de São Paulo, 2022.

INTOSAI, *Guid 5202*. Sustainable Development: The Role of Supreme Audit Institutions, 2019. Disponível em: https://www.issai.org/pronouncements/guid-5202-sustainable-development-the-role-of-supreme-audit-institutions/. Acesso em: 23 mar. 2023.

ONUBR, *Roteiro para a Localização dos Objetivos de Desenvolvimento Sustentável:* implementação e acompanhamento no nível subnacional. Janeiro 2017. Disponível em: https://www.undp.org/pt/brazil/publications/roteiro-para-localiza%C3%A7%C3%A3o-dos-objetivos-de-desenvolvimento-sustent%C3%A1vel. Acesso em: 20 mar. 2023.

TRIBUNAL DE CONTAS DO ESTADO DE SÃO PAULO. *Índice de Efetividade da Gestão Municipal* (IEG-M 2022). Respostas municípios. Disponível em: iegm.tce.sp.gov.br.

TRIBUNAL DE CONTAS DO ESTADO DE SÃO PAULO. *Fiscalizações ordenadas do TCESP*. Disponível em: https://painel.tce.sp.gov.br/pentaho/api/repos/%3Apublic%3AFiscaOrde%3AFiscaOrde.wcdf/generatedContent?userid=anony&password=zero.

TRIBUNAL DE CONTAS DO ESTADO DE SÃO PAULO. *Manual de Planejamento Público*. São Paulo, SP, 2021. Disponível em: https://www.tce.sp.gov.br/sites/default/files/publicacoes/Manual%20de%20Planejamento%20Pu%CC%81blico%20(vf-200121).pdf.

TRIBUNAL DE CONTAS DO ESTADO DE SÃO PAULO. *Painel do Saneamento Básico do TCESP*. Disponível em: https://painel.tce.sp.gov.br/pentaho/api/repos/%3Apublic%3ASaneamento%3Asaneamento.wcdf/generatedContent?userid=anony&password=zeroexemplo.

TRIBUNAL DE CONTAS DO ESTADO DE SÃO PAULO. *Painel ODS*. Disponível em: https://painel.tce.sp.gov.br/pentaho/api/repos/%3Apublic%3AODS%3AODS.wcdf/generatedContent?userid=anony&password=zero.

TRIBUNAL DE CONTAS DO ESTADO DE SÃO PAULO. *Estamos avançando na gestão do lixo?* Um panorama dos municípios do Estado de São Paulo frente ao novo marco do saneamento básico. AUDESP 2021. Disponível em: https://tce.sp.gov.br/sites/default/files/publicacoes/Manual_TCESP%20-%20AUDESP-IEGM_Gestao_do_Lixo%20-%202021_0.pdf.

UNITED NATIONS. General Assembly. *Resolução A/RES/66/209*: Promoting the efficiency, accountability, effectiveness and transparency of public administration by strengthening supreme audit institutions, 2012. Disponível em: https://documents-dds-ny.un.org/doc/UNDOC/GEN/N11/471/36/PDF/N1147136.pdf?OpenElement. Acesso em: 20 mar. 2023.

UNIVERSIDADE DE SÃO PAULO. *Resolução nº 6.062*, de 27 de fevereiro de 2012. Disponível em: http://www.leginf.usp.br/?resolucao=resolucao-no-6062-de-27-de-fevereiro-de-2012#:~:text=Altera%20dispositivos%20do%20Regimento%20Geral%20da%20Universidade%20de%20S%C3%A3o%20Paulo. Acesso em: 29 mar. 2023.

UNIVERSIDADE DE SÃO PAULO. *Resolução nº 7.465*, de 11 de janeiro de 2018. Disponível em: http://www.leginf.usp.br/?resolucao=resolucao-no-7465-de-11-de-janeiro-de-2018. Acesso em: 29 mar. 2023.

Informação bibliográfica deste texto, conforme a NBR 6023:2018 da Associação Brasileira de Normas Técnicas (ABNT):

LEITÃO, Manuela Prado *et al*. Capacitação para gestão de resíduos sólidos: desafios e experiências obtidas com a parceria entre TCE-SP, CETESB e USP. *In*: LIMA, Edilberto Carlos Pontes (coord.). *Os Tribunais de Contas e as políticas públicas*. Belo Horizonte: Fórum, 2023. p. 323-341. ISBN 978-65-5518-596-6.

O TAG COMO ALIADO DAS POLÍTICAS PÚBLICAS: OS TERMOS DE AJUSTAMENTO DE GESTÃO NA PRÁTICA E O APRIMORAMENTO DA GOVERNANÇA

MARCELA ARRUDA

Prefácio

Este material tem por base o livro *Controle de Contas 2.0 – o TAG como aliado das políticas públicas*, de minha autoria (publicado em 2022 pela editora Lumen Juris). Ambos resultam da defesa de dissertação em 2021,[1] com a qual fui aprovada no mestrado profissional em Gestão e Políticas Públicas (MPGPP) da FGV Eaesp sob a orientação do prof. dr. Antonio Gelis Filho, e cuja banca examinadora foi composta pelo prof. dr. Marco Antonio Carvalho Teixeira, também da FGV Eaesp, pelo prof. dr. Fernando Coelho, da EACH-USP, e pelo dr. Fred Guidoni, da Associação Paulista dos Municípios.

No livro, foi estudado o panorama global da atuação das Cortes de Contas no Brasil e dedicou-se especial destaque para o Estado de São Paulo, com maior aprofundamento na análise de ferramentas, resoluções e no direcionamento de postura do referido órgão em relação às práticas contemporâneas do processo fiscalizatório, à época da pesquisa com posição mais conservadora em relação à adoção do Termo de Ajustamento de Gestão. A motivação não seria outra senão o grande potencial de utilização do conteúdo reunido na obra para aprimorar o sistema de análise das contas dos Municípios na referida jurisdição e, sobretudo, a celeridade demandada pela cidadania. Assim, o trabalho pretende representar uma referência para São Paulo e também para os demais Tribunais de Contas, buscando contribuição substantiva para as políticas públicas, por meio da análise prática do Termo de Ajustamento de Gestão (TAG) como ferramenta auxiliar nos sistemas de controle de contas das gestões municipais. Com o estudo de casos reais em Cortes de Contas de todo o Brasil, podemos entender o significativo ganho em agilidade e efetividade da governança, revertendo-se em benefícios tangíveis para o cidadão.

---

[1] Com o seguinte título original: O Termo de Ajustamento de Gestão como instrumento de contribuição dos Tribunais de Contas na efetivação de políticas públicas de competência das gestões municipais: aplicação ao TCE-SP.

O objetivo foi sugerir uma nova percepção para os sistemas de controle, uma nova e mais dinâmica fase de abordagem, que chamei de *Controle de Contas 2.0*, e levantar ao menos duas questões na relação dos TCs com os seus jurisdicionados: a primeira tem a ver com a efetividade, se as práticas atuais ajudam na melhoria da gestão em vez de apenas apontar e punir erros, postando-se hierarquicamente impositiva; já a segunda busca entender a necessidade de se democratizarem tais relações, torná-las mais simples e eficientes, estabelecendo as Cortes de Contas como parceiros, em vez de meros corregedores.

Adotado com propósitos para a boa governança das políticas públicas, o TAG pode se mostrar como grande aliado dessa proximidade entre os interessados e com a própria cidade e destacar-se como ferramenta valiosa e complementar aos sistemas de controle já existentes.

Para a realização deste estudo, conduzi a revisão da literatura sobre o conceito de política pública, além do panorama geral e dos efeitos das decisões dos Tribunais de Contas, e a necessidade de se estabelecer um sistema de controle consensual e com soluções mais ágeis para os problemas públicos.

Na sequência, foi feita a construção teórica, apresentou-se a metodologia e a pesquisa empírica, com informações das próprias Cortes de Contas, o diagnóstico e resultados, com identificação da legislação referente ao TAG nos vários Tribunais de Contas brasileiros, e por fim temos a análise de casos, enfatizando o panorama da regulamentação acerca do TAG em cada Corte.

No entanto, é uma grande satisfação poder dizer que, ao preparar o conteúdo desta submissão, já se atestam os efeitos deste levantamento sobre a postura consensual e ativa em favor da cidadania com o uso do TAG e que o panorama exposto já evoluiu, notadamente para o Município de São Paulo, como veremos adiante.

1 Cenário

Consideremos que a atividade-fim da Administração Pública relacione-se diretamente com o grau de evolução da cidadania, para, então, entendermos a importância do aprimoramento constante das práticas de gestão. Esse foi o ponto de partida para o estudo sobre os Termos de Ajustamento de Gestão (TAG) no Brasil.

Em suma, o TAG é um instrumento formal, um documento que celebra acordos e pactos entre gestores públicos e as Cortes de Contas nos casos em que são detectadas pendências ou irregularidades nas prestações de contas, apresentando-se como alternativa consensual para o alcance da solução que mais atenda ao interesse público, corrigindo-as de modo muito mais ágil e inteligente, indo além do controle de contas convencional e do caráter meramente punitivo.

A proposta deste trabalho é apresentar o TAG como ferramenta útil para aprimorar as políticas públicas, com recursos públicos aplicados e avaliados nos diversos TCs brasileiros que ainda não o adotam, servindo ainda de referência para aqueles que já o praticam poderem direcionar o processo de melhoria constante.

Segundo o estudo, já existe uma tendência pela adoção da postura consensual dos órgãos de controle de contas, mas nem sempre se prestigia a participação do gestor no plano de ação a ser cumprido, tal como é feito no TAG. Longe de ser "novidade jurídica", o TAG já estava previsto antes mesmo das novas disposições da Lei de Introdução às Normas do Direito Brasileiro (LINDB, alterada pela Lei nº 13.655/2018), mas nela encontra ainda mais respaldo e segurança jurídica, o que, somado aos ganhos em agilidade, confirma o acerto da maioria dos Tribunais de Contas de todo o Brasil que já o colocam em prática.

Os compromissos celebrados por meio de TAG entre gestores municipais e os TCs aprimoram a governança ao promoverem benefícios diretos para a sociedade e evitarem procedimentos morosos e com pouco ou quase nulo benefício prático, indo, então, além do mero efeito punitivo e pedagógico. Vale destacar que, antes de eventual incentivo ao descumprimento da legislação, podemos constatar no estudo que o TAG trata-se efetivamente de um complemento, e não um substituto, para os instrumentos de controle já em vigor. E, em muitas vezes, a alternativa mais eficaz.

Fato, manter uma administração financeiramente saudável é parte da finalidade governamental. Seja pela insuficiência financeira, seja pela falha de planejamento, os sistemas de repreensão de irregularidades muitas vezes demandam a desconstrução de projetos que poderiam ser reparados e ter continuidade. Assim, iniciativas que priorizem a finalidade da governança pública, ou seja, o bem-estar da população, representam a real função do Estado, para garantir os direitos previstos pela CF, sem, no entanto, deixar de lado a saúde fiscal e o equilíbrio das contas públicas, e nesse sentido aprimorar o nosso sistema de controle. E, o mais importante, refletindo diretamente na cidadania.

Da análise acerca do uso dos TAGs em âmbito nacional, observamos, por exemplo, a recorrência de temas relacionados diretamente à efetividade de políticas públicas nas áreas da saúde e educação, o que pode servir de referência para gestores e Tribunais de Contas na tomada de decisão pelo uso dessa ferramenta como potencial aliada.

Para tanto, é preciso não apenas uma adequação estrutural ou legislativa, mas também o esforço conjunto entre Cortes e gestores, para ressignificarmos a perspectiva meramente legalista e tornar a administração municipal mais ágil e eficiente, representando uma forma mais lógica e prática de cumprir a real finalidade da gestão e das políticas públicas, que, mais do que apontar e punir irregularidades, é melhorar a vida das pessoas.

A diversidade dos problemas observados nos setores públicos exige uma atuação conjunta de todos os agentes políticos e governamentais, notadamente no processo conhecido como ciclo de políticas públicas.[2]

Na realidade brasileira encontramos muitas dificuldades para o cumprimento dos compromissos de gestão pública, seja pela insuficiência de recursos financeiros, decorrentes da contínua austeridade fiscal que atinge os Municípios, seja pela ausência de um bom planejamento governamental. O resultado não raramente se resume a severas repreensões, por parte dos órgãos de controle, e em pouca efetividade nas soluções.

Nesse contexto, buscamos averiguar o uso do TAG a ser firmado entre gestores municipais e Tribunais de Contas como ferramenta complementar para o aprimoramento

---

[2] SECCHI, Leonardo. *Políticas Públicas* – Conceitos, Esquemas de Análise, Casos Práticos. 2. ed. São Paulo: Cengage Learning, 2017.

das políticas públicas.³ Isso porque se observa o investimento contínuo dos TCs em ferramentas para a melhoria no desempenho das políticas públicas, bem como para a criação e disponibilização de guias referenciais⁴ e relatórios com a indicação de mecanismos para formulação dessas políticas. E, ainda, uma adesão crescente às práticas de diálogos e compromissos prévios com gestores públicos, sendo o TAG um dos principais exemplos.

O tema "políticas públicas" integra, há muito tempo, a agenda pública⁵ e, nos últimos anos, tem atraído a atenção e contribuições de todos os entes que exercem papel relevante no Estado Democrático de Direito, fortalecendo o processo democrático. Mas no novo cenário de atuação dos TCs podemos visualizar uma mudança essencial de paradigma, por meio de qualificações das análises e ferramentas de controle das políticas públicas. Um exemplo dessa postura é o Índice de Efetividade de Gestão Municipal (IEG-M), implementado pelo Tribunal de Contas do Estado de São Paulo (TCE-SP), que visa à exposição da condução das gestões municipais em relação aos indicadores temáticos: Educação, Saúde, Planejamento, Gestão Fiscal, Meio Ambiente, Proteção dos Cidadãos e Governança de Tecnologia da Informação. Consiste no envio de questionários pelo TCE-SP aos gestores, cujos dados obtidos nas respostas são utilizados como parâmetro no julgamento das respectivas contas,⁶ num sistema de avaliação por notas, sendo que a pontuação reiteradamente negativa dos Municípios reverte-se em objeto de pareceres desfavoráveis nas contas anuais dos gestores.⁷ Essa iniciativa permite avaliar a evolução do desempenho da gestão e sustentar os planos de ação e a necessidade de práticas que alcancem a população com máxima eficiência – atividade-fim de toda política pública.

Por isso, dadas as características práticas e a agilidade, o TAG mostra-se a iniciativa mais promissora e efetiva para a governança pública. Neste levantamento, feito nas Cortes de Contas de todo o Brasil, entendemos o atual estágio da aplicação da ferramenta em aspectos como adesão dos TCs, recorrência de temas, regulamentação e o próprio panorama da postura em relação ao TAG dos servidores envolvidos nos processos em cada jurisdição, de fundamental relevância.

A função social, de fato, reflete a razão de ser das instituições. Vemos esse movimento em várias iniciativas de modernização gerencial e de ferramentas para

---

³ O conceito será avaliado adiante, mas consideramos "políticas públicas" aqui como "uma diretriz elaborada para enfrentar um problema público" (SECCHI, 2017b, p. 2) e, como "programas de ação governamental que visam a coordenar os meios à disposição do Estado e as atividades privadas, para realização de objetivos socialmente relevantes e politicamente determinados, elas apresentam uma similitude com a noção de plano administrativo" (BREUS, 2007, p. 221).

⁴ BRASIL. Tribunal de Contas da União. Referencial de controle de políticas públicas / Tribunal de Contas da União. Brasília: TCU, Secretaria de Controle Externo do Desenvolvimento Econômico (Secex Desenvolvimento), Secretaria Métodos e Suporte ao Controle Externo (Semec) e Secretaria Macroavaliação Governamental (Semag), 2020. Disponível em: https:// portal.tcu.gov.br/data/files/EF/22/A4/9A/235EC710D79E7EB7F18818A8/1_Referencial_controle_politicas_publicas.pdf.

⁵ De acordo com a professora Maria Paula Dallari Bucci (BUCCI, 2021, p. 39), "pode-se marcar os anos 1990 como o período em que a temática das políticas públicas ganha presença no universo do Direito no Brasil, aspirando à quitação da dívida social, pelos direitos sociais, com o tratamento ambicioso e generoso que lhes conferia a Constituição Federal".

⁶ Com base nas respostas aos questionários enviados pelo TCE-SP, as gestões municipais são rotuladas com: A (altamente efetiva), B+ (muito efetiva), B (efetiva), C+ (em fase de adequação) e C (baixo nível de adequação).

⁷ Segundo o conselheiro Sidnei Beraldo, aos 0:55:44 de sua Exposição dos Resultados do IEG-M "Ano-Base 2020". Disponível em: https://www.youtube.com/watch?v=0UifobuoanQ. Acesso em: 29 nov. 2021.

avaliação de desempenho das ações governamentais, por parte dos TCs, que muitas vezes buscam "influir de modo efetivo na alteração de comportamentos dos agentes estatais, na adoção de políticas públicas" (SUNDFELD; CÂMARA, 2021, p. 19).[8] Não pretendemos, entretanto, sugerir novo tipo de responsabilidade aos referidos órgãos no que diz respeito às políticas públicas, interferindo nas decisões de competência exclusiva dos órgãos do Poder Executivo, ou seja, a invasão da discricionariedade do gestor público, o que fugiria da atribuição prevista nos artigos 70 e 71 da CF de 1988, mas, sim, averiguar se há espaço para aprimorar sua função social e promover o reforço de sua função pedagógica, a fim de torná-la mais eficiente, o que entendemos ser o próximo passo na evolução natural dos sistemas de controle, ou seja, o *Controle de Contas 2.0*. Notadamente porque a efetividade das políticas públicas demanda esforços coletivos, em especial quando se sabe que metade dos Municípios brasileiros está em situação fiscal crítica e com contas em desequilíbrio.[9]

2 Revisão da literatura

2.1 Aproximação do conceito de política pública

Existem diversas abordagens acerca do conceito de políticas públicas e inúmeras terminologias que chegam, inclusive, a se confrontar (THEODOULOU, 1995, p. 1).[10] No entanto, para este trabalho, não será feita uma abordagem teórico-metodológica a fim de se esgotarem as discussões a respeito, mas uma aproximação do conceito mais pertinente ao tema central e a sua aplicação numa gestão pública moderna.

Desde o início do século 20, a Administração Pública brasileira passa por reformas importantes de aprimoramento, a última concretizada com a Emenda Constitucional nº 19/1998, na denominada Reforma Gerencial, que envolveu uma mudança na estratégia de gestão, com base em um aparelho de Estado aperfeiçoado.[11] Teve como objetivo principal tornar a governança pública mais eficiente e conferir maior afirmação da cidadania, inserindo o princípio da eficiência no artigo 37 da Constituição Federal de 1988.

Conceitualmente, gestão pública é o termo utilizado para tratar das funções gerenciais dos negócios do governo[12] e aqui consideramos gestão pública moderna aquela realizada com diretrizes inovadoras e mecanismos que contemplam as reais

---

[8] SUNDFELD, Carlos A.; CÂMARA, Jacintho A. Competências de controle dos Tribunais de Contas – possibilidades e limites. *In:* SUNDFELD, Carlos A.; ROSILHO, André (org.). *Tribunal de Contas da União no Direito e na Realidade*. São Paulo: Almedina, 2021.

[9] Fonte: Índice Firjan de Gestão Fiscal (IFGF) de 2021. Disponível em: https://firjan.com.br/noticias/mais-de-tres-mil-cidades-brasileiras-tem-situacaofiscal-dificil-ou-critica-revela-indice-firjan-de-gestao-fiscal.htm. Acesso em: 22 out. 2021.

[10] THEODOULOU, Stella Z. A linguagem contemporânea das políticas públicas: um ponto de partida. *In:* CAHN, Matthew A.; THEODOULOU, Stella Z. *Políticas públicas*: leituras essenciais. Prentice Hall, Upper Saddle River, Nova Jersey (EUA), 1995.

[11] BRESSER-PEREIRA, Luiz Carlos. A reforma gerencial do Estado de 1995. *Revista de Administração Pública*, 34, p. 7-26, 2000. Disponível em: https://bibliotecadigital.fgv.br/ojs/index.php/rap/article/view/6289. Acesso em: 1 nov. 2021.

[12] FERREIRA, Aurélio B. H. *Novo Aurélio Século 21*: o dicionário da língua portuguesa. 3. ed. Rio de Janeiro: Nova Fronteira, 1999.

necessidades da sociedade contemporânea – uma gestão realizada sob planejamento estratégico,[13] com diretrizes para a solução dos problemas públicos em políticas eficientes e que ultrapassam os mandatos políticos dos governantes.

Edson Ronaldo Nascimento (2014, p. 9)[14] esclarece que a gestão pública deve fazer parte de um projeto amplo de desenvolvimento e é para atuar nesse novo perfil da gestão pública que os governos tentam buscar referenciais estratégicos. A respeito de práticas modernas de gestão pública, destacamos a reflexão de João Batista Marques:

> (...) são também conhecidas pela expressão inglesa 'value for money' e constituem um conjunto de medidas pragmáticas, levadas a efeito pela Administração Pública, que se fundamentam em uma lógica econômica a ser empregada nos valores dos serviços públicos. Caracterizam-se por interpretação valorativa, do ponto de vista econômico, do serviço que presta o Estado ao cidadão e tem como traço distintivo a gestão por objetivos, avaliados, pois, por medidas de realização; são utilizadas como parâmetro as regras de mercado com todos os seus mecanismos; dá-se primazia à competitividade como forma de dinamizar a relação custo-benefício dos serviços públicos; por fim, promove a eleição de um novo sistema de autoridade, de responsabilidades e de contabilidade.[15]

Por poder articular diferentes necessidades, a gestão pública protagoniza processos emblemáticos de mudanças, com responsabilidade no processo histórico da sociedade, qual seja a "apropriação desta visão estratégica que orienta o Estado, a cada conjuntura, no esforço por manter a sinergia no exercício da gestão pública" (TEIXEIRA, 1994, p. 7).[16]

Posto isso, para conceituarmos "políticas públicas", faz-se necessário registrarmos a diferença entre as abordagens terminológicas de "política", que pode ser compreendida como "polity" (sistema político), "politics" (política) ou "policy" (política pública). Na ciência, o termo "política" pode designar qualquer dessas três abordagens, de acordo com os problemas investigados (FREY, 2000, p. 213):

> Em primeiro lugar, podemos (...) perguntar pela ordem política certa ou verdadeira, o que é um bom governo e qual é o melhor Estado para garantir e proteger a felicidade dos cidadãos ou da sociedade (...). Em segundo lugar, temos o questionamento político, propriamente dito, que se refere à análise das forças políticas cruciais no processo decisório. E, finalmente, as investigações podem ser voltadas aos *resultados que um dado sistema político*

---

[13] De acordo com Bresser-Pereira: "A gestão pública envolve planejamento estratégico. Enquanto na administração burocrática o planejamento está limitado às leis e regulamentos, sem casos individuais ou sem levar em conta possíveis respostas de adversários, o planejamento gerencial envolve uma definição pormenorizada dos processos a serem seguidos e das estratégias a serem adotadas, dependendo das respostas. Assim, a reforma da gestão pública não implica menos trabalho gerencial, mas geralmente mais, apesar de envolver descentralização. Isso é tão verdadeiro, que uma distorção que pode facilmente ocorrer é a do planejamento excessivo e dispendioso. Se esse erro for evitado, porém, os ganhos de eficiência da reforma da gestão pública serão substanciais". Cf. BRESSER-PEREIRA, Luiz Carlos. O modelo estrutural de gerência pública. *Revista de Administração Pública*, Rio de Janeiro 42 (2): p. 391-410, mar./abr. 2008. Disponível em: https://www.scielo.br/j/rap/a/yGxNGHd7GvFptzTPbD4fzDD/?format=pdf&lang=pt. Acesso em: 15 nov. 2021.

[14] NASCIMENTO, Edson Ronaldo. *Gestão pública aplicada*. 3. ed. rev. atual. São Paulo: Saraiva, 2014.

[15] MARQUES, João B. A gestão pública moderna e a credibilidade nas políticas públicas. *Revista de Informação Legislativa*, v. 40, n. 158, p. 219-225, abr./jun. 2003. Disponível em: https://www2.senado.leg.br/bdsf/item/id/856. Acesso em: 14 nov. 2021.

[16] TEIXEIRA, Helio Janny; SANTANA, Solange Maria (coord.). *Remodelando a gestão pública*. São Paulo: Edgard Blücher, p. 7, 1994.

vem produzindo. Nesse caso, o interesse primordial consiste na avaliação das contribuições que certas estratégias escolhidas podem trazer para a solução de problemas específicos. (grifo nosso)[17]

A análise sobre o conceito de políticas públicas não dispõe de uma teoria uniforme e isso torna fundamental a delimitação de propósito para se realizar uma abordagem pertinente. Sobre essa temática, contribui Enrique Saravia (SARAVIA, 2006, p. 29):

> (...) é um sistema de decisões públicas que visa a ações ou omissões, preventivas ou corretivas, destinadas a manter ou modificar a realidade de um ou vários setores da vida social, por meio da definição de objetivos e estratégias de atuação e da alocação dos recursos necessários para atingir os objetivos estabelecidos.[18]

Para avançar na conceituação, Secchi (2017b, p. 5)[19] reforça que é indispensável averiguarem-se os conceitos de problema público e de política pública. Para ele, o primeiro trata do "fim ou da intenção de resolução"; já o segundo trata do "meio ou mecanismo para levar a cabo tal intenção", e que esse "problema só existe se incomoda uma quantidade ou qualidade considerável de atores". Assim, a solução – a política pública – também deve fazer parte do empenho desses atores.

A heterogeneidade de territórios, especifidades e transformações a que estão submetidas as políticas públicas é o que impõe a atualização do conceito das soluções para que de fato possam acompanhar as perspectivas modernas reais da sociedade. Um caso emblemático e atual foi a pandemia de covid-19. Ninguém estava preparado para o que aconteceu, mas o empenho dos diversos atores resultou em políticas públicas de combate imediatas, com amplo envolvimento de variadas instituições para responder ao problema público, seja em programas de distribuição de renda para os mais vulneráveis, seja em medidas fiscais e financeiras ou infraestruturais. Como ilustração dessa dinâmica no Brasil, é possível ainda destacar a priorização de diferentes políticas de âmbito municipal, cujas peculiaridades acabaram sendo responsáveis pelo maior investimento em saúde que em educação, em determinados Municípios, e a própria autonomia política, administrativa e financeira dos entes federativos contribuiu para uma variedade de arranjos institucionais e a conformação de diferentes políticas públicas.

Fato, o conceito de política pública engloba instrumentos concretos para responder às necessidades da população, como leis, programas, campanhas, obras, prestação de serviços, subsídios, decisões judiciais, entre outros, e todos têm um termo de convergência, como lembra Stella Theodoulou (THEODOULOU, 1995, p. 1):

> O ponto, no entanto, em relação ao qual todos os autores concordam, é o que afirma que *a política pública afeta profundamente a vida cotidiana de todos os indivíduos na sociedade.* (grifo nosso)

---

[17] FREY, Klaus. Políticas públicas: um debate conceitual e reflexões referentes à prática da análise de políticas públicas no Brasil. *Planejamento e políticas públicas*, n. 21, jun. 2000. Disponível em: http://repositorio.ipea.gov.br/bitstream/11058/4025/5/PPP_n21_Politicas.pdf. Acesso em: 1 out. 2021.

[18] SARAVIA, Enrique. Introdução à teoria da política pública. In: SARAVIA, Enrique; FERRAREZI, Elisabete (org.). *Políticas Públicas*: coletânea. Brasília: ENAP, v. 1, p. 28-29, 2006.

[19] SECCHI, Leonardo. *Políticas Públicas* – Conceitos, Esquemas de Análise, Casos Práticos. 2. ed. São Paulo: Cengage Learning, 2017b.

Assim, o atendimento ao verdadeiro interesse público deveria ser perseguido em todas as situações de avaliação sobre a eficiência das políticas públicas, envolvendo, por exemplo, os processos de elaboração e execução de programas ou, ainda, o estudo sobre os impactos gerados na vida das pessoas. Isto é, não bastam as exposições de dados sobre a insuficiência das ações necessárias à formulação ou à manutenção dessas políticas. É relevante também dar um passo adiante, a fim de garantir que os atores adotem uma postura ativa na concretização de políticas, inclusive depois da etapa de análise de desempenho.

Convém pontuar que existem diversos atores envolvidos na promoção de uma política pública, os quais, segundo Secchi (2017, p. 101),[20] podem ser categorizados em "atores governamentais" – como juízes, burocratas e, tradicionalmente, políticos – e "atores não governamentais" – a exemplo dos grupos de pressão ou de interesse, partidos políticos, organizações do terceiro setor e, até mesmo, os destinatários das políticas públicas, e outros.

Isso importa porque, de acordo com Maria Paula Dallari Bucci (BUCCI, 2021, p. 282-303),[21] as políticas públicas são caracterizadas pelo encadeamento de ações e consequências, que, por vezes, depende de um conjunto de envolvidos na inovação institucional, e os arranjos institucionais contribuem para a compreensão da teoria jurídica das políticas públicas e valorizam a postura dos gestores no que se refere às diversas ações que devem ser adotadas na formulação das políticas, de acordo com prioridades:

> (...) a gestão pública mais moderna no mundo desenvolvido há muito tempo deixou de privilegiar os ritos e as regras administrativas, em favor do resultado da ação, por meio dos chamados indicadores de desempenho, elementos quantitativos, fixados, evidentemente, com base em parâmetros qualitativos. Quantos beneficiários, com que perfil social, a que custo e em que prazo, são informações absolutamente relevantes para qualificar a ação administrativa.

Essa avaliação condiz com a realidade brasileira, notadamente quando se observa que não estamos mais diante de uma gestão pública caracterizada pela tomada de decisão centralizadora, a qual exclui a sociedade civil da formulação de políticas públicas e do próprio controle social (FARAH, 2001).[22] Segundo Farah, hoje os destinatários delas afastam-se cada vez mais da passividade e ganham importância nos processos de elaboração e controle, não só como formadores de opinião, mas ao participarem da tomada de decisão e do planejamento orçamentário. Nessa direção, a redefinição da esfera pública inclui a construção de novos arranjos institucionais, superando o modelo passado de provisão estatal e o padrão uniorganizacional, como pontua Farah:

> Tais arranjos apontam para a construção de redes institucionais que reúnem diversos atores, envolvendo articulações intersetoriais, intergovernamentais e entre Estado, mercado e sociedade civil (...), constituídas tanto para a formulação de programas quanto para a provisão dos serviços públicos, sugerindo que, na dinâmica recente dos governos

---

[20] SECCHI, Leonardo. *Análise de Políticas Públicas* – Diagnóstico de problemas, recomendação de soluções. 2. ed. São Paulo: Cengage Learning, 2017.

[21] BUCCI, Maria P. D. *Fundamentos para uma teoria jurídica das Políticas Públicas*. 2. ed. São Paulo: Saraiva, 2021.

[22] FARAH, Marta F. S. Parcerias, novos arranjos institucionais e políticas públicas no nível local de governo. *Revista de Administração Pública*, 35 (1), p. 119-144, 2001.

locais do Brasil, as políticas sociais já escapam ao modelo tradicional de políticas sociais com atribuição exclusiva do Estado. (...) Governos locais assumem, assim, um papel de coordenação e de liderança, mobilizando atores *governamentais e não governamentais* e procurando estabelecer um processo de 'concertação' de diversos interesses e de diferentes recursos em torno de objetivos comuns. Através dos novos arranjos institucionais assim constituídos, tende a crescer a perspectiva de sustentabilidade de políticas públicas que, de outra forma, poderiam sofrer solução de continuidade a cada mudança de governo. *O enraizamento das políticas em um espaço público que transcende a esfera estatal reforça a possibilidade de políticas de longo prazo, com repercussões sobre a eficiência e a efetividade das políticas implantadas.* (grifo nosso)

Nesse sentido, destaca-se o pensamento de Eli Diniz (*apud* FARAH, 2001):

As novas condições internacionais e a complexidade crescente da ordem social pressupõem um Estado dotado de maior flexibilidade, capaz de descentralizar funções, transferir responsabilidades e alargar, ao invés de restringir, o universo dos atores participantes, *sem abrir mão dos instrumentos de controle e supervisão.* (grifo nosso)[23]

Os arranjos institucionais são indispensáveis, especialmente quando se observa que os gestores públicos se deparam com muitas dificuldades na implementação de políticas públicas em situações que ultrapassam a esfera de problema técnico e/ou problema administrativo e causam um verdadeiro emaranhado de elementos holísticos que frustram os mais bem-intencionados planejamentos (SECCHI, 2017, p. 99).

Com essa perspectiva, Sabrina Nunes Iocken (2014, p. 90) assevera que:

As organizações do Estado são 'atores institucionais centrais que disputam preferências de outros atores políticos', e a atuação dos indivíduos, grupos e instituições é necessária à condução das políticas públicas. (...) É nesse cenário que estão inseridos, por exemplo, os Tribunais de Contas. (...) As decisões desses órgãos 'são capazes de interferir no universo da política'.[24]

A seguir, uma compreensão abreviada acerca dos Tribunais de Contas brasileiros.

2.2 Tribunais de Contas brasileiros

2.2.1 Panorama

Para o controle das contas públicas, podemos considerar dois modelos clássicos: o de Tribunais de Contas, adotado também pela maioria dos países, e o segundo, o de auditor-geral ou controlador-geral, que também atua como entidades fiscalizadoras

---

[23] DINIZ, Eli. Em busca de um novo paradigma: a reforma do Estado no Brasil dos anos 90. *São Paulo em Perspectiva*, 10 (4): p. 13-26, out./dez. 1996. *Apud* FARAH, Marta F. S. Parcerias, novos arranjos institucionais e políticas públicas no nível local de governo. *Revista de Administração Pública*, 35 (1), p. 119-144, 2001.

[24] IOCKEN, Sabrina N. *Políticas Públicas*: o controle do Tribunal de Contas. Florianópolis: Conceito Editorial, 2014.

"superiores" no mundo (JACOBY FERNANDES, 2008, p. 114-115).[25] Da obra de Jacoby, extraímos o seguinte resumo sobre o surgimento do modelo desses órgãos de controle:

> Para melhor compreender a figura do controlador-geral, é preciso esclarecer que o modelo nasceu na Inglaterra e foi adotado pelo Congresso Americano. Esse modelo, que divide com o sistema de tribunal a forma de controle financeiro da Administração Pública, consiste na criação de câmaras especializadas no Poder Legislativo, assessoradas pelo controlador ou auditor-geral, que é um funcionário do próprio parlamento auxiliado por grande quantidade de técnicos. (...) O modelo tribunal apresenta vantagens extraordinárias sobre o controlador-geral: a) atuação em colegiado; b) alternância de direção; c) rodízio no controle dos órgãos; d) distribuição impessoal de processos.

Em relação ao controle externo, o Tribunal de Contas no Brasil, desde sua origem na época colonial, tem função de fiscal das contas públicas. Mas somente no período de 1822 a 1889 as Cortes de Contas surgiram como órgãos de controle.

Na transição da Monarquia para a República surgem os Tribunais de Contas, com a ampliação e reformulação das instituições estatais para adequação ao novo regime (LOUREIRO et al., 2009)[26] e em 1890 é criado o Tribunal de Contas da União (Decreto nº 966-A), órgão do controle externo restrito à avaliação do bom uso do dinheiro público, e exame, revisão e julgamento dos atos concernentes à receita e à despesa da República.

Na CF de 1891, houve a inserção da competência de "liquidar as contas da receita e despesa e verificar a sua legalidade, antes de serem prestadas ao Congresso", que muito se aproxima do que conhecemos hoje como modelo de exame prévio. A referida CF também determinou que os Estados da Federação provessem as necessidades de seu governo e administração, o que possibilitou, então, a instituição de Tribunais de Contas nos Estados.

Em 1934, ampliaram-se as funções dos TCs, quando foram inseridas atribuições especiais de julgamento de contas, possibilidade de acompanhamento da execução dos orçamentos públicos, registros de determinados contratos, entre outras.

As Constituições de 1937, 1946 e 1967 apresentaram avanços significativos, notadamente sobre o formato da fiscalização, que passou do modelo de controle prévio ou do registro prévio para sistemas de auditorias, que permitiam mais rapidez nas atividades.[27] Mas somente em 1988[28] a (atual) CF restabeleceu o Estado Democrático de

---

[25] JACOBY FERNANDES, Jorge Ulisses. *Tribunais de Contas do Brasil*: jurisdição e competência. 2. ed. 1. reimp. Belo Horizonte: Fórum, 2008, p. 52-115.

[26] LOUREIRO, Maria Rita; TEIXEIRA, Marco Antonio C.; MORAES, Tiago C. Democratização e reforma do Estado: o desenvolvimento institucional dos tribunais de contas no Brasil contemporâneo. *Revista de Administração Pública*, Rio de Janeiro, v. 43, n. 4, p. 739-772, ago. 2009.

[27] MEDAUAR, Odete. Controle da Administração Pública pelo Tribunal de Contas. *Revista de Informação Legislativa*, Brasília, DF, v. 27, n. 108, p. 101-126, out./dez. 1990. Disponível em: https://www2.senado.leg.br/bdsf/item/id/175815. Acesso em: 1 out. 2021.

[28] Atualmente no Brasil temos 34 Tribunais de Contas, sendo 1 Tribunal de Contas da União; 26 Tribunais de Contas dos Estados; 3 Tribunais de Contas dos Municípios; 2 Tribunais de Contas Municipais; 1 Tribunal de Contas do Distrito Federal. Em 1988 a CF dispôs também sobre a nova forma de escolha dos conselheiros (ou ministros, no caso do TCU). Antes a escolha era realizada unicamente por indicação do Chefe do Executivo. Atualmente, o TCU é composto por 9 ministros, e a Constituição estabelece que a escolha é realizada com "um terço pelo presidente da República, com aprovação do Senado Federal, sendo dois alternadamente dentre auditores e membros do Ministério Público junto ao Tribunal, indicados em lista tríplice pelo Tribunal, segundo os critérios de antiguidade e merecimento, e dois terços pelo Congresso Nacional" (art. 73, §2º, da CF/88).

Direito e ampliou ainda mais a competência dos referidos Tribunais, tratando-os como órgãos de controle responsáveis pela fiscalização contábil, financeira, orçamentária, operacional e patrimonial dos entes federados e das entidades da administração direta e indireta.

A CF/88 inseriu um controle dos gastos públicos com foco maior em resultados, atribuindo aos TCs a competência de realizar a fiscalização operacional. No entanto, conforme Conrado Tristão (TRISTÃO, 2020, p. 99-105),[29] existe uma lacuna normativa acerca da citada espécie de fiscalização e, quando avalia o instituto à luz do Direito Comparado, ele assim esclarece:

> As entidades superiores de auditoria costumam ser divididas entre controladorias-gerais (modelo Westminster) e tribunais de contas (modelo napoleônico). Embora ambos (...) tenham recebido competência para realizar fiscalização operacional, ficou muito claro que os desafios impostos a cada um foram distintos, em decorrência de suas próprias características. Nesse sentido, parece que em países que seguem o modelo de Westminster a lei define de modo mais claro os limites da atuação das entidades de fiscalização com relação ao controle da qualidade dos gastos públicos.

O referido autor avalia que os Estados Unidos optaram pelo exemplo do modelo Westminster. O Brasil pode ser comparado a países que seguem o mencionado modelo napoleônico, que também utiliza a fiscalização operacional, como, por exemplo, Itália, Bélgica e França (TRISTÃO, 2020, p. 106).

Vale destacar ainda o conceito de auditoria operacional constante do Manual de Auditoria Operacional do Tribunal de Contas da União, baseado na orientação da *International Organization of Supreme Audit Institutions* (Intosai):

> É o exame independente, objetivo e confiável que analisa se empreendimentos, sistemas, operações, programas, atividades ou organizações do governo estão funcionando de acordo com os princípios de economicidade, eficiência, eficácia e efetividade e se há espaço para aperfeiçoamento (Issai 3000/17).[30]

A respeito de controle externo, podemos afirmar que o poder conferido aos TCs brasileiros é considerado uma espécie de "*accountability*", que, para Abrucio e Loureiro (2004, p. 75),[31] pode ser definida como "a construção de mecanismos institucionais por meio dos quais os governantes são constrangidos a responder, ininterruptamente, por seus atos ou omissões perante os governados".

A literatura brasileira destaca vários tipos de *accountability*, dentre os quais o *accountability* horizontal e o vertical. O primeiro refere-se às instituições oficiais que controlam, supervisionam, retificam e punem as ações ilícitas realizadas pelos agentes públicos. A função dos Tribunais de Contas está inserida nessa espécie de *accountability*.

---

[29] TRISTÃO, Conrado. Tribunais de Contas e Controle Operacional da Administração. *In*: SUNDFELD, Carlos A.; ROSILHO, André (org.). *Tribunal de Contas da União no Direito e na Realidade*. São Paulo: Almedina, 2021.

[30] BRASIL. Tribunal de Contas da União. Manual de auditoria operacional. 4. ed. Brasília: TCU, Secretaria-Geral de Controle Externo, 2020.

[31] ABRUCIO, Fernando Luiz; LOUREIRO, Maria Rita. Finanças públicas, democracia e *accountability*. *In*: ARVATE, Paulo Roberto; BIDERMAN, Ciro. *Economia do Setor Público no Brasil*. Rio de Janeiro: Elsevier/Campus, 2004.

De acordo com Guillermo O'Donnell, o segundo refere-se à representação dos eleitores que escolhem os ocupantes de cargos públicos (O'DONNELL, 1998, p. 40):

> (...) existência de agências estatais que têm o direito e o poder legal e que estão de fato dispostas e capacitadas para realizar ações, que vão desde a supervisão de rotina a sanções legais ou até o impeachment contra ações ou omissões de outros agentes ou agências do Estado que possam ser qualificadas como delituosas.[32]

Nesse sentido, afirma O'Donnel que, se por um lado a existência da *accountability* vertical identifica o viés democrático dos países, no sentido de que os cidadãos têm o poder de eleger os próprios governantes, por outro, uma *accountability* horizontal frágil demonstra certa fraqueza dos elementos liberais e republicanos.

A abordagem de Gustavo Andrey Almeida Fernandes e Marco Antônio Carvalho Teixeira (FERNANDES; TEIXEIRA, 2020)[33] sobre a atuação dos órgãos de controle nos Municípios brasileiros aproxima o termo em comento com o que conhecemos como "prestação de contas" e também com o processo de avaliação e responsabilização dos agentes públicos, e os autores acrescentam:

> O conceito está relacionado 'a ser responsável perante alguém, sendo obrigado a explicar e justificar a ação – por exemplo, como mandatos e contratos foram tratados, como a autoridade e os recursos foram aplicados, e com quais resultados' (OLSEN, 2018, p. 70). A *accountability* e o controle, portanto, estão embutidos nas instituições e os órgãos de controle se inserem justamente nessa relação entre o povo e instituições de governo, pois têm destacadamente a função, ou o objetivo, de dirimir os conflitos decorrentes (...).

Os processos de controle constituem elementos indispensáveis à gestão, inclusive para a organização do poder político e a confirmação da boa governança e, para nosso escopo, serão classificados em *interno e externo*. O *controle interno* é aquele efetivado pelos próprios órgãos da estrutura para, no caso da administração pública, auxiliar na mitigação da malversação do patrimônio público. Segundo Marcos Nóbrega (NÓBREGA, 2011, p. 58):

> Um conjunto de normas, princípios, métodos e procedimentos, coordenados entre si, que busca realizar a avaliação da gestão pública e dos programas de governo, bem como comprovar a legalidade, eficácia e economicidade da gestão orçamentária, financeira, patrimonial e operacional dos órgãos e entidades públicas.[34]

Quando realizado por meio de ferramentas adequadas, confere maior segurança aos gestores públicos, pois viabiliza a correção de dados e a observância das diretrizes legais antes da tomada de decisão e do exercício do controle externo. A título exemplificativo,

---

[32] No controle bidimensional sobre o governo citam-se como exemplo vertical as eleições, reivindicações sociais, atuação da mídia e das organizações da sociedade civil; e como horizontal, as funções do executivo, legislativo, judiciário, agências de supervisão (O'DONNELL, Guillermo. *Accountability* horizontal e novas poliarquias. In: *Lua Nova: revista de cultura e política*, n. 44, p. 40, 1998).

[33] FERNANDES, Gustavo Andrey A. L.; TEIXEIRA, Marco Antônio C. *Accountability* ou Prestação de Contas, CGU ou Tribunais de Contas: o exame de diferentes visões sobre a atuação dos órgãos de controle nos municípios brasileiros. *Revista de Administração e Contabilidade da Unisinos*, 17 (3), p. 456-482, jul./set. 2020.

[34] NÓBREGA, Marcos. *Os Tribunais de Contas e o controle dos programas sociais*. Belo Horizonte: Fórum, 2011.

temos as diretrizes da Lei Federal nº 4.320/1964 sobre o controle orçamentário e as disposições do Decreto-Lei nº 200/1967 que versam sobre fiscalização e auditorias como forma de controle dos gastos públicos.

Por sua vez, o *controle externo* refere-se, segundo Jorge Ulisses Jacoby Fernandes (JACOBY FERNANDES, 2008, p. 52-115), ao controle realizado por agente ou órgão que não faz parte da própria estrutura organizacional à qual está sob comando. Trata-se de um conjunto de ações que compreende, nas palavras do autor, "procedimentos, atividades e recursos próprios, não integrados na estrutura controlada, visando a fiscalização, verificação e correção de atos". Jacoby diferencia também o controle exercido pelo Legislativo e pelos Tribunais de Contas, uma vez que as Cortes não integram aquele Poder, e que cumprem um controle financeiro da Administração Pública, constituindo-se uma estrutura de apoio ao próprio Legislativo, que exerce seu poder de controle também sobre outros poderes.

Sob a perspectiva do "poder de controle" dos Tribunais de Contas, Jacoby destaca o entendimento de uma "concepção necessária à correção de políticas públicas, à definição de limites, à conformação na aplicação de recursos tanto públicos (do Estado) quanto privados" (2008, p. 115). Com efeito, os avanços constitucionais trouxeram uma concepção moderna e asseguraram um Estado Democrático no âmbito do controle dos gastos públicos, característica indissociável dos Tribunais de Contas, trazendo uma participação que supera a rotineira avaliação do cumprimento dos percentuais dos gastos, o que resulta num olhar mais atento à qualidade desses gastos, e tudo com foco no resultado.

Trata-se, portanto, de órgãos com especial papel na garantia de direitos fundamentais da população, por assegurarem que os limites constitucionais sejam respeitados no que tange à aplicação das ações demandadas. Nesse sentido, a intensificação da atuação dos TCs fica mais evidente nas matérias relacionadas às contratações públicas, nas quais as intervenções fogem da sua competência, como, por exemplo, as interferências em matérias regulatórias (SUNDFELD; CÂMARA, 2021, p. 19).

Esta visão está totalmente conectada com a realidade. No âmbito das políticas públicas relacionadas à educação, por exemplo, os Tribunais de Contas não apenas monitoram o gasto público, mas avançam na fiscalização sobre a quantidade de vagas de ensino integral, a existência de laboratórios de informática e o percentual de professores nas escolas de educação básica, entre outros pontos.

No exercício regular do controle externo, as referidas Cortes averiguam a legalidade, legitimidade, economicidade, aplicação das subvenções e renúncia de receitas, avaliando e julgando também as contas dos administradores públicos e dos demais responsáveis pelo dinheiro público, cumprindo a sua função constitucional. Ações extraordinárias normalmente visam a alcançar os novos anseios da sociedade, mas impõem alguns rigores e cuidados, o que demanda a análise e definição da competência dos TCs, antes de podermos examinar as possibilidades de uso do TAG.

2.2.2 Competência e controle das políticas públicas: uma visão geral

Foi na Constituição Federal de 1967 que houve a inserção do controle *a posteriori* e, com isso, métodos externos como auditorias e inspeções. Já a ampliação da competência dos Tribunais de Contas brasileiros, verificada a partir da Constituição Federal de 1988, trouxe também a possibilidade de qualquer cidadão, partido político, associação ou sindicato denunciar, na forma da lei, irregularidades ou ilegalidades (art. 74, §2º), o que sinaliza a contribuição desses órgãos para o fortalecimento do exercício do controle social. Da leitura dos artigos 70 e 71[35] da CF/88, extraímos as principais características e diferenças da competência do referido órgão, no que diz respeito às prestações de contas de governos e de gestão de modo geral: a competência do TC para elaboração de parecer das contas de governo (presidente da República, governador ou prefeito), que prestam contas sobre os resultados da gestão, sendo avaliado o cumprimento do orçamento, o atendimento das metas estabelecidas e o respeito aos gastos mínimos ou máximos e demais aspectos previstos na Lei nº 4.320/1964 (Lei de Responsabilidade Fiscal). Aqui, o foco não está nos atos administrativos, mas sim na conduta do gestor, no que se refere ao respectivo período de exercício das funções políticas.

Esclarece Ricardo Rodrigues (RODRIGUES, 2014, p. 77-78)[36] que, nesse caso, é avaliado o cumprimento da Lei Orçamentária Anual, da Lei das Diretrizes Orçamentárias e do Plano Plurianual, sendo que "as formalidades legais perdem espaço em favor do exame da eficácia, eficiência e efetividade das ações governamentais". Ainda complementa:

---

[35] Art. 70. A fiscalização contábil, financeira, orçamentária, operacional e patrimonial da União e das entidades da administração direta e indireta, quanto à legalidade, legitimidade, economicidade, aplicação das subvenções e renúncia de receitas, será exercida pelo Congresso Nacional, mediante controle externo, e pelo sistema de controle interno de cada Poder. Parágrafo único. Prestará contas qualquer pessoa física ou jurídica, pública ou privada, que utilize, arrecade, guarde, gerencie ou administre dinheiros, bens e valores públicos ou pelos quais a União responda, ou que, em nome desta, assuma obrigações de natureza pecuniária.
Art. 71. O controle externo, a cargo do Congresso Nacional, será exercido com o auxílio do Tribunal de Contas da União, ao qual compete: I- Apreciar as contas prestadas anualmente pelo presidente da República, mediante parecer prévio que deverá ser elaborado em sessenta dias a contar de seu recebimento; II- Julgar as contas dos administradores e demais responsáveis por dinheiros, bens e valores públicos da administração direta e indireta, incluídas as fundações e sociedades instituídas e mantidas pelo Poder Público federal, e as contas daqueles que derem causa a perda, extravio ou outra irregularidade de que resulte prejuízo ao erário; III- Apreciar, para fins de registro, a legalidade dos atos de admissão de pessoal, a qualquer título, na administração direta e indireta, incluídas as fundações instituídas e mantidas pelo Poder Público, excetuadas as nomeações para cargo de provimento em comissão, bem como a das concessões de aposentadorias, reformas e pensões, ressalvadas as melhorias posteriores que não alterem o fundamento legal do ato concessório; IV- Realizar, por iniciativa própria, da Câmara dos Deputados, do Senado Federal, de Comissão técnica ou de inquérito, inspeções e auditorias de natureza contábil, financeira, orçamentária, operacional e patrimonial, nas unidades administrativas dos Poderes Legislativo, Executivo e Judiciário, e demais entidades referidas no inciso II; V- Fiscalizar as contas nacionais das empresas supranacionais de cujo capital social a União participe, de forma direta ou indireta, nos termos do tratado constitutivo; VI- Fiscalizar a aplicação de quaisquer recursos repassados pela União mediante convênio, acordo, ajuste ou outros instrumentos congêneres, a Estado, ao Distrito Federal ou a município; VII- Prestar as informações solicitadas pelo Congresso Nacional, por qualquer de suas Casas, ou por qualquer das respectivas Comissões, sobre a fiscalização contábil, financeira, orçamentária, operacional e patrimonial e sobre resultados de auditorias e inspeções realizadas; VIII- Aplicar aos responsáveis, em caso de ilegalidade de despesa ou irregularidade de contas, as sanções previstas em lei, que estabelecerá, entre outras cominações, multa proporcional ao dano causado ao erário; IX- Assinar prazo para que o órgão ou entidade adote as providências necessárias ao exato cumprimento da lei, se verificada ilegalidade; X- Sustar, se não atendida, a execução do ato impugnado, comunicando a decisão à Câmara dos Deputados e ao Senado Federal; XI- Representar ao Poder competente sobre irregularidades ou abusos apurados.

[36] RODRIGUES, Ricardo S. *Os Tribunais de Contas e o controle de políticas públicas*. Maceió: Viva, 2014.

No exame das contas anuais dos chefes do Poder Executivo, a Corte de Contas deve verificar, também, o equilíbrio fiscal e a repercussão da administração financeira e orçamentária no desenvolvimento econômico e social do ente federativo, especialmente nas áreas da saúde, educação, emprego, renda, meio ambiente, segurança, infraestrutura e assistência social, além de aferir o cumprimento das exigências da LRF no aspecto da transparência da gestão fiscal.

Nessa hipótese, o Tribunal de Contas apenas emite parecer prévio, e o julgamento efetivo será realizado pelo Legislativo. No caso dos prefeitos, o julgamento será realizado pela Câmara Municipal competente. No que se refere às *contas de gestão*, também conhecidas como "contas de ordenadores de despesas", a hipótese é do artigo 71, inciso II, da CF/88. O TC efetivamente julgará as contas após a análise da legalidade dos atos, da regularidade das licitações, da admissão de pessoal, contratações, liquidação e pagamentos de contas, entre outros efetivados por secretários de Estados ou de Municípios, diretores e/ou presidentes de autarquias, Câmaras Municipais, entre outros. Sobre essa competência, ainda na obra de Ricardo Schneider Rodrigues, podemos constatar:

> No julgamento das contas de gestão não serão analisados os macroefeitos da gestão pública, objeto das contas de governo, mas 'separadamente, cada ato administrativo que compõe a gestão contábil, financeira, orçamentária, operacional e patrimonial do ente público, quanto à legalidade, legitimidade e economicidade, e os relativos às aplicações das subvenções e renúncias de receitas.

O conjunto de competências das Cortes de Contas evolui constantemente, mas os limites de sua abrangência têm sido alvo de constantes discussões. Devemos ponderar a diferença entre a função jurisdicional e a judicante: não há competência jurisdicional nos Tribunais de Contas e, sim, judicante – a que decorre da competência constitucional de julgamento de contas dos administradores e demais responsáveis por dinheiro público, e não se confunde com a jurisdicional.

Para Odete Medauar, a análise das contas pelos Tribunais de Contas é restrita ao exame da legalidade, e que as decisões dos referidos órgãos têm natureza administrativa, motivo pelo qual não podem adentrar ao exame de conveniência e oportunidade do ato analisado, cabendo somente ao administrador público a decisão acerca do uso dos recursos públicos (MEDAUAR, 1990, p. 121). Por outro lado, há quem entenda que os Tribunais de Contas têm "papel dilargado na democracia social e participativa" e, nessa linha, não estão aprisionados na rígida separação dos Poderes (TORRES, 2008, p. 205).[37]

Sob divergências de entendimento relativas à vinculação da Corte de Contas a um dos Poderes e às limitações da sua competência, vale esta reflexão de Iocken (2014, p. 70), que se aproxima do que constatamos hoje dentre as atividades dos TCs:

> A natureza das decisões proferidas pelos Tribunais de Contas se molda ao tipo de competência desempenhada, razão pela qual novas classificações surgem, decorrentes de atribuições específicas disciplinadas não só pela legislação infraconstitucional, como também provenientes das competências implícitas extraídas do texto constitucional.

---

[37] TORRES, Ricardo L. *Curso de direito financeiro e tributário*. 15. ed. Rio de Janeiro: Renovar, 2008, p. 208.

Por sua vez, Speck (2000, p. 12-15)[38] esclarece que as competências dos TCs são divididas em "quase administrativas", "auxiliares do Legislativo" e "judicantes". As primeiras referem-se às atividades de apreciação da legalidade para fins de registro, nas quais apenas se verifica o cumprimento dos requisitos legais sem nenhum julgamento; na segunda categoria se verifica a emissão de pareceres que respaldam a atuação do Legislativo, e na qual há apenas uma averiguação técnica; na última, há de fato o julgamento das contas dos responsáveis por recursos públicos.

Para Fernandes e Teixeira (2020), os TCs são órgãos autônomos, funcionam como um segmento técnico do Legislativo, mas não se submetem a ele:

> Os Tribunais de Contas são órgãos autônomos que operam como um braço técnico do Legislativo, sem submissão a esse Poder, conforme definido na Constituição Federal de 1988. Estão submetidos ao julgamento deste órgão todos aqueles envolvidos na administração direta e indireta, bem como em valores, bens e dinheiros públicos, e esses órgãos podendo aplicar sanções àqueles que não atendem aos critérios de legalidade.

Houve poucas alterações na história dos TCs e da aplicação de sanções em situação de não atendimento dos critérios de legalidade, mas temos observado a proatividade dos Tribunais de Contas em diversos temas, notadamente em relação às políticas públicas e à aplicação de sanções em situação de falhas na governança, em função da eficiência. Assim, atentos à postura mais ativa dos Tribunais de Contas, sobretudo com a extrapolação de competência, Sundfeld e Câmara (2021, p. 20-21) avaliam:

> A postura mais ativa dos Tribunais de Contas tem feito com que este órgão seja visto algumas vezes como espécie de instância revisora geral de diversas decisões administrativas. De ofício ou mediante provocação de interessados, a Corte de Contas tem sido instada a se pronunciar sobre decisões administrativas das mais variadas índoles.

Há quem entenda como positivo o avanço do que antes se limitava apenas à legalidade. Nesse sentido, é o pensamento de Rodrigues (2014, p. 83):

> Agora não se pode mais justificar eventual inércia ou inefetividade pela ausência de competência ou de instrumentos aptos a legitimar a atuação dos Tribunais de Contas, porquanto houve deliberada ampliação de seus poderes para conferir-lhes maior desenvoltura no exercício do controle da Administração Pública.

Com efeito, na tarefa de guardiões da fiscalização orçamentário-financeira dos entes públicos, os TCs não estão alheios à boa gestão das políticas públicas, em especial porque a criação e a manutenção das referidas políticas envolvem, na maioria das vezes, dinheiro público. Ao cumprirem o papel da fiscalização, os referidos Tribunais fazem uma avaliação sob a ótica formal, mas também averiguam os resultados da ação governamental, ainda que *a posteriori*, com um potencial também de avaliação de desempenho, relevante e essencial ao controle da boa gestão governamental, o que não os isola do contexto histórico e social em que estão inseridos e muito menos do ciclo

---

[38] SPECK, Bruno W. *Inovação e rotina no TCU*: o papel da instituição superior de controle financeiro no sistema político administrativo do Brasil. Série Pesquisas. São Paulo: Fundação Konrad Adenauer, p. 12-15, 2000.

das políticas públicas. Tanto é assim que, ao longo dos últimos anos, vêm modificando suas capacidades, ainda que paulatinamente, conforme as exigências dos arranjos políticos e institucionais.

O estudo realizado por Loureiro, Teixeira e Moraes avalia como as Cortes de Contas dialogaram com as conveniências da sociedade, em práticas que muitas vezes reproduziram a tradição instituída e em outras se amoldaram a novas exigências. A referida avaliação é realizada na linha do conceito de desenvolvimento institucional de Paul Pierson, do qual podemos extrair que "transformações que ultrapassam as ações individuais e apresentam uma temporalidade de mais longo prazo" constituem "transformações graduais (...) marcadas por situações de 'path dependence', isto é, por processos históricos que se caracterizam por trajetórias ou caminhos que, uma vez tomados, são de difícil reversão" (LOUREIRO *et al.*, 2009, p. 741).

Sublinha-se a importância de que novos paradigmas – embasados nas transformações e diálogos com a sociedade – sejam utilizados a favor do desenvolvimento de mecanismos que resultem em soluções de problemas, e não apenas para transparecer o poder do órgão. Mas quando se fala no tema Tribunal de Contas e controle das políticas públicas, ou de incidentes do ciclo das políticas públicas, a pergunta sempre é sobre a possibilidade e o momento para o exercício desse controle.

A esse respeito, Sabrina Nunes Iocken destaca as funções desses órgãos em três momentos do ciclo de políticas públicas. Para ela, no primeiro momento, que se refere à formulação dessas políticas, a função do TC seria a de provocação, por induzir o agir do Estado diante de um problema social. Nesse cenário, o Tribunal não tem legitimidade para a escolha de certa política, mas pode interagir com a problemática da questão, dando-lhe visibilidade. No segundo momento, seria a participação na fase de implementação, cabendo à Corte de Contas contribuir com a avaliação dos resultados das políticas implementadas pelos gestores e averiguar a correspondência com a execução prevista, emitindo decisões que exigem o comprometimento dos envolvidos e/ou a recondução de metas; o Tribunal de Contas poderia nesse estágio identificar a multiplicidade das relações a fim de ajudar na superação das dificuldades. No terceiro, o Tribunal apresenta sua característica sancionadora, a fim de averiguar a eficiência e o atendimento aos direitos fundamentais (IOCKEN, 2014, p. 14). Sabrina Iocken afirma ainda (*idem*, p. 79):

> O exercício de competências técnicas e políticas dos Tribunais de Contas, diante de suas novas funções, a de provocação, a de comprometimento e a sancionadora, direcionada à aferição da legitimidade fiscal, alarga o campo de controle, maximizando os efeitos da judicialização da política, agora sob a ótica orçamentária, financeira, patrimonial e contábil. Não se trata de um ativismo originário do Tribunal de Contas, mas de uma imposição advinda do próprio legislador constituinte, por meio de inovações no conteúdo de suas competências. Assim como ocorre no Judiciário, não há de fato uma disputa de poderes, mas o preenchimento de espaços vazios deixados pelo Poder Público.

Existem, entretanto, divergências no entendimento sobre o ativismo do Judiciário e dos TCs em relação ao controle das políticas públicas. Esses órgãos são carentes de legitimidade, em razão da ausência de representantes do povo no seu corpo de conselheiros (ou ministros, no caso do TCU), sem contar a violação ao princípio da separação dos Poderes. Além disso, existe um déficit relacionado à "incapacidade institucional" quanto à atribuição judicial, tendo em vista a ausência de profissionais especializados em outras áreas do conhecimento. Por outro lado, as Cortes de Contas cada vez mais têm investido em servidores com capacidade técnica e multidisciplinar para os diagnósticos necessários das políticas, o que as diferenciaria nesse quesito (IOCKEN, 2014, p. 83).

Ferramentas de análise de desempenho, como o IEG-M no TCE-SP, quando utilizadas no controle prévio, como parâmetro para emissão de pareceres, incentivam a boa governança e a transparência, mas não podem por si só nortear as conclusões negativas acerca de determinadas gestões municipais, além de acarretarem certos riscos de interferência dos TCs nas competências do gestor.

Sobre esse contexto, no 2º Congresso Internacional dos Tribunais de Contas, realizado em novembro de 2021, e que teve como tema central "Os Tribunais de Contas e o Mundo em Transformação", diversos painelistas abordaram a competência dos referidos órgãos e seus desafios de controle e independência. O professor André Rosilho, pesquisador assíduo do tema Controle da Administração Pública pelo TCU, em sua fala alertou que os órgãos de controle têm preferido atuar de modo prévio e evidenciou seus desafios, como, por exemplo: a) risco de governança, pois tende a paralisar a tomada de decisões dos administradores públicos; b) possível perda de legitimidade, com o esvaziamento paulatino na tomada de decisões, com eventuais confusões no âmbito das antecipações do controle. Rosilho enfatizou também que o TC é uma espécie de "tribunal administrativo" de todos os interesses públicos, que, mais que julgar contas, atua em questões com repercussão em finanças públicas (informação verbal).[39]

De fato, com base nas especificidades do processo de contas, da competência e da natureza das decisões das referidas Cortes, os especialistas destacam sua natureza distinta quando se trata de políticas públicas. Como podemos acompanhar em Iocken (2014, p. 72), os Tribunais têm totais condições de contribuir para a boa governança e influenciar a agenda pública no momento em que averiguam as contas e identificam o problema (função a qual chamou de *provocação*); ao induzir o agente público a comprometer-se com a reparação de prejuízos à efetividade das políticas (função de *comprometimento*); além da função *sancionadora*, classificação dada por Iocken para as hipóteses em que o gestor deixar de aplicar a verba pública para o cumprimento de determinada política.

Referenciando a abordagem de Peters (PETERS, 2012)[40] sobre governança, o TCU vem nos últimos anos incentivando gestores a praticarem o desenvolvimento e o monitoramento do desempenho das políticas públicas tendo em vista a maior eficácia no

---

[39] Informação fornecida por André Rosilho durante o "Lançamento da 5ª edição da RTTC Painel 1 do 7º Congresso Internacional de Controle e Políticas Públicas – Rumo a 2030 – Novos horizontes do desenvolvimento sustentável e a fiscalização dos Tribunais de Contas", no 2º Congresso Internacional dos Tribunais de Contas, realizado de 9 a 12 de novembro de 2021, em João Pessoa/PB. Disponível em: https://irbcontas.org.br/videoteca/ii-citc-congresso-internacional-dos-tribunaisde-contas/. Acesso em: 9 dez. 2021.

[40] Segundo Peters, a boa governança pública passa pelos pilares: a) definição de objetivos coletivos, eleitos de maneira legítima por uma sociedade; b) coerência entre as políticas públicas e a existência de coordenação entre diferentes atores para sua realização; c) condições para implementação das políticas públicas, contemplando a capacidade da burocracia estatal e arranjos institucionais que propiciem a atuação conjunta com entes não governamentais; d) monitoramento e avaliação que assegurem aprendizado e aperfeiçoamento contínuos e também criem condições para que haja *accountability*, envolvendo as dimensões de transparência da ação pública e responsabilização perante a sociedade. PETERS, B. G. Governance and Sustainable Development Policies. *In*: Conferência das Nações Unidas sobre Desenvolvimento Sustentável – Rio+20. Organização das Nações Unidas (ONU) – Rio de Janeiro, 2012.

uso dos recursos públicos, com pauta especial para a avaliação prévia à implementação das políticas públicas (análise *ex ante*).[41]

A lógica da referida pauta é promover um conjunto de elementos que auxiliem os gestores no direcionamento do ponto específico a ser corrigido para a obtenção do bom resultado, chamando a atenção para, além da governança, a prevenção de fraude e corrupção.[42] E a importância da contribuição dos Tribunais de Contas é mais evidente quando se observam contas reprovadas em razão da falta de diagnóstico prévio, da ausência de metas e indicadores e do desvio de destinação de recurso.

Dessa forma, a busca pelo aperfeiçoamento nos processos de controle deve ser propósito permanente, ao lado da preservação da discricionariedade que o gestor público tem, observando-se que os Tribunais de Contas não podem, mesmo sob o pretexto da eficiência, ampliar o seu papel para uma espécie de "revisor" dos atos da administração.

2.3 O controle consensual necessário às soluções de problemas públicos

Trataremos neste capítulo do panorama já existente no ordenamento jurídico brasileiro, que evidencia a consensualidade como aliada nos problemas entre particulares e Administração Pública, a fim de, então, avaliarmos a sua aplicação aos problemas públicos.

Iniciando pela previsão constitucional, recordamos que a CF de 1988 traz em seu preâmbulo[43] o incentivo à resolução pacífica das controvérsias e, baseando-nos em seus dispositivos, podemos verificar o apoio à solução consensual dos conflitos.

De fato, na Administração Pública contemporânea não mais prevalece a rigidez do modelo burocrático, e as recentes alterações inseridas pela LINDB são prova dessa percepção (Decreto-Lei nº 4.657/1942, alterado pela Lei nº 13.655/2018), notadamente quando se verifica do seu texto o forte incentivo ao modelo consensual da Administração Pública, com a possibilidade da celebração de pactos entre os órgãos de controle e os agentes públicos para assegurar a correção de falhas apontadas no âmbito do controle.

Trata-se de um novo paradigma da juridicidade, que, na avaliação de Luciano Ferraz, permite que a atividade do controlador não se sujeite exclusivamente a uma visão maniqueísta, espécie de "crime-castigo", uma vez que o diálogo entre as instituições é

---

[41] BRASIL.. Tribunal de Contas da União. Referencial para avaliação de governança em políticas públicas. Brasília: TCU, 2014.
[42] Portal do Tribunal de Contas da União. Políticas públicas: TCU examina bases para êxito. Disponível em: https://portal.tcu.gov.br/imprensa/noticias/politicas-publicas-tcu-examina-bases-para-exito.htm. Acesso em: 27 out. 2021.
[43] Preâmbulo CF/88: "Nós, representantes do povo brasileiro, reunidos em Assembleia Nacional Constituinte para instituir um Estado Democrático, destinado a assegurar o exercício dos direitos sociais e individuais, a liberdade, a segurança, o bem-estar, o desenvolvimento, a igualdade e a justiça como valores supremos de uma sociedade fraterna, pluralista e sem preconceitos, fundada na harmonia social e comprometida, na ordem interna e internacional, com a solução pacífica das controvérsias, promulgamos, sob a proteção de Deus, a seguinte Constituição da República Federativa do Brasil". Já em seu artigo 98, a CF dispõe sobre a possibilidade de transação, mesmo na seara penal, que está sujeita ao princípio da tipicidade (que deve ser homologada pelo Judiciário).

indispensável para o atingimento dos objetivos fundamentais do Estado Democrático de Direito (FERRAZ, 2020, p. 207). Na emblemática obra citada, Ferraz anotou:

> Na lógica do controle-sanção não há meio-termo: ou a conduta do controlado é conforme às regras e procedimentos, ou não é. Neste último caso, deve-se penalizar o sujeito, independendo das circunstâncias práticas por ele vivenciadas na ocasião e das consequências futuras, às vezes negativas para o próprio funcionamento da máquina administrativa. Obviamente, não se cogita propor a extinção das formas tradicionais de controle com viés repressivo e sancionatório. Busca-se complementariedade, a utilização de métodos que se insiram no contexto do direito e da Administração Pública para revelar tendências controladoras que estimulem transparência, eficiência, economicidade, eficácia, efetividade.

Na mesma direção avalia Onofre Alves Batista Júnior (2007, p. 98-108),[44] para quem aos anseios do Estado Democrático de Direito não bastam os limites da legalidade, exige-se o contraponto e um verdadeiro equilíbrio com o princípio da eficiência administrativa. O dinamismo da realidade hoje exige a diminuição do formalismo exacerbado, com tendência ao favorecimento da eficiência.

De fato, a Constituição Federal de 1988 não exige apenas que a Administração Pública tenha uma atuação legal; exige, também, que essa atuação seja eficiente, modificando a face extremamente formalista e tornando a eficiência tão importante quanto a legalidade. Batista Júnior esclarece ainda que o Estado assumiu atividades prestacionais e que "o interesse e a sobrevivência de grande número de indivíduos passaram a depender da eficiência da Administração Pública, e não apenas da legalidade" (*idem*, p. 109) e continua:

> O princípio da eficiência não propõe uma desvinculação da atividade administrativa aos ditames da lei, mas uma sujeição mais arraigada da atuação da administração ao ordenamento jurídico, isto é, uma vinculação da atividade administrativa às regras e princípios constitucionais, em especial por meio de uma compreensão funcional e não meramente formal destes.

Batista Júnior enfatiza a abordagem consensual da CF/88 ao fazer observações a respeito do artigo 98, em causas do interesse da Administração Pública (*idem*, p. 402):

> Quanto às causas administrativas, estas se enquadram, se tomada a dicção do art. 98 da CRFB/88, nas chamadas causas cíveis (não penais). Daí, pelo menos no que diz respeito às ações de menor complexidade, o fundamento constitucional para a transação é explícito. A Constituição determina que, para causas de menor complexidade, sejam criados juizados especiais, tudo de acordo com o espírito da CRFB/88 de favorecer as soluções acordadas.

Essa atuação consensual da Administração Pública se manifesta por inúmeras modalidades, as quais podem ganhar diferentes classificações a depender do critério adotado. Sobre esse aspecto, Diogo de Figueiredo Moreira Neto (2003, p. 147)[45] destaca o

---

[44] BATISTA JÚNIOR, Onofre A. *Transações administrativas*: um contributo ao estudo do contrato administrativo como mecanismo de prevenção e terminação de litígios e como alternativa à atuação administrativa autoritária, no contexto de uma administração pública mais democrática. São Paulo: Quartier Latin, 2007.

[45] MOREIRA NETO, Diogo F. Novos institutos consensuais da ação administrativa. *Revista de Direito Administrativo*, 2003.

critério das finalidades administrativas imediatas, sendo elas a promoção, a realização e a recuperação do interesse público, identificando em cada uma funções administrativas e modalidades distintas de administração concertada, e arremata:

> A função de satisfação do interesse público se dá pela função executiva das decisões abstrata ou concretamente tomadas, e a função de recuperação do interesse público se dá pela função judicativa administrativa, em que se reaprecia da juridicidade das decisões administrativas, das execuções e mesmo das decisões judicativas de que caibam recursos.

Visando ao cumprimento dos princípios constitucionais e ao atendimento da finalidade pautada pelo interesse público dessa administração concertada, ganham relevância os institutos pelos quais se instrumentaliza a consensualidade no Direito brasileiro. Em 1990, logo após a promulgação da CF/88, a Lei nº 7.347/1985 foi alterada para permitir que o Poder Público firmasse Termo de Ajustamento de Conduta com particulares, mediante comunicações com validade de título executivo (art. 5º, §6º – incluído pela Lei nº 8.078, de 11.9.1990). Aliás, com base no referido dispositivo, com a finalidade de proteger o direito do consumidor, o Decreto nº 2.181/1997 (art. 6º) também dispôs que as entidades e órgãos da Administração Pública destinados à defesa dos interesses e direitos protegidos pelo Código de Defesa do Consumidor poderiam celebrar compromissos de ajustamento de conduta às exigências legais, nos termos do §6º, artigo 5º, da Lei nº 7.347, de 1985.

Conforme veremos adiante, a ideia de pactos entre a Corte de Contas e gestores públicos foi adotada pela maioria dos Tribunais de Contas, sob o nome de Termo de Ajustamento de Gestão, Termo de Ajuste de Gestão ou Termos de Compromisso de Gestão. É o caso do TCE-PB em 2007, que, para "fugir" do papel meramente punitivo, notadamente após a ocorrência do dano, e promover medidas de orientação, de prevenção e correção de desvios que favorecessem ao administrador evitar erros ou corrigi-los, editou a RN TC nº 05/2007, pela qual estabeleceu o Pacto de Adequação de Conduta Técnico-Operacional, permitindo que o compromisso fosse firmado entre a Corte de Contas e os gestores sempre que a auditoria verificasse a ocorrência de atos ou omissões considerados danosos ao erário, prejudiciais à população ou lesivos ao interesse público. Em São Paulo, desde 2007, o Decreto Estadual nº 52.201 prevê a celebração de TAC no âmbito da Administração Pública Direta e Indireta do Estado de São Paulo, condicionando o ajustamento de conduta à manifestação favorável da Procuradoria-Geral do Estado.[46]

---

[46] De acordo com Marques Neto e Cymbalista (2011) "esses acordos substitutivos pressupõem (I) o abandono do procedimento sancionatório, entendido como o item estabelecido pela norma jurídica de apuração da verdade com vistas à aplicação de uma sanção; (II) o abandono da própria prerrogativa de punir em favor de providências mais efetivas para consecução do interesse público; ou ainda (III) a renúncia parcial à aplicação de uma sanção, seja em natureza, seja ainda em volume (montante). Os três tipos de renúncia acima referidos dão-se em favor de outras medidas consideradas mais eficientes ou menos danosas para atingir a finalidade que é perseguida com a atividade sancionatória, ou seja, a prevenção da reincidência, a dissuasão do transgressor e de outros agentes que potencialmente poderiam seguir o mesmo caminho, assim como o condicionamento do comportamento na direção perseguida pela pauta regulatória". MARQUES NETO, Floriano A.; CYMBALISTA, Tatiana M. Os Acordos Substitutivos do Procedimento Sancionatório e da Sanção. *Revista Eletrônica de Direito Administrativo Econômico (Redae)*, Salvador, n. 27, ago./set./out. 2011. Disponível em: http://www.direitodoestado.com/revista/REDAE-27-AGOSTO-2011-FLORIANO-AZEVEDOTATIANA-MATIELLO.pdf. Acesso em: 15 nov. 2021.

Em 1996, com a edição da Lei nº 9.307, conhecida como Lei da Arbitragem, houve um grande avanço na legislação brasileira, no que tange aos instrumentos extrajudiciais de solução de conflitos, inclusive dos que envolvem o Poder Público. A arbitragem chegou com muito atraso no Brasil, mas a realização da justiça pela via consensual, tal como se mostrou regulada e estimulada pela nova lei, abriu caminho para a sociedade civil brasileira, que não encontrava alternativa juridicamente garantida senão a submissão de conflitos ao Judiciário.

Nos termos da Lei nº 9.307/1996, notam-se vários avanços em favor da consensualidade. Em relação às parcerias com o Poder Público, em 2004 foi editada a Lei nº 11.079, que instituiu as Parcerias Público-Privadas (PPPs) e, em seu artigo 11, inciso III, dispôs sobre a possibilidade de arbitragem para disputas relacionadas aos contratos. É importante recordar dos Contratos de Gestão (Lei Federal nº 9.637/1998), firmados com entidades privadas qualificadas como "Organização Social" e que representam um marco da consensualidade com o fim de atender a sociedade, notadamente no que se refere às atividades voltadas ao ensino, à pesquisa científica, ao desenvolvimento tecnológico, à proteção e preservação do meio ambiente, à cultura e à saúde. E em 2005 a mesma regra foi aplicada às concessões em geral, quando se inseriu na Lei nº 8.987/1995 a autorização para o poder concedente prever, no contrato de concessão, mecanismos privados para dirimir conflitos. Destaca-se, ainda, a autorização legal para a Advocacia-Geral da União desistir, transigir, acordar e firmar compromisso nas ações de interesse da União (inciso IV, art. 4º, da LC nº 73/1993). Esse permissivo foi regulamentado pela Lei nº 9.469/1997, que, além de autorizar expressamente que a União resolva administrativamente os conflitos (das causas com valores indicados na referida lei), autoriza a transação em juízo e a possibilidade de ajuste por meio de Termo de Ajustamento de Conduta, não limitando a transação apenas aos direitos patrimoniais, o que demonstra que a ideia de impossibilidade de transação quando se trata de direitos indisponíveis vem sendo há muito tempo superada.

Sob o prisma da Lei nº 13.655/2018, que alterou a LINDB e inseriu expressamente, no artigo 26, um novo regime jurídico de negociação com a Administração Pública, a adoção de instrumentos consensuais pelo Poder Público ganhou, nas palavras de Sergio Guerra e Juliana Bonacorsi de Palma,[47] um "permissivo genérico" para que se possa celebrar acordos substitutivos, independentemente da existência de norma específica. Embora a Lei da Ação Civil Pública já o definisse, o artigo 26 da LINDB propiciou maior segurança jurídica quanto ao que se permite à Administração Pública transacionar, ao estabelecer uma disciplina regulamentar mínima, e objetivando, portanto, obter negociações mais eficientes e a "efetiva eliminação da irregularidade, incerteza jurídica ou situação contenciosa" (GUERRA; PALMA, 2018, p. 163).

Como visto, as transformações do Direito Administrativo vêm acompanhando a evolução da sociedade com o aumento dos mecanismos para efetivação de uma administração mais democrática, em prol dos administrados. E nem se diga que a eficiência buscada com a consensualidade confronta o princípio da legalidade. Afinal, a CF, em seu artigo 37, apresenta princípios de observância indispensáveis

---

[47] GUERRA, Sergio; PALMA, Juliana B. Art. 26 da LINDB – Novo regime jurídico de negociação com a Administração Pública. *Revista de Direito Administrativo*, 2018.

pela Administração Pública, entre eles, o da legalidade e o da eficiência.⁴⁸ Assim, se a Administração Pública não atuar de forma eficiente, pode-se dizer que a Constituição Federal restará violada. Pelo princípio da legalidade, a Administração está adstrita a fazer somente o que é previsto na Lei e, pelo princípio da eficiência, se é exigido que haja a busca de melhores resultados. O princípio da legalidade, entretanto, não deve transformar o gestor em aplicador desmensurado do texto legal, pois "legalidade não é sinônimo de legalismo (formalismo na aplicação da lei que a desliga da realidade social)" (BACELLAR FILHO, 1998, p. 161-162).⁴⁹

Por outro lado, com o desenvolvimento da sociedade surge a dificuldade de regular minuciosamente as várias facetas das leis, de modo que a evolução legislativa se torna lenta. Para que a Administração Pública deixe de ser mera executora das leis e passe a servir-se de sua vocação como instrumento da governança, precisa desvincular-se da imagem de Estado inerte, eliminando ações ineficientes e com resultados aquém do interesse público, sobretudo sob a justificativa de falta de autorização minuciosa na legislação vigente. As experiências existentes são suficientes para afirmar que o princípio da legalidade não é o bastante para garantir situações jurídicas seguras e com vantagens para os cidadãos.

É com base no princípio da eficiência que todos os atores da proteção do processo democrático devem buscar soluções de fato eficientes, obstando a criação ou eternização de conflitos e demandas cujos resultados não atendam aos interesses da sociedade, o que impõe a adoção de instrumentos eficazes para auxiliar a Administração Pública. Afinal, "exige-se do Estado celeridade e simplicidade, efetividade e eficiência na obtenção de utilidades para o cidadão, na regulação da conduta pública e privada, na vigilância ao abuso de mercado, no manejo dos recursos públicos".⁵⁰

2.4 A gestão pública municipal e os desafios de governança

Para o diagnóstico a que nos propomos adiante, é importante tecermos breves considerações acerca do contexto histórico para melhor compreender o atual estado da gestão municipal, analisando a gestão local das políticas públicas, com base nas competências dos entes municipais e nos desafios que eles têm enfrentado na consecução do interesse público. Historicamente, é possível observar no Brasil um movimento de descentralização dos poderes e atribuições, característica do próprio federalismo, o que fez com que os Municípios ganhassem importância política e assumissem, sobretudo a partir dos anos 1990, "papel central na execução das políticas públicas de saúde,

---

[48] Aqui cabe observar que o professor Celso Antônio Bandeira de Mello entende que o princípio da eficiência não pode ser concebido senão na intimidade do princípio da legalidade; a seu ver, a suposta busca do princípio da eficiência não pode postergar o dever do administrado. Trata-se de uma faceta do princípio da boa administração (MELLO, Celso Antônio B. *Curso de Direito Administrativo*. 28. ed. São Paulo: Malheiros, 2010).

[49] BACELLAR FILHO, Romeu Felipe. *Princípios constitucionais do processo administrativo disciplinar*. São Paulo: Max Limonad, p. 161-162, 1998.

[50] MODESTO, Paulo. Notas para um Debate sobre o Princípio Constitucional da Eficiência. *Revista Eletrônica de Direito Administrativo Econômico (Redae)*, Salvador, n. 10, maio/jun./jul. 2007. Disponível em: http://www.direitodoestado.com.br/artigo/paulomodesto/notas-para-um-debate-sobre-o-principio-constitucional-da-eficiencia. Acesso em: 30 out. 2021.

educação e assistência social", conforme elucidam André Marenco e Maria Izabel Noll (MARENCO; NOLL, 2018, p. 13).[51] Com efeito, a formulação das políticas públicas e o respectivo financiamento, que antes eram realizados quase totalmente pelo governo federal, foram aos poucos sendo transferidos para esferas subnacionais e diversificados de modo a atender às demandas emergentes. Isso significa dizer que, não apenas houve a descentralização das atribuições, mas também a convergência da responsabilidade pelas escolhas políticas, das mais diversas áreas, para a mão da administração local e, como consequência, verificou-se a intensificação da pressão por repasses financeiros da União aos Estados e Municípios.

Assim como as políticas surgem como resposta às necessidades da sociedade, notadamente mais expressivas pela proximidade local, a competência para os Estados e Municípios legislarem sobre as próprias políticas parece ser resultado da dinâmica que combina a delegação de poderes do governo central com as iniciativas das gestões locais para resolução dos próprios impasses. A CF/88 ampliou a autonomia dos Municípios concedendo-lhes poderes administrativos, fiscais, jurídicos e políticos, e fomentou a economia local por meio de repasses intergovernamentais e também pela previsão de arrecadação de receitas próprias.

Vale destacarmos o estudo intitulado "Capacidades governamentais municipais e desenvolvimento humano local no Brasil", de Rony Coelho, Felipe Guth e Miguel Loureiro (2020),[52] sobre o papel federativo dos Municípios e sua "capacidade estatal", conceituada pelos pesquisadores como "a competência do Estado para implementar suas políticas quanto a autonomia, e legitimidade para fixá-las através de processos democráticos".

No entanto, para a municipalidade atingir uma gestão pública eficiente, é necessário superar grandes desafios, sendo o principal referente ao orçamento e ao repasse intergovernamental de recursos financeiros. Tendo em vista que, nos termos do artigo 30, incisos I e II, da CRFB/1988, ao Município é reservada a competência para suplementar a legislação federal e estadual em assuntos de interesse local, a escassez de verbas afeta diretamente a concretização de prioridades e metas do governo municipal e tem impacto direto na vida dos administrados. É na esfera municipal que mais se percebe a efetividade das políticas públicas.

Nesse sentido, como analisam Maximiano e Nohara (2017, p. 150), para legitimar e elevar o grau de governabilidade, é fundamental que todos os atores envolvidos no interesse público acompanhem de perto os processos de planejamento, formulação e tomada de decisão,[53] bem como a consecução dos programas implementados, alinhados às demandas da população, especialmente dos beneficiários de cada uma dessas políticas, o que implica absoluto comprometimento pessoal.

---

[51] MARENCO, André; NOLL, Maria Izabel (org.). *A política, as políticas e os controles*: como são governadas as cidades brasileiras Porto Alegre: Tomo Editorial, 2018.

[52] COELHO, R.; GUTH, F.; LOUREIRO, M. Capacidades governamentais municipais e desenvolvimento humano local no Brasil. *Revista do Serviço Público*, (s.l.), v. 71, n. 4, p. 778-808, 2020. Disponível em: https://revista.enap.gov.br/index.php/RSP/article/view/4524. Acesso em: 7 ago. 2022.

[53] Como expõem Maximiano e Nohara (2017, p. 150), a "integração participativa dos cidadãos nos conselhos é um fator que contribui para a democracia' porquanto a 'interlocução comunitária feita com a participação do munícipe permite que as políticas públicas atinjam maior grau de legitimidade, o que lhes acrescenta também efetividade" (MAXIMIANO, Antonio Cesar; NOHARA, Irene Patrícia. *Gestão pública*: abordagem integrada da Administração e do Direito Administrativo. 1. ed. São Paulo: Atlas, 2017).

Ao seguirmos essa linha lógica, podemos afirmar que o controle consensual exercido pelos TCs se apresenta como um instrumento fundamental na resolução dos problemas setoriais, porque visa ao cumprimento de metas formuladas em conjunto com a sociedade e com base nos anseios locais, exatamente por meio do ajuste na prestação dos serviços pela municipalidade.

2.5 Termo de Ajustamento de Gestão

Fruto do novo paradigma do Direito Administrativo, a prioridade pelas práticas consensuais na resolução de conflitos tem se mostrado cada vez mais presente, especialmente quando se fala da atuação dos TCs. O velho conceito de controle externo, pautado na ideia de controle-sanção, deu espaço a uma atividade administrativa marcada pela consensualidade, com a aproximação e a participação de todos os atores envolvidos na consecução de políticas públicas. É concretizar o princípio da eficiência, disposto no artigo 37 da CF, o que norteia a atuação moderna da Administração Pública, sobretudo no que concerne ao seu desiderato maior, isto é, a efetividade da governança. Esse cenário favorece que outros benefícios também sejam alcançados, como, por exemplo, a mitigação de burocracias, a celeridade, a economia dos procedimentos, a diminuição no número de processos e de judicialização das decisões administrativas, a prolação de decisões proporcionais ao dano provocado, a maior cooperação entre o órgão de controle e o jurisdicionado, entre muitos outros.

Nesse cenário, o TAG surgiu como ajuste de vontades firmado entre o controlador e o controlado, com o objetivo central de "prevenir ou corrigir a inobservância de princípios e normas constitucionais e legais, de procedimentos, e da inexecução de políticas em prol do controle social, quer dizer, do não alcance de políticas estabelecidas" (SOBRAL DE SOUZA, 2018, p. 120).[54] Em relação aos fundamentos legais que sustentam o referido instrumento, no âmbito constitucional, observamos o estímulo ao uso do mecanismo consensual na redação dos artigos 4º, inciso VII, e 71, inciso IX, da CF/88.

Na legislação infraconstitucional, o incentivo à consensualidade nas relações entre Tribunais de Contas e gestores públicos também pode ser verificado na Lei de Responsabilidade Fiscal (nº 101/2000), pela qual as Cortes de Contas têm a incumbência de alertar os gestores quando identificadas situações que trazem riscos à gestão orçamentária, como, por exemplo, no caso de despesa de pessoal que ultrapassa 90% do limite, gastos de inativos e pensionistas acima do limite definido na lei, e outras ocorrências que comprometem os resultados dos programas (art. 59, §1º, da LC nº 101/2000); na Lei da Ação Civil Pública (nº 7.347/1985), que proporciona a adequação dos compromissos de "ajustamento de sua conduta" às exigências legais, sendo utilizada como arrimo para os conhecidos Termos de Ajustamento de Conduta, cuja natureza se aproxima do Termo de Ajustamento de Gestão, mas não se confunde; e mais recentemente na Lei

---

[54] SOBRAL DE SOUZA, Patrícia Verônica N. C. *O termo de ajustamento de gestão como forma de tutela de direitos sociais*: o caso do Tribunal de Contas do Estado de Sergipe. Dissertação (doutorado em Direito). Universidade Federal da Bahia. Bahia, 2018.

de Introdução às Normas do Direito Brasileiro (a partir das alterações trazidas pela Lei Federal nº 13.655/2018, em especial, o artigo 26).

No âmbito estadual, o TCE-PB instituiu, pela RN nº 005/2007, um instrumento denominado "Pacto de Adequação de Conduta Técnico-Operacional", espécie de compromisso a ser firmado com gestores públicos para a correção de falhas apontadas pela auditoria, o que ocorre somente após audiência prévia entre os interessados. Tal instrumento se aproximou dos objetivos que surgiriam em seguida com a instituição do TAG. Também em 2007, o Decreto nº 12.634 (revogado), ao dispor sobre procedimentos de controle interno no âmbito da administração direta e indireta do Município de Belo Horizonte (MG), estabeleceu o "Termo de Compromisso de Gestão" (TCG), descrito como "instrumento de controle consensual, decorrente dos procedimentos de auditorias ou de situações identificadas pela Controladoria-Geral do Município que recomendem a sua adoção, celebrado entre o gestor do órgão, entidade, programa ou projeto auditado e o órgão responsável pelo controle interno" (redação atualizada pelo Decreto nº 15.655, de 21 de agosto de 2014, vigente). Na justificativa da referida proposição, anotou-se a importância do "modelo de consensualidade, o qual, antagonista das ações meramente coercitivas e sancionadoras, viabiliza que Poder Público e cidadãos alcancem a solução jurídica almejada por via de negociação em prol de resultados".[55]

A proposta do TCE-MG foi acolhida e transformada na LC nº 120/2011, que estabeleceu a inserção do TAG na Lei Orgânica nº 102/2008 daquele Tribunal:

> Art. 93-A. Fica instituído, no âmbito do Tribunal de Contas, Termo de Ajustamento de Gestão *para regularizar atos e procedimentos dos Poderes, órgãos ou entidades por ele controlados.* §1º. O Termo de Ajustamento a que se refere o caput poderá ser proposto pelo Tribunal de Contas ou pelos Poderes, órgãos e entidades por ele controlados, desde que não limite a competência discricionária do gestor. §2º. A assinatura de Termo de Ajustamento de Gestão suspenderá a aplicação de penalidades ou sanções, conforme condições e prazos nele previstos. §3º. É vedada a assinatura de Termo de Ajustamento de Gestão nos casos em que esteja previamente configurado o desvio de recursos públicos e nos casos de processos com decisão definitiva irrecorrível. (grifo nosso)

O exemplo de Minas Gerais foi seguido por diversos Tribunais, mas até 2018 ainda havia muitas discussões acerca do respaldo legal para esse tipo de compromisso entre a Corte de Contas e um gestor público. E com premissas similares àquelas constantes da legislação específica sobre o TAG, a exemplo do TCE-MG, o Decreto nº 9.830, de 10 de junho de 2019, ao regulamentar a LINDB, assim estabeleceu:

> Termo de ajustamento de gestão – Art. 11. Poderá ser celebrado termo de ajustamento de gestão entre os agentes públicos e os órgãos de controle interno da administração pública com a finalidade de corrigir falhas apontadas em ações de controle, aprimorar procedimentos, assegurar a continuidade da execução do objeto, sempre que possível, e garantir o atendimento do interesse geral. §1º. A decisão de celebrar o termo de ajustamento de gestão será motivada na forma do disposto no art. 2º, §2º. Não será celebrado termo de ajustamento de gestão na hipótese de ocorrência de dano ao erário praticado por agentes

---

[55] O projeto de lei pode ser acessado no site da Assembleia Legislativa de Minas Gerais. Disponível em: PLC nº 8/2011 – Parecer de 1º Turno – Comissão de Constituição e Justiça – Assembleia de Minas (almg.gov.br). Acesso em: 5 dez. 2021.

públicos que agirem com dolo ou erro grosseiro. §3º. A assinatura de termo de ajustamento de gestão será comunicada ao órgão central do sistema de controle interno.

Em que pese tal disposição ser direcionada às situações de pactos firmados diretamente com o controle interno, a possibilidade mais ampla de compromissos em situações contenciosas relacionadas aos temas de Direito Público tem prevalecido, com observância dos termos do artigo 26 da LINDB. Aliás, verifica-se que o controle externo já tem adotado os fundamentos dessa legislação nas justificativas de implementação do TAG, como no caso do Estado do Tocantins.[56]

O TAG é, portanto, um instrumento anterior à LINDB, mas nela encontra maior respaldo e segurança jurídica. Como recorda Luciano Ferraz (FERRAZ, 2020, p. 208-209), o controle consensual da Administração Pública está consagrado em experiências como: a) a possibilidade de suspensão do processo administrativo disciplinar (Suspad), previsto em determinados estatutos de servidores; b) os Termos de Ajustamento de Gestão; c) os acordos de leniência, substitutivos, compromissos, entre outros. Para Ferraz, os referidos métodos consensuais formam um importante caminho "para a melhoria do desempenho no exercício da atividade administrativa".[57]

É válido anotar que o Termo de Ajustamento de Conduta (TAC) inspirou o TAG, pela base no ajuste de interesses entre controlador e controlado, sendo este último quem se compromete à reparação das falhas, em acordo firmado para o cumprimento da lei. Busca-se assim prevenir e reformar irregularidades, ao passo que se promove a melhoria no desempenho dos órgãos e programas, sempre que não for necessária a aplicação do poder coercitivo da Administração. De acordo com Sobral de Souza (2018, p. 120):

> Neste entorno, toma corpo a questão da natureza jurídica dos TAGs, que segue o mesmo estudo apresentado nos TACs, em parágrafo anterior, dividido em 3 posicionamentos: transação ou acordo, negócio jurídico e reconhecimento jurídico do pedido. A inteligência aqui fixada é a de que o Termo de Ajustamento de Gestão é um procedimento que implica a natureza jurídica de uma negociação, eis que esta envolve apenas as partes interessadas que chegam num acordo para a solução de uma questão contenciosa de ordem jurídico-administrativa, onde o gestor aceita mudar seu modo de agir para atender às determinações do Tribunal de Contas a que está jurisdicionado.

Dessa forma, temos que o instrumento sob análise apresenta natureza jurídica similar à das demais transações firmadas com a Administração Pública e entre os gestores públicos e outros órgãos de controle. O descumprimento do pacto pode resultar em rescisão do compromisso e aplicação de multa, pois tem força de título executivo extrajudicial.

---

[56] Cf.: Instrução Normativa nº 1/2019 – TCE/TO – Pleno – 15.5.2019: "(...) Considerando que o art. 26 da Lei de Introdução às Normas do Direito Brasileiro – LINDB – dispõe que 'para eliminar irregularidade, incerteza jurídica ou situação contenciosa na aplicação do direito público, inclusive no caso de expedição de licença, a autoridade administrativa poderá, após oitiva do órgão jurídico e, quando for o caso, após realização de consulta pública, e presentes razões de relevante interesse geral, celebrar compromisso com os interessados, observada a legislação aplicável, o qual só produzirá efeitos a partir de sua publicação oficial (...)". Disponível em: https://app.tce.to.gov.br/scl/publico/app/index.php#. Acesso em: 2 mar. 2023.

[57] FERRAZ, Luciano. *Controle Consensualidade*: fundamentos para o controle consensual da Administração Pública. 2. ed. Belo Horizonte: 2020.

Quanto à legitimidade para pactuação do TAG, não somente as Cortes – na figura do conselheiro relator do caso e do conselheiro presidente – têm autonomia para propor o ajustamento de gestão, mas também os responsáveis pelos Poderes – gestor público responsável, órgão ou entidades controladas pelo respectivo TCE, bem como o Ministério Público de Contas –, nos casos em que a norma específica assim dispuser. Nas palavras de Luciano Ferraz (2020, p. 227), os Tribunais de Contas desempenhariam "um papel de árbitro entre a sociedade e os agentes encarregados de lidar com a *res publica*". Há de se ressaltar ainda que, em se tratando de ajustamento de gestão, a lesão concreta ou eventual ao conjunto normativo não pode assumir caráter doloso.

Ainda sobre as diferenças entre Termo de Ajustamento de Conduta (TAC) e TAG, como os atores e/ou legitimados envolvidos em cada caso, há de se frisar que ambos apontam para uma atividade administrativa cada vez mais célere, efetiva e menos complexa, evidenciando a tendência por um Direito Administrativo mais consensual e menos autoritário. Como ferramenta extrajudicial de solução de conflito e do tipo pré-processual, o TAC pode ser firmado durante o inquérito civil ou disciplinar e em ações de improbidade administrativa, com vistas a tutelar direitos transindividuais (difusos, coletivos e individuais homogêneos) de caráter indisponível. Desse modo, podem celebrar o referido instrumento todos os órgãos contidos no rol de legitimados a propor Ação Civil Pública – ou seja, o MP, a Defensoria Pública, os entes federativos (União, Estados, DF e Municípios), autarquias, empresa pública, fundação ou sociedade de economia mista e, ainda, associações constituídas há pelo menos um ano –, em conformidade com o disposto no artigo 5º, §6º, da Lei nº 7.347/1985 (Lei da Ação Civil Pública). Destaca-se que o MP, quando não for parte celebrante, deverá atuar como fiscal da lei. O TAG, por sua vez, está entre os instrumentos utilizados pelos TCs no exercício de um novo controle externo – e mesmo interno, com respaldo da LINDB, como já vimos –, ao lado das "auditorias operacionais, audiências públicas, intercomunicação entre as instituições, dentre outros a serem desenvolvidos de maneira a melhor tutelar os direitos fundamentais", conforme esclarece Cunda (2011).[58] Das palavras de Cunda também se verifica que, com o novo direcionamento, o controle deixa de ter a finalidade única de detectar falhas e aplicar sanções, pois busca diagnosticar de forma célere eventuais falhas no uso do dinheiro público e *ao mesmo tempo* apresentar soluções.

É com esse novo empenho de controle que os TCs subnacionais têm cada vez mais aderido ao uso do TAG, ora provocando a previsão desse instrumento em sua Lei Orgânica, ora em normativos internos, conforme apuração a ser apresentada mais adiante.

Sobre a ampliação do referido tema nos TCs, vale destacar a pesquisa de doutorado em Direito Público, na Universidade Federal da Bahia, conduzida por Patrícia Verônica Nunes Carvalho Sobral de Souza (2018), servidora do Tribunal de Contas de Sergipe e também professora na Universidade Federal do mesmo Estado. A tese examinou a temática do TAG com o foco em estudo de casos dos TAGs firmados no TCE-SE, avaliando a tutela de direitos sociais fundamentais e a nova forma de atuação das Cortes de Contas, estudando TAGs firmados no período de 2014 até o primeiro semestre de

---

[58] CUNDA, Daniela Z. G. Controle de políticas públicas pelos Tribunais de Contas: tutela da efetividade dos direitos e deveres fundamentais. *Revista Brasileira de Políticas Públicas*, Brasília, v. 1, n. 2, p. 111-147, jul./dez. 2011. Disponível em: https://www.publicacoesacademicas.uniceub.br/RBPP/article/view/1270. Acesso em: 4 dez. 2021.

2018 com os entes/órgãos jurisdicionados sergipanos. À época, Patrícia relatou que, dos 33 TCs, 14 ainda não adotavam o TAG – número que já diminuiu, conforme veremos adiante. Os TAGs examinados contemplavam ações relacionadas com o direito social à educação e adequações para o portal da transparência (direito à informação). Em linhas gerais, Sobral de Souza (2018), além de realizar pesquisas com representantes dos TCs, avaliou 68 TAGs, concluindo pela importância do referido instrumento na tutela dos direitos em pauta.[59] Conclusão semelhante apresentaram Braga e Melo (2021, p. 87)[60] nos estudos acerca dos TAGs celebrados no TCE-PR, identificando 38 processos, com 14 deles já efetivados.

No âmbito federal, não há previsão de TAG nas normas do TCU, mas é possível observar certo enfraquecimento do discurso conservador. Identificamos uma espécie de "controle-consenso" com vistas à cooperação entre Estado, sociedade e indivíduos, sustentada por um precedente da Corte, qual seja o Acórdão nº 494/2017. O referido Acórdão trata do monitoramento de determinações e recomendações direcionadas ao Ministério do Esporte e à Casa Civil da Presidência da República, em razão dos possíveis riscos resultantes do legado dos Jogos Olímpicos Rio 2016. Na oportunidade, foi determinado à Secretaria-Geral de Controle Externo (Segecex) que realizasse uma audiência pública com diferentes órgãos e entidades, objetivando a assinatura de um TAG, a fim de buscar soluções efetivas para os problemas postos, de maneira democrática, transparente e colaborativa. Nesse sentido, destaca-se um excerto do artigo publicado pela Revista do Tribunal de Contas da União (edição setembro-dezembro de 2017):

> Essa decisão é digna de aplausos, pois se o TCU tivesse optado pela determinação de elaboração de plano de ação para cada um dos órgãos ou entidades envolvidos, possivelmente cada um deles optaria por uma estratégia sem a devida concatenação com as medidas a serem tomadas pelos demais, o que diminuiria suas chances da eficácia. Entende-se que essa mesma solução pode ser a mais adequada em diversos outros trabalhos fiscalizatórios nos quais a consecução das políticas públicas dependa de uma atuação intersetorial.

Já houve debate acerca da inclusão do TAG no âmbito do TCU, mas a proposta foi rejeitada, sob alegação de incompatibilidade entre os princípios da eficiência e da legalidade. A discussão que se arrasta há muito tempo tem entre seus pontos centrais a (in)disponibilidade do interesse público, que seria violada em determinadas situações de "sobreposição do princípio da eficiência". Ocorre que a consensualidade, como vimos, também segue ao encontro do interesse público, notadamente porque, por ela, buscam-se meios menos onerosos para a resolução de problemas relativos à sociedade contemporânea. Um trabalho elaborado pelo Núcleo de Estudos e Pesquisas Legislativas

---

[59] Segundo a professora, "este trabalho possibilitou aferir que os Termos de Ajustamento de Gestão firmados pelo TCE-SE agem em prol do direito social à educação, bem como fomentam o direito à informação, dentre outros direitos sociais". SOBRAL DE SOUZA, Patrícia Verônica N. C. *O termo de ajustamento de gestão como forma de tutela de direitos sociais*: o caso do Tribunal de Contas do Estado de Sergipe. Dissertação (doutorado em Direito). Universidade Federal da Bahia. Bahia, 2018.

[60] Para as pesquisadoras, o uso do TAG implica: "Continuidade ao serviço público, uma vez que são estabelecidos, de forma conjunta, prazos e metas para o cumprimento das irregularidades identificadas, visando ao atendimento do interesse público, princípio basilar da Administração Pública brasileira". BRAGA, Angélica C. S. V.; MELO, Fabiana P. O termo de ajustamento de gestão como instrumento consensual no âmbito do controle externo exercido pelas cortes de contas. *Revista Direito UTP*, v. 2, n. 1, p. 75-87, jan./jun. 2021.

e publicado pelo Senado[61] apresentou conclusões interessantes sobre posturas do Poder Judiciário e do TCU, que acenam para o afastamento pontual de escolhas normativas que se reputem ineficientes, desde que em consonância com o interesse público, e que sejam asseguradas:

> (I) a inocorrência de prejuízo ao erário; (II) a boa-fé e a probidade dos agentes envolvidos; (III) a ausência de violação ao núcleo essencial dos demais direitos e garantias fundamentais (a título de exemplo, o contraditório, a ampla defesa, a duração razoável do processo, a isonomia, etc.); e (IV) a obtenção de resultado prático com preponderância considerável de benefícios sobre os custos, tanto para a administração, como para os administrados. A mitigação da obediência à estrita legalidade deve necessariamente estar atenta a esses parâmetros objetivos, não podendo se aplicar a qualquer opção legal que o gestor repute ineficiente, sob pena de se adotar a indesejável noção de que os fins de interesse público convalidam quaisquer espécies de violação da norma.

Das conclusões do estudo, verifica-se que as decisões públicas devem considerar critérios de eficiência e visar à otimização dos recursos públicos e ao incremento do bem-estar social, sendo que a eficiência não precisa ser vista como uma excludente da legalidade. Entretanto, é necessário que as normas sejam reinterpretadas de modo favorável ao princípio da eficiência.

Importante dizer que o não cumprimento das recomendações indicadas em determinado parecer do TC normalmente enseja a aplicação de multas aos responsáveis. E quando não há postura consensual do órgão de controle, o caminho pela finalidade punitiva e sanção é mais rápido, pois não são avaliadas as variáveis que levaram o gestor ao eventual descumprimento da recomendação. Mas por si só o "controle-sanção" pode não ser eficiente e cair num círculo vicioso, uma vez que o diagnóstico apurado pelo órgão de controle não conduza às medidas efetivas para a solução dos problemas. Nesse panorama, o TAG pode ser uma ferramenta extremamente útil para os compromissos de adequação e/ou aperfeiçoamento da governança. Desde que as normas que o regulamentam favoreçam a atuação consensual sem desprezar a discricionariedade do gestor público e sem confundir o referido instrumento com um "escape" às obrigações, constituindo alinhamentos concretos acerca da solução necessária, e que seja viável para o problema público. Esse esclarecimento é necessário, ainda que haja disposição normativa a respeito da obrigatoriedade de o TAG prever, dentre outras cláusulas, a aplicação de sanções em caso de inadimplemento. Enfatizado isso, não seria desproporcional sustentar que a homologação de um TAG sem o rigoroso acompanhamento de sua execução – tanto em relação ao objeto acordado quanto às circunstâncias que possam levar ao inadimplemento do Termo – possa culminar em um instrumento de protelação das sanções cabíveis, restando da mesma forma insatisfeita a finalidade pelo interesse público. Faz-se necessário que o ajuste contenha a descrição exata da finalidade, das soluções buscadas, dos prazos, das sanções, etc., bem como considere a real viabilidade para seu cumprimento quando da fixação das metas, evitando-se, assim, instrumentos inócuos ao controle externo.

---

[61] Publicação do Senado Federal, disponível em: http://www2.senado.leg.br/bdsf/bitstream/handle/id/496333/TD133-FernandoMeneguin-PedroF.O.Santos.pdf?sequence=1. Acesso em: 1 dez. 2021.

3 Metodologia

O objetivo principal do estudo que resultou no livro que motiva o presente artigo foi analisar a validade do TAG como instrumento complementar, a ser proposto pelos gestores municipais no âmbito dos Tribunais de Contas, para garantia da eficiência e efetividade das políticas públicas. Isso inclui, além da definição, da conceituação e da investigação da literatura pertinente, um exame do cenário em que a ferramenta se institui.

Para alcançarmos um diagnóstico empírico, com um retrato adequado das práticas relacionadas a controles de ajustamento nas Cortes de Contas, conduzimos uma pesquisa específica. Inicialmente, realizamos uma busca nos sites dos Tribunais de Contas acerca da divulgação feita por eles sobre desempenho e resultado das políticas públicas dos entes fiscalizados. E fomos além da análise e julgamento das contas e de outras práticas de controle das referidas políticas. Com isso, conseguimos apresentar uma abordagem sobre a relevância dessas informações e ao mesmo tempo traçar considerações sobre as dificuldades de acesso e/ou compreensão para aqueles que não estão envolvidos na gestão pública ou na área do Direito relacionada com os referidos Tribunais.

Na sequência, para respondermos à questão central, seguimos com a pesquisa empírica para realizar: a) uma radiografia nos sites dos Tribunais de Contas acerca da existência de legislação ou outro tipo de previsão do Termo de Ajustamento de Gestão e b) a busca dos TAGs firmados até a data pesquisa, relacionando-os em uma tabela com a identificação do Tribunal, do ano, dos interessados, do tema principal e também do tipo de decisão localizada (homologação, indeferimento ou julgamento acerca da execução dos objetivos pactuados no TAG). Não fizemos recorte temporal com a pretensão de alcançarmos o máximo de resultados possível. Quando identificada a ausência de retorno às respostas das buscas realizadas no formato descrito, partimos para pesquisas nos Diários Oficiais e em boletins de notícias e jurisprudência dos respectivos Tribunais.

Os resultados foram compilados em planilhas para análise e classificação de tema por TAG. Na classificação também identificamos o ano do Termo de Ajustamento de Gestão, anotando o ano do processo para referência, e respondemos se os interessados eram Municípios ou não. Também foram anotadas informações como o tipo de decisão localizada e se dela foi possível identificar se o documento localizado era requerimento de formulação de TAG, sugestão por parte do Tribunal de Contas ou decisão que estivesse aprovando, rejeitando ou arquivando o processo do TAG.

No que se refere à identificação do cumprimento das obrigações assumidas pelos gestores, também classificamos as decisões das quais poderíamos extrair informações sobre a execução. No entanto, o retorno foi insatisfatório, seja porque os processos são físicos e o andamento processual não contém detalhes do conteúdo, seja porque o acesso de terceiros é obstado no respectivo Tribunal, dependendo de requerimentos próprios nos processos – o que levaria a uma demanda diversa daquela a que nos propusemos.

Formulamos, ainda, um questionário e enviamos diretamente às presidências de 22 dos 24 Tribunais de Contas com previsão legislativa e/ou regimental de interesse. Até a data do fechamento da pesquisa (1º.12.2021), recebemos respostas de 9 Cortes: Espírito Santo, Goiás, Minas Gerais, Paraná, Pernambuco, Piauí, Rio Grande do Norte, Rondônia e Santa Catarina. Ressalte-se que a ausência de respostas limita as avaliações, como, por exemplo, a visão do próprio TC acerca da contribuição do TAG para a governança das políticas públicas, mas não prejudica a finalidade da pesquisa, pois foram colhidos nos respectivos sites dados em número razoável (196 registros) para o propósito do trabalho, o que permitiu a conclusão sobre quais temas são mais recorrentes nos TAGs celebrados nos últimos anos.

Dos resultados, podemos verificar que os Tribunais têm rompido o tradicionalismo histórico – *path dependence* – e a tendência de que vêm sistemática e proativamente se modernizando ao assumirem novas posturas, para se tornarem mais coerentes com as demandas da sociedade, participando cada vez mais de discussões que envolvem a solução de problemas públicos.

4 Diagnóstico e análise dos resultados

4.1 Informações divulgadas pelos Tribunais: relevância e dificuldades de acesso

Da visita aos sites dos 33 TCs brasileiros, vimos que a maioria dos referidos órgãos têm implementado ações para além das funções mais conhecidas, de acordo com as publicizações dos relatórios de avaliação de eficiência, de modo a atualizarem suas práticas com base nas demandas da sociedade. Seja nos sistemas de avaliação de desempenho de gestão por Município, seja pela exposição de Índices de Transparência (ex.: ITMPE em Pernambuco) ou outras ações e programas relacionados às políticas em Saúde ou Educação (ex.: TCE-MG, programa 'Na Ponta do Lápis'; TCE-SP, com 'Olho na Escola').

Quanto à jurisprudência e TAGs, no âmbito da pesquisa para este trabalho, verificamos um caminho complexo para o acesso à íntegra das prestações de contas e decisões sobre o tema, o que pode obstar ainda mais o acesso para quem não tem familiaridade com processos administrativos (impondo-se, muitas vezes, o uso da Lei de Acesso à Informação) e outros tipos de busca do sistema, não se mostrando condizente com a transparência defendida pelas Cortes de Contas.

Encontramos óbices como os relatados por Fernandes e Teixeira (2020)[62] a respeito da busca de pareceres dos TCEs, para que pudessem complementar pesquisas sobre as formas de atuação dos órgãos de controle nos Municípios:

> *No tocante à transparência dos Tribunais de Contas Estaduais, em muitos casos o acesso aos documentos desejados foi difícil*, mesmo naqueles que supostamente estavam disponíveis no endereço eletrônico, visto que exigem o conhecimento de um número de identificação, em vez do nome do processo. Além disso, em muitas situações em que foram feitos pedidos

---

[62] FERNANDES, Gustavo Andrey A. L.; TEIXEIRA, Marco Antonio C. *Accountability* ou Prestação de Contas, CGU ou Tribunais de Contas: o exame de diferentes visões sobre a atuação dos órgãos de controle nos municípios brasileiros. *Revista de Administração e Contabilidade da Unisinos*, 17 (3), p. 456-482, jul./set. 2020. Disponível em: https://pesquisa-eaesp.fgv.br/sites/gvpesquisa.fgv.br/files/arquivos/ma3_337264550005.pdf. Acesso em: 25 nov. 2021.

de informações houve considerável demora, registrando-se esperas superiores a um mês. (grifo nosso)

Tal complexidade me motivou à formalização de pedidos de acesso à informação – alguns não respondidos a tempo, outros negados. Por outro lado, temos o TCE-SP como um dos que apresentam a maior e mais organizada quantidade de informações, inclusive com relatórios individualizados por Município. Vale o registro ainda do exemplo do TCU, que dispõe relatórios com exemplos de políticas e programas de governos que contribuem para o monitoramento das políticas públicas, prática que pode ser seguida por outros Tribunais.

4.2 Termo de Ajustamento de Gestão: mapeamento da realidade

Este tópico tem por objetivo a apresentação dos resultados da pesquisa de leis e normas internas que regem o TAG e similares nos Tribunais de Contas, com considerações acerca dos regulamentos. Na sequência, teremos a análise dos resultados da pesquisa empírica da classificação dos achados sobre os TAGs firmados pelos TCs subnacionais.

4.2.1 Identificação da legislação

A fiscalização contínua da aplicação dos recursos públicos é ato elementar ao bom funcionamento da máquina pública. Apesar da falta de menção expressa do Termo de Ajustamento de Gestão na CF, a finalidade do controle externo exercido pelos Tribunais de Contas evidencia um incentivo ao consenso como contribuição para o processo democrático.

No que diz respeito ao TAG, abordamos o respaldo legal específico em tópicos anteriores. Sublinhamos aqui apenas a Lei de Introdução às Normas do Direito Brasileiro (alterada pela Lei nº 13.655/2018), destacando a segurança jurídica conferida à consensualidade nos órgãos de controle, para que validem compromissos que objetivam a correção de irregularidades, não trazendo nenhuma espécie de carta-branca a condutas dolosas. Mas independentemente da LINDB, os Tribunais de Contas têm adotado compromissos com os gestores para transigir em questões que necessitam de correção quando da avaliação dos recursos públicos e revelam a ordem crescente da instituição do TAG pelas Cortes de Contas brasileiras. Como vemos nos quadros a seguir:

QUADRO 1 – TCs por ano de inserção da previsão legal/normativa do TAG

Ano	N.º de TCs	Identificação do Tribunal
2007	1	TCE-PB
2011	3	TCE-GO, TCE-MG e TCE-SE
2012	4	TCE-ES, TCE-PE, TCE-RN e TCE-RO
2013	3	TCE-AC, TCE-AM e TCE-MT
2015	1	TCE-RS
2016	4	TCE-MS, TCE-PI, TCE-PR e TCE-PA
2017	1	TCE-AP
2018	2	TCE-MA e TCM-GO
2019	2	TCE-CE e TCE-TO
2020	1	TCE-BA
2021	2	TCE-RJ e TCE-SC

Fonte: elaborado pela autora.

QUADRO 2 – Tipo de norma de inserção do TAG por Tribunal de Contas

Tipo de Norma	Contagem de TC	Tribunal de Contas
Deliberação - Regimento Interno	1	TCE-PB
Instrução Normativa	1	TCE-TO
Lei Complementar	16	TCE-MG, TCE-SE, TCE-GO, TCE-ES, TCE-PE, TCE-RN, TCE-RO, TCE-AC TCE-AM, TCE-MT, TCE-MS, TCE-PR, TCM-PA, TCM-GO, TCE-CE e TCE-SC
Resolução	6	TCE-PB, TCE-RS, TCE-PI, TCE-AP, TCE-MA e TCE-BA

Fonte: elaborado pela autora.

Como visto, o TCE-PB foi o primeiro a instituir instrumento com características semelhantes ao que conhecemos atualmente como TAG. O denominado Pacto de Adequação de Conduta Técnico-Operacional, segundo a RN TC nº 05/2007 (TCE-PB), tem entre suas justificativas a finalidade de "orientação, de prevenção e correção de desvios", para auxiliar o administrador a evitar erros e/ou corrigi-los, nas hipóteses de falhas ou danos ao erário sanáveis. De acordo com a referida Resolução, a auditoria do TCE-PB somente sugere o Pacto se: a) constatar a prática de conduta proibida em lei e considerada grave, mas passível de correção e se b) verificar a ocorrência ou a possibilidade de dano ao erário. O rito sugerido desde 2007 pelo TCE-PB (Ilustração 1) é muito semelhante ao que temos hoje em relação ao TAG nos demais TCs:

ILUSTRAÇÃO 1 – Rito do Pacto de Adequação de Conduta Técnico-Operacional

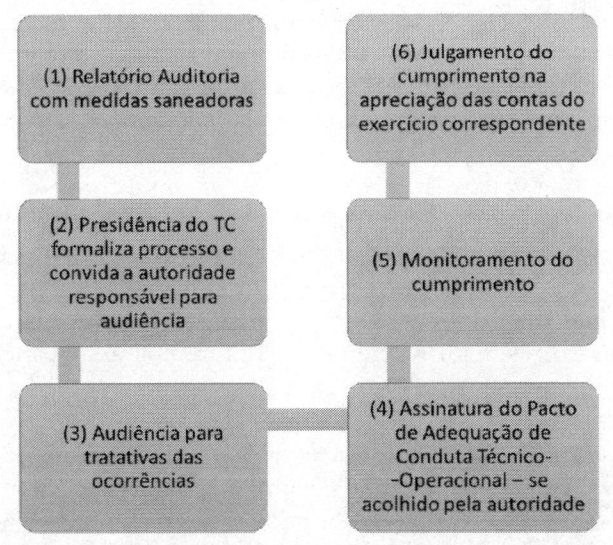

```
(1) Relatório Auditoria             (6) Julgamento do
com medidas saneadoras              cumprimento na
                                    apreciação das contas do
                                    exercício correspondente

(2) Presidência do TC
formaliza processo e                (5) Monitoramento do
convida a autoridade                cumprimento
responsável para
audiência

(3) Audiência para                  (4) Assinatura do Pacto
tratativas das                      de Adequação de
ocorrências                         Conduta Técnico-
                                    -Operacional – se
                                    acolhido pela autoridade
```

Fonte: elaborado pela autora, pela compreensão da Resolução Normativa RN TC n.º 05/2007.

Do bloco de Estados que instituíram o TAG em 2011 – GO, SE e MG –, observamos normatizações semelhantes entre si no que diz respeito aos legitimados para propositura do TAG. Nota-se que as premissas das normas que regem o TAG nos 24 TCs que o adotaram se repetem, razão pela qual destacamos apenas as principais:
- respeito à competência discricionária do gestor: não se admitirá TAG que limite e/ou interfira na competência discricionária do gestor;
- legitimados: não se admite proposta de TAG por particulares, sendo legitimados o relator do processo em tramitação no TC, o presidente do TC, gestores responsáveis pelos órgãos ou entidades controladas e, em algumas normas, o Ministério Público e as Comissões de Auditorias também podem requerer ou sugerir o TAG;
- efeitos: quando decorrentes da celebração do TAG, não serão retroativos se resultarem no desfazimento de atos administrativos ampliativos de direito, salvo no caso de comprovada má-fé (redação comum a quase todas as normas de instituição do TAG);
- vedações: as hipóteses de vedação mudam de nomenclatura, mas geralmente se repetem as seguintes vedações à celebração do TAG:
- identificação prévia de desvio de recursos públicos;
- instrumento que tenha por objeto a matéria já discutida em TAG rejeitado, ou não homologado, ou ainda que esteja em andamento;
- em situação de descumprimento de metas e obrigações assumidas por meio de Termo de Ajustamento de Gestão diverso, até o final da gestão do gestor participante;
- quando configurar ato doloso de improbidade administrativa, e/ou dano ao erário;
- quando implicar violação aos limites mínimos fixados em norma constitucional.

As sanções quanto ao descumprimento do TAG variam de acordo com o Tribunal de Contas, mas as disposições se assemelham nos seguintes pontos:

- arquivamento do processo instaurado para fins de monitoramento do TAG;
- rescisão automática com aplicação de multa prevista no referido instrumento;
- prosseguimento do processo principal de análise das contas do gestor (caso tenha sido suspenso).

Podemos pelo levantamento constatar o crescente convencimento acerca dos benefícios da atuação consensual nas Cortes de Contas. Cabe, entretanto, observarmos a avaliação de Patrícia Verônica Nunes Carvalho Sobral de Souza (p. 113), quando infere que o TAG não se confunde com os conhecidos mecanismos de negociação, conciliação ou de mediação, mas pode ser considerado um meio de solucionar conflitos entre o Tribunal de Contas e o gestor jurisdicionado. Cumpre-nos, assim, antecipar três pontos de atenção nos regulamentos do TAG.

O primeiro diz respeito às normas que, ao estabelecerem o Termo de Ajustamento de Gestão, também permitem a transferência de responsabilidades aos gestores sucessores. Nesse sentido, o TCE-BA (Resolução nº 000084/2020) determina que ficam sujeitos às obrigações fixadas no TAG "o órgão, a entidade, o gestor signatário, seus substitutos e sucessores, aplicando-se as vedações do artigo 42 da Lei Complementar nº 101/2000, no que couber". Sobre a hipótese da gestão municipal, temos que lembrar da personalidade jurídica una do ente federativo e da competência que o sucessor tem para interferir ou praticar atos de continuidade de gestão, o que pode atrair eventual responsabilidade.

O segundo se refere ao risco da invasão à competência discricionária do gestor público. Isso porque, se a proposta do Termo de Ajustamento de Gestão partir do órgão de controle, certamente terá entre suas sugestões a sequência de atos a serem praticados pelo gestor público, o qual poderá ficar compelido a responder positivamente ao órgão de controle, ainda que neste instrumento lhe seja dado o direito de participação e sugestão. Por conseguinte, isso implicará interferência ao legítimo exercício da discricionariedade do administrador, pelo qual ele pode escolher pela oportunidade e conveniência das suas ações (MOREIRA NETO, 2014).

O terceiro ponto está relacionado aos motivos para vedação do TAG, notadamente nos que apontam para o suposto dever do Tribunal de Contas de analisar previamente e se posicionar sobre atos com "indícios de improbidade administrativa", causadores de "enriquecimento ilícito ou prejuízo ao erário" (exemplos das previsões extraídas das Resoluções do TCE-AP, TCE-BA e TCE-MT). Ocorre que, ao rejeitar eventual proposta de Termo de Ajustamento de Gestão sugerido pelo gestor público municipal, por exemplo, com fundamento na hipótese em comento, o Tribunal de Contas estará antecipando consequências negativas ao gestor sem que o jurisdicionado tenha passado pelo crivo do legítimo julgamento no Judiciário.

Como esclarecemos no tópico sobre competências, aos Tribunais de Contas não foi conferida a competência jurisdicional necessária ao julgamento de atos de improbidade administrativa.

Neste ponto, vale dizer que, apesar da preocupação dos TCs e do Legislativo em relação à regulamentação do Termo de Ajustamento de Gestão por lei específica, com base no arcabouço legislativo já existente e, sobretudo, com a compreensão de que a atuação consensual desses órgãos pode ser extraída da própria Constituição Federal de 1988, podemos considerar que as deliberações, instruções e resoluções internas dos Tribunais de Contas já seriam suficientes ao fim proposto.

Importante exemplo disso é a Resolução Atricon nº 02/2014, editada pela Associação dos Membros dos Tribunais de Contas do Brasil (Atricon) em 2014, que trouxe novas diretrizes e orientações acerca do "controle externo concomitante: instrumento de efetividade dos Tribunais de Contas do Brasil", conforme se verifica nas Diretrizes de Controle Externo Atricon nº 3202/2014. De acordo com a referida resolução, considera-se controle concomitante a fiscalização tempestiva de:

> (...) atos e/ou procedimentos, no curso de sua formação e execução, para verificar a sua compatibilidade constitucional e legal, tendo como resultados: alertas, medidas cautelares, recomendações, determinações, termos de ajustamento de gestão e sanções, entre outros, diante de fatos que possam comprometer a boa gestão.

Devemos levar em conta que é a alteração das competentes leis orgânicas o meio adequado para conferir maior segurança jurídica aos pactos eventualmente firmados entre controladores e controlados.

4.2.2 Resultados e visão geral dos temas abordados nos TAGs

(A) Respostas recebidas dos Tribunais de Contas

Dos 24 Tribunais de Contas que contemplam o TAG em seus regulamentos, enviamos questionários a 22, sendo que obtivemos respostas de 11 deles, a saber: TCE-ES, TCE-GO, TCE-MG, TCE-MS, TCM-PA, TCE-PE, TCE-PI, TCE-PR, TCE-RN, TCE-RO e TCE-SC.

As respostas do TCE-MT, do TCM-PA e do TCE-RO foram recebidas após o fechamento da pesquisa e não constarão dos gráficos informativos, mas receberão destaques no decorrer do texto e foram consideradas nas conclusões do trabalho.

Em relação ao TCE-RO, referido Tribunal enviou um link informando que seus Termos de Ajustamento de Gestão estavam disponíveis no site do Ministério Público de Contas (MPC). Consideramos exatamente os TAGs disponíveis no *link* recebido, mas as informações constantes neles não indicavam a tramitação e os desdobramentos dos instrumentos.

Em relação ao TCM-PA, a Coordenação de Monitoramento e Avaliação de Resultados (CMAR) informou a existência de 861 termos celebrados entre os anos de 2016 e 2018, relativos aos ajustamentos que compreendem o tema "observação das regras de transparência", número extremamente superior àqueles identificados nos demais Tribunais de Contas.

A seguir, apresentamos representações das informações recebidas dos Tribunais de Contas, em forma de ilustrações e gráficos.

GRÁFICO 1 – Respostas referentes à quantidade de TAGs firmados por Tribunal

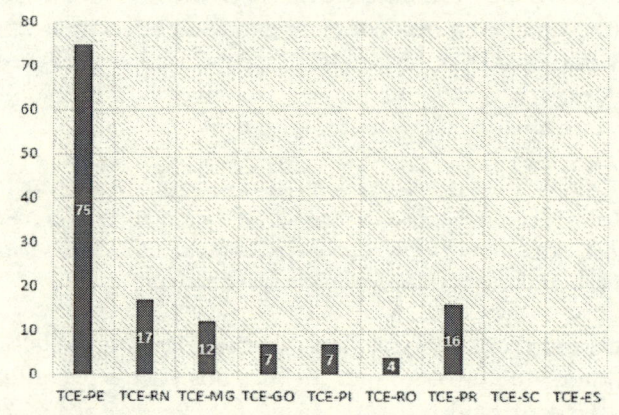

Quantos TAGs foram firmados no âmbito deste Tribunal?

TCE-PE: 75; TCE-RN: 17; TCE-MG: 12; TCE-GO: 7; TCE-PI: 7; TCE-RO: 4; TCE-PR: 16; TCE-SC: —; TCE-ES: —

Fonte: gráfico formulado pela autora - representa as respostas dos Tribunais ao questionário anteriormente detalhado.

Das respostas recebidas diretamente dos TCs, incluindo aquelas posteriores ao fechamento dos gráficos e, por isso, não consideradas para análise, identificamos quase mil TAGs firmados ao longo dos últimos anos. Número que pode ser ainda superior, se considerados os Tribunais não respondentes.

Também observamos que é considerável a quantidade de Termos de Ajustamento de Gestão avaliados como cumpridos total ou parcialmente, o que demonstra o atendimento dos objetivos pactuados entre TC e gestor público.

GRÁFICO 2 – Respostas referentes ao *status* dos TAGs firmados

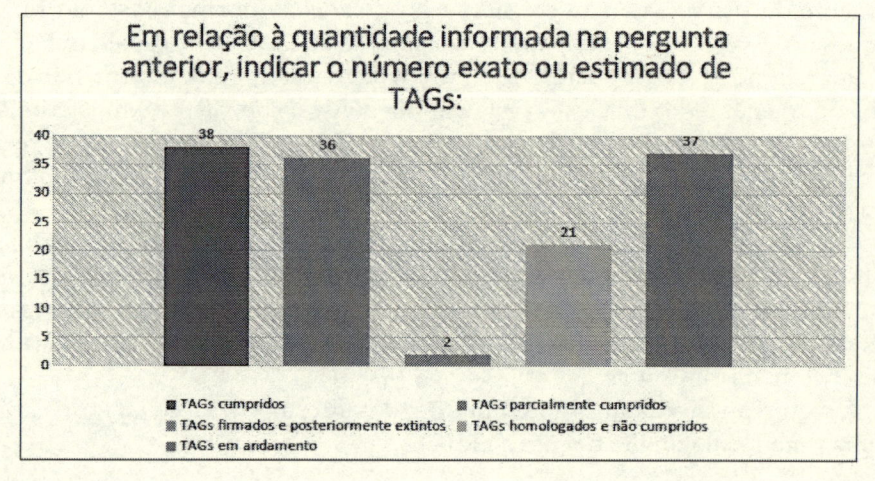

Em relação à quantidade informada na pergunta anterior, indicar o número exato ou estimado de TAGs:

- TAGs cumpridos: 38
- TAGs parcialmente cumpridos: 36
- TAGs firmados e posteriormente extintos: 2
- TAGs homologados e não cumpridos: 21
- TAGs em andamento: 37

Fonte: elaborado pela autora.

(B) Resultados: Termos de Ajustamento de Gestão no âmbito nacional

Com a finalidade de realizarmos a adequada identificação dos temas com mais frequência nos referidos TAGs, apresentamos neste estudo os resultados das pesquisas realizadas diretamente nos sítios eletrônicos dos Tribunais de Contas, nos Diários Oficiais e em notícias relacionadas a TAGs eventualmente não identificados das formas anteriores. Conforme apresentado, os TCs brasileiros há muito têm prestigiado a consensualidade na realização do controle das contas públicas, e mais de 60% das referidas Cortes já utilizam o TAG como instrumento para viabilizar essa postura de atuação. Cumpre-nos averiguar se as constatações reunidas pela pesquisa podem servir de fundamento para afirmarmos a hipótese de que o TAG pode ser instrumento complementar à governança das políticas públicas.

Apesar de, nas respectivas Cortes de Contas já haver previsão de Termos de Ajustamento de Gestão, não identificamos processos relacionados nos Tribunais de Contas dos Estados do Amapá, do Rio Grande do Sul e de Santa Catarina. Identificamos 196 registros de processos – que tramitaram ou tramitam nos Tribunais de Contas – com abordagem ao TAG (e similares) nos últimos anos, distribuídos conforme o gráfico 3:

GRÁFICO 3 – Número de processos que abordaram TAG, por Tribunal de Contas

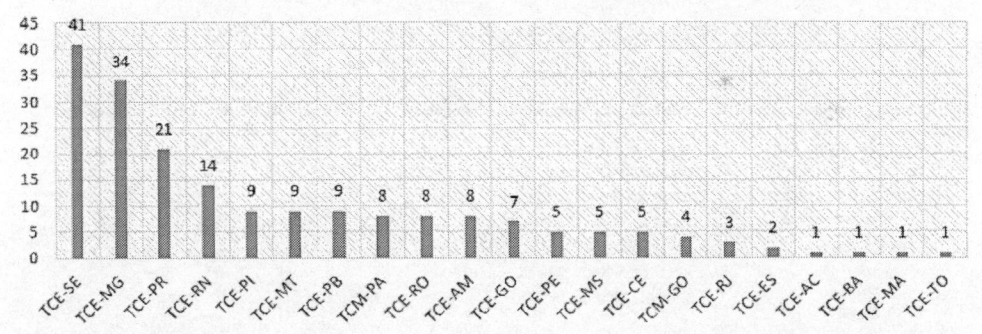

Registros processos nos Tribunais de Contas, que abordaram o tema Termo de Ajustamento de Gestão

TCE-SE	41
TCE-MG	34
TCE-PR	21
TCE-RN	14
TCE-PI	9
TCE-MT	9
TCE-PB	9
TCM-PA	8
TCE-RO	8
TCE-AM	8
TCE-GO	7
TCE-PE	5
TCE-MS	5
TCE-CE	5
TCM-GO	4
TCE-RJ	3
TCE-ES	2
TCE-AC	1
TCE-BA	1
TCE-MA	1
TCE-TO	1

Fonte: elaborado pela autora.

Depois de relacionar todos os processos, realizamos a *classificação por tema geral*, aqui considerados os requerimentos realizados pelos próprios entes ou gestores públicos, as decisões com sugestões de TAG realizadas pelo próprio conselheiro relator e também as decisões que julgaram o cumprimento dos Termos de Ajustamento de Gestão já firmados, com a conferência de número e objeto, para não haver repetições. Acrescentamos uma classificação denominada "Outros", que compreende as situações com mais de um tema e os casos em que não identificamos o tema no registro do processo, mas sim a informação de que se tratava de TAG.

Podemos observar no quadro 3 a seguir que a área da "saúde" é um dos temas que mais motivam a realização dos Termos de Ajustamento de Gestão no âmbito dos Tribunais de Contas subnacionais e em nossa pesquisa foi a temática mais recorrente.

QUADRO 3 – Temas mais recorrentes nos registros relacionados aos TAGs

Tema geral	Qtde. de registros
Saúde	35
Educação	24
Despesa com pessoal	24
Execução Orçamentária	22
Outros	15
Aperfeiçoamento do Controle interno	12
Obras	10
Admissão de pessoal	9
Contratação de serviços	8
Transparência	6
Transporte	3
Fiscalização de feira livre	3
Não localizado	3
Despesa com assistência judiciária	2
Controle jornada de profissionais	2
Pavimentação urbana	2
Provimento concurso	2
Preenchimento sistema TCE	2
Descontinuidade de parceria	1
Ambiental	1
Alteração natureza jurídica	1
Cessão de servidores	1
Plano Diretor de transporte intermunicipal	1
Remuneração	1
Equilíbrio financeiro atuarial Previdência	1
Meio ambiente	1
Habitação	1
Segurança pública	1
Prestação de Contas	1
Serviços funerários	1

Fonte: elaborado pela autora.

Avaliação geral

Como visto, são vários os temas e situações que demandam TAGs entre gestores públicos e TCs, alguns com extrema pertinência, outros aparentemente banalizando as intenções do legislador, como, por exemplo, ajustes relacionados à fiscalização de feiras livres, em Sergipe (011154/2019 – Prefeitura Municipal de Cristinápolis).

Das conclusões gerais preliminares, podemos avaliar que os temas mais recorrentes relacionam-se diretamente a políticas públicas de extrema relevância, notadamente, a saúde e educação. A organização das finanças dos Municípios fica também muito evidente, em especial quando se verificam os temas "despesa com pessoal" e "execução orçamentária". Contudo, podemos constatar que os Tribunais de Contas têm utilizado o TAG em substituição à postura imperativa e buscado participar de modo mais ativo da solução dos problemas públicos. Ainda averiguamos, com base em pesquisa de jurisprudência realizada nos Tribunais de Justiça dos Estados com TAGs já estabelecidos, pelo menos seis discussões no Judiciário que envolvem o tema "Termo de Ajustamento de Gestão", no âmbito dos Estados do Amazonas, Espírito Santo, Mato Grosso, Mato Grosso do Sul, Minas Gerais, Pará, Paraná, Pernambuco e Sergipe.

Da análise do conteúdo das decisões proferidas nos processos localizados, verificamos que a judicialização ocorreu em situações de descumprimento de obrigações assumidas em TAGs e foi provocada por um terceiro interessado ou pelo MP, mas os desdobramentos não resultaram em desfazimento ou prejuízos das obrigações assumidas pelo gestor nos respectivos TAGs.

Uma atualização faz-se oportuna e digna de registro. Durante a realização deste material para submissão ao trabalho em prol dos diálogos pela cidadania promovido pelo Instituto Rui Barbosa, pudemos ter a satisfação de ver alcançado o principal objetivo do livro que deu base ao conteúdo aqui reunido. Isso porque, no dia 8 de fevereiro de 2023, o Tribunal de Contas do Município de São Paulo (TCM-SP) aprovou em sessão plenária a Resolução nº 02/2023, que normatiza a celebração do Termo de Ajustamento de Gestão (TAG) com a Prefeitura da Cidade de São Paulo na Corte de Contas paulistana. Segundo noticiou a referida instituição:

> A decisão baseou-se no trabalho fiscalizatório contemporâneo que exige a perspectiva de uma gestão voltada para resultados. Desta forma, o TAG torna-se um instrumento valioso, pois permite reavaliação permanente, correção de inadequações e aferição de resultados, com atuação efetiva no campo da prevenção dos gastos públicos. O Termo de Ajustamento de Gestão torna ainda o processo de controle externo menos burocrático, *mas mantém a garantia da legitimidade, eficiência e efetividade da atuação do Poder Executivo*. A prática já é aplicada em outros Tribunais de Contas brasileiros e, segundo o conselheiro presidente do TCM-SP, conselheiro Eduardo Tuma, 'será mais um instrumento para dar celeridade aos processos da Administração Pública no âmbito deste Tribunal'. (grifo nosso)[63]

5 Conclusão

Este trabalho, tal qual o livro que o originou, fundamenta-se na compreensão de que políticas públicas são diretrizes necessárias para o enfrentamento dos problemas públicos, concretizadas por meio de ações estruturadas e coordenadas pelo Estado para assegurar os direitos previstos na Constituição Federal, tendo entre suas missões a definição de objetivos e estratégias de alocação dos recursos necessários para o alcance de suas finalidades, como referidas por Enrique Saravia (2006, p. 28-29), e, para tanto, são indispensáveis arranjos institucionais com a participação dos Poderes Legislativo, Executivo e Judiciário que assegurem a efetividade dessas políticas.

---

[63] Extraído do Portal do Tribunal de Contas do Município de São Paulo. Disponível em: https://portal.tcm.sp.gov.br/Pagina/56579. Acesso em: 9 out. 2023.

Analisando o referencial teórico e exemplos práticos identificados no âmbito deste estudo, podemos ressaltar que as demandas por implementação de políticas públicas ultrapassam questões técnicas ou administrativas. Gestores públicos são diariamente desafiados a agir de modo eficiente, e o dinamismo das necessidades e demandas da sociedade extrapola os melhores planejamentos, o que torna cada vez mais necessária uma coordenação de diversos agentes governamentais para melhores soluções dos problemas públicos. Nesse contexto, analisamos as funções desempenhadas pelos Tribunais de Contas e sua relevância para o aprimoramento das políticas públicas, observando o seu empenho em dar visibilidade às fragilidades da gestão pública e seus impactos. No entanto, referida proatividade e as múltiplas atividades desse órgão para exposição das insuficiências das práticas adotadas pelos gestores e gestoras não se mostram – na maioria das vezes – contribuições concretas de apoio à resolução de problemas públicos, o que evidencia quão importante é fazer melhor uso da função social das Cortes de Contas, fortalecendo o propósito de um controle consensual por parte desses órgãos.

O desafio, entretanto, é conciliar esse potencial com uma postura que não ultrapasse o limite da discricionariedade de gestores públicos e não provoque riscos à legitimidade, com o esvaziamento das tomadas de decisões – eventualmente antecipadas por ocasião do controle prévio ou concomitante. Foi com esse olhar que realizamos o levantamento dos dados apresentados, com informações sobre TAGs nos Tribunais de Contas brasileiros, para conferirmos as iniciativas de controle consensual das políticas públicas dessas Cortes e, então, respondermos às seguintes indagações: a) O Termo de Ajustamento de Gestão (TAG) – nos Tribunais de Contas que já o adotam – está sendo utilizado com propósitos e soluções que resultam na boa governança das políticas públicas? b) O TAG pode ser considerado como ferramenta complementar àquelas já existentes no Tribunal de Contas para o aperfeiçoamento da governança das políticas públicas? c) Com base em tais percepções, podemos considerar útil o uso do referido instrumento em Tribunais de Contas no âmbito de todos os Estados?

Em relação à primeira indagação, observamos o grande potencial que têm os Tribunais de Contas de usarem as ferramentas já existentes para o aperfeiçoamento das governanças das políticas públicas, o que inclui o Termo de Ajustamento de Gestão, já adotado em 24 dos 33 Tribunais de Contas – dado atualizado em dezembro de 2021. As ações atuais dos referidos órgãos, além das conhecidas competências constitucionais, seguem no sentido de dar maior visibilidade às deficiências na governança das políticas públicas, o que é notado com as constantes divulgações das ações governamentais relacionadas a essas políticas (ex.: divulgação dos resultados do IEG-M). Entretanto, sendo uns dos maiores detentores de dados relacionados ao orçamento público, os Tribunais de Contas têm potencial de contribuição mais efetiva e com viés consensual para atender ao real interesse público. É certo que a CF dispõe de parâmetros para que as gestoras e gestores públicos estabeleçam as prioridades de alocação das despesas no orçamento público. Por sua vez, o TC cumpre suas funções ao avaliar se a execução orçamentária atende às normas constitucionais. Mas, muitas vezes, parece haver um distanciamento da compreensão em relação à escassez dos recursos públicos necessários ao custeamento dos direitos fundamentais e sociais. Nessa perspectiva, denota-se que o uso dos TAGs avaliados trouxe evidência para uma série de esforços na compreensão das reais dificuldades da gestão pública, servindo de incentivo ao aperfeiçoamento da governança das políticas públicas.

Sobre a avaliação específica acerca da adoção do TAG pelos TCs, foi possível concluir que, embora o instrumento seja comumente usado para a regularização dos gastos públicos e a adequação das despesas à Lei de Responsabilidade Fiscal, certo é que o TAG foi amplamente aplicado como mecanismo de resolução de falhas ou irregularidades na execução de políticas de interesse público, e que os pactos firmados agilizam ações corretivas dos próprios gestores interessados, trazendo, por consequência, impacto na governança das políticas públicas e sua atividade-fim. Ainda em relação à celebração de TAG para o aperfeiçoamento da governança pública, vale ponderar que observamos a coerência de alguns ajustes firmados durante o período da pandemia, nos quais os TCs apresentaram sensibilidade às dificuldades enfrentadas pelos gestores, no contexto de muita austeridade e ausência de receitas importantes à implementação de políticas públicas. A maioria dos entes federativos estudados para este trabalho, com destaque para os Estados do Amazonas e de Minas Gerais, valeu-se dos TAGs para promover a melhoria ou a manutenção dos serviços públicos no setor da educação, notadamente no que concerne a obras de infraestrutura e condições das escolas, fornecimento de merenda e qualidade do ensino, o que se verificou, por exemplo, na contratação de professores temporários por instituições universitárias e na regularização da qualificação dos professores do ensino fundamental, entre outros fatores de atenção. A propósito, os dados da pesquisa, mesmo que não esgotem a totalidade do universo relacionado ao tema, afirmam o grande interesse dos entes municipais nos TAGs, uma vez que, dos 196 registros identificados, a participação dos Municípios na qualidade de interessado representou aproximadamente 70%.

Igualmente relevantes ao interesse público são as políticas que tratam da fiscalização dos serviços públicos de saúde dos Municípios e da adequação destes aos parâmetros básicos de atenção à saúde, como visto nos diversos TAGs homologados no Estado de Sergipe. Neste ponto, é interessante frisar que a adoção e o cumprimento do TAG concretizam não apenas interesses sociais, mas também objetivos norteadores das contratações públicas, quais sejam a eficiência e a continuidade dos serviços públicos. Dentre as demais finalidades, observamos que o TAG foi adotado também como instrumento para transição e adequação de Municípios à Lei de Acesso à Informação, para o atendimento à demanda emergencial por recursos humanos e à necessidade de controle orçamentário, ambos provenientes da pandemia por covid-19 – a exemplo dos Estados do Amazonas e Pará.

De maneira geral, observamos muita frequência na celebração de TAGs para a resolução de questões relativas à gestão de recursos humanos, especialmente no que se refere à contenção de despesas com pessoal (problema comum a todos os entes públicos) e, por conseguinte, à regularização do quadro de profissionais mediante provimento de cargo efetivo – tal como ocorre nos Estados de Goiás, Paraíba e Rio Grande do Norte. Assim, todas essas questões estão relacionadas à boa governança e às políticas públicas e confirmam que a participação dos TCs nos TAGs as tem tornado mais democráticas.

Para ser efetivo, o TAG deve ser resultado da consensualidade e estar pautado em critérios de razoabilidade e proporcionalidade, e as soluções buscadas devem ser acordadas com o gestor público interessado, para que se considere a viabilidade do seu cumprimento e sejam evitados instrumentos ineficazes ao controle externo.

A realidade constatada na pesquisa evidencia que há forte tendência de que todos os TCs brasileiros adotem o TAG como instrumento necessário ao controle consensual das políticas públicas, não havendo, entretanto, impedimento à iniciativa, para que seja antecipada uma postura consensual mesmo sem a regulamentação formal desse instrumento na legislação orgânica. Contudo, não parece atender ao propósito do TAG a pactuação sobre temas que podem ser resolvidos por "recomendações" do órgão de controle, ou sobre questões sem maior impacto à governança das políticas públicas. O uso do instrumento nesse sentido poderá trazer descrédito a sua finalidade.

No caso do TCE-SP, observamos esforços para uma atuação consensual e, em diversas situações, as recomendações e julgamentos pela "regularidade com ressalvas" têm apresentado essa postura de consensualidade do referido órgão, apesar de as conclusões extraídas na apresentação dos resultados do IEG-M 2020 e do comparativo das pontuações dos Municípios nos últimos seis anos, bem como dos relatos expostos pelos conselheiros na última publicação do Anuário IEG-M, apontarem para o aumento de rigidez nas análises das contas dos Municípios para os próximos períodos. Nesse panorama, podemos concluir que o TAG no âmbito do TCE-SP pode ser um instrumento cada vez mais útil, mas somente alcançará suas finalidades se seus implementadores se despirem da avaliação puramente legalista e continuarem seguindo a premissa da consensualidade em busca da eficiência, deixando de perseguir unicamente a detecção de falhas e de motivos para punição e passando a utilizar suas modernas ferramentas para o auxílio do diagnóstico e para soluções céleres, que visem a preservar direitos fundamentais e assegurem o verdadeiro interesse público.

Ressalte-se, ainda, que a disposição de contemplar o TAG como ferramenta complementar àquelas já existentes nos Tribunais de Contas precisa ser acompanhada da compreensão de que os referidos órgãos não terão a legitimidade para determinar a escolha de uma política pública em detrimento de outra, mas podem interagir na contribuição dos dados necessários à identificação do problema e à avaliação dos resultados, oportunidade em que poderá emitir decisões acerca do comprometimento dos gestores no uso da verba pública. Em São Paulo, cabe apontar que as disposições do PLC nº 60/2015 se mostram um pouco mais sintéticas se comparadas às de outros Estados, mas atendem às principais finalidades. As preocupações do Tribunal de Contas do Estado de São Paulo acerca do referido projeto de lei, em especial sobre as hipóteses de eventual descumprimento dos limites constitucionais ou sucessão de gestores – ambas verificadas na pesquisa, seja na entrevista, seja nas atas de sessões de julgamentos do TCE-SP –, mostram-se de fácil encaminhamento. Em relação aos limites constitucionais, o próprio PLC veda a celebração do TAG nos casos de renúncia de receita pública, salvo se esta decorrer de multa aplicada pelo Tribunal de Contas, e também quando a situação pactuada implicar violação dos limites mínimos fixados na Constituição. A questão da sucessão de gestores também pode ser resolvida com a sugestão de inserção (no PLC) de redação que imponha a observância da regra prevista na Lei de Responsabilidade Fiscal, para que os titulares não assumam despesas (se for o caso) que não possam cumprir em seus mandatos e/ou não tenham disponibilidade de caixa (as normas dos Estados do Amapá e Paraná, entre outras, já seguem nessa direção).

Aos gestores municipais e entidades que os representam caberão algumas reflexões, com base nos exemplos apresentados mais profundamente no livro, dentre as quais: a) a análise sobre os temas que justificariam a requisição de um TAG por um Município, para que seja possível avaliarmos se as experiências práticas dos outros Estados alcançaram os resultados pretendidos; b) avaliação sobre a eventual vinculação de prazo do ajuste ao mandato do gestor; e c) a compreensão de que o TAG também ensejará sanções em caso de descumprimento.

Por todo o exposto, o Termo de Ajustamento de Gestão é instrumento considerado útil à governança das políticas públicas nos entes federativos que já o adotaram, desenhando-se como ferramenta que materializa a consensualidade aderida pelos órgãos de controle. A pesquisa em referência nos permite afirmar que o conceito do TAG ultrapassa a ideia de mecanismo destinado apenas à regularização voluntária de determinadas falhas de gestão, pois permite a participação ativa dos interessados na construção da melhor solução do problema identificado, fortalecendo a forma dialógica na persecução do controle por eficiência, e em linha com os princípios constitucionais.

O aperfeiçoamento da legislação que rege o tema deve seguir a mesma ideia de consensualidade, sob a compreensão de que o Termo de Ajustamento de Gestão, para além da função da finalidade de transação, deve prestigiar formas de contribuição com a governança das políticas públicas, com a cautela de preservar a independência das instituições na identificação das prioridades.

Por fim, lembro que se pode obter informações mais aprofundadas e acesso às planilhas e gráficos completos, com a consolidação dos dados coletados, incluindo detalhes sobre a regulamentação praticada e exemplos de TAG nos vários TCs brasileiros, por meio do livro que originou este trabalho.

Referências

ABRUCIO, Fernando Luiz; LOUREIRO, Maria Rita. Finanças públicas, democracia e accountability. *In:* ARVATE, Paulo Roberto; BIDERMAN, Ciro. *Economia do Setor Público no Brasil.* Rio de Janeiro: Elsevier/Campus, 2004.

BACELLAR FILHO, Romeu Felipe. *Princípios constitucionais do processo administrativo disciplinar.* São Paulo: Max Limonad, 1998.

BATISTA JÚNIOR, Onofre A. *Transações administrativas*: um contributo ao estudo do contrato administrativo como mecanismo de prevenção e terminação de litígios e como alternativa à atuação administrativa autoritária, no contexto de uma administração pública mais democrática. São Paulo: Quartier Latin, 2007.

BERALDO, Sidnei. Aos 0:55:44 da *Exposição dos Resultados do IEG-M "Ano-Base 2020".* Disponível em: https://www.youtube.com/watch?v=0UifobuoanQ. Acesso em: 29 nov. 2021.

BRAGA, Angélica C. S. V.; MELO, Fabiana P. O termo de ajustamento de gestão como instrumento consensual no âmbito do controle externo exercido pelas cortes de contas. *Revista Direito UTP*, v. 2, n. 1, p. 75-87, jan./jun. 2021.

BRASIL. *Constituição da República Federativa do Brasil de 1988.* Disponível em: http://www.planalto.gov.br/ccivil_03/constituicao/constituicao.htm. Acesso em: 15 nov. 2021.

BRASIL. Portal do Tribunal de Contas da União. *Políticas públicas*: TCU examina bases para êxito. Disponível na internet, em: https://portal.tcu.gov.br/imprensa/noticias/politicas-publicas-tcu-examina-bases-para-exito.htm. Acesso em: 27 out. 2021.

BRASIL. Tribunal de Contas da União. *Manual de auditoria operacional*. 4. ed. Brasília: TCU, Secretaria-Geral de Controle Externo, 2020.

BRASIL. Tribunal de Contas da União. *Referencial de controle de políticas públicas*. Brasília: TCU, Secretaria de Controle Externo do Desenvolvimento Econômico (Secex Desenvolvimento), Secretaria de Métodos e Suporte ao Controle Externo (Semec) e Secretaria de Macroavaliação Governamental (Semag), 2020. Disponível em: https://portal.tcu.gov.br/data/files/EF/22/A4/9A/235EC710D79E7EB7F18818A8/1_Referencial_controle_politicas_publicas.pdf.

BRASIL. Tribunal de Contas da União. *Referencial para avaliação de governança em políticas públicas*. Brasília: TCU, 2014.

BRESSER-PEREIRA, Luiz Carlos. O modelo estrutural de gerência pública. *Revista de Administração Pública*, Rio de Janeiro 42 (2): p. 391-410, mar./abr. 2008. Disponível em: https://www.scielo.br/j/rap/a/yGxNGHd7GvFptzTPbD4fzDD/?format=pdf&lang=pt. Acesso em: 15 nov. 2021.

BRESSER-PEREIRA, Luiz Carlos. A reforma gerencial do Estado de 1995. *Revista de Administração Pública*, 34, p. 7-26, 2000. Disponível em: https://bibliotecadigital.fgv.br/ojs/index.php/rap/article/view/6289. Acesso em: 1º nov. 2021.

BREUS, Thiago L. *Políticas Públicas no estado constitucional:* problemática da concretização dos direitos fundamentais pela administração pública brasileira contemporânea. Belo Horizonte: Fórum, 2007.

BUCCI, Maria Paula D. *Fundamentos para uma teoria jurídica das políticas públicas*. 2. ed. São Paulo: Saraiva, 2021.

COELHO, R.; GUTH, F.; LOUREIRO, M. Capacidades governamentais municipais e desenvolvimento humano local no Brasil. *Revista do Serviço Público*, (s.l.), v. 71, n. 4, p. 778-808, 2020. Disponível em: https://revista.enap.gov.br/index.php/RSP/article/view/4524. Acesso em: 7 ago. 2022.

CUNDA, Daniela Z. G. Controle de políticas públicas pelos Tribunais de Contas: tutela da efetividade dos direitos e deveres fundamentais. *Revista Brasileira de Políticas Públicas*, Brasília, v. 1, n. 2, p. 111-147, jul./dez. 2011. Disponível em: https://www.publicacoesacademicas.uniceub.br/RBPP/article/view/1270. Acesso: 4 dez. 2021.

DINIZ, Eli. Em busca de um novo paradigma: a reforma do Estado no Brasil dos anos 90. *São Paulo em Perspectiva*, 10 (4): p. 13-26, out./dez. 1996. *Apud* FARAH, Marta F. S. Parcerias, novos arranjos institucionais e políticas públicas no nível local de governo. *Revista de Administração Pública*, 35 (1), p. 119-144, 2001.

FARAH, Marta F. S. Parcerias, novos arranjos institucionais e políticas públicas no nível local de governo. *Revista de Administração Pública*, 35 (1), p. 119-144, 2001.

FERNANDES, Gustavo Andrey A. L.; TEIXEIRA, Marco Antonio C. *Accountability* ou Prestação de Contas, CGU ou Tribunais de Contas: o exame de diferentes visões sobre a atuação dos órgãos de controle nos municípios brasileiros. *Revista de Administração e Contabilidade da Unisinos*, 17 (3), p. 456-482, jul./set. 2020.

FERRAZ, Luciano. *Controle Consensualidade*: fundamentos para o controle consensual da Administração Pública. 2. ed. Belo Horizonte: 2020.

FERREIRA, Aurélio B. H. *Novo Aurélio Século 21:* o dicionário da língua portuguesa. 3. ed. Rio de Janeiro: Nova Fronteira, 1999.

FIRJAN. Índice Firjan de Gestão Fiscal (IFGF) de 2021. Disponível em: https://firjan.com.br/noticias/mais-de-tres-mil-cidades-brasileiras-tem-situacaofiscal-dificil-ou-critica-revela-indice-firjan-de-gestao-fiscal.htm. Acesso em: 22 out. 2021.

FREY, Klaus. Políticas públicas: um debate conceitual e reflexões referentes à prática da análise de políticas públicas no Brasil. *Planejamento e políticas públicas*, n. 21, jun. 2000. Disponível em: http://repositorio.ipea.gov.br/bitstream/11058/4025/5/PPP_n21_Politicas.pdf. Acesso em: 1º out. 2021.

GUERRA, Sergio; PALMA, Juliana B. Art. 26 da LINDB – Novo regime jurídico de negociação com a Administração Pública. *Revista de Direito Administrativo*, 2018.

IOCKEN, Sabrina N. *Políticas Públicas*: o controle do Tribunal de Contas. Florianópolis: Conceito Editorial, 2014.

JACOBY FERNANDES, Jorge Ulisses. *Tribunais de Contas do Brasil*: jurisdição e competência. 2. ed. 1. reimp. Belo Horizonte: Fórum, 2008.

LOUREIRO, Maria Rita; TEIXEIRA, Marco Antonio C.; MORAES, Tiago C. Democratização e reforma do Estado: o desenvolvimento institucional dos Tribunais de Contas no Brasil contemporâneo. *Revista de Administração Pública*, Rio de Janeiro, v. 43, n. 4, p. 739-772, ago. 2009.

MARENCO, André; NOLL, Maria Izabel (org.). *A política, as políticas e os controles*: como são governadas as cidades brasileiras. Porto Alegre: Tomo Editorial, 2018.

MARQUES NETO, Floriano A.; CYMBALISTA, Tatiana M. Os Acordos Substitutivos do Procedimento Sancionatório e da Sanção. *Revista Eletrônica de Direito Administrativo Econômico (Redae)*, Salvador, n. 27, ago./set./out. 2011. Disponível em: http://www.direitodoestado.com/revista/REDAE-27-AGOSTO-2011-FLORIANO-AZEVEDOTATIANA-MATIELLO.pdf. Acesso em: 15 nov. 2021.

MARQUES, João B. A gestão pública moderna e a credibilidade nas políticas públicas. *Revista de Informação Legislativa*, v. 40, n. 158, p. 219-225, abr./jun. 2003. Disponível em: https://www2.senado.leg.br/bdsf/item/id/856. Acesso em: 14 nov. 2021.

MAXIMIANO, Antonio Cesar; NOHARA, Irene Patrícia. *Gestão pública*: abordagem integrada da Administração e do Direito Administrativo. 1. ed. São Paulo: Atlas, 2017.

MEDAUAR, Odete. Controle da Administração Pública pelo Tribunal de Contas. *Revista de Informação Legislativa*, Brasília, v. 27, n. 108, p. 101-126, out./dez. 1990. Disponível em: https://www2.senado.leg.br/bdsf/item/id/175815. Acesso em: 1º out. 2021.

MELLO, Celso Antonio B. *Curso de Direito Administrativo*. 28. ed. São Paulo: Malheiros, 2010.

MENEGUIN, F. B.; SANTOS, P. F. O. *Há Incompatibilidade entre Legalidade e Eficiência?* Brasília: Núcleo de Estudos e Pesquisas/CONLEG/Senado, ago. 2013 (Texto para Discussão nº 133). Disponível em: http://www2.senado.leg.br/bdsf/bitstream/handle/id/496333/TD133-FernandoMeneguin-PedroF.O.Santos.pdf?sequence=1. Acesso em: 1º dez. 2021.

MINAS GERAIS. Assembleia Legislativa de Minas Gerais. *PLC nº 8/2011 – Parecer de 1º Turno – Comissão de Constituição e Justiça*. Disponível em: almg.gov.br. Acesso em: 5 dez. 2021.

MODESTO, Paulo. Notas para um Debate sobre o Princípio Constitucional da Eficiência. *Revista Eletrônica de Direito Administrativo Econômico (Redae)*, Salvador, n. 10, maio/jun./jul. 2007. Disponível em: http://www.direitodoestado.com.br/artigo/paulomodesto/notas-para-um-debate-sobre-o-principio-constitucional-da-eficiencia. Acesso em: 30 out. 2021.

MOREIRA NETO, Diogo F. Novos institutos consensuais da ação administrativa. *Revista de Direito Administrativo*, 2003.

NASCIMENTO, Edson Ronaldo. *Gestão Pública aplicada*. 3. ed. rev. atual. São Paulo: Saraiva, 2014.

NÓBREGA, Marcos. *Os Tribunais de Contas e o controle dos programas sociais*. Belo Horizonte: Fórum, 2011.

O'DONNELL, Guillermo. Accountability horizontal e novas poliarquias. In: *Lua Nova: revista de cultura e política*, n. 44, p. 40, 1998.

PETERS, B. G. Governance and Sustainable Development Policies. In: *Conferência das Nações Unidas sobre Desenvolvimento Sustentável – Rio+20*. Organização das Nações Unidas (ONU) – Rio de Janeiro, 2012.

RODRIGUES, Ricardo S. *Os Tribunais de Contas e o controle de políticas públicas*. Maceió: Viva, 2014.

ROSILHO, André. Durante o Lançamento da 5ª edição da RTTC Painel 1 do 7º Congresso Internacional de Controle e Políticas Públicas – Rumo a 2030 – Novos horizontes do desenvolvimento sustentável e a fiscalização dos Tribunais de Contas, no 2º Congresso Internacional dos Tribunais de Contas, de 9 a 12 de novembro de 2021, João Pessoa/PB. Disponível em: https://irbcontas.org.br/videoteca/ii-citc-congresso-internacional-dos-tribunaisde-contas/. Acesso em: 9 dez. 2021.

SÃO PAULO. Portal do Tribunal de Contas do Município de São Paulo. *Resolução do TCMSP normatiza o Termo de Ajustamento de Gestão (TAG) com a Administração Pública municipal*. Disponível em: https://portal.tcm.sp.gov.br/Pagina/56579. Acesso em: 9 out. 2023.

SARAVIA, Enrique. Introdução à teoria da política pública. In: SARAVIA, Enrique; FERRAREZI, Elisabete (org.). *Políticas Públicas*: coletânea. Brasília: ENAP, v. 1, p. 28-29, 2006.

SECCHI, Leonardo. *Análise de Políticas Públicas* – Diagnóstico de problemas, recomendação de soluções. 2. ed. São Paulo: Cengage Learning, 2017.

SECCHI, Leonardo. *Políticas Públicas* – Conceitos, Esquemas de Análise, Casos Práticos. 2. ed. São Paulo: Cengage Learning, 2017.

SECCHI, Leonardo. *Políticas Públicas* – Conceitos, Esquemas de Análise, Casos Práticos. 2. ed. São Paulo: Cengage Learning, 2017b.

SOBRAL DE SOUZA, Patrícia Verônica N. C. *O termo de ajustamento de gestão como forma de tutela de direitos sociais*: o caso do Tribunal de Contas do Estado de Sergipe. Dissertação (doutorado em Direito). Universidade Federal da Bahia. Bahia, 2018.

SPECK, Bruno W. *Inovação e rotina no Tribunal de Contas da União*: o papel da instituição superior de controle financeiro no sistema político administrativo do Brasil. Série Pesquisas. São Paulo: Fundação Konrad Adenauer, p. 12-15, 2000.

SUNDFELD, Carlos A.; CÂMARA, Jacintho A. Competências de controle dos Tribunais de Contas – possibilidades e limites. *In:* SUNDFELD, Carlos A.; ROSILHO, André (org.). *Tribunal de Contas da União no Direito e na Realidade*. São Paulo: Almedina, 2021.

TEIXEIRA, Helio Janny; SANTANA, Solange Maria (coord.). *Remodelando a gestão pública*. São Paulo: Edgard Blücher, 1994.

THEODOULOU, Stella Z. A linguagem contemporânea das políticas públicas: um ponto de partida. *In:* CAHN, Matthew A.; THEODOULOU, Stella Z. *Políticas públicas*: leituras essenciais. Prentice Hall, Upper Saddle River, Nova Jersey (EUA), 1995.

TOCANTINS. Tribunal de Contas do Estado do Tocantins. *Instrução Normativa TCE/TO nº 1/2019*, de 15 de maio de 2019. Normatiza o Termo de Ajustamento de Gestão. Disponível em: https://app.tce.to.gov.br/scl/publico/app/index.php#. Acesso em: 2 mar. 2023.

TORRES, Ricardo L. *Curso de direito financeiro e tributário*. 15. ed. Rio de Janeiro: Renovar, 2008.

TRISTÃO, Conrado. Tribunais de Contas e Controle Operacional da Administração. *In:* SUNDFELD, Carlos A.; ROSILHO, André (org.). *Tribunal de Contas da União no Direito e na Realidade*. São Paulo: Almedina, 2021.

Informação bibliográfica deste texto, conforme a NBR 6023:2018 da Associação Brasileira de Normas Técnicas (ABNT):

ARRUDA, Marcela. O TAG como aliado das políticas públicas: os termos de ajustamento de gestão na prática e o aprimoramento da governança. *In:* LIMA, Edilberto Carlos Pontes (coord.). *Os Tribunais de Contas e as políticas públicas*. Belo Horizonte: Fórum, 2023. p. 343-390. ISBN 978-65-5518-596-6.

ANÁLISE DE FRAGMENTAÇÕES, SOBREPOSIÇÕES, DUPLICIDADES E LACUNAS (FSDL) ENTRE POLÍTICAS PÚBLICAS ESTADUAIS DE UNIDADES DE CONSERVAÇÃO, TURISMO E ORDENAMENTO TERRITORIAL DO AMAPÁ

MARCOS CORTES
MAURÍCIO OLIVEIRA
CARINA BAIA
TEREZINHA BRITO BOTELHO

1 Introdução

A Carta Magna, após a Emenda Constitucional nº 109/2021, passou a definir em seu art. 37, §16, que "os órgãos e entidades da administração pública, individual ou conjuntamente, devem realizar avaliação das políticas públicas, inclusive com divulgação do objeto a ser avaliado e dos resultados alcançados, na forma da lei" (BRASIL, 1988). Logo, a avaliação das políticas públicas em âmbito federal, estadual e municipal, de forma integrada e coordenada, é fundamental para valorizar e otimizar os gastos públicos, pois a implementação eficiente das políticas e dos programas de governo, focada em garantir o máximo retorno possível à sociedade, deve ser objetivo permanente do gestor público (BRASIL, 2018).

A Entidade Fiscalizadora Superior dos Estados Unidos, *Government Accountability Office* (GAO), em 2015, desenvolveu um guia para analisar várias políticas e programas federais, descrevendo a existência de oportunidades para agir em áreas onde os programas federais são ineficientes, seja porque são fragmentados, sobrepostos ou duplicados em áreas de atividades governamentais. Ainda que, em alguns casos, possa ser apropriado ou benéfico para múltiplas agências ou entidades envolvidas na mesma área programática ou política devido à complexidade da natureza ou magnitude do esforço estatal.

Em 2018, o Tribunal de Contas da União (TCU) analisou o mecanismo de coordenação nas políticas públicas brasileiras relacionadas a sistemas sustentáveis de produção de alimentos, tema da meta 2.4 dos Objetivos de Desenvolvimento Sustentável (ODS). Sobre essa questão, foi constatada a ausência de coordenação horizontal nas políticas públicas afetas ao tema. Nessa esteira, foram identificados desalinhamentos nessas ações, tais como contradições entre políticas de transição para a agricultura sustentável e o incentivo ao uso de agrotóxicos, fragmentação dos serviços de assistência técnica e extensão rural e duplicações e lacunas no monitoramento do uso de agrotóxicos (Figura 1).

FIGURA 1 – Inter-relações entre políticas públicas identificadas na auditoria piloto na meta ODS 2.4

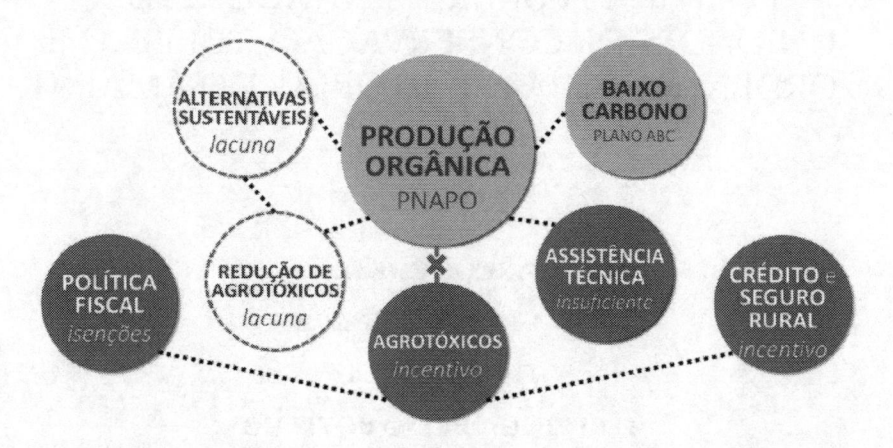

Fonte: auditoria piloto TCU ODS (2018).

Importa ressaltar que, em 2019, o TCU também analisou os desalinhamentos entre o Sistema Nacional de Unidades de Conservação (SNUC) e as políticas nacionais de turismo e de ordenamento territorial, na esfera federal. O trabalho foi realizado por meio de Termo de Cooperação Técnica e desenvolvido em parceria com outros Tribunais de Contas que participaram de auditoria operacional coordenada. Na oportunidade, o TCU identificou os seguintes desalinhamentos: desperdício do potencial de uso público e pendências na regularização fundiária das áreas das Unidades de Conservação (UCs) federais de domínio público. O *Tribunal de Contas do Estado do Amapá* compôs o grupo de trabalho da auditoria operacional coordenada e realizou estudos na mesma linha de atuação, no entanto, abrangeu uma visão local.

Por certo, as Entidades Fiscalizadoras Superiores (EFS) e outras entidades avaliadoras, dentre elas, o Poder Executivo, devem analisar de modo neutro e independente os diversos critérios que permitem emitir uma opinião sobre a utilidade de uma política pública, como exame do papel das autoridades públicas envolvidas e dos atores da sociedade civil, dentro do processo de avaliação dessas políticas públicas (BRASIL, 2018).

O Banco Mundial publicou um relatório, em novembro de 2017, avaliando a eficiência e equidade das despesas públicas no Brasil, identificando uma potencial sobreposição de iniciativas de políticas sociais, como programas na área social, tais como serviços de saúde e desemprego. No mesmo documento, ressalta-se a oportunidade para aprimorar o desempenho estatal, no caso de programas federais com fragmentação, sobreposição e duplicidade (BANCO MUNDIAL, 2017).

A avaliação de políticas públicas necessita de métodos científicos de pesquisa validados. Dessa maneira, a atuação dos Tribunais de Contas no acompanhamento e avaliação de tais políticas tem evoluído e se aprimorado como um instrumento de governança pública. O TCU realizou uma adaptação à metodologia americana de análise de fragmentação, sobreposições e duplicidades, incluindo a verificação de lacunas. Por essa razão, a análise passou a ser intitulada como análise de Fragmentações, Sobreposições, Duplicidades e Lacunas (FSDL).

Nesse contexto, o objetivo maior deste trabalho é explorar a possibilidade de uso da metodologia de análise FSDL no contexto de auditoria no setor público, buscando auxiliar o trabalho das Entidades Fiscalizadoras Superiores na avaliação da coordenação e do alinhamento de políticas públicas para o alcance das metas dos Objetivos de Desenvolvimento Sustentável, usando uma abordagem integrada de governo.

Para fins de exposição do uso da análise FSDL em auditorias públicas, é apresentado no presente artigo um recorte do trabalho que foi desenvolvido pelo Tribunal de Contas do Estado do Amapá (TCE/AP), que inseriu em sua matriz de planejamento, de auditoria ambiental coordenada em Unidades de Conservação, a seguinte questão de auditoria: a política estadual de UCs está alinhada horizontalmente com as políticas públicas estaduais de turismo e de ordenamento territorial a partir de uma abordagem integrada de governo?

A presente análise permite verificar se existe integração e coordenação entre as políticas públicas nas esferas estaduais e federais, visando a identificar os desalinhamentos (fragmentações, sobreposições, duplicidades e lacunas) que prejudicam a efetividade da atuação dos entes governamentais.

Cortes *et al.* (2020) afirmam que a atuação dos Tribunais de Contas na área ambiental cresceu significativamente, pois o meio ambiente é patrimônio ambiental público que necessita ser protegido e gerido de forma efetiva, com destaque para o ecossistema amazônico.

Nesse viés, o Código Florestal (Lei nº 12.651/2012) instituiu o pagamento por serviços ambientais, benefícios denominados como a produção de alimentos, madeira, recursos medicinais, regulação do clima (sequestro de carbono) e da qualidade do ar, proteção dos mananciais hídricos, controle das enchentes e erosão, além da recreação e turismo.

O pagamento dos serviços ambientais busca incentivar a conservação ambiental e a promoção do desenvolvimento ecologicamente sustentável com as seguintes linhas de ação: a) o sequestro, a conservação, a manutenção e o aumento do estoque e a diminuição do fluxo de carbono; b) a conservação da beleza cênica natural; c) a conservação da biodiversidade; d) a conservação das águas e dos serviços hídricos; e) a regulação do clima; f) a valorização cultural e do conhecimento tradicional ecossistêmico; g) a conservação e o melhoramento do solo; e h) a manutenção de Áreas de Preservação Permanente, de Reserva Legal e de uso restrito.

Assim, as metas contidas no ODS 15, que tratam da vida terrestre, são fundamentais para a consolidação das Unidades de Conservação como ativo ambiental, sendo fundamental o alinhamento e engajamento entre as diversas políticas públicas relacionadas à valorização desse ativo.

Por fim, justifica-se a importância de mitigar os riscos de fragmentações, sobreposições, duplicidades e lacunas nas políticas públicas e a análise dos desalinhamentos existentes entre a Política Estadual de Unidades de Conservação e a Política Estadual de Turismo e Ordenamento Territorial Estadual, almejando estabelecer estratégias integradas e processos de coordenação interinstitucional, definir papéis e responsabilidades e implementar mecanismos de monitoramento, controle e avaliação.

Diante do exposto, este trabalho tem como objetivo geral apresentar os resultados da avaliação realizada pelo TCE/AP, no ano de 2019, atinente às fragmentações, sobreposições, duplicidades e lacunas (FSDL) entre políticas públicas estaduais de Unidades de Conservação, turismo e ordenamento territorial do Amapá. O estudo se propõe ainda a apresentar reflexões teóricas sobre o tema, destacando a relevância da atuação dos Tribunais de Contas no acompanhamento e fiscalização das políticas públicas ambientais. Trata-se de uma pesquisa com abordagem qualitativa e, para a concretização do estudo, foi realizada uma pesquisa documental. O estudo se estrutura em seções que apresentam o referencial teórico adotado, os procedimentos metodológicos, o detalhamento dos dados obtidos, a análise e discussão dos resultados e as considerações finais.

2 Referencial teórico

O referencial exposto a seguir objetiva apresentar as categorias de análise e de discussão incluídas na temática de avaliação das fragmentações, sobreposições, duplicidades e lacunas (FSDL) das políticas públicas, objeto de estudo do presente trabalho. Os eixos de discussão são portanto: a avaliação de políticas públicas, os Objetivos de Desenvolvimento Sustentável, as Unidades de Conservação e a análise FSDL.

2.1 Avaliação de políticas públicas

De acordo com o Referencial de Controle de Políticas Públicas (BRASIL, 2020), são consideradas políticas públicas o conjunto de intervenções e diretrizes emanadas de atores governamentais, que visam tratar, ou não, problemas públicos e que requerem, utilizam ou afetam recursos públicos. Importa mencionar que a política pública também é conceituada como uma intervenção do Estado a fim de solucionar um problema público relevante para a sociedade, alterando-o para uma situação desejável.

FIGURA 2 – Intervenção governamental política

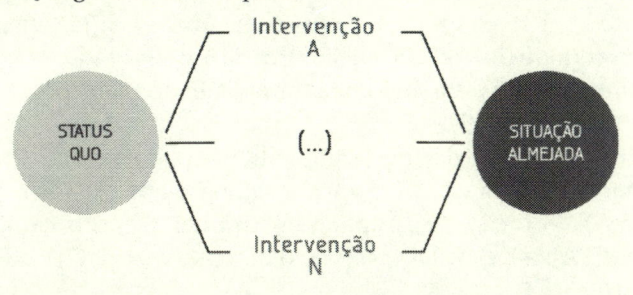

Fonte: Referencial de Controle de Políticas Públicas (BRASIL, 2020).

Conforme a Norma Brasileira de Auditoria do Setor Público (NBASP) 9020, as avaliações têm o objetivo amplo de realizar uma contribuição específica para uma área de política pública. Os objetivos da avaliação mais comumente reconhecidos são: planejamento e eficiência, *accountability*, implementação e produção de conhecimento.

De acordo com a referida norma, a avaliação de política pública é definida como exame que visa a avaliar a utilidade de uma determinada política, analisar seus objetivos, implementação, produtos, resultados e impactos o mais sistematicamente possível, além de medir seu desempenho, visando aferir sua utilidade e relevância.

Dessa forma, a avaliação de política pública é mais ampla do que a auditoria operacional, que trata da economicidade, eficiência e efetividade das políticas públicas.

O diagrama a seguir fornece algumas informações demonstrando suas diferenças:

FIGURA 3 – Processo de avaliação de políticas públicas

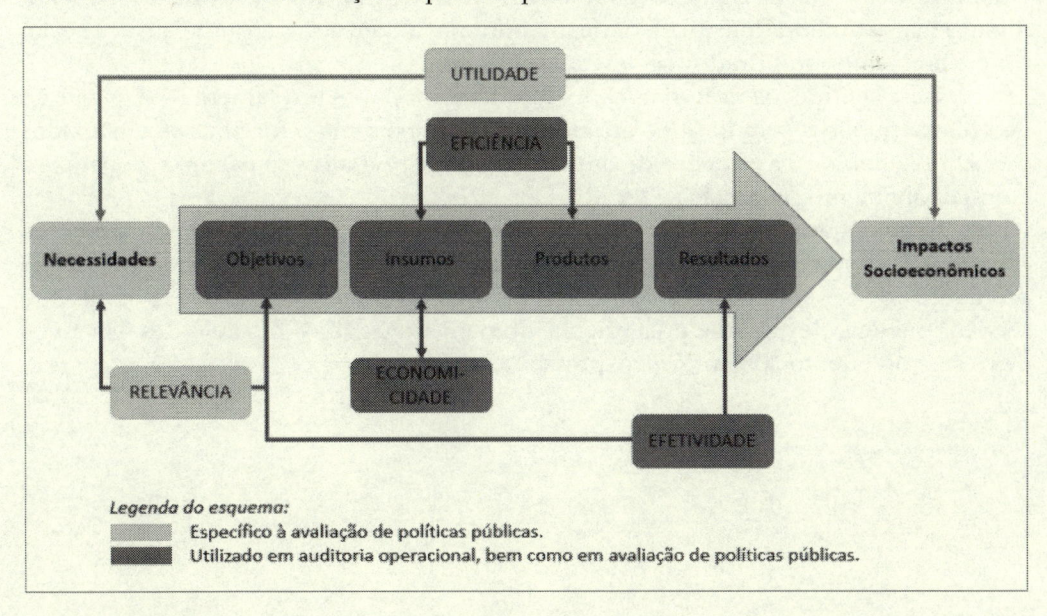

Fonte: NBASP 9020.

A avaliação *ex-post* tem a função de levantar evidências sobre o desempenho da política, indicando se os recursos públicos estão sendo aplicados em consonância com os parâmetros de economicidade, eficiência, eficácia e efetividade, relevância e utilidade pública, sendo fundamental para orientar a tomada de decisão após a execução de uma política pública (BRASIL, 2018).

O resultado da avaliação de uma política pública pode desencadear recomendações e a adoção de medidas de ajuste e de aprimoramento aos órgãos responsáveis pelas políticas, além da elaboração e acompanhamento das peças orçamentárias, como o Plano Plurianual (PPA), a Lei de Diretrizes Orçamentárias (LDO) e a Lei Orçamentária Anual (LOA).

Dessa maneira, avaliar as políticas públicas pode representar um avanço em direção a sua melhoria e induzir a qualidade dos gastos públicos nas esferas federal, estadual e municipal.

2.2 Objetivos de Desenvolvimento Sustentável (ODS), Unidades de Conservação e serviços ambientais

Os ODS fazem parte de uma agenda aprovada, em 2015, por 193 países, a partir de 17 objetivos e 169 metas amparadas nas dimensões, econômicas, sociais, ambientais, de governança de forma integrada e inter-relacionada referentes a direitos básicos (educação, saúde, saúde, moradia, redução da desigualdade, meio ambiente e trabalho digno).

A Atricon (2023) aborda que o Pacto pelos 17 ODS, constantes na Agenda 2030 da Organização das Nações Unidas (ONU), é considerado uma missão universal para um mundo mais equilibrado e justo, onde, no mínimo, a educação, a saúde, justiça social e meio ambiente equilibrado sejam iguais para todos.

Nesse sentido, os Tribunais de Contas têm um papel fundamental na avaliação de política públicas com base no alcance dos ODS, pois estão fortemente vinculados ao ODS 17 "Fortalecer os meios de implementação e revitalizar a parceria global para o desenvolvimento sustentável" (ATRICON, 2023).

Assim, a partir da fiscalização de políticas públicas adotadas pelos gestores, os Tribunais de Contas do Brasil procuram estimular a adoção de medidas que estimulem a promoção do bem-estar social e da melhoria da qualidade de vida de todos por meio de serviços públicos de qualidade, estratégia intimamente ligada ao alcance dos Objetivos de Desenvolvimento Sustentável, expressos a seguir:

FIGURA 4 – Objetivos de Desenvolvimento Sustentável e relação com os Tribunais de Conta

Fonte: ONU (2019).

De acordo com o TCU (2018), o governo federal brasileiro possui iniciativas para a implementação da Agenda 2030, mas há falhas na sua preparação que representam riscos não só à implementação, mas também ao alcance desses objetivos. Assim, compreender os recursos ecossistêmicos e seus serviços como ativos ambientais constitui uma alternativa fundamental de financiamento da conservação ambiental diante da crescente pressão sobre os ecossistemas florestais brasileiros, em especial o bioma da Amazônia.

Cortes *et al.* (2020) abordam que essas áreas se mostram essenciais para o cumprimento do ODS 15, que propõe proteger, recuperar e promover o uso sustentável dos ecossistemas terrestres, gerir de forma sustentável as florestas, combater a desertificação, deter e reverter a degradação da terra e deter a perda de biodiversidade. Assim, destacam-se as metas atinentes ao ODS 15:

> Meta 15.1 – Até 2020, assegurar a conservação, recuperação e uso sustentável de ecossistemas terrestres e de água doce interiores e seus serviços, em especial florestas, zonas úmidas, montanhas e terras áridas, em conformidade com as obrigações decorrentes dos acordos internacionais.
> [...]
> Meta 15.9 – Até 2020, integrar os valores dos ecossistemas e da biodiversidade ao planejamento nacional e local, nos processos de desenvolvimento, nas estratégias de redução da pobreza e nos sistemas de contas (ONU, 2019, p. 34-35).

As Unidades de Conservação (UCs), espaços definidos por lei com o objetivo de conservação de recursos ambientais relevantes, têm se mostrado como instrumentos fundamentais na conservação ambiental dos recursos florestais, bem como instrumentos para a comercialização dos créditos de conservação florestal.

Destaque-se o Estado do Amapá, que instituiu, em 2018, o Tesouro Verde, programa governamental de operação de crédito e registro de ativos ambientais, oriundo da conservação de florestas nativas, viabilizando a comercialização de créditos de sustentabilidade negociados no mercado financeiro nacional e internacional, cujo ativo ambiental delimitado foi a Reserva de Desenvolvimento Sustentável do Rio Iratapuru, categoria de Unidade de Conservação de uso sustentável (figura 5).

FIGURA 5 – Unidades de Conservação do Amapá e Tesouro Verde Amapá

Fonte: Elaboração própria (2023)

A partir da Lei Estadual nº 2.353/2018, regulamentada por meio do Decreto Estadual nº 2.894/2018, o governo do Estado do Amapá disponibilizou uma série de incentivos públicos para que as atividades econômicas que conservam florestas nativas sejam integradas à economia verde.

O Selo Sustentabilidade Tesouro Verde é a credencial reconhecida pelo Estado atestando que determinada instituição (pública ou privada) cumpriu sua cota de retribuição socioambiental anual, por meio da aquisição dos créditos de sustentabilidade, comercializados na Plataforma Tesouro Verde, visando a neutralizar sua pegada ecológica.

2.3 Análise de Fragmentação, Sobreposição, Duplicidade e Lacuna

A análise de políticas públicas equivale ao exame da engenharia institucional e dos traços constitutivos dos programas (ARRETCHE, 1998), podendo ter caráter descritivo, com o objetivo de desenvolver conhecimentos sobre o processo de elaboração das políticas (formulação, implementação e avaliação) em si mesmo, ou prescritivo, voltado a apoiar os formuladores de políticas, agregando conhecimento ao processo de elaboração (BRASIL, 2020).

Importa mencionar que o *Government Accountability Office* (GAO), instituição suprema de auditoria dos Estados Unidos da América, desenvolveu um guia para identificação de fragmentação, sobreposição e duplicação com as seguintes definições:

- *Fragmentação:* ocorre quando mais de uma instituição governamental (ou mais de uma organização dentro de uma instituição governamental) está envolvida e atuando na mesma grande área e há oportunidades para melhorar a prestação de serviços;
- *Sobreposição:* ocorre quando várias instituições ou programas governamentais têm objetivos comuns, atuam em atividades ou estratégias similares para atingir seus objetivos ou têm o mesmo alvo os beneficiários;
- *Duplicidade:* ocorre quando duas ou mais instituições ou programas governamentais estão executando as mesmas atividades ou fornecendo os mesmos serviços para os mesmos beneficiários. A figura a seguir apresenta a abordagem da análise:

FIGURA 6 – Descrição dos tipos de desalinhamentos em políticas públicas

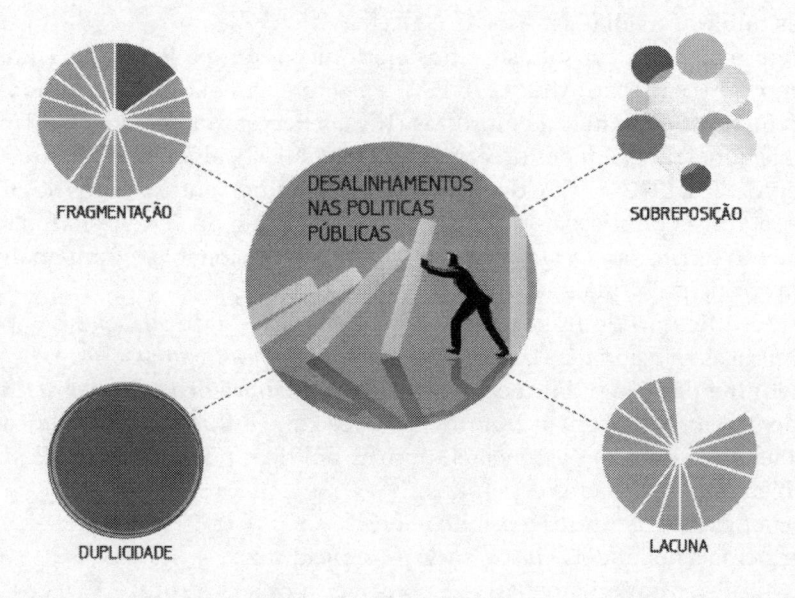

Fonte: Adaptado do *Fragmentation, Overlap and Duplication* (2017).

Além disso, a auditoria piloto do TCU sobre os Objetivos de Desenvolvimento Sustentável (ODS) considerou a necessidade de inserir na referida análise a seguinte modalidade de desalinhamento:

- *Lacuna:* caracterizada pela ausência de uma parte importante em um processo com um programa ou conjunto de programas que não atendam a todos os beneficiários; um serviço ou produto que não esteja sendo oferecido aos seus beneficiários ou até um programa demandado pela sociedade ainda não regulamentado ou estabelecido. Diante de seus efeitos negativos, é necessário examinar as causas das lacunas que podem ser a consequência da falta de recursos, de ações e de planejamento ou até mesmo de uma opção política.

3 Metodologia

O estudo mostra o recorte de um objeto mais amplo, originado de uma proposta do TCU, quando da realização de auditoria operacional coordenada nas Unidades de Conservação do bioma Amazônia. O trabalho analisou a gestão das UCs no período de 2013 a 2019. O TCE/AP aderiu ao Acordo de Cooperação Técnica e realizou os trabalhos atinentes às Unidades de Conservação do Estado do Amapá de administração estadual.

Considerando a brevidade do trabalho, delimitou-se como escopo do estudo a análise FSDL, sendo uma pesquisa de natureza qualitativa. A análise foi realizada por meio de metodologia adaptada pelo TCU, que se baseou no roteiro para identificação de fragmentações, sobreposições e duplicidades do *Government Accountability Office*, Entidade Fiscalizadora Superior dos Estados Unidos da América. Pela metodologia proposta, foi inserida na análise também a dimensão relativa às lacunas existentes entre as políticas públicas avaliadas.

Foram realizadas consultas a sítios eletrônicos como o Portal da Transparência do Governo do Estado do Amapá (GEA), a Secretaria Estadual de Meio Ambiente (SEMA), o Instituto Estadual de Florestas (IEF), a Secretaria Estadual de Turismo e o Cadastro Nacional de Unidades de Conservação (CNUC), além da análise das peças de planejamento, PPA, LDO e LOA, do período compreendido entre os anos de 2016 e 2019, acerca das políticas públicas estaduais voltadas à gestão das UCs estaduais, turismo e ordenamento territorial. Dessa forma, as políticas selecionadas foram analisadas em duas etapas principais, quais sejam:

I – Identificação de fragmentação, sobreposição e duplicação nas principais políticas públicas relacionadas ao objetivo selecionado para análise:
  - definir a política pública central (política de unidades de conservação);
  - identificar as principais políticas públicas que influenciam a política central;
  - coletar informações essenciais sobre as políticas públicas identificadas;
  - objetivos e resultados esperados;
  - beneficiários, usuários e público-alvo;
  - principais benefícios-chave, serviços e produtos;
  - instituições governamentais responsáveis por sua formulação e gestão;
  - reunir informações adicionais acerca das políticas públicas identificadas;
  - identificar inter-relações entre a *Política de Unidades de Conservação* e as demais políticas identificadas;
  - confirmar as questões identificadas com os gestores das instituições governamentais e outros atores relevantes.

II – Identificação de efeitos negativos e positivos decorrentes dos desalinhamentos identificados;
- analisar a necessidade de avaliações mais aprofundadas dos efeitos identificados;
- confirmar os efeitos identificados com os gestores de instituições governamentais e outros atores relevantes;
- por derradeiro, as informações desta análise foram consolidadas em planilha (figura 7) encaminhada e validada em oficina presencial com o TCU, que coordenou a metodologia de análise.

FIGURA 7 – Ficha para consolidação da análise FSDL

Título do Desalinhamento								
Classificação do desalinhamento	O que está desalinhado?	Quais as políticas/ instituições desalinhadas?	Área de atuação de cada política/ instituição	Em relação a que está desalinhado?	Descrição do parâmetro	Descrição sucinta do desalinhamento	Efeitos positivos e negativos
Como se classifica o desalinhamento encontrado?	Qual é o elemento em que a fragmentação, a sobreposição, a duplicidade ou a lacuna foi identificada?	Listar aqui todas as políticas que participam no desalinhamento ou instituições que participam no desalinhamento.	Para que cada política/ instituição mencionada, especificar as respectivas áreas de atuação principais.	Em relação a que as políticas/ instituições listadas apresentam fragmentação, sobreposições, duplicidades ou lacunas?	Descrever o objetivo, o beneficiário, o benefício, a competência ou a política em que ocorre a fragmentação, a sobreposição, a duplicidade ou a lacuna.	Explicar em no máximo um parágrafo porque as políticas/instituições estão desalinhadas	Descrever aqui os efeitos positivos e negativos, potenciais ou reais, causados pelo desalinhamento citados pelo gestor.
( ) Fragmentação ( ) Sobreposição ( ) Duplicação ( ) Lacuna	( ) Políticas públicas	1) Política/instituição 1		( ) Objetivo da política ( ) Beneficiários, clientes ou população-alvo ( ) Benefícios, serviços ou produtos			
		2) Política/instituição 2					
		3) Política/instituição 3					
		Acrescentar mais linhas se necessário...					
	( ) Instituições Governamentais	1) Política/instituição 1		( ) Objetivo das instituições ( ) Beneficiários, clientes ou população-alvo ( ) Benefícios, serviços ou produtos ( ) Políticas públicas ( ) Competências e atribuições			
		2) Política/instituição 2					
		3) Política/instituição 3					

Fonte: Auditoria ambiental coordenada em Unidades de Conservação (2019).

4 Resultados e discussões

A política central definida para a análise foi a de Unidades de Conservação, sendo que as principais políticas correlatas foram as políticas públicas estaduais de *turismo* e de *ordenamento territorial*. A Política Ambiental Estadual e o Pagamento por Serviços

Ambientais são políticas que impactam e são impactadas por essa política pública central conforme se verifica a seguir:

FIGURA 8 – Política pública central e demais políticas públicas relacionadas

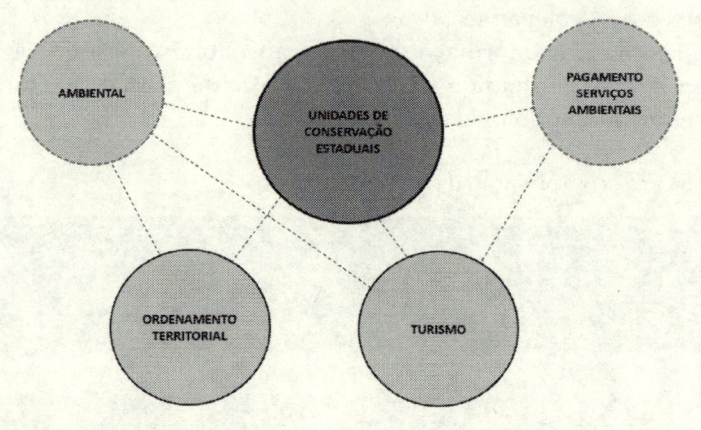

Fonte: Elaboração própria (2019).

A análise FSDL viabilizou a compreensão dos desalinhamentos entre as políticas públicas examinadas. Nesse contexto, a Política Estadual de Unidades de Conservação do Estado do Amapá e as políticas públicas estaduais de turismo e ordenamento territorial. Assim, foram identificas *seis lacunas*, descritas a seguir.

4.1 Inexistência de política de controle ambiental de atividades potencialmente degradadoras nas UCs estaduais

Trata-se de um desalinhamento associado ao Objetivo da Política Pública, pois, na Lei Orçamentária Anual (LOA), do Governo do Estado do Amapá, não existem programas ou ações fiscalizatórias para os órgãos responsáveis pela fiscalização ambiental do desmatamento, caça e pesca ilegal em UCs e específicas para o combate a crimes ambientais nas Unidades de Conservação. Além disso, foram detectadas apenas ações voltadas à fiscalização de empreendimentos potencialmente poluidores sujeitos ao licenciamento ambiental.

Os efeitos dessa lacuna são negativos e resultam na ausência de um controle ambiental efetivo, haja vista que as ações de fiscalização mostram-se incipientes nas UCs, pois elas dependem de recursos financeiros, oriundos do fundo estadual de meio ambiente, e compensação ambiental decorrente da instalação de empreendimentos potencialmente poluidores no Estado.

De acordo com as Portarias nºs 050/2015 e 030/2018 SEMA/AP, o acesso aos referidos recursos necessita de aprovação do Conselho Estadual de Meio Ambiente e da Câmara Técnica de Compensação Ambiental, sendo que o recurso concorre com outras necessidades prioritárias para a gestão dessas áreas, insuficiente para a realização da fiscalização nas UCs.

4.2 Inexistência de mecanismos de governança nas UCs

Essa lacuna, relacionada à gestão das Unidades de Conservação, afeta os beneficiários, produtos, serviços e objetivos da Política de Unidades de Conservação, verifica a inexistência de instrumentos que permitam avaliar, direcionar e monitorar o cenário e o desempenho das ações ou estratégias delineadas para as UCs. Entretanto, os mecanismos de transparência, com detalhamento da gestão dos recursos financeiros disponibilizados às UCs, em especial o de compensação ambiental, não estão disponíveis para controle.

É importante ressaltar a Constituição do Estado do Amapá, que nos parágrafos 1º e 2º do art. 310 detalha a necessidade de elaboração do Relatório de Qualidade Ambiental, a cargo dos órgãos executores da Política Ambiental Estadual. Também consta no art. 34 da Lei Complementar Estadual nº 5/1994 (Código de Proteção Ambiental) que o órgão ambiental adotará: "medidas indispensáveis à criação e manutenção de um sistema integrado de informações de interesse ambiental" (AMAPÁ, 1994, art. 34).

Os efeitos observados são indesejados e negativos, tais como: a falta de direcionamento para o alcance dos objetivos das UCs, inadequada aplicação dos recursos financeiros destinados a essas unidades, além de possíveis irregularidades na aplicação dos recursos do fundo de compensação ambiental.

4.3 Ausência de instrumentos de controle e estímulo ao desenvolvimento de pesquisas nas UCs

Constatou-se que não existem estratégias específicas voltadas para a realização de pesquisas em UCs, pois identificou-se uma lacuna acerca da política pública para o fomento e desenvolvimento de pesquisas nessas unidades. Mesmo com previsão nesse sentido, no art. 35 da Lei Complementar Estadual nº 5/1994, o qual aduz: "compete ao Estado estimular e desenvolver pesquisa em matéria ambiental", não há regulamentação ou procedimentos específicos que estimulem e acompanhem as pesquisas desenvolvidas no interior e entorno das UCs estaduais (AMAPÁ, 1994, art. 35).

Assim, os temas de interesse da Administração Pública para fins de realização de estudos nesses espaços não se encontram delineados. Ademais, no art. 4º, inciso X, da Lei nº 9.985/2000, consta o seguinte objetivo: "proporcionar meios e incentivos para a atividade de pesquisa científica, estudos e monitoramento ambiental". Tal disposição é reforçada no art. 50, inciso IV, do mesmo normativo (BRASIL, 2000, art. 4º, X).

Como efeito negativo, destaca-se a ausência de informações sobre pesquisas realizadas nas UCs estaduais, de informações quantitativas sobre as pesquisas autorizadas e/ou realizadas nessas áreas, de aproveitamento do resultado das pesquisas nas ações de planejamento ambiental e de divulgação do potencial socioambiental das unidades.

Por conseguinte, foram identificadas limitações dos órgãos gestores que comprometem o atendimento aos objetivos de criação das UCs, haja vista que tais pesquisas podem contribuir com a gestão dessas unidades. Por sua vez, a inexistência de pesquisas ou mesmo o não aproveitamento organizado delas pode refletir na ausência de monitoramento da biodiversidade e dos resultados das pesquisas nessas áreas.

4.4 Ausência de estratégias de consolidação territorial voltadas às UCs estaduais

Nessa lacuna, foi identificado que o objetivo da política está desalinhado em relação à consolidação territorial, pois contatou-se a inexistência de política, estratégias ou de ações de consolidação territorial para as UCs. De acordo com o art. 36 da Lei nº 9.985/2000 e o art. 33 do Decreto Federal nº 4.340/2002, a regularização fundiária é uma política prioritária para a gestão dessas áreas protegidas.

No rol de competências da Secretaria de Estado do Meio Ambiente do Amapá (SEMA/AP), está incluída a formulação e coordenação das políticas fundiárias e de ordenamento territorial do Estado, sendo pertencente ao Instituto de Meio Ambiente e Ordenamento Territorial do Amapá (IMAP) a função de executar a gestão do espaço territorial, conforme a Lei Estadual nº 1.073/2007, não sendo observado programa ou ação específica para a regularização fundiária das UCs estaduais. Desse modo, verifica-se um aspecto negativo, decorrente da ausência de políticas para a regularização fundiária: a existência de sobreposições territoriais nos limites das UCs estaduais com outras áreas.

4.5 Não inserção do Plano Estadual de Turismo do Amapá e suas respectivas estratégias no PPA e LOA vigentes

De acordo com o TCU (2020), a existência de desalinhamentos de políticas e de ações governamentais compromete o adequado aproveitamento do potencial de uso público das unidades de conservação federais, afetando especialmente o turismo.

Nesse viés, o TCE/AP apontou a inexistência de programas ou ações específicas dentro do PPA, LDO e LOA do Estado do Amapá, entre os anos de 2016 e 2019, relacionados ao ecoturismo e turismo em Unidades de Conservação. Essa lacuna, dentro da política estadual de turismo, afeta diretamente o aproveitamento turístico das UCs resultando em um desalinhamento capaz de afetar o objetivo da Política de UCs, alcance de seus beneficiários e benefícios, serviços e produtos proporcionados.

Importa mencionar que existe um plano estadual de turismo contemplando ações de ecoturismo para as seguintes UCs: Área de Proteção Ambiental do Rio Curiaú e Reserva de Desenvolvimento Sustentável do Rio Iratapuru, porém, não contempladas diretamente nas peças de planejamento do orçamento estadual devido à aprovação do plano ter ocorrido após a aprovação do PPA. Dessa forma, como principal efeito negativo observado nessa lacuna tem-se a impossibilidade e/ou limitação de investimentos nas ações previstas no plano estadual de turismo por não estarem explicitamente inseridas dentro das ações previstas em peças de planejamento.

O TCU (2020) também constatou que "a maioria dos Tribunais de Contas estaduais que participaram da auditoria coordenada pelo TCU também identificaram desalinhamentos entre as políticas públicas estaduais de UCs e de turismo (Acre, Amazonas, Amapá, Maranhão, Pará, Rondônia e Roraima)".

Infere-se que a falta de uma estratégia definida para o turismo em UCs pode ocasionar atividade turística de forma inadequada, fluxo desordenado de turistas, sobrecarga e deterioração dos recursos naturais e dos atrativos turísticos naturais.

4.6 Ausência de política pública para cobrança por uso de serviços ambientais oriundos de UCs

O presente desalinhamento menciona a inexistência de política de pagamento por serviços ambientais provenientes de UCs, ainda que exista previsão nos arts. 47 e 48 da Lei nº 9.985/2000. Essa possibilidade de cobrança de pagamento por serviços ambientais provenientes necessita de regulamentação em nível estadual e estratégias para a sua implementação. Tal lacuna afeta os objetivos da Política de Unidades de Conservação. Além disso, a análise identificou, na LOA do ano de 2018, apenas uma ação (estruturação de pagamentos por serviços ambientais) de responsabilidade do Instituto Estadual de Florestas (IEF), voltada para os serviços ambientais prestados pelas florestas tropicais.

Nesse contexto, verificou-se a necessidade de ampliação dessa ação para as demais UCs estaduais, como também a atualização, discussão e aprovação do Projeto de Lei nº 36/2010, em trâmite na Assembleia Legislativa do Estado do Amapá (ALAP), que visa instituir o Programa de Pagamento por Serviços Ambientais no âmbito do Estado do Amapá.

Como efeito positivo, em 2018, o governo do Amapá instituiu o Programa Tesouro Verde, visando à operação e registro de ativos, englobando aqueles originários da atividade de conservação, com o objetivo de estimular a economia verde e a baixa emissão de carbono, conforme consta na Lei Estadual nº 2.353/2018, regulamentada pelo Decreto Estadual nº 2.894/2018, sendo selecionada para compor a comercialização de créditos de sustentabilidade a UC denominada Reserva de Desenvolvimento Sustentável do Rio Iratapuru.

O resultado negativo advindo dessa lacuna consiste na falha em relação à implementação de fontes de financiamento para as UCs estaduais. Além disso, no PPA 2019-2023 do governo do Estado do Amapá, foi contemplada a ação de estruturação de pagamentos por serviços ambientais.

Por último, foi instituído o Decreto Estadual nº 2.842/2021, criando-se o Sistema Estadual de Clima e Incentivos aos Serviços Ambientais (SECISA), visando a incentivar e fomentar as atividades de mitigação e adaptação a mudanças climáticas e conservação dos serviços ambientais no Estado do Amapá, atuando na manutenção dos serviços ambientais provenientes da natureza, com possibilidade de se tornar um importante instrumento para o desenvolvimento socioeconômico do Estado.

5 Considerações finais

Os resultados da aplicação dessa metodologia subsidiaram a emissão de recomendações por parte do Plenário do Tribunal de Contas do Estado do Amapá para as unidades jurisdicionadas envolvidas no procedimento de auditoria. Os dados também se mostram necessários ao acompanhamento de políticas públicas e ao controle social.

Foi observada a ausência de integração e a presença de lacunas entre a política central (Unidades de Conservação) e as políticas estaduais de turismo e de ordenamento territorial, resultando em desalinhamento horizontal.

As lacunas identificadas afetam negativamente os objetivos da Política de Unidades de Conservação, beneficiários, produtos, serviços e benefícios.

A metodologia denominada Análise FSDL é primordial para que o Poder Executivo nas esferas federal, estadual e municipal avalie a política pública de Unidades de Conservação e demais políticas públicas necessárias, por meio de resultados.

Cabe destacar, ainda, a necessidade do uso de plataformas integradas de dados visando à automatização dessas análises, objetivando a celeridade na avaliação das políticas públicas, uma vez que as Unidades de Conservação são ativos ambientais que sofrem fortes pressões e ameaças, sendo necessária a implementação de uma agenda periódica para avaliação dessa política pública pelo Poder Executivo a fim de monitorar o cumprimento dos seus objetivos de criação.

Importa mencionar, por último que, com a reestruturação administrativa promulgada pela Lei Estadual nº 2.426/2019, é necessária, em outra oportunidade, a realização de uma nova avaliação dessa política pública para mensurar a verificação do cumprimento das recomendações realizadas pelo TCE/AP.

Referências

AMAPÁ. *Constituição do Estado do Amapá*. Disponível em: https://www.bing.com/search?q=Constituição+do+Estado+do+Amapá.&cvid=ba936447a1b14b7dad3ac2b0176774e1&aqs=edge..69i57j69i11004.221j0j4&FORM=ANAB01&PC=LCTS. Acesso em: 30 jun. 2021.

AMAPÁ. *Decreto nº 2.894/2018*. Dispõe sobre a regulamentação do Programa Tesouro Verde. Disponível em: LegisWeb. Acesso em: 16 fev. 2020.

AMAPÁ. *Lei Complementar Estadual nº 5/1994*. Institui o Código de Proteção Ambiental. Disponível em: Ver texto consolidado – 0005, de 18.08.94 – Lei Complementar – Assembleia Legislativa do Amapá. Acesso em: 15 out. 2019.

AMAPÁ. *Lei Estadual nº 1.073/2007*. Altera dispositivos da Lei nº 811, de 20 de fevereiro de 2004, que dispõe sobre a Organização do Poder Executivo do Estado do Amapá. Ver texto consolidado – 1073, de 02.04.07 – Lei Ordinária – Assembleia Legislativa do Amapá. Acesso em: 23 mar. 2020.

AMAPÁ. *Lei Estadual nº 2.353/2018*. Institui o Programa Tesouro Verde. Disponível em: 5b4f434ffcfe80081bc46db9 (sigdoc.ap.gov.br). Acesso em: 16 fev. 2020.

ARRETCHE, Marta. Tendências no estudo sobre avaliação. *In*: RICO, Elizabeth Melo (org.). *Avaliação de políticas sociais*: uma questão em debate. São Paulo: Cortez, 1998. p. 29-39

BANCO MUNDIAL. *Um ajuste justo*: análise da eficiência e equidade do gasto público no Brasil. Novembro de 2017. Disponível em: https://documents1.worldbank.org/curated/en/884871511196609355/pdf/121480-REVISED-PORTUGUESE-Brazil-Public-Expenditure-Review-Overview-Portuguese-Final-revised.pdf. Acesso em: 21 mar. 2022.

BRASIL. *Decreto Federal nº 4.340/2002*. Regulamenta artigos da Lei nº 9.985, de 18 de julho de 2000, que dispõe sobre o Sistema Nacional de Unidades de Conservação. Disponível em: D4340 (planalto.gov.br). Acesso em: 23 mar. 2020.

BRASIL. *Lei nº 12.651/2012*. Código Florestal Brasileiro. Disponível em: L12651compilado (planalto.gov.br). Acesso em: 20 mar. 2020.

BRASIL. *Lei nº 9.985/2000*. Institui o Sistema Nacional de Unidades de Conservação (SNUC). Disponível em: L9985 (planalto.gov.br). Acesso em: 15 out. 2019.

BRASIL. Presidência da República. *Avaliação de Políticas Públicas*: Guia Prático de análise ex post. Brasília: Presidência da República, 2018. Disponível em: https://www.gov.br/agricultura/pt-br/acesso-a-informacao/acoes-e-programas/publicacoes/avaliacao_de_politicas_publicas_expost.pdf. Acesso em: 11 mar. 2022.

BRASIL. Tribunal de Contas da União. Basic Governance Reference Guide for Public Sector Organization. Brasília: TCU, 2014.

BRASIL. Tribunal de Contas da União. *Performance Audit Manual*. Brasília: TCU, 2010.

BRASIL. Tribunal de Contas da União. *Referencial de Controle de Políticas Públicas*. Brasília: TCU, 2020.

BRASIL. Tribunal de Contas da União. Referencial para avaliação de governança em políticas públicas. Brasília: TCU, 2014.

BRASIL. Tribunal de Contas da União. *Relatório de Auditoria* – preparação do Governo Federal brasileiro para implementação dos Objetivos do Desenvolvimento Sustentável (ODS). Brasília: TCU, 2017.

BRASÍLIA. Atricon. *ODS: Tribunais de Contas do Brasil*. Disponível em: https://ods.atricon.org.br/apresentacao/. Acesso em: 5 fev. 2023.

BRASÍLIA. Instituto Rui Barbosa – IRB. *NBASP 9020: Avaliação de Políticas Públicas*. Disponível em: irbcontas. org.br/wp-admin/admin-ajax.php?juwpfisadmin=false&action=wpfd&task=file.download&wpfd_category_id=2108&wpfd_file_id=22087&token=ccece870d80b99ed6a43b1148d30a792&preview=1. Acesso em: 2 fev. 2023.

CARDOSO JÚNIOR, José Celso; CUNHA, Alexandre dos Santos (org.). *Planejamento e avaliação de políticas*. Brasília: Ipea, 2015.

CORTES, M. S.; SOUZA, M. O.; RODRIGUES, C. B.; GATINHO, D. S. C. Avaliação dos indicadores de implementação e de gestão das unidades de conservação estaduais do Amapá, no período de 2013 a 2018. *In*: SILVA JUNIOR, Orleno Marques da; PAIVA, Paula Fernanda Pinheiro Ribeiro (org.). *Áreas protegidas*: diferentes abordagens na Amazônia legal. 1. ed. Belém: GAPTA UFPA, 2020, v. I, p. 109-142.

ORGANIZAÇÃO DAS NAÇÕES UNIDAS (ONU). *Transformando nosso mundo*: a agenda 2030 para o desenvolvimento sustentável. 13 out. 2015. Disponível em: https://nacoesunidas.org/pos2015/agenda2030/. Acesso em: 25 ago. 2019.

UNITED STATES GOVERNMENT. GAO. Addressing Fragmentation, Overlap, and Duplication: Progress in Enhancing Government Effectiveness and Achieving Hundreds of Billions of Dollars in Financial Benefits. Disponível em: https://www.gao.gov/assets/gao-21-104648.pdf. Acesso em: 15 nov. 2022.

Informação bibliográfica deste texto, conforme a NBR 6023:2018 da Associação Brasileira de Normas Técnicas (ABNT):

CORTES, Marcos; OLIVEIRA, Maurício; BAIA, Carina; BOTELHO, Terezinha Brito. Análise de Fragmentações, Sobreposições, Duplicidades e Lacunas (FSDL) entre políticas públicas estaduais de Unidades de Conservação, turismo e ordenamento territorial do Amapá. *In*: LIMA, Edilberto Carlos Pontes (coord.). *Os Tribunais de Contas e as políticas públicas*. Belo Horizonte: Fórum, 2023. p. 391-407. ISBN 978-65-5518-596-6.

A ATUAÇÃO DO TRIBUNAL NO PERÍODO PANDÊMICO – ESTUDO DE CASO DO TCE-SP E DO TCM-SP

PAULA SILVA FRAGA

MARCOS ROBERTO PINTO

1 Introdução

Com fulcro no art. 71 da Constituição Federal (CF), o Tribunal de Contas da União é o órgão de controle externo que auxilia o Congresso Nacional.

Em consonância com a função típica fiscalizatória do Poder Executivo, a Carta Magna dispõe que a fiscalização contábil, financeira, orçamentária, operacional e patrimonial dos órgãos e entidades públicas pertencentes à Administração Direta e Indireta será exercida pelo Congresso Nacional, mediante o controle externo, auxiliado pelo Tribunal de Contas.

Ressalta-se que a aplicação dos recursos públicos deve ser acompanhada da devida prestação de contas dos responsáveis com emissão de parecer prévio do Tribunal de Contas, que servirá de base para apreciação e deliberação dos membros do poder Executivo, com a observância do princípio da legalidade, legitimidade e economicidade (segundo o art. 70 da CF). Nesse sentido, o Tribunal de Contas auxilia o Poder Legislativo na missão de acompanhar a execução orçamentária e financeira dos recursos públicos do país e contribuir com o aperfeiçoamento da Administração Pública em benefício da sociedade.

Contudo, cabe destacar que existe a possibilidade de o Tribunal de Contas, com base na competência estabelecida no inciso II do art. 71 da CF, efetuar o julgamento na esfera administrativa das contas dos administradores e demais responsáveis por recursos públicos.

Nesse contexto, a independência e autonomia dos Tribunais de Contas estão implícitas nas disposições constitucionais que lhes asseguram a iniciativa exclusiva de projetos de lei para propor alterações e revogações de dispositivos da sua Lei Orgânica, bem como para dispor sobre o seu quadro de pessoal e a remuneração de seus membros. (Normas Brasileiras de Auditoria do Setor Público (NBASP) – nível um – Institucional dos Tribunais de Contas).

O art. 37 da CF estabelece que a Administração Pública deva obedecer a vários princípios, dentre eles, o princípio da eficiência, quando executarem atos de gestão.

Adicionalmente, o art. 74 da CF, nos incisos II e IV, estabelece que o sistema de controle interno tenha o condão de avaliar os resultados de gestão, observando-se o cumprimento dos princípios da eficiência e eficácia. Com isso, na hipótese de que haja qualquer irregularidade ou ilegalidade, dela darão ciência os Tribunais de Contas da União, sob pena de responsabilidade solidária.

Atualmente, no Brasil são 33 Tribunais de Contas, sendo segregados em 26 Tribunais de Contas dos Estados, três Tribunais de Contas dos Municípios do Estado (Bahia, Goiás e Pará) e dois Tribunais de Contas do Município do Rio de Janeiro e de São Paulo (arts. 31 e 75 da CF), que exercem competências próprias, atribuídas diretamente pela Constituição Federal. Nesse sentido, não existe subordinação hierárquica entre os Tribunais de Contas e o Legislativo, o que há de fato é a vinculação ao Poder Legislativo.

No tocante à doença causada pelo novo coronavírus (Sars-Cov-2), a Organização Mundial de Saúde elevou o Estado da contaminação à pandemia de covid-19 em 11 de março de 2020. Contudo, as circunstâncias decorrentes de calamidade pública não são situações atípicas para o ordenamento jurídico brasileiro e, portanto, há previsão na CF, na Lei de Responsabilidade Fiscal (Lei nº 101/2000) e na Lei de Normas Gerais de Direito Financeiro (Lei nº 4.320/64) para tais situações.

Nessa linha, as políticas públicas constituem o conjunto de meios, decisões e ações que congregam diferentes atores e concentram esforços utilizados pelos governos com vistas a mudar uma realidade, efetivar direitos e atender necessidades público-sociais (PALUDO, 2013). Ademais, as políticas públicas visam a um objetivo previamente definido em consonância com os mandamentos constitucionais e devem assegurar a efetivação dos direitos fundamentais (SOUZA, 2021). Dessa forma, apesar da imposição legal para que as políticas públicas constem nos instrumentos orçamentários (Plano Plurianual, Lei de Diretrizes Orçamentárias e Lei Orçamentária Anual), através do cenário imposto pela pandemia de covid-19 foi necessária a execução das políticas públicas de forma célere a fim de que a demanda da sociedade brasileira fosse atendida, mesmo que estas políticas públicas inicialmente não constassem nos instrumentos orçamentários elaborados para o exercício de 2020.

Outrossim, diante da magnitude da pandemia de covid-19, o governo federal, através do Decreto Legislativo nº 6/2020, decretou Estado de calamidade pública. Além desse dispositivo legal, foram expedidas novas legislações (Lei Complementar nº 173/2020, Lei nº 13.979/2020 e Lei nº 14.041/2020) a fim de trazer previsão legal para o cenário inédito trazido ao país pelo coronavírus. Tal ação do governo federal teve o condão de dar a devida celeridade aos processos de contratações sem que o Poder Executivo fosse acusado pelo crime de responsabilidade fiscal pelo descumprimento de regras impostas tanto pela CF como pela Lei de Responsabilidade Fiscal (Lei Complementar nº 101/2000).

Desse modo, diante do cenário da pandemia, que demandou uma ação mais rápida dos entes públicos, os Tribunais de Contas tiveram que adotar uma postura proativa, passando, assim, a não exercer apenas a atribuição precípua do exercício de sua função fiscalizatória, mas também o seu papel orientativo e pedagógico.

Diante da contextualização, a problemática a ser apresentada no presente estudo é averiguar como foi a atuação de controle dos Tribunais de Contas de Município e do Estado de São Paulo dirigido ao combate à pandemia de covid-19 e se as referidas cortes de contas estão cumprindo a sua atribuição constitucional nas ações de enfrentamento da covid-19.

1.1 Objetivo da pesquisa

O objetivo geral do presente estudo é verificar se o TCE/SP e o TCM/SP cumpriram as atribuições constitucionais a eles conferidas para o enfrentamento da covid-19.

Nesse contexto, tendo em vista a significância e a função social das atividades desempenhadas pelos Tribunais de Contas sobre a gestão e a aplicação dos recursos públicos, o presente artigo tem como objetivos específicos: apresentar as atribuições constitucionais dos Tribunais de Contas, apurar as mudanças estruturais nos Tribunais de Contas do Estado e do Município de São Paulo em decorrência da pandemia, verificar a atuação dos Tribunais de Contas do Estado e do Município de São Paulo voltadas ao combate à pandemia de covid-19 e averiguar se as cortes de contas do Estado e do Município de São Paulo cumpriram as suas atribuições constitucionais para o enfrentamento da covid-19.

1.2 Justificativa do estudo

O tema abordado é de grande interesse para os profissionais que atuam na área na Administração Direta e Indireta, para os gestores públicos e para os órgãos de controle externo, visto que através desta pesquisa será possível constatar se os Tribunais de Contas do Estado e Município de São Paulo conseguiram exercer a sua atribuição constitucional durante o período pandêmico.

O objetivo complementar desta pesquisa é apresentar para a sociedade de um modo geral, por meio da oferta de dados e de pesquisas direcionadas sobre o tema, o impacto da atividade de controle exercida pelas cortes de contas nas ações de enfrentamento da covid-19.

No que tange à pertinência acadêmica, este trabalho tem o propósito de contribuir para o estudo e o conhecimento de outros pesquisadores em função da notoriedade e contemporaneidade do tema.

2 Referencial teórico

2.1 Breve retrospectiva sobre as principais alterações legislativas para o enfrentamento da covid-19

Apesar da Constituição Federal, da Lei de responsabilidade Fiscal (Lei nº 101/2020) e da Lei de Normas Gerais de Direito Financeiro (Lei nº 4.320/64) conterem previsão para situações de calamidade, foi necessária a adequação da Carta Magna, através da flexibilização das "regras de ouro" orçamentárias contidas na própria constituição (art. 4º da Emenda Constitucional nº 106/2020) e alteração da Lei de Responsabilidade Fiscal (Lei nº 101/2020), a fim de que houvesse a compatibilização dos procedimentos de compras e contratação de serviços emergenciais, para atender com celeridade as necessidades da sociedade brasileira diante da propagação da covid-19.

Tais modificações legislativas, denominadas como Direito Público Emergencial, trouxeram significativas alterações que impactaram a gestão fiscal, a repartição de recursos entre os entes federados, a dinâmica de execução contratual, dentre outros (SCAFF; GUIMARÃES, 2020).

O Direito Público Emergencial (SCAFF; GUIMARÃES, 2020) tem a sua vigência vinculada ao período de calamidade pública, decretado pela Emenda Constitucional nº 106/2020, intitulado como "Orçamento de Guerra". Nesse sentido, para que o Direito de Emergência possa ser cumprido, foram adotadas regras especiais com o propósito de dar celeridade e efetividade ao atendimento das demandas emergenciais decorrentes da pandemia de covid-19. Contudo, quando for encerrado o período de covid-19, tais normas deveram ser revogadas, visto que o período emergencial foi encerrado.

No aspecto orçamentário, os arts. 41, inciso III, e 44 da Lei de Normas Gerais de Direito Financeiro (Lei nº 4.320/64) trazem a previsão de abertura de créditos extraordinários para situações de calamidade pública. Tal situação excepciona a prévia aprovação legislativa e, assim, pode ser efetuada através de decreto legislativo.

O art. 65 da Lei de Responsabilidade Fiscal (Lei nº 101/2020) dispõe que na ocorrência de calamidade pública reconhecida pelo Congresso Nacional, no caso da União, ou pelas Assembleias Legislativas, na hipótese dos Estados e Municípios, será suspensa a contagem de prazo de recondução de despesa de pessoal, e da dívida consolidada aos limites legais, enquanto perdurar a situação de calamidade.

A seguir serão apresentadas as ações realizadas pelo Legislativo com a intenção de adequar as normas de forma célere diante do cenário imposto pela pandemia.

Com a expectativa de que a covid-19 chegasse ao Brasil, foi expedida a Medida Provisória nº 921/2020, que tratou da abertura de créditos extraordinários para o enfrentamento da pandemia de covid-19. Contudo, tal medida provisória não foi convertida em lei. Posteriormente, foi aprovado o Decreto Legislativo nº 6/2020, que reconheceu o Estado de calamidade pública decorrente da pandemia de covid-19, com vigência até 31.12.2020. Todavia, esse decreto foi prorrogado, através da Ação Direta de Inconstitucionalidade (ADI) nº 6.625, enquanto perdurasse o período pandêmico, instaurado pela Organização Mundial da Saúde, ou até que os Poderes Legislativo e Executivo decidissem sobre o tema, até o dia 31.12.2021.

Até o presente momento, foram apresentados três projetos para a prorrogação do aludido decreto, no entanto, esses ainda não foram apreciados pelo Congresso Nacional. Cabe ainda destacar que a vigência da Lei nº 13.979/2020 está vinculada ao Decreto Legislativo nº 6/2020.

A Lei nº 13.979/2020 trouxe inovações para as situações de dispensa de licitação para o enfrentamento da covid-19. Uma das inovações é a aquisição de bens e serviços em que será admitida a apresentação de termo de referência simplificado ou de projeto básico simplificado com a necessidade de estimativa decorrente de pelo menos um dos seguintes parâmetros: Portal de Compras do Governo Federal; pesquisa publicada em mídia especializada; sites especializados ou de domínio amplo; contratações similares de outros entes públicos; ou pesquisa realizada com os potenciais fornecedores. Outra inovação é a desnecessidade da apresentação da estimativa de preço no momento da contratação do prestador, mesmo com algum tipo de restrição para o fornecedor, devendo tal contratação ser devidamente justificada. Outra novidade é a possibilidade de contratar prestador por valores superiores, mesmo com estimativa de preços, porém será necessário que, no prazo de cinco dias úteis, sejam disponibilizados em site específico o nome do fornecedor e o seu CNPJ (Lei nº 13.979/2020, art. 4º, §2º, e art. 4º-E). Com isso, apesar do momento de urgência, foi mantido o princípio constitucional da transparência, previsto no art. 37 da CF.

Além disso, a Lei nº 13.979/2020 também inovou ao prever a possibilidade de contratação pelo Poder Público por valores superiores àquele resultante da estimativa de preço, desde que cumpridos, simultaneamente, dois requisitos, quais sejam: a negociação prévia com os fornecedores conforme a ordem de classificação e a efetiva fundamentação nos autos da contratação sobre a variação de preço (art. 4º-E, §3º, I e II – incluído pela Lei nº 14.035/2020).

A dinâmica da crise sanitária pode surtir efeitos no mercado econômico gerando a elevação dos preços. Essa elevação nem sempre configura abuso de poder econômico (JUSTEN FILHO, 2020).

A Emenda Constitucional nº 106/2020, o Decreto Legislativo nº 6/2020 e a Lei nº 13.979/2020 são extremamente significantes diante das mudanças rápidas que aconteceram no contexto da pandemia. E, considerando o cenário da covid-19, era previsível a ocorrência da situação de escassez e o consequente aumento nos preço dos produtos.

Assim, depreende-se que o controle externo, ao julgar as contas jurisdicionadas, além de observar a legalidade, legitimidade e economicidade, deve certificar-se de que os resultados de gestão foram alcançados com eficiência e eficácia (AMORIMA; DINIZA; LIMAB, 2107).

Insta salientar que as alterações legislativas federais, contidas no denominado Direito Público Emergencial, devem ser seguidas pelos Estados, Municípios e Distrito Federal.

2.2 Impacto das alterações legais decorrentes do cenário de covid-19 sobre a ação dos Tribunais de Contas

Inicialmente deve ser ressaltado que os Tribunais de Contas, para as contratações normais – aquelas que não se sujeitam à Lei nº 13.979/2020 – têm entendimento jurisprudencial de que a pesquisa de preço deve ser efetuada através da consulta com o maior número de interessados (Acórdão nº 1.620/2010 – Tribunais de Contas da União – Plenário 07.07.2010).

Ato contínuo, a Lei nº 13.979/2020 foi regulamentada pelo Decreto 10.282/2020, que instituiu que as atividades e serviços públicos essenciais se aplicam a pessoas jurídicas de direito público interno federal, estadual, distrital e municipal e aos entes privados e às pessoas naturais.

Nessa linha, os órgãos de controle interno e externo terão que priorizar a análise e a manifestação quanto à legalidade, à legitimidade e à economicidade das despesas decorrentes dos contratos ou das aquisições objeto das ações de enfrentamento da covid-19 (Lei nº 13.979/2020, art. 4º-K).

A Lei Complementar nº 173/2020 instituiu que a União deve repassar o montante de R$60 bilhões a Estados, Distrito Federal e Municípios, sendo R$10 bilhões exclusivamente para ações de saúde e assistência social (art. 5º, inciso I, da LC nº 173/2020) e R$50 bilhões para a aplicação, pelos Poderes Executivos locais, em ações de enfrentamento da covid-19 (art. 5º, *caput* e inciso II, da Lei nº 173/2020).

Todavia, em relação à aplicação dos aludidos recursos, há discussão sobre qual é órgão competente que tem atribuição para exercer a fiscalização. A Nota Técnica SEI nº 21231/2020/ME da Secretaria do Tesouro Nacional instituiu uma diferenciação entre os recursos previstos no inciso I do art. 5º, visto que este tem destinação específica, e os do inciso II da LC nº 173/2020, que podem ter livre alocação.

Desse modo, através da Nota Técnica nº 03/2020 (Associação dos Membros dos Tribunais de Contas do Brasil), pode se inferir que o controle externo das supracitadas verbas será exercido com base na mesma regra de competência aplicável aos demais recursos transferidos pela União aos entes subnacionais por expressa disposição constitucional ou legal. Com isso, de acordo com o item 7 da referida nota técnica, a prestação de contas deve ser efetuada pelos Tribunais de Contas dos Estados (TCEs), dos Municípios (TCMs) e do Distrito Federal (TCDF), como bem delineado pelo Acórdão TCU nº 977/2017-Plenário, Relator Ministro Aroldo Cedraz, julgado em 17.05.2017.

Ainda nesse contexto, os Tribunais de Contas devem dar as diretivas quanto à aplicação da Lei Complementar nº 173/2020, por meio da expedição de orientações quanto ao conteúdo dos procedimentos a serem tomados aos seus jurisdicionados e ao alcance das novas regras. Do mesmo modo, houve muitas iniciativas visando a assegurar e ampliar a transparência relativa às ações governamentais de enfrentamento da pandemia, principalmente no que concerne às informações referentes a despesas, aquisições e contratações (LIMA; GODINHO; SARQUIS; 2021).

Uma das ações executadas pelos Tribunais de Contas da União, aos seus jurisdicionados, em conjunto com a organização não governamental Transparência Internacional – Brasil (TI-Brasil), foi a emissão do guia de recomendações para transparência de contratações emergenciais em resposta à covid-19.

A aludida publicação tem como alvo os gestores federais, estaduais e municipais para que estes cumpram a Lei nº 13.979/2020 e tem por intuito regulamentar os limites normativos para as contratações emergenciais e estabelecer obrigação específica de transparência para as informações das relativas contratações (BRASIL, 2020b).

Ainda nesse contexto, os Tribunais de Contas ao longo do país editaram manuais de orientação e publicaram cursos on-line para os seus jurisdicionados com base na legislação instituída para o período pandêmico.

No tocante à fiscalização, o controle externo tem direcionado diligências para minimizar os danos à economia brasileira. O Ministério Público Federal tem atuado para a verificação de indícios de fraudes em compras e contratos assinados em decorrência da pandemia do novo coronavírus e com isso criou um site denominado "Combate à Corrupção", onde a sociedade de um modo geral pode consultar tais informações.

Foram e são inúmeras as ações realizadas pelo Controle Externo da Administração Pública, como bem explanam Lima, Godinho e Sarquis (2021, p. 62). "Não se pode admitir que a pandemia e a calamidade pública fossem usadas como pretexto para a prática de atos de improbidade administrativa ou atos de gestão ilegítimos e antieconômicos". As consequências resultantes dessa nova realidade são indubitavelmente expressivas, ocasionando a rigorosa e emergente necessidade da integral observância de princípios e regras que possam garantir decisões com os menores impactos jurídicos, e financeiros possíveis (CUNHA, 2021).

3 Metodologia de pesquisa

Segundo Silva e Menezes (2000, p. 20),

a pesquisa qualitativa considera que há uma relação dinâmica entre o mundo real e o sujeito, isto é, um vínculo indissociável entre o mundo objetivo e a subjetividade do sujeito que não pode ser traduzido em números. A interpretação dos fenômenos e atribuição de significados é básica no processo qualitativo. Não requer o uso de métodos e técnicas estatísticas. O ambiente natural é a fonte direta para coleta de dados e o pesquisador é o instrumento-chave. O processo e seu significado são os focos principais de abordagem.

No tocante a pesquisa explicativa, esta expõe características de um fenômeno que correlaciona as variáveis e define sua natureza.

A pesquisa descritiva exige do investigador uma série de informações sobre o que deseja pesquisar. Esse tipo de estudo pretende descrever os fatos e fenômenos de determinada realidade (TRIVIÑOS, 1987).

Desse modo, considerando a proposta de estudo, foi adotada a metodologia de pesquisa documental. Em relação ao primeiro objeto foi usada com base de pesquisa CF. e normas infraconstitucionais. No que tange ao segundo ao quarto objetivos foram usados bibliografias e documentos, como portarias, resoluções, instruções normativas, relatórios de pareceres e dados expedidos pelos Tribunais de Contas do Estado e do Município de São Paulo.

Ainda nesse contexto, o presente estudo aplicou a metodologia explicativa pós-expo facto para os objetivos proposto, visto que através da pesquisa se tem a intenção através da apresentar de um fato já ocorrido que é pandemia de covid-19 e por meio desse explicar as consequências nas mudanças estruturais nos Tribunais de Contas do Estado e do Município de São Paulo em decorrência da pandemia, a forma de atuação dos Tribunais de Contas do Estado e do Município de São Paulo e o efetivo cumprimento das atribuições constitucionais para o enfrentamento da covid-19.

Quanto à abordagem dessa pesquisa foi utilizada a metodologia de estudo qualitativa em relação aos objetivos, tendo em vista que através do levantamento de dados documentais e bibliográficos buscou se entender e compreender se em decorrência da pandemia de covid-19 as atribuições constitucionais dos Tribunais de Contas estudados foi efetivamente cumprido, quais foram mudanças estruturais ocorridas nos Tribunais de Contas do Estado e do Município de São Paulo em decorrência da pandemia e a atuação durante o período pandêmico dos Tribunais de Contas do Estado e do Município de São Paulo.

O trabalho foi estruturado em quatro partes. Em um primeiro momento, expõe-se acerca das atribuições constitucionais dos Tribunais de Contas de uma forma geral. Depois disso, tratou se das mudanças estruturais ocorridas nas cortes de contas no Estado e do Município de São Paulo. Por fim, segue a abordagem do papel constitucional do Tribunal de Contas ao enfrentar a pandemia, com recorte do Tribunal de Contas do Estado e do Município de São Paulo, e atuação dos referidos Tribunais de Contas.

4 Coleta e tratamento de dados

4.1 A atribuição constitucional do Tribunal de Contas

O art. 71 da CF elenca as atribuições constitucionais do Tribunal de Contas da União como a apreciação, realização de inspeções e auditorias por iniciativa própria ou por solicitação do Congresso Nacional, fiscalização e julgamento (administrativo) de contas públicas.

Segundo a Constituição Federal, "a fiscalização do Município será exercida pelo Poder legislativo Municipal, mediante controle externo" (art. 31) e o Poder legislativo contará com o auxílio dos Tribunais de Contas dos Estados (art. 31, §1º), e, "a fiscalização contábil, financeira, orçamentária, operacional e patrimonial da União e das entidades da administração direta e indireta, quanto à legalidade, legitimidade, economicidade, aplicação das subvenções e renúncia de receitas, será exercida pelo Congresso Nacional, mediante controle externo" (art. 70), com o auxílio do Tribunal de Contas da União (art. 71) e ainda, o Tribunal de Contas não tem competência para interromper a execução do contrato administrativo, cabendo ao tribunal dar ciência ao Poder Legislativo, a fim de que esse suspenda a continuidade do contrato e comunique ao Executivo (art. 71, §1º).

Ainda relação aos incisos do art. 71 da Constituição Federal, compete ao Tribunal de Contas efetuar o controle externo através da emissão do parecer prévio dos representantes do Poder Executivo; do julgamento das contas dos administradores públicos; da execução de auditorias e inspeções; da prestação de informações ao Poder Legislativo e da fiscalização da aplicação de quaisquer recursos repassados pela União mediante convênio, acordo, ajuste ou outros instrumentos congêneres.

Assim, depreende-se que o controle externo, ao julgar as contas jurisdicionadas, além de observar a legalidade, legitimidade e economicidade, deve certificar-se de que os resultados de gestão foram alcançados com eficiência e eficácia (AMORIMA; DINIZA; LIMAB, 2107).

Desse modo, quando o Tribunal de Contas executa as atividades de controle conferidas pela Constituição Federal através do art. 71 da CF, a Corte de Contas tem a finalidade de verificar o cumprimento da legalidade, legitimidade e economicidade da execução do orçamento e das demonstrações financeiras aprovadas por lei (art. 37, *caput*, e art. 70, *caput*, ambos da CF).

Na hipótese em que seja verificada ilegalidade no cumprimento da lei, o Tribunal de Contas pode fixar um prazo para que o órgão ou entidade adote as providências necessárias para o exato cumprimento do dispositivo legal (art. 71, IX, da CF).

Em regra, os referidos normativos foram reproduzidos nas Constituições Estaduais e as Leis Orgânicas. No caso do Estado de São Paulo, tais disposições estão contidas nos arts. 32 a 36 da Constituição do Estado e, no caso do Município de São Paulo, estão dispostas nos arts. 47 até 53 da Lei Orgânica do Município de São Paulo.

As legislações infraconstitucionais trouxeram a ampliação das competências dos Tribunais de Contas. A título exemplificativo destacamos como exemplos: a Lei de Responsabilidade Fiscal (art. 56 da Lei Complementar nº 101/2000), que delegou aos Tribunais de Contas a competência para a fiscalização da gestão fiscal, a realização de alertas sobre a gestão fiscal e a verificação do cálculo dos limites com gastos de pessoal dos órgãos públicos; a Lei das Eleições (art. 11, §5º, da Lei nº 9.504/97), que atribuiu aos

Tribunais de Contas o repasse à Justiça Eleitoral da lista dos responsáveis que tiveram suas contas julgadas irregulares insanáveis e por decisão irrecorrível da Corte de Contas, ressalvados os casos em que a questão estiver sendo submetida à apreciação do Poder Judiciário ou que haja sentença judicial favorável ao interessado; e ainda a Lei de Licitações (art. 113, *caput* e §1º, do art. 113 da Lei nº 8.666/93), que designou ao Tribunal de Contas o controle das despesas decorrentes dos contratos e demais instrumentos regidos por esta Lei e a realização de dois tipos de procedimentos de fiscalização, a representação e o exame de editais.

Além dessas atribuições legais aqui mencionadas, as Leis Orgânicas trazem outras competências específicas ao Tribunal de Contas. A Lei Orgânica do Tribunal de Contas do Estado de São Paulo (Lei Complementar nº 709/93) trouxe algumas competências próprias a esse tribunal, como, por exemplo: julgar denúncias sobre a ocorrência de irregularidades (art. 2º, XXIV, da Lei Complementar nº 709/93) e recursos em face de suas próprias decisões (art. 2º, XXII, da Lei Complementar nº 709/93); e responder consultas acerca de dúvida suscitada na aplicação de dispositivos legais (art. 2º, XXV, da Lei Complementar nº 709/93). A Lei Orgânica do Tribunal de Contas do Município de São Paulo (Lei nº 9.167/80) dispôs uma competência singular, que é a de decretar a prisão administrativa, em caráter cautelar e pelo prazo máximo de 90 dias, sempre que houver iminente risco de dano patrimonial ou perda de prova, de servidor declarado em alcance ou de pessoas consideradas responsáveis por valores ou bens municipais (art. 19, XII, da Lei nº 9.167/80).

Ainda nesse sentido, cabe aos Tribunais de Contas apurarem denúncias apresentadas por qualquer cidadão, partido político, associação ou sindicato sobre irregularidades ou ilegalidades na aplicação dos recursos federais (art. 74, §2º, da CF e art. 53 da Lei nº 8.443/92).

Nesse contexto, a redação do referido dispositivo legal remete à disciplina do §1º do art. 71 da CF, segundo o qual o Congresso Nacional poderá sustar diretamente contratos impugnados pelo Tribunal de Contas, solicitando ao Poder Executivo a realização das medidas cabíveis.

No que tange à apreciação das contas do Presidente da República, somente o Tribunais de Contas União tem essa atribuição. Desse modo, é elaborado um parecer, o qual contém recomendações sobre as tais contas (art. 36 da Lei nº 8.443/92). A competência de julgar é do Poder Legislativo e da mesma forma que ocorre no âmbito da União, o julgamento das contas do Chefe do Poder Executivo estadual e municipal é de competência do Poder Legislativo.

Ademais, os Tribunais de Contas têm a legitimidade para a expedição de medidas cautelares com a intenção de prevenir dano ao erário e a aplicação de sanções previstas em lei, como imputação de débito ou multa com eficácia de título executivo (art. 71, §1º, da CF).

Nesse sentido, é de competência dos Tribunais de Contas o julgamento de contas, processo de tomada ou prestação de contas (art. 10 c/c inciso II do art. 71 da CF). As contas poderão ser enquadradas como regulares, regulares com ressalvas e irregulares. Sendo considerada como irregular, é reforçada a capacidade punitiva dos Tribunais de Contas através do pagamento da dívida atualizada monetariamente, acrescida dos juros de mora devidos, podendo, ainda, aplicar-lhe a multa de 100% do valor atualizado do dano causado ao Erário, sendo o instrumento da decisão considerado título executivo para fundamentar a respectiva ação de execução (arts. 19 e 57 da Lei nº 8.443/92). Na hipótese em que sejam identificadas as ações de improbidade administrativas, essas serão remitidas ao Ministério Público a fim de que seja dado o prosseguimento para o ajuizamento de ações civis e penais (LINO; AQUINO, 2018). O parecer dos Tribunais de Contas pode servir como prova para o ingresso da ação de improbidade administrativa a ser ajuizada pelo Ministério Publico.

Apesar dos pareceres dos Tribunais de Contas terem carácter opinativo, a Lei nº 8.443/92 trouxe sanções que podem envolver desde a aplicação de multa (art. 57 da Lei nº 8.443/92), obrigação de devolução do débito apurado, afastamento provisório do cargo por um período de oito anos (art. 60 da Lei nº 8.443/92) até a inabilitação para o exercício de cargo em comissão ou função de confiança no âmbito da Administração Pública (art. 60 da Lei nº 8.443/92). Nesse sentido, as sanções aplicadas pelos Tribunais de Contas incidirão independentemente das sanções penais, civis e administrativas cabíveis, não havendo, pois, competência concorrente com o Tribunal de Contas.

Insta salientar que recentemente a Lei nº 8.429/92, que versa sobre a improbidade administrativa, foi alterada pela Lei nº 14.320/2021. Na recente atualização observou-se uma definição de um maior número de atribuições para o Tribunal de Contas. Uma das alterações contidas ocorreu no inciso I do art. 21 da Lei nº 8.429/92, que estipula a aplicação das sanções previstas no art. 10 da Lei nº 8.429/92, e através desse dispositivo legal foi possível consagrar o princípio da independência das instâncias, o que significa que a decisão do órgão de controle não vincula a decisão do Judiciário ou vice-versa.

Outra alteração de suma importância para o controle externo foi a inserção do §1º do art. 21 da Lei nº 8.429/92, que diz que os atos do órgão de controle externo serão considerados pelo juiz quando tiverem servido de fundamento para a conduta do agente público.

No que tange à prestação de contas, o inciso VI do art. 11 da Lei nº 8.429/92 esclareceu que o responsável por apresentar a prestação de contas que deixar de fazê-lo, mas que tenha condições de mostrar e não o faça de forma intencionada, poderá responder por crime de responsabilidade administrativa. Nesse sentido, houve uma relativização quanto à omissão da prestação de contas como prática de improbidade administrativa e, assim sendo, atenta contra os princípios de Administração Pública. Nessa linha o tratamento da negligência, ou seja, a conduta omissiva na prestação de contas, se configura como ímprobo no âmbito administrativo e, para que seja considerado o ilícito, é necessário que o agente atue com dolo ao não efetuar a prestação de contas.

Outro aspecto da Lei nº 8.429/92 que impacta diretamente nos procedimentos dos Tribunais de Contas é o art. 17-B, que prevê que o Ministério Público poderá celebrar acordo de não persecução civil. Uma das condições do referido acordo é a oitiva dos Tribunais de Contas competente, que se manifestará, com indicação dos parâmetros utilizados, no prazo de 90 dias. Apesar da participação dos Tribunais de Contas ser positiva, deve ser observado que o aludido prazo pode ser curto para análises mais complexas. Contudo, cabe destacar que recente legislação não trouxe nenhum tipo de sanção aos Tribunais de Contas na hipótese em que não haja o cumprimento do prazo.

Tal como objetivo proposto, e como pode ser observado ao longo deste tópico, discorreu-se sobre a atribuição constitucional dos Tribunais de Contas através da exposição dos dispositivos constitucionais que tratam dessa matéria.

4.2 As mudanças estruturais ocorridas nos Tribunais de Contas do Estado e do Município de São Paulo em decorrência da pandemia

Em 18 de março de 2020, o Tribunal de Contas do Município de São Paulo instituiu, por meio da Portaria nº 143/2020, a suspensão das sessões de julgamentos presenciais e dos prazos processuais pelo período de 30 dias, com exceção dos procedimentos que tenham relação com o exame prévio de editais, tais como acompanhamentos e representações, e que demandem providências cautelares.

A Portaria nº 144/2020 do Tribunal de Contas do Município de São Paulo regulamentou o regime do teletrabalho, possibilitando que os servidores continuassem desempenhando suas atividades por meio do *home office*. Algumas atividades como cartório e protocolo continuaram presenciais, mas com a necessidade de agendamento prévio, que era realizado através de e-mail ou Whatsapp.

O Tribunal de Contas do Estado de São Paulo, por meio do Ato GP nº 04/2020, expedido em 13 de março de 2020, instituiu a implementação das atividades através do teletrabalho; a limitação, nos dias de sessão de julgamento, do acesso ao Plenário e às Câmaras do Tribunal de Contas do Estado de São Paulo das partes e advogados de processos incluídos na ordem do dia; e a suspensão dos prazos processuais limitados aos processos que tramitem exclusivamente por meio físico.

Posteriormente, através do Comunicado GP nº 09/2020, emitido em 19 de março de 2020, foram suspensas as sessões de julgamento – Câmaras e Tribunal Pleno e por meio do Ato GP nº 05/2020, publicado em 21 de março de 2020, foi suspensa a tramitação e os prazos dos feitos de natureza jurisdicional, excetuadas representações que visem exame prévio de edital e medidas cautelares de qualquer natureza.

Através da análise das Portarias nº 143/2020 e nº 144/2020, expedidas pelos Tribunais de Contas do município de São Paulo e dos Atos GP nºs 04/2020, 05/2020 e 09/2020 publicados pelo Tribunal de Contas do Estado de São Paulo, conseguimos identificar as mudanças e os impactos estruturais nas cortes de contas, objeto dessa pesquisa, visto que essas atividades, antes da decretação da pandemia de covid-19, eram executadas de forma presencial e passaram a ser efetuadas de forma remota.

O trabalho remoto, as sessões plenárias virtuais e as demandas decorrentes das ações emergenciais de fiscalização exigiram criatividade e agilidade nas tomadas de decisões pelas equipes responsáveis pelas soluções e serviços de tecnologia da informação em todos os tribunais pesquisados.

Quanto às sessões de julgamento, estas passaram a ser realizadas de forma on-line. Para que isso pudesse acontecer, foram realizadas adaptações nos regramentos internos.

Outra grande ação realizada pelos Tribunais de Contas do Estado e Município de São Paulo foi a criação de sítios eletrônicos com o objetivo de disseminação, de forma transparente e acessível, de informações de interesse de jurisdicionados e da sociedade civil quanto a decisões e orientações referentes ao enfrentamento da pandemia de covid-19.

Sendo assim, as atividades dos Tribunais de Contas do Município e do Estado de São Paulo sofreram uma alteração drástica na sua estrutura com a adoção de mecanismos de teletrabalho e a criação de sítios eletrônicos com o intuito de divulgar dados das atividades realizadas durante o período pandêmico.

4.3 Do cumprimento da atribuição constitucional e atuação dos Tribunais de Contas do Estado e do Município de São Paulo para o enfrentamento da covid-19

Foi instituído, em 27 de março de 2020, o Decreto nº 59.313/2020 do Município de São Paulo, que criou a Câmara de Integração Institucional. Essa norma tem por objetivo integrar os representantes dos poderes constituídos e os do órgão de controle externo no sentido de minimizar os impactos decorrentes da situação de emergência e do Estado de calamidade pública resultantes da pandemia de covid-19. Através dessa ferramenta comprova-se que o TCM-SP está dando transparência às ações de controle externo.

Considerando o preceito constitucional de publicidade (art. 37 da CF) e a importância da transparência neste momento de profunda preocupação com as ações desempenhadas pelo Poder Público, e tendo em vista os diversos normativos que foram editados pelas esferas de governo estadual no sentido de regular o enfrentamento da crise, o Tribunal de Contas do Município de São Paulo disponibilizou em seu portal um painel de dados estruturados que permite visualizar as ações do Tribunal de Contas como medidas administrativas, notas técnicas relatórios de auditoria e ato normativos e controle de gastos emergenciais realizadas no combate à pandemia de covid-19.

A Nota Técnica SDG nº 155, expedida em 24.04.2020, pelo Tribunal de Contas do Estado de São Paulo, orientou os seus jurisdicionais quanto aos procedimentos que devem ser adotados para aquisições de bens e serviços diante do cenário da pandemia de covid-19. Um ponto bem destacado nessa nota técnica é que as contratações devem levar em consideração os aspectos legais, de economicidade, formalidade e finalidade. Nesse contexto, a SDG nº 18/2020 instituiu que cabe ao Tribunal de Contas do Estado dar a devida transparência aos atos, receitas e despesas destinados ao enfrentamento do coronavírus. Assim, destacamos que ambas as notas expedidas pelo Tribunal de Contas do Estado São Paulo seguiram os preceitos constitucionais previstos no art. 37 da CF.

Através de dados obtidos no painel covid-19 no sítio eletrônico do Tribunal de Contas do Município de São Paulo (TCMSP), observou-se que em 2020 e 2021 foram fiscalizados 54 processos relacionados à covid-19, que podem ser segregados por tipo da seguinte forma: 10 acompanhamentos, 11 análises, 8 auditorias, 4 denúncias, 1 ocorrência para outros documentos denominados "diversos", 3 inspeções e 17 representações. Os supracitados processos têm como alvo a verificação correta dos gastos, bem como a prestação dos serviços contratados. Já as informações contidas no sítio eletrônico do Tribunal de Contas do Estado de São Paulo (TCESP) esclarecem que foram fiscalizados 74 processos relacionados à covid-19. Todavia esses processos não foram segregados da mesma maneira como ocorreu no Município de São Paulo.

No que tange ao processo de fiscalização do Tribunal de Contas do Município de São Paulo foi efetuada forma concomitante ao processo de implementação. Destacamos o resultado da auditoria realizada sobre a Dispensa Emergencial de Licitação, sob o Processo TC nº 8.535/2020, que tinha como alvo a fiscalização do contrato de gestão – implantação, gerenciamento e execução de serviços de saúde de 150 leitos de terapia intensivo adulto e 30 leitos de internação clínica no Hospital Municipal da Vila Brasilândia, com vistas ao enfrentamento da pandemia de covid, nos meses de maio a outubro de 2020. O relatório conclui que através da representação foram apontadas eventuais irregularidades na contratação de profissionais de saúde por organização social a fim de prestarem serviço no Hospital de Campanha no Anhembi. No relatório preliminar, a representação foi considerada parcialmente procedente, constatando descumprimentos de cláusulas contratuais e divergências nos valores pagos aos profissionais terceirizados, dentre outros.

O TCMSP, por meio sítio eletrônico do painel covid-19, disponibilizou os contratos celebrados pela Prefeitura de São de Paulo para o enfrentamento da pandemia de covid-19. O referido site traz informações diárias e atualizadas em tempo real extraídas do sistema IRIS (Informações e Relatórios de Interesse Social) sobre aquisições e gastos da prefeitura, o que dá à sociedade maior transparência quanto às contratações públicas e possibilita o controle social dos gastos municipais em decorrência da covid-19.

O painel covid-19, disponibilizado pelo Tribunal de Contas do Estado de São Paulo, apresenta os dados inseridos pelos gestores municipais e informações que foram passadas pelos administradores estaduais e/ou fornecidas através de vários sistemas de informação estaduais, que foram reunidos e disponibilizados para acesso público, promovendo, assim, a transparência, o que permite à Corte de Contas o acompanhamento, de forma concomitante, da atuação do Estado e da prefeitura durante o período pandêmico. A referida Corte de Contas está aplicando um questionário mensal aos gestores sobre os atos decorrentes dos decretos de calamidade pública. A determinação foi anunciada aos 644 Municípios do Estado de São Paulo fiscalizados pelo TCESP por meio do Comunicado SDG nº 21/2020.

No tocante à atuação dos Tribunais de Contas, pode ser observado que a ação dos referidos órgãos não ficou limitada a avaliações *a posteriori*, o que permitiu um maior acompanhamento da sociedade no que tange à aplicação dos recursos pela prefeitura e pelo governo do Estado de São Paulo. Todavia, como limitação do espoco do trabalho, identificou-se a dificuldade quanto à obtenção de dados finais dos resultados efetivos resultante das ações de fiscalização adotadas pelo Tribunal de Contas do Estado de São Paulo.

Desse modo, diante do cenário da pandemia, que demandou uma ação mais célere dos entes estatais, os Tribunais de Contas tiveram que adotar uma postura proativa, passando a não exercer apenas a sua atribuição constitucional precípua, que é o exercício de sua função fiscalizatória, mas também cumprindo seu papel orientativo e pedagógico.

Isto posto, ficou evidenciado que os Tribunais de Contas do Estado e do Município de São Paulo cumpriram os preceitos constitucionais atribuídos aos agentes públicos através do art. 37 da CF, dando a devida transparência das suas ações e atos, bem como atingiu o objetivo de detecção de irregularidades em contratos administrativos (art. 71, §1º, da CF/88) disponibilizados através dos sítios eletrônicos dos painéis covid-19.

5 Conclusão

Insta salientar que a Lei Complementar nº 173/2020 adequou a Lei de Responsabilidade Fiscal para futuras situações de calamidade pública, como a que ocorreu com a pandemia de covid-19.

As adequações legislativas efetuadas no período pandêmico, através do denominado Direito Público de Emergência, permitiram que a Administração Pública atuasse de forma célere em resposta às necessidades sociais urgentes.

Apesar da demanda da sociedade por ações em um curto espaço de tempo, não se pode descuidar do atendimento dos princípios constitucionais e administrativos aplicados aos entes federados, principalmente no que tange à legalidade, transparência, publicidade eficácia, eficiência e moralidade.

Ato contínuo, pode ser observado no presente estudo que ambos os Tribunais de Contas conseguiram cumprir os princípios constitucionais e administrativos, através do uso dos seus recursos de forma eficiente e eficaz, a fim de que fossem disponibilizados canais de comunicação e orientação com os órgãos jurisdicionais e com a sociedade, ampliando e aperfeiçoando sua atuação em comparação com o que vinha sendo realizado antes da pandemia.

Ademais, foi constatado que ambos os Tribunais deram a devida transparência e publicidade aos dados disponibilizados através dos sites painéis covid-19. Destaca-se ainda que esses dados não são só de interesse dos jurisdicionados e dos servidores, mas são também de grande valia sociedade.

Sendo assim, percebe-se que diante do cenário de pandemia que há necessidade de um retorno célere, das organizações objeto do presente estudo realizaram ações inéditas e semelhantes, nas questões de operacionalização das atividades.

Como limitação do espoco houve dificuldade quanto à obtenção dos dados finais dos resultados efetivos resultantes das ações de fiscalização adotadas pelas Cortes no Tribunal de Contas do Estado de São Paulo. Acredita-se que tal fato tenha ocorrido em virtude do lapso temporal decorrido desde o início da covid-19 até a data final deste trabalho.

Nessa linha, para futuras pesquisas, recomenda-se o prosseguimento deste estudo com o intuito de monitorar as ações desenvolvidas no cenário de pandemia e verificar quais são as lições que serão extraídas do pós-crise.

Por fim, com a decretação do fim da pandemia, é provável que os tribunais sejam mais demandados, tendo em vista o possível aumento de problemas fiscais devido ao crescimento do endividamento público e, com isso, será necessária a emissão de pareces de forma prévia com orientações no tocante às ações preventivas ou corretivas para a retomada do pós-pandemia, com a intenção de mitigar as consequências relacionadas à suspensão de limites e dívidas contidas na Lei Complementar nº 173/2020.

Referências

ATRICON – Associação dos membros dos Tribunais de Contas – Tribunais de Contas e improbidade administrativa. Disponível em: https://atricon.org.br/tribunal-de-contas-e-improbidade-administrativa/.

BRASIL. Constituição Federal de 1988. Disponível em: http://www.planalto.gov.br/ccivil_03/constituicao/constituicao.htm.

BRASIL. Lei nº 101/2000 – Lei de Responsabilidade Fiscal. Disponível em: http://www.planalto.gov.br/ccivil_03/leis/lcp/lcp101.htm.

BRASIL. Tribunais de Contas da União. Recomendações para transparência de contratações emergenciais em resposta à covid-19. Brasília: TCU, 2020b. Disponível em: https://comunidade.transparenciainternacional.org.br/asset/86:tibrrecomendacoes-de-contratacoes-emergenciais-covid19?stream=1. Acesso em: 25 abr. 2020.

LENZA, Pedro. *Direito constitucional*. São Paulo: Saraivajus, 2019.

Normas Brasileiras de Auditoria do Setor Público (NBASP) – Nível 1 – Institucional dos Tribunal de Contas.

LINO, A. F.; AQUINO, A. C. B. D. A diversidade dos Tribunais de Contas regionais na auditoria de governos. *Revista Contabilidade & Finanças*, 2018.

GOVERNO FEDERAL. Organização Mundial de Saúde declara pandemia do novo Coronavírus. Disponível em: https://www.unasus.gov.br/noticia/organizacao-mundial-de-saude-declara-pandemia-de-coronavirus.

LIMA, Henrique Luiz; GODINHO, Heloisa Helena Antonacio; SARQUIS, Alexandre Manir Figueredo. *Os desafios do controle externo durante a pandemia da covid-19*. 1. ed. Belo Horizonte: Fórum, 2021.

JUSTEN FILHO, Marçal. Um novo modelo de licitações e contratações administrativas *In*: JUSTEN FILHO, Marçal *et al*. *Covid-19 e o Direito Brasileiro*. Curitiba: Justen, Pereira, Oliveira & Talamini, 2020. Ebook. p. 3.

MORAES, Crislayne Cavalcante de; RODRIGUES Leandro Menezes. *A Lei Complementar nº 173/2020 e seus desafios*. 1. ed. Belo Horizonte: Fórum, 2021.

LIMA, Edilberto Carlos Pontes. *Os Tribunais de Contas, a Pandemia e Futuro do Controle*. 1. ed. Belo Horizonte: Fórum, 2021.

CAVALCANTE, Crislayne. O controle externo na pós-pandemia. Instituto Ruy Barbosa, 2020. Disponível em: https://irbcontas.org.br/o-controle-externo-no-pospandemia/. Acesso em: 26 abr. 2021.

CNPTC. Contribuição ao sistema Tribunais de Contas em tempos de coronavírus: pareceres técnicos das comissões especiais – CNPTC. BORGES, Priscila Kelly F. P. (coord.). Goiânia: CNPTC, 2020.

https://painel.tce.sp.gov.br/pentaho/api/repos/%3Apublic%3Acovid%3Ahome.wcdf/generatedContent?undefined&bookmarkState=%7B%22impl%22%3A%22client%22%2C%22params%22%3A%7B%22pMunicipio%22%3A%22undefined%22%2C%22pPeriodo%22%3A%22184%22%7D%7D.

https://www.tce.sp.gov.br/coronavirus/comunicados.

https://www.tce.sp.gov.br/6524-prazo-para-apontar-gastos-com-covid-19-vence-dia-7.

https://www.tce.sp.gov.br/6524-investimentos-sp-contra-covid-chegam-r-520-mi-fevereiro.

https://www.tce.sp.gov.br/6524-gastos-Estado-e-municipios-paulistas-com-pandemia-chegam-r-74-bilhoes.

https://covid19.tcm.sp.gov.br/Pagina/32791.

https://www.tse.jus.br/eleicoes/gestores-com-contas-irregulares/gestores-publicos-com-contas-julgadas-irregulares-pelo-tcu.

https://www.al.sp.gov.br/repositorio/legislacao/lei.complementar/1993/lei.complementar-709-14.01.1993.html.

http://legislacao.prefeitura.sp.gov.br/leis/lei-9167-de-03-de-dezembro-de-1980#:~:text=LEI%20N%C2%BA%209.167%2C%20DE%203%20DE%20DEZEMBRO%20DE%201980.&text=%2F1980%20%2D%20Executivo)-,Disp%C3%B5e%20sobre%20a%20reorganiza%C3%A7%C3%A3o%2C%20compet%C3%AAncia%2C%20jurisdi%C3%A7%C3%A3o%20e%20funcionamento%20do%20tribunal,paulo%2C%20e%20d%C3%A1%20outras%20provid%C3%AAncias.

BRASIL. Tribunais de Contas do Estado de São Paulo. Painel Gestão de Enfrentamento da covid-19. Disponível em: https://painel.tce.sp.gov.br/pentaho/api/repos/%3Apublic%3Acovid%3Ahome.wcdf/generatedContent?undefined&bookmarkState=%7B%22impl%22%3A%22client%22%2C%22params%22%3A%7B%22pMunicipio%22%3A%22undefined%22%2C%22pPeriodo%22%3A%22184%22%7D%7D. Acesso em: 15 set. 2023

BRASIL. Tribunais de Contas do Estado de São Paulo. Comunicados do Tribunal de Contas do Estado de São Paulo. Disponível em: https://www.tce.sp.gov.br/coronavirus/comunicados Acesso em: 15 set. 2023.

BRASIL. Tribunais de Contas do Estado de São Paulo. Prazo para apontar gastos com COVID-19 vence dia 7. Disponível em: https://www.tce.sp.gov.br/6524-prazo-para-apontar-gastos-com-covid-19-vence-dia-7. Acesso em: 15 set. 2023.

BRASIL. Tribunais de Contas do Estado de São Paulo. Disponível em: https://www.tce.sp.gov.br/6524-investimentos-sp-contra-covid-chegam-r-520-mi-fevereiro.

BRASIL. Tribunais de Contas do Estado de São Paulo. Gastos do Estado e de municípios paulistas com a pandemia chegam a R$ 7,4 bilhões Disponível em: https://www.tce.sp.gov.br/6524-gastos-Estado-e-municipios-paulistas-com-pandemia-chegam-r- 74-bilhoes. Acesso em: 15 set. 2023.

BRASIL. Tribunais de Contas do Município de São Paulo. Auditoria do TCMSP atualiza informações sobre combate à pandemia de covid-19. Disponível em: https://covid19.tcm.sp.gov.br/Pagina/32791. Acesso em: 15 set. 2023.

BRASIL. Tribunal Superior Eleitoral. Gestores públicos com contas julgadas irregulares pelo TCU. Disponível em: https://www.tse.jus.br/eleicoes/gestores-com-contas-irregulares/gestores-publicos-com-contas-julgadas-irregulares-pelo-tcu. Acesso em: 15 set. 2023.

BRASIL. Assembleia Legislativa do Estado de São Paulo. Lei Orgânica do Tribunal de Contas do Estado. Lei Complementar nº 709, de 1993. Disponível em: https://www.al.sp.gov.br/repositorio/legislacao/lei.complementar/1993/lei.complementar-709- 14.01.1993.html. Acesso em: 15 set. 2023.

BRASIL. Assembleia Legislativa do Estado de São Paulo. Lei nº 9.167, de 1980. Disponível em: http://legislacao.prefeitura.sp.gov.br/leis/lei-9167-de-03-de-dezembro-de- 1980#:~:text=LEI%20N%C2%BA%209.167%2C%20DE%203%20DE%20DEZEMBRO%20DE%201980.&text=%2F1980%20%2D%20Executivo)-,Disp%C3%B5e%20sobre%20a%20reorganiza%C3%A7%C3%A3o%2C%20compet%C3%AAncia%2C%20jurisdi%C3%A7%C3%A3o%20e%20funcionamento%20do%20tribunal,paulo%2C%20e%20d%C3%A1%20outras%20provid%C3%AAncias.

Informação bibliográfica deste texto, conforme a NBR 6023:2018 da Associação Brasileira de Normas Técnicas (ABNT):

FRAGA, Paula Silva; PINTO, Marcos Roberto. A atuação do tribunal no período pandêmico – Estudo de caso do TCE-SP e do TCM-SP. *In*: LIMA, Edilberto Carlos Pontes (coord.). *Os Tribunais de Contas e as políticas públicas*. Belo Horizonte: Fórum, 2023. p. 409-424. ISBN 978-65-5518-596-6.

TRIBUNAIS DE CONTAS E GOVERNO DIGITAL: O USO DE FERRAMENTAS TECNOLÓGICAS VISANDO À FISCALIZAÇÃO DA TRANSPARÊNCIA PÚBLICA E À PROPAGAÇÃO DE ATIVIDADES DE CONTROLE

RAFAEL RODRIGUES DA COSTA

1 Introdução

Ao redor do planeta, diversos entes governamentais (sobretudo de países considerados desenvolvidos), ao perceberem a crescente interação digital entre indivíduos e instituições, têm dedicado relevante atenção de forma a adequar novas tecnologias à sua atuação final. Conforme Medeiros (2017, p. 14), nota-se um movimento internacional, onde é possível mencionar a instituição de plataformas digitais integradas em diferentes continentes e realidades, tais como no governo do Reino Unido (www.gov.uk), do Canadá (www.canada.ca) e do Chile (www.chileatiende.cl), o que evidencia a busca global pelo incremento no nível de eficiência e qualidade no que se refere à oferta de serviços públicos.

No âmbito do Estado brasileiro, temos como marco a Lei nº 14.129, de 29 de março de 2021, denominada de Lei do governo digital – LGD. Na constante busca pelo princípio constitucional da eficiência, com base no art. 37 da Carta Magna, princípio este que a própria lei cita em seu preâmbulo, a lei foi promulgada, objetivando, segundo Hominnai Junior, dois principais alvos: promover a completa digitalização dos serviços públicos brasileiros oferecidos à sociedade e, ao mesmo tempo, reduzir os custos para o poder público ao permitir a automatização de uma série de procedimentos. Já Dantas (2022, p. 13) elenca quatro pilares básicos do referido instrumento, quais sejam: otimizar a gestão dos processos, reduzir a burocracia, economizar recursos e melhorar a segurança da informação, a transparência e a qualidade dos serviços públicos.

Isto é, nota-se de forma evidente que, dentre os citados pilares da disciplina federal, há a perseguição no sentido de universalizar o acesso ao serviço público (JÚNIOR, 2021).

O Brasil, segundo uma pesquisa sobre e-governo realizada pela Organização das Nações Unidas em 2020, ocupa a 54ª posição no *ranking* de governos digitais, entre 194 países, e a 20ª em serviços públicos ofertados de maneira *on-line*, o que mostra, segundo

Junior (2021), que a Lei do governo digital não se insere no ordenamento nacional em um contexto no qual o Brasil estaria partindo do zero.

Diante disso, este trabalho procura avaliar, de forma objetiva, a absorção do conceito de governo digital no âmbito da administração pública brasileira, com ênfase especial na atuação das Cortes de Contas, seja como agente fiscalizador da transparência ou como usuário, de forma a propagar-se perante a sociedade, assim, aproximando-se da realidade do usuário final de serviços públicos e visando ao pleno aproveitamento dos benefícios advindos do governo digital.

1.1 Apresentação e definição do problema

Antes de adentrarmos as peculiaridades do tema e da problemática identificada, mister delimitar o que está predominantemente a se tratar como "governo" na abordagem deste trabalho. Conforme conhecimento público, a República Federativa do Brasil compõe-se de União, Estados, Distrito Federal e Municípios e a estes vinculam-se os três poderes e diversas instituições públicas, que servem como arcabouço do modelo democrático e sistema presidencialista do país, no que se abarcam casas legislativas, tribunais eleitorais, ministérios públicos, Cortes de Contas, dentre outras. Destarte, nossa análise estratificará uma amostragem de "governo" do Estado brasileiro, de forma a ponderar acerca da efetiva interação com o cidadão. Neste trabalho, cujo foco é a atuação final dos Tribunais de Contas brasileiros, enfatizaremos justamente as 33 Cortes de Contas do país, de modo a avaliar sua capacidade de interação prática junto àqueles que são o público-alvo da ação pública, os cidadãos que compõem a sociedade.

Ademais, necessário também é definir claramente as fronteiras do que entenderemos como "interação com o cidadão" por parte dos órgãos de controle. Cortes de contas não são, na maior parte de suas atividades, órgãos de ação finalística junto à expressiva maioria da sociedade. O cidadão comum estará muito mais propenso a dedicar sua preocupação com a quantidade de profissionais da saúde ou vagas em creches do que com a atuação constitucional atribuída ao órgão que auxilia o controle externo nos entes federativos. Nas palavras de Gualazzi (1992, p. 26), temos que controle é o:

> [...] princípio administrativo material, tutelar e autotutelar, de contrasteamento, supervisão e gestão integral da Administração, por meio de sistema horizontal de coordenação central, com o escopo de vigilância, orientação e correção, prévia ou posterior, de atos administrativos e de atos, decisões e atividades materiais de administração.

Não que as ações de controle sejam propositalmente ignoradas ou diminuídas pelo cidadão médio, até porque denúncias de corrupção e atuação proativa de instituições de controle externo foram responsáveis pelo impedimento de dois presidentes da república, somadas ao fato que, por exemplo, matérias jornalísticas que se dedicam a noticiar escândalos de corrupção têm, em nosso país, geralmente, notável destaque. No entanto, na prática, a tendência da maior parte dos cidadãos é direcionar suas atenções rotineiras às necessidades mais básicas e imediatas (como previamente citado: saúde, educação e ações públicas correlatas). Dessa forma, em se tratando de interação, as Cortes de Contas brasileiras possuem, pela essência de suas atividades, barreiras para até mesmo dar o pontapé inicial, que é: serem conhecidas pela sociedade. A simples pergunta "O que faz o Tribunal de Contas?", se dirigida a grande parte da população brasileira, ficará sem resposta.

Como de maneira magistral delineou o então Conselheiro do Tribunal de Contas do Estado de São Paulo Anhaia Melo no artigo "Tribunal de Contas Esse Desconhecido...", o qual transcrevemos a seguir:

> Tribunal de Contas esse Desconhecido...
> É, decididamente, um órgão "sui generis".
> No Brasil, onde é uma instituição centenária, baloiça desde sua fundação entre os Poderes do Estado.
> Há os que o vislumbram como auxiliar do Poder Legislativo; os que o supõem como apêndice do próprio Poder Executivo; sonhadores como nós que o advinham dentre os órgãos do Poder Judiciário; e os que o plasmam até como um quarto Poder.
> Na verdade, é um órgão independente com funções descritas na Constituição Federal e nas linhas da Constituição Estadual.
> Houve marchas e contramarchas no seu heroico destino. Dizemos heroico porque, o mais das vezes, incompreendido e acusado de não ser mais atuante e eficaz. São análises supérfluas e desavisadas.
> O fator preponderante é que, no caso de São Paulo, a fiscalização se exerce: contábil, financeira, orçamentária, operacional e patrimonial, no tocante às entidades da administração direta e indireta, fundações instituídas ou mantidas pelo Poder Público, quanto à legalidade, legitimidade, economicidade, aplicação de subvenções e renúncia de receitas. Ademais, prestará contas qualquer pessoa física ou jurídica, de direito público ou de direito privado, que utilize, arrecade, guarde, gerencie ou administre dinheiro, bens e valores públicos ou pelos quais o Estado responda, ou que, em nome deste, assuma obrigações de natureza pecuniária.
> E, na vida municipal, onde depois de uma missão pedagógica, no início, passou para uma atuação viril e exata, contribuindo e muito para o saneamento da vida pública das entidades municipais, o que se constitui no apanágio de sua história fiscalizadora.
> É de se ver o que já foi feito: se verá o que diante da Constituição de 1988, e da Constituição Paulista de 1989, se fará. Com esse intuito a Presidência passa à sociedade paulista e brasileira esses excertos que se constituem na própria vida da Instituição.
> Oxalá, melhor conhecida seja...
> São Paulo, 7 de novembro de 1990.
> José Luiz de Anhaia Mello
> Presidente[1]

O "desabafo", apesar de datado do ano de 1990, não poderia ser mais atual.

A última pesquisa que abordou o tema foi realizada pelo extinto instituto IBOPE, encomendada pela ATRICON, ouviu 2.002 pessoas em junho de 2016, a qual, dentre outras questões, perguntou[2] "Você sabe o que é o Tribunal de Contas?". Em resposta, mais de dois terços dos entrevistados respondeu que não, enquanto para 15% a definição foi incorreta, restando 17% de entrevistados que adequadamente responderam.

---

[1] Disponível em: https://irbcontas.org.br/biblioteca/tribunal-de-contas-do-estado-de-sao-paulo-123-edicao-historica/.

[2] Disponível em: https://atricon.org.br/para-brasileiros-tribunais-de-contas-sao-essenciais-no-combate-a-corrupcao-e-a-ineficiencia-revela-pesquisa-ibopecni/.

FIGURA 1 – ATRICON – Pesquisa IBOPE sobre Tribunais de Contas e sociedade

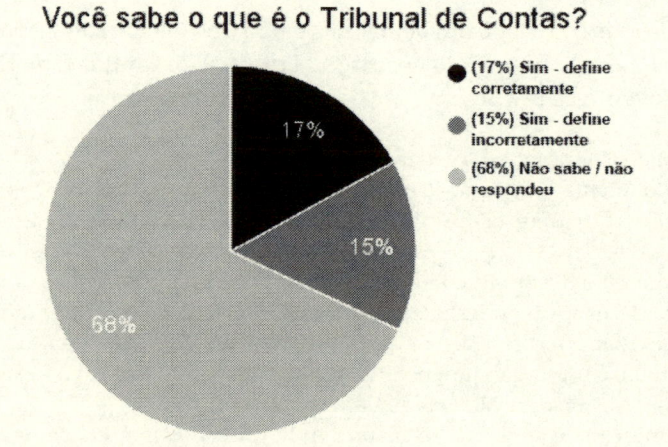

Você sabe o que é o Tribunal de Contas?

- (17%) Sim - define corretamente
- (15%) Sim - define incorretamente
- (68%) Não sabe / não respondeu

Fonte: https://atricon.org.br/para-brasileiros-tribunais-de-contas-sao-essenciais-no-combate-a-corrupcao-e-a-ineficiencia-revela-pesquisa-ibopecni/.

Este trabalho não se propõe a defender a ideia de que a principal atividade de uma corte de contas seja mostrar-se quem é. Os esforços principais de um órgão de controle externo devem continuar a se concentrar no que dita o art. 71 da Carga Magna, que é replicado nas constituições estaduais, e a comunicação institucional não é uma das atribuições descritas pelo constituinte. Contudo, há de se notar que aperfeiçoamentos na comunicação, ou "mostrar-se quem é", tendem a maximizar a execução das próprias atribuições constitucionais, resultando no produto final, que é melhor servir à população. Com base em tal premissa, este trabalho é desenvolvido para que, à luz das legislações correlatas ao tema, bem como das práticas já realizadas e a realizar, possamos ter um quadro de como tanto a questão do governo digital quanto da transparência pública vêm sendo abordadas no contexto dos Tribunais de Contas e como isso pode ser utilizado para a propagação de conteúdo próprio e para aperfeiçoar suas atuações institucionais.

1.2 Objetivos da pesquisa

Resta caracterizado que há notáveis desafios por parte dos órgãos de controle externo na era digital. Se, por um lado, há uma recente lei federal que disciplina o governo digital, e o Brasil ocupa uma posição intermediária se comparado a outros (conforme a mencionada pesquisa da ONU), por outro, os Tribunais de Contas detêm desafios de forma a maximizar os resultados de sua ação, para tanto, sendo efetivamente conhecidos e parte ativa da sociedade.

Considerando tal realidade, este trabalho se propõe a identificar tais desafios dos Tribunais de Contas frente à mencionada problemática, ou seja, serem relevantes e, para tanto, fazendo uso de tecnologias digitais, que são altamente demandadas pela sociedade da presente era. Portanto, a abordagem se dedicará à pesquisa sobre o governo digital e sua interação com o cidadão, bem como mecanismos de aprofundamento na fiscalização da transparência pública, pretendendo alcançar os seguintes objetivos:

- compreender o conceito de governo digital;
- posicionar o Brasil no cenário internacional de práticas de governo digital;
- analisar os pontos complementares e harmônicos entre os conceitos de transparência e governança digital;
- observar legislações que cercam a temática de transparência e digitalização governamental;
- verificar como se dá a atuação dos Tribunais de Contas brasileiros no contexto digital;
- apresentar desafios para que os Tribunais de Contas sejam mais conhecidos e relevantes por parte da sociedade brasileira, para tanto, utilizando-se de ferramentas de tecnologia, buscando maior diálogo com a sociedade;
- entender o contexto de fiscalização da transparência pública direcionada aos órgãos jurisdicionados do controle externo.

2 Governo digital, transparência e a interação com o cidadão

Neste tópico, analisaremos as legislações que regem no Estado brasileiro o governo digital, a transparência e seus presentes e potenciais reflexos no tocante à interação com a sociedade. Ademais, necessário será contextualizar a posição do Brasil frente ao cenário internacional de digitalização governamental e ainda as iniciativas estaduais que vêm sendo adotadas para que se evolua neste ponto.

2.1 Legislação sobre transparência e governo digital

Para Medeiros (2017, p. 11):

> No Brasil, a adoção dos preceitos da Nova Gestão Pública ocorre a partir de 1995, com a edição do Plano Diretor de Reforma do Aparelho do Estado (PDRAE), por Luiz Carlos Bresser Pereira. O documento buscava criar condições para a reconstrução da administração pública em bases modernas e racionais, reorganizando as estruturas da administração com ênfase na qualidade e na produtividade do serviço público. A proposta era introduzir no setor público valores e comportamentos indicados pela Administração Pública Gerencial, além de conceitos de eficiência e controle dos resultados, permitindo a adoção de estratégias de descentralização da ação governamental, para que esta pudesse chegar ao cidadão.

Em se tratando de efetivas disposições normativas, no entanto, a digitalização do serviço público precisou enfrentar um lento, porém constante, processo de amadurecimento. Depois de transcorridas décadas, com o impulso da demanda popular somado à evolução de tecnologias, conforme abordado na introdução deste trabalho, o principal instrumento normativo que atualmente disciplina o governo digital foi editado, que é a Lei nº 14.129, de 29.03.2021. Passaremos a analisar não só a referida lei e seus efeitos, mas também a Lei nº 12.527/2011, além de práticas estaduais atinentes à temática.

2.1.1 Lei nº 12.527/2011

De acordo com o ensinamento de Tavares e Bitencourt (2021, p. 793), a transparência pública é essencial em uma república que se propõe a instituir um Estado democrático de direito. Não sem motivo, foi elevada à categoria de norma fundamental pela Constituição Federal de 1988 e, a partir da transparência, é possível viabilizar o conhecimento por parte da sociedade daquilo que ocorre no âmago da administração pública.

Considerando a proeminência do tema, é natural que haja vasta literatura e pesquisa sobre a denominada LAI – Lei de Acesso à Informação, promulgada em 18.11.2011. Nosso objetivo não é se debruçar sobre a lei em si, mas sim estudar seus efeitos predecessores e posteriores no tocante à culminação na Lei nº 14.129/2021.

Aguiar (2021) ressalta que a lei em questão decorre do artigo 5º, inciso XXXIII, da Constituição Federal, sendo responsável por trazer novidades no que diz respeito ao direito de todo cidadão de obter acesso à informação. Já Oliveira e Lopes (2019, p. 2) defendem que o acesso à informação governamental possibilitado a cidadãos comuns instiga a construção e o fortalecimento de um elo entre o Estado e a sociedade, sendo isso essencial para que haja maior confiabilidade nos atos de governo.

Feitas tais considerações iniciais, importante salientar que se subordinam ao regime desta lei toda a administração pública brasileira, no que se incluem os Tribunais de Contas, nos termos do art. 1º:

> Art. 1º Esta Lei dispõe sobre os procedimentos a serem observados pela União, Estados, Distrito Federal e Municípios, com o fim de garantir o acesso a informações previsto no inciso XXXIII do art. 5º, no inciso II do §3º do art. 37 e no §2º do art. 216 da Constituição Federal.
> Parágrafo único. Subordinam-se ao regime desta Lei:
> I – os órgãos públicos integrantes da administração direta dos Poderes Executivo, Legislativo, *incluindo as Cortes de Contas*, e Judiciário e do Ministério Público;
> II – as autarquias, as fundações públicas, as empresas públicas, as sociedades de economia mista e demais entidades controladas direta ou indiretamente pela União, Estados, Distrito Federal e Municípios. (grifo nosso)

Correia (2017) destaca que, apesar de tal obrigatoriedade ser extensiva, ela não é idêntica, visto que entre os três Poderes há diferenças significativas na divulgação de informações requeridas em pedidos de informação, sendo o mais demandado o Executivo, seguido pelo Legislativo e, por derradeiro, o Judiciário. Não obstante, o ordenamento atinge a todos, sem exceção, o que requer providências por parte de todo e qualquer gestor público.

No tocante à evolução na disponibilização do acesso à informação em nossos dias, a digitalização governamental é condição de observância imperativa. Não se pode imaginar que a maior parte dos cidadãos se dirigirá pessoalmente a uma repartição pública e protocolará uma demanda consultiva para que, dentro de alguns dias, retorne ao local para receber a resposta em um ofício impresso por parte do órgão público. Embora essa ainda seja uma realidade presente, o dever do Estado é adaptar-se à sua era, sendo proativo no sentido de ofertar aos cidadãos os serviços públicos em consonância com a vida em sociedade.

Nesse diapasão, a própria lei prevê que seja facilitado o acesso à informação por parte do poder público, nos termos de seu art. 8º:

> Art. 8º É dever dos órgãos e entidades públicas promover, independentemente de requerimentos, a divulgação em local de fácil acesso, no âmbito de suas competências, de informações de interesse coletivo ou geral por eles produzidas ou custodiadas.

Em harmonia com tal conceito de "divulgação em local de fácil acesso", um governo digital bem estruturado é primordial, daí, insurge-se a própria Lei nº 14.129/2021, que remete ou altera o conteúdo da Lei nº 12.527/2011 em nove diferentes pontos, o que prova a estreita relação entre os normativos e a notável relação de causa e efeito entre a disponibilização do acesso à informação e a prática do governo digital.

Para Aguiar (2021), fica evidenciado que a LAI aborda no art. 8º o conceito de "transparência ativa", resultando, portanto, na demanda por um Estado mais digitalizado e que põe à disposição do cidadão, a qualquer hora e em variados formatos, a exposição de seus atos. Daí, o já mencionado artigo 8º da LAI obriga a administração pública a dispor de informações de forma que quaisquer interessados tenham a possibilidade de buscar os dados de determinado órgão ou entidade integrada à administração pública que desejarem consultar/fiscalizar.

Um evidente exemplo da harmonização dos conceitos dessas duas leis aplicado à atuação dos Tribunais de Contas é (embora editado antes da Lei nº 14.129/2021) o Comunicado SDG nº 16/2018 do TCE-SP. Tal comunicado, emitido pela Secretaria-Diretoria Geral da Corte de Contas Bandeirante, instiga os jurisdicionados a requerer, por parte de Organizações Não Governamentais destinatárias de repasses públicos, a transparência de seus atos por via eletrônica, senão vejamos:

> COMUNICADO SDG nº 016/2018
> O TRIBUNAL DE CONTAS DO ESTADO DE SÃO PAULO, considerando as diretrizes das Leis reguladoras da Transparência e do Acesso à Informação e as disposições das Instruções Consolidadas do Tribunal, COMUNICA aos órgãos públicos estaduais e municipais que adotem providências no sentido de que as entidades do terceiro setor (OS, OSCIPS, OSCS) destinatárias de recursos públicos cumpram os dispositivos legais relativos à transparência de seus atos consistentes na divulgação pela via eletrônica de todas as informações sobre suas atividades e resultados, dentre outros o estatuto social atualizado; termos de ajustes; planos de trabalho; relação nominal dos dirigentes, valores repassados; lista de prestadores de serviços (pessoas físicas e jurídicas) e os respectivos valores pagos; remuneração individualizada dos dirigentes e empregados com os respectivos nomes, cargos ou funções; balanços e demonstrações contábeis e os relatórios físico-financeiros de acompanhamentos, regulamento de compras e de contratação de pessoal.
> A verificação da implementação de tais medidas será incluída nas ações da fiscalização, cujo descumprimento poderá ensejar a adoção de medidas previstas em Lei.
> SDG, em 18 de abril de 2018.
> SÉRGIO CIQUERA ROSSI
> SECRETÁRIO-DIRETOR GERAL

Conforme mencionado, mesmo que tal comunicado tenha sido publicado antes da Lei do Governo Digital – LDG, há uma clara correlação entre os conceitos de transparência e de governo digital. Uma vez que a LAI se aplica conforme seu art. 2º[3] também às entidades privadas sem fins lucrativos, resta configurado que essas entidades também devam ser tratadas como "governo" na modernização digital, no sentido de atender às efetivas demandas existentes por parte da população, principalmente quanto aos recursos descentralizados pelo Estado.

De outro norte, foi editado um comunicado posterior para que os órgãos públicos repassadores de recursos, por sua vez, também delineiem em seus portais da transparência os recursos repassados às organizações sociais, nos temos da LAI:

> COMUNICADO SDG Nº 019/2018
> O TRIBUNAL DE CONTAS DO ESTADO DE SÃO PAULO, COMUNICA às Secretarias de Estado, às Prefeituras dos Municípios e aos demais órgãos públicos responsáveis por repasses públicos a Organizações Sociais, Organizações Sociais de Interesse Público, Organizações da Sociedade Civil e entidades que possam ser identificadas como do Terceiro Setor, que é de sua responsabilidade exigir a demonstração e identificação dos gastos custeados com os recursos públicos que foram repassados, devendo esse detalhamento constar dos "Portais de Transparência" dos órgãos concessores e bem assim daqueles pertencentes às entidades beneficiárias.
> SDG, em 18 de junho de 2018.
> Sérgio Ciquera Rossi
> Secretário-Diretor Geral

Na prática, os citados normativos vêm sendo base para reiteradas recomendações nos julgamentos do TCE-SP em processos de prestação de contas de recursos transferidos ao 3º setor:

> TC 20520.989.19-5[4]
> ... recomendo aos interessados para que cumpram integralmente a legislação que rege a matéria, em especial a Lei Federal nº 13.019/2014, as Instruções nº 02/2016 – TCESP, bem como os Comunicados SDG nº 16/2018 e nº 19/2018.

> TC 8909.989.21[5]
> - Ao órgão concessor: exigir que as entidades beneficiárias divulguem, em meio eletrônico próprio, todas as informações exigidas pelos Comunicados SDG nº 16/2018, nº 19/2018 e nº 49/2020 e pela Lei Federal nº 13.019/2019;

---

[3] Art. 2º Aplicam-se as disposições desta Lei, no que couber, às entidades privadas sem fins lucrativos que recebam, para realização de ações de interesse público, recursos públicos diretamente do orçamento ou mediante subvenções sociais, contrato de gestão, termo de parceria, convênios, acordo, ajustes ou outros instrumentos congêneres.

[4] SÃO PAULO. Tribunal de Contas do Estado. Processo TC 20520.989.20. Órgão Público: Prefeitura Municipal de Sarutaiá. Entidade Beneficiária: APAE Piraju. Matéria: Transferência ao 3º setor na ordem de R$ 60.021,27. Relatora: Silvia Monteiro. Decisão de 20.11.2019. Disponível em: https://www2.tce.sp.gov.br/arqs_juri/pdf/748705.pdf. Acesso em: 8 dez. 2022.

[5] SÃO PAULO. Tribunal de Contas do Estado. Processo TC 8909.989.21. Órgão Público: Diretoria de Ensino da Região de Itararé. Entidade Beneficiária: APAE Itararé. Matéria: Transferência ao 3º setor na ordem de R$ 684.250,64. Relatora: Silvia Monteiro. Decisão de 15.11.2021. Disponível em: https://www2.tce.sp.gov.br/arqs_juri/pdf/849092.pdf. Acesso em: 8 dez. 2022.

- À entidade beneficiária: divulgar, em meio eletrônico próprio, todas as informações exigidas pelos Comunicados SDG nº 16/2018, nº 19/2018 e nº 49/2020 e pela Lei Federal nº 13.019/2019.

De se notar que a preocupação do TCE-SP na abordagem da transparência não só envolve entidades beneficiárias do 3º setor, mas se estende a variados quantitativos de transferência de recursos públicos, denotando atenção do órgão em uma fiscalização ativa da oferta de acesso a informações públicas.

2.1.2 Lei nº 13.460/2017

A Lei nº 13.460/2017 foi promulgada em 26 de junho de 2017 e dispõe sobre a participação, proteção e defesa dos direitos do usuário de serviços públicos na administração pública.

A exemplo da LAI, esta também se aplica a todo e qualquer ente público, mas, por outro lado, não há menção expressa de sua abrangência a entidades beneficiárias de recursos públicos.

> Art. 1º Esta Lei estabelece normas básicas para participação, proteção e defesa dos direitos do usuário dos serviços públicos prestados direta ou indiretamente pela administração pública.
> §1º O disposto nesta Lei aplica-se à administração pública direta e indireta da União, dos Estados, do Distrito Federal e dos Municípios, nos termos do inciso I do §3º do art. 37 da Constituição Federal.

Trata-se de uma lei que atende à demanda constitucional contida no artigo 175, parágrafo primeiro, incisos II e IV, da Constituição Federal de 1988, pois tal dispositivo foi responsável por abrir uma reserva legal para que lei posterior viesse dispor acerca dos direitos dos usuários e a respectiva obrigação de manter o serviço público adequado. Em igual sentido, o artigo 37, parágrafo terceiro, remete que as prestações de serviços públicos deveriam ser disciplinadas por lei, o que é reforçado por Schier e Bertotti, (2019, p. 113), que atestam que a promulgação do citado normativo advém com o objetivo de suprir a lacuna constitucional exigida pelo artigo 37, parágrafo terceiro, inciso I, e disciplinar, de forma efetiva e prática, regramentos de participação e interação dos usuários na administração pública.

Todavia, como destaca Dondossola (2021, p. 32), em contrassenso à disposição constitucional, não havia nenhuma norma vigente capaz de regulamentar propriamente a interação entre a administração pública e seus usuários até a edição da Lei nº 13.460/2017.

Por seu turno, uma notável observação é mencionada por Gabardo (2017, p. 11), o qual, ao mencionar tal inércia legislativa, entende que o ditame constitucional objetivou, sobretudo após a reforma administrativa de 1988, um efetivo controle do Estado na gestão e execução dos serviços ofertados à população. De igual corrente, Marrara (2018, p. 31) destaca que, a partir da citada reforma administrativa, passou a ser indispensável a promulgação de um normativo que estabelecesse os direitos bem como os deveres do cidadão no tocante à prestação do serviço estatal, sendo isso fruto não só da reforma, mas do reforço que a Emenda Constitucional nº 19/1998 exerceu neste sentido, pois os dois regramentos demandavam uma norma regulamentadora específica que tratasse de tal disciplina.

Como exemplo de evidente complementação à LAI, a Lei nº 13.460/2017 institui a obrigatoriedade da elaboração, por parte dos entes públicos, de uma "Carta de Serviços ao Usuário". A complementação de um normativo a outro é tão evidente que, ao referir-se à "Carta de Serviços ao Usuário", a doutrinadora Maria Sylvia de Pietro (2021, p. 153) destaca que tal instrumento objetiva "informar o usuário sobre os serviços prestados pelo órgão ou entidade, as formas de acesso a esses serviços e seus compromissos e padrões de qualidade de atendimento ao público".

Retornando à letra da lei, o art. 7º disciplina tal instrumento com a seguinte redação:

> Art. 7º Os órgãos e entidades abrangidos por esta Lei divulgarão Carta de Serviços ao Usuário.
> §1º A Carta de Serviços ao Usuário tem por objetivo informar o usuário sobre os serviços prestados pelo órgão ou entidade, as formas de acesso a esses serviços e seus compromissos e padrões de qualidade de atendimento ao público.
> §2º A Carta de Serviços ao Usuário deverá trazer informações claras e precisas em relação a cada um dos serviços prestados, apresentando, no mínimo, informações relacionadas a:
> I – serviços oferecidos;
> II – requisitos, documentos, formas e informações necessárias para acessar o serviço;
> III – principais etapas para processamento do serviço;
> IV – previsão do prazo máximo para a prestação do serviço;
> V – forma de prestação do serviço; e
> VI – locais e formas para o usuário apresentar eventual manifestação sobre a prestação do serviço.
> §4º A Carta de Serviços ao Usuário será objeto de atualização periódica e de permanente divulgação mediante *publicação em sítio eletrônico do órgão ou entidade na internet*. (grifo nosso)

Em resumo, primeiramente, notamos a correlação entre a LAI e a Lei nº 13.460/2017 e, por conseguinte, verifica-se que, para a plena aplicabilidade da segunda, é imprescindível um adequado aparelhamento digital do Estado brasileiro, o que culmina na instituição da LDG. Os três diplomas harmonizam-se no sentido de corroborar o conceito de universalização do serviço e atendimento governamental ao usuário, como bem observado por Dondossola (2021, p. 50)

> Ou seja, tais direitos visam aproximar o Usuário da Administração Pública garantindo-lhe um atendimento com ao menos um mínimo de respeito e cordialidade. Ademais, através disto, o cidadão adquire autonomia frente ao Estado, passando a ter consagrado por lei, a garantia do acesso claro e conciso acerca das informações.

Da parte dos Tribunais de Contas, nota-se que a mencionada lei vem encontrando ecos no sentido de exigir dos órgãos jurisdicionados a plena instituição da Carta de Serviços ao Usuário. Como exemplo de tais perseguições, citamos novamente o TCE-SP, que, na Fiscalização Ordenada I[6] do ano de 2021 realizada em todos os seus

---

[6] As Fiscalizações Ordenadas são atividades de fiscalização concomitantes, coordenadas e *in loco*, com o objetivo de fiscalizar a realização e/ou execução de políticas públicas pelos órgãos e entidades paulistas. Essas atividades

644 municípios jurisdicionados, buscou informações sobre a instituição e divulgação da Carta de Serviços ao Usuário, o que evidenciou significativa carência no território paulista, com mais de 80% de descumprimento do requisito legal. Mais detalhamentos sobre as Fiscalizações Ordenadas são abordados no tópico 3.3.3 deste trabalho.

FIGURA 2 – TCE-SP – Painel da Fiscalização Ordenada I – 2021

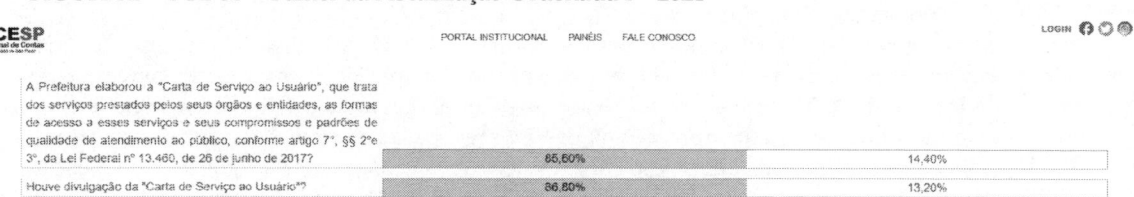

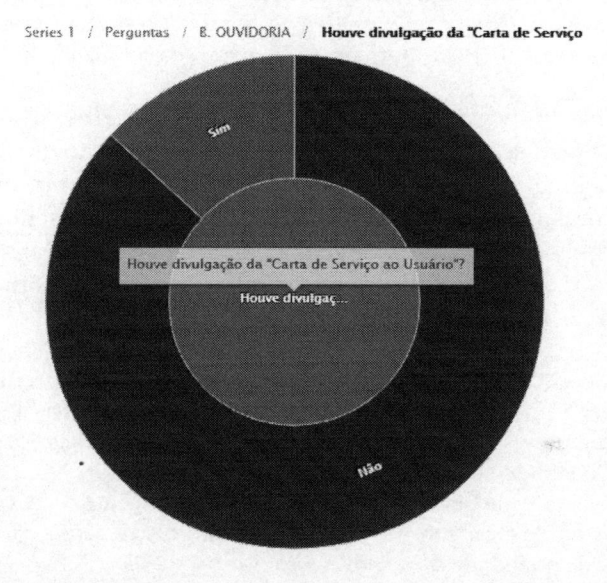

Fonte: https://painel.tce.sp.gov.br/pentaho/api/repos/%3Apublic%3AFiscaOrde%3AFiscaOrde.wcdf/generatedContent?userid=anony&password=zero.

Já o TCU, conforme pesquisa em sua base de jurisprudência, demonstra um total de 19 julgados que mencionam a Lei nº 13.460/2017, todos consideravelmente recentes, datados entre 2021 e 2022, dos quais destacamos os seguintes:

---

são realizadas sem aviso prévio aos jurisdicionados e representam tarefa em que diversos agentes do TCESP em todas as regiões do Estado de São Paulo saem a campo de maneira coordenada, em centenas de localidades ao mesmo tempo, a fim de aferir a qualidade dos serviços prestados à população em temas aprovados pela Direção do Tribunal. O objeto de cada Fiscalização Ordenada bem como os órgãos e entidades a serem auditados são definidos previamente, a partir de informações estratégicas coletadas nos diversos sistemas e banco de dados da Corte. Os achados da fiscalização são reunidos em relatórios consolidados para a divulgação dos resultados e providências cabíveis. As Ações Ordenadas são um jeito novo de fiscalizar e oferecer aos agentes públicos responsáveis condições para a solução de irregularidades que tenham sido apuradas. Fonte: https://painel.tce.sp.gov.br/pentaho/api/repos/%3Apublic%3AFiscaOrde%3AFiscaOrde.wcdf/generatedContent?userid=anony&password=zero. Acesso em: 8 dez. 2022.

Acórdão nº 929/2022 [7]
EXAME TÉCNICO 9.1.1. promovam, nos termos do art. 5º da Lei nº 12.527, de 2011, do art. 4º da Lei nº 13.460, de 2017, e do art. 3º, VI, do Decreto nº 9.203, de 2017, a adoção de padrões e critérios comuns na construção e na divulgação da fila de registros, identificando os pleitos descritos na Lista de Prioridades, além de incluir, no mínimo, a informação sobre o andamento da análise.

Acórdão nº 419/2021 [8]
ACORDAM os ministros do Tribunal de Contas da União, reunidos em sessão do Plenário, com fulcro na Lei nº 8.443/1992, art. 43, inciso I, c/c o art. 250, inciso II e III, do Regimento Interno do TCU, ante as razões expostas pelo relator, assegure a existência de link de acesso direto aos atos normativos pertinentes, para cada norma indicada no campo "Outras Informações/Legislação" dos serviços disponíveis no portal "gov.br", em atenção ao disposto no art. 5º, XIII da Lei nº 13.460/2017 c/c art. 1º, VI do Decreto nº 9.094/2017, de modo a privilegiar a experiência positiva do usuário e permitir, em apenas uma etapa de atendimento, acesso direto às normas que regem cada serviço.

Com relação à efetiva aplicabilidade da Lei nº 13.460/2017 no âmbito interno das Cortes de Contas brasileiras, sobretudo no tocante à confecção da "Carta de Serviços ao Usuário", é possível notar que a atuação tem sido exemplar, visto que todas as Cortes de Contas brasileiras elaboraram seus respectivos documentos. Nas definições de alguns destes órgãos, é possível perceber a elogiável busca por maior interação com o cidadão e uniformização do atendimento, como exaramos do conteúdo do TCE-SC, do TCE-BA e do TCE-PE:

> A Carta de Serviços ao Usuário do TCE/SC reúne os serviços prestados pelo órgão de controle externo, por áreas temáticas – com os requisitos, as formas de acesso, os canais de atendimento, a previsão de tempo de espera –, e oferece informações gerais aos cidadãos sobre o funcionamento da Instituição.
> É mais uma ferramenta que busca aumentar a interação entre o TCE/SC e a sociedade e incentivar o controle social sobre as ações da Instituição, sem perder o foco no compromisso com padrões de qualidade de atendimento.[9]

> A Carta de Serviços ao Cidadão do Tribunal de Contas do Estado da Bahia (TCE/BA), cuja divulgação obrigatória nos Portais foi estabelecida pela Lei Federal nº 13.460, de 26/07/2017, que entrou em vigência em junho de 2018, tem como objetivo orientar os cidadãos sobre os serviços de comunicação disponibilizados pelo Tribunal, apresentando informações básicas sobre os canais de atendimento existentes neste órgão de controle externo da gestão pública estadual.

---

[7] Tribunal de Contas da União. Acórdão nº 929/2022. Solicitação do Congresso Nacional. Matéria: Solicitação do Congresso Nacional para adoção de ato de fiscalização e controle Relator: Marcos Bemquerer. Sessão de 27.04.2022. Disponível em: https://pesquisa.apps.tcu.gov.br/#/documento/acordao-completo/13.460/%2520/DTRELEVANCIA%2520desc%252C%2520NUMA. Acesso em: 8 dez. 2022.

[8] TRIBUNAL DE CONTAS DA UNIÃO. Acórdão nº 419/2021. Órgão Público: Secretaria de Controle Externo da Administração do Estado – SECEXADMIN. Matéria: Relatório de acompanhamento com o objetivo de verificar a efetivação das estratégias de desburocratização de serviços públicos voltados aos cidadãos em áreas apontadas como prioritárias pelo Poder Executivo, levando à prestação de serviços públicos mais simples, rápidos e baratos aos cidadãos, ou seja, com foco na experiência do usuário. Relator: Aroldo Cedraz. Sessão de 03.03.2021. Disponível em: https://pesquisa.apps.tcu.gov.br/#/documento/acordao-completo/13.460/%2520/DTRELEVANCIA%2520desc%252C%2520NUMACORDAOINT%2520desc/7/%2520. Acesso em: 8 dez. 2022.

[9] Disponível em: https://www.tcesc.tc.br/content/carta-de-servi%C3%A7os.

Este material é um documento que visa esclarecer, de maneira objetiva, sobre os serviços do TCE/BA, informando ao cidadão as formas de acesso, os prazos, os horários de atendimento e proporcionando um melhor conhecimento das atividades desenvolvidas pelo Tribunal de Contas em prol da sociedade. A busca pelo relacionamento com os cidadãos, pelo estímulo ao controle social e pela transparência pública faz com que o TCE/BA aperfeiçoe, consequentemente, o exercício do controle externo, visando a uma maior efetividade.[10]

Ao disponibilizar a Carta de Serviços, o Tribunal de Contas do Estado de Pernambuco (TCE-PE), cujo principal serviço é fiscalizar a aplicação dos recursos públicos em todos os Poderes do Estado e nos 184 municípios pernambucanos, aqui incluído órgãos e entidades ou quem de qualquer forma tiver sob sua guarda e responsabilidade dinheiros, bens ou valores públicos, tem como objetivo permitir, de forma simples e rápida, o acesso aos serviços prestados pela organização.

Dessa forma, o TCE-PE convida os cidadãos a participarem ativamente da fiscalização e do controle da gestão pública a partir do acesso e da avaliação dos serviços oferecidos pela Instituição. Com isso, estimula o cidadão a exercer efetivamente o controle social e a praticar a cidadania ativa, comportamento que se faz tão importante e necessário para que os serviços públicos sejam de fato realizados para o bem-estar social, permitindo assim a igualdade de direitos e o atendimento especialmente aos mais necessitados.[11]

2.1.3 Lei nº 14.129/2021

Chegamos ao principal marco regulatório atinente ao conceito de governo digital no ordenamento jurídico brasileiro, a Lei nº 14.129/2021, denominada Lei do Governo Digital ou LGD. Sem a intenção de minimizar os conceitos preteritamente mencionados no presente estudo, trazemos a definição sobre tal terminologia elaborada pelo Tribunal de Contas da União:

> O que é governo digital?
> A intensificação do uso das Tecnologias da Informação e Comunicação (TIC) conduziu a uma nova forma de governos ao redor do mundo interagirem com a sociedade. O uso destas tecnologias possibilitou aos cidadãos maior comodidade e conveniência no acesso e uso de serviços privados e governamentais, o que se denominou governo eletrônico (e-Gov). Com a incessante evolução das tecnologias, o Governo Eletrônico foi substituído pelo governo digital. Com o objetivo de modernizar a administração do Estado Brasileiro, o governo digital, através da TI, reconstrói processos e utiliza dados disponíveis para otimizar e transformar os serviços públicos aos olhos do cidadão, além de reduzir a burocracia.

Fonte: https://portal.tcu.gov.br/fiscalizacao-de-tecnologia-da-informacao/atuacao/governo-digital/.

Apesar de, como já observado, se tratar de um dispositivo que está em harmonia com a LAI e a Lei 13.460/2017, a LGD não possui aplicabilidade para todos os entes da federação, mas se destina exclusivamente à administração pública federal direta e

---

[10] Disponível em: https://www.tce.ba.gov.br/files/flippingbook/carta-de-servicos-ao-cidadao/files/assets/common/downloads/Cartas_de_Servicos_2019-06-18.pdf?uni=faca68f468106e007e6d2c8adf62e6c3.

[11] Disponível em: https://www.tce.pe.gov.br/internet/cartadeservicos/.

indireta. Consoante seu artigo 2º, a aplicação é obrigatória para os órgãos da administração pública direta federal, no que se abarcam os Poderes Executivo, Legislativo e Judiciário, somados ao Tribunal de Contas da União e o Ministério Público da União. Ademais, sua extensão abrange as entidades da administração pública indireta federal, incluindo-se as empresas públicas e sociedades de economia mista, suas subsidiárias e controladas que prestem serviço público, autarquias e fundações públicas. Por outro lado, no que se refere aos estados, Distrito Federal e municípios, a aplicação normativa do conceito de governo digital depende de legislações próprias. Como se depreende dos termos dos incisos I e II do art. 2º, repisamos sua aplicabilidade:

> Art. 2º Esta Lei aplica-se:
> I – aos órgãos da administração pública direta federal, abrangendo os Poderes Executivo, Judiciário e Legislativo, incluído o Tribunal de Contas da União, e o Ministério Público da União;
> II – às entidades da administração pública indireta federal, incluídas as empresas públicas e sociedades de economia mista, suas subsidiárias e controladas, que prestem serviço público, autarquias e fundações públicas;

Porém, ainda em se tratando do governo federal, como já observado na análise das duas leis dos tópicos predecessores, deve-se absorver a ideia de que este diploma não surgiu ao acaso ou que houve um lapso inerte entre os conceitos de Bresser-Pereira e a atualidade, mas sim como fruto de um amadurecimento normativo que foi antecedido, sobretudo, pela Lei de Acesso à Informação e por decretos federais que, aos poucos, trouxeram instrumentos hábeis para que se consumasse tal diploma. Para Medeiros (2017, p. 37), foi ainda na década de 1990 que surgiram as primeiras iniciativas no sentido de automatizar o atendimento público, com a utilização do denominado conceito de *one stop shop* – que consiste em reunir diversos serviços públicos em um mesmo local. As primeiras experiências foram o SAC – Serviço de Atendimento ao Cidadão na Bahia e o Poupatempo em São Paulo, conforme abordado no item 2.1.5 deste trabalho.

A lei também é fruto direto do trabalho do Tribunal de Contas da União, que, a partir de uma extensa auditoria operacional realizada no ano de 2016 junto aos então denominados Ministérios da Ciência, Tecnologia e Inovações e do Planejamento, Desenvolvimento e Gestão, identificou 17 pontos de aperfeiçoamento no sentido de efetivamente promover as ferramentas necessárias para a digitalização do Poder Executivo Federal. Como resultado de tal análise, foi publicado o Acórdão nº 1.469/2017, de relatoria do Ministro Benjamin Zylmer, cujos trechos principais destacamos a seguir:

> Acórdão nº 1.469/2017 [12]
> 9.1.1. no âmbito do Poder Executivo Federal, em conjunto com o Ministério da Ciência, Tecnologia, Inovações e Comunicações e com o Ministério do Planejamento, Desenvolvimento e Gestão, integre e articule as políticas públicas de Inclusão Digital com a Política de Governança Digital instituída pelo Decreto 8.638/2016 e com outras políticas

---

[12] BRASIL. Tribunal de Contas da União. Acórdão nº 1.469/2017. Matéria: Relatório de Auditoria Operacional – Governo Digital no Poder Executivo Federal. Relator: Benjamin Zylmer. Sessão de 12.07.2017. Disponível em: https://pesquisa.apps.tcu.gov.br/#/documento/acordao-completo/*/NUMACORDAO%253A1469%2520ANO ACORDAO%253A2017/DTRELEVANCIA%2520desc%252C%2520NUMACORDAOINT%2520desc/0/ sinonimos%253Dfalse. Acesso em: 8 dez. 2022.

públicas relacionadas com o tema governo digital visando à universalização do acesso aos serviços públicos digitais, com amparo no princípio constitucional da eficiência e nas práticas E1.4 e E3.1 do Referencial Básico de Governança Aplicável a Órgãos e Entidades da Administração Pública publicado pelo TCU em 2014;

9.1.3. avalie a oportunidade e a conveniência de intensificar a divulgação aos cidadãos das plataformas digitais de participação social disponíveis, a exemplo dos portais Participa.br, e-Cidadania e e-Democracia, por meio dos canais de contato com a sociedade mantidos pelos órgãos e demais entes do Poder Executivo Federal, em atenção ao disposto na Lei 12.965/2014, arts. 24, I, VI, IX, e 25, V, e no Decreto 8.638/2016, arts. 3º, VII, 4º, II, e 6º, II;

9.2.4. em conformidade com a Política de Governança Digital, estabeleça diretriz orientadora para os órgãos integrantes do Sistema de Administração dos Recursos de Tecnologia da Informação para que seja avaliado o custo/benefício do provimento de seus serviços presenciais em relação à forma digital, ao elaborarem seus respectivos planos estratégicos e Cartas de Serviços ao Cidadão;

Pois bem, para entender o estudo deste normativo, aprofundarmo-nos em dois aspectos, quais sejam, a posição do Brasil no contexto mundial no tocante ao governo digital e alguns dos principais obstáculos para o aperfeiçoamento dos serviços públicos destinados à população.

2.1.3.1 Posição do Brasil no contexto mundial de digitalização governamental

Leite e Rezende (2015, p. 735) ponderam que tanto na literatura nacional quanto estrangeira há variados modelos de governo eletrônico, o que, por sua vez, reflete alguns que são mais direcionados ao funcionamento interno dos procedimentos administrativos públicos, enquanto outros destinam-se a atestar mecanismos de diálogo e interatividade com o usuário.

Já Tavares e Bitencourt (2021, p. 795) asseveram que a implementação do governo digital, a depender do país ou contexto inserido, enfrenta consideráveis obstáculos.

Nesse contexto, a Organização para a Cooperação e Desenvolvimento Econômico – OCDE criou, no ano de 2019, o Índice de Governo Digital. Tal ferramenta objetivou implementar uma recomendação da própria OCDE no começo da década e se predispôs a avaliar a implementação de abordagens estratégicas por parte das nações participantes, no tocante ao uso de dados e de tecnologias digitais.

Lamentavelmente, nem todos os países membros da OCDE foram avaliados, restando à margem de tal levantamento, por motivos dos mais diversos, Austrália, Eslováquia, Estados Unidos, Hungria, Polônia, Suíça e Turquia. Todavia, ainda assim, foram observados os dados de 33 nações, dentre membros da OCDE e parceiros. A ferramenta buscou avaliar diferentes aspectos daquilo que seria uma administração governamental totalmente digital, tais como proatividade, orientação para o usuário e facilidade de acesso. Como resultado, numa escala de 0 a 1, a liderança foi da Coreia do Sul, e o Brasil ocupou uma destacável 16ª posição, conforme a tabela 1, a qual elenca os 20 primeiros colocados.

TABELA 1
Avaliação OCDE 2019 sobre governo digital

Resultado da avaliação de governo digital – OCDE – 2019 – 33 países		
Posição	País	Pontuação
1ª	COREIA DO SUL	0,742
2ª	REINO UNIDO	0,736
3ª	COLÔMBIA	0,729
4ª	DINAMARCA	0,652
5ª	JAPÃO	0,645
6ª	CANADÁ	0,629
7ª	ESPANHA	0,621
8ª	URUGUAI	0,602
9ª	ISRAEL	0,604
10ª	PORTUGAL	0,580
11ª	FRANÇA	0,573
12ª	NOVA ZELÂNDIA	0,564
13ª	NORUEGA	0,550
14ª	LUXEMBURGO	0,538
15ª	ITÁLIA	0,534
16ª	**BRASIL**	**0,519**
17ª	ESLOVÊNIA	0,513
18ª	ESTÔNIA	0,478
19ª	LETÔNIA	0,474
20ª	ÁUSTRIA	0,452

Fonte: Tabela elaborada pelo autor conforme a base de dados de https://www.oecd-ilibrary.org/docserver/4de9f5bb-en.pdf?expires=1670594734&id=id&accname=guest&checksum=A7C25D5D9C7F4C5F5EEBF8EDFDF7090A.

Por seu turno, a ONU – Organização das Nações Unidas organiza desde 2001 uma pesquisa sobre governo eletrônico, resultando no que ela denomina EGDI (E-Government Development Index). Tal índice é resultado de uma média ponderada de outros três índices (metodologia assemelhada ao IDH):
- IIT – Índice de Infraestrutura em Telecomunicações
- ICH – Índice de Capital Humano
- ISSO – Índice de Serviço On-line

Tavares e Bitencourt (2021, p. 797) destacam que o Brasil vem apresentando um aumento nos últimos anos, o que se deve pela priorização da transformação digital não só por parte do governo, mas como resultado de uma evolução da própria economia. A mais recente pesquisa, datada de 2022, mostra as seguintes pontuações em escala mundial:

TABELA 2
Avaliação ONU 2022 sobre governo digital

Resultado da avaliação de governo digital – ONU – 2022 – 193 países		
Posição	País	Pontuação
1ª	DINAMARCA	0,9717
2ª	FINLÂNDIA	0,9533
3ª	COREIA DO SUL	0,9529
4ª	NOVA ZELÂNDIA	0,9432
5ª	ISLÂNDIA	0,9410
6ª	SUÉCIA	0,9405
7ª	AUSTRÁLIA	0,9393
8ª	ESTÔNIA	0,9390
9ª	HOLANDA	0,9384
10ª	EUA	0,9151
11ª	REINO UNIDO	0,9138
12ª	CINGAPURA	0,9133
13ª	EMIRADOS ÁRABES	0,9010
14ª	JAPÃO	0,9002
15ª	MALTA	0,8943
35ª	URUGUAI	0,8388
36ª	CHILE	0,8377
41ª	ARGENTINA	0,8198
49ª	**BRAZIL**	**0,7910**

Fonte: Tabela elaborada pelo autor conforme a base de dados de https://publicadministration.un.org/egovkb/en-us/data-center.

O índice, que é apurado a cada dois anos, comprova uma evolução do Brasil na última década:

TABELA 3
Evolução do Brasil entre 2010 e 2022 no *ranking* ONU governo digital

Evolução do Brasil na Avaliação de governo digital – ONU – 2010-2022		
Ano	Posição	Pontuação
2010	61ª	0,5005
2012	59ª	0,6167
2014	57ª	0,6008
2016	51ª	0,6376
2018	44ª	0,7327
2020	54ª	0,7677
2022	49ª	0,7910

Fonte: Tabela elaborada pelo autor conforme a base de dados de https://publicadministration.un.org/egovkb/en-us/Data/Country-Information/id/24-Brazil.

O Brasil refletiu subíndices que, de acordo com a interpretação da ONU, apresentam, por um lado, alto nível de desenvolvimento em capital humano, porém, de outro, a conjuntura da infraestrutura tende a impedir avanços na instituição de ferramentas governamentais digitais.

2.1.3.2 Desafios para aplicabilidade da LGD

Pois bem, retornando à abordagem mais detida da lei, seu artigo 3º elenca nada menos que 26 incisos referentes a princípios e diretrizes de observância e aplicação obrigatória. Como predizem Tavares e Bitencourt (2021, p. 800), "é sabido que a letra da lei não transmuta automaticamente a realidade vigente, isto é, muitas das vezes há um hiato entre aquilo que deveria ser e aquilo que efetivamente é".

Não obstante, é mister reconhecer que a LGD é um importantíssimo marco no sentido de avanço para a abertura de dados públicos e indução da transparência ativa. Havia certa normatização a respeito do tema, porém em legislação federal difusa, sobretudo em decretos, portarias e instruções normativas, assim, a lei unifica ordenamentos que levam a uma uniformização/padronização de objetivos.

Ademais, é de se destacar o que é delineado pelo artigo 44 da LGD, ou seja, a instituição por parte de entes públicos dos iLabs (laboratórios de inovação):

> Art. 44. Os entes públicos poderão instituir laboratórios de inovação, abertos à participação e à colaboração da sociedade para o desenvolvimento e a experimentação de conceitos, de ferramentas e de métodos inovadores para a gestão pública, a prestação de serviços públicos, o tratamento de dados produzidos pelo poder público e a participação do cidadão no controle da administração pública.

A prática não chega a ser uma completa novidade no país, pois, conforme Sano (2020, p. 33), se tem notícia de iniciativas similares na administração pública brasileira, antes mesmo da LGD. Entretanto, Tavares e Bitencourt (2021, p. 804) destacam que é primordial a regulamentação legal de forma a caminhar na direção do amadurecimento para a efetiva prática desse ferramental nos entes públicos.

Sobre tais laboratórios, é de se destacar que a própria lei destaca que devem ser abertos à participação e colaboração da sociedade. Isso vai ao encontro do conceito de cidadãos digitais, que também passam a ser sujeitos ativos na soma de esforços para promover um ambiente de criatividade e colaboração, adentrando os portões da administração pública. Resta, então, um relevantíssimo desafio para o setor público, qual seja: a integração com a sociedade como instrumento ativo na colaboração para o aperfeiçoamento de um governo digital. Este conceito advém da própria dinâmica social no contexto digital, onde muitos dos mais relevantes agentes promotores de serviços da internet souberam utilizar com maestria as colaborações dos próprios usuários para agregar conteúdo e valor, exemplos: YouTube, Instagram, Google Tradutor, Facebook, Instagram, Wikipedia, dentre outros.

Quanto à aplicabilidade da lei e a participação ativa do controle externo – neste caso apenas o TCU, visto que é uma norma restrita à administração federal –, observamos, em consulta à jurisprudência da principal Corte de Contas brasileira, que a norma foi mencionada em 33 acórdãos diferentes, porém, em quase todos, em sentido geral, como não mais do que uma citação. Destarte, a tendência para Tavares e Bitencourt (2021, p. 808) é que haja a necessidade, por parte dos entes públicos, de absorver uma nova mentalidade (quiçá cultura) a respeito de como as ferramentas digitais ofertadas devem ser transformadas ou, até mesmo, reconstruídas.

2.1.4 Legislações e iniciativas/ferramentas estaduais

No tocante às unidades federativas, destacamos a mais populosa de cada uma das regiões do país, de forma a possibilitar um olhar panorâmico:

- Região Sul – Paraná

O Estado que possui 11,6 milhões de habitantes instituiu o "PIA – Programa de Inteligência Artificial",[13] que oferta serviços digitais em 19 diferentes segmentos, tais como agropecuária, desenvolvimento urbano, habitação, meio ambiente e saúde. Este portal advém da disciplina contida no Decreto Estadual nº 9.360, de 23.04.2018, que regulamenta o governo digital no âmbito do Estado do Paraná, com a seguinte redação:

> CAPÍTULO III
> DO GOVERNO DIGITAL
> Art. 14. Deverão os órgãos e entidades integrantes da administração pública estadual, sistematicamente, implementar ações de governança digital, visando:
> I – facultar aos cidadãos, às pessoas jurídicas e a outros entes públicos a solicitação e o acompanhamento dos serviços públicos sem a necessidade de atendimento presencial;
> II – implementar e difundir o uso dos serviços públicos digitais aos cidadãos, às pessoas jurídicas e a outros entes públicos, inclusive por meio de dispositivos móveis;
> III – disponibilizar, em plataforma única e centralizada, mediante o nível de autenticação requerido, o acesso às informações e a prestação direta dos serviços públicos;
> IV – simplificar as solicitações, a prestação e o acompanhamento dos serviços públicos, com foco na experiência do usuário;
> V – dar transparência à execução e permitir o acompanhamento e o monitoramento dos serviços públicos; e
> VI – promover a atuação integrada e sistêmica entre os órgãos e as entidades envolvidos na prestação dos serviços públicos.
> VII – estímulo ao uso de tecnologias modernas e eficientes, compatíveis com os níveis exigidos de qualidade, continuidade e segurança na prestação dos serviços.

---

[13] Disponível em: https://www.pia.pr.gov.br/guia.

FIGURA 3 – Tela de apresentação do PIÁ – Paraná Inteligência Artificial

Fonte: https://www.pia.pr.gov.br/.

Por seu turno, importante frisar que o portal paranaense é integrado com a plataforma federal *gov.br*, sendo este mais um facilitador para o cidadão e reforçando a aplicabilidade do conceito de *one stop shop*.

▪ Região Sudeste – São Paulo

O mais populoso estado da federação, atualmente com 46,6 milhões de habitantes, possui uma plataforma de governo digital que, na verdade, iniciou-se de forma física e hoje opera hibridamente. São os chamados "poupatempos", que, segundo vídeo institucional[14] do governo do Estado, tiveram sua primeira agência criada em 1997 no centro de São Paulo e atualmente somam 198 unidades físicas (espalhadas por diversos municípios paulistas), além de 900 totens de autoatendimento (que se destinam ao atendimento de municípios menores), ao passo que reúnem 245 serviços digitais aos usuários.

Para Teciano (2014, p. 34), o Poupatempo é tido como um exemplo de inovação no campo do serviço público, por abarcar (primeiramente de forma presencial, porém evoluindo para o formato híbrido) os mais variados serviços públicos, destacando ainda que a iniciativa foi um grande marco para "aumentar a transparência e melhorar a qualidade dos serviços prestados". Ademais, ele destaca que "este 'ciclo virtuoso' gera um processo contínuo de construção e desconstrução de formas de gerir a noção pública e promove o desenvolvimento constante da administração, apoiada em novas tecnologias".

Muito embora a criação do Poupatempo seja datada do final da década de 1990, foi promulgado o Decreto Estadual nº 64.355, de 31 de julho de 2019, o qual cria o Comitê

---

[14] Disponível em: https://www.youtube.com/watch?v=Tg69dXidWjQ.

de Governança Digital, bem como o Programa SP Sem Papel. Por sua vez, o Poupatempo foi normatizado formalmente pela Lei Complementar nº 847, de 16 de julho de 1998, com quatro objetivos bem delineados e que corroboram toda a abordagem do conceito de governo digital e da busca por eficiência e universalização:

> Artigo 4º – As Centrais de Atendimento ao Cidadão serão implantadas com os seguintes objetivos:
> I – concentrar em um único espaço físico a prestação de diversos serviços públicos;
> II – dar atendimento proporcionando diminuição de tempo e de custo para o cidadão;
> III – propiciar ao cidadão alto padrão de atendimento com qualidade e eficiência;
> IV – acolher orientar e informar a população sobre os procedimentos necessários para o acesso aos serviços disponíveis.

Assim, observa-se que se trata de uma iniciativa exemplar no tocante ao desenvolvimento de uma oferta de serviços públicos mais próxima ao cidadão (universalização) e mais eficiente.

Atualmente, está em fase de projeto piloto a interface do aplicativo de mensagens *WhatsApp* como ferramenta de atendimento.

FIGURA 4 – Tela de apresentação do Poupatempo – São Paulo

Fonte: https://www.poupatempo.sp.gov.br/.

Como ponto carente de melhorias, no entanto, destacamos que não há integração digital entre o sistema do Poupatempo e a plataforma federal *gov.br*.

▪ Região Centro-Oeste – Goiás

Esta unidade federativa que possui 7,2 milhões de habitantes é, segundo levantamento realizado no ano de 2022 pela Associação Brasileira de Entidades Estaduais de Tecnologia da Informação e Comunicação (ABEC-TIC), o segundo estado brasileiro mais digitalizado.[15] Existe no estado o programa "Expresso Goiás", que conta com 64 unidades físicas, denominadas *"Vapt Vupt"*, abarcando 294 diferentes serviços.

FIGURA 5 – Tela de apresentação Expresso Goiás

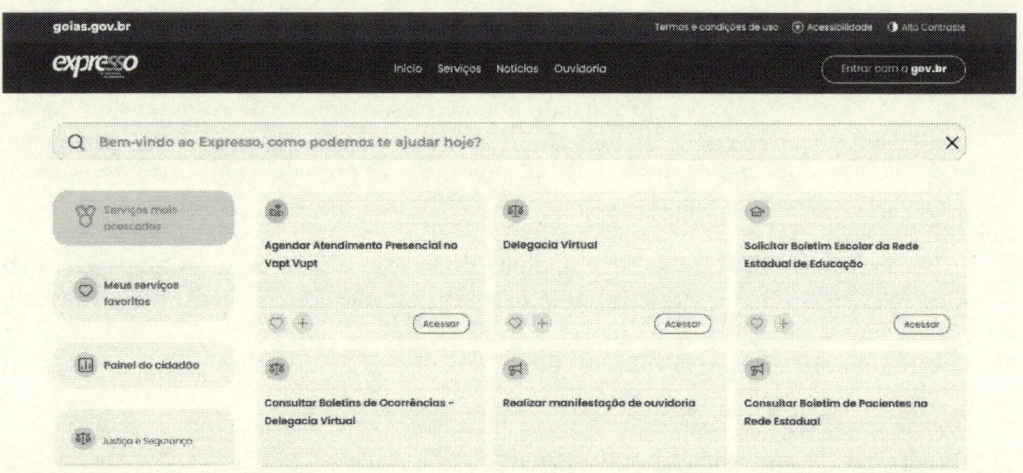

Fonte: https://www.go.gov.br/.

A ferramenta "Expresso" é integrada com a plataforma *gov.br*, possuindo inclusive um *login* único para ambas. Importante salientar que tal ação é oriunda do Programa Simplifica Goiás, que foi criado pela Lei nº 20.846, de 2 de setembro de 2020.

▪ Região Nordeste – Bahia

O maior e mais populoso estado do Nordeste brasileiro, com 14,9 milhões de habitantes, possui o programa "SAC Digital", que elenca 492 serviços digitais e é referência na área da saúde, por oferecer inclusive o agendamento de exames e consultas via aplicativo do programa.

---

[15] Disponível em: https://www.administracao.go.gov.br/noticias/22638-governo-de-goias-e-o-2-mais-digitalizado-do-pais.html.

FIGURA 6 – Tela de apresentação – SAC Digital Bahia

Fonte: https://sacdigital.ba.gov.br/.

No mencionado levantamento realizado pela instituição ABEC-TIC, o qual atribuiu ao estado de Goiás a 2ª colocação no tocante aos mais digitalizados estados brasileiros, coube ao estado da Bahia o primeiro lugar, fato este notificado entusiasticamente pela Associação dos Servidores do Estado da Bahia.

FIGURA 7 – Premiação ABEC-TIC – Estado da Bahia

Fonte: https://servidores.rhbahia.ba.gov.br/noticias/2022-12-02/secretaria-da-administracao-e-prodeb-ganham-premio-governo-digital.

▪ Região Norte – Pará

O estado que tem 8,7 milhões de habitantes possui uma empresa para o processamento de dados do Governo do Estado, denominada PRODEPA, órgão este que ficou responsável, em janeiro de 2022, pelo intercâmbio de informações e *login* único junto ao governo federal pela plataforma *gov.br*, conforme noticiado pelo portal "Agência Pará" em 28.01.2022.[16] Todavia, até o momento de nossa pesquisa, tal intercâmbio ainda não havia ocorrido.

O que há é uma plataforma no próprio portal do governo do estado, mas que detém somente seis serviços direcionados ao cidadão, como se vê na figura a seguir:

FIGURA 8 – Tela de apresentação – Serviços do Estado do Pará

Fonte: https://www.pa.gov.br/servicos.

Ademais, inexiste legislação de regência do governo digital no âmbito paraense, o que demonstra que o estado é, dos pesquisados neste tópico, o que mais carece de aperfeiçoamento de forma a disponibilizar ao cidadão a devida oferta de serviços públicos digitais.

Após um panorama acerca dos principais normativos federais e as ferramentas, iniciativas e legislações de algumas unidades da federação, adentraremos a análise atinente às Cortes de Contas brasileiras, dividindo-se em dois blocos de estudo. O primeiro abordará os desafios que os próprios órgãos de controle externo enfrentam internamente para evoluir digitalmente e o segundo, os desafios fiscalizatórios frente aos órgãos jurisdicionados.

---

[16] Disponível em: https://agenciapara.com.br/noticia/34537/para-faz-adesao-a-rede-nacional-de-governo-digital.

3 Tribunais de Contas brasileiros – obstáculos para aproximação da sociedade, boas práticas atuais de governo digital e aprofundamento da fiscalização de transparência pública

Para que haja a participação ativa da sociedade em termos de colaboração com o controle externo e, simultaneamente, uma evolução dos órgãos de controle em adentrar as atuais demandas digitais, necessário entender que o próprio desconhecimento acerca do que realizam as Cortes de Contas consiste em um obstáculo para o Brasil. Conforme se observou no tópico 1.1, a pesquisa realizada pelo então instituto IBOPE demonstrou que somente 17% dos entrevistados realmente entendiam o que permeia a atuação dos Tribunais de Contas. Nesse sentido, vejamos alguns dos principais obstáculos que devem ser transpassados pelos órgãos de controle de forma a construir uma posição de maior relevância frente à sociedade brasileira, assim como as práticas que vêm sendo adotadas, sobretudo com o uso de ferramentas digitais.

3.1 Atuação centralizada

Nosso primeiro tópico não está necessariamente relacionado ao uso de ferramentas de governo digital, mas possui estreita correlação com a interação das Cortes de Contas com o cidadão. De se notar que, como se observará adiante, ainda existe um importante percentual de brasileiros que não possui qualquer acesso à rede mundial de computadores, o que limita, para tal contingente populacional, a abrangência dos conceitos de governo digital para fazer conhecidos os Tribunais de Contas.

Todas as sedes dos Tribunais de Contas brasileiros estão, por força de suas respectivas constituições (federal, estaduais e distrital), localizadas nas correspondentes capitais.

Vejamos o exemplo da constituição do Estado de Alagoas na redação do art. 95:

> Art. 95. O Tribunal de Contas do Estado, integrado por sete Conselheiros, sendo um membro do Ministério Público junto ao Tribunal de Contas e um Auditor, tem sede na Capital do Estado, quadro próprio de pessoal e jurisdição em todo território alagoano, inclusive sobre órgãos ou repartições do Estado, sediadas fora do seu território, exercendo, no que couber, as atribuições previstas no art.133 desta Constituição.

Tal regra não possui exceções na república brasileira, isto é, todos os Tribunais de Contas são sediados nas capitais de sua jurisdição.

Por seu turno, de acordo com estimativas do Instituto Brasileiro de Geografia e Estatística – IBGE, em 2021, dos 213,37 milhões de brasileiros, 50,4 milhões viviam em capitais. Tamanho estrato representa 23,62% de toda a população do país, o que, por óbvio, resulta que 76,38% dos brasileiros acabam por residir nos demais 5.533 municípios do país (não capitais).

Evidentemente que tal percentual de habitantes elevar-se-ia se consideradas as regiões metropolitanas das citadas capitais, porém, não é possível afastar o fato de que relevantíssima parcela da sociedade brasileira reside em áreas cujo acesso às sedes das unidades federativas não é simples. Temos, então, a primeira problemática: centralização física das Cortes de Contas. Isso pode não consistir numa questão de grande relevância para habitantes do Distrito Federal, mas certamente será em estados como Minas Gerais, Pará, Bahia, Maranhão, Amazonas, Paraná, dentre outros.

Desta forma, em pesquisa nos portais de todos os Tribunais de Contas brasileiros nota-se que há, em quase todos os casos, centralização de suas sedes físicas, fato este que tende a dificultar o acesso a boa parte da população, conforme observaremos adiante.

Na Pesquisa Nacional por Amostra de Domicílios Contínua (Pnad C), realizada pelo IBGE, os dados do 4º trimestre de 2021 indicaram que 15,3% da população brasileira com mais de 10 anos de idade (correspondente a 28,2 milhões de pessoas) não fez uso da rede mundial de computadores em 2021.

FIGURA 9 – Panorama do uso da internet no Brasil em 2021

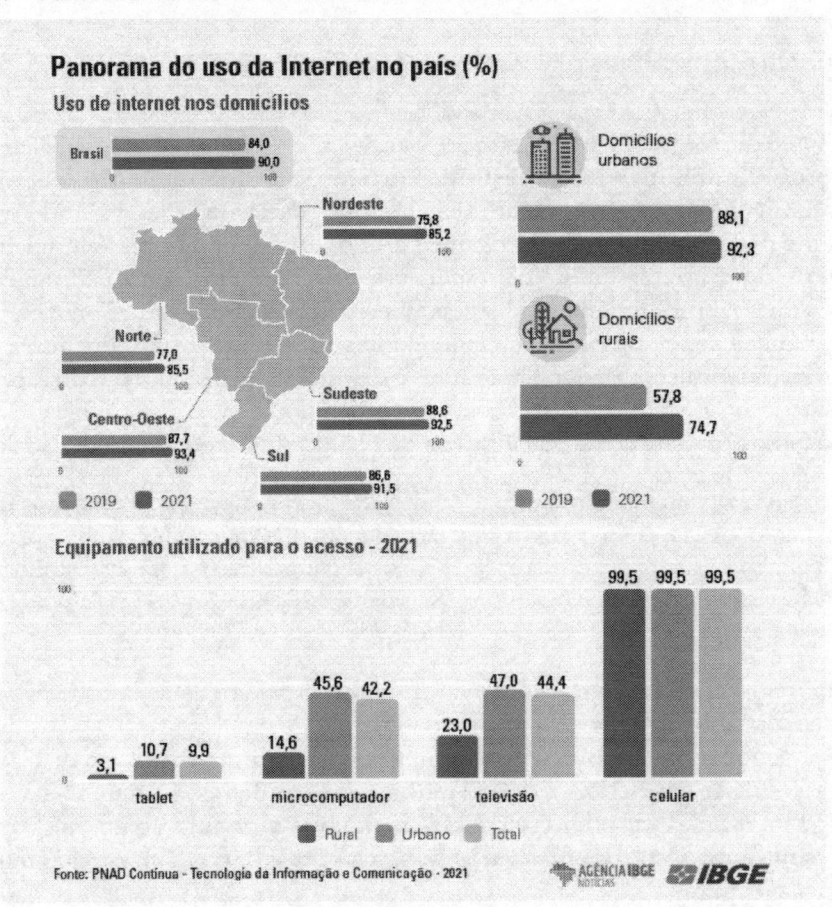

Fonte: https://agenciadenoticias.ibge.gov.br/agencia-noticias/2012-agencia-de-noticias/noticias/34954-internet-ja-e-acessivel-em-90-0-dos-domicilios-do-pais-em-2021.

Embora seja possível notar nos últimos anos evidente crescimento no uso da rede mundial de computadores, não é de se ignorar que mais de 15% da população brasileira não detém acesso à citada rede, o que reforça o peso de demandas presenciais deste nicho da população, passando de 40% (dos que não usam) dentre aqueles com 60 anos ou mais, como se nota na Figura 10.

FIGURA 10 – Uso da internet no Brasil por faixa etária

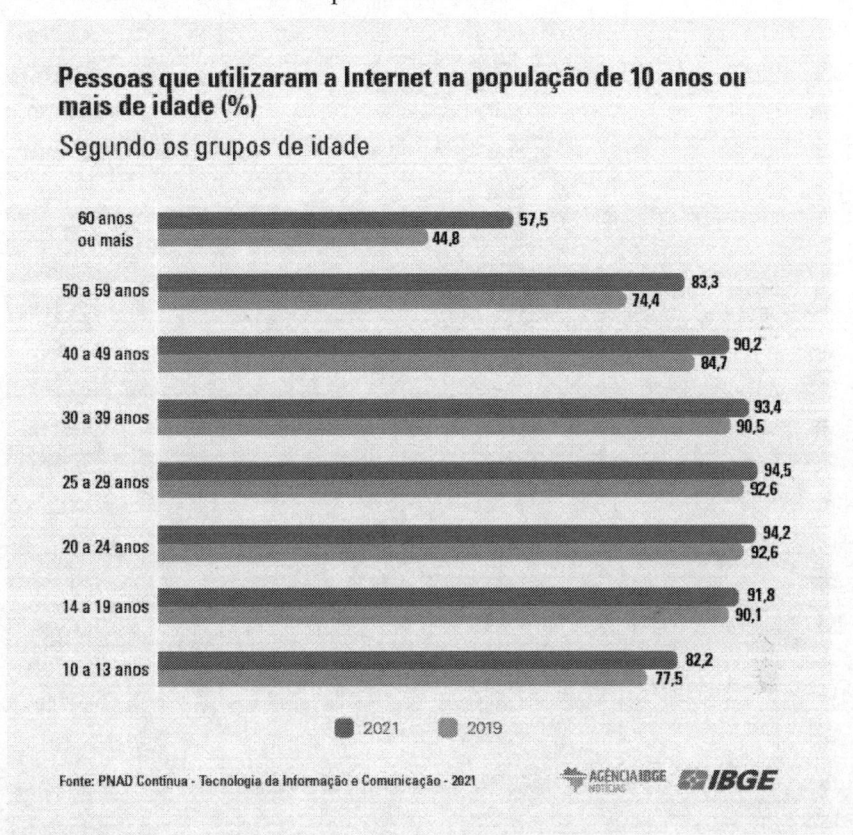

Pessoas que utilizaram a Internet na população de 10 anos ou mais de idade (%)
Segundo os grupos de idade

Faixa etária	2021	2019
60 anos ou mais	57,5	44,8
50 a 59 anos	83,3	74,4
40 a 49 anos	90,2	84,7
30 a 39 anos	93,4	90,5
25 a 29 anos	94,5	92,6
20 a 24 anos	94,2	92,6
14 a 19 anos	91,8	90,1
10 a 13 anos	82,2	77,5

Fonte: PNAD Contínua - Tecnologia da Informação e Comunicação - 2021. Agência IBGE Notícias / IBGE.

Fonte: https://agenciadenoticias.ibge.gov.br/agencia-noticias/2012-agencia-de-noticias/noticias/34954-internet-ja-e-acessivel-em-90-0-dos-domicilios-do-pais-em-2021.

Feitas tais considerações, havemos de admitir que o conceito de governo digital pode estar ainda muito distante de uma não módica parcela da população brasileira. Inferindo-se as informações destacadas (76% da população que não reside em capitais e 15% da população que não acessa a internet), concluímos que a disponibilização fisicamente centralizada por parte dos Tribunais de Contas brasileiros tende a comprometer o acesso (e, consequentemente a relevância) das Cortes de Contas brasileiras a significativo percentual dos residentes em nosso território.

Pois bem, para se ter melhor dimensão, imprescindível a apresentação de dados práticos acerca dos Tribunais de Contas, com base em consultas a seus portais na internet.

TABELA 5
Subsedes de Tribunais de Contas

TRIBUNAL	POSSUI SUBSEDES E/OU UNIDADES REGIONAIS?	ÁREA TOTAL EM KM²
TCU	SIM, UMA EM CADA CAPITAL<?>	
TCE-AC	NÃO	164.123
TCE-AL	NÃO	27.843
TCE-AP	NÃO	142.470
TCE-AM	NÃO	1.559.167
TCE-BA	NÃO	564.760
TCE-CE	NÃO	148.894
TCE-DF	NÃO	5.760
TCE-ES	NÃO	46.074
TCE-GO	NÃO	340.203
TCM-GO	NÃO	340.203
TCE-MA	NÃO	327.672
TCE-MT	NÃO	903.207
TCE-MS	NÃO	357.145
TCE-MG	NÃO	586.521
TCE-PA	NÃO	1.245.870
TCE-PB	NÃO	56.467
TCE-PR	NÃO	199.298
TCE-PE	NÃO	98.067
TCE-PI	NÃO	251.756
TCE-RJ	NÃO	43.750
TCE-RN	NÃO	52.809
TCE-RS	SIM, 9 SERVIÇOS REGIONAIS DE AUDITORIA<?>	281.707
TCE-RO	NÃO	237.765
TCE-RR	NÃO	223.644
TCE-SC	NÃO	95.730
TCE-SP	SIM, 20 UNIDADES REGIONAIS<?>	248.219
TCE-SE	NÃO	21.925
TCE-TO	NÃO	277.466

Fonte: Tabela elaborada pelo autor.

Conforme a tabela 5, o que se nota é a presença de escritórios regionais nos Tribunais de Contas da União (sendo que suas subsedes são somente em capitais de estados), além do TCE-RS e do TCE-SP. Em suma, cidades do interior do Brasil que possuem subsedes de órgãos de controle externo estão localizadas somente nos estados do Rio Grande do Sul e de São Paulo. Esta centralização de atividades, somada à ainda relevante parcela da população que não reúne condições de acessar remotamente as funcionalidades institucionais do controle externo (por não possuir acesso à internet), pode ser um dos fatores que contribuem para uma efetividade aquém da potencial por parte destes órgãos de controle.

Por outro lado, cabe a reflexão por parte das Cortes de Contas se a implementação de subsedes, o que implica diversos custos embutidos, tais como servidores, imóveis, dentre outros, seria de adequado proveito ou se, em seu lugar, escritórios itinerantes e temporários poderiam, ao menos parcialmente, minimizar tal distância.

3.1.2 Disponibilidade e funcionalidades de aplicativos

Nossa abordagem a partir deste tópico se concentrará em atividades que podem ser realizadas com o auxílio de dispositivos vinculados ao conceito de governo digital. Em se tratando da parcela da população que faz uso da rede mundial de computadores, ou seja, para a qual um efetivo governo digital teria o potencial de adentrar a sua rotina, dedicamos os trabalhos de pesquisa a fim de verificar a funcionalidade de aplicativos por parte das Cortes de Contas brasileiras.

A citada Pesquisa Nacional por Amostra de Domicílios Contínua (Pnad C), realizada pelo IBGE, demonstrou que o comportamento daqueles que utilizam a rede mundial de computadores tem se modificado contundentemente ao longo dos últimos anos. Esta observação é corroborada pela fala da Analista de Pesquisa Flavia Vinhaes, atestando que o telefone celular é o instrumento mais utilizado pela população brasileira, sobretudo de baixa renda, para acessar a rede de computadores:

> Entre 2019 e 2021, houve queda do acesso a internet por microcomputador e tablet, mas já observamos o aumento do acesso por meio da televisão em mais de 10 pontos percentuais. Analisando a série desde 2016, vimos que houve ligeiro aumento do acesso por celular, queda do computador de 57,2 para 42,2% e no uso do tablet de 17,8% para 9,9%. Já a TV sai de 11,7% em 2016 para 44,4%. O rendimento desses domicílios foi maior entre os que utilizavam tablet, R$ 3 mil; ante R$ 2.296 dos que utilizavam microcomputador, R$ 1.985 para os que acessam via TV e *o menor rendimento, R$ 1.480, é dos que acessam com telefone celular.* (grifo nosso)

Repisando a figura 9, destaquemos os instrumentos que vêm sendo utilizados para o acesso à rede, constatando que o mais relevante é o telefone celular:

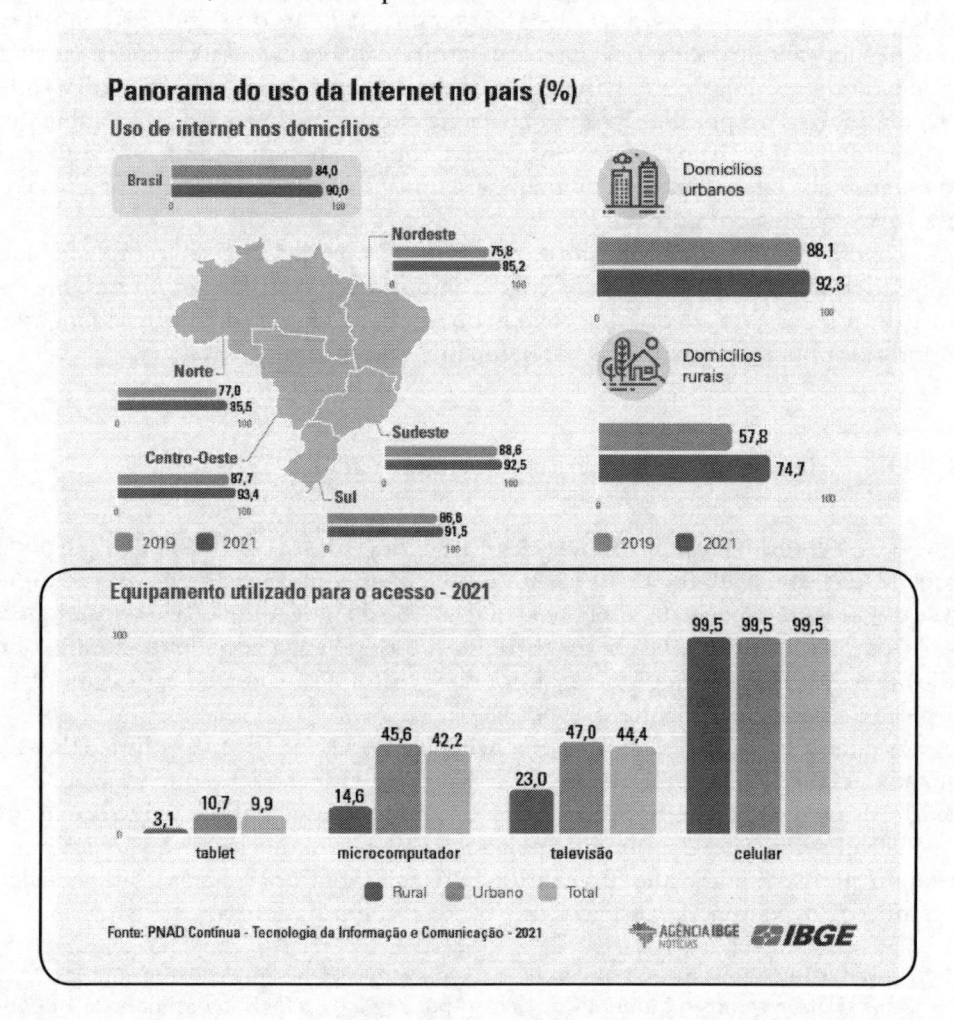

Panorama do uso da Internet no país (%)

Uso de internet nos domicílios

- Brasil: 84,0 (2019); 90,0 (2021)
- Nordeste: 75,8 (2019); 85,2 (2021)
- Norte: 77,0 (2019); 85,5 (2021)
- Centro-Oeste: 87,7 (2019); 93,4 (2021)
- Sudeste: 88,6 (2019); 92,5 (2021)
- Sul: 86,6 (2019); 91,5 (2021)
- Domicílios urbanos: 88,1 (2019); 92,3 (2021)
- Domicílios rurais: 57,8 (2019); 74,7 (2021)

Equipamento utilizado para o acesso - 2021

Equipamento	Rural	Urbano	Total
tablet	3,1	10,7	9,9
microcomputador	14,6	45,6	42,2
televisão	23,0	47,0	44,4
celular	99,5	99,5	99,5

Fonte: PNAD Contínua - Tecnologia da Informação e Comunicação - 2021 — AGÊNCIA IBGE NOTÍCIAS / IBGE

Considerando que quase a totalidade da população brasileira que acessa a rede mundial de computadores utiliza telefones celulares, somada ao fato que o extrato de menor poder aquisitivo possui muitas vezes neste instrumento seu único modo de acesso, é de se concluir que a disponibilização de aplicativos para dispositivos móveis tende a ser um fator facilitador para os órgãos de controle se aproximarem dos cidadãos, sobretudo os de maior vulnerabilidade social.

Portanto, ao realizarmos pesquisas[17] nas principais *playstores* disponíveis do mercado de dispositivos móveis brasileiro (App Store e Google Play), observamos que os seguintes Tribunais de Contas possuem aplicativos, com as funcionalidades respectivas:

---

[17] Pesquisa realizada em portais de aplicativos de dispositivos móveis "App Store" e "Google Play" entre os dias 19.09.2022 e 10.12.2022.

3.1.2.1 Aplicativo TCU – 7 funcionalidades

- TV TCU
- Notícias
- Pesquisa Processual
- Pesquisa de Jurisprudência
- Consulta a Sessões
- Vista Processual
- Canal de Manifestação/Denúncia

FIGURA 11 – Tela de apresentação – Aplicativo TCU

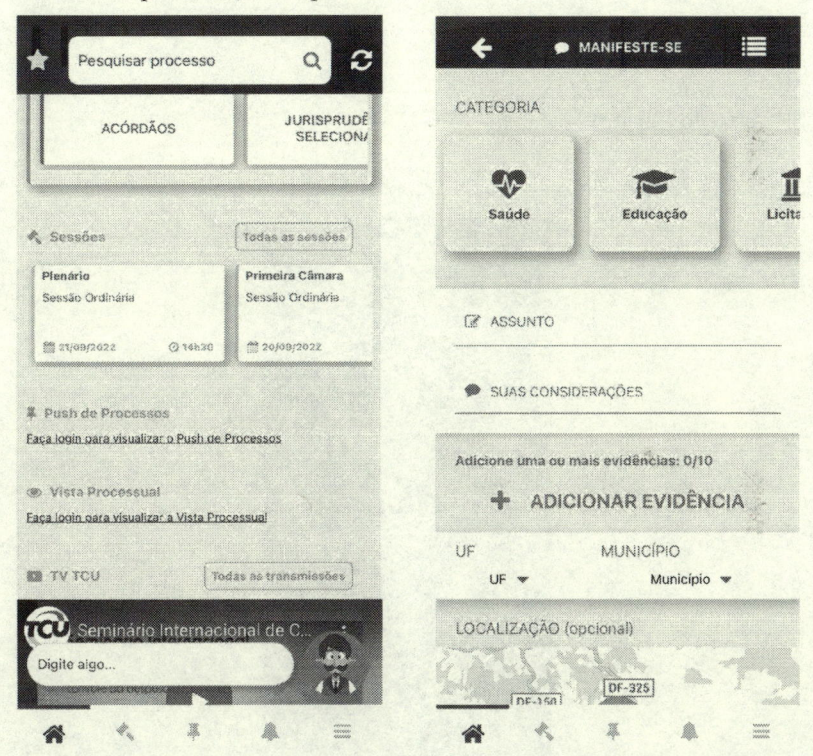

Fonte: Aplicativo do TCU. Acesso em: 01 out. 2022.

Das funcionalidades do aplicativo da Corte de Contas Federal, a que mais tem o potencial de propagar as atividades do órgão – ou seja, fazer o TCU conhecido – é a TV-TCU, consistindo em um *link* que redireciona para o canal da Corte de Contas Federal no YouTube.

Importa mencionar que existem outras formas de interação, tais como o canal de denúncias e exposição de notícias.

Como ponto negativo, destacamos a navegabilidade pouco convidativa, que, devido aos diversos e espalhados links de acesso, tende a confundir o usuário iniciante.

3.1.2.2 Aplicativo TCE-SP – 13 funcionalidades

- Fiscalize com o TCESP
- Gestor Municipal
- Pesquisa de Processos
- Sessões
- Apenados
- Diário Oficial
- Notícias
- TV TCE
- Comunicados
- Eventos
- Painéis
- Legislação
- Protocolo Digital

FIGURA 12.A – Tela de apresentação – Aplicativo TCESP

Fonte: Aplicativo do TCE-SP. Acesso em: 10 mar. 2023.

O aplicativo do TCE-SP mostra um total de 13 funcionalidades que englobam, como já citado, as mais diversas temáticas que perpassam pelas atribuições do órgão. Verifica-se que a navegabilidade é simples e objetiva e que há três instrumentos, em especial, que possibilitam estreita relação com o cidadão: Fiscalize com o TCESP, Painéis e Protocolo Digital.

O "Fiscalize com o TCE" é uma ferramenta que disponibiliza o encaminhamento de denúncias que são recebidas, em tempo real, pelo Tribunal e encaminhadas às respectivas equipes de fiscalização do órgão, o que reflete um efetivo passo em direção à interação e universalização dos serviços públicos no conceito de governo digital.

Já a funcionalidade "Protocolo Digital" reflete um relevante ganho na evolução à instituição de um governo digital por parte dos órgãos de controle externo, que foi instituída em 01.07.2022 e é única no âmbito de tais Cortes. Vejamos o que o próprio TCE-SP menciona a respeito de seu "Protocolo Digital":

> Protocolo Digital
> Essa ferramenta poderá ser utilizada para protocolar documentos entregues nas unidades de atendimento da sede ou Unidades Regionais do Tribunal de Contas do Estado de São Paulo (TCESP) de forma digital, garantindo mais celeridade no procedimento de recepção e encaminhamento de documentos.
> Agora não é mais necessário ir até as instalações do TCESP para entregar documentos e receber um protocolo de entrega. Para isso, basta ter uma conta no TCESP e enviar os documentos em formato digital.
> Descrição
> Utilize esta ferramenta para protocolar documentos entregues nas unidades de atendimento da sede ou Unidades Regionais do Tribunal de Contas do Estado de São Paulo (TCESP) de forma digital, garantindo mais celeridade no procedimento de recepção e encaminhamento de documentos.

Tal prática inovadora é exemplar e, considerando sua singularidade (pois é encontrada apenas no TCE-SP), facilita a formalização processual junto à Corte Paulista, podendo ser realizada até mesmo por dispositivos móveis.

Por fim, especial atenção cabe à funcionalidade "Painéis", a qual possibilita ao cidadão acompanhar nada menos que 14 temáticas relevantes no âmbito da administração pública:

FIGURA 12.B – Painéis – Aplicativo TCE-SP

Fonte: Aplicativo do TCE-SP. Acesso em: 10 mar. 2023.

Por meio dos painéis, o cidadão é capaz de consultar e acompanhar através de seu telefone celular, por exemplo, o gasto *per capta* do Poder Legislativo de seu município, um resumo histórico acerca dos programas de despoluição dos rios Tietê e Pinheiros (que já consumiram R$ 1,76 bilhão conforme nossa consulta ao painel em março de 2023), um panorama da gestão de 272 hospitais públicos do estado e um mapa de obras públicas paralisadas ao longo de todo o território paulista. Tal instrumento mostra-se repleto de potencial para o aperfeiçoamento do controle social.

3.1.2.3 Aplicativo TCE-SC – 5 funcionalidades

- Pesquisa Processual
- Diário Oficial
- Legislação e Normas
- Sessões e Pautas
- Ouvidoria (aplicativo separado apenas para esta funcionalidade)

FIGURA 13 – Tela de apresentação – Aplicativo TCE-SC

Fonte: Aplicativo do TCE-SC. Acesso em: 4 out. 2022.

O aplicativo catarinense possui funcionalidades que se voltam primordialmente para o público interno e para partes processuais, não detendo informações de uso cotidiano para demais usuários do serviço público.

A interatividade é possível somente pela ouvidoria, a qual detém um aplicativo separado. Tal fragmentação, com a necessidade de instalação de aplicativo próprio, tende a desincentivar a participação popular.

3.1.2.4 Aplicativo TCE-RN – 7 funcionalidades

- Canal YouTube TCE-RN
- Consulta Processual
- Escola de Contas
- Ouvidoria
- Pautas de Sessões
- Painel de Obras
- Portal da Transparência

FIGURA 14 – Tela de apresentação – Aplicativo TCE-RN

Fonte: Aplicativo do TCE-RN. Acesso em: 4 out. 2022.

A ferramenta potiguar busca propiciar a efetiva participação tanto dos jurisdicionados interessados, devido à funcionalidade da Escola de Contas, quanto do cidadão final, pela disponibilização de ouvidoria, painel de obras e portal da transparência.

Adicionalmente, conforme se depreende da figura 14, o *layout* do aplicativo é bem mais convidativo do que, por exemplo, o catarinense, o que pode instigar o usuário a de fato explorar o conteúdo e interagir com o órgão público, além de resultar em um proveitoso uso de tal ferramenta de governo digital.

Destaca-se, ademais, a funcionalidade "Painel da Transparência", que demonstra dados fiscais e de gestão tanto do governo do estado quanto de todos os seus 167 municípios jurisdicionados.

Fato é que o exemplo potiguar evidencia a estreita relação entre o uso de ferramentas tecnológicas e o aprofundamento da transparência pública. Por meio de um aplicativo de uso livre, qualquer cidadão tem condições de acessar via seu dispositivo móvel dados diversos de gestão do Estado do Rio Grande do Norte, de forma rápida, transparente e sem a exigência de senhas ou quaisquer cadastros prévios.

3.1.2.5 Aplicativo TCE-RJ – 9 funcionalidades

- Pautas
- Histórico de Sessões
- Plenário On-line
- Processos
- Processos Acompanhados
- Deliberações
- Súmulas
- Respostas a Consultas
- Defesa Oral

FIGURA 15 – Tela de apresentação – Aplicativo TCE-RJ

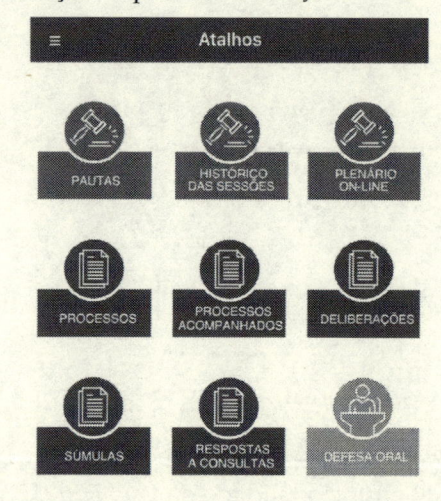

Fonte: Aplicativo do TCE-RJ. Acesso em: 3 nov. 2022.

Apesar de ser o aplicativo de Tribunal de Contas que mais possui funcionalidades, pela figura 15, nota-se que estas são voltadas sobretudo a partes processuais e advogados.

Com isso, não é possível notar conexões capazes de fortalecer os laços da instituição com o usuário final dos recursos públicos, no que se identifica um claro desafio à Corte de Contas Fluminense.

3.1.2.6 Aplicativo TCE-ES – 8 funcionalidades

- Painel de Controle
- Escola de Contas
- Ouvidoria
- Notícias
- Processos e Protocolos
- Sessões
- Calendário de Obrigações
- Diário Oficial de Contas

FIGURA 16 – Tela de apresentação – Aplicativo TCE-ES

Fonte: Aplicativo do TCE-ES. Acesso em: 3 nov. 2022.

No Espírito Santo, o aplicativo elenca funcionalidades que informam ao cidadão o que vem sendo executado pelo órgão, sobretudo no "Painel de Controle" e na "Escola de Contas".

A exemplo da Corte Potiguar, neste caso também se verifica que existe a preocupação com um *layout* mais adequado e direta interação com o usuário, facilidade que pode parecer algo simples, porém é primordial para o incremento da importância de uma ferramenta digital, sobretudo na esfera governamental.

3.1.2.7 Aplicativo TCE-AP – 8 funcionalidades

- Busca de Processos
- Diário Oficial
- Licitações
- Normas e Legislações
- Ouvidoria
- Relatório de Gestão
- Notícias
- Sessões

FIGURA 17 – Tela de apresentação – Aplicativo TCE-AP

Fonte: Aplicativo do TCE-AP. Acesso em: 4 out. 2022.

No exemplo do estado do norte brasileiro, verifica-se pela figura 17 uma adequada e fácil ilustração das opções apresentadas ao usuário.

De outra ponta, as funcionalidades mostram, à exceção da ouvidoria, uma preocupação no sentido cumprir requisitos de transparência revelando internamente o TCE-AP, com *links* que não são encontrados em outros aplicativos de Cortes de Contas, tais como "Licitações" e "Relatórios de Gestão". Tal abordagem é útil por um lado, trazendo uma clara harmonização entre o cumprimento do princípio da transparência e o uso de uma ferramenta de governo digital, mas, por outro, verifica-se que não houve (repetimos, à exceção da ouvidoria) uma priorização em externar ferramentas que instigassem a interação com o cidadão.

3.1.2.8 Aplicativo TCM-GO – 2 funcionalidades

- Pautas
- Consultas Processuais

FIGURA 18 – Tela de apresentação – Aplicativo TCM-GO

Fonte: Aplicativo do TCM-GO. Acesso em: 15 set. 2022.

O aplicativo do TCM-GO possui apenas duas funcionalidades, as quais podem facilmente ser acessadas no portal do órgão e limitam-se a interessados em processos do órgão.

Apesar de ser uma ferramenta digital e demonstrar que nesse sentido o TCM-GO está um passo à frente de outros 25 Tribunais de Contas brasileiros que sequer construíram seus próprios aplicativos, é possível perceber que sua relevância é muito limitada, considerando as escassas possibilidades de tal ferramenta de governo digital, o que tende a fazer com que seu uso prático seja pouco expressivo.

Pelo que se nota dos aplicativos em questão, sua própria criação mostra-se um avanço. Há desafios no tocante à melhoria de navegabilidade e disponibilização de ferramentas para interação com o cidadão, entretanto, o maior dos obstáculos é a própria instituição da ferramenta, considerando que nada menos que 25 Tribunais de Contas brasileiros sequer elaboraram seus próprios aplicativos.

Outrossim, os dados refletem que:
- Das 33 Cortes de Contas do país, 8 possuem aplicativos (24%).
- Dentre as que possuem aplicativos, 5 delas disponibilizam canais de atuação proativa do cidadão (ouvidoria e correlatos).

Portanto, mais de 3/4 das Cortes de Contas do país, conforme pesquisa realizada entre setembro e novembro de 2022, não possuíam aplicativos para disponibilizar funcionalidades do órgão, sendo que, dos Tribunais que possuem, os ferramentais do TCM-GO e TCE-RJ não trazem efetivas funcionalidades de interação digital com o cidadão.

Nota-se evidente desafio aos órgãos de controle externo do país no sentido de adentrar efetivamente o universo dos dispositivos móveis, fornecendo ferramentas úteis e capazes de uma efetiva interação com o cidadão, de modo a maximizar seu potencial de efetividade. Ademais, para os que já possuem aplicativos, os estímulos devem concentrar-se em melhorias na navegabilidade, unificação de funcionalidades e instituição de protocolos digitais.

3.1.3 Usos e funcionalidades em aplicativos terceiros

Muito embora a maior parte das instituições de controle não possuam aplicativos próprios, o uso de aplicativos de terceiros pode resultar em importante ferramenta.

Isto porque, apesar da vasta oferta de serviços e conteúdos contida na rede mundial de computadores, não se pode desconsiderar que relevantíssima parcela de usuários concentra (ou ao menos reiteradamente acessam) suas pesquisas na internet em grandes concentradores de conteúdo. Segundo a empresa de levantamento de dados EmizenTech,[18] os cinco aplicativos mais baixados por dispositivos móveis em 2021 no Brasil foram os seguintes:

1. YouTube: mais de 10 bilhões de downloads
2. Instagram: mais de 1 bilhão de downloads
3. Telegram: mais de 1 bilhão de downloads
4. WhatsApp: mais de 1 bilhão de downloads
5. Shopee: mais de 100 milhões de downloads

Nota-se que aplicativos terceiros, sobretudo os três primeiros, detêm relevância sobremaneira superior se comparados aos outros, o que faz com que uma efetiva interação social por parte das Cortes de Contas utilize tais ferramentas de apoio.

Portanto, dos citados aplicativos, separamos justamente os dois primeiros de forma a consultar a interação que as Cortes de Contas promovem.

---

[18] Disponível em: https://canaltech.com.br/apps/aplicativos-mais-baixados-no-brasil-em-2021-204809/.

3.1.3.1 Tribunais de Contas no YouTube

De acordo com Bacelar (2021, p 42), desde a postagem de seu primeiro vídeo, em 23 de abril de 2005, o YouTube atingiu 100% das expectativas iniciais do projeto (dados de 2021), ultrapassando a notável marca de 1 bilhão de usuários cadastrados em sua rede, a maior parte na faixa etária entre 18 e 35 anos.

Já o relatório Youtube Insights de 2017, elaborado pelo Google, refletiu, a partir de entrevistas realizadas com 1.500 brasileiros de todas as regiões do país, com idade entre 14 e 55 anos, que:

- ▶ 86% dos entrevistados assistem a vídeos na web, destes,
- 59% acessam o YouTube como fonte de notícias.
- 31% acessam o YouTube como fonte de aprendizado.

Portanto, as já delineadas transformações na forma de comunicação fazem com que ferramentas emergentes tenham significância cada vez mais preponderante, face às outrora tradicionais formas de propagação de conhecimento (jornais, televisão, rádio).

Ademais, a figura 19, extraída do citado relatório elaborado pelo Google, demonstra a relevância da plataforma YouTube na produção e visualização de conteúdo:

FIGURA 19 – Relevância do YouTube para os brasileiros

A essência do YouTube para os Brasileiros: Relevância de Conteúdo + Educação + Centro do que é pop, novo e "cool"

		YouTube	TV Aberta	TV Paga	Facebook	Instagram
Relevância de Conteúdo	Quando eu quero assistir o que realmente amo	52%	16%	17%	32%	11%
	Quando quero ir a fundo em assuntos que mais me interessam	49%	15%	14%	32%	7%

		YouTube	TV Aberta	TV Paga	Facebook	Instagram
Educação	Quando eu quero aprender sobre alguma coisa	65%	10%	8%	17%	4%
	Traz informações que aumentam meu conhecimento	52%	23%	20%	30%	6%
	É o lugar pra ver e entender o que acontece no mundo	43%	35%	28%	36%	9%

		YouTube	TV Aberta	TV Paga	Facebook	Instagram
Pop, Novo e "Cool"	Mostra o que faz sucesso, o que é popular	50%	16%	13%	40%	18%
	Mostra o que é legal e novo	48%	14%	17%	37%	15%
	É o lugar para eu me inspirar	44%	10%	7%	27%	13%

Fonte: Google, 2017.

Considerando a preponderante relevância do YouTube no ambiente digital brasileiro, realizamos pesquisa sobre a interação de cada uma das Cortes de Contas brasileiras com a plataforma de vídeos, chegando aos resultados descritos na tabela 6:

TABELA 6
Panorama dos canais de Tribunais de Contas no YouTube

(continua)

TRIBUNAL	CANAL NO YOUTUBE?	DATA DE ABERTURA	QUANTIDADE DE INSCRITOS	QUANTIDADE DE VIDEOS	QUANTIDADE DE VISUALIZAÇÕES	LINK E FONTE DA INFORMAÇÃO
TCU	SIM	11/10/2011	61.700	1.263	4.350.593	https://www.youtube.com/c/TCUoficial/about
TCE-AC	SIM	30/09/2014	743	541	27.787	https://www.youtube.com/c/TCEAcreOficial/about
TCE-AL	NÃO					
TCE-AP	SIM	17/03/2020	345	12	10.670	https://www.youtube.com/channel/UCTysjH6OfRhnonCY76RxbGg/about
TCE-AM	SIM	27/08/2013	2.710	690	121.152	https://www.youtube.com/c/TCEAMoficial/about
TCE-BA	SIM	10/08/2017	2.500	510	107.282	https://www.youtube.com/results?search_query=TCE+BA
TCM-BA	SIM	28/09/2017	3.890	463	170.036	https://www.youtube.com/c/TCMBAoficial/about
TCE-CE	SIM	18/05/2011	1.840	1.150	110.755	https://www.youtube.com/user/tceceara/about
TC-DF	SIM	07/10/2017	1.480	145	71.155	https://www.youtube.com/c/TCDFTribunaldeContasdoDistritoFederal/about
TCE-ES	NÃO					
TCE-GO	NÃO					
TCM-GO	SIM	25/04/2013	3.770	1.944	310.496	https://www.youtube.com/c/canaltcmgo/about
TCE-MA	SIM	22/03/2018	842	422	44.884	https://www.youtube.com/c/TCEMAOFICIAL/about
TCE-MT	SIM	05/06/2014	8.410	3.320	1.003.386	https://www.youtube.com/user/tcematogrosso/about
TCE-MS	SIM	20/11/2012	1.200	1.246	78.516	https://www.youtube.com/c/tribunaldecontasmsoficial/about
TCE-MG	SIM	05/09/2013	7.470	1.145	396.391	https://www.youtube.com/c/TCEMGoficial/about
TCE-PA	SIM	24/11/2014	1.410	258	87.928	https://www.youtube.com/channel/UCUFg_Yeq-OOE9Nfj1fRQjkQ/about
TCM-PA	SIM	23/12/2012	2.050	254	59.086	https://www.youtube.com/c/TCMPARA/about
TCE-PR	SIM	15/07/2011	3.260	1.525	321.972	https://www.youtube.com/c/CanaldoTCEPR/about
TCE-PE	SIM	28/02/2014	2.050	425	100.407	https://www.youtube.com/c/TVTCEPE
TCE-PI	SIM	05/06/2013	4.150	759	147.067	https://www.youtube.com/user/TCEPiaui/about
TCE-RJ	SIM	16/03/2013	3.180	398	103.872	https://www.youtube.com/c/TribunaldeContasdoEstadodoRiodeJaneiro/about

(conclusão)

TCM-RJ	SIM	11/06/2012	2.230	122	109.545	https://www.youtube.com/user/audiovisualtcmrj/about
TCE-RN	SIM	06/05/2014	3.920	590	71.060	https://www.youtube.com/c/TCERN_oficial/about
TCE-RS	SIM	20/04/2020	8.700	683	254.201	https://www.youtube.com/c/tcegaucho/about
TCE-RO	SIM	16/03/2011	1.680	309	61.938	https://www.youtube.com/c/tcerovideos/about
TCE-RR	SIM	03/10/2013	527	212	29.340	https://www.youtube.com/c/TCERORAIMA/about
TCE-SC	SIM		7.610	961	301.566	https://www.youtube.com/user/TribContasSC/about
TCE-SP	SIM	13/08/2013	9.160	1.279	524.682	https://www.youtube.com/c/tcespoficial/about
TCM-SP	NÃO					
TCE-SE	SIM	11/02/2014	1.510	1.221	134.396	https://www.youtube.com/c/TCESEoficial/about
TCE-TO	SIM	28/11/2011	4.630	1.117	243.337	https://www.youtube.com/c/TCETOcantins/about
TOTAL			152.967	22.964	9.353.500	

Fonte: Elaborada pelo autor, com dados extraídos do YouTube. Acesso em: 26 nov. 2022.

Além disso, destacamos na tabela 7 que há outros cinco canais exclusivos dedicados às Escolas de Contas, três destes de propriedade de Tribunais que não possuem canal oficial próprio (TCE-AL, TCE-ES e TCM-SP):

TABELA 7
Panorama dos canais de Escolas de Contas no YouTube

TRIBUNAL	CANAL DA ESCOLA DE CONTAS?	DATA DE ABERTURA DO CANAL	QUANTIDADE DE INSCRITOS	QUANTIDADE DE VIDEOS	QUANTIDADE DE VISUALIZAÇÕES	LINK E FONTE DA INFORMAÇÃO
TCE-AL	SIM	31/07/2018	1.830	43	30.381	https://www.youtube.com/c/EscoladeContasTCEAL/about
TCE-ES	SIM	02/12/2007	5.710	72	102.924	https://www.youtube.com/c/EscoladeContasP%C3%BAblicasTCEES/about
TCE-RJ	SIM	16/02/2016	4.100	309	62.197	https://www.youtube.com/c/EscoladeContaseGest%C3%A3oTCERJ/about
TCE-PE	SIM	14/04/2016	5.350	195	72.410	
TCE-SP	SIM	30/03/2015	28.900	473	1.278.778	https://www.youtube.com/c/EscolaPaulistadeContas
TCM-SP	SIM	25/09/2013	8.320	498	207.359	https://www.youtube.com/user/escoladecontastcmsp/about
TOTAL			52.960	1.590	1.754.049	

Fonte: Elaborada pelo autor, com dados extraídos do YouTube. Acesso em: 27 nov. 2022.

Das citadas tabelas, é possível identificar que apenas o TCE-GO não possui qualquer interação no YouTube, seja próprio ou de sua Escola de Contas. Com isso, todos os demais tribunais do país fazem uso desta ferramenta, seja por canal oficial ou pela respectiva Escola de Contas – ou ambos. Considerando os dados apresentados, podemos inferir que:

› Canais dos Tribunais:
- média de 407 visualizações por vídeo;
- média de 6,5 usuários inscritos para cada vídeo produzido;
- o maior aproveitamento do conteúdo produzido é do TCU, com a média de 3.444 visualizações por vídeo;
- desconsiderando o TCU, o maior aproveitamento do conteúdo produzido é do TCM-RJ, com a média de 898 visualizações por vídeo;
- o menor aproveitamento do conteúdo produzido é da Escola de Contas do TCE-MS, com a média de 63 visualizações por vídeo.

› Canais das Escolas de Contas:
- média de 1.205 visualizações por vídeo;
- média de 35 usuários inscritos para cada vídeo produzido;
- o maior aproveitamento do conteúdo é da Escola de Contas TCE-SP, com a média de 2.703 visualizações por vídeo;
- o pior aproveitamento de visualizações é da Escola de Contas do TCM-SP, com a média de 416 visualizações por vídeo.

Tal análise demonstra que os canais das Escolas de Contas possuem número consideravelmente maior tanto de inscritos quanto de visualizações, o que pode refletir que o maior interesse no conteúdo produzido pelos Tribunais de Contas esteja concentrado em servidores de órgãos públicos que busquem orientações atinentes ao exercício de suas atividades e não efetivamente o cidadão usuário final. Ademais, nota-se que a produção de muito conteúdo não está diretamente relacionada à relevância do canal, haja vista o TCE-MS, que possui a significativa soma de 1.246 vídeos, mas, ao mesmo tempo, detém o menor número de visualizações por produção.

Com isso, a pesquisa identifica os seguintes desafios para maior relevância das Cortes de Contas brasileiras no tocante ao consumo dos vídeos por elas produzidos:

- mostra-se necessária a intensificação de conteúdos pedagógicos e instrutivos, de forma a capacitar os servidores de órgão jurisdicionado, pois há uma tendência em buscar conteúdo desta natureza;
- considerando que nos canais dos Tribunais de Contas uma enorme parte dos vídeos consiste em gravações de sessões de julgamento, deve haver busca pela produção de conteúdo que melhor traduza ao cidadão comum as atuações das Cortes de Contas e assim que estas possam efetivamente contribuir para a evolução da prestação dos serviços públicos;
- é possível notar que a própria criação de canais próprios ainda é um obstáculo para a maior parte das Escolas de Contas e também para determinados tribunais que sequer possuem seus canais institucionais próprios, caso de TCE-AL, TCE-ES, TCE-GO e TCM-SP.

3.1.3.2 Tribunais de Contas no Instagram

O 2º aplicativo mais baixado pelos brasileiros foi definido por Falcão (2015, p. 30-31) da seguinte forma:

> O Instagram é uma forma gratuita e simples de compartilhar sua vida e manter contato com as outras pessoas. O software é baseado no compartilhamento de fotos e vídeos, possibilitando a difusão de ideias, momentos, hábitos e outros, a fim de ampliar a rede social do usuário através da inspiração mútua. Instantes que seriam registrados de acordo com o que cada usuário vivenciar. Fotos e vídeos do cotidiano, da família, das atividades desenvolvidas no dia a dia. Aos poucos, foi se popularizando, ganhando releituras de uso. E cada vez mais servido ao interesse de muitos grupos de usuários que se colocam como produtos a serem consumidos por outras pessoas que, da mesma forma, querem mostrar um tipo ou exibir de comportamento classificado como ideal a ser vivido. Trata-se de um ambiente em que o usuário segue as pessoas de seu interesse, é seguido por outros usuários ligados no tipo de publicação da qual a pessoa lança mão (fotos e vídeos).

A maciça utilização desta ferramenta, via seu respectivo aplicativo, é instigada por publicações de empresas, personalidades, artistas, clubes esportivos, dentre tantos outros. No âmbito da administração pública, a conta com o maior número de seguidores e publicações é, não surpreendentemente, a do Governo Federal, com 7.628 publicações e 912.000 seguidores.

Mediante tal contexto, realizamos pesquisa no aplicativo em dezembro de 2022 para observar a interatividade de todos os Tribunais de Contas brasileiros, apurando os seguintes resultados.

TABELA 8
Panorama das contas de Tribunais de Contas no Instagram

(continua)

TRIBUNAL	CONTA NO INSTAGRAM	NÚMERO DE PUBLICAÇÕES	NÚMERO DE SEGUIDORES
TCU	SIM	1.036	110.000
TCE-AC	SIM	691	1.505
TCE-AL	NÃO		
TCE-AP	SIM	715	2.076
TCE-AM	SIM	1.872	19.500
TCE-BA	SIM	397	4.395
TCM-BA	SIM	259	2.398
TCE-CE	SIM	1.946	11.600
TC-DF	SIM	121	866
TCE-ES	SIM	1.430	12.200
TCE-GO	SIM	1.898	7.534
TCM-GO	SIM	3.320	7.447
TCE-MA	SIM	525	4.659
TCE-MT	SIM	1.417	5.647

(conclusão)

TRIBUNAL	CONTA NO INSTAGRAM	NÚMERO DE PUBLICAÇÕES	NÚMERO DE SEGUIDORES
TCE-MS	NÃO		
TCE-MG	SIM	569	5.698
TCE-PA	SIM	1.495	6.010
TCM-PA	SIM	1.651	7.586
TCE-PB	SIM	3.204	8.427
TCE-PR	SIM	2.132	5.081
TCE-PE	SIM	614	6.789
TCE-PI	SIM	1.385	9.810
TCE-RJ	SIM	77	1.674
TCM-RJ	SIM	392	2.145
TCE-RN	SIM	443	3.850
TCE-RS	SIM	961	7.182
TCE-RO	SIM	1.166	5.162
TCE-RR	SIM	1.249	2.976
TCE-SC	NÃO		
TCE-SP	SIM	2.195	8.116
TCM-SP	SIM	1.216	4.882
TCE-SE	SIM	2.525	6.341
TCE-TO	SIM	1.401	6.270

Fonte: Elaborada pelo autor, com dados extraídos do Instagram. Acesso em: 5 dez. 2022.

A pesquisa mostra que a criação de conta na plataforma não é um obstáculo relevante, tendo em vista que apenas três cortes (TCE-AL, TCE-MS e TCE-SC) não fazem uso desta ferramenta. Além do mais, o número de publicações é, de forma geral, significativo, considerando que a média por órgão é de 1.276. Digno de nota é o fato de determinados tribunais realizarem inclusive publicações aos finais de semana, como pudemos observar nos casos do TCU, TCE-PR e TCE-SP.

Todavia, há barreiras que devem ser transpassadas. A mais óbvia é o fato de três tribunais sequer terem criado suas contas. Outra delas reside em tribunais que realizam poucas ou espaçadas publicações, situação que pode resultar em baixo acompanhamento social. O TC-DF, por exemplo, em pesquisa realizada em 10 de dezembro de 2022, havia inserido sua última publicação em 28.06.2022, ou seja, havia quase seis meses sem qualquer atualização. Já o TCE-RJ possui número baixo de publicações (77 no total), demandando maiores esforços para se adequar às contínuas demandas sociais pelo constante fluxo de informações.

3.2 Outras iniciativas de propagação de conteúdo e uso de ferramentas eletrônicas

De se notar nos exemplos dos tópicos anteriores que o uso de conteúdo digital para a propagação de atividades e aproximação com o cidadão não é exaustivo. Uma vez que a criatividade é o motor para o desenvolvimento de novas tecnologias, também será para a capacidade dos Tribunais de Contas se fazerem conhecidos, com o uso de recursos eletrônicos como ferramentas principais ou secundárias.

Assim sendo, relatamos três exemplos de outras iniciativas que, ao usar recursos digitais parcial ou totalmente, canalizam a atuação institucional dos órgãos de controle com o cidadão.

3.2.1 TCE-RJ e o programa "Cidadania nas Escolas"

O programa que se iniciou em 2019 na Escola Estadual Duque de Caxias reúne estudantes, nas palavras do próprio órgão,

> Com o objetivo de aproximar-se cada vez mais da sociedade civil e elevar o nível de transparência de suas ações, o Tribunal de Contas do Estado do Rio de Janeiro (TCE-RJ) mantém, em parceria com a Secretaria Estadual de Educação, um projeto considerado essencial para estimular a participação cidadã dos jovens estudantes do Ensino Médio da capital e do interior fluminenses. O *'TCE-RJ Cidadania nas Escolas'* une a divulgação das principais ações relativas ao funcionamento da Corte de Contas e o incentivo ao controle social por parte dos alunos.
> Além de enfatizar a necessidade da cidadania participativa e abordar as premissas básicas da função e da missão do TCE-RJ, o projeto visa a explicar de maneira didática aos estudantes, por meio de rodas de conversa nas diversas escolas, ou em visitas dos alunos à Corte, a importância dos impostos e o melhor uso dessas receitas como retorno de serviços para os contribuintes. Também pretende explicar como os alunos podem acompanhar o trabalho do Tribunal de Contas e até como denunciar eventuais práticas lesivas aos cofres públicos.[19]

Para os alunos de nível médio, são realizadas palestras presenciais dentro das próprias unidades escolares, onde os estudantes são instigados a interagir com servidores da Corte de Contas Fluminense, que buscam colaborar para a formação ética e estimular sua conscientização no tocante aos assuntos de interesse público.

Já para os alunos de nível fundamental o TCE-RJ elaborou uma cartilha, distribuída de forma impressa e disponibilizada eletronicamente em seu portal,[20] em formato de história em quadrinhos ("Turminha do TCE") com o intuito de demonstrar as atividades básicas do órgão de controle e seus reflexos na vida cotidiana, sobretudo escolar.

---

[19] Disponível em: https://www.tcerj.tc.br/portalnovo/pagina/tce_rj_cidadania_nas_escolas.
[20] Disponível em: https://www.tcerj.tc.br/portal-tce-webapi/api/arquivos/722746ef-c077-42da-0393-08d9a47a9f63/download.

A figura 20 demonstra um pouco das mencionadas ilustrações.

FIGURA 20 – Ilustrações do projeto Cidadania nas Escolas – TCE-RJ

Fonte: https://www.tcerj.tc.br/portal-tce-webapi/api/arquivos/722746ef-c077-42da-0393-08d9a47a9f63/download.

Nesta iniciativa podemos observar que o uso de recursos tecnológicos tende a colaborar com a divulgação dos trabalhos do TCE-RJ, mas, no exemplo em questão, tais recursos são aplicados de forma complementar a visitas presenciais. O mais importante – que é a interação das ações da Corte com o cidadão– é alcançado naquele que talvez seja o mais propício ambiente para tanto – uma escola pública –, onde são formados novos cidadãos e estes, ao serem alcançados pelo programa, têm a oportunidade de conhecer aquilo que o Estado lhes oferta, no que tenderão a ser mais atuantes e capazes de protagonizarem diálogos com a administração pública para a melhoria do bem-estar social.

3.2.2 TCE-SP e o programa "Descobrindo o TCE-SP" – TV Cultura

O TCE-SP e a emissora "TV Cultura" firmaram, em 01.06.2022, um acordo para a difusão de conteúdo educativo.[21]

---

[21] Disponível em: https://www.tce.sp.gov.br/6524-tribunal-contas-e-tv-cultura-assinam-acordo-para-difusao-conteudo-educativo.

Como fruto de tal iniciativa, a emissora criou o programa "Descobrindo o TCE-SP", no qual é convidado algum ocupante de cargo de direção da Corte de Contas para abordar conteúdos variados que se relacionam à atividade de controle externo.

O programa, em formato de série, vai ao ar diariamente na programação televisiva, além de inserções esporádicas na grade e, desde sua criação, já conta com 12 episódios onde foram entrevistados conselheiros, substitutos de conselheiros e diretores de área. Além da inserção na grade de programação da emissora, o conteúdo é replicado no YouTube, sendo possível acessá-lo a qualquer hora.

A apresentação visual é dinâmica e busca a aproximação com o cidadão.

FIGURA 21 – Tela de apresentação – Descobrindo o TCE-SP

Fonte: https://www.tce.sp.gov.br/sala-imprensa/videos/descobrindo-tcesp-ep-01-e-tribunal-contas-estado-sao-paulo.

A iniciativa em questão reforça a posição do TCE-SP em sua busca pela divulgação de conteúdo e aproximação com a sociedade. As ferramentas tradicionais de mídia – nesse caso a televisão –, apesar de demonstrarem uma retração de sua significância na última década, ainda são um importantíssimo instrumento de propagação educativa, o que vem sendo aproveitado pelo TCE-SP nessa importante parceria com a TV Cultura.

Foram abordados desde assuntos basilares, como no episódio 2, onde o entrevistado foi o Conselheiro Edgard Camargo Rodrigues, que responde à pergunta "Que tipo de tribunal é o TCE-SP?", até conteúdos mais aprofundados, por exemplo no episódio 7, no qual o Conselheiro Sidney Estanislau Beraldo apresenta o IEGM – Índice de Efetividade da Gestão Municipal. Exaramos alguns pontos dos respectivos episódios para refletir um pouco da abordagem do programa:

> Eu tenho impressão de que hoje as pessoas já têm uma noção mais precisa, pois veem muito no noticiário por exemplo o TCU que possui um protagonismo muito forte, sempre nos jornais e televisão. As pessoas começaram a perceber que os Tribunais de Contas têm a função de fiscalizar Governo.

Conselheiro Edgard Camargo Rodrigues – Episódio 02 do programa Descobrindo o TCE-SP, respondendo à pergunta "Que tipo de tribunal é o TCE-SP?"[22]
Nas auditorias do Tribunal, chegamos à conclusão por volta de 2014/2015 que o modelo que usávamos para fazer auditoria, adstrito à legalidade, não era suficiente, pois a sociedade exige mais do controle (...) foi aí que nós pensamos em um modelo de auditoria com ferramentas de indicadores que pudessem levar a uma avaliação não só da legalidade e formalidade, mas também da qualidade do serviço. Cito um exemplo: fui relator de um contrato de compra de um aparelho raio-x, o contrato estava formalmente correto, o produto adequado, etc., por isso, a avaliação foi pela regularidade. Após certo tempo, ao verificar a execução desse contrato, observou-se que esse aparelho estava dentro da caixa. Ou seja, houve conformidade e legalidade, mas não havia uma efetividade. Através dessas auditorias, devemos fazer acompanhamentos para verificar a efetividade dos serviços públicos. Portanto, o IEGM é a ferramenta principal, que avalia sete temas de ação pública.
Conselheiro Sidney Estanislau Beraldo – Episódio 07 do programa Descobrindo o TCE-SP, abordando o IEGM – Índice de Efetividade da Gestão Municipal.[23]

Outros assuntos diversos foram abordados ao longo de 12 episódios produzidos até o final de nossa pesquisa, tais como:
- exames prévios de edital;
- atuação das Unidades Regionais do TCE-SP;
- competências da Escola de Contas;
- composição do TCE-SP;
- atribuições do Ministério Público de Contas.

Portanto, verifica-se que esse programa tende a reforçar a abordagem dos assuntos referentes ao TCE-SP junto à sociedade paulista, trazendo de forma prática e objetiva uma visão geral do órgão.

3.3 Iniciativas fiscalizatórias dos Tribunais de Contas para o aprofundamento da transparência pública

Se, por um lado, embora haja alguns pontos positivos, a pesquisa evidenciou notáveis carências para a divulgação de conteúdo por parte dos Tribunais de Contas, de forma a mostrarem-se à sociedade, por outro, existe o desafio das Cortes para, ao cumprir suas atribuições institucionais, efetivamente fiscalizar o cumprimento da legislação de regência no tocante à transparência pública.

Como já explicitado no tópico 2.1.1 deste trabalho, a LAI aplica-se a todo e qualquer órgão que pertença à administração pública no território brasileiro. Além disso, o princípio da transparência está diretamente explicitado nos Objetivos de Desenvolvimento Sustentável da Agenda ONU 2030, mais especificamente no item 16.6, o qual transcrevemos a seguir:

---

[22] Disponível em: https://www.youtube.com/watch?v=1VWB8ASgkwc.
[23] Disponível em: https://www.youtube.com/watch?v=yJIriAKfJic.

ODS 16 – Promover sociedades pacíficas e inclusivas para o desenvolvimento sustentável, proporcionar o acesso à justiça para todos e construir instituições eficazes, responsáveis e inclusivas em todos os níveis.
16.6 – Desenvolver instituições eficazes, responsáveis e *transparentes* em todos os níveis. (grifo nosso)

Portanto, de forma a cumprir tanto o ordenamento legal quanto este Objetivo de Desenvolvimento Sustentável, o que pretendemos é aferir até que ponto existe o comprometimento e o direcionamento de esforços por parte dos Tribunais de Contas na fiscalização de seus jurisdicionados para tal cumprimento.

Para tanto, realizamos pesquisas nos conteúdos de notícias de todos os órgãos de controle externo brasileiros, no período de 01.11.2022 a 09.12.2022, de forma a buscar iniciativas recentes de ações de fiscalização para o cumprimento da transparência pública.

A partir de tal pesquisa, condensamos os mais destacáveis resultados encontrados.

3.3.1 Programa e Radar Nacional da Transparência Pública

O Programa Nacional da Transparência Pública[24] foi idealizado pela ATRICON para que, a partir de dados e validações dos Tribunais de Contas brasileiros, fosse possível identificar demandas e necessidades de forma a promover soluções de fiscalização da transparência dos entes da administração pública brasileira.

Materializando-se tal iniciativa, surgiu o Radar Nacional da Transparência Pública, que, embora abarque todas as esferas da federação, é executado preponderantemente pelo TCE-MT.

Conforme noticiado pela ATRICON,[25] o Radar divulga índices de transparência de nada menos do que 8.016 instituições públicas do país, com dados coletados pelos Tribunais de Contas com apoio de setores de controle interno entre maio e novembro de 2022. É, portanto, uma das formas práticas de se materializar alguns dos objetivos do programa.

Tal ferramenta foi oficialmente lançada em 17.11.2022, no VIII Encontro Nacional dos Tribunais de Contas, consistindo em uma ferramenta de acesso de dados de transparência como, por exemplo, a divulgação de receita, despesa e folha de pagamento. Há, ainda, o índice de transparência por Estado, faixa populacional, poder e esfera, havendo a classificação em sete categorias: diamante, ouro, prata, intermediária, básica, inicial ou inexistente.

Embora seja uma iniciativa que abranja todo o país, com a participação de instituições como ATRICON, Instituto Rui Barbosa, ABRACOM e CNPTC, deve-se dar destaque à atuação do TCE-MT, que desenvolveu a ferramenta e vem divulgando-a, estando hospedada em seu portal institucional.

Como desafios, podemos listar a abrangência de mais entidades da administração pública. Em um primeiro passo, seria possível imaginar a abrangência de tal portal para

---

[24] Disponível em: https://radar.tce.mt.gov.br/extensions/atricon2/panel.html.
[25] Disponível em: https://atricon.org.br/portal-radar-da-transparencia-publica-traz-avaliacao-de-8-mil-sites-publicos-de-todo-o-brasil/.

todas as Prefeituras e Câmaras de Vereadores do país, para que, em um segundo momento, entidades da administração direta, tais como autarquias, fundações e empresas públicas, também viessem a ser avaliadas. Dos 5.570 municípios brasileiros, 3.566 Câmaras de Vereadores e 4.304 Prefeituras foram avaliadas, o que significa que não informaram seus dados nada menos que 2.004 Câmaras e 1.266 Prefeituras. Ademais, importante mencionar que o objetivo do programa é examinar o nível de transparência ativa nos portais institucionais do Poder Público em todos os poderes, Ministérios Públicos, Defensorias Públicas e nos próprios Tribunais de Contas. Para tanto, resta criar ações para incentivar a participação de todos os citados órgãos, notadamente nos Estados da Bahia, Goiás e Roraima, onde não foram informados dados de transparência tanto das Defensorias quanto dos Ministérios Públicos.

3.3.2 Ferramentas tecnológicas para controle externo na área ambiental

Os Objetivos de Desenvolvimento Sustentável da Agenda ONU 2030 dedicam especial atenção à preservação do meio ambiente, conforme os ODS 12 a 15, descritos a seguir:

ODS 12 – Assegurar padrões de produção e de consumo sustentáveis.
ODS 13 – Tomar medidas urgentes para combater a mudança do clima e seus impactos.
ODS 14 – Conservação e uso sustentável dos oceanos, dos mares e dos recursos marinhos para o desenvolvimento sustentável.
ODS 15 – Proteger, recuperar e promover o uso sustentável dos ecossistemas terrestres, gerir de forma sustentável as florestas, combater a desertificação, deter e reverter a degradação da terra e deter a perda de biodiversidade.

No ordenamento jurídico brasileiro existem não poucas legislações que concernem direta ou indiretamente à questão ambiental. Para citar algumas, nas quais Tribunais de Contas têm o condão de fiscalizar se estão sendo editadas por municípios, é possível citar a Lei nº 12.305/2010, que obriga a elaboração de Plano de Gestão de Resíduos Sólidos e da Construção Civil, e a Lei nº 11.445/2007, que obriga a instituição do Plano de Saneamento Básico.

Visando atender à fiscalização de tais demandas ambientais, dentre outras, utilizando-se de ferramentas tecnológicas e visando dar transparência ao processo fiscalizatório, em novembro de 2022, no VIII Encontro Nacional dos Tribunais de Contas, foi realizado seminário para apresentação dos projetos "MapBiomas" e "Diário do Clima".[26]

Essas ferramentas possibilitam análise de mapeamento anual da cobertura e uso do solo, acesso a informações ambientais disponíveis nos diários oficiais dos municípios brasileiros, monitoramento da superfície aquática, dentre outras funcionalidades diversas.

Tal iniciativa mostra-se sobremaneira promissora no tocante ao uso de tecnologias para fiscalização ambiental. Todavia, por se tratar de uma ação em estágio embrionário,

---

[26] Disponível em: https://atricon.org.br/ferramentas-tecnologicas-para-o-controle-externo-na-area-ambiental-se-ra-tema-de-oficina-no-viii-entc/.

há o enorme desafio em instigar os Tribunais de Contas pelo país a adotarem tal ferramenta, o que demandará capacitações e aprendizado, até encontrar-se um ponto de maturidade nos técnicos de controle externo para que façam uso das citadas ferramentas na fiscalização ambiental.

3.3.3 Fiscalizações ordenadas – transparência e ouvidorias

As fiscalizações ordenadas são, atualmente, uma realidade presente em diferentes Tribunais de Contas brasileiros. Por exemplo, em 24 de maio de 2022, o TCE-PE publicou um acordo de cooperação técnica e operacional firmado pela ATRICON e TCE-SP "visando disciplinar a cessão de solução de tecnológica para realização de fiscalização ordenada".

Tal tipo de fiscalização foi implantado pela primeira vez no ano de 2016 no TCE-SP, e é realizada de forma concomitante e coordenada, sem aviso prévio aos jurisdicionados. São designados, simultaneamente, diversos servidores em variados órgãos jurisdicionados para aferir a qualidade de determinado serviço prestado à população. Os resultados de cada fiscalização ordenada são agrupados em relatórios consolidados para divulgação dos resultados.

O uso da tecnologia já é uma marca em tal tipo de fiscalização em outros Tribunais de Contas brasileiros, mesmo antes da formalização deste acordo. Por exemplo, a partir da I Fiscalização Ordenada de 2019 do TCE-PI, que abordou unidades de saúde, a Corte de Contas piauiense disponibilizou para acesso da população um mapa interativo com fotografias de diversas irregularidades identificadas pelas equipes de auditoria, como demonstra a figura 22.

FIGURA 22 – Apresentação de resultados da I Fiscalização Ordenada 2019 – TCE-PI

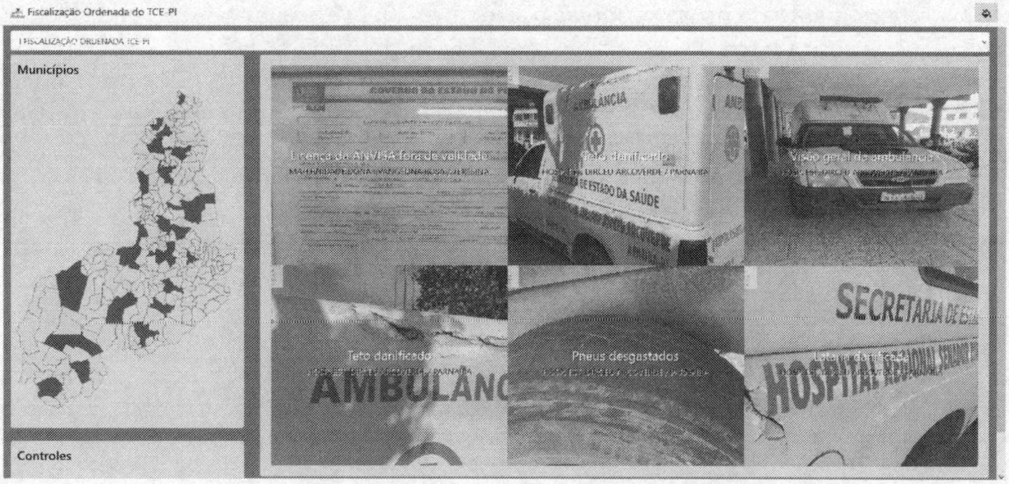

Fonte: https://www.tce.pi.gov.br/fiscalizacaoordenada/1.

Porém, ao passo que essa iniciativa gera maior publicidade, eficiência e interatividade na divulgação de resultados, também tem sido útil para avaliar o cumprimento das próprias exigências legais acerca da transparência pública nos órgãos jurisdicionados.

O TCE-PE, por sua vez, realizou em novembro de 2022 sua II Fiscalização Ordenada no ano e o tema escolhido para avaliação foram as ouvidorias. Nessa fiscalização, que adentrou 184 municípios com o emprego de 37 servidores do órgão, os objetivos, conforme destacou o documento que demonstrou o resultado dos trabalhos da Corte pernambucana, foram os seguintes:

a) identificar a existência das Ouvidorias mediante auditoria *in loco* e aplicação de questionário específico;
b) identificar a existência de cargo, função ou designação para as atividades da Ouvidoria;
c) identificar os recursos disponíveis para operacionalização das atividades de Ouvidoria;
d) identificar e avaliar os canais de contato com a Ouvidoria;
e) identificar e avaliar o Relatório de Atividades da Ouvidoria, a Carta de Serviços ao Usuário e o Conselho de Usuários;
f) avaliar a infraestrutura e as instalações das Ouvidorias.

Os resultados deste trabalho do TCE-PE trouxeram à tona vários pontos de atenção para que se dê cumprimento efetivo à Lei nº 13.460/2017 e seus desdobramentos nos municípios pernambucanos, como, por exemplo, 59% das ouvidorias municipais não elaboraram seus relatórios de atividades e 80% das Prefeituras sequer regulamentaram a operacionalização da Carta de Serviços ao Usuário.

Portanto, constatamos que as fiscalizações ordenadas têm se mostrado, assim, um importante instrumento no auxílio para a fiscalização da transparência no setor público. Todavia, há desafios para que esta iniciativa maximize seu potencial:

- Apesar da formalização de acordo de cooperação entre ATRICON e TCE-SP para a universalização da fiscalização ordenada em todo o país, até o momento de nossa pesquisa (dezembro/2022) apenas seis Cortes de Contas realizam esse tipo de fiscalização: TCE-PB, TCE-PE, TCE-PI, TCE-RR, TCE-SC e TCE-SP,[27] sendo que, destas, apenas o TCE-PE e o TCE-SP empreendem trabalhos voltados à fiscalização da transparência, o que leva à necessidade de ampliar seu uso.
- Além da realização de fiscalizações ordenadas, se mostra o desafio de verificar a efetividade de providências adotadas mediante apontamentos previamente identificados. A fiscalização em si é uma fotografia do dia de verificação, não tendo, por si, o condão de acompanhar o desenrolar dos fatos para a melhoria da gestão pública.

---

[27] Disponível em: https://tce.pb.gov.br/noticias/auditoria-na-saude-tce-pb-faz-fiscalizacao-simultanea-em-189-unidades-em-150-municipios-da-paraiba.
Disponível em: https://www.tce.pi.gov.br/fiscalizacaoordenada/.
Disponível em: https://www.tce.pe.gov.br/internet/docs/tce/Relatorio-Ouvidoria-.pdf.
Disponível em: https://www.tcerr.tc.br/portal/cidadao/fiscalizacao-ordenada.
Disponível em: https://www.tcesc.tc.br/radiover/58963.
Disponível em: https://painel.tce.sp.gov.br/pentaho/api/repos/%3Apublic%3AFiscaOrde%3AFiscaOrde.wcdf/generatedContent?userid=anony&password=zero.

Por fim, destacamos a fala do Assessor da Presidência do TCE-SP, Eduardo Primo Curti, sobre a relevância de tais fiscalizações também para a divulgação dos trabalhos da Corte. Em suas palavras, Curti ressaltou que "esse trabalho (fiscalizações ordenadas) tem aumentado a divulgação dos trabalhos do TCE, uma vez que a sociedade não sabe o que são os Tribunais de Contas".[28]

4 Considerações finais

Com base na pesquisa realizada, pudemos constatar que, no tocante à elaboração normativa e à efetividade de ações no campo do governo digital, o Brasil ocupa uma posição intermediária no contexto mundial, embora haja uma estrada a percorrer em busca da excelência dos expoentes mundiais. A promulgação da Lei do Governo Digital – LGD, de 30 de março de 2021, conquanto adstrita à administração pública federal, é uma prova material de que está sendo trilhado o caminho da modernização digital no contexto brasileiro.

Todavia, pudemos constatar pelos resultados deste estudo que há desafios notáveis para a absorção dos conceitos de governo digital por parte das instituições públicas brasileiras, no que se inclui a plena aplicação da LDG. Conforme observamos, é destacado pela academia que a letra da lei não transmuta automaticamente a realidade vigente, isto é, existe a necessidade de tempo de maturação e evolução cultural da administração pública brasileira nesse sentido. Além disso, identificamos que há desafios para regulamentações por parte das unidades da federação e carência de uma busca por mais notável participação popular, por exemplo, incrementando o uso de laboratórios digitais ou assemelhados.

No que se refere à transparência, notamos que a solidificação da LAI tem alicerçado boas práticas pelo país, em variadas esferas de governo, resultando na promulgação da Lei nº 13.460/2017, da própria LGD e também de decretos federais que estão solidificando aos poucos o conceito de publicidade ativa e participação cidadã.

Quanto ao objetivo primordial desse trabalho, qual seja, o posicionamento dos Tribunais de Contas quanto ao uso de ferramentas tecnológicas visando à fiscalização da transparência pública e à propagação de atividades de controle perante a sociedade brasileira, nossas pesquisas demonstraram que os órgãos de controle externo não estão inertes quanto à sua busca de notoriedade pública. No entanto, não são poucos os desafios a serem superados.

A centralidade das sedes e subsedes (no caso do TCU) apenas em capitais de estados, embora não seja fruto de uso ou desuso de ferramentas digitais, deve ser considerada como um obstáculo para o conhecimento das Cortes de Contas pela sociedade. Isto porque esta é a realidade para 31 dos 33 Tribunais de Contas brasileiros (concentração em capitais) e pode resultar em uma relevante limitação de acesso às Cortes de Contas para os 15% da população brasileira que não possuem acesso à internet – portanto, afastada dos benefícios do governo digital por não deter condições de acessar remotamente a maior parte das funcionalidades das Cortes de Contas. Assim,

---

[28] Disponível em: https://portal.tcm.sp.gov.br/Pagina/53040.

defendemos que deve haver avaliações na viabilidade da instituição de escritórios itinerantes para atender pessoalmente a população residente em localidades distantes das respectivas capitais estaduais, o que tenderia a reforçar a presença e a notoriedade dos órgãos de controle externo.

No tocante ao efetivo uso da tecnologia para impulso à interação com a sociedade, o que consequentemente traria evolução na universalização dos serviços prestados pelas Cortes de Contas, a exploração de aplicativos também se mostrou um significativo obstáculo. Constatamos que somente oito Tribunais de Contas brasileiros possuem aplicativos desenvolvidos e à disposição da população, sendo que os que ofertam funcionalidades de interação com a sociedade, tais como ouvidorias, canais de denúncia, protocolo digital e funcionalidades para consulta de dados abertos, são somente seis. Ademais, dos aplicativos que existem, há certas carências para facilitação de navegabilidade, *layout* e apresentação prática de informações.

Verificamos ainda que a utilização do YouTube por parte das Cortes de Contas está sendo explorada, com farta disponibilização de conteúdo por parte de quase todas as Cortes de Contas brasileiras. No entanto, o quantitativo de visualizações do material produzido ainda mostra-se módico, o que pode ser mais bem explorado, conforme nossa constatação, no direcionamento para conteúdo pedagógico aos jurisdicionados, pois a pesquisa demonstrou que as produções das Escolas de Contas resultam em interesse significativamente mais elevado. Não obstante, a própria criação de canais próprios ainda se mostra um obstáculo para a maior parte das Escolas de Contas e para quatro tribunais brasileiros, que sequer os instituíram. Por derradeiro, a pesquisa demonstrou que devem ser direcionados esforços na contínua atualização de conteúdo, haja vista a falta de inserção de novos vídeos por meses ou até anos por parte de alguns tribunais.

Quanto ao uso do Instagram, a pesquisa demonstrou que 30 dos 33 Tribunais de Contas possuem suas contas oficiais, sendo esta uma importante ferramenta de interação, considerando sua crescente popularidade no país. Isto não quer dizer que inexistam barreiras a serem superadas. A primeira delas é a instituição de contas de três Cortes de Contas que sequer as possuem, e a segunda reside, de forma análoga ao YouTube, na contínua demanda por inserção de novas informações, o que restou evidente na identificação de dois exemplos de órgãos de controle externo.

Demonstramos, ainda, que existem iniciativas próprias dos Tribunais de Contas que vêm integrando usos de ferramentas digitais para a divulgação de suas atividades, como a oferta de gibis eletrônicos e programas televisivos. Defendemos que uma maior propagação de atividades neste sentido, sobretudo com o uso de ferramentas digitais, tende a ser proveitosa para o reforço da posição dos Tribunais de Contas perante o cidadão, evoluindo assim a interatividade com o usuário final dos serviços públicos.

Importante destacar que os desafios de imersão no conceito de governo digital não se restringem à nação brasileira, mas permeiam todo o mundo e, conforme abordado no 1º Fórum Internacional de Auditoria Governamental (FIAG), realizado em novembro de 2022 na cidade do Rio de Janeiro pelo Auditor Governamental da Estônia, país reconhecido pela liderança mundial no campo da transformação digital, os desafios sempre existirão, transformando-se com o tempo: "nós não temos hoje um empenho tão bom nos serviços de telecomunicações, por exemplo. Portanto, sempre haverá desafios a serem enfrentados e aprimorados". No mesmo evento, o Presidente do TCU, Ministro Bruno Dantas, destacou a necessidade de protagonismo das organizações de controle externo para a possibilidade de uma profunda transformação digital em todos os níveis de governo do país:

> Como exigir agilidade na prestação de serviços pelo Estado, se mantivermos a burocracia em nossa própria casa? Como cobrar a implantação de um governo 100% digital, se ainda estivermos presos a sistemas arcaicos da era eletrônica ou, pior, à ditadura dos processos em papel e dos carimbos? Cabe a cada um de nós, membros e servidores das organizações máximas do controle externos de nossos países, assumir a liderança nesse processo de transformação. É preciso que tenhamos a coragem de trilhar os caminhos novos que se apresentam, não só para obter ganhos em nossas atividades, mas também para inspirar o restante da administração pública e compartilhar com os gestores a experiência de nossas próprias organizações.

Portanto, nota-se que o tema é, por um lado, de suma relevância, por outro, demanda constante aprimoramento.

Relativo ao uso de ferramentas tecnológicas para o aprimoramento da fiscalização da transparência pública, os Tribunais de Contas estão em franca movimentação para aperfeiçoar a efetividade de suas ações. O mais abrangente exemplo é o Programa Nacional da Transparência Pública, que reúne informações de transparência de nada menos que 8.016 instituições públicas brasileiras, além de outras ações de alcance mais específico, como tecnologias para o controle ambiental e fiscalizações ordenadas.

No tocante ao Programa Nacional da Transparência Pública, o desafio mais notável se identifica na plena participação de todos os componentes da administração pública brasileira. No Radar da Transparência Pública, as pesquisas demonstraram omissão de dados de 2.004 Câmaras de Vereadores e 1.266 Prefeituras.

Quanto às ferramentas tecnológicas para o controle ambiental "MapBiomas" e "Diário do Clima", o estímulo deve ser no sentido de propagar e instigar as Cortes de Contas para sua aplicabilidade local, considerando se tratar de um projeto em estágio embrionário.

No que diz respeito às fiscalizações ordenadas, os resultados têm se mostrado muito proeminentes e objetivos, havendo destacáveis diagnósticos de situações de portais de transparência, ouvidorias e transparência ativa tanto de entes da administração direta quanto do 3º setor. Isso mostra o potencial desta iniciativa, que enfrenta o obstáculo de popularização entre os Tribunais de Contas brasileiros, visto que somente seis a utilizam, problemática que pode ser superada a partir da consumação do acordo de cooperação entre a ATRICON e o TCE-SP.

Verifica-se, dessa forma, que a evolução brasileira para o pleno uso de conceitos e ferramentas do governo digital deve incorporar uma série de peças, que incluem a abertura dos dados públicos e a transparência pública a partir da ideia de comunicação. Por todo o exposto nesta pesquisa, entendemos que os Tribunais de Contas brasileiros têm o dever de continuar progredindo no seu grau de maturidade e absorção de uma cultura de governo digital, ao mesmo tempo, interagindo com a sociedade e buscando continuamente a universalização dos serviços por estes prestados.

Finalmente, concluímos que as novas formas de comunicar e interagir com a sociedade pretendem alcançar um objetivo principal, que é pôr em princípios preceitos democráticos do Estado brasileiro, o que se dá robustecendo-se a participação popular e os próprios conceitos de controle social e cidadania.

Referências

AGUIAR, Kellie Naisa Mendonça. A lei de acesso à informação e o princípio da publicidade: desafios e breves anotações sobre a implementação da Lei nº 12.527/2011. *Revista Científica Multidisciplinar Núcleo do Conhecimento*, ano 6, n. 10, vol. 4, p. 117-136, out. 2021.

ATRICON. Tribunais de Contas são essenciais no combate à corrupção e à ineficiência. Disponível em: https://atricon.org.br/para-brasileiros-tribunais-de-contas-sao-essenciais-no-combate-a-corrupcao-e-a-ineficiencia-revela-pesquisa-ibopecni/. Acesso em: 12 set. 2022.

ATRICON. Portal Radar da Transparência. Disponível em: https://atricon.org.br/portal-radar-da-transparencia-publica-traz-avaliacao-de-8-mil-sites-publicos-de-todo-o-brasil/. Acesso em: 12 dez. 2022.

ATRICON. Ferramentas tecnológicas para o controle externo na área ambiental. Disponível em: https://atricon.org.br/ferramentas-tecnologicas-para-o-controle-externo-na-area-ambiental-sera-tema-de-oficina-no-viii-entc/. Acesso em: 12 dez. 2022.

BACELAR, Dandara Scarlet Sousa Gomes. Educação e inovação em tecnologia: A cultura tecnológica com o advento do Youtube como ferramenta de transmissão de conteúdos educacionais. *Revista Científica Multidisciplinar Núcleo do Conhecimento*, ano 4, n. 4, vol. 4, p. 5-15, abr. 2019.

BAHIA. Programa SAC Digital. Disponível em: https://sacdigital.ba.gov.br/. Acesso em: 4 dez. 2022.

BRASIL. Constituição da República Federativa do Brasil de 1988. Brasília, DF: Presidente da República. Disponível em: http://www.planalto.gov.br/ccivil_03/constituicao/constituicaocompilado.htm. Acesso em: 23 nov. 2022.

BRASIL. *Lei nº 12.527*, de 18 de novembro de 2011. Regula o acesso a informações previsto no inciso XXXIII do art. 5º, no inciso II do §3º do art. 37 e no §2º do art. 216 da Constituição Federal; altera a Lei nº 8.112, de 11 de dezembro de 1990; revoga a Lei nº 11.111, de 5 de maio de 2005, e dispositivos da Lei nº 8.159, de 8 de janeiro de 1991; e dá outras providências. Brasília, DF: Presidente da República. Disponível em: http://www.planalto.gov.br/ccivil_03/_ato2011-2014/2011/lei/l12527.htm. Acesso em: 20 out. 2022.

BRASIL. *Lei nº 13.460*, de 26 de junho de 2017. Dispõe sobre participação, proteção e defesa dos direitos do usuário dos serviços públicos da administração pública. Brasília, DF: Presidente da República. Disponível em: https://www.planalto.gov.br/ccivil_03/_ato2015-2018/2017/lei/l13460.htm. Acesso em: 20 out. 2022.

BRASIL. *Lei nº 14.129*, de 29 de março de 2021. Dispõe sobre princípios, regras e instrumentos para o governo digital e para o aumento da eficiência pública e altera a Lei nº 7.116, de 29 de agosto de 1983, a Lei nº 12.527, de 18 de novembro de 2011 (Lei de Acesso à Informação), a Lei nº 12.682, de 9 de julho de 2012, e a Lei nº 13.460, de 26 de junho de 2017. Brasília, DF: Presidente da República. Disponível em: http://www.planalto.gov.br/ccivil_03/_ato2019-2022/2021/lei/l14129.htm. Acesso em: 20 out. 2022.

BRASIL. Portal Federal do governo digital. Disponível em: https://www.gov.br/governodigital/pt-br/EGD2020. Acesso em: 9 dez. 2022.

BECKER, M. L. Inclusão digital e governo eletrônico no Brasil: após 20 anos, muitos desafios. *Ação Midiática – Estudos em Comunicação, Sociedade e Cultura*, v. 6, 2013.

DANTAS, Carla Firmino. Governo digital: oferta de serviços digitais do Governo Federal disponibilizados no portal Gov.BR. Carla Firmino Dantas. 2022.

CORREIA, Andréia da Silva. Por que é tão difícil garantir o acesso à informação? Os desafios enfrentados pelos agentes responsáveis pela aplicação da Lei de Acesso à Informação. *R. Ágora: Política Pública Governamental inf.*, Belo Horizonte, v. 1, número especial, p. 19-31, jan./jun. 2017. Disponível em: https://periodicos.ufmg.br/index.php/revistaagora/article/view/2629. Acesso em: 20 nov. 2022.

DENHARDT, R. B.; DENHARDT, J. V. The New Public Service: Serving Rather than Steering. *Public Administration Review*, 60(6), 2000.

DI PIETRO, Maria Sylvia Zanella. *Direito administrativo*. 34. ed. Rio de Janeiro: Forense, 2021. E-book. Disponível em: https://integrada.minhabiblioteca.com.br/#/books/9788530993351/cfi/6/10!/4@0:0. Acesso em: 19 nov. 2022.

DONDOSSOLA, Sandy Rodrigues. *Os direitos e deveres do usuário do serviço público no Brasil*: uma análise da Lei nº 13.460/2017 e sua aplicabilidade. Universidade do Sul de Santa Catarina. 2021.

GABARDO, Emerson. O Novo Código de Defesa do Usuário do Serviço Público: Lei 13.460/2017. Disponível em: http://www.direitodoestado.com.br/colunistas/emerson-gabardo/o-novo-codigo-de defesa-do-usuario-do-servico-publico-lei-13-460-17. Acesso em: 29 nov. 2022.

GOIÁS. *Lei nº 20.846*, de 2 de setembro de 2020. Institui a Política Estadual de Atendimento ao Cidadão e cria o Programa SIMPLIFICA GOIÁS.

GOOGLE. Relatório Youtube Insights. Disponível em: https://drive.google.com/file/d/0B7Qk1E0wjv-ASUNsNWJnUEtWNFE/view. Acesso em: 21 set. 2022.

IBGE – Instituto Brasileiro de Geografia e Estatística. Brasil – Panorama 2021. Disponível em: https://cidades.ibge.gov.br/brasil/panorama. Acesso em: 16 set. 2022.

IBGE – Instituto Brasileiro de Geografia e Estatística. Uso de internet no país em 2021. Disponível em: https://agenciadenoticias.ibge.gov.br/agencia-noticias/2012-agencia-de-noticias/noticias/34954-internet-ja-e-acessivel-em-90-0-dos-domicilios-do-pais-em-2021. Acesso em: 16 set. 2022.

INSTITUTO RUI BARBOSA. Tribunal de Contas do Estado de São Paulo – 123 – Edição Histórica. Disponível em: https://irbcontas.org.br/biblioteca/tribunal-de-contas-do-estado-de-sao-paulo-123-edicao-historica/. Acesso em: 13 set. 2022.

JUNIOR, Hominnai. Lei do governo digital, um novo paradigma na relação Estado-Cidadão. Disponível em: https://www.conjur.com.br/2021-mai-30/opiniao-lei-governo-digital-paradigma. Acesso em: 5 dez. 2022.

LEITE, Leonardo de Oliveira; REZENDE, Denis Alcides. *E-gov.estratégico*: governo eletrônico para gestão do desempenho da administração pública 1. ed. Curitiba: Appris, 2015.

OECD. Organisation for Economic Co-operation and Development. Digital Government Index: 2019 results. Disponível em: https://www.oecd-ilibrary.org/docserver/4de9f5bb-en.pdf?expires=1625339310&id=id&accname=guest&checksum=F495982F5EDDE73E84080662F4D5293E Acesso em: 9 dez. 2022.

OLIVEIRA, Ítalo Martins de; LOPES, Débora de Oliveira. Desafios à efetivação da lei de acesso à informação: transparência ativa nas universidades federais brasileiras. Disponível em: https://www.aforges.org/wp-content/uploads/2019/06/17-DESAFIOS-A-EFETIVAÇÃO-DA-LEI-DE-ACESSO-A-INFORMAÇÃO.pdf. Acesso em: 4 dez. 2022.

MARRARA, Thiago. O código de defesa do usuário de serviços públicos: seis parâmetros de aplicabilidade. 2018. Disponível em: http://www.direitodoestado.com.br/colunistas/thiago- marrara/o-codigo-de-defesa-do-usuario-de-servicos-publicos-lei-n-13460-2017-seis-parametros-de-aplicabilidade. Acesso em: 4 out. 2022.

MEDEIROS, J. C. E. Como mensurar os atributos de um modelo de relacionamento no Poder Executivo Federal: indícios de validade e confiabilidade de uma escala de relacionamento com os cidadãos. Universidade Nacional de Brasília, 2017.

PARÁ. Portal de Serviços do Governo do Estado do Pará. Disponível em: https://www.pa.gov.br/servicos. Acesso em: 7 dez. 2022.

PARANÁ. Decreto Estadual nº 9.360, de 23 de abril de 2018. Dispõe sobre a simplificação do atendimento prestado aos usuários dos serviços públicos.

PIÁ – Paraná Inteligência Artificial. Disponível em: https://www.pia.pr.gov.br/guia. Acesso em: 5 dez. 2022.

FALCÃO, F. N. *O Instagram e a Sociedade de Consumo*: uma análise da utilização do marketing no aplicativo pelas marcas Colcci e Farm. Universidade Federal de Juiz de Fora, 2015.

TECIANO, L. C. G. *Inovação em Serviços Públicos*: o caso Poupatempo. Dissertação de Mestrado da Universidade Federal de São Carlos, 2014.

SANO, Hironobu. Laboratórios de inovação no setor público: mapeamento e diagnóstico de experiências nacionais. Brasília: Enap, 2020, p. 21-22. Disponível em: https://repositorio.enap.gov.br/bitstream/1/5112/1/69_Laboratorios_inovacao_governo_completo_final_23062020.pdf. Acesso em: 9 dez. 2022.

SÃO PAULO. *Decreto nº 64.355*, de 31 de julho de 2019 – Institui o Programa SP Sem Papel, seu Comitê de Governança Digital e dá outras providências. Disponível em: https://www.al.sp.gov.br/repositorio/legislacao/decreto/2019/decreto-64355-31.07.2019.html. Acesso em: 1 dez. 2022.

SÃO PAULO. *Lei nº 847*, de 16 de julho de 1998 – Institui o POUPATEMPO – Centrais de Atendimento ao Cidadão – Programa do Governo do Estado de São Paulo e dá outras providências. Disponível em: https://www.al.sp.gov.br/repositorio/legislacao/lei.complementar/1998/lei.complementar-847-16.07.1998.html. Acesso em: 1 dez. 2022.

SÃO PAULO. *Poupatempo SP – Resumo de Setembro. YouTube*, 31 out. 2022. Disponível em: https://www.youtube.com/watch?v=Tg69dXidWjQ. Acesso em: 5 dez. 2022.

SCHIER, Ricardo da Costa; BERTOTTI, Bárbara Mendonça. Os direitos dos usuários de serviços públicos: uma análise da Lei nº 13.460/17 e seus preceitos. *Revista do Direito*, Santa Cruz do Sul, n. 58, p. 113-130, ago. 2019. Disponível em: file:///C:/Users/K%C3%A9io/Downloads/14468-Texto%20do%20Artigo-60703-1-10-20191205%20(2).pdf. Acesso em: 3 nov. 2022.

TAVARES, A. F.; BITTENCOURT, C. M. A Lei do governo digital no Brasil: Análise das contribuições à transparência pública e à concretização do exercício do controle social. *Revista Novos Estudos Jurídicos*, v. 26, n. 3, p. 788-813, set./dez. 2021.

TRIBUNAL DE CONTAS DA UNIÃO. Acórdão nº 929/2022. Solicitação do Congresso Nacional. Matéria: Solicitação do Congresso Nacional para adoção de ato de fiscalização e controle Relator: Marcos Bemquerer. Sessão de 27.04.2022. Disponível em: https://pesquisa.apps.tcu.gov.br/#/documento/acordao-completo/13.460/%2520/DTRELEVANCIA%2520desc%252C%2520NUMA. Acesso em: 8 dez. 2022.

TRIBUNAL DE CONTAS DA UNIÃO. Acórdão nº 419/2021. Órgão Público: Secretaria de Controle Externo da Administração do Estado – SECEXADMIN. Relator: Aroldo Cedraz. Sessão de 03.03.2021. Disponível em: https://pesquisa.apps.tcu.gov.br/#/documento/acordao-comple-to/13.460/%2520/DTRELEVANCIA%2520desc%252C%2520NUMACORDAOINT%2520desc/7/%2520. Acesso em: 8 dez. 2022.

TRIBUNAL DE CONTAS DA UNIÃO. Acórdão nº 1.469/2017. Matéria: Relatório de Auditoria Operacional – governo digital no Poder Executivo Federal. Relator: Benjamin Zylmer. Sessão de 12.07.2017. Disponível em: https://pesquisa.apps.tcu.gov.br/#/documento/acordao-completo/*/NUMACORDAO%253A1469%2520ANOACORDAO%253A2017/DTRELEVANCIA%2520desc%252C%2520NUMACORDAOINT%2520desc/0/sinonimos%253Dfalse. Acesso em: 8 dez. 2022.

TRIBUNAL DE CONTAS DO ESTADO DA BAHIA. Carta de Serviços ao Cidadão. Disponível em: https://www.tce.ba.gov.br/files/flippingbook/carta-de-servicos-ao-cidadao/files/assets/common/downloads/Cartas_de_Servicos_2019-06-18.pdf?uni=faca68f468106e007e6d2c8adf62e6c3. Acesso em: 10 dez. 2022.

TRIBUNAL DE CONTAS DO ESTADO DE PERNAMBUCO. Acordo de Cooperação Técnica ATRICON e TCE-SP para cessão de solução de tecnologia para realização de fiscalização ordenada, de 24 de maio de 2022. Disponível em: https://www.tce.pe.gov.br/internet/docs/convenios/6810/atricon-x-tce-sp-fiscalizacoes-ordenadas.pdf. Acesso em: 13 dez. 2022.

TRIBUNAL DE CONTAS DO ESTADO DE SÃO PAULO. Divulgação da Fiscalização Ordenada I – 2021. Disponível em: Fonte:https://painel.tce.sp.gov.br/pentaho/api/repos/%3Apublic%3AFiscaOrde%3AFiscaOrde.wcdf/generatedContent?userid=anony&password=zero. Acesso em: 8 dez. 2022.

TRIBUNAL DE CONTAS DO ESTADO DE SÃO PAULO. Painel das Fiscalizações Ordenadas. Disponível em: https://painel.tce.sp.gov.br/pentaho/api/repos/%3Apublic%3AFiscaOrde%3AFiscaOrde.wcdf/generatedContent?userid=anony&password=zero. Acesso em: 4 dez. 2022

TRIBUNAL DE CONTAS DO ESTADO DE SÃO PAULO. Programa Descobrindo o TCE-SP. Disponível em: https://www.tce.sp.gov.br/sala-imprensa/videos/descobrindo-tcesp-ep-01-e-tribunal-contas-estado-sao-paulo. Acesso em: 12 dez. 2022.

TRIBUNAL DE CONTAS DO ESTADO DO MATO GROSSO. Radar Nacional da Transparência Pública. Disponível em: https://radar.tce.mt.gov.br/extensions/atricon2/panel.html. Acesso em: 12 dez. 2022.

TRIBUNAL DE CONTAS DO ESTADO DO PIAUÍ. Resultados da Fiscalização Ordenada I – 2019. Disponível em: https://www.tce.pi.gov.br/fiscalizacaoordenada/1. Acesso em: 12 dez. 2022.

TRIBUNAL DE CONTAS DO ESTADO DO RIO DE JANEIRO. Programa Cidadania nas Escolas. Disponível em: https://www.tcerj.tc.br/portalnovo/pagina/tce_rj_cidadania_nas_escolas. Acesso em: 11 dez. 2022.

UN DESA. Department of Economic and Social Affairs of the United Nations. E-Government Survey 2022: Digital Government in the decade of action for sustainable development. Disponível em https://publicadministration.un.org/egovkb/en-us/data-center. Acesso em: 9 dez. 2022.

Informação bibliográfica deste texto, conforme a NBR 6023:2018 da Associação Brasileira de Normas Técnicas (ABNT):

COSTA, Rafael Rodrigues da. Tribunais de Contas e governo digital: uso de ferramentas tecnológicas visando à fiscalização da transparência pública e à propagação de atividades de controle. *In*: LIMA, Edilberto Carlos Pontes (coord.). *Os Tribunais de Contas e as políticas públicas*. Belo Horizonte: Fórum, 2023. p. 425-485. ISBN 978-65-5518-596-6.

CONDICIONANTES DO TEMPO DE *COMMUTING* DOS CENTROS URBANOS BRASILEIROS: UMA ANÁLISE EMPÍRICA

RAFAEL SCHERB

RAUL DA MOTA SILVEIRA NETO

1 Introdução (justificativa e objetivos)

Sob a perspectiva econômica, a existência das cidades fundamenta-se nos benefícios gerados com aglomeração dos agentes econômicos (pessoas e firmas) no espaço. Esses ganhos estariam associados tanto às maiores vantagens para as firmas (maior produtividade derivada da estruturação da produção em um menor número de fábricas) e para trabalhadores (maior aprendizado e melhor alocação no mercado de trabalho) como ao maior bem-estar para consumidores, que teriam acesso à maior variedade de bens e serviços sob melhores condições de preço (DURANTON; PUGA, 2004).

Há, contudo, duas importantes forças sociais que vão de encontro a tais ganhos: a maior concorrência pelo espaço residencial privado, elevando o custo de moradia, e o congestionamento do espaço público, aumentando o tempo de deslocamentos nas cidades. No Brasil, o tempo gasto no deslocamento da residência ao local de trabalho (*commuting time*, para a literatura de Economia Urbana) dos centros urbanos é, reconhecidamente, elevado para os padrões mundiais (PEREIRA; SCHWANEN, 2013; SILVEIRA NETO *et al.*, 2014). De acordo com os dados da Pesquisa Nacional por Amostra de Domicílios (PNAD), do IBGE, tal situação reflete uma piora recente das condições de mobilidade urbana no país; entre 2003 e 2013, por exemplo, o tempo de *commuting* da Região Metropolitana do Recife apresentou um aumento de cerca de 23%, tendência essa generalizada para as demais RMs do país.

Tendo em vista as claras consequências que um maior tempo de *commuting* gera sobre o bem-estar dos indivíduos e sobre a produtividade, há relativamente poucos estudos sobre os seus condicionantes no contexto brasileiro. Recentemente, Pereira e Schwanen (2013) apontaram a elevação do tempo de *commuting* das maiores regiões metropolitanas brasileiras nas últimas duas décadas. Silveira Neto, Duarte e Páz (2014), por seu turno, realizaram um estudo específico para a Região Metropolitana de São Paulo (RMSP), apontando o gênero e o estado civil, sobretudo das mulheres, como alguns dos fatores determinantes para o tempo de ida ao trabalho. Entretanto, a inexistência de um trabalho que englobasse todos os centros urbanos do território nacional com dados do tempo de *commuting* para cada um deles foi a principal motivação para a realização dessa pesquisa.

Convém observar, ainda, que a diretoria de Geociência do IBGE, junto com a Coordenação de Geografia, publicou em 2013 um trabalho com uma nova divisão do território brasileiro: a Divisão Urbano-Regional. Esse trabalho forneceu uma visão regional do Brasil a partir dos fluxos articulados por sua rede urbana. Essa nova divisão não obedece aos limites geográficos das fronteiras estaduais popularmente conhecidas, trazendo, portanto, um novo mapa brasileiro dividido em Regiões de Articulação Urbana. Cada região é formada a partir de uma cidade que comanda os fluxos econômicos entre os agentes. Assim, no terceiro nível escalar, foram identificadas 482 regiões que compõem o território nacional, sendo chamadas de Regiões Imediatas de Articulação Urbana. As regiões deste nível refletem em grande parte a área vivida pela população e seu deslocamento cotidiano para o fornecimento e a busca de bens e serviços corriqueiros (como serviços de advocacia, contabilidade, médicos e a busca de bens como geladeiras, televisões e automóveis). Portanto, outra justificativa para a realização desse estudo é o fato de essa nova divisão territorial ter sido pouco explorada na literatura sobre transporte urbano.

O objetivo deste artigo é, pois, apresentar uma análise empírica sobre os condicionantes do tempo de ida ao trabalho nas regiões brasileiras. Mais especificamente, considerando o universo das 482 regiões imediatas de articulação urbana, a pesquisa busca identificar e mensurar a influência de diferentes fatores (geográficos, demográficos e sociais) sobre o tempo de *commuting* dos centros urbanos brasileiros. Dessa forma, este trabalho pretende contribuir para uma série de estudos sobre o tempo de deslocamento no país e discutir o papel dos Tribunais de Contas na mobilidade urbana.

Assim sendo, este estudo está organizado da seguinte forma: a próxima seção faz uma análise da teoria econômica sobre o tempo de *commuting* e uma breve revisão da literatura sobre mobilidade urbana. Em seguida, apresentam-se algumas evidências para as cidades brasileiras que já foram motivos de estudos. A seção 4 descreve a base de dados, a metodologia e as variáveis para a análise; para, na seção seguinte, serem apresentados os resultados. A seção 6 resume as principais conclusões, analisa o papel dos Tribunais de Contas, considera questões para futuras pesquisas e observa algumas implicações visando oferecer base para futuras políticas públicas.

2 Teoria econômica: tempo de *commuting* no espaço urbano

Numa primeira análise, é possível perceber que, nos grandes centros urbanos mundiais, os indivíduos gastam muito tempo no trajeto de casa ao trabalho e isso tem ganhado importância nos debates para a provisão de políticas públicas. Prova dessa tendência é que, de acordo com Pero e Stefanelli (2015), o tempo de deslocamento, em 1992, nas regiões metropolitanas brasileiras era de 36,4 minutos e, em 2012, atingiu a marca de 40,8 minutos, representando uma variação de 12,1%. Adicionalmente, em 2012, 23,5% dos trabalhadores da Região Metropolitana de São Paulo gastaram mais de 1 hora no deslocamento de casa até o trabalho; enquanto que, na Região Metropolitana do Rio de Janeiro, esse percentual de trabalhadores foi de 24,7% (PERO E STEFANELLI, 2015). Nesse contexto, o custo do tempo de *commuting* é muito alto, englobando os custos pecuniários e o custo de oportunidade. Dessa forma, as inúmeras horas perdidas por causa do congestionamento no trânsito representam um enorme custo social, além de deixar clara a existência de uma externalidade negativa quando se trata desse tema (ação individual afetando o custo de mobilidade dos demais).

Assim, para compreender essa realidade, vale destacar um modelo econômico bastante utilizado na literatura de Economia Urbana: o Modelo Monocêntrico de Alonso (1964), Muth (1969) e Mills (1967). Com o objetivo de entender a escolha de moradia, esse modelo traz a renda familiar como o mais importante condicionante do dilema existente entre espaço da residência (tamanho das casas) e acessibilidade (maior proximidade do centro). Quando o modelo é apresentado sem os custos de oportunidade do custo total de *commuting*, isto é, apenas com os gastos pecuniários com a acessibilidade (custo de transporte público e combustível, por exemplo), as famílias de maior renda estariam localizadas a maiores distâncias do centro que as famílias mais pobres, uma vez que as primeiras demandariam maior espaço (com custos menores a maiores distâncias).

Entretanto, incluindo o tempo gasto no trajeto como um item na restrição orçamentária das famílias, o efeito se torna ambíguo: se de um lado, há uma força econômica que demanda mais espaço e leva as famílias ricas a se instalarem mais afastadas do centro, do outro, o custo de maior perda com tempo de ida ao trabalho em longas distâncias do centro traz um incentivo para os mais ricos se aproximarem do centro. É necessário perceber, portanto, que o efeito da relação entre renda e tempo de deslocamento depende da elasticidade-renda da demanda por espaço em relação à elasticidade-renda de demanda por acessibilidade.

Mais formalmente, supondo a relação entre a distância ao centro (representado por d ou x) e o aluguel urbano (representado por r ou p) dado por:

$$\frac{\partial r}{\partial d} = \frac{-m}{S(d)} < 0,$$

onde m é o custo de *commuting* ao centro e S é o espaço (também representado por q). Assim, a localização das famílias depende de qual elasticidade-renda é maior.

$$\frac{\partial p}{\partial x} = \frac{-m}{q}, \quad \frac{\partial\left(\frac{\partial p}{\partial x}\right)}{\partial y} = -\frac{1}{q}\frac{\partial m}{\partial y} - (-1)m\frac{1}{q^2}\frac{\partial q}{\partial y} = -\frac{1}{q}\frac{\partial m}{\partial y} + m\frac{1}{q^2}\frac{\partial q}{\partial y}$$

Supondo o caso de a elasticidade-renda de demanda por espaço ser maior que a elasticidade-renda de demanda por acessibilidade e diferenciando a relação entre distância ao centro e aluguel urbano em relação à renda, chega-se à condição de os ricos ainda morarem longe do centro (mesmo incorporando o custo de *commuting*):

$$\frac{\partial\left(\frac{\partial p}{\partial x}\right)}{\partial y} > 0 \quad \Rightarrow \quad -\frac{1}{q}\frac{\partial m}{\partial y} + m\frac{1}{q^2}\frac{\partial q}{\partial y} > 0 \quad ou$$

$$-y\frac{1}{q}\frac{\partial m}{\partial y} + ym\frac{1}{q^2}\frac{\partial q}{\partial y} > 0 \quad \Rightarrow \quad \frac{y}{q}\frac{\partial q}{\partial y} > \frac{y}{m}\frac{\partial m}{\partial y}$$

Esse resultado reflete os típicos casos das cidades norte-americanas, onde os indivíduos mais ricos moram mais distantes do centro. Em contrapartida, no caso das cidades brasileiras, a elasticidade-renda de demanda por acessibilidade é, em geral, maior que a elasticidade-renda de demanda por espaço, retratando, após a diferenciação da relação entre distância ao centro e aluguel urbano em relação à renda, a condição de os ricos morarem mais perto do centro. Tal fato pode ser justificado, primordialmente, pelo alto custo de transporte das cidades brasileiras, já que não há infraestrutura adequada dos centros urbanos para acompanhar o crescimento da população urbana, o aumento das taxas de motorização e a expansão das cidades.

Adicionalmente, complementando o entendimento do modelo monocêntrico, pode-se apresentar a análise de Brueckner (2011). Assumindo as hipóteses de que o *commuting* ocorre de um único ponto no subúrbio para o centro (a extensão do trajeto é fixa), que o congestionamento ocorre na via que liga o subúrbio ao centro e que há alternativas à via congestionada através de uma via secundária ou através de um transporte alternativo, considera-se uma situação em que moradores situam-se em determinado subúrbio e têm que se deslocar ao centro (CBD) por uma via utilizando veículo individual, tendo como alternativas o uso de outro modo de transporte (público) em outra via ou utilizando o transporte individual, mas por outra via secundária.

FIGURA 1 – Representação das hipóteses do modelo

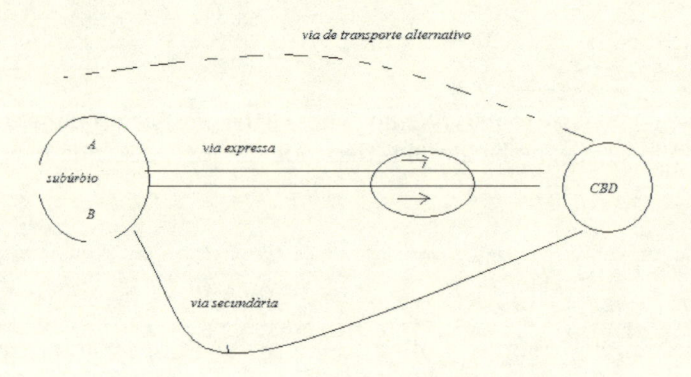

Fonte: Brueckner (2011).

Sabe-se, também, que a velocidade na via expressa depende de quão grande é o congestionamento, que depende do número de veículos. Além disso, só há congestionamento a partir de um certo número de veículos $(\underline{T})$. Assim, com s = velocidade do transporte individual na via expressa, $s = s(T)$ e $s'(T)\ 0$, onde T é o número de veículos.

FIGURA 2 – Velocidade em função do número de veículos

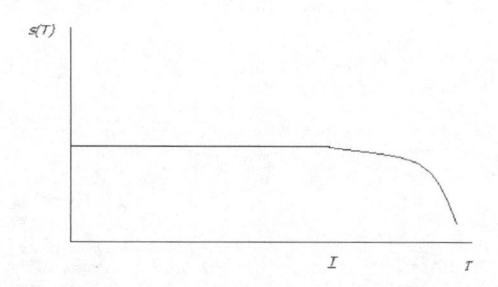

Fonte: Brueckner (2011).

Convém observar, ainda, que os custos de mobilidade nos centros urbanos são divididos entre os custos pecuniários e o custo de oportunidade. Assim, com m = custos pecuniários (despesa com carro e combustível, por exemplo) e com o tempo gasto no deslocamento representado por D/s, sendo D = extensão da via (ex. km) e s = velocidade (ex. km/hora), o gasto total do trajeto ao CBD será $g = m + w.D/s$, onde w é o salário da unidade de tempo trabalhada (ex. salário-hora). Além disso, percebe-se que, como a velocidade de deslocamento depende da existência e do nível de congestionamento de veículos na via expressa, o custo de *commuting* aumenta com a existência do congestionamento.

FIGURA 3 – Custo total em função do número de veículos

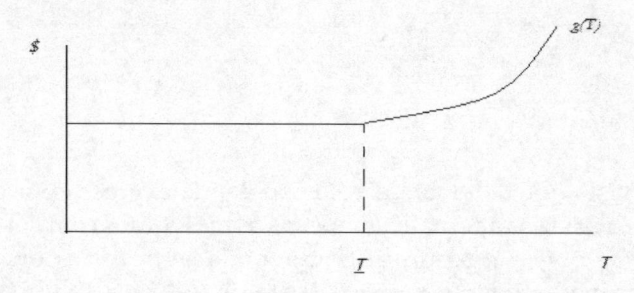

Fonte: Brueckner (2011).

A partir dessa situação, é possível medir o impacto de um automóvel a mais a partir de *(T)*, isto é, medir a externalidade. Com o custo agregado de *commuting* dado por *T. g(T)*, o impacto de um automóvel a mais a partir de *T* é dado por:

$$\frac{d(T.g(T))}{dT} = g(T) + Tg'(T) = c.individual + c.sobre \ demais$$

Sabendo que:

$\frac{d(T.g(T))}{dT} = Custo \ Marginal$ e $C. \ Médio = \frac{T.g(T)}{T} = g(T)$, tem-se que:

CMg = Cme + externalidade = *CMe + T.g'(T)*, onde, em uma situação sem congestionamento, *g'(T) = 0* e CMg = CMe e, em uma situação com congestionamento, *g'(T)* 0 e CMg CMe.

Portanto, o custo associado à externalidade negativa da adoção de um carro a mais é dado pela diferença entre o custo marginal e o custo médio, isto é,

Externalidade = *CMg – CMe.*

FIGURA 4 – Externalidade representada graficamente

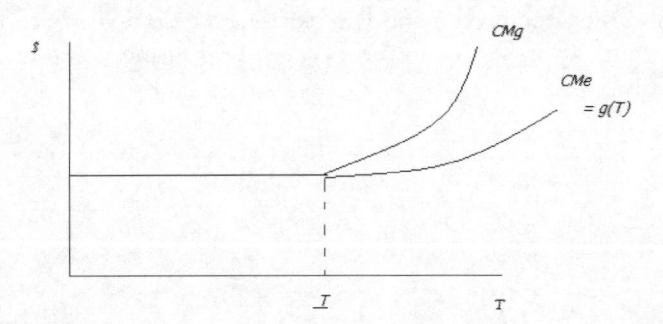

Fonte: Brueckner (2011).

Tendo em vista que a demanda pelo uso da via expressa por cada indivíduo depende dos custos das vias alternativas, apenas os indivíduos com custos alternativos maiores irão utilizar tal via expressa. Então, pode-se traçar a curva de demanda negativamente inclinada (quanto menor o custo de utilização da via expressa, mais indivíduos irão utilizá-la).

Assim como visto anteriormente, o CMe = *g(T)* e corresponde ao custo individual privado do uso da via quando há *T* veículos utilizando a via. Dessa forma, o número de pessoas utilizando a via no equilíbrio de mercado é dado simplesmente pelo valor de *T* que garante a igualdade entre *D(T)* e CMe(T), ou seja, *Teq* ocorre quando *D(T)* =

CMe(*T*). Entretanto, vale ressaltar que o custo para a sociedade de uma pessoa a mais utilizando a via quando *T* pessoas a utilizam é igual ao CMg(*T*).

FIGURA 5 – Equilíbrio e ótimo social

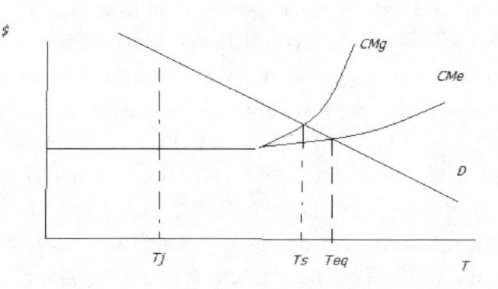

Fonte: Brueckner (2011).

Desse modo, o nível de utilização da via no equilíbrio (*Teq*) não corresponde ao nível ótimo do ponto de vista social, já que leva em conta somente os custos privados de *commuting*, deixando de lado as externalidades. Essa diferença entre *Ts* (nível ótimo social de utilização da via) e *Teq* ocorre porque os indivíduos não incorporam todos os custos envolvidos em suas decisões de mercado (que corresponde ao CMg e não ao CMe).

É importante perceber que o número ótimo do ponto de vista social de indivíduos utilizando a via não corresponde necessariamente a um número em que nenhuma externalidade negativa é gerada, ou seja, não necessariamente *Ts* $\underline{T}$. Tal fato decorre da possibilidade de existirem indivíduos com custos alternativos (rota ou veículo alternativo) para ir ao CBD muito altos, acima até do impacto social do uso da via (CMg). Nestas situações (entre $\underline{T}$ e *Ts*), mesmo gerando externalidades negativas, melhor para sociedade é que tais indivíduos utilizem a via.

Alguns outros estudos na área de mobilidade urbana foram realizados ao longo da história e merecem destaque. Gordon, Kumar e Richardson (1989), em estudo para os Estados Unidos usando o estimador de Mínimos Quadrados em dois estágios (2SLS), elegem como condicionantes a área urbanizada, densidade comercial e industrial, população, número de empregos no centro e na região metropolitana, razão de empregos em manufatura, número de proprietários e de locatários de imóveis, densidade comercial, renda média familiar, proporção de trabalhadores na indústria e no comércio e a proporção de trabalhadores que se locomovem sozinhos em seus carros. Os resultados encontrados são que regiões metropolitanas com orientação policêntrica e mais dispersa tendem a ter um menor tempo de *commuting*, assim como baixa densidade residencial e alta densidade de indústrias.

Já no contexto brasileiro, as regiões metropolitanas de São Paulo (RMSP) e de Recife (RMR) merecem uma atenção especial, já que os mais elevados tempos de deslocamento são observados entre trabalhadores de renda média, enquanto os mais ricos e os mais pobres são os que levam menos tempo para chegar ao local de trabalho (LIMA; SILVEIRA NETO, 2012).

Uma pesquisa elaborada por Silveira Neto, Duarte e Páz (2014) traz à tona outros condicionantes do tempo de *commuting*. Fora a renda, fatores apontados como determinantes para o tempo de ida ao trabalho são o gênero e o estado civil, principalmente das mulheres. Quando comparados os dois gêneros, as mulheres são mais propensas a ter menor tempo de deslocamento independentemente da estrutura familiar, porém o efeito é mais forte para mulheres casadas, especialmente em famílias onde os dois cônjuges trabalham. Outro fator considerado, a presença de crianças na família, também parece diminuir a capacidade das mulheres trabalharem em áreas mais distantes do local de moradia. Porém, o mesmo não é observado para os homens. Tal conjuntura, afirmam os autores, pode refletir outros fatores culturais no Brasil: o menor tempo de deslocamento observado para as mulheres pode ser resultado do menor número de cargos de trabalho especializados ocupados por elas, que acabam se empregando em trabalho informal ou de baixa qualificação, em geral mais perto de sua residência. Tais apontamentos podem ser justificados por uma sociedade ainda machista, com resquícios de uma cultura onde as mulheres tendem a permanecer mais tempo em casa. Entretanto, Pero e Stefanelli (2015) afirmam que essa diferença vem se reduzindo, em especial depois do início do século XXI. Em 1992, os homens levavam, em média, 14,6% a mais de tempo para chegar ao trabalho, enquanto que essa diferença caiu para 3,6% em 2013.

Para a RMR, Lima e Silveira Neto (2012) trouxeram evidências sobre o tempo de ida ao trabalho na região a partir da estimação dos parâmetros de um modelo *probit* ordenado. Como resultados os autores mostraram que o maior tempo gasto está associado ao indivíduo de cor branca e relativamente escolarizado, frente àqueles ocupados na indústria da construção.

3 Evidências para as cidades brasileiras

No contexto brasileiro, a grande parte dos trabalhos realizados concentra-se em evidências para as regiões metropolitanas. Identificando o aumento do tempo de deslocamento de casa ao trabalho, as regiões metropolitanas apresentam um tempo relativamente maior que a média das cidades do Brasil. Essa diferença, que era na casa dos 63% em 2009, tem se mantido estável ao longo do período 1992-2009, mostrando que o tempo médio de *commuting* vem aumentando em todo o território nacional (PEREIRA e SCHWANEN, 2013).

Algumas regiões metropolitanas merecem destaque no que diz respeito à diferença de tempo de *commuting*. As situações mais preocupantes são as RMS de São Paulo e do Rio de Janeiro. Quando se trata de viagens casa-trabalho com mais de uma hora de duração, o Rio de Janeiro apresentou um comportamento específico: Pereira e Schwanen (2013) demonstraram que, embora a proporção desses longos deslocamentos, que teve seu ápice de 24% no final do século XX, tivesse caído para 18% no início do século XXI, voltou a aumentar no final da década. Uma possível justificativa para essa melhora a partir do final da década de 90 na RM do Rio de Janeiro pode estar relacionada à inauguração de algumas obras de infraestrutura, como a Linha Amarela e algumas estações de metrô (tendência que também pode ser observada em Brasília com as obras de infraestrutura, como a ponte Juscelino Kubitschek, facilitando o acesso ao centro e diminuindo o tempo de deslocamento). A partir da segunda metade dos anos 2000, o aumento observado no tempo de deslocamento na RM do Rio de Janeiro pode ser justificado tanto pelo aumento da frota de veículos, já que houve um fomento econômico nessa região à época, quanto pelo espraiamento da cidade, isto é, o espaço residencial apresenta pontos cada vez mais distantes do centro. Young *et al.* (2013), utilizando os dados do Censo do IBGE de 2010, modelaram os custos e as externalidades do congestionamento no Rio de Janeiro, com ênfase para a Região Metropolitana, estimando resultados que mostram perdas anuais entre R$ 6,7 e R$ 13,5 bilhões para o estado, isto é, perdas equivalentes de 1,9% a 3,8% do PIB estadual. Nesse sentido, o Instituto Akatu (2014) estimou que, se os residentes de todas as RMs conseguissem reduzir seu tempo de *commuting* para 30 minutos, haveria um aumento de R$ 200 bilhões no PIB brasileiro. Assim, esses elevados valores apresentam um indício de que políticas públicas voltadas para a melhoria do transporte deveriam ser prioritárias e gerariam um aumento do bem-estar econômico geral.

Entretanto, o caso das RMs de São Paulo e Belo Horizonte fornecem exemplos de como investimentos em mobilidade não necessariamente vão trazer consequências positivas no que diz respeito à diminuição do tempo de *commuting* (PERO; STEFANELLI, 2015). Mesmo com inúmeros projetos de infraestrutura, houve um crescimento da proporção de viagem com mais de uma hora de duração, o que pode ser justificado porque, diferentemente do que houve no Rio de Janeiro, tais investimentos não foram tão concentrados no tempo, já que a melhoria da qualidade do transporte se deu de maneira mais gradual.

Vale ressaltar, ainda, que há uma tendência do aumento do tempo de deslocamento também nas regiões metropolitanas de Fortaleza, Recife, Salvador e Belém. Particularmente, tais regiões apresentam uma maior preocupação com o futuro, pois, além de ter havido um aumento da taxa de motorização, ainda há um enorme potencial de crescimento dessa taxa (PEREIRA; SCHWANEN, 2013). Fora isso, a situação torna-se mais alarmante quando se analisam as condições do transporte público nessas regiões: Belém não apresenta um sistema de transporte de massa e Fortaleza, Recife e Salvador possuem sistemas de trens antigos datados dos anos 1980.

É necessário perceber que, quando as RMs de Curitiba e Porto Alegre são deixadas de lado (o transporte público é de melhor qualidade e a expansão urbana foi mais controlada nessas regiões), há um crescimento da proporção de viagens com mais de uma hora de duração no território brasileiro (PEREIRA; SCHWANEN, 2013; AVILA, 2006).

Entretanto, embora tenha havido um aumento do tempo de *commuting*, essa piora do bem-estar social não se deu de maneira uniforme quando se comparam as diferentes faixas de renda. Pero e Mihessen (2013) identificaram que quem mais sofre com a falta de qualidade do transporte urbano é a camada mais pobre da sociedade, já que, além de terem, na maioria dos casos, um maior tempo de deslocamento casa-trabalho que a camada mais rica, são forçados a destinar uma grande parte de sua renda para os gastos com o transporte público. Assim, tais observações provam que a população de mais baixa renda é a mais vulnerável às desvantagens no transporte urbano (LUCAS, 2012).

Outra evidência que a literatura traz das cidades brasileiras é a questão da diferença de tempo de deslocamento entre homens e mulheres: homens gastam mais tempo para ir de casa ao trabalho do que mulheres (OECD, 2011). Contudo, assim como já apresentado na seção anterior deste estudo, essa diferença tem diminuído a partir dos anos 2000, já que é possível notar um aumento maior do tempo que as mulheres passam no trânsito. Essa tendência à igualdade de tempo entre os sexos pode ser vista como uma consequência de curto prazo de uma série de mudanças sociodemográficas que vem ocorrendo no Brasil: queda na fecundidade, domicílios com menor número de crianças, aumento de mulheres como chefes de domicílios, aumento das taxas de participação das mulheres no mercado de trabalho (STRAMBI; VAN DE BILT, 2002; CRANE, 2007; NONATO *et al.*, 2012).

4 Metodologia e base de dados

Na análise empírica dos condicionantes do tempo de *commuting* das cidades brasileiras, será utilizado um modelo de regressão linear múltipla. Especificamente, tal modelo terá como variável dependente o tempo de *commuting* das regiões e como varáveis explicativas grupos de variáveis representando diferentes aspectos das regiões, potencialmente associados à referida variável dependente.

Entre as características das cidades que potencialmente afetam o tempo de *commuting*, serão consideradas suas características socioeconômicas (a desigualdade de renda – medida pelo índice Gini –, a renda *per capita*, o tamanho da população e a densidade), indexadas por b; características estruturais (percentual de ocupados na indústria, percentual de ocupados no comércio, parcela de ocupação da maior cidade e a existência de mais de um município com 500 mil habitantes ou mais), indexadas por e; características demográficas (percentual de jovens, percentual de idosos, percentual de negros, percentual de mulheres e percentual de domicílios com crianças), indexadas por d; características urbanas (percentual que mora em apartamento e percentual que paga aluguel), indexadas por u. Além disso, em função das disparidades regionais de infraestrutura de transporte e pujança econômica, *dummies* para as macrorregiões também serão incorporadas ao modelo, indexadas por r. Embora todos esses condicionantes estejam explicados, de forma detalhada, na seção 5.2, cabe uma breve apresentação de alguns deles: a análise da densidade informa que, quanto maior seu valor, maior a dificuldade de circulação na região e maior o tempo de *commuting*, já que mais indivíduos estão ocupando o mesmo espaço. Já a análise da parcela de ocupação da maior cidade é uma medida de descentralização, onde é esperado que regiões com orientação monocêntrica e mais concentrada tenham um maior tempo de *commuting*. Adicionalmente, o percentual de jovens é um interessante condicionante do tempo de deslocamento porque, em geral, os jovens apresentam uma elasticidade-renda de demanda por acessibilidade muito grande, preferindo morar perto do centro e, consequentemente, perto do trabalho, diminuindo o tempo médio da região. Já o percentual de indivíduos que paga aluguel para residir é um condicionante que mede a facilidade dos indivíduos para reagir a variações no mercado, seja no aumento do congestionamento no trajeto casa-trabalho ou nos aumentos dos preços, já que é mais fácil para os que pagam aluguel se mudar para outra residência mais perto do trabalho do que para os proprietários dos imóveis.

Formalmente, portanto, a especificação econométrica pode ser apresentada como:

$$lnT_i = \alpha + X_{bi}\beta_1 + X_{ei}\beta_2 + X_{di}\beta_3 + X_{ui}\beta_4 + X_{ri}\beta_5 + \varepsilon_i$$

onde T_i é o tempo de *commuting* do centro urbano i, X_{bi} é seu conjunto de variáveis associadas a características socioeconômicas das regiões, X_{ei} o conjunto de variáveis associadas a características estruturais, X_{di} o conjunto de variáveis associadas a características demográficas, X_{ui} o conjunto de variáveis associadas a características do uso do espaço urbano, X_{ri} o conjunto de *dummies* que identifica as regiões, α é um intercepto que foi estimado, os β_s são os vetores de parâmetros (também foram estimados) e ε_i um termo de erro ou resíduo (assumido supostamente bem comportado, isto é, independente e identicamente distribuído).

A estimação dos parâmetros deste modelo, feita através de Mínimos Quadrados Ordinários, permite, então, a obtenção de medidas de associação das variáveis com o tempo de *commuting* das regiões brasileiras.

Os dados necessários para a pesquisa foram obtidos a partir dos microdados do Censo Demográfico 2010 do IBGE, que contêm informações sobre o tempo de *commuting* dos indivíduos e sobre características das regiões. O Censo possui uma extensa lista de informações sobre as características sociais, demográficas e econômicas dos indivíduos e dos domicílios, possibilitando a criação de inúmeras variáveis para uma variedade de estudos. Para o que este estudo se propõe, alguns procedimentos metodológicos serão adotados e merecem destaque. A variável sobre tempo de deslocamento casa-trabalho (código V0662) é construída como uma variável categórica com os seguintes intervalos: 1 - até 5 minutos; 2 - de 6 minutos até meia hora; 3 - mais de meia hora até uma hora; 4 - mais de uma hora até duas horas; e 5 - mais de duas horas. No questionário, assinalou-se o tempo habitual gasto no deslocamento entre o domicílio da pessoa e o seu local de trabalho (único ou o principal). Se o deslocamento para o trabalho ocorreu a partir do local de estudo, o tempo de duração deveria corresponder a este percurso. Caso a pessoa utilizasse mais de um meio de locomoção até o trabalho, considerou-se o somatório do tempo gasto.

O tempo médio de deslocamento das viagens será calculado utilizando o ponto médio de cada categoria intermediária e o primeiro ponto da última categoria aberta, conforme sugerido em Bussab e Morettin (1987):

$$(2.5^*F_1 + 18^*F_2 + 45^*F_3 + 90^*F_4 + 120^*F_5)/Total$$

onde F_n representa a frequência com que cada categoria foi computada em cada região imediata de articulação urbana e o total representa o total de ocupados em cada região imediata de articulação urbana que se desloca para o trabalho.

O foco deste trabalho está nas condições de transporte nas áreas urbanas, já que elas apresentam algum padrão definido. Dessa forma, serão excluídas todas as pessoas residentes em áreas rurais. Ademais, na regressão econométrica e para calcular a correlação entre variáveis, será utilizado o log do tempo de *commuting*, o log da renda *per capita*, o log da densidade e o log do tamanho da população (todos na base Neperiana).

5 Resultados

5.1 Análise descritiva

Dada a metodologia descrita na seção anterior, chegou-se ao tempo médio de deslocamento casa-trabalho das 482 regiões analisadas e aos seus condicionantes. O menor tempo de *commuting* observado foi o de 13,9 minutos da região imediata de Marechal Cândido Rondon, situada no estado do Paraná, e seu maior valor ficou com a região de São Paulo com 47,5 minutos. Já a média e o desvio-padrão foram iguais a 21,7 e 4,3, respectivamente.

Assim como já era de se esperar, além de São Paulo, outras regiões importantes do ponto de vista econômico acabaram por apresentar péssimos indicadores: Rio de Janeiro (46,5 minutos), Brasília (40,3 minutos), Salvador (38,4 minutos) e Recife (37,9 minutos) completam, assim, a lista das cinco regiões com maiores tempos de *commuting*. Para tornar essa análise mais completa, foi elaborado o mapa da figura 6 com o tempo de deslocamento médio de cada região.

FIGURA 6 – Tempo de *commuting* das regiões imediatas

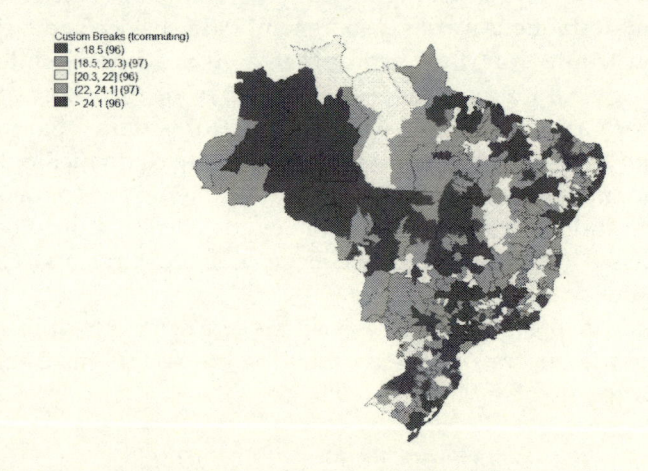

Fonte: Elaboração própria baseada no *shapefile* fornecido pelo IBGE.

Como é possível observar, duas rápidas conclusões podem ser feitas: a região Sudeste apresenta a maior parte das regiões com maior tempo de *commuting* e regiões litorâneas tendem a ter um maior tempo quando comparadas com as não litorâneas. Adicionalmente, com o objetivo de entender essas disparidades, elaboraram-se os mapas seguintes com as características socioeconômicas de cada região (renda *per capita*, índice Gini, tamanho da população e densidade) e os gráficos que evidenciam a relação entre essas características socioeconômicas e o tempo de *commuting*.

FIGURA 7 – Renda *per capita* das regiões imediatas e sua relação com o tempo de *commuting*

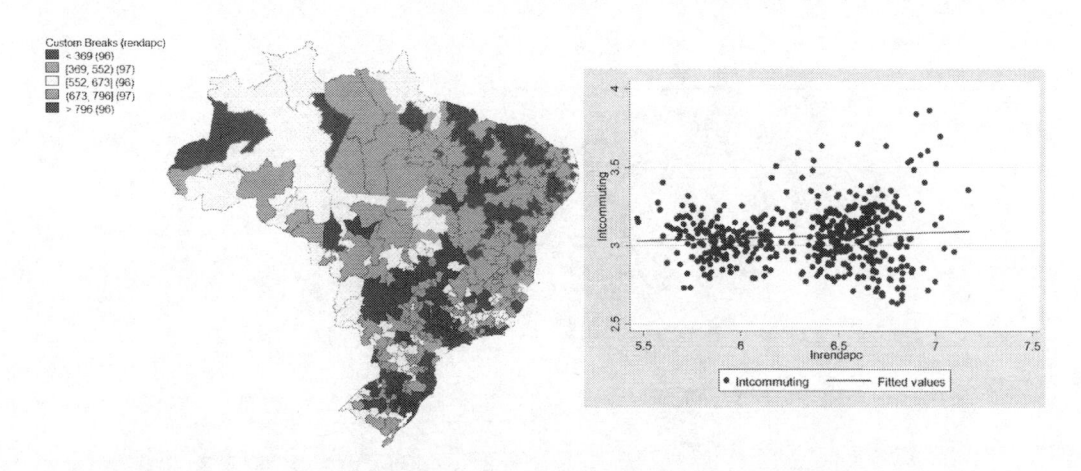

Fonte: Elaboração própria baseada no *shapefile* e nos microdados fornecidos pelo IBGE.

FIGURA 8 – Índice de Gini (desigualdade de renda) das regiões imediatas e sua relação com o tempo de *commuting*

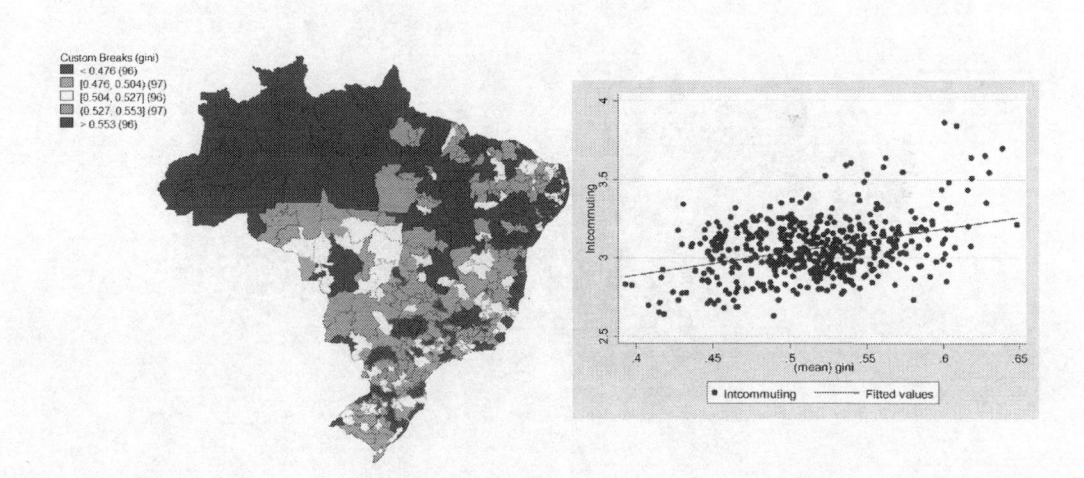

Fonte: Elaboração própria baseada no *shapefile* e nos microdados fornecidos pelo IBGE.

FIGURA 9 – População das regiões imediatas e sua relação com o tempo de *commuting*

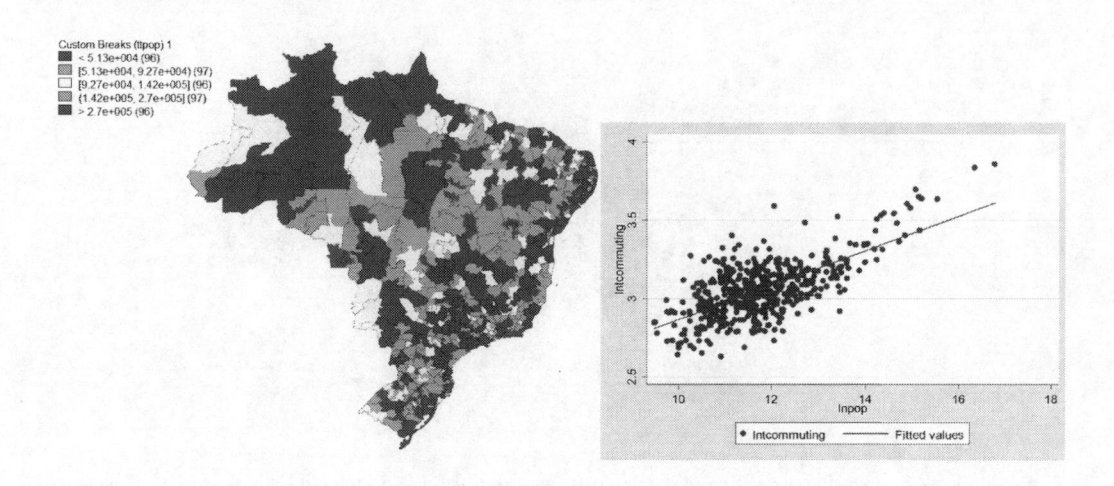

Fonte: Elaboração própria baseada no *shapefile* e nos microdados fornecidos pelo IBGE.

FIGURA 10 – Densidade das regiões imediatas e sua relação com o tempo de *commuting*

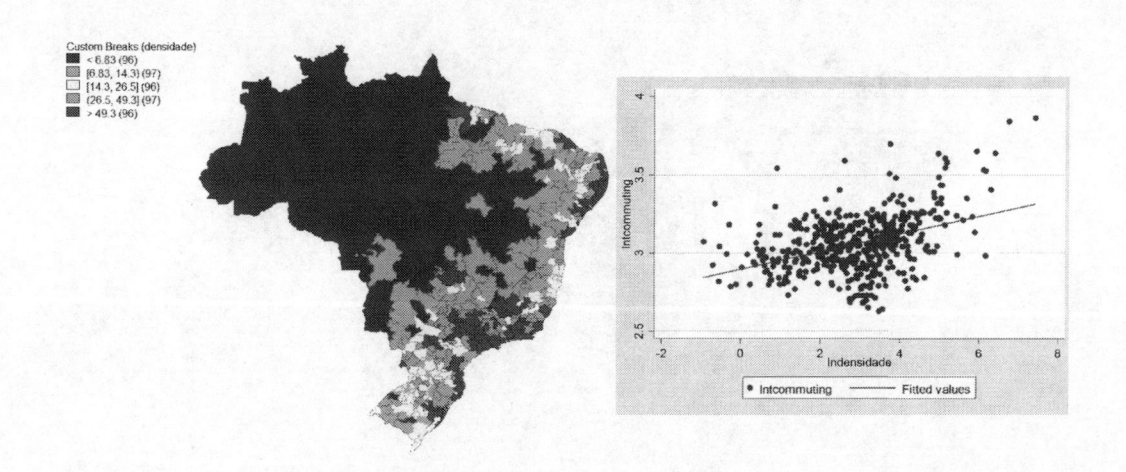

Fonte: Elaboração própria baseada no *shapefile* e nos microdados fornecidos pelo IBGE.

Com os resultados apresentados, percebe-se, excetuando-se a renda *per capita*, uma relação positiva entre as características socioeconômicas e o tempo de *commuting* de cada região. Tal fato é refletido quando se analisa o índice de correlação de cada uma delas com o tempo de deslocamento: a correlação do índice Gini, do tamanho da população e da densidade com o tempo de *commuting* é de, respectivamente, 0,3653; 0,6746; 0,4052. Ademais, a correlação entre a renda *per capita* da região com seu tempo de deslocamento foi de 0,0715, não existindo uma dependência linear entre elas.

A região que apresentou o menor índice Gini foi a região imediata de Brusque (0,393), município de Santa Catarina, enquanto que o maior índice foi detectado na região imediata de Paragominas (0,648), no município do Pará. Vale ressaltar que algumas regiões importantes do ponto de vista econômico apresentaram seus respectivos índices Gini elevados: o segundo maior índice de concentração de renda é da região de Brasília (0,638), seguida por Manaus (0,630), João Pessoa (0,628), Salvador (0,627), São Luís (0,619) e Recife (0,618). A região do Rio de Janeiro ocupa a 11ª posição de concentração econômica (0,609) e a região de São Paulo ocupa a 22ª posição (0,601).

Já do ponto de vista da renda *per capita* mensal, a região mais pobre é a região imediata de Chapadinha (R$ 237,28), município do estado do Maranhão. Em contrapartida, a região mais rica é a de Florianópolis (R$ 1304,30), seguida por Bento Gonçalves (R$ 1.212,15), município do Rio Grande do Sul, Balneário Camboriú (R$ 1.150,71) e Blumenau (R$ 1.133,91), ambos municípios de Santa Catarina. Convém observar que Brasília (R$ 1.127,92) ocupa a 5ª posição de região mais rica do país, enquanto São Paulo (R$ 1.065,60) e Rio de Janeiro (R$ 994,71) ocupam, respectivamente, a 9ª e a 17ª posição.

Para um melhor entendimento, foi elaborado o quadro a seguir (tabela 1) com as estatísticas descritivas das variáveis incorporadas ao modelo. Adicionalmente, vale ressaltar o significado de alguns desses condicionantes: a variável "Gini" refere-se ao grau de desigualdade de renda da região e mede o grau de concentração de renda – variando, numericamente, entre 0 e 1, em que 0 representa uma situação de igualdade, isto é, todos possuem a mesma renda, e 1 representa o extremo oposto, isto é, em que apenas uma pessoa detém toda a riqueza da região –; a variável "renda" refere-se à renda *per capita* mensal dos habitantes de cada região; a variável "indústria" refere-se ao percentual de pessoas ocupadas que estão empregadas no setor industrial; "comércio" refere-se ao percentual de pessoas ocupadas que estão empregadas no setor de comércio; "centralidade urbana" refere-se a parcela de ocupação de determinada região imediata no maior município; "policentrismo" é uma *dummy* que indica a existência de mais de um município com 500 mil habitantes ou mais em determinada região imediata; "jovens" indica o percentual de pessoas entre 14 e 30 anos na região; "negros" refere-se ao percentual de pessoas da região que se autodeclaram pretos ou pardos; "mulher" refere-se ao percentual de mulheres na região; "domicílios com crianças" refere-se à parcela de domicílios que possui alguma pessoa com 15 anos ou menos; "apartamento" refere-se ao percentual dos habitantes da região que moram em apartamento; "aluguel" refere-se ao percentual dos habitantes da região que pagam aluguel no domicílio em que vivem.

TABELA 1
Estatísticas descritivas

VARIÁVEIS	MÉDIA (DESVIO PADRÃO)	MÍNIMO	MÁXIMO
TEMPO DE *COMMUTING*	21,6844 (4,3335)	13,8768	47,4755
GINI	0,5160 (0,0457)	0,3932	0,6486
RENDA	606,9105 (215,5581)	237,2809	1304,305
POPULAÇÃO	332780,2 (1169856)	13024	1.93e+07
DENSIDADE	44,9682 (108,2018)	0,3984	1686,713
INDÚSTRIA	0,1272 (0,0774)	0,0284	0,4967
COMÉRCIO	0,1587 (0,0210)	0,1048	0,2411
CENTRALIDADE URBANA	0,4516 (0,6660)	0,1153	9,8006
POLICENTRISMO	0,0082 (0,0908)	0	1
JOVENS	0,2685 (0,0201)	0,2213	0,3429
IDOSOS	0,0805 (0,0197)	0,0243	0,1304
NEGROS	0,4951 (0,2215)	0,0654	0,8484
MULHERES	0,5103 (0,0091)	0,4755	0,5332
DOMICÍLIOS COM CRIANÇAS	0,5140 (0,0794)	0,3740	0,8009
APARTAMENTO	0,0325 (0,0385)	0	0,2772
ALUGUEL	0,1737 (0,0505)	0,0347	0,3628
NO	0,0892 (0,2853)	0	1
NE	0,2946 (0,4563)	0	1
CO	0,1078 (0,3105)	0	1
SE	0,2780 (0,4484)	0	1
SUL	0,2302 (0,4214)	0	1

Fonte: Elaboração própria baseada nos microdados fornecidos pelo IBGE.

5.2 Condicionantes do tempo de *commuting*

Na tabela 2, a seguir, são apresentadas as estimativas dos coeficientes das variáveis explicativas para o modelo de Mínimos Quadrados Ordinários (OLS), assim como o intercepto, as estatísticas e as informações tradicionais das regressões econométricas.

O modelo (I) mostra a regressão apenas com as características socioeconômicas de cada região como variáveis explicativas. Já no modelo seguinte (II), acrescentaram-se as variáveis estruturais na regressão. No terceiro modelo (III), somaram-se as variáveis demográficas; para que, no modelo seguinte (IV), fossem acrescentadas as variáveis de uso do solo urbano. Por fim, variáveis que identificam as macrorregiões também foram incorporadas ao modelo (V).

Nota-se que os valores estimados indicam efeitos que estão de acordo com o que a literatura afirma sobre os condicionantes do tempo de *commuting*. Contudo, todos esses resultados são analisados com mais detalhes a seguir.

TABELA 2
Resultados das estimações dos modelos

(continua)

VARIÁVEIS	I	II	III	IV	V
GINI	1,0947***	1.0404***	0,5681**	0,5398**	0,8527***
	(0,1733)	(0,1873)	(0,2313)	(0,2242)	(0,2334)
RENDA	-0,0114	-0,0242	0,0973**	0,1299***	0,0820
	(0,0202)	(0,0192)	(0,0411)	(0,0429)	(0,0554)
POPULAÇÃO	0,0786***	0,0825***	0,0678***	0,0684***	0,0642***
	(0,0070)	(0,0065)	(0,0068)	(0,0067)	(0,0066)
DENSIDADE	0,0343***	0,0394***	0,0625***	0,0675***	0,0571***
	(0,0053)	(0,0054)	(0,0066)	(0,0067)	(0,0072)
INDÚSTRIA	–	-0,3516***	-0,4167***	-0,4298***	-0,3181***
		(0,1049)	(0,1176)	(0,1175)	(0,1133)
COMÉRCIO	–	-2,3779***	-2,0763***	-2,0163***	-1,5648***
		(0,2775)	(0,2652)	(0,2652)	(0,2699)
CENTRALIDADE URBANA	–	0,0251***	0,0230***	0,0224***	0,0185***
		(0,0083)	(0,0070)	(0,0073)	(0,0070)
POLICENTRISMO	–	0,1274***	0,1103***	0,1091***	0,1155***
		(0,0271)	(0,0247)	(0,0285)	(0,0329)
JOVENS	–	–	-0,9808	-0,6790	-0,0533
			(0,6806)	(0,6661)	(0,7116)
IDOSOS	–	–	-0,2421	-0,5281	-0,7389
			(0,6358)	(0,6473)	(0,6510)
NEGROS	–	–	0,2937***	0,3063***	0,2362***
			(0,0560)	(0,0553)	(0,0601)
MULHER	–	–	-2,4565***	-2,2072***	-1,5273*
			(0,8341)	(0,8367)	(0,8706)
DOMICÍLIO COM CRIANÇA	–	–	0,3075	0,1396	0,2053
			(0,2272)	(0,2323)	(0,2709)
APARTAMENTO	–	–	–	-0,3986**	-0,3813**
				(0,1887)	(0,1934)
ALUGUEL	–	–	–	-0,3425**	-0,3556**
				(0,1589)	(0,1739)
NO	–	–	–	–	-0,1444***
					(0,0316)

(conclusão)

VARIÁVEIS	I	II	III	IV	V
NE	–	–	–	–	-0,1120***
					(0,0240)
CO	–	–	–	–	-0,0825***
					(0,0256)
SUL	–	–	–	–	-0,0676***
					(0,0204)
CONSTANTE	1,5416***	2,0005***	2,7729***	2,5183***	2,2320***
	(0,1661)	(0,1611)	(0,5952)	(0,6129)	(0,6249)
Nº DE OBSERVAÇÕES	482	482	482	482	482
R²	0,5255	0,6028	0,6533	0,6611	0,6895
R² AJUSTADO	0,5215	0,5961	0,6437	0,6502	0,6768
F	123,56	364,20	380,07	216,24	114,36
PROB F	0,0000	0,0000	0,0000	0,0000	0,0000

Fonte: Elaboração própria baseada nos microdados fornecidos pelo IBGE. Nota: Variável dependente é o logaritmo natural do tempo de commuting. Desvio padrão robusto à heterocedasticidade entre parênteses. *** Significante a 1% ** Significante a 5% * Significante a 10%.

No primeiro modelo (I), os valores do R^2 e do R^2 ajustado estão na faixa de 0,52, valores bastante elevados quando são incorporadas apenas essas quatro variáveis explicativas, revelando a importância delas.

A variável Gini, que diz respeito ao grau de desigualdade da região, teve resultado positivo e estatisticamente significante a 1%. Assim, regiões com alto índice de desigualdade social tendem a ter um tempo médio de deslocamento maior. Uma possível explicação para isso é o fato de que regiões mais desiguais tendem a apresentar um menor grau de desenvolvimento de transporte público e de infraestrutura, fazendo com que os trabalhadores demorem mais para chegar ao trabalho.

Por terem sido modelados na base logarítmica, os efeitos da renda *per capita*, do tamanho da população e da densidade devem ser interpretados como elasticidades. Como pode ser visto na tabela 1, o aumento de 1% da renda *per capita* implicaria uma diminuição de 0,01% no tempo de *commuting*. Entretanto, esse resultado negativo, que, embora tenha se apresentado, inicialmente, estatisticamente insignificante, será abordado com mais detalhes posteriormente nesta seção.

Já o aumento de 1% no tamanho da população faria com que o tempo de deslocamento aumentasse 0,78%. Tal resultado, positivo e estatisticamente significante a 1%, também confirma que, tudo mais constante, uma maior população significa um maior tempo de *commuting*, já que haveria uma maior dificuldade de circulação.

Nota-se que a densidade demográfica também é um condicionante importante: com seu resultado também sendo positivo e estatisticamente significante a 1%, um aumento de 1% na densidade significaria um aumento de 0,34% no tempo de deslocamento casa-trabalho. Quanto maior a densidade da região, mais indivíduos estão ocupando o mesmo espaço, gerando maior dificuldade de circulação, causando congestionamento. Este resultado é semelhante ao obtido por Gordon *et al.* (1989) e por Kirby e Lesage (2009) e sugere que políticas que visem a um maior adensamento urbano levarão a um maior tempo de *commuting* nas regiões urbanas brasileiras.

Acrescentando-se as variáveis estruturais (modelo II), o valor do R^2 e do R^2 ajustado aumentam para aproximadamente 0,60, tornando a regressão com mais poder de explicação. Embora os vetores de parâmetros das variáveis socioeconômicas tenham mudado seu valor, elas permaneceram iguais do ponto de vista da significância e de ser positiva ou negativa.

Assim como a literatura afirma, no trabalho de Gordon, Kumar e Richardson (1989), que regiões metropolitanas com orientação policêntrica e mais dispersa tendem a ter um menor tempo de *commuting*, os resultados da tabela 2, aparentemente, condizem com o que é apresentado: a variável '*centralidade urbana*' apresentou resultado positivo e estatisticamente significante a 1% e sugere que regiões que apresentam uma única cidade com grande parcela do total de ocupados tendem a ter um maior tempo de *commuting*. Entretanto, outra variável de medida de descentralização ('*policentrismo*') também apresentou resultado positivo e significante a 1%. A interpretação vai no sentido de que, se houver mais de uma cidade muito populosa na mesma região, o tempo de *commuting* tende a aumentar. Um fato curioso é que, inicialmente, era esperado que o tempo de deslocamento diminuísse caso houvesse mais de uma cidade muito populosa em uma mesma região – o que tenderia a representar uma região com orientação policêntrica –, entretanto não é isso que ocorre: pode ser que outros fatores, como o tamanho da população e a densidade, mais que compensem esses ganhos pela orientação policêntrica.

Outras variáveis que também se mostram importantes para entender os condicionantes do tempo médio de deslocamento das regiões são o percentual de ocupados na indústria e o percentual de ocupados no comércio. Com ambas negativas e estatisticamente significantes a 1%, regiões que apresentem uma maior parcela de ocupados nesses setores tendem a apresentar um menor tempo de *commuting*. Entretanto, a magnitude do efeito de cada uma dessas variáveis no tempo médio de deslocamento não é igual: regiões que apresentam uma maior parcela de ocupados na indústria tendem a apresentar um maior desenvolvimento da malha urbana, diminuindo o tempo de *commuting*. Vale ressaltar que, embora as indústrias, em geral, situem-se longe do centro e exijam uma maior distância percorrida para chegar ao trabalho, pode ser que o efeito desse maior desenvolvimento urbano mais que compense esse maior deslocamento e reduza o tempo médio no trânsito. Adicionalmente, assim como o observado por Gordon, Lee e Richardson (2004), regiões que apresentam uma grande parcela de ocupados no comércio tendem a apresentar uma maior proporção de empregos não só no centro, como também no subúrbio, facilitando o tráfego e contribuindo ainda mais para um menor tempo médio de deslocamento; justificando, assim, o fato da magnitude do efeito da variável que representa a parcela dos ocupados no comércio ser maior que a magnitude do efeito da variável que representa a parcela dos ocupados na indústria.

Quando se somam as características demográficas das regiões na regressão (modelo III), há algumas observações importantes a serem feitas: o valor do R^2 cresce para um valor de 0,65 e o R^2 ajustado aumenta para 0,64, tornando a regressão cada vez com mais poder de explicação quando se acrescentam essas novas variáveis explicativas. Embora tenha havido mudança nos valores dos coeficientes da maioria das variáveis já analisadas, duas merecem destaque: o dessa regressão (vetor da variável 'Gini'), além de ter tido seu valor alterado quando comparado com a regressão sem as variáveis demográficas (a magnitude de seu efeito diminuiu para 0,56), passou a ser significante a 5%; além disso, a renda *per capita* passa a ser positiva e significante a 5%. Quando a literatura afirma que os mais pobres têm tempo de viagem maior (PEREIRA; SCHWANEN, 2013), o que está sendo comparado são as diferentes classes sociais em uma mesma região. Em contrapartida, os resultados encontrados aqui sugerem que regiões mais ricas apresentem tempo de *commuting* maior, o que pode ser justificado por essas regiões também apresentarem um maior espraiamento urbano, uma população maior, uma maior densidade demográfica e um maior congestionamento. Ou seja, quando se comparam duas regiões, mantendo constantes todas as demais variáveis, a região mais rica tem tempo de deslocamento médio maior que a mais pobre; contudo, dentro dessa mesma região, os indivíduos mais ricos têm tempo de *commuting* menor que os mais pobres.

O percentual de jovens e o percentual de idosos apresentam o sinal de seus vetores negativo. Uma possível justificativa para o sinal desses coeficientes é porque os idosos não estão mais dispostos a aceitar qualquer emprego e fazer longas viagens diárias, diminuindo o tempo médio em trânsito; já os jovens tendem a dar enorme importância à acessibilidade (a elasticidade-renda de demanda por acessibilidade é muito grande), preferindo morar perto do centro e, consequentemente, mais perto do local de trabalho. Entretanto, essas variáveis são estatisticamente insignificantes. Outra variável que também se apresentou estatisticamente insignificante, mas que merece algum destaque é o percentual de domicílios com crianças. Tendo seu vetor positivo, domicílios que tenham a presença de crianças tendem a ter um espaço maior, já que a criança "demanda" mais espaço para lazer. Assim, a partir desse momento, a elasticidade-renda de demanda por espaço passa a ser maior que a elasticidade-renda de demanda por acessibilidade e essas famílias com crianças passam a morar longe do centro e, consequentemente, mais longe do emprego, aumentado, portanto, o tempo de viagem para o trabalho.

Assim como apresentado na literatura, o gênero e a cor da pele parecem trazer importantes informações. Com ambas variáveis sendo estatisticamente significantes a 1%, o percentual de negros tem seu coeficiente positivo, mas o percentual de mulheres tem seu coeficiente negativo. No Brasil, a maioria dos negros, infelizmente, é pobre e, como já é sabido, eles apresentam um maior tempo de deslocamento. Já em relação às mulheres, embora haja constatações de um processo de igualdade entre os gêneros mostrados pela menor diferença entre o tempo de *commuting* entre homens e mulheres, os dados apontam que, infelizmente, ainda hoje, as mulheres tendem a fazer viagens mais curtas, fazendo com que regiões com maior percentual de mulheres, tudo mais igual, tenham um menor tempo de deslocamento.

Ao acrescentar as características do uso do espaço urbano na regressão econométrica (modelo IV), o valor do R^2 aumenta mais uma vez para 0,66 e o R^2 ajustado cresce para 0,65, tendo mais poder explicativo. Em relação às variáveis socioeconômicas, estruturais e demográficas, todas se mantiveram iguais quanto à significância e quanto ao sinal do vetor correspondente, mesmo com mudanças nas suas magnitudes.

Com significância estatística de 5%, o percentual dos que moram em apartamento apresenta um coeficiente negativo. Assim sendo e como outros estudos também afirmam, a moradia em apartamento surge como uma consequência da grande demanda de um espaço específico para residir. Esse espaço, dada a demanda dos agentes econômicos por acessibilidade, tende a apresentar um rápido acesso ao centro e, consequentemente, uma menor média no tempo de deslocamento para o trabalho.

Convém observar, ainda, que a porcentagem dos que pagam aluguel para morar exerce uma influência negativa no tempo médio de *commuting*, uma vez que é mais fácil para o indivíduo que paga aluguel responder a qualquer variação no mercado, seja aumentos no congestionamento no trajeto de sua casa ao trabalho ou aumentos nos preços dos imóveis, mudando-se para mais perto do local de trabalho, por exemplo, que um proprietário de imóvel. Desse modo, com significância estatística de 5%, o custo de realocação deve ser mais baixo para locatários que para proprietários (KIRBY; LESAGE, 2009).

Ao serem acrescentados *dummies* que identificam as macrorregiões como variáveis explicativas na regressão econométrica (modelo V), o valor do R^2 aumenta para 0,69 e o valor do R^2 ajustado cresce para 0,67, aumentando o poder de explicação. Os resultados da região Sudeste foram omitidos em razão da multicolinearidade apresentada com outras variáveis e porque é a região que menos apresenta padrões de infraestrutura com as demais. Das variáveis que já estavam presentes na regressão econométrica, há duas importantes mudanças: o percentual de mulheres passa a ser estatisticamente significante a 10% e a renda *per capita* da região volta a ser insignificante, embora ainda apresente coeficiente positivo.

Uma observação importante é que as macrorregiões do Norte, Nordeste, Centro-Oeste e Sul trazem vetores negativos quanto ao tempo médio de deslocamento. Com significância estatística de 1%, tal resultado diz respeito à conjuntura econômica de cada macrorregião: parece haver, realmente, no território nacional brasileiro, uma forte relação positiva entre a pujança econômica da região analisada com o seu tempo de *commuting*. Desse modo, tirando o Sudeste pelas razões já apresentadas, o Sul é a macrorregião que apresenta uma menor magnitude negativa quanto ao efeito no tempo médio de deslocamento, seguida pelo Centro-Oeste, Nordeste e Norte. Portanto, mantendo constantes todas as demais variáveis, regiões que se situam em macrorregiões mais pobres e menos desenvolvidas do ponto de vista econômico apresentam um menor tempo de *commuting*. Isso se justifica pelo fato de que regiões brasileiras com maior pujança econômica não tendem a apresentar um histórico de maior desenvolvimento de infraestrutura de transporte, o que, dado o maior adensamento urbano em regiões mais desenvolvidas, dificulta o deslocamento de seus habitantes e aumenta o tempo gasto no trânsito, dada a tendência recente do crescimento do transporte individual no Brasil (CARVALHO, 2013). Tais resultados demonstram que, além do fato de que políticas que visassem a uma melhor malha de transporte urbano nunca foram prioridades no contexto brasileiro, algumas características específicas de cada macrorregião, sejam socioeconômicas, estruturais, demográficas ou urbanas, influenciam no tempo de deslocamento casa-trabalho, podendo ser um ponto de partida para novos estudos particulares para cada uma das macrorregiões brasileiras.

6 Papel dos Tribunais de Contas e considerações finais

O custo de oportunidade de ficar cada vez mais tempo no trânsito é, reconhecidamente, muito alto. As políticas, no contexto brasileiro, de incentivo e intensificação do uso de automóveis em detrimento do transporte público e do não motorizado apresentam consequências drásticas e mostram uma tendência recente de aumento geral no tempo de *commuting*. Fora isso, maiores tempos de viagens até chegar ao trabalho geram consequências de difícil modelagem, como, por exemplo, a redução da produtividade por parte do indivíduo e um menor nível de bem-estar para todos os agentes econômicos.

O presente trabalho procurou levantar evidências e analisar a influência de algumas características das regiões brasileiras como condicionantes do tempo de deslocamento casa-trabalho. Ao evidenciar o alto tempo médio de viagens dos ocupados em território nacional para os padrões mundiais, percebe-se que o Brasil apresenta um grande problema do ponto de vista da mobilidade urbana. Dados os limites que a divisão geográfica brasileira apresenta, utilizou-se uma nova divisão do território nacional baseada nos fluxos econômicos, sendo, portanto, um estudo pioneiro nessa área da Economia Urbana. A partir desse fato, os resultados descobertos parecem sobretudo úteis para o entendimento de alguns condicionantes do tempo de *commuting* nas regiões urbanas que apresentam integração econômica com outras regiões.

Entre os resultados encontrados, notam-se várias diferenças entre o tempo gasto no trânsito nas 482 regiões analisadas. Prova dessa tendência é o fato da região com maior tempo de *commuting* (São Paulo) apresentar tal tempo sendo 3,42 vezes maior que o tempo da região de Marechal Cândido Rondon (região com menor tempo médio). Assim, análises focadas em entender os condicionantes do tempo de cada região foram o objetivo de estudo.

Destacam-se, também, a influência da associação positiva entre o tempo de *commuting* com o índice Gini (medida de desigualdade), com o tamanho da população e com a densidade. Ademais, a maior parte das outras variáveis analisadas se mostrou estatisticamente significante e de acordo com a literatura. Tais estimativas indicam que o percentual de ocupados na indústria, o percentual de ocupados no comércio, o percentual de mulheres, o percentual dos que moram em apartamento e o percentual dos que moram pagando aluguel exercem influência negativa sobre o tempo de deslocamento médio da região. Já a característica monocêntrica da região, junto com o percentual de negros, influencia de forma positiva o tempo de *commuting*.

Vale ressaltar que as inúmeras diferenças entre o tempo médio de deslocamento nas regiões urbanas brasileiras indicam que as diferenças socioeconômicas, estruturais, demográficas e urbanas precisam ser consideradas conjuntamente nesses tipos de estudo. Entretanto, em termos teóricos, metodológicos e empíricos, o estudo aprofundado de casos específicos, ao invés de fenômenos mais gerais, pode ser útil para compreender as peculiaridades de cada região ou alguma tendência de crescimento de alguma variável.

Assim, como os Tribunais de Contas possuem a missão de contribuir com o aperfeiçoamento da Administração Pública em benefício da sociedade, as diversas Cortes de Contas poderiam criar uma estrutura de incentivos para seu corpo técnico aprimorar os conhecimentos nessa área de mobilidade urbana e realizar estudos mais aprofundados em cada jurisdição. Dessa maneira, seria viável cada Tribunal de Contas recomendar que fosse traçado um planejamento de mobilidade para que seja possível aperfeiçoar as fiscalizações e melhorar as funções consultivas e orientadoras no dia a dia.

Em 2015, o Tribunal de Contas da União avaliou a governança em políticas públicas de mobilidade urbana através de uma auditoria operacional. Ao longo do processo, os auditores do TCU realizaram entrevistas com os agentes públicos atuantes no setor de mobilidade urbana e identificaram que as metas e os indicadores utilizados pelo governo federal não são capazes de avaliar e medir o progresso e o alcance dos objetivos da Política Nacional de Mobilidade Urbana (PNMU), que está definida em Lei. Adicionalmente, o TCU verificou que não há uma clara priorização do transporte não motorizado e do transporte público em detrimento do transporte individual, o que mostra um desalinhamento entre as políticas públicas.

Já em 2016, o Tribunal de Contas de Santa Catarina concedeu prazo de 30 dias para a prefeitura de Florianópolis apresentar um plano de ação para melhorar a mobilidade urbana na Região Metropolitana da capital. Em tal caso, a Corte de Contas catarinense determinou a realização de um estudo voltado para promover a integração de diferentes modais, sejam eles ônibus, barcos, bicicletas, automóveis e o objetivo seria a implantação de soluções articuladas entre os municípios da Grande Florianópolis, Estado e União.

Mais recentemente, em 2022, o Tribunal de Contas do Paraná realizou auditorias *in loco* para avaliar o planejamento e a implementação da Política de Mobilidade Urbana. Ainda em 2022, o Tribunal de Contas do Rio de Janeiro realizou auditoria e, por meio de um questionário, conseguiu chegar a um diagnóstico de infraestrutura em mobilidade urbana. Com inúmeras constatações que vários municípios não elaboraram seus respectivos planos de mobilidade, os achados foram levados à Assembleia Legislativa do Estado do Rio de Janeiro, ao secretário de Estado da Casa Civil, aos prefeitos e aos vereadores dos diversos municípios.

Assim, o papel do Tribunal de Contas, no âmbito de mobilidade urbana, vai muito além de uma mera fiscalização: o aspecto consultivo deve ser bastante exaltado. Prova dessa análise é que, na auditoria operacional realizada pelo TCU em 2015, foi recomendada à Secretaria Nacional de Mobilidade Urbana a adoção de metas e indicadores de desempenho para aferir se os resultados almejados pela PNMU estão sendo alcançados e o aperfeiçoamento de projetos de mobilidade urbana. Já ao Ministério das Cidades foi recomendado que estabelecesse comunicação e colaboração para alinhar estratégias e operações dos entes federados e das partes interessadas na política de mobilidade.

Voltando aos resultados encontrados neste estudo, as análises deste trabalho se limitaram a um estudo exploratório dos microdados do Censo do IBGE de 2010, sendo, portanto, um estudo mais agregado dos dados. Apesar de suas limitações, esta base de dados possui um grande potencial a ser explorado por estudos mais complexos. Por exemplo, estudos futuros devem modelar explicitamente o fenômeno da dependência espacial, sendo necessário um tratamento dentro da Econometria Espacial.

Podem-se incorporar os resultados deste estudo para a provisão mais eficiente de políticas públicas que visem a uma melhoria no setor de transporte e, consequentemente, a uma diminuição no tempo médio de deslocamento casa-trabalho. Fica claro que os investimentos em infraestrutura de transportes públicos e não motorizados devem estar intimamente ligados à integração com outras áreas da sociedade, como, por exemplo, segurança e habitação.

Em contrapartida, apenas a melhoria do transporte coletivo não faz com que o transporte individual seja deixado de lado: há de existir toda uma estrutura de incentivos para que o agente econômico escolha utilizar o transporte público ou o não motorizado. Assim, uma solução para isso, indo ao encontro do estudo de Carvalho (2016), é a tentativa de monetizar as externalidades causadas pelo automóvel, intensificando a democratização do espaço público com a cobrança de valores pecuniários sobre cada carro estacionado em vias públicas e através de pedágios urbanos, assim como os existente em Estocolmo, Londres, Cingapura e Milão, onde motoristas que entram em locais congestionados da cidade devem pagar um determinado valor (embora essa seja uma proposta ainda muito recente, cujos efeitos devem ser estudados com mais profundidade em outros trabalhos). O valor arrecado com a monetização das externalidades deveria ser alocado para o desenvolvimento de uma maior estrutura de transportes púbicos, devendo existir uma maior sinergia entre metrôs, bondes (VLT) e bicicletas. Portanto, a partir dessa situação, os agentes econômicos, ao ponderar custos e benefícios, tenderiam a deixar de lado o transporte individual. Assim, cabe aos formuladores de políticas, com o apoio dos diversos Tribunais de Contas, começarem a priorizar o problema do alto tempo de *commuting* para que seja possível mudar a atual realidade brasileira.

Referências

ALONSO, W. *Location and Land Use.* Harvard University Press, 1964.

AVILA, P.C. Urban land use regulations in Brazilian cities: impacts on urban land markets and access of low income people to land and housing. *In*: *The World Bank* (ed.). Brazil: inputs for a strategy for cities – a contribution with a focus on cities and municipalities. Washington: The World Bank, 2006. v. 1.

BARBOSA, M.; SILVEIRA NETO, R. Adensamento urbano como condicionante da mobilidade nos centros urbanos brasileiros: o caso da Região Metropolitana do Recife. *Revista Brasileira de Estudos Regionais e Urbanos*, 2017.

BUSSAB, W.; MORETTIN, P. *Estatística básica*. 4. ed. São Paulo: Atual, 1987.

BRUECKNER, J. K. *Lectures on Urban Economics*, MIT Press, 2011.

CARVALHO, C. *Desafios da mobilidade urbana no Brasil*. IPEA, 2016.

CARVALHO, C. *Mobilidade urbana sustentável*: conceitos, tendências e reflexões. IPEA, 2016.

CRANE, R. Is there a quiet revolution in women's travel? Revisiting the gender gap in commuting. *Journal of the American Planning Association*, vol. 73, p. 298-316, Summer 2007.

DURANTON, Gilles; PUGA, Diego, 2004. Micro-foundations of urban agglomeration economies. Handbook of Regional and Urban Economics, *in*: J. V. Henderson & J. F. Thisse (ed.). Handbook of Regional and Urban Economics, edition 1, volume 4, chapter 48, p. 2.063-2.117, Elsevier.

FUJITA, M. *Urban Economic Theory*. Cambridge: Cambridge University Press, 1989.

GORDON, P.; KUMAR, A.; RICHARDSON, H. W. The Influence of Metropolitan Structure on Commuting Time. *Journal of Urban Economics*, 26, p. 138-151, 1989.

GORDON, P.; LEE, B.; RICHARDSON, H.W. Travel Trends in U.S. Cities: Explaining the 2000 Census Commuting Results. Lusk Center for Real Estate, University of Southern California Working paper. 2004.

IBGE – Instituto Brasileiro de Geografia e Estatística. "Microdados do Censo Demográfico 2010". Rio de Janeiro: IBGE, 2013.

IBGE – Instituto Brasileiro de Geografia e Estatística. "Divisão Urbano Regional". Diretoria de Geociência/ Coordenação de Geografia. IBGE, 2013.

INSTITUTO AKATU. "O que move nosso País?". 17 mar. 2014. Disponível em: https://www.akatu.org.br/noticia/o-que-move-nosso-pais/.

JOHNSTON-ANUMONWO, I. The influence of household type on gender differences in work trip distance, *professional geographer*, 44(2), p. 161-169, 1992.

KIRBY, D.K.; LESAGE, J. P. Changes in commuting to work times over 1990 and 2000 period. *Regional Science and Urban Economics*, 39, p. 460-471, 2009.

LESAGE, J. P.; PACE, R. *Introduction to spatial econometrics*. Taylor and Francis, Boca Raton, FL, 2009.

LUCAS, K. Transport and social exclusion: where are we now? *Transport Policy*, v. 20, p. 105-113, 2012.

MCGUCKIN, N., Srinivasan, N. Journey to Work Trends in the United States and its Major Metropolitan Areas 1960-2000. US Department of Transportation Federal Highway Administration Office of Planning. Publication No. FHWA -EP-03-058. 2003.

MILLS, E. S. An Aggregative Model of Resource Allocation in a Metropolitan Area. *American Economic Review*, 57, p. 197-210.

MORAN, P. Notes on continuous stochastic phenomena. *Biometrika* 37, p. 17-23, 1950.

MUTH, R. F. *Cities and Housing*. Chicago University Press, 1969.

NADALIN, V.; IGLORI, D. Expansão Urbana e Espraiamento na Região Metropolitana de São Paulo, Texto para Discussão 1481, Accessed. IPEA. 2010.

NONATO, F. J. A. P. et al. *O perfil da força de trabalho brasileira*: trajetórias e perspectivas. Mercado de trabalho: conjuntura e análise. Brasília, n. 51, 2012.

OECD – ORGANISATION FOR ECONOMIC CO-OPERATION AND DEVELOPMENT. OECD Family Database. Paris: OECD, 2011.

PEREIRA, R.; SCHWANEN, TIM. Tempo de deslocamento casa-trabalho no Brasil (1992-2009): diferenças entre regiões metropolitanas, níveis de renda e sexo. 2013.

PERO, V.; MIHESSEN, V.; MACHADO, D. C. Mobilidade urbana e mercado de trabalho na Região Metropolitana do Rio de Janeiro. Observatório SEBRAE, Estudo Estratégico, Rio de Janeiro, n. 6, set. 2013.

PERO, V., STEFANELLI, V. A QUESTÃO DA MOBILIDADE URBANA NAS METRÓPOLES BRASILEIRAS. *Revista de Economia Contemporânea*, 2015.

RESCHOVSKY, Clara. Travel Time to Work: 1990 and 2000. Journey to Work: 2000 Census 2000 Brief, March 2004. http://www.census.gov/prod/ 2004pubs/c2kbr-33.pdf.

SILVEIRA NETO, R.; DUARTE, G.; PÁZ, A. Gender and Commuting Time in São Paulo Metropolitan Region. Urban Studies (forthcoming), 2014.

STRAMBI, O.; VAN DE BILT, K.-A. Untangling factors behind temporal evolution of mobility: case of São Paulo, Brazil. Transportation research record: journal of the transportation research board, v. 1.807, p. 137-143, 2002.

YOUNG, C. E. F.; AGUIAR, C. F. Sinal fechado: o custo econômico do tempo de deslocamento para o trabalho na Região Metropolitana do Rio de Janeiro. *In*: ENCONTRO DA SOCIEDADE BRASILEIRA DE ECONOMIA ECOLÓGICA, 5, Vitória, set. 2013. Anais... 2013, p. 17-21.

Auditoria traça panorama de infraestrutura em mobilidade urbana no Estado. TCE RJ, 2022. Disponível em: https://www.tcerj.tc.br/portalnovo/noticia/auditoria_traca_ panorama_de_infraestrutura_e_mobilidade_ urbana_no_estado. Acesso em: 30 mar. 2023.

TCU avalia governança em políticas públicas de mobilidade urbana. TCU, 2015. Disponível em: https://portal.tcu.gov.br/imprensa/noticias/tcu-avalia-governanca-em-politicas-publicas-de-mobilidade-urbana.htm. Acesso em: 30 mar. 2023.

TCE-PR realizará auditoria presencial sobre o tema da mobilidade urbana. TCE PR, 2022. Disponível em https://www1.tce.pr.gov.br/noticias/tce-pr-realizara-auditoria-presencial-sobre-o-tema-da-mobilidade-urbana/9970/N. Acesso em: 30 mar. 2023.

TCE/SC dá prazo para prefeitura de Florianópolis apresentar soluções para mobilidade urbana. TCE SC, 2016. Disponível em: https://www.tcesc.tc.br/tcesc-da-prazo-para-prefeitura-de-florianopolis-apresentar-solucoes-para-mobilidade-urbana. Acesso em: 30 mar. 2023.

Informação bibliográfica deste texto, conforme a NBR 6023:2018 da Associação Brasileira de Normas Técnicas (ABNT):

SCHERB, Rafael; SILVEIRA NETO, Raul da Mota. Condicionantes do tempo de commuting dos centros urbanos brasileiros: uma análise empírica. *In*: LIMA, Edilberto Carlos Pontes (coord.). *Os Tribunais de Contas e as políticas públicas*. Belo Horizonte: Fórum, 2023. p. 487-512. ISBN 978-65-5518-596-6.

EMPODERAMENTO SOCIAL E ESPAÇO LOCAL: UMA ANÁLISE DA PARTICIPAÇÃO POPULAR PELOS TRIBUNAIS DE CONTAS BRASILEIROS À LUZ DA TEORIA POLÍTICA DO RECONHECIMENTO DE CHARLES TAYLOR

REGINALDO PARNOW ENNES

ALBERTO BARRETO GOERCH

1 Introdução

A baixa participação da sociedade nos assuntos públicos é um dos grandes problemas atuais enfrentados pelo Estado Democrático contemporâneo. Ocorre que, para ser democrática, a participação da sociedade, em diferentes esferas de decisão política, faz-se necessária, sob pena de perder a caracterização democrática. Assim, o estudo da participação política da sociedade nas decisões do Estado Democrático, no sentido de que a sociedade contribua de forma ativa e efetiva na organização e dinamização da esfera pública estatal, adquire uma atualidade inconteste, sobretudo diante da prática contemporânea dos descasos dos cidadãos pelos assuntos políticos.

Nesse sentido, sob a perspectiva dos Tribunais de Contas brasileiros, questiona-se como a "Teoria Política do Reconhecimento", de Charles Taylor, poderia contribuir para a efetiva participação dos cidadãos nos Estados Democráticos de Direito. Através desse estudo, vislumbrou-se que a contribuição principal da "teoria política do reconhecimento" é apresentar uma fundamentação teórica consistente diante da exigência premente de participação política nos Estados Democráticos de Direito contemporâneos em virtude de dois motivos principais: esclarecer que a ausência do reconhecimento ou sua presença, e, em certos casos, um reconhecimento errôneo, são elementos decisivos na afirmação da individualidade contemporânea; e que o contexto público exerce um papel legitimador nas decisões políticas dos Estados.

Tanto na esfera individual quanto na esfera social, o discurso do reconhecimento pode ser interpretado. O reconhecimento em âmbito individual pode ser traduzido como a compreensão de que a formação da identidade é moldada pelo diálogo constante que temos com os outros. O objetivo é estudar a relação entre o empoderamento (*empowerment*), enquanto capacidade de decidir, de libertar-se, e o capital social enquanto uma capacidade de obter bens tangíveis através da confiança, reciprocidade e solidariedade da sociedade civil. A hipótese central afirma que o capital social impulsiona o desenvolvimento, cuja determinação ocorre proporcionalmente ao empoderamento.

Dessa forma, o presente trabalho pretende examinar as contribuições que a teoria política do reconhecimento oferece à efetiva participação nas decisões políticas no Estado Democrático de Direito contemporâneo. Para tanto, analisou-se a origem da teoria política do reconhecimento, assim como sua história, principais autores e contribuições para seu correto entendimento. Da mesma forma identificaram-se os elementos que constituem os Estados Democráticos, evidenciando aspectos relacionados à efetiva participação dos seus membros em suas decisões políticas. Por fim, demonstraram-se e evidenciaram-se as contribuições que o discurso do reconhecimento, através do estudo da abordagem realizada por Charles Taylor, realiza em relação à identidade dos cidadãos e sua participação legitimadora nas decisões no Estado Democrático de Direito no contexto do debate entre liberais e comunitaristas.

A presente temática justifica-se por sua compreensão e exercício para a legitimação dos Estados Democráticos de Direito ocidentais através das suas instituições, como é o caso dos Tribunais de Contas brasileiros. A verdade absoluta não é uma hipótese trabalhada pela ciência do Direito e, sendo o mundo um conjunto de processos dinâmicos, analisa-se o objeto da pesquisa a partir do debate de ideias que este possui e da interação com outros fenômenos e estudos, não olvidando as constantes mudanças que ocorrem nas estruturas sociais e humanas.

Neste estudo foram utilizados como método de abordagem o indutivo e o dialético, visto que o primeiro parte do estudo de dados particulares para inferir uma verdade geral, não contida nas partes examinadas, enquanto que o segundo almeja que o objeto do trabalho seja obtido através da contradição de ideias. No primeiro caso, o método foi empregado na perspectiva do marco teórico da teoria da política do reconhecimento de Taylor para examinar o debate contemporâneo sobre o Estado Democrático de Direito. Quanto ao segundo, auxiliou na reflexão geral da temática, pois se procedeu de modo que os confrontos das distintas ideias produzissem uma síntese que se espera expor com acuidade na conclusão da investigação.

2 Da teoria política do reconhecimento de Taylor: fundamentação e análise

Charles Taylor, ao discutir a teoria política do reconhecimento, concebe-a a partir de duas mudanças fundamentais nas estruturas sociais: o enfraquecimento das hierarquias baseadas na honra e o deslocamento da ênfase moral externa para o interior, chamado de ideal de autenticidade.

As sociedades hierarquizadas constituíam-se e legitimavam-se pelo dogma da posição social. Dessa forma o indivíduo era reconhecido pela sua honra, advinda da procedência familiar: filho de pais nobres ou filho de pais pobres. No entanto, tal dogma não é compatível com as sociedades democráticas, sendo necessário o deslocamento da honra para a dignidade, entendida como conceito universalista e igualitário, que, na contemporaneidade, vislumbra a participação de todos nas decisões políticas da sociedade. O deslocamento da ênfase moral externa para a interna ocorre a partir do entendimento e valoração da capacidade do indivíduo de autocompreensão e da originariedade das ideias – o que Taylor denominou "ideal de autenticidade":

> A noção de autenticidade se desenvolve a partir de um deslocamento da ênfase moral nessa ideia. Na concepção original, a importância da voz interior estava em nos dizer a coisa certa a fazer. Estar em contato com os sentimentos morais importa nesse caso como um meio para o fim de agir do modo certo. O que chamo de deslocamento da ênfase moral advém quando estar em contato com os próprios sentimentos assume uma significação moral crucial e independente. Isso passa a ser algo que temos de realizar para ser seres humanos verdadeiros e plenos.[1]

Segundo o filósofo alemão Herder, que compõe uma das bases teóricas de Taylor, nunca saberemos o que é tornar-se um ser humano se apenas imitarmos a vida dos outros. Dessa forma, devo descobrir e seguir minha originalidade a partir do próprio indivíduo, definindo a própria identidade, tanto na esfera íntima como na cultura dos povos.[2]

A existência humana é pautada pelo caráter dialógico, ou seja, os significados e sentidos criados, bem como a identidade, se constroem pela interação com o discurso do outro – e este é sempre um processo simbólico de trocas. Assim essas mudanças mencionadas acontecem no plano social pelo diálogo aberto – através de uma política constante de reconhecimento, ampliando as possibilidades de igualdade. Com isso, Taylor aponta que a origem de sociedades tidas como democráticas não está somente relacionada ao autorreconhecimento dos indivíduos em sua função ou seu papel no Estado. Com a cultura democrática, os cidadãos passam a reivindicar outra modalidade de reconhecimento: o de suas identidades – fenômeno que não pode ocorrer de forma monológica e atomizada e sim através do caráter dialógico.

Para que o indivíduo possa participar ativamente nas decisões políticas de sua comunidade, entende o também filósofo Hegel que o indivíduo deve passar a reconhecer sua dimensão prática quando da necessidade de coordenar suas ações com os outros; quando necessita se interar com os demais. Logo, torna-se necessário passar do conhecimento cognitivo para o prático a partir da existência de interesses concorrentes no processo de autoconsciência individual. Nesse ponto, Honneth afirma o seguinte sobre os ensinamentos de Hegel:

> O modelo de Hegel tem seu ponto de partida da tese especulativa segundo a qual a formação do Eu prático está ligada à pressuposição do reconhecimento recíproco entre dois sujeitos: só quando dois indivíduos se vêem confirmados em sua autonomia por seu respectivo defrontante, eles podem chegar de maneira que complementaria a uma compreensão de si mesmos como um Eu autonomamente agente e individuado; [logo] no curso da formação de sua identidade e a cada etapa alcançada da comunitarização,

---

[1] TAYLOR, Charles. *Argumentos Filosóficos*. São Paulo: Loyola, 2000. p. 243.
[2] HERDER, J. G. *Herders Sämtliche Werke*. Berlim: Bernard Suphan, 1913. p. 13.291 *apud* TAYLOR, Charles. Idem. Ibidem. p. 245.

os sujeitos são compelidos, de certa maneira transcendentalmente, a entrar num conflito intersubjetivo, cujo resultado é o reconhecimento de sua pretensão de autonomia, até então ainda não confirmada socialmente.[3]

Assim é que Habermas entende que, através das políticas adotadas num Estado Democrático de Direito, é natural que "a partir delas se desencadeiem batalhas culturais nas quais minorias desprezadas passem a defender-se contra a cultura majoritária e insensível".[4] Logo, o que estimula essas batalhas não é uma neutralidade das políticas de Estado, mas sim a natural efetivação dos direitos fundamentais no processo democrático, quando a participação torna-se necessária para sua concretização. Entretanto, não devemos entender o ideal da autenticidade como uma luta de afastamento da família, da religião, das amizades, do Estado, dentre outros – como explica Appiah, "o diálogo molda a identidade que eu desenvolvo enquanto cresço, mas o material do qual me formo é fornecido, em parte, pela minha sociedade".[5]

Logo, os objetivos de vida, as alianças políticas, as estratégias, isto é, nossos reflexos da personalidade e identidade, são moldados através do que acreditamos que os outros gostariam de ver em nós – do diálogo que criamos com o outro –, fazendo deste, muitas vezes, parte de nossa identidade. Isso se evidencia quando certos objetivos e metas somente podem ser alcançados a dois, ou seja, "se algumas das coisas que valorizo mais são acessíveis só em relação com a pessoa a quem amo, essa pessoa se torna parte de minha identidade".[6] Como percebe Taylor, "minha identidade não implica uma produção minha de minha própria identidade no isolamento; significa que eu a negocio por meio do diálogo, parte aberto, parte interno, com o outro".[7] Assim, corrobora-se a ideia de que as identidades dependem das relações dialógicas com as outras identidades.

Em relação aos processos dialógicos, Mattos compreende que:

> Esse processo de entrar em contato com linguagens através dos outros é infinito. Mesmo quando rompemos com as ideias de nossos outros significativos, ainda assim, estamos dialogando com elas. São elas que nos servem de base para nos definirmos, nem que seja pela negação de nossos outros significados. [...] Se, reconhecemos que construo a minha identidade dialogicamente, daí fica fácil de entendermos por que o tema do reconhecimento é tão importante.[8]

Assim, ninguém duvida que a política do reconhecimento exige um esforço das maiorias dominantes em prol das minorias oprimidas. Exige-se uma luta por aceitar as diferenças, exige, no dizer de Appiah, "que a nossa cor de pele, o nosso corpo sexual, seja reconhecido politicamente de maneira difícil para aqueles que querem tratar a sua pele

---

[3] HONNETH, Alex. *Luta por Reconhecimento: A gramática moral dos conflitos sociais.* São Paulo: Ed. 34, 2003. p. 119.
[4] HABERMAS, Jürgen. *A Inclusão do Outro: estudos de teoria política.* 2. ed. São Paulo: Loyola, 2002. p. 254.
[5] APPIAH, Anthony. Identidade, Autenticidade e Sobrevivência: Sociedades Multiculturais e reprodução social. In: *Multiculturalismo:* examinando a política do Reconhecimento. Lisboa: Princeton University, 1994. p. 170.
[6] TAYLOR, Charles. *Argumentos Filosóficos.* São Paulo: Loyola, 2000. p. 247.
[7] *Ibidem*, p. 248.
[8] MATTOS, Patrícia. *A Sociologia Política do Reconhecimento:* as contribuições de Charles Taylor, Axel Honneth e Nancy Fraser. São Paulo: Annablemu, 2006. p. 128.

e o seu corpo sexual como dimensões pessoais do eu. E pessoal não significa secreto".[9] Outrossim, somente nas sociedades modernas é que a política do reconhecimento vem a ocupar lugar central na luta pela inclusão social de determinados grupos minoritários nos Estados democráticos. Antes também existia a necessidade de reconhecimento, só que não era importante pensar e refletir a respeito, visto que este era advindo da classe social ocupada por sua família. Diferentemente é a situação atual, onde a falta de reconhecimento ou sua distorção podem ocorrer, vindo a deformar identidades individuais e coletivas e aprisionando indivíduos em suas próprias identidades.

Tendo-se em vista a valorização da autenticidade – originariedade – das identidades, a teoria política do reconhecimento pode ser dividida em duas esferas: íntima e pública. Na primeira, a formação da identidade se dá através do caráter dialógico dos seres humanos – no contínuo diálogo e enfrentamentos com as outras identidades, relevando, então, os relacionamentos como a chave para a autodescoberta e autoafirmação. Assim, Charles Taylor retoma a tradição hegeliana, entendendo que as relações íntimas não são importantes apenas pelo atendimento de necessidades comuns, mas são fundamentais para a definição de minha identidade.

Já na esfera pública – social – o reconhecimento manifesta-se através da política do reconhecimento igual, que, como veremos, é a alternativa mais viável para a efetivação dos Estados Democráticos de Direito, visto que, ao projetar para outros grupos ou povos uma imagem inferior, a partir do momento em que essa imagem distorcida é internalizada, pode se tornar instrumento de opressão e manipulação.

3 Uma abordagem do controle social a partir do espaço local

Muito semelhante ao conceito de autonomia é o conceito de empoderamento, pois se refere à capacidade de os indivíduos e grupos poderem decidir sobre as questões que lhes dizem respeito, escolher, enfim, entre várias formas de agir em múltiplas esferas – política, econômica, cultural, psicológica, entre outras. Desse modo, trata-se de um atributo, mas também de um processo pelo qual se aufere poder e liberdades negativas e positivas. Pode-se, então, pensar o empoderamento como resultante de processos políticos no âmbito dos indivíduos e grupos.

Descobriu-se que a sua vitalidade era indissociável da constituição de poderosas elites locais, ao mesmo tempo em que se reconheceu a importância dos poderes locais na história das sociedades para a efetivação do poder régio em muitos de seus domínios. Dessa forma, o conceito de esfera (espaço) pública, largamente retomado como ponto de partida para compreender as democracias contemporâneas, tem sua base em Habermas, que ao longo dos anos tem sido tema de debate nos meandros intelectuais de todos os cantos do mundo.

O controle e a dependência em relação ao soberano são o que predomina nesse espaço público. Uma esfera com essa configuração, centrada na corte, não regida pelos princípios de acessibilidade, discursividade e racionalidade, teve o seu ocaso com a

---

[9] APPIAH, Anthony. Identidade, Autenticidade e Sobrevivência: Sociedades Multiculturais e reprodução social. In: *Multiculturalismo*: examinando a política do Reconhecimento. Lisboa: Princeton University, 1994. p. 179.

ascensão da burguesia, que, paulatinamente, foi se fortificando, acumulando capital e exigindo menos intervenção estatal nos assuntos de particulares. Esse desenrolar dos fatos fez com que essa nova camada reivindicasse uma organização sociopolítica mais razoável. Assim, na concepção de Carvalho:

> A esfera pública é dominada por um critério de racionalidade coletiva, apesar de nesse espaço se apresentarem e competirem racionalidade e interesses particulares. Para que a esfera pública seja presidida por essa racionalidade coletiva é preciso que ela seja construída num processo de democratização, constituindo-se num exercício democrático de interlocução e expressão pública, de confronto, de afirmação de direitos, de construção de consensos. A esfera pública, antes de tudo, é um espaço aberto no qual se exprimem todos aqueles que se autorizam a falar publicamente. É o reino da crítica, instaurando a submissão dos fatos públicos ao controle de um público crítico.[10]

Empoderar é o processo pelo qual indivíduos, organizações e comunidades angariam recursos que lhes permitam ter voz, visibilidade, influência e capacidade de ação e decisão. Nesse sentido, equivale aos sujeitos terem poder de decisão nos temas que afetam suas vidas. Como o acesso a esses recursos normalmente não é automático, ações estratégicas mais ou menos coordenadas são necessárias para sua obtenção. Muitas vezes estão em desvantagem e dificilmente obtêm os referidos recursos espontaneamente aqueles sujeitos que desejam ser empoderados; intervenções externas de indivíduos e organizações são necessárias. A exemplo, a promoção de direitos e desenvolvimento, sobretudo em âmbito local e regional, mas com vistas à transformação das relações de poder de alcance nacional e global. Trata-se, portanto, da promoção de direitos de cidadania, como a decisão de adquirir um bem de consumo e ter a capacidade de fazê-lo é sinal de empoderamento, maior ou menor, dependendo dos desejos e da capacidade aquisitiva do consumidor.

O objetivo do processo é reequilibrar a estrutura de poder na sociedade na concepção de Friedmann, tornando a ação do Estado mais sujeita à prestação de contas, aumentando os poderes da sociedade civil na gestão dos seus próprios assuntos. Um desenvolvimento alternativo consiste na primazia da política para proteger os interesses do povo, especialmente dos setores *disempowered* (sic), das mulheres e das gerações futuras assentes no espaço da vida da localidade, região e nação.[11]

Cada vez mais, o empoderamento vem se transformando numa categoria analítica e empírica de diversas disciplinas – administração, economia, saúde pública –, incluindo a sociologia política, além de constituir uma ferramenta com que governos, organizações da sociedade civil e agências de desenvolvimento buscam, a princípio, transformar a vida de pessoas e comunidades. Com essa conotação, são ações com "capacidade de gerar processos de desenvolvimento autossustentável, com a mediação de agentes externos – os novos educadores sociais –, atores fundamentais na organização e desenvolvimento de projetos".[12]

---

[10] CARVALHO, J. M. *Cidadania no Brasil*: o longo caminho. 4. ed. Rio de Janeiro: Civilização Brasileira, 2003.
[11] FRIEDMANN, J. *Empowerment*: uma política de desenvolvimento alternativo. Celta: Oeiras, 1996. p. 32-3.
[12] GOHN, M. G. Empoderamento e participação da comunidade em políticas sociais. *Saúde e Sociedade*, São Paulo, v. 13, n. 2, p. 23, maio/ago. 2004.

Os "novos movimentos sociais" do século XX impulsionaram o ressurgimento da expressão empoderamento, que possuem como características fundamentais a luta contra a opressão e o preconceito e a defesa da cidadania e articulação de interesses. Na América Latina e no Brasil os movimentos sociais ressurgem durante o período de abertura política nos anos 1980, lutando por democracia. A partir da redemocratização muitos movimentos se consolidam no sentido de lutar por direitos sociais, como o Movimento dos Trabalhadores Rurais Sem Terra (MST), Movimento dos Atingidos por Barragens (MAB), Sindicatos urbanos e rurais ligados, principalmente, a Central Única dos Trabalhadores (CUT). Mais recentemente surgem movimentos sociais que retomam temas já realizados nos países desenvolvidos, no âmbito dos "novos movimentos sociais", e outros relacionados aos direitos de existência, como os ambientais.

A emergência dos movimentos sociais no Brasil está relacionada à existência e/ou desenvolvimento de relações de confiança, reciprocidade e solidariedade, pelo menos entre os iguais e, não raro, identificam-se movimentos que têm claramente uma articulação maior, seja de classe, seja temática, que permite identificar o capital social. Para a solução da questão da falta de participação no Estado Democrático, Taylor manifesta-se de forma equilibrada. Entende que ele deve fazer com que os cidadãos sintam-se pertencidos ao sistema, de forma que sua participação torne-se necessária para legitimá-lo. Dessa forma, Taylor não se situa como um comunitarista extremado, visto que entende que determinados direito individuais, por vezes, devem prevalecer sobre os coletivos. Mas também não se situa no outro extremo, pois entende que em determinadas situações os direitos coletivos devem prevalecer, como, por exemplo, na sobrevivência de uma língua ou de uma cultura.

Afirmando assim em sua visão holística, onde a soma dos "eus" não é apenas um agregado de indivíduos, mas sim a concepção de que os "eus", em determinados momentos, devem ser entendidos como "nós", Taylor propõe uma visão solidária, visto que valoriza o aperfeiçoamento das culturas frente ao horizonte significativo colocado a nossa disposição.

4 Teoria do reconhecimento, espaço local e empoderamento social sob a perspectiva dos Tribunais de Contas brasileiros

Ao passo que o empoderamento torna-se termo de uso corrente, apresenta-se como um leque conceitual, que se presta a vários usos, por diferentes perspectivas intelectuais, políticas e de intervenção na realidade. Na perspectiva que adotamos, empoderamento traz como resultado o aprofundamento da democracia, por várias razões. Para que o empoderamento signifique pessoas e comunidades sendo "protagonistas de sua própria história". Dessa forma, na visão de Macpherson (1982), em seu modelo piramidal, são prementes o aumento da cultura e da sofisticação política, o adensamento do capital social e o aperfeiçoamento da democracia representativa, incluindo, em seu desenho institucional, instâncias diretas e semidiretas de participação e deliberação.

A entrada neste tema demanda um esclarecimento: não se pode tratar participação, capital social e empoderamento como sinônimos ou termos intercambiáveis. Na realidade, conforme o ponto de vista dos Tribunais de Contas brasileiros, participação e capital social são requisitos, meios, enfim, para atingir o empoderamento, que, assim, não é um novo nome para categorias tradicionais. Entretanto, a presença daqueles só irá garantir que isso ocorra quando as pessoas e grupos considerados tiverem, de fato, poder de decisão sobre suas vidas e assuntos de seu interesse.

O papel da participação no empoderamento não tem alcance ilimitado: restrições de recursos impostas pela legislação, imperfeições na representação (não há garantias de que os representantes da sociedade civil de fato levem a perspectiva dos representados, pois raramente a delegação ou o mandato são imperativos), conflitos de interesse são alguns dos fatores limitantes. Vários são os exemplos disso. Um deles é o do Orçamento Participativo. Nos locais em que este funciona, a parcela do orçamento, objeto de discussão e alocação para a população, é bastante reduzida em face das vinculações orçamentárias preexistentes.

Parcela da literatura defende a necessidade de descentralização de poderes, de governança no nível das comunidades locais, de modo que essas estejam mais próximas dos canais decisórios. O problema é que a descentralização pode significar, também, a redução de recursos estatais e a delegação para organizações e comunidades do enfrentamento de questões sociais. Nesse sentido, as propostas de empoderamento podem servir a projetos neoliberais.

Habermas reintroduziu a dimensão social no debate democrático contemporâneo. "Para Habermas, a esfera pública é um espaço no qual indivíduos – mulheres, negros, trabalhadores, minorias raciais – podem problematizar em público uma condição de desigualdade na esfera privada".[13] Com isso, as ações em público dos cidadãos permitem-lhes questionar a sua exclusão de arranjos políticos por meio de um princípio de deliberação societária. Desta forma, Habermas recoloca no interior do debate da democracia um procedimentalismo social e participativo. Existem duas formas de combinação entre democracia participativa e democracia representativa: coexistência e complementaridade. A primeira quer dizer uma convivência, em vários níveis, das diversas formas de procedimentalismo, organização administrativa e variação de desenho institucional. A democracia representativa no âmbito nacional e/ou subnacional coexiste com a democracia participativa no nível local.

A segunda forma, a complementaridade, pressupõe o reconhecimento pelo governo de que a participação social, as formas públicas de monitoramento dos governos e os processos de deliberação pública, podem substituir parte do processo de representação e deliberação do modelo de democracia representativa. Sendo assim, o objetivo é associar ao processo de fortalecimento de democracia local maneiras de renovação cultural incorporadas a uma discussão democrática que insira questões que têm como pressuposto a inclusão social.

A Constituição Federal de 1988 estabeleceu um conjunto de princípios a partir dos quais impôs a transição de uma Administração Pública, de viés autoritário, para outra que privilegia o cidadão, permitindo, desse modo, a institucionalização do processo participativo, definido por muitos como direito de participação. E uma das funções sociais dos Tribunais de Contas brasileiros, para além de julgar as contas públicas, é o caráter pedagógico, no sentido de estimular a população no exercício do controle social. Constata-se que a legislação em questão legou papel fundamental ao Município, tendo

---

[13] HABERMAS, Jürgen. *A Inclusão do Outro*: estudos de teoria política. 2. ed. São Paulo: Loyola, 2002.

em vista que é no seu território que os problemas de ordem urbanística despontam e devem ser resolvidos.

Taylor entende que é imperiosa a mudança de paradigma, no sentido que o liberalismo procedimental, da forma como é posto hoje, encontra-se insustentável. Sua rigidez inviabiliza o reconhecimento das individualidades e comunidades, que, em tempos atuais, encontram-se cada vez mais diferentes. Sua grande contribuição foi demonstrar um novo modelo que possibilita a inclusão de classes menos favorecidas nas decisões políticas dos Estados Democráticos de Direito, vista a criação de um espaço democrático onde possam existir práticas de reconhecimento isonômico axiológico entre as diferentes identidades e culturas.

Dito de outro modo, as políticas públicas devem buscar efetivamente a defesa de certos direitos, mas "elas se dispõem a sopesar a importância de certas formas de tratamento uniforme com relação à importância da sobrevivência cultural, e optar por vezes por esta última".[14] Assim, consegue-se um equilíbrio entre as duas doutrinas, não estando somente cuidando da igualdade e lealdade entre os cidadãos e também não fazendo juízos de valor sobre o "bom viver". Dessa forma, possibilita-se uma maior participação nas decisões do Estado, inclusive dos Tribunais de Contas, tornando seus cidadãos legitimados em suas decisões. Ao mesmo tempo, estaremos administrando políticas públicas visando a inclusão da parcela excluída e marginalizada da sociedade.

5 Considerações finais

A presente análise sob a perspectiva dos Tribunais de Contas brasileiros objetivou o estudo da teoria política do reconhecimento aplicada ao Estado Democrático de Direito. Através da reflexão dos pensamentos de Charles Taylor e demais autores dessa teoria, verificou-se que a participação da população somente ocorrerá quando o Estado agir, ou seja, adotar políticas públicas no sentido de valorizar a identidade dos indivíduos.

Tal valorização acontece quando os agentes sentem-se parte de um sistema social, quando sua participação torna-se moldadora do espaço social. Assim, não basta assegurar as condições de participação, como sustentam os defensores do Estado Liberal; deve-se valorizar a particularidade dos indivíduos como forma de inclusão social.

Buscou-se estudar os indivíduos a partir de suas identidades singulares no contexto de suas vidas e frente ao Estado Democrático de Direito, mas não apenas isso: suas singularidades frente ao pano de fundo formado pelos conceitos apreendidos através da cultura em que a identidade encontra-se presente. Dessa forma, Taylor, em toda a sua doutrina, sempre asseverou que o *self* não existe sozinho, mas sempre em confronto com os "outros significados". Dessa forma, critica severamente a forma atomista e utilitarista de pensar.

Para tanto, Taylor, quando trata da formação da identidade, mostrou que os desejos são, na verdade, expressões impensadas do meio em que vivemos. Mas, quando interpretamos esses desejos, quando pensamos sobre por que realizar tal ação, na verdade, estamos caracterizando nossa identidade. Isso ocorre através de avaliações

---

[14] TAYLOR, Charles. *Argumentos Filosóficos*. São Paulo: Loyola, 2000. p. 266.

fortes. Essas, em primeiro lugar, servem para nos distinguir de meros animais irracionais, pois, em seu entendimento, não é o simples fato de ter desejos que nos separa deles. Na verdade, o que evidencia nossa conceituação de seres humanos, em princípio, é o fato de avaliarmos significativamente o que tais desejos representam para nós.

Assim, quando realizamos o confrontamento dos significados dos desejos com o nosso "pano de fundo", na verdade, estamos demonstrando características importantes de nosso *self*, visto que os atos, agora pensados, representam o que nossa identidade realmente é. Outrossim, isso somente acontece se entendermos conceitos e princípios do que seria nosso arcabouço moral ou, em outras palavras, o que seria o agir certo para nós. Mas o que seria o pano de fundo de Taylor? Para o autor, pode-se entender o pano de fundo de sua doutrina como a cultura que foi inserida em nós, visto que ninguém pode moldar-se ou desenvolver-se a partir do vácuo. Dessa maneira, conclui-se que o *self* presente na obra de Taylor, em realidade, é o espaço em que desenvolvemos nossas articulações sobre os outros significados – panos de fundo.

Procurou-se, também, uma formulação para retirar os cidadãos de sua letargia típica dos Estados liberais, eis que nesse pensamento o que se almeja é garantir apenas a igualdade entre os cidadãos, da mesma forma que o respeito frente às potencialidades dos indivíduos, como sustenta John Haws e seus contemporâneos, tais como Habermas e Dworkin.

Taylor pretende demonstrar que o Estado, entendido como democrático de direito, deve, em alguns momentos, proteger os direitos sociais em prol dos individuais, vistas as condições de sobrevivência, ou mesmo garantir o desenvolvimento de determinadas culturas nesse mundo multicultural. Logo, entende que, para assegurar o desenvolvimento e a inclusão social, o Estado deve manifestar-se, mais do que apenas assegurar uma linguagem comum e significante ente os cidadãos, mas proporcionar políticas públicas no sentido de valorizar direitos coletivos, como os exemplos trazidos do Québec, em sua obra "Argumentos Filosóficos", mais especificadamente "A Política do Reconhecimento".

Portanto, quando entendemos que a identidade é reconhecida através das avaliações fortes que realizamos de nossos desejos em relação à dignidade (Taylor entende que, em tempos contemporâneos, o bem maior buscado é a dignidade), estamos na verdade dizendo que nosso pano de fundo deve ser o Estado Democrático de Direito através das suas instituições, como os próprios Tribunais de Contas, ou seja, devemos confrontar e avaliar nossos desejos frente aos significados trazidos através dos tempos, de forma a buscarmos o que entendemos e consideramos uma vida justa e digna de ser vivida.

Referências

APPIAH, Anthony. Identidade, Autenticidade e Sobrevivência: Sociedades Multiculturais e reprodução social. *In: Multiculturalismo*: examinando a política do Reconhecimento. Lisboa: Princeton University, 1994.

BRASIL, Constituição (1988). *Constituição da República Federativa do Brasil*. Brasília, DF: Senado Federal, 2007.

CARVALHO, José Murilo de. *Cidadania no Brasil*: o longo caminho. 4. ed. Rio de Janeiro: Civilização Brasileira, 2003.

FRIEDMANN, J. *Empowerment*: uma política de desenvolvimento alternativo. Celta: Oeiras, 1996

GOHN, M. G. *Empoderamento e participação da comunidade em políticas sociais*. Saúde e Sociedade, São Paulo, v. 13, n. 2, p. 23, maio/ago. 2004.

HABERMAS. Jürgen. *A Inclusão do Outro*: estudos de teoria política. 2. ed. São Paulo: Loyola, 2002.

HONNETH, Axel. *A Luta pelo reconhecimento*: a gramática moral dos conflitos sociais. São Paulo: Editora 34, 2003.

JACOBI, P. R. *et al*. Capital social e desempenho institucional – reflexões teórico-metodológicas sobre estudos no comitê de bacia hidrográfica do Alto Tietê, SP. *In*: ENCONTRO ANUAL DA ASSOCIAÇAO NACIONAL PÓS-GRADUAÇÃO E PESQUISA EM AMBIENTE E SOCIEDADE, II, 2004, Indaiatuba (SP).

MACPHERSON, C. B. *La democracia liberal y su época*. Madrid: Alianza Editorial, 1982.

MATOS, Patrícia. O Reconhecimento Social e sua Refundação Filosófica em Charles Taylor. *Revista dos Departamentos de Ciências Políticas e de Sociologia e Antropologia*, Belo Horizonte, 2006.

RICH, R.C. *et al*. Citizen participation and empowerment. *American Journal of Community Psicology*, v. 23, n. 5, p. 657-76, Oct. 1995.

TAYLOR, Charles. *Argumentos Filosóficos*. São Paulo: Loyola, 2000.

Informação bibliográfica deste texto, conforme a NBR 6023:2018 da Associação Brasileira de Normas Técnicas (ABNT):

ENNES, Reginaldo Parnow; GOERCH, Alberto Barreto. Empoderamento social e espaço local: uma análise da participação popular pelos Tribunais de Contas brasileiros à luz da teoria política do reconhecimento de Charles Taylor. *In*: LIMA, Edilberto Carlos Pontes (coord.). *Os Tribunais de Contas e as políticas públicas*. Belo Horizonte: Fórum, 2023. p. 513-523. ISBN 978-65-5518-596-6.

A AVALIAÇÃO DE POLÍTICAS PÚBLICAS PELOS TRIBUNAIS DE CONTAS

ROBERTO DEBACCO LOUREIRO

Introdução

O nível de bem-estar das pessoas e o desenvolvimento social e econômico de um país são diretamente proporcionais à qualidade de suas políticas públicas. Delas dependem, por exemplo, o percentual de jovens que conseguirão ingressar em uma faculdade e o percentual de jovens que, por outro lado, acabarão por adentrar as prisões, que, no Brasil, sabe-se, são comparáveis a masmorras medievais, das quais geralmente saem graduados em crime. A qualidade das políticas públicas influencia também na quantidade de pessoas que, infelizmente, morrerão à espera de atendimento de saúde e no número de pessoas que serão atendidas tempestivamente e poderão retornar ao convívio de seus familiares e amigos. Da implementação de políticas públicas inovadoras e criativas é que vai depender a disponibilização de transporte coletivo satisfatório e com tarifas módicas. Enfim, são inúmeros os exemplos a comprovar a essencialidade do tema "políticas públicas", que, por isso, está a merecer cada vez maior atenção.

Ao tratar do assunto, é obrigatório fazer referência à Constituição da República, matriz de todas as políticas públicas e que obviamente deve servir de guia para os agentes públicos. Para o propósito deste artigo, é de se destacar um ponto específico: a inovação trazida pela Emenda Constitucional nº 109, de 15 de março de 2021, que está relacionada diretamente ao tema. Entre outros dispositivos, essa emenda acrescentou o parágrafo 16 ao artigo 37 e o parágrafo 16 ao artigo 165. O parágrafo acrescido ao artigo 37 exige expressamente do poder público a realização de avaliação das políticas públicas. Diz o dispositivo: "Os órgãos e entidades da administração pública, individual ou conjuntamente, devem realizar avaliação das políticas públicas, inclusive com divulgação do objeto a ser avaliado e dos resultados alcançados, na forma da lei". Por sua vez, o novo parágrafo do artigo 165, que trata das leis de iniciativa do Poder Executivo, impõe o seguinte: "As leis de que trata este artigo devem observar, no que couber, os resultados do monitoramento e da avaliação das políticas públicas previstos no §16 do art. 37 desta Constituição".

Portanto, desde março de 2021 há imposição constitucional (ainda que com eficácia limitada, pois dependente de complementação normativa) aos agentes políticos para que façam a avaliação das políticas públicas e, além disso, para que ela seja considerada no momento da elaboração das leis de iniciativa do Executivo.

Essas novas normas constitucionais demonstram claramente uma crescente – e justificada – preocupação com a avaliação das políticas públicas no Brasil, o que reforça a necessidade de os Tribunais de Contas, no exercício de suas competências constitucionais, debruçarem-se sobre a matéria.

Os Tribunais de Contas como avaliadores de políticas públicas

Sabe-se que há diversas possibilidades e formas de avaliação de políticas públicas, como a realizada pelo próprio órgão executor da política, por universidades, por organizações não governamentais e por empresas de consultoria, mas o foco deste trabalho é a avaliação a ser realizada pelos Tribunais de Contas, que muito podem colaborar para o aprimoramento da Administração Pública ao dedicarem parte de sua capacidade a esta missão.

Mas de que forma as Cortes de Contas podem contribuir no complexo trabalho de avaliação de políticas públicas?

A fim de dar respostas a essa indagação, a Norma Brasileira de Auditoria do Setor Público (NBASP)[1] nº 9020, do Instituto Rui Barbosa (IRB), que é a tradução do Guia 9020 da INTOSAI (Organização Internacional de Entidades Fiscalizadoras Superiores), apresenta valiosas orientações para as Cortes de Contas. Tal norma foi incorporada pelo Instituto Rui Barbosa no ano de 2020, sendo o principal guia – ao menos o primeiro passo – para se compreender essa nova possibilidade de atuação por parte das Entidades Fiscalizadoras Superiores, categoria na qual se enquadram os Tribunais de Contas brasileiros.

Conforme a Norma 9020, a avaliação a ser realizada pelas Cortes de Contas analisa os objetivos da política pública, sua implementação, produtos, resultados e impactos, de forma sistemática e com método científico, medindo seu desempenho e sua utilidade.

Aprofundando a abordagem, a NBASP 9020 assim preconiza:

> Avaliações têm um objetivo amplo de realizar uma contribuição específica para uma área de política pública. Os objetivos da avaliação mais comumente reconhecidos são:
> • *Planejamento e eficiência*: garantir que há uma justificativa para uma política pública e que os recursos são empregados de modo eficiente;
> • *Accountability*: demonstrar em que medida uma política alcançou seus objetivos, o quão bem seus recursos foram utilizados e quais foram os seus impactos;
> • *Implementação*: melhorar o desempenho de uma política e a efetividade de sua execução e de seu gerenciamento;

---

[1] Conforme a parte introdutória da NBASP 9020, "As Normas de Auditoria do Setor Público (NBASP) são uma iniciativa do Instituto Rui Barbosa (IRB) que tem por objetivo alinhar os trabalhos de fiscalização dos Tribunais de Contas brasileiros a um padrão metodológico internacionalmente aceito: os pronunciamentos profissionais da Organização Internacional das Entidades fiscalizadoras Superiores (INTOSAI)".

- *Produção de conhecimento*: entender o que funciona (para quem) e o porquê (e em quais contextos);
- *Fortalecimento institucional*: melhorar e desenvolver capacidades entre os participantes da política pública e suas redes e instituições.[2]

Na avaliação, verifica-se não apenas se os objetivos da política estão sendo alcançados, mas também a própria adequação desses objetivos às reais necessidades sociais, econômicas e ambientais. São analisados os efeitos das ações da política de curto, médio e longo prazos, inclusive os efeitos não intencionais e os não esperados.

Também são considerados os efeitos e a influência de outras políticas públicas existentes na mesma área. A ideia é considerar a Administração de forma global, o que permite identificar como um programa "conversa" com o outro, e a eventual sobreposição de ações.

O produto final da avaliação é um relatório com recomendações ao órgão responsável pela política pública, a fim de melhorar os seus resultados ou até mesmo reconsiderar sua manutenção.

Uma questão importante é que não se pode ultrapassar a linha entre a avaliação e a interferência política. A intenção é de colaborar com sugestões, não vinculantes, sendo inadequado que o avaliador pretenda se substituir ao gestor eleito, que possui a legitimidade para fazer as escolhas políticas.

Ao fornecer um estudo técnico, imparcial e independente, os Tribunais de Contas possibilitam que os formuladores e executores de políticas públicas tomem decisões com base em evidências, e não apenas em simples intuição. E também, com a necessária divulgação do estudo, colabora com o debate público, permitindo que os cidadãos formem suas próprias opiniões sobre as ações da Administração.

Essas avaliações, como dito, podem ser realizadas não apenas por Tribunais de Contas. Mas as Cortes de Contas são atores naturais na avaliação de políticas públicas, pois têm acesso a uma gama enorme de informações e possuem a capacidade técnica necessária. Além disso, não precisam demonstrar sua independência e imparcialidade em relação aos governos e aos interesses privados.

Os Tribunais de Contas podem executar uma avaliação de política pública por iniciativa própria ou por demanda de alguma autoridade pública. Em qualquer caso, a Corte de Contas deve manter sua independência e decidir se é ou não pertinente a realização do trabalho.

A respeito desta questão, a NBASP 9020 traz as seguintes observações:

> Quando uma entidade realiza uma avaliação de política pública por requisição de uma autoridade pública, ela se envolve em um diálogo com o demandante para determinar os limites precisos da política que será avaliada e as questões de avaliação. Entretanto, no caso das EFS,[3] ainda que estas geralmente considerem as preocupações das partes interessadas quando planejam as suas avaliações, são elas quem decidem o escopo e o

---

[2] INSTITUTO RUI BARBOSA. *Norma brasileira de auditoria do setor público 9020*, p. 7. Disponível em: https://irbcontas.org.br/-nbasp-/avaliacao-de-politicas-publicas/. Brasília, 2020.

[3] Entidades Fiscalizadoras Superiores, categoria na qual se enquadram os Tribunais de Contas brasileiros.

processo de suas avaliações, tendo a palavra final sobre sua realização, bem como na formulação de suas conclusões.[4]

Dessa forma, se a entidade avaliadora tiver receio, diante das circunstâncias do caso concreto, de que sua independência possa ser ameaçada, é cabível a recusa ao atendimento da demanda realizada por autoridade pública.

A escolha da política a ser avaliada

Em relação ao procedimento de escolha do objeto de avaliação, a NBASP 9020 elenca a análise de três critérios: a importância da política sob análise, a possibilidade de medir os diversos efeitos da política e o período desde a implantação da política.

A relevância de uma política pública pode ser mensurada por diversos fatores, como o tamanho do seu orçamento, o número ou a importância das partes interessadas, o alcance do seu efeito previsto sobre os destinatários da política e a sociedade, a complexidade da política e a importância simbólica da política para a opinião pública.

Conforme a Norma 9020, deve ser evitada a escolha de uma política muito genérica ou, por outro lado, muito específica. Não deve ter um objeto muito amplo, porque será difícil estabelecer uma relação de causalidade entre as ações e seus efeitos. Por exemplo, em vez de se avaliar a política energética como um todo, é preferível fazer um recorte e estudar apenas a política para as energias renováveis.

Por outro lado, a avaliação de uma política muito específica pode gerar resultados de pouca relevância e ainda haveria a dificuldade para se realizar comparações com o resultado de políticas semelhantes. Nesse caso, de objeto mais reduzido, geralmente o mais adequado seria a realização de uma auditoria operacional.

Quanto à possibilidade de medir os efeitos da política a ser avaliada, a NBASP 9020 observa que deve ser feita a distinção entre "resultados" e "impactos". Os resultados são os efeitos imediatos ou de curto prazo e diretos, afetando principalmente o público-alvo. Já os impactos são definidos como os efeitos retardatários ou de médio a longo prazo, que na maior parte das vezes atingem outros indivíduos, além do público-alvo. Trata-se de distinção importante porque a mensuração dos impactos de médio e longo prazos é típica da avaliação de políticas públicas, indo além, portanto, do que é descrito na auditoria operacional.

Além disso, deve-se fazer distinção entre os efeitos pretendidos e os efeitos inesperados. Os efeitos pretendidos são observados em relação aos objetivos declarados pela política. Por sua vez, os efeitos inesperados são os que não foram previstos nos objetivos declarados, podendo ser positivos ou negativos. A avaliação deve considerar os efeitos inesperados de uma política de modo a ser abrangente e não limitada pelos objetivos declarados.

Outra classificação diferencia os efeitos objetivos e os efeitos percebidos. Nesse ponto, a Norma 9020 assim preceitua:

---

[4] INSTITUTO RUI BARBOSA. *Norma brasileira de auditoria do setor público 9020*, p. 11-12. Disponível em: https://irbcontas.org.br/-nbasp-/avaliacao-de-politicas-publicas/. Brasília, 2020.

A avaliação de políticas públicas deve atentar não apenas para os efeitos objetivos, mas também para os efeitos "percebidos" pelos atores que participam da política e pelos seus beneficiários. A mensuração tanto dos "efeitos objetivos", quanto dos "efeitos percebidos" também implica que a posição e as opiniões das partes interessadas na política pública, tais como administrações e entidades públicas relacionadas, beneficiários potenciais e terceiras partes envolvidas (organizações e pessoas) devem ser descritas e avaliadas.

Um ponto crucial é que a avaliação de políticas públicas tem como objetivo atribuir os efeitos observados aos instrumentos da política implementada, sem os quais não é possível avaliar sua utilidade. Portanto, é necessário que seja baseada em relações causais que possam demonstrar a conexão entre a ação política e o efeito medido. Em princípio, a avaliação deve "modelar a política", isto é, realizar um mapeamento sistemático da corrente de causalidades entre os objetivos, os insumos, as atividades, os produtos, os resultados e os impactos (intencionais ou não).[5]

Em relação ao período da avaliação, do ponto de vista teórico ela pode ocorrer em três diferentes momentos: avaliação *ex-ante*, antes do início da implementação de uma política pública; avaliação concomitante, realizada ao mesmo tempo da implementação e da execução da política; e avaliação *ex-post*, que é uma análise retrospectiva, uma revisão.

Conforme a referida NBASP, "ainda que existam três tipos de avaliação, as EFS e outras entidades que têm mandato para realizar uma avaliação a fazem *ex-post* ou concomitantemente, isto é, alguns anos após o início da implementação da política".[6]

É preferível avaliar uma política adotada há mais tempo porque será possível identificar os efeitos de longo prazo. Assim, pode-se comparar o estado da situação sem a política e a situação real, para se deduzir os efeitos da política pública.

A participação colaborativa das partes interessadas

Uma das principais características da avaliação de políticas públicas é a cooperação, havendo a participação das autoridades responsáveis pela política pública e também dos beneficiários – todos trabalhando em conjunto para encontrar as respostas às perguntas propostas na avaliação.

Daí a importância da identificação das partes interessadas, possibilitando um trabalho colaborativo, já que o objetivo não consiste apenas em corrigir disfunções administrativas, mas sim melhorar uma política.

As autoridades administrativas responsáveis pela política são sempre incluídas como partes interessadas. Importante observar que o relacionamento com elas difere da relação típica do trabalho de auditoria. Conforme a NBASP 9020, "o relacionamento deve ser baseado em confiança e cooperação recíprocas (ou seja, trabalhando em conjunto para alcançar um objetivo comum: fornecer respostas a perguntas específicas da avaliação)".[7]

---

[5] INSTITUTO RUI BARBOSA. *Norma brasileira de auditoria do setor público 9020*, p. 15. Disponível em: https://irbcontas.org.br/-nbasp-/avaliacao-de-politicas-publicas/. Brasília, 2020.

[6] INSTITUTO RUI BARBOSA. *Norma brasileira de auditoria do setor público 9020*, p. 16. Disponível em: https://irbcontas.org.br/-nbasp-/avaliacao-de-politicas-publicas/. Brasília, 2020.

[7] INSTITUTO RUI BARBOSA. *Norma brasileira de auditoria do setor público 9020*, p. 17. Disponível em: https://irbcontas.org.br/-nbasp-/avaliacao-de-politicas-publicas/. Brasília, 2020.

É indicado criar uma lista das partes interessadas, que podem "ser envolvidas na escolha para o objeto específico da avaliação da política pública, o cronograma e a metodologia; ser participantes ativos na avaliação; beneficiar-se dos relatórios provisórios e finais; ter um papel no processo de tomada de decisões pós-avaliação".[8]

Cabe destacar, porém, que, apesar de o diálogo ser essencial, a interação não deve comprometer a independência e a objetividade da entidade avaliadora, que tem a palavra final no processo de avaliação.

O planejamento da avaliação

Tendo sido identificado o objeto da avaliação, a Norma 9020 indica as seguintes etapas de planejamento: estudo de viabilidade da avaliação; organização do trabalho; definição das ferramentas e dos métodos a serem aplicados; e seleção de especialistas.

Inicialmente, a entidade avaliadora deve verificar a viabilidade da avaliação no caso específico. A análise vai considerar as seguintes questões: a definição do objeto e do escopo da avaliação; a definição das partes interessadas; a definição das questões de avaliação; a probabilidade de disponibilidade dos dados necessários para a avaliação da política; a organização do processo de avaliação e o cronograma pretendido para a avaliação; a escolha da metodologia; e a identificação dos recursos humanos e financeiros.

As respostas a estas questões devem ser examinadas e reportadas aos tomadores de decisão. Com base nesse estudo, a entidade avaliadora vai decidir se levará ou não adiante o processo de avaliação. Conforme observa a NBASP 9020:

> Uma avaliação de viabilidade pode concluir não ser desejável realizar a avaliação de política pública: efeitos que são difíceis demais de medir ou de importância limitada, partes interessadas impossíveis de serem envolvidas, outras avaliações em andamento, fontes quantitativas ou qualitativas insuficientes, etc. Neste caso, pode ser desejável reduzir a pretensão inicial e realizar uma auditoria operacional clássica que medirá os resultados da política em relação aos objetivos estabelecidos e aos recursos alocados com vistas a verificar sua efetividade e sua eficiência.[9]

Quanto à organização do trabalho de avaliação, é sugerido que a entidade avaliadora forme a seguinte estrutura: uma equipe de avaliadores, um comitê de supervisão e um comitê consultor.

A equipe de avaliadores deve ser composta por membros permanentes da entidade avaliadora ou especialistas recrutados. Caso seja necessário, é possível recorrer a especialistas externos, a especialistas em técnicas de avaliação e a especialistas na área que será avaliada.

A critério da entidade avaliadora, o comitê de supervisão pode ter as seguintes responsabilidades: confirmar a viabilidade da avaliação e a decisão de avaliar (no caso

---

[8] INSTITUTO RUI BARBOSA. *Norma brasileira de auditoria do setor público 9020*, p. 18. Disponível em: https://irbcontas.org.br/-nbasp-/avaliacao-de-politicas-publicas/. Brasília, 2020.

[9] INSTITUTO RUI BARBOSA. *Norma brasileira de auditoria do setor público 9020*, p. 21. Disponível em: https://irbcontas.org.br/-nbasp-/avaliacao-de-politicas-publicas/. Brasília, 2020.

de uma avaliação por iniciativa própria) ou aceitar uma requisição do demandante; definir as questões de avaliação; programar a avaliação dentro do plano de trabalho da entidade e alocar os recursos humanos e financeiros necessários; discutir e validar os resultados preliminares e o relatório final da avaliação; entregar o relatório ao demandante, quando apropriado; disseminar e promover os resultados.

Por sua vez, o comitê consultor inclui integrantes da entidade avaliadora e representantes das partes interessadas, possibilitando que estas acompanhem os trabalhos da equipe de avaliadores. O comitê consultor realiza um trabalho de revisão com as partes interessadas para compartilhar opiniões, acompanhar o progresso do trabalho e discutir relatórios de avaliação preliminares e finais. Importante ressaltar que, conforme sua denominação, tal comitê possui apenas função consultiva, sendo as decisões sobre a metodologia e as conclusões da avaliação incumbência exclusiva do avaliador independente.

Outro aspecto a ser observado é referente à definição de ferramentas e métodos profissionais a fim de garantir a objetividade e a confiabilidade dos dados coletados, bem como de seu tratamento e análise. Consoante destacado na NBASP 9020, há diversas fontes nas quais se pode encontrar ferramentas para realizar avaliações, como a Organização para a Cooperação e Desenvolvimento Econômico (OCDE), a Organização das Nações Unidas (ONU) e o Banco Mundial, que vêm desenvolvendo metodologias abrangentes sobre avaliação de políticas públicas.

No caso das Cortes de Contas, estas podem e devem contribuir para a abordagem de avaliação de políticas públicas com todas as informações à sua disposição como parte de suas outras atividades de controle e auditoria na área em questão, especialmente de auditorias operacionais anteriores realizadas em entidades públicas afetadas pela política avaliada.

Ademais, tendo em vista a natureza científica e multidisciplinar da avaliação, pode ser necessário recorrer a especialistas de diversos campos, como economistas, estatísticos, sociólogos, especialistas na área que será avaliada, entre outros. A entidade avaliadora pode constituir uma equipe permanente de especialistas dedicada a essas avaliações, mas, dependendo das circunstâncias, pode ser preciso recrutar um ou mais especialistas externos renomados, tanto na área metodológica quanto na área da política avaliada, sendo que essas necessidades devem ser identificadas na análise da viabilidade da avaliação.

Os resultados da avaliação

O produto final da avaliação serão sugestões e recomendações aos responsáveis pela política pública. Tais contribuições deverão constar em um relatório final, que pode ser precedido por relatórios preliminares; estes, por sua vez, servem para possibilitar a troca de conhecimento e as interações com as partes interessadas dentro da estrutura do comitê consultor, durante o desenvolvimento dos trabalhos.

A NBASP 9020 assim detalha esse procedimento conclusivo:

> O esboço do relatório final é preparado pela equipe de avaliação. Ele deve conter todos os itens incluídos na avaliação de viabilidade, bem como as conclusões da própria equipe de avaliação da política pública:
> • a recapitulação dos objetivos da avaliação;
> • as questões iniciais de avaliação;
> • a identificação das partes interessadas;
> • os métodos científicos e os instrumentos utilizados;
> • as fontes das informações coletadas;
> • o contexto geral no qual a política pública foi implementada, com o seu desenvolvimento histórico e, se possível, comparações internacionais relevantes;
> • a apresentação dos dados produzidos por outros trabalhos da EFS no tema em questão (principalmente de auditorias operacionais), em particular com respeito à organização responsável pela política e seus custos reais;
> • a apresentação dos dados obtidos das respostas às questões de avaliação (resultados, medição dos efeitos/impactos);
> • a análise e interpretação dos dados, distinguindo-se cuidadosamente de sua apresentação, para evitar confusões entre os achados e as interpretações; esta parte contém a avaliação destes resultados e os efeitos mensurados, e examina ligações causais entre as ações tomadas e os efeitos observados;
> • as opiniões das partes interessadas coletadas durante a execução dos trabalhos;
> • as lições, as conclusões as quais se chegaram com a avaliação, junto com as recomendações de medidas corretivas que serão fornecidas. Esta parte contém uma apreciação da utilidade da política avaliada.[10]

Então, o esboço do relatório deve ser submetido ao órgão de supervisão – designado com essa função desde o início do processo –, que terá a incumbência de aprovar ou modificar o relatório.

Após a análise preliminar, é importante que o esboço do relatório de avaliação aprovado pela autoridade decisória seja debatido com as partes interessadas da política pública avaliada, em um procedimento de contraditório. Ainda conforme a NBASP 9020, o objetivo de distribuir o esboço do relatório é garantir que as análises e as conclusões preliminares, bem como a transcrição das opiniões das partes interessadas coletadas durante a avaliação, sejam exatas e conhecidas por todos. Nesse aspecto, não se pode perder de vista que a incorporação sistemática de todas as partes interessadas (incluídos os representantes dos beneficiários da política avaliada) é uma das características da abordagem da avaliação de políticas públicas.

Na sequência, a entidade avaliadora poderá decidir modificar seu relatório final, caso entenda necessário, e fará a aprovação final, sob sua exclusiva responsabilidade, emitindo opinião própria e independente sobre os achados, análises, conclusões e recomendações da avaliação da política pública.

As recomendações do relatório final podem ser, por exemplo, nos seguintes sentidos: reconhecimento da utilidade da política e das ações tomadas; reconhecimento da utilidade da política, mas da falta de adequação e de efetividade das ações tomadas,

---

[10] INSTITUTO RUI BARBOSA. Norma brasileira de auditoria do setor público 9020, p. 26. Disponível em: https://irbcontas.org.br/-nbasp-/avaliacao-de-politicas-publicas/. Brasília, 2020.

no que diz respeito aos efeitos diretos e indiretos pretendidos; e questionamento da utilidade da política e da consistência dos seus objetivos, com recomendações alternativas para reorientação, suspensão ou encerramento da política.

A NBASP 9020 também orienta a respeito da necessidade de ampla disseminação das conclusões da avaliação, com a publicação do relatório final, que será direcionado às partes interessadas na política pública, aos autores da demanda (caso a avaliação tenha se originado de uma solicitação externa) e à opinião pública em geral.

Por fim, ingressa-se na fase de monitoramento da utilização das conclusões e das recomendações. Tal acompanhamento não deve resultar em interferência nos poderes decisórios das autoridades públicas. A entidade avaliadora deve atuar como um observador externo, para fins de conhecimento.

Diferenças entre avaliação, auditoria operacional e controle

Cabe destacar ainda que a avaliação de políticas públicas, da forma aqui tratada, possui semelhanças com a auditoria operacional, mas não se confunde com ela. Além disso, difere do controle propriamente dito.

A avaliação pode se utilizar (e geralmente o faz) de todos os instrumentos e fases da auditoria operacional, que se preocupa com a economicidade, a eficiência e a efetividade das atividades públicas. Mas a avaliação vai além, focando na análise da utilidade e do impacto das políticas públicas, inclusive a longo prazo.

A diferenciação é feita pela NBASP 9020 nos seguintes termos:

A auditoria operacional avalia principalmente a economicidade, a eficiência e a efetividade até o nível do resultado imediato, enquanto a avaliação de política pública é definida como o exame desses mesmos aspectos e de resultados mais amplos e adicionalmente de impactos globais e socioeconômicos.
Ademais, a avaliação de políticas públicas se concentra na relevância e na utilidade da política:
• A *relevância* da política, que é a adequação dos seus objetivos em relação às necessidades sociais, econômicas ou ambientais que a política pública quer atender;
• A *utilidade* da política lida com a questão de conhecer se a política foi vantajosa, levando em consideração, por um lado, todos os seus efeitos diretos (resultados) e indiretos (impactos), inclusive os não intencionais ou não esperados, e por outro, as necessidades que pretendia atender.
Em resumo, a avaliação de políticas públicas não deve se limitar a objetivos pré-estabelecidos, uma vez que pode questionar os objetivos estabelecidos na legislação. A principal questão de seu exame deve ser avaliar tanto a utilidade de uma política, quanto a efetividade de seus instrumentos.
Entretanto, ambas as abordagens são complementares e constituem dois componentes fundamentais para determinar a utilidade da política pública. A mensuração dos efeitos da política permite fazer uma avaliação da sua eficiência e da efetividade, elementos que são componentes da auditoria operacional. Estes últimos então serão utilizados para contribuir com outros elementos (considerações sobre outras políticas que atuam na

mesma área ou destinadas aos mesmos problemas, exame de políticas alternativas, ...) para uma apreciação mais profunda da utilidade.[11]

Já a diferença entre a avaliação e o controle, propriamente dito, de políticas públicas é mais visível, pois este está centrado na aferição da juridicidade, no apontamento de ilegalidades, que não é o foco da avaliação, vocacionada a contribuir com os responsáveis pelas políticas públicas, para o seu aprimoramento.

A destinação de atenções à avaliação de políticas públicas não significa, por óbvio, que os Tribunais de Contas possam descuidar das auditorias, nas suas diversas formas – operacionais, financeiras, de conformidade –, ou descuidar do controle de juridicidade de políticas públicas e de atos e contratos administrativos. O que se destaca aqui é a possibilidade de realizar, também, a avaliação de políticas públicas. Trata-se de um plus, capaz de agregar grande valor ao seu serviço prestado à sociedade.

A escolha de cada forma de abordagem por parte das Cortes de Contas no caso concreto vai depender, portanto, das características da situação fática. Haverá situações em que será mais adequado realizar auditoria, outras em que caberá o controle de políticas públicas e outras em que será mais indicado proceder à avaliação propriamente dita de políticas públicas.

Por isso, é importante um planejamento das atividades dos Tribunais de Contas, considerando que a avaliação de políticas exige consideráveis recursos humanos e financeiros, e esse trabalho de avaliação não deve comprometer o equilíbrio das atividades e a qualidade das diversas outras obrigações legais das Cortes.

A avaliação e a eficiência alocativa de recursos orçamentários

Um aspecto relevante do trabalho de avaliação de políticas públicas é que ele terá grande utilidade para responder perguntas fundamentais para a eficiência alocativa de recursos orçamentários, tais como:

1) A alocação de recursos no orçamento respeita as prioridades da sociedade e do governo?
2) Qual programa é mais efetivo, eficaz ou eficiente?
3) A política pública é realizada a custos razoáveis (economicidade)?
4) Existe alternativa de intervenção menos custosa para o governo?
5) Há evidências de que a política pública pode ser aprimorada antes de haver maior alocação de recursos?

A primeira pergunta diz respeito à relevância da política pública. Para efeito da elaboração do orçamento, importa saber aqui, primeiro, o nível de relevância atribuído pela sociedade a uma determinada política pública, ou seja, o seu grau de necessidade para a população-alvo da intervenção. Da mesma forma, deve-se aferir se a política está alinhada com as prioridades de governo, uma vez que os recursos são escassos e não podem ser pulverizados a esmo, mas devem ser gastos de forma planejada nos temas prioritários, visando à otimização dos recursos.

---

[11] INSTITUTO RUI BARBOSA. Norma brasileira de auditoria do setor público 9020, p. 9. Disponível em: https://irbcontas.org.br/-nbasp-/avaliacao-de-politicas-publicas/. Brasília, 2020.

As perguntas seguintes relacionam-se à apuração do desempenho. Saber qual política produz maior impacto ou melhores resultados na sociedade (efetividade, eficácia e eficiência) é fundamental para a alocação de recursos. Ao mesmo tempo, para efeitos orçamentários, há de se levar em conta também o custo das políticas (economicidade). Nesse aspecto, na busca da otimização dos recursos orçamentários, é importante investigar se existe alternativa de intervenção menos custosa que possa levar a resultados equivalentes, considerando-se, inclusive, as políticas indutoras mais econômicas que possam propiciar mudanças comportamentais. Em outros termos, visando ao melhor desempenho, é importante observar a relação custo-benefício ou custo-efetividade das políticas públicas.[12]

A partir das respostas a essas indagações, será possível priorizar o que mais importa para a sociedade, com a possibilidade de, ao longo do tempo, promover adaptações nos programas orçamentários.

A fim de ilustrar o potencial gerador de resultados positivos oriundos de uma adequada avaliação de política pública, registre-se um exemplo que consta no Guia Prático de Análise *Ex Post*,[13] editado pelo Instituto de Pesquisa Econômica Aplicada (IPEA), que trata de avaliação realizada pelo Comitê de Monitoramento e Avaliação dos Subsídios da União, em relação à implementação da Lei de Informática (Lei Federal nº 8.248/1991 e alterações). Tal lei se valeu de incentivos tributários com o objetivo de estimular a inovação no país. Em contrapartida a benefícios fiscais, as empresas de informática deveriam investir em pesquisa e desenvolvimento.

Entre os resultados da avaliação, constataram-se falhas nos relatórios de prestação de contas das empresas em relação ao cumprimento da contrapartida e falta de acompanhamento de indicadores de medição do impacto da política.

Com base nisso, foram emitidas recomendações, a partir das quais o governo federal adotou providências para melhorar a análise dos resultados, inclusive com a edição de nova lei, exigindo apresentação de relatório consolidado e parecer conclusivo por parte de auditoria independente, facilitando, assim, o trabalho de verificação das contrapartidas, o que possibilitou ganhos em relação às contrapartidas exigidas.

Conclusão

Por todo o exposto, percebe-se que a correta avaliação das políticas públicas é instrumento essencial para o aprimoramento das atividades da Administração Pública e para a consequente melhora da qualidade de vida da população. Essa constatação é corroborada pela recente constitucionalização da avaliação das políticas públicas, com o acréscimo do parágrafo 16 ao artigo 37 e do parágrafo 16 ao artigo 165 da Constituição da República.

Diante da impossibilidade orçamentária para o atendimento de todas as urgentes demandas sociais, econômicas e ambientais, o caminho viável é a realização de boas

---

[12] INSTITUTO DE PESQUISA ECONÔMICA APLICADA. Avaliação de políticas públicas: Guia prático de análise *ex post*, volume 2, p. 42. Disponível em: https://repositorio.ipea.gov.br/handle/11058/8853. Brasília, 2018.

[13] INSTITUTO DE PESQUISA ECONÔMICA APLICADA. *Avaliação de políticas públicas: Guia prático de análise ex post*, volume 2, p. 187-196. Disponível em: https://repositorio.ipea.gov.br/handle/11058/8853. Brasília, 2018.

escolhas, que somente serão possíveis se tomadas com base em evidências e informações confiáveis.

Nesse contexto, os Tribunais de Contas, por deterem a capacidade técnica e a credibilidade necessárias, qualificam-se como atores relevantes nesse trabalho de avaliação das políticas públicas. Ao encararem esse desafio, as Cortes de Contas poderão galgar um novo patamar de importância para a sociedade brasileira.

Referências

INSTITUTO DE PESQUISA ECONÔMICA APLICADA. *Avaliação de políticas públicas:* Guia prático de análise *ex ante*, volume 1. Disponível em: https://repositorio.ipea.gov.br/handle/11058/8285. Brasília, 2018.

INSTITUTO DE PESQUISA ECONÔMICA APLICADA. *Avaliação de políticas públicas:* Guia prático de análise *ex post*, volume 2. Disponível em: https://repositorio.ipea.gov.br/handle/11058/8853. Brasília, 2018.

INSTITUTO RUI BARBOSA. *Norma brasileira de auditoria do setor público 9020*. Disponível em: https://irbcontas.org.br/-nbasp-/avaliacao-de-politicas-publicas/. Brasília, 2020.

MENDES, Gilmar; PAIVA, Paulo. *Políticas públicas no Brasil*: uma abordagem institucional. São Paulo: Saraiva, 2017.

RODRIGUES, Ricardo Schneider. *Os Tribunais de Contas e o controle de políticas públicas*. Maceió: Viva Editora, 2014.

SECCHI, Leonardo. *Análise de políticas públicas:* diagnóstico de problemas, recomendação de soluções. São Paulo: Cengage Learning, 2021.

SECCHI, Leonardo; COELHO, Fernando de Souza; PIRES, Valdemir. *Políticas públicas:* conceitos, casos práticos, questões de concursos. 3. ed. *São Paulo:* Cengage, 2022.

TRIBUNAL DE CONTAS DA UNIÃO. *Referencial de controle de políticas públicas*. Disponível em: https://portal.tcu.gov.br/referencial-de-controle-de-politicas-publicas.htm. Brasília, 2020.

Informação bibliográfica deste texto, conforme a NBR 6023:2018 da Associação Brasileira de Normas Técnicas (ABNT):

LOUREIRO, Roberto Debacco. A avaliação de políticas públicas pelos Tribunais de Contas. *In*: LIMA, Edilberto Carlos Pontes (coord.). *Os Tribunais de Contas e as políticas públicas*. Belo Horizonte: Fórum, 2023. p. 525-536. ISBN 978-65-5518-596-6.

A NECESSIDADE DE COMPATIBILIZAÇÃO ENTRE O PLANO PLURIANUAL E OS PLANOS DE POLÍTICAS PÚBLICAS: O CAMINHO PARA A CONSTRUÇÃO DE UMA GESTÃO PÚBLICA MAIS EFETIVA

RODRIGO COELHO DO CARMO
ANA PAULA MOREIRA DO ROSÁRIO
TALINE LIBERATO ALVES

1 Introdução

A gestão orçamentária e financeira permeia vários aspectos das organizações, que, invariavelmente, necessitam coordenar os recursos financeiros como parte de suas atividades operacionais. Esse processo envolve planejar o uso de tais recursos, realizar transações financeiras dentro dos limites estabelecidos, controlar os resultados alcançados e realizar ajustes orçamentários quando necessário (NETO, 2022). À vista disso, em quaisquer organizações, tem-se o planejamento e o orçamento como conceitos fundamentais e interdependentes na gestão, uma vez que o primeiro define objetivos e estabelece metas e diretrizes para alcançá-los, e o segundo garante a alocação financeira desses planos, provendo os recursos necessários para a execução das ações planejadas.

Na administração pública, essa associação se torna ainda mais importante, já que o orçamento público é a principal ferramenta para garantir a execução das políticas públicas planejadas pelo Estado. Nesse contexto, cabe ressaltar que a concepção responsável por relacionar o planejamento e o orçamento como elos de um mesmo sistema só foi institucionalizado com a promulgação da Constituição Federal de 1988 (CF/88), que tornou obrigatória a elaboração de três principais leis responsáveis pelo ciclo de planejamento governamental: Plano Plurianual (PPA), Lei de Diretrizes Orçamentárias (LDO) e Lei Orçamentária Anual (LOA) (GIACOMONI, 2022). Nesse ciclo, o PPA apresenta-se como um plano estratégico de médio prazo, com duração de quatro anos. A LDO atua como uma conexão entre o que é planejado (PPA) e o que será implementado (LOA). E a LOA, que é o orçamento propriamente dito, fica atribuída de conter a decisão de priorização de recursos, permitindo que a execução do planejamento governamental seja observada por meio de sua análise (FERREIRA *et al.*, 2016).

Vale ressaltar que, embora a CF/88 não tenha incluído os planos de políticas públicas como uma peça orçamentária equivalente às demais leis de planejamento e orçamento, cada plano é responsável por definir metas e objetivos específicos em médio e longo prazo para um setor de atuação governamental. Dessa forma, no intuito de assegurar a coerência com o que já foi planejado, esses planos devem ser utilizados como referência na elaboração do PPA, o qual define as políticas prioritárias em relação aos investimentos em todas as áreas de atuação da gestão pública. Como resultado, os objetivos e as metas definidos no PPA são convertidos em programas e ações que servem de base para a alocação de recursos do orçamento público.

Com isso exposto, percebe-se que o PPA, como um instrumento fundamental para a integração do planejamento e orçamento, possui o papel de estabelecer a vinculação necessária entre os instrumentos de planejamento, também denominados planos de políticas públicas, a LDO e a LOA, buscando otimizar os recursos públicos e melhorar a qualidade dos serviços prestados à população. Portanto, a fim de garantir a implementação integrada e estratégica das políticas públicas, é fundamental que haja compatibilidade entre essas ferramentas, principalmente entre os planos de políticas públicas e o PPA. Isso ocorre porque os planos de políticas públicas contribuem para a elaboração coerente do PPA, e este, por sua vez, assegura a efetivação desses planos, o que é essencial para uma gestão pública eficiente.

Nota-se, todavia, que assegurar essa compatibilidade nem sempre é uma tarefa simples na prática. Isso ocorre devido à percepção do PPA como um documento meramente burocrático, sendo frequentemente encarado como um "documento de gaveta", seja pela utilização não plena de alguns instrumentos, seja pela falta de engajamento e comprometimento dos gestores públicos na sua elaboração e implementação. Além disso, muitas vezes o PPA é elaborado com base em uma continuidade do planejamento de anos anteriores, sem uma revisão crítica das metas e dos objetivos estabelecidos, o que pode resultar em um documento genérico, com metas pouco específicas e sem indicadores adequados para aferir o desempenho e o impacto das políticas públicas planejadas. A propósito, isso prejudica não só a avaliação dos resultados alcançados como também contraria o propósito original do PPA, que é promover a integração entre o planejamento e o orçamento.

Assim, ainda que seja determinante para assegurar a eficácia e eficiência das políticas públicas, a compatibilidade entre o PPA e os planos de políticas públicas pode representar um desafio para a gestão pública. Nesse sentido, a justificativa deste artigo está centrada em contribuir para conscientizar gestores públicos e outros agentes envolvidos na elaboração e na implementação de políticas públicas sobre a importância desse alinhamento e evidenciar que essa compatibilização pode apresentar possíveis caminhos e soluções para garantir uma gestão pública mais integrada com as demandas da sociedade.

2 Da teoria à prática: elaboração e implementação dos planos de políticas públicas

2.1 Políticas públicas: conceitos fundamentais e seu ciclo de implementação

As primeiras teorias de análise racional das políticas públicas surgiram em 1930. No entanto, o período de 1951 se destacou como um ano significativo, devido à publicação de duas importantes obras sobre o tema. A primeira publicação foi a "The Governmental Process", de David B. Truman, que discutiu a estrutura dos grupos de interesse e técnicas de influência nos processos de políticas públicas em diversos órgãos do governo, incluindo o Executivo, o Legislativo, o Judiciário e o corpo burocrático da administração pública. A segunda publicação foi a "The Policy Sciences", de Daniel Lerner e Harold D. Lasswell, que apresentou o capítulo "The Policy Orientation", o qual abordou o crescente interesse dos pesquisadores na formulação e na avaliação de impacto das políticas públicas. No referido capítulo, Lasswell delimitou o campo de conhecimento da política pública como sendo multidisciplinar, normativo e orientado para a resolução de problemas públicos concretos (SECCHI; COELHO; PIRES, 2019). A partir dessas obras e de estudos posteriores, a política pública se consolidou como campo de estudo independente das ciências políticas, recebendo influência de diversas outras disciplinas, tais como Economia, Sociologia, Engenharia, Psicologia Social, Administração Pública e Direito (SECCHI, 2016).

A rigor, embora tenham sido propostas diversas definições, ainda não há um consenso claro sobre a natureza exata das políticas públicas e como descrevê-las de forma precisa. De modo geral, entende-se que políticas públicas são diretrizes elaboradas para enfrentar problemas públicos (SECCHI; COELHO; PIRES, 2019).[1] Por essa razão, elas são compostas de um conjunto de ações e incentivos articulados e estruturados que visam mudar uma realidade, em resposta a demandas e interesses dos atores envolvidos. Geralmente, as políticas públicas definem "'o que fazer' (ações), 'aonde chegar' (objetivos relacionados ao estado de coisas que se pretende alterar) e 'como fazer' (princípios e macroestratégias de ação)" (MARTINS, 2007, p. 28).

Vale destacar, ainda, que outra maneira de conceituar políticas públicas é examinando os atores que compõem o processo de formulação e implementação. Na visão de Secchi, Coelho e Pires (2019), duas abordagens são utilizadas nessa análise. Na abordagem estatista ou estadocêntrica, o caráter público de uma política é definido pela personalidade jurídica do "ator principal" responsável por sua implementação. Não obstante reconheça que atores não estatais possam ter influência no processo de elaboração e implementação de políticas públicas, eles não têm o privilégio de decidir e liderar um processo de política pública. Como resultado, considera que somente as ações do governo podem ser consideradas políticas públicas. Por outro lado, na abordagem multicêntrica ou policêntrica, além do Estado, atores não estatais também podem ser protagonistas de políticas públicas, pois o que importa é a origem do "problema" a ser

---

[1] Problema público é "a diferença entre a situação atual e uma situação ideal possível. Um problema existe quando o *status quo* é considerado inadequado e quando existe a expectativa do alcance de uma situação melhor" (SJÖBLOM, 1984 *apud* SECCHI; COELHO; PIRES, 2019, p. 13-14).

enfrentado, ou seja, se o problema é "público", diversos atores que têm a intenção de enfrentá-lo podem fazê-lo, como as organizações não governamentais, as organizações privadas, as redes de políticas públicas, entre outros.

Nesse contexto, é importante ressaltar a abordagem adotada por este artigo. A visão estatista, que considera apenas as ações do governo como políticas públicas, pode limitar a participação e o diálogo entre os atores envolvidos, resultando em políticas públicas que não atendam adequadamente às necessidades da sociedade. Em contrapartida, a visão multicêntrica busca promover a participação ativa de diversos atores, tais como setores da sociedade civil, gestores públicos e especialistas, os quais podem contribuir com perspectivas e habilidades distintas para a elaboração e implementação de políticas públicas mais eficazes e democráticas. Portanto, pelos motivos mencionados, destaca-se que este artigo está em consonância com a visão multicêntrica.

Outro ponto relevante a ser destacado é o ciclo de políticas públicas, que permite entender como as políticas são criadas e implementadas. Embora existam diferentes propostas encontradas na literatura sobre as divisões tradicionais do ciclo, é consenso que todas elas incluem as fases de formulação, implementação e controle (FREY, 2000). No entanto, é importante ressaltar que nem todas as políticas públicas seguem um ciclo didático estruturado, pois as fases frequentemente não são claramente identificáveis ou distintas entre si (SECCHI, 2010).

Segundo Baptista e Rezende (2011), a abordagem mais amplamente divulgada e estudada até os dias atuais é a proposta por Howlett e Ramesh na década de 1990. Essa abordagem, ilustrada na figura a seguir, condensa as fases do processo da política pública em cinco etapas:

FIGURA 1 – Ciclo de políticas públicas

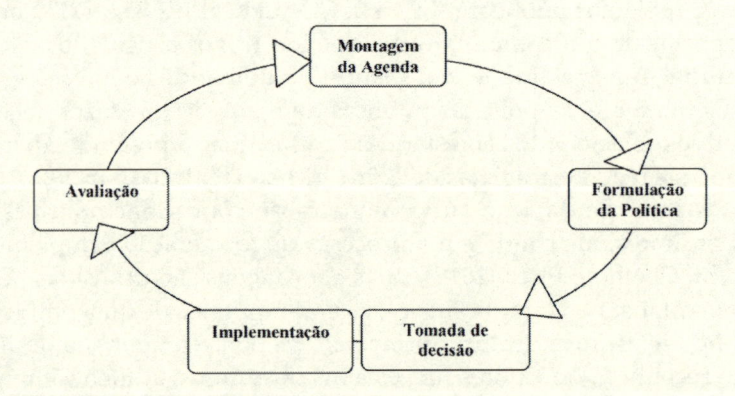

Fonte: adaptado de Howlett e Ramesh (1995 *apud* BAPTISTA; REZENDE, 2011, p. 142).

A montagem da agenda é a primeira fase do ciclo de políticas públicas. Nesse passo, problemas de relevância pública são levantados e podem ou não ser incluídos na agenda governamental. De acordo com Kingdon (1984 *apud* BAPTISTA; REZENDE, 2011), a noção de agenda, em sua acepção mais simples, designa uma lista de temas ou problemas que são alvos de atenção em determinado momento, tanto por autoridades governamentais quanto por pessoas de fora do governo associadas a elas. Com isso, nos dizeres do autor, existem três tipos de agenda, a saber: i) agenda não governamental, que elenca questões consideradas problemas pela sociedade, mas que não recebem a devida atenção do governo; ii) agenda governamental, que engloba os problemas que estão sob análise do governo; e iii) agenda de decisão, que lista os problemas em processo de decisão pelos agentes e que serão efetivamente implementados como política pública.

Após a elaboração da agenda, inicia-se a segunda fase do ciclo, que consiste na formulação da política. Essa fase é vista por Baptista e Rezende (2011) como uma etapa que busca alternativas e soluções para os problemas incluídos na agenda de decisão. É por essa razão que Dias e Matos (2012, p. 76) afirmam que "o processo de formulação de políticas para solucionar um problema inscrito na agenda pública permite resolver qual das diferentes alternativas existentes será mais apropriada para diminuir a tensão entre a situação atual e a situação desejada".

Uma vez que várias soluções tenham sido propostas, é preciso realizar a árdua tarefa de selecionar uma delas. Conforme Baptista e Rezende (2011) descrevem, a terceira fase do ciclo, conhecida como tomada de decisão, é quando os agentes políticos escolhem, dentre as alternativas existentes, uma solução específica ou uma combinação de soluções que eles consideram ser a melhor opção para o problema, permeando, por óbvio, a análise de diferentes fatores, como a disponibilidade de recursos para o estabelecimento de metas e os impactos esperados da política pública a ser implementada.

Na quarta fase, a função principal da administração pública de executar políticas é finalmente posta em prática, pois é nela que a política, anteriormente composta predominantemente de discursos e palavras, é transformada em ações concretas (DIAS; MATOS, 2012). Nessa perspectiva, é pertinente salientar que, na literatura, admitem-se dois modelos distintos de implementação das políticas públicas, quais sejam:

> Modelo *top-down* (de cima para baixo): caracterizado pela separação clara entre o momento de tomada de decisão e o de implementação, em fases consecutivas. Esse modelo é baseado na distinção wilsoniana entre "Política e Administração" (WILSON, 1887), no qual os *tomadores de decisão (políticos) são separados dos implementadores (administração)* (SABATIER, 1986 *apud* SECCHI; COELHO; PIRES, 2019, p. 76, grifo nosso).

> Modelo *bottom-up* (de baixo para cima): caracterizado pela *maior liberdade de burocratas e redes de atores em auto-organizar e modelar a implementação de políticas públicas*. Nesse modelo [...] o formato que a política pública adquiriu após a tomada de decisão não é definitivo, e a *política pública é modificável por aqueles que a implementam no dia a dia*. Em poucas palavras, existe maior discricionariedade por parte dos gestores e burocratas. Esse papel de remodelação da política pública por aqueles que a implementam não é entendido como um desvirtuamento, mas sim como uma necessidade daquele que depara com os problemas práticos de implementação (SABATIER, 1986 *apud* SECCHI; COELHO; PIRES, 2019, p. 77, grifo nosso).

Vale evidenciar que, atualmente, existe uma abordagem híbrida, que combina as características dos dois modelos mencionados anteriormente *(top-down* e *bottom-up)*. Conforme explicado por Antunes (2016, p. 1), "a partir dos anos 90, com a Reforma do Estado, a maioria das políticas públicas passaram a ser implementadas com a junção dos dois modelos, de forma híbrida". Esse modelo híbrido busca combinar a eficiência e a centralização do modelo *top-down* com a participação e a colaboração dos atores locais do modelo *bottom-up*, gerando políticas públicas mais efetivas e adaptáveis.

Por fim, a última etapa do modelo do ciclo da política, proposto por Howlett e Ramesh e apresentado por Baptista e Rezende (2011), diz respeito à avaliação da política pública. De acordo com as autoras, embora muitas vezes seja apontada como uma etapa específica, ela não se restringe aos resultados da política e nem à etapa final do processo. Pelo contrário, essa fase tem sido utilizada como um instrumento que visa subsidiar a tomada de decisões em diferentes momentos ao longo do ciclo. Desse entendimento, provêm os três tipos de avaliações quanto ao momento de realização, são eles: i) antes da implementação, por meio de diagnósticos; ii) durante a implementação, por intermédio do monitoramento de indicadores; e iii) após a implementação, quando a política pública já está em vigor há alguns anos e é possível avaliar seus impactos (ANTUNES, 2016).

Por essas razões, durante a última etapa, serão utilizadas metodologias formais que consideram, entre outros aspectos, "a forma como a política está sendo implementada, seus efeitos desejados e adversos, os principais *stakeholders*, e a forma como os recursos públicos estão sendo utilizados" (BRASIL, 2018, p. 18). Vê-se, portanto, que o processo de avaliação das políticas públicas é importante tanto para aumentar a compreensão do que está sendo feito quanto para determinar sua continuidade, reestruturação ou extinção (ANTUNES, 2016).

Em 2013, os autores Howlett e Ramesh, em conjunto com Perl, revisaram a abordagem do ciclo de políticas públicas que haviam proposto anteriormente, incorporando novos elementos e conceitos. Essa nova versão foi então utilizada como modelo pelo Tribunal de Contas da União (TCU), em seu Referencial para Avaliação de Governança em Políticas Públicas, orientando as ações de controle e monitoramento das políticas públicas do governo brasileiro. De maneira resumida, o TCU ilustrou as etapas do ciclo revisado em uma tabela, apresentada na figura 2:

FIGURA 2 – Resumo do ciclo de políticas públicas

Resolução Aplicada a Problemas	Estágios do ciclo da política pública
1 Reconhecimento do Problema	1 Formação de Agenda
2 Propostas de Solução	2 Formulação da Política
3 Escolha da Solução	3 Tomada de Decisão Política
4 Efetivação da Solução	4 Implementação da Política
5 Monitoramento dos Resultados	5 Avaliação da Política

Fonte: TCU (2014, p. 24), adaptado de Howlett, Ramesh e Perl (2013).

O ciclo de políticas públicas transforma-se, assim, em um campo estratégico. Isso porque, nele, as autoridades públicas devem avaliar constantemente o êxito da política implementada e decidir se devem mantê-la em curso ou se é necessário fazer mudanças no projeto e recomeçar o ciclo.

Aliás, constata-se que essa análise, por meio de um ciclo, só é viável graças à concretização da ideia abstrata da política pública em instrumentos como planos, projetos, programas e pesquisas (SOUZA, 2002). Dessa maneira, a utilização dessas ferramentas é crucial para possibilitar um planejamento adequado e um controle eficiente e contínuo da ação governamental. Com essas informações, as autoridades públicas podem adaptar e aprimorar suas ações de acordo com as demandas e desafios que surgem ao longo do tempo, garantindo, assim, que as políticas públicas estejam atendendo às necessidades dos cidadãos e gerando resultados positivos.

2.2 A utilização dos planos de políticas públicas como instrumentos de planejamento

Cumpre destacar que os planos de políticas públicas sintetizam a estratégia do governo para lidar com um problema específico. Durante o processo de elaboração dos planos, são definidos os meios necessários para atingir os objetivos e as metas da política, convertendo intenções em ações que geram resultados mensuráveis (BRASIL, 2021), o que possibilita o estabelecimento de diagnósticos mais precisos sobre os desafios existentes na sociedade e a criação de soluções mais adequadas para enfrentá-los. À vista disso, tem-se que esses instrumentos possuem como finalidade precípua organizar e sistematizar informações detalhadas sobre diretrizes, objetivos, indicadores, metas e outros elementos relevantes sobre uma determinada área de atuação governamental, como, por exemplo, saúde, educação e meio ambiente.

Além disso, dependendo da complexidade e do escopo das ações previstas, pode ser estabelecido um prazo curto, médio ou longo para a sua execução. No entanto, mesmo com a definição de um prazo, é importante ressaltar que a implementação de políticas públicas é um processo contínuo e que pode ser influenciado por diversos fatores, tais como mudanças políticas, econômicas e sociais. Por isso, é basilar que os planos sejam constantemente monitorados e avaliados para verificar sua efetividade e duração.

Em termos pragmáticos, é importante deixar claro que a inclusão dos planos para a implementação de políticas públicas como instrumentos de planejamento na Constituição Federal de 1988 (CF/88) foi um marco importante na história do planejamento governamental, uma vez que passaram a ser fundamentais para impulsionar o progresso nacional. Para uma maior coordenação entre as ações do governo federal, dos estados e dos municípios, a CF/88, por meio do artigo 21, inciso IX, atribuiu à União a responsabilidade de elaborar e executar planos nacionais e regionais de ordenação do território e de desenvolvimento econômico e social. Ademais, com o objetivo de garantir uma maior transparência e participação no processo de planejamento, o artigo 165, §4º, estabeleceu que os planos e programas devem ser elaborados em consonância com o Plano Plurianual (PPA) e apreciados pelo Congresso Nacional (BRASIL, 1988).

Um exemplo de como esses planos têm sido utilizados como ferramentas para o desenvolvimento de ações governamentais no Brasil é o Plano Nacional de Educação (PNE), instituído pela Lei nº 13.005/2014. Vigente até 2024, o PNE é utilizado para estabelecer as diretrizes, metas e estratégias para a melhoria da qualidade da educação em todos os níveis e modalidades, desde a educação infantil até a pós-graduação (BRASIL, 2014). Além do PNE, há muitos outros exemplos de planos de políticas públicas, todos destinados a guiar as ações governamentais e melhorar a qualidade de vida da população brasileira.

A partir dessa perspectiva, mesmo reconhecendo os avanços neste tema, uma análise minuciosa da prática revela que a eficácia de um plano de política pública vai além da sua mera existência. Embora a CF/88 tenha atribuído importância aos planos e incentivado um maior comprometimento do governo, ainda existem barreiras burocráticas e políticas que podem obstruir a implementação ou continuidade das políticas públicas. Entre esses obstáculos, destaca-se a ausência de integração dos planos de políticas públicas no processo de elaboração do orçamento como um grande desafio a ser superado.

Há de ser apontado que, no Brasil, a nova concepção do orçamento-programa adotada transformou o orçamento no principal instrumento utilizado pelo governo para viabilizar políticas públicas (GIACOMONI, 2021). Em decorrência disso, se os planos de políticas públicas não forem considerados durante a elaboração do orçamento, pode haver discrepâncias entre o que foi proposto nesses planos e o que é efetivamente executado no orçamento, gerando incoerências e descontinuidades nas políticas públicas. Por outro lado, incluir as metas e os objetivos dos planos de políticas públicas no orçamento pode demonstrar um maior compromisso do governo com a implementação desses planos, garantindo a disponibilidade de recursos financeiros e humanos para sua execução e tornando-os instrumentos poderosos para orientar a ação do Estado de forma mais estratégica e coordenada.

3 Análise da evolução histórica e do atual modelo orçamentário adotado no Brasil

Conforme os ensinamentos de Giacomoni (2021) acerca da evolução conceitual do orçamento público, é factível diferenciar dois períodos claramente definidos: o tradicional e o moderno. No início do século XX, o orçamento clássico ou tradicional era um documento separado do processo de planejamento, conhecido como "Lei de Meios". Seu principal objetivo era garantir um controle político eficaz, mas não se preocupava com as atividades fins do Estado, seus objetivos ou até mesmo com o desempenho da aplicação dos recursos. Com o passar dos anos, o orçamento tradicional evoluiu para o orçamento de desempenho, modalidade que não se concentra apenas nos gastos, mas também nos resultados desses gastos, embora ainda sem estar vinculado a um sistema de planejamento. O orçamento-programa, por sua vez, adotado atualmente no Brasil, surgiu da necessidade de planejar as ações antes da execução orçamentária, preenchendo a lacuna das metodologias anteriores e promovendo a integração entre planejamento e orçamento público.

No Brasil, o orçamento-programa foi introduzido em 1964, durante o regime militar, por meio da Lei nº 4.320/1964, que determinou, em seu artigo 2º, que o orçamento deverá conter a discriminação da receita e da despesa de forma a evidenciar a política econômico-financeira e o programa de trabalho do governo (BRASIL, 1964). No entanto, somente em 25 de fevereiro de 1967, o Decreto-Lei nº 200/1967 instituiu formalmente o orçamento-programa no país. Esse decreto enfatizou a necessidade de planejar as ações antes de executar o orçamento e, em seu artigo 16, estabeleceu que, "em cada ano, será elaborado um orçamento-programa, que pormenorizará a etapa do programa plurianual a ser realizada no exercício seguinte e que servirá de roteiro à execução coordenada do programa anual" (BRASIL, 1967, p. 4).

Ademais, destaca-se que a Portaria nº 9, de 28 de janeiro de 1974, foi a primeira norma brasileira a incorporar de forma ampla e sistemática as categorias programáticas nos orçamentos públicos, ao instituir a classificação funcional-programática. Contudo, essa classificação foi revogada a partir do exercício de 2000, sendo restabelecida uma classificação funcional, deixando a classificação programática para os Planos Plurianuais elaborados por cada governo e esfera da federação (GIACOMONI, 2021).

Dessa forma, convém assinalar que essa modalidade de orçamento, utilizada pelo governo para definir e gerenciar seus gastos e investimentos desde 1964, foi criada como uma medida de modernização da gestão pública. Ao contrário do modelo tradicional de orçamento, que se concentra nas despesas por órgão ou setor, o orçamento-programa se baseia na finalidade e nos objetivos das políticas públicas. Ele serve, portanto, como uma conexão entre o planejamento e as ações executivas da administração pública, focando na alocação de recursos para o cumprimento de metas e objetivos definidos em programas de governo.

Nessa ótica, é fundamental ressaltar que essa peça-chave da gestão financeira do Estado deve ser elaborada e executada em conformidade com a legislação em vigor, a fim de assegurar uma gestão responsável dos recursos públicos. Para isso, o processo de elaboração do orçamento brasileiro é baseado na estimativa da receita para o próximo exercício, e os gastos são definidos com base nessa previsão de arrecadação (GONÇALVES et al., 2019), sendo que os recursos são alocados de acordo com as ações e os programas que o governo pretende desenvolver, e não de acordo com as estruturas administrativas. Além disso, as decisões são tomadas com base em análises técnicas das alternativas possíveis, e a avaliação é realizada por meio do uso de indicadores de desempenho que monitoram e avaliam o conjunto de programas e políticas. Com isso, o orçamento se torna um instrumento de operacionalização das ações governamentais em consonância com os planos e diretrizes formuladas no planejamento (NOBLAT; BARCELOS; SOUZA, 2014).

No entanto, salienta-se que o modelo de orçamento-programa também apresenta desafios, como a necessidade de uma gestão mais integrada e eficiente entre os diferentes setores do governo, além de uma maior capacidade de planejamento e avaliação por parte dos gestores públicos.

4 A relevância do planejamento nas leis orçamentárias para a efetividade das políticas públicas

Inicialmente, é importante destacar que as políticas públicas são ferramentas essenciais para assegurar o bem-estar da sociedade e a concretização dos direitos fundamentais dos cidadãos. Para isso, torna-se responsabilidade do Estado formulá-las e implementá-las de acordo com as necessidades da sociedade, assegurando a observância e o cumprimento por todos, inclusive pelo próprio Estado.

Porém, em meio a demandas e desafios, os gestores frequentemente se questionam sobre como definir as políticas que devem ser priorizadas pelo governo a fim de alcançar os objetivos e os resultados desejados. Embora a resposta teórica seja simples, na prática é um desafio: planejar. Sem um planejamento adequado, as políticas públicas podem ser mal executadas, ineficientes ou ineficazes, desperdiçando recursos públicos e prejudicando a gestão governamental.

Para respaldar esse entendimento, a CF/88 destacou o planejamento governamental como uma função primordial e intransferível do Estado, ressaltando sua importância para promover o desenvolvimento econômico e social do país. Essa ideia pode ser vista no artigo 174 da Carta Magna, que define o Estado como um agente normativo e regulador da atividade econômica e que exercerá, na forma da lei, as funções de fiscalização, incentivo e planejamento, sendo este último determinante para o setor público e indicativo para o setor privado (BRASIL, 1988).

A partir dessa compreensão, observa-se que, de acordo com Piscitelli (1988), o Estado materializa seu planejamento por meio do orçamento público, a fim de garantir a execução das políticas públicas e realizar a manutenção das suas atividades. Nesse processo, as leis orçamentárias desempenham um papel fundamental, garantindo o cumprimento das funções sociais, econômicas e fiscais do Estado. Desde a Constituição Cidadã, o orçamento é regulamentado em uma seção especial e separada: Título VI – Da Tributação e do Orçamento, Capítulo II – das Finanças Públicas, Seção I – dos Orçamentos. O artigo 165 da CF/88 afirma que os instrumentos de planejamento orçamentário são hierarquizados em três leis de iniciativa do Poder Executivo, a saber: o PPA, a Lei de Diretrizes Orçamentárias (LDO) e a Lei de Orçamento Anual (LOA) (BRASIL, 1988). Cada uma dessas leis tem seus próprios objetivos e escopos para regular o planejamento e o orçamento dos entes públicos nas três esferas de governo.

Apesar de constituírem etapas distintas, essas leis são integradas em suas funções, sendo instrumentos importantes no fortalecimento da gestão pública. O PPA corresponde ao plano de médio prazo, por meio do qual se procura apresentar as diretrizes para ações do governo que levem ao alcance dos objetivos e das metas fixados para um período de quatro anos, definindo as políticas públicas prioritárias durante o período de vigência do referido plano. Já a LDO, anualmente, enuncia as políticas públicas prioritárias para o exercício seguinte, tendo por base o conteúdo do PPA, servindo de norte para a elaboração dos orçamentos anuais, tornando-se, portanto, o elo entre o PPA e a LOA. Por fim, a LOA, elaborada de acordo com as normas da Lei de Responsabilidade Fiscal (LRF), tem como principais objetivos estimar a receita e definir a programação das despesas para o exercício financeiro seguinte, de modo a viabilizar a realização das ações planejadas nas outras leis orçamentárias, isto é, executar as políticas definidas no PPA e priorizadas na LDO.

Ao seguir essa linha de pensamento, é claro que o planejamento presente nas leis orçamentárias é fundamental para o sucesso das políticas públicas e para o cumprimento do papel do Estado. Isso ocorre porque o planejamento estabelece metas, aloca recursos e define um cronograma de execução a ser seguido. Portanto, após a aprovação dessas leis, é incumbência do governo seguir a programação definida, a fim de garantir que as políticas públicas sejam executadas de forma efetiva e gerem o maior benefício possível para a sociedade.

Dado o exposto, ressalta-se que o PPA é o principal instrumento orçamentário voltado para o planejamento, sendo a lei mais ampla e de prazo mais extenso em comparação com os demais instrumentos clássicos. Dessa forma, o PPA é fundamental na definição das prioridades e das metas do governo, direcionando os recursos públicos para áreas que exigem maior atenção e investimento.

5 A utilização do PPA como ferramenta gerencial na implementação e na avaliação das políticas públicas

5.1 Desvendando o PPA: uma introdução ao planejamento plurianual

Nota-se que o PPA é instituído na Carta Constitucional como principal instrumento de planejamento de médio prazo apresentado na forma de lei orçamentária, que, por essência, demonstra um verdadeiro planejamento estratégico no qual o gestor estabelece as diretrizes, objetivos e metas a serem executados durante o mandato que lhe fora conferido. É o que demonstra a CF/88:

> A lei que instituir o plano plurianual estabelecerá, de forma regionalizada, as diretrizes, objetivos e metas da administração pública federal para as despesas de capital e outras delas decorrentes e para as relativas aos programas de duração continuada (BRASIL, 1988, cap. II, art. 165, §1º).

Propositalmente, o período de duração do PPA não coincide com o mandato do Chefe do Poder Executivo. Segundo a CF/88, em seu artigo 35, §2º, inciso I, dos Atos das Disposições Constitucionais Transitórias, o PPA é concebido para abranger o período que vai do 2º ano de um mandato presidencial ao 1º ano do mandato subsequente (BRASIL, 1988). Essa estratégia acaba por evitar interrupções no planejamento do Estado, garantindo que, pelo menos no 1º ano do mandato do sucessor, o planejamento estabelecido pelo antecessor seja mantido.

A partir dessas premissas, tem-se que o PPA é utilizado para declarar as principais políticas públicas que serão implementadas pelo governo em um período de quatro anos, juntamente com os indicadores pelos quais o governo avaliará o sucesso dessas políticas. Nessa ótica, de modo interessante, é relevante destacar que as políticas públicas são definidas com base nos compromissos assumidos pelo governo durante as eleições (CARMO; COLODETTI, 2020), como mencionado no artigo intitulado "Governança

Eleitoral: a compatibilização entre o Programa de Governo e o PPA". Para uma análise mais ampla sobre o tema, recomenda-se a leitura deste artigo.[2]

Outro ponto importante que convém notar, no âmbito constitucional, é a existência de vedações que precisam ser observadas por ocasião da elaboração do PPA. O artigo 167, §1º, da CF/88 é um argumento pertinente em relação à importância que os constituintes deram ao planejamento governamental (GONTIJO, 2004), considerando que o descumprimento desse dispositivo é uma das hipóteses de crime de responsabilidade, conforme evidenciado: "Nenhum investimento cuja execução ultrapasse um exercício financeiro poderá ser iniciado sem prévia inclusão no plano plurianual, ou sem lei que autorize a inclusão, sob pena de crime de responsabilidade" (BRASIL, 1988, cap. II, art. 167, §1º).

Da mesma forma que a CF/88, a LRF também reconheceu a grande importância do PPA como instrumento fundamental para assegurar o planejamento eficiente dos recursos públicos. Entre os principais dispositivos apontados pela lei, destacam-se os artigos 5º e 16. O texto legal do artigo 5º reitera a necessária compatibilidade com o PPA na elaboração da LOA. Já o artigo 16 estabelece condições para a geração ou ampliação de despesas públicas, pois determina que criação, expansão ou aprimoramento de ações governamentais que acarretem aumento de despesas devem estar acompanhados de uma declaração do ordenador da despesa de que o aumento tem compatibilidade com o PPA (BRASIL, 2000).

Nessa linha, para fundamentar a discussão apresentada neste estudo, além dos principais fundamentos constitucionais e legais relacionados ao conteúdo do PPA, este artigo fará uso das definições metodológicas do PPA 2020-2023 do governo federal como referência. Esse modelo de PPA é composto por três dimensões, quais sejam: estratégica, tática e operacional. Na dimensão estratégica, são apresentados os eixos estratégicos e as prioridades estabelecidas pelo presidente eleito, detalhados em diretrizes (trajetórias a serem seguidas) e temas (informações sobre a área de atuação governamental). Na dimensão tática, as diretrizes e os temas são desdobrados em programas, os quais buscam uma proposta de solução governamental, cada um com seus objetivos, metas e indicadores. Já na dimensão operacional, os programas são divididos em ações orçamentárias e não orçamentárias (BRASIL, 2019).

Conforme dispõe o Manual Técnico do PPA do Governo Federal 2020-2023 (BRASIL, 2019), os programas são a unidade comum de integração entre o PPA e a LOA, expressando o alinhamento entre o desenho da política contido no PPA e o detalhamento financeiro ou orçamentário indicado na LOA. É nesse contexto que o PPA surge como um instrumento de planejamento orçamentário que estabelece programas para executar as principais políticas públicas a serem implementadas pelo governo. Nesse sentido, é pouco provável que uma política pública seja viável se não estiver incluída em um programa estabelecido no PPA, uma vez que isso pode comprometer a disponibilidade de recursos no orçamento para sua execução.

---

[2] Cf. C. CARMO, Rodrigo C.; COLODETTI, Aline P. Governança Eleitoral: a compatibilização entre o Programa de Governo e o PPA. *Revista Eletrônica da Procuradoria da ALES*, Espírito Santo, 2020. Disponível em: https://www.al.es.gov.br/appdata/anexos_internet/portal/conteudo/documentos/procuradoria/artigo_rodrigo_coelho.pdf. Acesso em: 23 fev. 2023.

Por consequência, destaca-se que o PPA não pode ser apenas uma declaração vazia desvinculada das metas e dos objetivos estabelecidos nos planos de políticas públicas. Isso ocorre porque o sucesso na implementação das políticas públicas contidas nesses planos só se torna possível com sua inclusão no PPA e com a qualidade dos programas criados para sua execução (BRASIL, 2019).

Ademais, convém ressaltar que apenas preparar um plano que reflita as principais políticas públicas não é suficiente. Também é fundamental construir mecanismos para que o desempenho dessas políticas seja adequadamente monitorado, de forma a corrigir potenciais deficiências. No PPA, há uma série de indicadores que permitem avaliar o desempenho das políticas públicas implementadas, tais como indicadores de efetividade, eficiência, entre outros. A divulgação desses indicadores para a sociedade possibilita a transparência na gestão pública e permite que a população acompanhe o desempenho do governo na implementação das políticas públicas.

Em vista disso, pode-se afirmar que o PPA emerge como instrumento de duplo propósito. De um lado, busca integrar os planos de políticas públicas em seu processo de elaboração, e, por outro, tem como objetivo fortalecer a avaliação dessas políticas, verificando se os recursos estão sendo utilizados de maneira adequada e se os resultados esperados estão sendo alcançados, permitindo ajustes e melhorias. Contudo, de maneira geral, nem sempre esses objetivos são plenamente efetivados, uma vez que o plano ainda apresenta limitações relevantes, seja por escolhas técnicas ou por dificuldades relacionadas à capacidade das equipes responsáveis por sua elaboração em entender o papel do PPA na gestão pública.

5.2 Alinhando os objetivos e as metas dos planos de políticas públicas com o PPA: efetividade na implementação de políticas públicas

Pode-se dizer que, quando há sincronização entre os planos de políticas públicas e o PPA, é possível garantir a efetividade das políticas públicas e otimizar a implementação das metas estabelecidas. Isso significa que a efetividade das metas e objetivos estabelecidos nos planos de políticas públicas reside na busca do alinhamento contínuo entre eles e o PPA. Todavia, atualmente, ainda é um grande desafio coordenar o planejamento orçamentário com o planejamento setorial de cada política pública. Além do mais, essa falta de coordenação dificulta a avaliação das políticas públicas com base no PPA, o que ainda é uma prática pouco comum.

A isso soma-se o fato de que o PPA ainda não foi regulamentado pela lei complementar (LC) de que trata o artigo 165, §9º, da CF/88. Essa ausência de definições claras sobre a vigência, o prazo, o método de elaboração e a organização do PPA traz insegurança jurídica e incertezas na interpretação das normas que regem o planejamento governamental de médio prazo. Essa situação pode ocasionar conflitos na execução orçamentária e resultar em tomadas de decisões pouco fundamentadas. Além disso, a carência de critérios e orientações dificulta a implementação das políticas públicas, o que aumenta a possibilidade de corrupção e desperdício de recursos e torna ainda mais difícil a fiscalização e o controle dos gastos públicos.

Na falta de regulamentação, o PPA tem sido desenvolvido com base em "concepções" sobre políticas públicas e planejamento, as quais, na maioria das vezes, estão limitadas ao âmbito teórico da CF/88. Um exemplo disso é o entendimento sobre a posição hierárquica do PPA em relação aos planos de políticas públicas de prazos variados. A respeito do tema, não há uma resposta clara, tendo em vista que as interpretações do texto constitucional podem variar de acordo com o contexto e a visão de cada especialista ou jurista. Porém, embora a CF/88 não estabeleça explicitamente uma estrutura lógico-hierárquica entre os planos, é comum que o PPA seja elaborado com uma posição hierárquica superior aos demais instrumentos, o que pode ter consequências tanto positivas quanto negativas, dependendo de como é implementado na prática.

Há de se destacar que a visão de possuir uma posição hierárquica superior aos demais instrumentos de planejamento acaba por reforçar o papel do PPA de explanar as intenções de gastos do governo e de servir como um roteiro para a gestão pública. Isso porque o PPA possui um papel informativo importante e múltiplas funções, dentre elas, aponta-se o fato de: i) integrar as ações das entidades governamentais e dos órgãos distintos em torno de objetivos comuns; ii) promover a articulação entre as diversas políticas públicas e programas governamentais; iii) possibilitar a avaliação e o monitoramento, por meio de indicadores, permitindo a correção de rumos e o aprimoramento das políticas públicas.

Contudo, na prática, muitas vezes o PPA é utilizado de forma inadequada. Essa situação decorre, principalmente, da falta de capacitação técnica em áreas encarregadas de apoiar a gestão e a manutenção da atuação governamental. Com frequência, essas áreas optam por adotar a tática de apenas reproduzir o PPA da gestão precedente, sem buscar utilizá-lo de forma mais eficiente, de acordo com as prioridades estabelecidas no período de mandato do gestor. Isso acaba por gerar um círculo vicioso, em que o foco é apenas cumprir as obrigações legais, sem levar em conta a possibilidade de aproveitar o PPA de forma mais estratégica.

Sendo assim, a falta de familiaridade dos formuladores, tomadores de decisão e implementadores resulta em planos de políticas públicas que não são devidamente valorizados e considerados no processo de elaboração e execução do PPA. Como consequência, podem surgir lacunas na implementação dessas políticas, resultando em prejuízo na sua avaliação e comprometendo a transparência na gestão pública. Essas falhas no processo de elaboração do PPA podem levar a um plano pouco consistente e sem coerência, incapaz de atender adequadamente às necessidades da sociedade.

Nesse caso, é chegado o momento de reconhecer esses limites e utilizá-los para um melhor direcionamento das ações governamentais, reduzindo a burocracia e aumentando a transparência. Uma das principais formas de garantir que o PPA não se afaste de sua missão constitucional é enfatizando a utilização dos planos de políticas públicas como base teórica e referência estratégica na sua elaboração. Enquanto o PPA possui um foco mais orçamentário, com um horizonte mais amplo e abrangente, os planos de políticas públicas definem objetivos e metas específicas para cada área, baseados em estudos técnicos e envolvendo a participação de especialistas e da sociedade civil. Ao utilizar os planos de políticas públicas como referência para o PPA, é possível superar as lacunas na implementação das políticas públicas, garantindo que os recursos públicos sejam utilizados de forma mais eficiente. Isso é essencial para evitar que o PPA se torne apenas um instrumento orçamentário e reforçar a ideia de que uma discussão limitada a um único instrumento tende a ser restritiva e propensa a decisões equivocadas (COUTO; CARDOSO JUNIOR, 2020).

A integração dos planos de políticas públicas no processo de elaboração e execução do PPA pode ser realizada de várias formas, dependendo da decisão discricionária do gestor sobre a maneira mais efetiva de fazê-la. Entretanto, é crucial enfatizar que essa integração precisa ser estratégica e consistente, com o objetivo de maximizar os resultados alcançados e otimizar os recursos públicos empregados.

Com isso em mente, sugere-se que os programas do PPA sejam definidos em conformidade com as metas dos planos de políticas públicas prioritárias para o governo, a fim de assegurar uma integração eficaz entre esses instrumentos. Dessa forma, ao elaborar os programas do PPA, propõem-se os seguintes passos:

QUADRO 1 – Os 4 passos resumidos para a elaboração dos programas do PPA

1º PASSO
Definir as políticas públicas prioritárias que serão implementadas pelo governo. Essa definição deve levar em conta as demandas da sociedade e as necessidades do país em termos de desenvolvimento social, econômico e ambiental.
2º PASSO
Analisar os planos de políticas públicas existentes para determinar quais são as metas quantitativas e qualitativas e os objetivos estabelecidos para cada política pública prioritária definida.
3º PASSO
Definir as ações que serão necessárias para alcançar as metas e os objetivos determinados no passo anterior. É necessário que essas ações sejam concretas e mensuráveis e que levem em conta os recursos disponíveis para a implementação das políticas públicas.
4º PASSO
Utilizar as informações obtidas para desenvolver programas específicos no PPA. Esses programas devem incluir objetivos, metas e indicadores diretamente vinculados às metas e aos objetivos estabelecidos nos planos de políticas públicas que foram examinados previamente.

Fonte: elaborado pelos autores, em consulta ao Manual Técnico do PPA do Governo Federal 2020-2023 (BRASIL, 2019).

Um exemplo prático dos quatro passos mencionados anteriormente seria a elaboração de um programa educacional no PPA com base na meta 5 do PNE, que visa garantir a alfabetização de todas as crianças até o final do 3º ano do ensino fundamental (BRASIL, 2014). É importante ressaltar que esse exemplo é meramente ilustrativo e não deve ser encarado como uma prescrição a ser rigidamente seguida.

QUADRO 2 – Exemplo de um programa do PPA elaborado a partir do PNE

Programa Nacional de Alfabetização na Idade Certa (PNAIC)	
Meta do PNE	Alfabetizar todas as crianças até o final do 3º ano do ensino fundamental
Objetivo do programa	Oferecer suporte adicional às crianças que apresentam dificuldades na alfabetização, visando garantir que todas elas alcancem o nível de leitura e escrita adequado para sua idade
Meta do programa	Reduzir em 50% a taxa de repetência de crianças do 1º ao 3º ano do ensino fundamental em relação aos dados registrados no início do programa, com base em avaliações nacionais de aprendizagem
Indicador do programa	Taxa de aprovação e aprendizagem das crianças nas turmas de reforço escolar
Ações	1. Implementação de programas de reforço escolar para as crianças que apresentam dificuldades na alfabetização; 2. Oferta de cursos de formação continuada para professores e gestores escolares, visando aprimorar as estratégias pedagógicas de intervenção nas dificuldades de aprendizagem; 3. Parcerias com instituições especializadas em educação inclusiva e pedagogia, para ampliar a oferta de recursos e a expertise na promoção da aprendizagem adequada.

Fonte: elaborado pelos autores, em consulta ao PNE (BRASIL, 2014) e ao Manual Técnico do PPA do Governo Federal 2020-2023 (BRASIL, 2019).

Utilizar os planos de políticas públicas como referência estratégica para o PPA demonstra que as ações governamentais estão fundamentadas em objetivos e metas claros, baseados em diagnósticos e consultas públicas. Com isso, é possível reduzir a possibilidade de arbitrariedade e subjetividade na alocação de recursos e na definição de prioridades, aumentando a capacidade do Estado de gerir os recursos públicos de forma transparente e responsável. Desse modo, ao indicar explicitamente a qual meta dos planos de políticas públicas o programa está relacionado, o PPA contribui significativamente para o aprimoramento da governança. Segundo Diniz (2001 *apud* TCU, 2014), governança é a habilidade do Estado de implementar políticas e alcançar metas coletivas, promovendo a interação entre diversos atores, a fim de garantir a transparência da atuação governamental.

Assim, devido ao aumento na transparência, o PPA se torna mais compreensível e fiscalizável, o que impulsiona a *accountability*, especialmente a horizontal. O objetivo desse mecanismo é promover uma fiscalização mais rigorosa das políticas públicas por parte dos órgãos de controle e de outras entidades e órgãos governamentais, o que resulta na disponibilização de informações mais completas e precisas. O acesso a essas informações eleva a confiança nas instituições públicas e possibilita que a sociedade avalie a atuação governamental e exija mudanças e melhorias nas políticas públicas, tornando os cidadãos mais engajados no processo de elaboração de políticas públicas (SANTOS, 2019).

A partir disso, destaca-se que a prática de empregar os planos de políticas públicas como uma base para a elaboração do PPA não só orienta as ações do governo na implementação da política – de modo a garantir que os recursos financeiros e humanos sejam alocados de forma adequada para evitar desperdícios e alcançar a efetividade das ações planejadas – como também permite que os programas estabelecidos no PPA sejam vistos como um quadro de referência para avaliar o desempenho das políticas públicas implementadas e determinar se estão alcançando seus objetivos. Além disso, essa prática possibilita identificar possíveis problemas ou deficiências, permitindo ajustes para melhorar a eficácia das políticas implementadas.

5.3 O PPA como instrumento de avaliação de políticas públicas: vantagens e desafios

Preliminarmente, à luz da Constituição, a função de avaliação foi enfatizada, sobretudo, na seção que trata da fiscalização contábil, financeira e orçamentária, como atribuição explícita do sistema de controle interno dos poderes constituídos. Claramente, o artigo 74, inciso I, da CF/88 aponta que é incumbência do Estado avaliar o cumprimento das metas estabelecidas no PPA, os orçamentos da União, dos estados e dos municípios, além da execução dos programas de governo (BRASIL, 1988).

Desde então, nos últimos anos, tem havido um progresso significativo tanto na teoria quanto na prática da avaliação de programas de governo e políticas públicas. Exemplo disso foi a inclusão do §16 no artigo 37 da CF/88, acrescentado pela Emenda Constitucional nº 109, de 2021, que reforça a obrigatoriedade da avaliação das políticas públicas pelos órgãos e entidades da administração pública, individual ou conjuntamente (BRASIL, 1988). A partir desse dispositivo, fica claro que a avaliação de políticas públicas não é mais uma opção, mas sim uma obrigação para os gestores públicos, bem como a divulgação do objeto a ser avaliado e dos resultados alcançados, conforme previsto na legislação.

Nesse contexto, cabe, ainda, apontar que a Norma Brasileira de Auditoria do Setor Público (NBASP) 9020, a qual estabelece diretrizes para o processo de avaliação de políticas públicas, surgiu como uma importante ferramenta para orientar os órgãos públicos na avaliação das políticas implementadas. Conforme previsto na norma, a avaliação de políticas públicas é um processo sistemático que tem por objetivo analisar a implementação, os resultados e os impactos gerados, em busca de medir o desempenho da política e avaliar sua utilidade para a sociedade (IRB, 2020). Dessa forma, a avaliação busca identificar eventuais falhas na implementação da política para aprimorar suas estratégias e torná-la mais eficiente.

Uma das práticas comuns para avaliar uma política pública consiste no uso de indicadores, que são utilizados para mensurar o desempenho e os efeitos da política (IRB, 2020). Van Bellen (2002) argumenta que os indicadores são vistos como ferramentas de simplificação e quantificação de informações para tornar o conteúdo mais compreensível. Em outras palavras, os indicadores, sejam quantitativos ou qualitativos, têm como propósito melhorar a comunicação entre quem os analisa e as informações complexas que eles representam.

Nesse ponto, ressalta-se que o PPA, por conter uma série de indicadores físicos e orçamentários para a avaliação do desempenho de cada um de seus programas, é uma das principais ferramentas de planejamento e monitoramento de políticas públicas

(BRASIL, 2018). Contudo, sua utilização ainda enfrenta desafios decorrentes da falta de institucionalização adequada na relação entre planejamento e orçamento, em termos de capacidade técnica e política (COUTO; CARDOSO JUNIOR, 2020). Esse cenário é agravado pela falta de compreensão da importância do planejamento e pela baixa prioridade dada pelas lideranças políticas na criação de instrumentos de condução política. Por essa razão, há uma ausência de indicadores compreensíveis e relevantes para medir o desempenho dos programas governamentais.

Essa situação gera dificuldade na identificação dos resultados esperados e dos recursos necessários para alcançá-los, bem como na implementação de um sistema de monitoramento e avaliação de políticas públicas eficiente, capaz de fornecer dados precisos para medir o impacto das políticas e orientar ajustes e correções de rumo quando necessário. Isso torna difícil a análise por parte dos órgãos de controle e da sociedade civil e, muitas vezes, leva à ilusão de que qualquer resultado identificado, por menor que seja, é satisfatório.

A partir disso, tem-se que a definição e a utilização de indicadores eficientes e passíveis de aferição para avaliação de políticas públicas são um desafio em si mesmo. Isso acontece pois:

> Se um indicador não reflete a realidade que se deseja medir ou descrever e não é considerado nos diversos estágios da política ou programa, então dificilmente poderá ser utilizado eficazmente como instrumento de política pública. Há, nesse caso, um alto risco de desperdício de tempo e de recursos públicos, pois não existirão instrumentos adequados para observar o andamento das políticas ou guiar possíveis correções. (BRASIL, 2020, p. 5)

Nesse sentido, fica evidente que a utilização de indicadores inadequados no PPA pode resultar em vários problemas para a gestão pública. Para minimizar esses impasses, é fundamental que os indicadores desenhados no PPA sejam selecionados com cuidado, levando em consideração critérios como clareza, mensurabilidade, relevância e adequação aos objetivos e metas estabelecidos no plano. Além disso, é necessário verificar se esses indicadores atendem às características comumente recomendadas pela literatura especializada. Afinal, a utilização de indicadores inadequados pode empobrecer as peças de planejamento, resultando em uma gestão pública baseada em suposições e intuições, sem o apoio de informações confiáveis para orientar as ações governamentais.

Esse assunto é tão relevante que foi objeto de discussão nos autos do Processo TC 023.984/2015-5 – Acórdão nº 782/2016 – Plenário, do TCU, que realizou um levantamento com o objetivo de descrever e analisar o modelo adotado para o PPA 2016/2019. Isso não só ajudou o referido órgão de controle externo a avaliar as contas do Presidente da República, mas também se tornou um instrumento crucial para apoiar o governo federal na busca por uma gestão fiscal responsável. A posição da corte evidenciou a necessidade de aprimoramento dos indicadores no processo de elaboração do PPA por meio de recomendações ao Ministério do Planejamento, Orçamento e Gestão e determinações à SEGECEX, como a seguir:

> 9.1. recomendar ao Ministério do Planejamento, Orçamento e Gestão que:
> 9.1.1 estabeleça indicadores de efetividade para monitoramento da dimensão estratégica do Plano Plurianual 2016/2019;

9.1.2 altere o conceito do atributo "indicador de programa temático", fornecendo parâmetros de qualidade e validade;
[...]
9.1.6 proveja mais tempo para as discussões oficiais dos processos de elaboração para o próximo PPA, bem como para os processos de monitoramento e avaliação do PPA 2016/2019;
[...]
9.2. determinar à Segecex que avalie a conveniência e a oportunidade de incluir no planejamento das unidades técnicas, no âmbito do Plano Operacional de Controle Externo 2016/2017 e posteriores, os seguintes trabalhos: levantamento, no primeiro ano do PPA vigente, objetivando *analisar os indicadores dos programas temáticos quanto a sua consistência, qualidade e capacidade de refletir os resultados das políticas públicas*; acompanhamentos anuais de objetivos e respectivas metas dos programas temáticos, com a finalidade de verificar em que medida as metas são consistentes e suficientes para refletir plenamente os objetivos propostos para os programas, apurando se os resultados planejados foram atendidos e fornecendo informações que possam ser utilizadas no aprimoramento das políticas públicas; (BRASIL, 2016, p. 27, grifo nosso)

Portanto, como já dito, as metas estabelecidas nos planos de políticas públicas, quando vinculadas aos programas previstos no PPA, possibilitam uma maior integração entre os diferentes planos e programas governamentais, o que garante uma maior coerência e efetividade na implementação das políticas públicas. Por tais motivos, é importante destacar que essa abordagem não deve ser limitada apenas à criação dos programas em si, mas deve se estender à definição dos indicadores utilizados para avaliar o desempenho desses programas.

É por isso, então, que os indicadores do PPA devem ser iguais ou semelhantes aos indicadores dos planos de políticas públicas. Já que a padronização possibilita a organização de informações e facilita a avaliação do desempenho das políticas públicas pelo governo e pela população. Quando os mesmos indicadores são utilizados, é possível comparar diretamente os resultados das ações planejadas nos planos de políticas públicas com os resultados efetivamente alcançados pelo governo durante a execução do PPA e das demais leis orçamentárias, para aferir o sucesso ou fracasso de uma política pública, permitindo ajustes e melhorias necessárias para uma avaliação confiável do desempenho das políticas públicas implementadas.

6 Considerações finais

Por fim, embora haja uma ampla previsão de peças de planejamento na legislação brasileira, como o PPA e os planos de políticas públicas, os quais devem estabelecer as estratégias definidas pelos gestores, é possível observar que o contexto de planejamento governamental ainda apresenta desafios significativos. Nesse ponto, para garantir a efetividade dessa função estatal, é essencial considerar as mudanças de paradigmas por meio de uma cultura de legalidade mais consciente e responsável, concentrando esforços na melhoria da qualidade e da implementação de normas já existentes e afastando-se dos modelos mecânicos e adaptativos.

Nesse sentido, pode-se apontar que a utilização do PPA como ferramenta gerencial é fundamental para assegurar efetividade, eficiência e eficácia das ações governamentais, permitindo que o gestor tome decisões mais precisas e alinhadas às necessidades da sociedade. No entanto, durante sua elaboração, é indispensável estar ciente dos desafios que podem surgir, tornando a utilização dos planos de políticas públicas uma referência estratégica crucial para o sucesso do processo.

Um dos principais desafios enfrentados pelo PPA está relacionado à implementação das políticas públicas. Assim, ao alinhar a elaboração do PPA com as metas e os objetivos definidos nos planos de políticas públicas, o gestor público garante que elas sejam implementadas em benefício da sociedade. Isso porque não se viabiliza uma política pública sem autorização da legislação de sua inclusão em um programa estabelecido no PPA, pois essa ausência compromete a disponibilidade de recursos no orçamento para sua implementação.

Outro desafio na elaboração do PPA diz respeito à avaliação das políticas públicas, que requer a seleção cuidadosa de mecanismos capazes de monitorar o desempenho e corrigir possíveis falhas na gestão. Uma estratégia eficaz para superar esse desafio é adotar, na elaboração dos indicadores do PPA, os mesmos indicadores previstos nos planos de políticas públicas. Isso se deve ao fato de que um plano de políticas públicas bem elaborado já possui esses mecanismos bem definidos e mensuráveis, o que aumenta a transparência e o controle da gestão pública e evita o desperdício de tempo e de recursos públicos. Além disso, a utilização dos mesmos indicadores torna-os mais especializados e compreensíveis para a população, permitindo que esta acompanhe o desempenho do governo na implementação das políticas públicas em benefício da sociedade.

Por essas razões, conclui-se que, para efetuar transformações reais na qualidade dos serviços prestados à população, é necessário e urgente que se observe e implemente com zelo e vigor o que está prescrito no arcabouço legislativo, sobretudo no que se refere ao ciclo de gestão, independentemente do nível federativo. Partindo desse pressuposto, no contexto brasileiro, destaca-se que é amplamente reconhecida a existência de leis para praticamente todas as áreas e é chegada a hora de empregá-las de maneira mais efetiva a fim de fortalecer a governança pública.

Referências

ANTUNES, Flávia. *O Ciclo de Políticas Públicas*. Pernambuco: Arquivo do Estado, 2016. (Coleção Memórias, v. 41). Disponível em: https://www.comissaodaverdade.pe.gov.br/index.php/e05-o-ciclo-das-politicas-publicas-pdf. Acesso em: 28 mar. 2023.

BAPTISTA, Tatiana Wargas de F.; REZENDE, Mônica de. A ideia de ciclo na análise de políticas públicas. *In*: MATTOS, Rubem Araújo; BAPTISTA, Tatiana Wargas de F. (org.). *Caminhos para Análise das Políticas de Saúde*. Rio de Janeiro: ENSP, EPSJV, IMS, FAPERJ, 2011. p. 138-172.

BRASIL. Constituição (1988). *Constituição da República Federativa do Brasil*. Brasília, DF: Presidência da República, [2022]. Disponível em: http://www.planalto.gov.br/ccivil_03/constituicao/constituicao.htm. Acesso em: 23 fev. 2023.

BRASIL. Casa Civil da Presidência da República *et al*. *Avaliação de políticas públicas*: guia prático de análise *ex post*. Brasília: IPEA, 2018. v. 2. ISBN 978-85-85142-94-0. Disponível em: https://repositorio.ipea.gov.br/handle/11058/8853?mode=full. Acesso em: 23 mar. 2023.

BRASIL. *Decreto-Lei nº 200*, de 25 de fevereiro de 1967. Dispõe sobre a organização da Administração Federal, estabelece diretrizes para a Reforma Administrativa e dá outras providências. Brasília, DF. Disponível em: http://www.planalto.gov.br/ccivil_03/decreto-lei/del0200.htm. Acesso em: 17 fev. 2023.

BRASIL. *Lei Complementar nº 101*, de 4 de maio de 2000. Estabelece normas de finanças públicas voltadas para a responsabilidade na gestão fiscal e dá outras providências. Brasília, DF. Disponível em: https://www.planalto.gov.br/ccivil_03/leis/lcp/lcp101.htm. Acesso em: 17 fev. 2023.

BRASIL. *Lei Federal nº 4.320*, de 17 de março de 1964. Estatui Normas Gerais de Direito Financeiro para elaboração e controle dos orçamentos e balanços da União, dos Estados, dos Municípios e do Distrito Federal. Brasília, DF. Disponível em: http://www.planalto.gov.br/ccivil_03/leis/l4320.htm. Acesso em: 17 fev. 2023.

BRASIL. *Lei nº 13.005*, de 25 de junho de 2014. Aprova o Plano Nacional de Educação – PNE e dá outras providências. *Diário Oficial da União*: seção 1, Brasília, DF, ano 151, n. 120-A, p. 1, 26 jun. 2014. Disponível em: http://pesquisa.in.gov.br/imprensa/jsp/visualiza/index.jsp?data=26/06/2014&jornal=1000&pagina=1&totalArquivos=8. Acesso em: 14 mar. 2023.

BRASIL. Ministério da Economia. *Manual de Indicadores do Plano Plurianual 2020-2023*. Brasília: Ministério da Economia, 2020. Disponível em: https://www.gov.br/economia/pt-br/assuntos/planejamento-e-orcamento/plano-plurianual-ppa/arquivos/manual-indicadores-ppa-2020-2023.pdf/view. Acesso em: 29 mar. 2023.

BRASIL. Ministério da Economia. Secretaria de Avaliação, Planejamento, Energia e Loteria. *Manual Técnico do PPA 2020-2023*. Brasília: Ministério da Economia, 2019. Disponível em: https://www.gov.br/economia/pt-br/assuntos/planejamento-e-orcamento/plano-plurianual-ppa/arquivos/manual-tecnico-do-ppa-2020-2023.pdf/view. Acesso em: 17 fev. 2023.

BRASIL. Tribunal de Contas da União. *Acórdão nº 782/2016*. Relatório de levantamento. Descrição e análise do modelo adotado para o Plano Plurianual (PPA) 2016/2019 [...]. Plenário. Relator: Min. José Múcio Monteiro, 06 de abril de 2016. Disponível em: https://pesquisa.apps.tcu.gov.br/#/redireciona/acordao-completo/%22ACORDAO-COMPLETO-1732670%22. Acesso em: 23 mar. 2023.

BRASIL. Tribunal de Contas da União. *Política em dez passos*. Brasília: TCU, 2021. Disponível em: https://portal.tcu.gov.br/tcucidades/publicacoes/detalhes/politica-publica-em-dez-passos.htm Acesso em: 22 mar. 2023.

BRASIL. Tribunal de Contas da União. *Referencial para Avaliação de Governança em Políticas Públicas*. Brasília: TCU, 2014. Disponível em: https://portal.tcu.gov.br/referencial-para-avaliacao-de-governanca-em-politicas-publicas.htm. Acesso em: 24 mar. 2023.

CARMO, Rodrigo C.; COLODETTI, Aline P. Governança Eleitoral: a compatibilização entre o Programa de Governo e o PPA. *Revista Eletrônica da Procuradoria da ALES*, Espírito Santo, 2020. Disponível em: https://www.al.es.gov.br/appdata/anexos_internet/portal/conteudo/documentos/procuradoria/artigo_rodrigo_coelho.pdf. Acesso em: 23 fev. 2023.

COUTO, Leandro Freitas; CARDOSO JUNIOR, José Celso. *A função dos Planos Plurianuais no direcionamento dos orçamentos anuais*: avaliação da trajetória dos PPAS no cumprimento da sua missão Constitucional e o lugar do PPA 2020-2023. Brasília, DF: IPEA, 2020. 66 p. (Texto para discussão, n. 2.549).

DIAS, Reinaldo; MATOS, Fernanda Costa de. *Políticas públicas*: princípios, propósitos e processos. São Paulo: Atlas, 2012.

FERREIRA, Marco Aurélio M. *et al*. Integração entre Planejamento e Orçamento na Administração Pública Estadual: o Caso de Minas Gerais. *Contabilidade, Gestão e Governança*, Brasília, v. 19, n. 1, p. 03-22, jan./abr. 2016. Disponível em: https://www.locus.ufv.br/handle/123456789/18376. Acesso em: 23 mar. 2023.

FREY, Klaus. Políticas Públicas: um debate conceitual e reflexões referentes à prática da análise de políticas públicas no Brasil. *Planejamento e Políticas Públicas*, Brasília, n. 21, p. 211-260, jun. 2000. Disponível em: https://www.ipea.gov.br/ppp/index.php/PPP/article/view/89. Acesso em: 22 mar. 2023.

GIACOMONI, James. *Orçamento Público*. 18. ed. São Paulo: Atlas, 2022.

GONÇALVES, Guilherme C. *et al*. *Planejamento e Orçamento Público*. Porto Alegre: SAGAH, 2019.

GONTIJO, Vander. *Instrumentos de Planejamento e Orçamento*. Brasília, 2004.

INSTITUTO RUI BARBOSA (IRB). *Normas Brasileiras de Auditoria do Setor Público (NBASP) 9020*: Avaliação de políticas públicas. [s.l.]: IRB, 2020. Disponível em: https://irbcontas.org.br/-nbasp-/avaliacao-de-politicas-publicas/. Acesso em: 23 mar. 2023.

MARTINS, Humberto F. *Uma teoria da fragmentação de políticas públicas*: desenvolvimento e aplicação na análise de três casos de políticas de gestão pública. 2003. Tese (Doutorado em Administração) – Fundação Getúlio Vargas, Rio de Janeiro, 2003. Disponível em: https://bibliotecadigital.fgv.br/dspace/handle/10438/3264?show=full. Acesso em: 22 mar. 2023.

NETO, Jocildo Figueiredo C. *Planejamento e controle orçamentário*: abordagem prática para elaborar orçamentos empresariais. 1. ed. Rio de Janeiro: Alta Books, 2022.

NOBLAT, Pedro. Luiz. D.; BARCELOS, Carlos Leonardo K.; SOUZA, Bruno Cesar G. de. *Orçamento público:* conceitos básicos. Módulo 1: introdução. Brasília, DF: ENAP, 2014. Disponível em: http://repositorio.enap.gov.br/handle/1/2170. Acesso em: 23 fev. 2023.

PISCITELLI, Roberto B. O Processo de elaboração e execução orçamentárias no Brasil: algumas de suas peculiaridades. *Revista de Economia Política*, São Paulo, v. 8, n. 3, p. 88-100, jul./set. 1988. Disponível em: https://centrodeeconomiapolitica.org/repojs/index.php/journal/article/view/1106. Acesso em: 23 fev. 2023.

SANTOS, Nayaria Cristina L. Mecanismos de *accountability* horizontal e confiança pública no desempenho organizacional. *Boletim Científico ESMPU*, Brasília, ano 18, n. 54, p. 31-55, jul./dez. 2019. Disponível em: https://escola.mpu.mp.br/publicacoes/boletim-cientifico/edicoes-do-boletim/boletim-cientifico-n-54-julho-dezembro-2019/mecanismos-de-accountability-horizontal-e-confianca-publica-no-desempenho-organizacional. Acesso em: 29 mar. 2023.

SECCHI, Leonardo. *Análise de Políticas Públicas*: diagnóstico de problemas, recomendação de soluções. 1. ed. São Paulo: Cengage Learning, 2016.

SECCHI, Leonardo. *Políticas públicas:* conceitos, esquemas de análise, casos práticos. São Paulo: Cengage Learning, 2010.

SECCHI, Leonardo; COELHO, Fernando de S.; PIRES, Valdemir. *Políticas Públicas*: conceitos, casos práticos, questões de concursos. 3. ed. São Paulo: Cengage Learning, 2019.

SOUZA, Celina. *Políticas Públicas:* conceitos, tipologias e subáreas. São Paulo: Fundação Luís Eduardo Magalhães, 2002.

VAN BELLEN, Hans Michael. *Indicadores de sustentabilidade*: uma análise comparativa. 2002. Tese (Doutorado em Engenharia de Produção) – Universidade Federal de Santa Catarina, Florianópolis, 2002. Disponível em: https://repositorio.ufsc.br/xmlui/handle/123456789/84033. Acesso em: 6 mar. 2023.

Informação bibliográfica deste texto, conforme a NBR 6023:2018 da Associação Brasileira de Normas Técnicas (ABNT):

CARMO, Rodrigo Coelho do; ROSÁRIO, Ana Paula Moreira do; ALVES, Taline Liberato. A necessidade de compatibilização entre o Plano Plurianual e os planos de políticas públicas: o caminho para a construção de uma gestão pública mais efetiva. *In*: LIMA, Edilberto Carlos Pontes (coord.). *Os Tribunais de Contas e as políticas públicas*. Belo Horizonte: Fórum, 2023. p. 537-558. ISBN 978-65-5518-596-6.

LEGIBILIDADE DAS PEÇAS PROCESSUAIS EMITIDAS PELOS TRIBUNAIS DE CONTAS EM PRESTAÇÕES DE CONTAS DE GOVERNOS ESTADUAIS: UM ESTUDO A PARTIR DA GESTÃO FISCAL

SÉRGIO AUGUSTO MENDONÇA SANTOS

1 Introdução

Esta pesquisa analisou se a gestão fiscal de governos estaduais afeta o nível de legibilidade dos documentos processuais das prestações de contas emitidas pelos Tribunais de Contas. Foram analisados os documentos processuais emitidos pelos auditores (parecer dos auditores), procuradores (parecer dos procuradores) e conselheiros (voto) sobre as prestações de contas de governo do Poder Executivo estadual, nos exercícios financeiros de 2015 a 2019.

Os pareceres e votos representam documentos necessários às instruções das prestações de contas de governo, pelos Tribunais de Contas, com fins de apreciação e emissão de parecer prévio, com finalização pela rejeição ou aprovação, e cujo julgamento final é realizado pelo Poder Legislativo respectivo (DO BRASIL, 2011).

As prestações de contas são apresentadas anualmente para apreciação dos Tribunais de Contas, por força constitucional balizada no artigo 71, I, e pelo princípio da anualidade, determinado no artigo 34 da Lei nº 4.320/64 (FURTADO, 2007).

No presente estudo foram analisadas as contas anuais dos governos estaduais (contas de governo ou de resultado) por representarem uma prestação de contas mais completa, diante do quantitativo de dados e informações que estão lançadas nas contas e em comparação as contas do Executivo municipal.

Ademais, a Lei nº 4.320/64 e a Lei de Responsabilidade Fiscal (LRF) padronizam genericamente a estrutura de demonstrativos contábil-financeiros, o que facilita os efeitos comparativos entre as peças geradas pelos auditores, procuradores e conselheiros.

Estudos anteriores sobre fatores que afetam o resultado da apreciação das contas governamentais pelos Tribunais de Contas evidenciam que indicadores contábeis e da LRF (DE GUSMÃO LOPES *et al.* 2008; CRUZ; AFONSO, 2018), menor grau de instrução dos prefeitos, tamanho dos municípios, número de contabilistas do departamento contábil

(VELTEN, 2015), descumprimento do limite de despesas com pessoal e maiores níveis de irregularidades (KRONBAUER *et al.*, 2011) estão relacionados a maiores/menores chances de rejeição de contas apresentadas.

Entretanto, ainda há poucos estudos na literatura que buscaram verificar a relação entre o nível de legibilidade dos documentos financeiros das prestações de contas no setor público (BRADBURY; HSIAO; SCOTT, 2018; CALDAS, 2020; ALVES, 2021) e os fatores determinantes da aprovação/rejeição dessas de contas.

A legibilidade agrega performance, que significa melhorias nos elementos do textual, o que influencia no modo pelo qual um grupo de interessados o entende (DALE; CHAL, 1948); e mensurar as nuances do texto é fundamental na comunicação da mensagem (SMITH; TAFFLER, 1992).

Há registros de trabalhos de Li (2008) e Allini *et al.* (2017) que procuram relacionar a legibilidade dos relatórios produzidos e a performance financeira, que representa a desenvoltura operacional da empresa e o impacto produzido na legibilidade após mudanças de regimes de contabilizações, mas sem um aprofundamento específico na esfera pública.

Por outro lado, o trabalho de Caldas (2020), que analisou o processo de prestação de contas no Brasil, tomando como objeto uma única peça processual: o Relatório de Gestão, que é elaborado pelos governadores e dá início ao processo de prestação de contas anuais. As evidências encontradas pelo autor indicam que o nível de legibilidade das prestações de contas dos governadores está associado a fatores fiscais (receita orçamentária e endividamento) e a fatores estruturais (total de ativos).

Assim, não foram identificados outros estudos que tenham buscado analisar se o nível de legibilidade dos pareceres do auditor, do procurador e do conselheiro dos Tribunais de Contas estaduais é afetado por aspectos da gestão fiscal; que representa a lacuna que esta pesquisa se propôs a preencher, visando aperfeiçoar a redação dos pareceres emitidos, de maneira a torná-los mais legíveis e, consequentemente, com apontamentos de apreciação pouco heurística.

A questão da pesquisa é lançada visando contribuir com a transparência no exercício do controle externo, por parte dos Tribunais de Contas, buscando responder à seguinte questão: quais fatores impactam o nível de legibilidade dos pareceres dos auditores e procuradores e votos dos conselheiros elaborados pelos Tribunais de Contas na apreciação das prestações de contas anuais dos governos estaduais?

Para responder a esta questão, o nível de legibilidade dos pareceres, relatório e votos emitidos pelos Tribunais de Contas foi mensurado por meio de *Fog Index* e do tamanho do arquivo. A amostra estudada conteve os pareceres e votos lançados nas contas anuais de 26 dos 33 Tribunais de Contas existentes no Brasil. Não foram objeto de estudo dessa amostra os Tribunais de Contas da União e do Distrito Federal. Também os tribunais que não analisam contas estaduais. Os dados da pesquisa são de 2015 até 2019.

A legibilidade dos pareceres e votos dos Tribunais de Contas estaduais foi mensurada pelo *Fog Index*, adaptado ao idioma português conforme Antunes e Lopes (2019); compatível para trabalhar com arquivos de grandes dimensões, como os dos Tribunais Estaduais. O processamento dos arquivos, o cálculo do *Fog Index* e do tamanho do arquivo foi realizado com a utilização de *software* R® e do pacote *quanteda* (BENOIT *et al.*, 2018).

Estimou-se um modelo de regressão linear POLS *(Pooled Ordinary Least Squares)*, para identificar a associação entre o nível de legibilidade dos pareceres e votos com as variáveis independentes fiscais e contábeis.

Os resultados indicam que pareceres e votos dos Tribunais de Contas estaduais são complexos para o leitor médio, pois apresentam um baixo nível de legibilidade, com classificação de leitura "muito difícil", segundo o *Fog Index*.

Foi verificado que os parâmetros previstos na Lei de Responsabilidade Fiscal estão associados ao nível de legibilidade desses documentos.

A pesquisa contribuiu para o enriquecimento do debate acadêmico e profissional quanto à necessidade de padronizações e gerações de pareceres legíveis para garantir que as informações geradas sejam capazes de atender a uma leitura legível.

2 Referencial teórico

2.1 Legibilidade em documentos dos Tribunais de Contas estaduais

Trabalhos acadêmicos reforçam a importância da legibilidade das divulgações financeiras, e o consenso na literatura contábil é que documentos financeiros menos legíveis causam consequências negativas para um tomador de decisão, já que há restrições de entendimento dos dados apresentados, em virtude da baixa legibilidade e maior dificuldade de processamento (TAN *et al.*, 2014; LOUGHRAN; MCDONALD, 2014; BRADBURY; HSIAO; SCOTT, 2018, 2018; FERREIRA *et al.*, 2019; CALDAS, 2020), o que pode levar à compreensão dificultada e menos disposição para extrair informações relevantes (BLOOMFIELD, 2002).

Trata-se de uma relação inversamente proporcional, quando temos uma baixa legibilidade em documentos contábil-financeiros, podendo gerar uma alta tendência de não entendimento da informação colocada à disposição dos usuários (alto índice – baixa legibilidade), resultando na não confiabilidade da informação disponibilizada nos demonstrativos (TAN *et al.*, 2014; BRADBURY; HSIAO; SCOTT, 2018).

Os textos mais curtos são mais fáceis de ler (LOUGHRAN; MCDONALD, 2014) e, por outro lado, recursos gráficos, que também estão se expandindo, (BEATTIE; JONES, 1997; HAVEMO, 2018), servem para "apoiar as informações e raciocínios apresentados nos parágrafos de natureza narrativa" (CNMV, 2013, p. 35), ambos afetando a legibilidade.

Assevera-se que a legibilidade de documentos é uma preocupação onipresente não apenas na prática contábil, mas também em contextos mais abrangentes do setor público, militar e da saúde como forma de tornar públicas as ações e procedimentos adotados pelas organizações privadas e públicas (BONSALL *et al.*, 2017).

Neste contexto estão inseridos os pareceres dos auditores, dos procuradores e os votos dos conselheiros, pois espelham também julgamentos. Além de serem o ápice da manifestação pública, a baixa legibilidade pode afetar o entendimento e a geração de julgamentos internos nos tribunais em pistas heurísticas (ALLINI *et al.*, 2017).

Anualmente são apresentados dois tipos de contas: (a) as contas de gestão ou de ordenadores, que se referem às ações implementadas por gestores públicos, chefes de secretarias, fundos, autarquias, empresas públicas, quando, conforme as normas de regência, podendo ser anuais ou não, serão demonstrados e avaliados os atos de administração; (b) as de resultados ou de governo, que estão relacionadas a um contexto macro e são apresentadas anualmente pelos governadores estaduais (FURTADO, 2007).

Há legislações infrafederais que normatizam a composição da estrutura e peças a serem apresentadas aos tribunais. Essa normatização é dada por meio de resoluções e/ou atos normativos produzidos pelos próprios tribunais. Visam complementar a legislação federal e dar um formato que atenda as demandas internas de cada tribunal, como, por exemplo, relatórios que demonstrem mais detalhadamente a composição de aplicação de recursos relacionados à área de saúde e/ou educação (DO BRASIL, 2010).

Assim, em geral, no processo de análise e apreciação das prestações de contas anuais, são elaborados três tipos de documentos: o parecer dos auditores de controle externo, que representam a equipe técnica de servidores públicos que trabalham diretamente com as atividades de análises processuais; o parecer dos procuradores, que são membros do Ministério Público Especial junto aos Tribunais de Contas, com atribuições similares ao Ministério Público Estadual, ou seja, guardião da lei; e o voto, que é emitido pelos conselheiros e/ou conselheiros-substitutos, que são os responsáveis pela apreciação final das prestações de contas, após análise da prestação de contas e dos pareces emitidos pelos auditores e procuradores (BRASIL, 2010).

Em relação ao vínculo institucional, os auditores de controle externo, conselheiros-substitutos e os membros de Ministério Público Especial são servidores efetivos que prestaram concurso público de provas e títulos.

Os conselheiros são efetivados por indicação e aprovação política das Assembleias Legislativas Estaduais, após formação de lista tríplice encaminhada pelos Tribunais de Contas, e cabe ao Poder Executivo, representado pelo governador, a homologação, podendo ou não aceitar a ordem de escolha.

Ainda, na efetivação dos conselheiros, há indicação de procurador e conselheiro-substituto que atuem nos Tribunais de Contas. Esses preenchimentos ocorrem após a vacância de cargo de conselheiro já promovido anteriormente. Similar a indicação da Assembleia Legislativa, a lista tríplice é homologada pelo governador, podendo ou não aceitar a ordem de escolha.

Os pareceres e voto trazem em seu interior a análise do processo de prestação de contas do Poder Executivo estadual dentro de uma perspectiva vinculante a cada matriz de profissional que procura emitir um certificado de cumprimento às normas que regem as finanças públicas, sob a égide do manto legal. A importância dada a essas peças é que elas são a base de apreciação da prestação de contas do governo estadual (BRASIL, 2011).

E que, de acordo com a norma vigente, é até passível de uma apreciação pela irregularidade do período analisado nas Contas Anuais, podendo levar o gestor correspondente a um impedimento de reeleição por improbidade administrativa, desde que as contas de governo tenham sido julgadas pelo Poder Legislativo respectivo (BRASIL, 2011).

A literatura contábil sobre legibilidade vem debatendo os impactos do nível de legibilidade nos processos de julgamento e tomada de decisão pelos investidores (TAN et al., 2014; LIM et al., 2018). O tamanho dos relatórios anuais traz complexidade para as narrativas contábeis, o que está sendo questionado com mais intensidade e tem levado órgãos reguladores a iniciar projetos para melhorar a legibilidade e reduzir o tamanho dos relatórios anuais das empresas (LIM et al., 2018).

Mesmo que o entendimento dos relatórios não seja prejudicado, há uma chance de que níveis mais baixos de legibilidade modulem os processos de julgamento, tornando o responsável pela decisão mais propenso a confiar em pistas heurísticas, como o sentimento (TAN *et al.*, 2014).

O baixo nível de legibilidade também ocorre no setor público, Bradbury, Hsiao e Scott (2018) analisaram o nível de legibilidade das prestações de contas apresentadas por governos locais da Nova Zelândia no ano de 2015. Os autores utilizaram o número de páginas, parágrafos, frases e palavras para medir a legibilidade e concluíram que é baixo o nível de legibilidade nestes relatórios e que a utilização de sumários não aumenta a legibilidade dos relatórios financeiros.

2.2 Lei de Responsabilidade Fiscal e seus impactos em pareceres e votos dos Tribunais de Contas estaduais

A Lei de Responsabilidade Fiscal (LRF) foi sancionada em 4 de maio de 2000, regulamentando o artigo 163 da Constituição Federal, suas regras afetam os Municípios, Estados, Distrito Federal e União, e sua importância reside em promover mudança institucional no trato com o dinheiro público, já que limita gastos, requer o monitoramento de despesas públicas e determina o alinhamento financeiro quando ultrapassar tetos com gastos (SACRAMENTO, 2005).

Dentro dos seus 75 artigos, a LRF estabelece normas de finanças públicas voltadas para a responsabilidade na gestão fiscal, obrigatórias à União, aos Estados, ao Distrito Federal e aos Municípios. Estabelece ainda a geração de relatórios, a serem apresentados juntos com as prestações de contas aos Tribunais de Contas dos Estados, que servem para monitoração e apreciação das contas anuais, dentre eles o Relatório Resumido da Execução Orçamentária (RREO) e o Relatório Gestão Fiscal (RGF) (BRASIL, 2000).

Estudos anteriores analisaram os determinantes e os impactos da implementação da LRF no Brasil trazendo também seu relacionamento com outros aspectos, tais como, nível de implementação, transparência, condições socioeconômicas, aprovação de contas pelo Tribunais de Contas (CRUZ *et al.*, 2012; CRUZ; MACEDO; SAUERBRONN, 2013; ZUCCOLOTTO; TEIXEIRA, 2014; CRUZ; AFONSO, 2018).

Os impactos de indicadores contábeis e dos previstos pela LRF na aprovação das prestações de contas municipais foi objeto do estudo de De Gusmão Lopes *et al.* (2008), que analisou uma amostra com 136 Municípios do Estado de Santa Catarina (SC). Os autores encontraram evidências de que indicadores produzidos a partir de métricas contábeis estão associados aos tipos de pareceres (aprovação/reprovação) emitidos pelos Tribunais de Contas estaduais, sendo que os indicadores relacionados a obrigações efetivas e consolidadas do município traduzem melhor a situação de aprovação ou rejeição das contas municipais.

Trabalho desenvolvido e apresentado por Kronbauer *et al.* (2011) analisou a natureza dos apontamentos do Tribunal de Contas Estadual do Rio Grande do Sul – TCE/RS, relacionados ao Poder Executivo dos Municípios deste Estado no exercício de 2004. Os referidos autores revelaram que no período analisado as principais irregularidades apontadas pelo TCE/RS relacionam-se a: (1) despesas, (2) administração de pessoal e (3) controles internos.

Cruz, Macedo e Sauerbronn (2013) buscaram identificar os determinantes do nível de responsabilidade fiscal de grandes Municípios brasileiros, com dados do período de 2002 a 2009.

Os autores identificaram que os Municípios possuíam um nível incipiente de responsabilidade fiscal, sendo que o nível econômico e a autonomia financeira apresentaram associação positiva significativa com o nível de responsabilidade fiscal e a variável endividamento, relação negativa.

Com a intenção de analisar o nível de rejeição das contas municipais do Estado do Espírito Santo, Velten (2015) procurou identificar as determinantes que afetam a apreciação das contas municipais. A autora encontrou evidências de que o menor grau de instrução dos prefeitos e os maiores Municípios têm maiores chances de terem suas contas rejeitadas.

Além disso, a autora também identificou que o maior número de contabilistas presentes no departamento de contabilidade, a contratação de assessoria contábil e os maiores resultados orçamentários aumentam a probabilidade de os prefeitos terem suas contas aprovadas.

Por fim, Cruz e Afonso (2018) analisaram a relação entre os indicadores de cumprimento de metas e limites fiscais com variáveis destacadas nos pilares planejamento, transparência e controle. A amostra contou com 282 municípios brasileiros, com população superior a 100 mil habitantes, no período de 2010 a 2013. Os referidos autores encontraram evidências que ampliam a discussão sobre a avaliação da gestão fiscal para a discussão de indicadores de cumprimento de metas e limites fiscais.

2.3 Hipóteses de pesquisa

As evidências da literatura sobre a legibilidade de relatórios contábeis e documentos financeiros, bem como estudos sobre a Lei de Responsabilidade Fiscal, foram a base para formular as hipóteses desta pesquisa (KRONBAUER *et al.*, 2011; CRUZ; MACEDO; SAUERBRONN, 2013; TAN *et al.*, 2014; BRADBURY; HSIAO; SCOTT, 2018; CRUZ; AFONSO, 2018; FERREIRA *et al.*, 2019; CALDAS, 2020).

Foram formuladas três hipóteses para analisar a relação entre aspectos de responsabilidade fiscal e o nível de legibilidade dos pareceres e votos sobre as prestações de contas de governos estaduais no Brasil.

A formulação das hipóteses baseou-se nas regras fiscais previstas na LRF, e a situação financeiras dos entes estaduais pode gerar incentivos aos gestores estaduais para diminuir o nível de legibilidade das prestações de contas apresentadas aos TCEs.

Caldas (2020), por exemplo, encontrou evidências de que o nível de legibilidade das prestações de contas de governadores está associado a fatores fiscais, socioeconômicos e estruturais (total de ativos *per capita*, capacitação de servidores) nos Estados brasileiros.

A partir do exposto, é possível argumentar que os pareceres e votos dos Tribunais de Contas sobre prestações de contas de governo de Estados em situação fiscal debilitada ou de descumprimento de regras fiscais previstas na LRF podem demandar análise mais profunda, o que implicará um menor nível de legibilidade destes documentos, com maior dificuldade de processamento e consequências negativas para um tomador de decisão (TAN *et al.*, 2014).

Assim, com base nas evidências encontradas por Kronbauer *et al.* (2011), fica associado o descumprimento do limite de despesas com pessoal a níveis maiores de irregularidades apontadas pelos Tribunais de Contas estaduais. Esse contexto suscitou a primeira hipótese:

H1: O descumprimento do limite de gastos com pessoal (alerta), previsto na LRF, diminui o nível de legibilidade dos pareceres e dos votos dos Tribunais de Contas sobre as prestações de contas de entes estaduais no Brasil.

Para a construção das últimas duas hipóteses, foi utilizada a mesma linha de raciocínio, de que o descumprimento de regras fiscais afeta indiretamente o nível de legibilidade dos documentos produzidos no processo de prestação de contas anuais, porque incentiva os govenadores, os votos de auditores, conselheiros e procuradores.

Assim, com base no estudo de De Gusmão Lopes *et al.* (2008), foram encontradas evidências de que indicadores produzidos a partir de métricas contábeis, como o nível de endividamento dos entes públicos, aumentam a probabilidade de que os pareceres emitidos pelos Tribunais de Contas estaduais apontem para aprovação/reprovação, conforme o nível de endividamento do ente estatal.

Assim, formularam-se as hipóteses H2 e H3 a fim de testar se o descumprimento de regras fiscais de endividamento (limite da dívida consolidada líquida e limite da dívida flutuante) afeta o nível de legibilidade dos pareceres e votos dos Tribunais de Contas, relativos às prestações de contas de governo de Estados. Esse contexto suscitou a segunda hipótese:

H2: O descumprimento do Limite da Dívida Consolidada Líquida, previsto na LRF, diminui o nível de legibilidade dos pareceres e votos dos Tribunais de Contas, nas prestações de contas de entes estaduais no Brasil.

H3: O descumprimento do Limite da Dívida Flutuante (restos a pagar processado), previsto na LRF, diminui o nível de legibilidade dos pareceres e votos dos Tribunais de Contas, nas prestações de contas de entes estaduais no Brasil.

3 Metodologia da pesquisa

3.1 Amostra

A presente pesquisa foi baseada nos pareceres dos auditores e procuradores e votos dos conselheiros, todos emitidos nos processos de contas de governos estaduais. A amostra contou com 203 documentos (entre pareceres e votos) coletados nos sítios dos Tribunais de Contas dos Estados e dos Poderes Executivos estaduais e abrangeu os anos de 2015 a 2019.

Opta-se por trabalhar com as prestações de contas estaduais, pois as unidades gestoras que as confeccionam têm mais expertise nas normas, gerando um modelo mais próximo de padronização legal e, assim, poder-se-á obter uma melhor homogeneidade na amostra.

Pela amplitude da amostragem ser de 5 anos, a população inicialmente estimada foi de 390 pareceres (26 Tribunais multiplicados 5 anos, multiplicado por 3 pareceres/votos), atingindo 2 períodos com governadores distintos (2015/2018 e 2019) – no caso de não ter tido reeleição.

Não foram utilizados os pareceres e votos do ano de 2020, pois, de acordo com as legislações vinculantes aos Tribunais de Contas dos Estados brasileiros – em sua maioria os Regimentos Internos –, a prestação de contas é enviada no ano subsequente, 180 dias após a abertura das atividades das Casas Legislativas, ou seja, em meados dos meses de junho ou agosto. Se ocorridos os trâmites legais normais de tramitações processuais das contas, esperamos que a apreciação ocorra entre os anos de 2021/2022.

Foram utilizados os conceitos de pareceres e votos para a emissão de relatório gerado a partir da análise do processo de prestação de contas, quando da parte do auditor/analista e procurador do Ministério Público Especial que atua nos Tribunais de Contas, e o voto para o relatório da análise quando da emissão pelo conselheiro responsável pela finalização processual e apreciação das contas.

Essa padronização foi devida à diversidade de tipificação dos termos usados para a análise e geração de relatório.

A limitação da amostra ao ano de 2019 também foi causada pela ausência de obrigatoriedade de apreciação das contas no ano subsequente da apresentação. O que poderia gerar lapsos de dados vinculados aos Estados caso fosse incluído o ano de 2020. Também há os recursos processuais previstos na legislação que geram retardo na apreciação final das contas, o grau de dificuldade de obtenção dos processos de contas anuais junto aos tribunais, diante das limitações de disponibilização das contas nos sítios dos tribunais e processos digitalizados.

Ressalta-se que não foi possível a coleta dos documentos de todos os tribunais, pois nem todos já estão informatizados com processos eletrônicos ou digitais, sendo ainda o trato das informações e tramitações processuais feito por meio físico (em papel).

Foram excluídos da amostra o Tribunal de Contas do Distrito Federal e da União, pois apresentam abordagem direcionada a órgãos da União e jurisdicionados diferentes dos Estados. Também foram excluídos os tribunais que agregam competências exclusivas aos munícipios (Bahia, Goiás, Pará, São Paulo e Rio de Janeiro), com o objetivo de reduzir o viés pela soma de competências similares. Foram mantidos os cinco Estados no rol de amostragem, mas exclusivos na esfera estadual.

Pela representatividade quantitativa dos Tribunais de Estados (78,79% dos 33 TCs, representando 26 TCs – amostra) e por forte similaridade de registros postos nos pareceres e votos, há fortes evidências de padrões de análises determinadas pela Constituição Federal, Lei Federal nº 4.320/64 e LRF, o que poderá contribuir para uma análise linear.

Os pareceres foram obtidos nos sítios dos Tribunais de Contas e nos dos Poderes Executivos estaduais, de forma complementar, nos das Assembleias Legislativas e/ou, nos portais de transparências do Poder Executivo. Optou-se, assim, por garantir a integralidade dos dados, o que poderá não ocorrer em dados extraídos de locais não oficiais.

A Lei de Acesso à Informação, fulcrada na Norma nº 12.527, de 18 de novembro de 2011, também foi utilizada para obter os pareceres e votos não disponibilizados em cada sítio dos Tribunais de Contas estaduais, por meio de solicitação para a Ouvidoria ou pelo SAC (serviço de atendimento ao cidadão).

Além dos pareceres, foram também utilizados dados financeiros, contábeis e fiscais dos entes federativos estaduais coletados no Sistema de Informações Contábeis e Fiscais do Setor Público Brasileiro (SICONFI) da Secretaria do Tesouro Nacional – STN (http://www.tesouro.fazenda.gov.br/). Os dados econômicos do Produto Interno Bruto dos Estados foi obtido no Instituto Brasileiro de Geografia e Estatística – IBGE (https://www.ibge.gov.br/).

3.2 Mensurando a legibilidade dos pareceres e votos dos Tribunais de Contas estaduais

Os 203 arquivos de pareceres e votos da amostra foram obtidos no formato *Portable Document Format* (pdf), de forma agregada ou não agregada. O arquivo agregado contém juntos os três pareces/votos e peças processuais, com despachos internos, compondo o que é designado de prestação de contas.

Para os arquivos agregados, ou seja, em uma única peça processual, foi realizada a fragmentação em três peças distintas – pareceres e voto, com a utilização do *software ABBYY FineReader®14*, que possui ferramenta de conversão do conteúdo textual de *pdf* para *txt* – arquivos simples de textos sem formatação e individuais. O *software* foi aplicado em todos os pareceres e votos de forma a padronizar a geração de arquivos base para o cálculo do *Fog Index*.

Após esse tratamento nos arquivos, foi realizada a análise textual para quantificação de palavras, frases e cálculo do *Fog Index* com a utilização de *software* R e o pacote *quanteda* (BENOIT *et al.*, 2018), aplicado ao R®.

Esses procedimentos foram necessários para a leitura individual de cada parecer e voto e a aplicação de técnicas para dimensionar o *Fox Index*.

Ademais essa medida de legibilidade é mais utilizada atualmente nas pesquisas em contabilidade e finanças, onde o conteúdo da seção de *Management, Discussion and Analysis* (MD&A) é utilizado para o cálculo do referido índice, por meio de técnicas modernas com o uso de computadores (LOUGHRAN; MCDONALD, 2014).

A figura 1 indica a relação entre a pontuação de *Fog Index* e a equivalência de artigos textuais. Proposta apresentada por Butterworth, Gray e Haslam (1989).

FIGURA 1 – Escala de legibilidade pela métrica de *Fog Index*

Escala de Leitura	Pontuação *Fog Index*	Exemplo de Equivalência
Muito fácil	6	História em quadrinhos
Fácil	7	História de ficção simples
Razoavelmente	8	Revistas juvenis
Padrão	9	Revista de circulação em geral
Razoavelmente difícil	10 – 13	Revista de qualidade e manuais de instruções
Difícil	13 – 17	Jornais de qualidade
Muito difícil	17 +	Textos científicos e técnicos

Fonte: Butterworth; Gray; Haslam (1989, p.77).
Nota: Adaptado pelo autor.

No presente trabalho, para o cálculo do *Fog Index*, foram utilizados os ajustes sugeridos por Antunes e Lopes (2019), pois os registros clássicos de métricas de cálculos de legibilidades têm como base linguística o inglês.

Assim, após estudos teóricos e aplicação massiva de tecnologia aplicada a banco de dados e documentação de linguagem *Hypertext Preprocessor* (PHP) e artigos abertos obtidos em sítios *Wikipedia*, Banco Central Europeu, *Web Crawls* e biblioteca *Java* de código aberto e aplicação de regressão linear múltipla, os autores pontuaram em conclusão do seu artigo acadêmico que na língua portuguesa palavras complexas com quatro ou mais sílabas estão mais correlacionadas com a legibilidade.

Antunes e Lopes (2019) sugerem que a métrica conclusiva para a aplicação do *Fog Index* como medida de legibilidade na língua portuguesa deve ser ajustada para a seguinte formulação:

Fog Index = {0,760 x (palavras / sentenças)} + {58,6 x (palavras complexas / palavras)} − 12,166

3.3 Modelo, variáveis e testes econométricos

Os determinantes do nível de legibilidade dos pareceres e votos dos Tribunais de Contas estaduais foram identificados a partir de um modelo econométrico desenvolvido com base em estudos anteriores (DE GUSMÃO LOPES *et al.*, 2008; KRONBAUER *et al.*, 2011; VETEN, 2015; ALLINI *et al.*, 2017; BRADBURY; HSIAO; SCOTT, 2018; CRUZ; AFONSO, 2018; CALDAS, 2020). O modelo de regressão apresentado foi:

$$Legibilidade_{i,t} = \beta_0 + \beta_1 \, Desp\_Pessoal_{i,t} + \beta_2 \, DC\_Liq_{i,t} + \beta_3 \, Lim\_Div_{i,t} + \beta_4 \, Res\_Parecer_{i,t}$$

$$+ \beta_5 \, PIB\_perc_{i,t} + \beta_6 \, Ativo\_total_{i,t} + \beta_7 \, Tipo\_Cons_{i,t} + \beta_8 \, Tipo\_MP_{i,t} + \xi_{it}$$

A variável dependente $Legibilidade_{it}$ corresponde ao nível de legibilidade das prestações de contas do Poder Executivo mensurado por duas formas de legibilidade: *FOG Index* e tamanho do arquivo.

O valor estimado para β_0 representa o intercepto, e os demais coeficientes de inclinação β_{n+1} referem-se às variáveis de interesses que serão relacionadas com a variável dependente $Legibilidade_{it}$. As hipóteses H1, H2 e H3 foram avaliadas com base no sinal do coeficiente β_i que apresentou significância estatística nas estimações do modelo.

Na estruturação dos dados que subsidiarão os cálculos estatísticos a serem trabalhados no *software* Stata® haverá os seguintes registros:

FIGURA 2 – Descrição da operacionalização no modelo estatístico

Variáveis	Código da variável usado no Stata®	Descrição	Estudos que utilizam a variável	Comportamento da variável
Legibilidade	Fog Tam_arquivo	*Score* de legibilidade dos pareceres dos auditores, procuradores e conselheiros das prestações de contas medido com base no Fog Index, medida do logaritmo natural da quantidade de palavras nos pareceres. *Fog Index* calculado. Tamanho do arquivo contendo o parecer/voto. Formato .txt, em *kilobyte*. Log e winsorizado	ALLINI *et al.* (2017); BRADBURY; HSIAO; SCOTT, (2018); LI (2008); LOUGHRAN; MCDONALD, 2014; BUTTERWORTH; GRAY; HASLAM. (1989)	-
Limite de pessoal	Desp_Pessoal	Variável *dummy* que representa o descumprimento do limite de alerta nos gastos com pessoal alerta, onde 1 indica que descumpriu o limite e 0 o contrário.	KRONBAUER *et al.* (2011); CRUZ; AFONSO (2018)	Descumprimento do limite diminui a legibilidade
Limite dívida consolidada	Lim_Div	Variável *dummy* que representa o descumprimento do percentual limite para a dívida consolidada líquida (LRF), onde 1 indica que descumpriu o limite e 0 o contrário.	KRONBAUER *et al.* (2011); CRUZ; AFONSO (2018)	Descumprimento do limite diminui a legibilidade
Limite dívida flutuante	DC_Liq	Variável *dummy* que representa o descumprimento do limite percentual para a dívida flutuante processada (LRF), onde 1 indica que descumpriu o limite e 0 o contrário.	Kronbauer *et al.* (2011); CRUZ; AFONSO (2018)	Descumprimento do limite diminui a legibilidade
Resultado do parecer	Res_Parecer	Variável *dummy* que representa aprovação ou não nas contas de governo, onde 1 indica a aprovação e 0 o contrário.	DE GUSMÃO LOPES *et al.* (2008); KRONBAUER *et al.* (2011); VETEN (2015); CRUZ; AFONSO (2018)	-
PIB *per capita*	PIB_perc	PIB *per capita* com ajustes pelo IPCA e winsorizado	KRONBAUER *et al.* (2011); CRUZ; AFONSO (2018)	Quanto maior o PIB, menor a legibilidade
Ativo *per capita*	Ativo_total	Ativo total do balanço patrimonial do ente, dividido pela população, com ajuste pelo IPCA e winsorizado.	DE GUSMÃO LOPES *et al.* (2008); CRUZ; AFONSO (2018)	Quanto maior o Ativo, menor a legibilidade
Tipo Doc. Conselheiro	Tipo_Cons	Variável *dummy* que indica quem emite o documento, onde 1 indica conselheiros e 0 os demais.	-	-
Tipo Doc. Procurador	Tipo_MP	Variável *dummy* que indica quem emite o documento, onde 1 indica procurador e 0 os demais.	-	-

Nota: adaptado pelo autor.

Em seus escritos, Andrade e Tiryaki (2017) asseveram que a principal característica favorável para o uso de análise de estrutura de dados é a presença da heterogeneidade individual, já que agrega a possibilidade do controle das características pontuais e a sua modificação ao longo do tempo.

Foram estimadas oito variações do modelo. As estimações (1) a (4) referem-se à variável dependente legibilidade (*Fog Index*), com as seguintes características: (1) estimação sem variáveis de controle; (2) estimação sem variáveis de controle, mas com controle da autocorrelação dos termos de erro, para um dado Estado e ano (FÁVERO; BELFIORE, 2021); (3) estimação do modelo completo; (4) estimação do modelo controle, mas com controle da autocorrelação dos termos de erro, para um dado Estado e ano (FÁVERO; BELFIORE, 2021).

O modelo foi estimado, ainda, para a variável dependente legibilidade (tamanho do arquivo), estimações de (5) a (8), com as mesmas características das estimações (1) a (4). A estimação foi realizada com o uso do método de mínimos quadrados ordinários – MQO ou *Ordinary Least Squares* (FÁVERO; BELFIORE, 2021).

Não foram identificados problemas nos testes com fins de apontar a multicolinearidade, especificação de forma funcional, identificação de variável omitida e a normalidade de resíduos (WOOLDRIDGE, 2010).

4 Análise dos dados

4.1 Estatística descritiva

As estatísticas descritivas das variáveis trabalhadas nesta pesquisa estão apresentadas na tabela 1. O processamento dos cálculos estatísticos deu-se com o uso do *software* Stata®. A legibilidade total dos relatórios (auditor, procurador e conselheiro) contida nas prestações de contas do Poder Executivo estadual, medida pelo *Fog Index*, registrou *score* médio de 17,49, que, quando comparado com a proposta apresentada por Butterworth, Gray e Haslam (1989), figura 1, corresponde à escala de leitura *muito difícil*, característica já relatada em outras pesquisas sobre o tema (LOUGHRAN; MCDONALD, 2014).

TABELA 1
Estatística descritiva

Variáveis	Obs.	Média	Desvio padrão	Mínimo	Máximo
Legibilidade (Fog) –	203	17,49	3,18	11,66	22,86
Legibilidade (arquivo – kb)	203	504,34	623,66	5	4163
Legibilidade (arquivo) (ln)	203	5,38	0,59	4,20	6,24
Limite de pessoal	203	0,26	0,44	0,00	1,00
Limite dívida consolidada	203	0,15	0,36	0,00	1,00
Limite dívida flutuante	203	0,24	0,43	0,00	1,00
Resultado parecer	203	0,19	0,39	0,00	1,00
PIB *per capita*	203	22,94	9,03	10,96	38,64
Ativo *per capita*	203	4904,45	3454,54	1814,65	14480,94
Tipo Doc. Conselheiro	203	0,31	0,46	0,00	1,00
Tipo Doc. Ministério Público	203	0,32	0,47	0,00	1,00

Nota: Elaborado pelo autor. Uso do *software* Stata® com base no banco de dados
Legenda: Legibilidade (Fog): Nível de legibilidade com base no *Fog Index* – geral (juntos os 3 tipos); aplicados para auditores, procuradores e conselheiros. Legibilidade (Arquivo) (ln): Nível de legibilidade com base no tamanho de arquivo em *kilobyte*. Limite de Pessoal: valores relacionados com o limite de alerta contido na LRF. Limite Dívida Consolidada: valores relacionados com o limite contido na LRF. Limite Dívida Flutuante: valores relacionados com o limite contido na LRF. Resultado Parecer: valores em configuração *dummy*, relacionados a

aprovação (1) ou não aprovação (0) de contas. PIB per capita: divisão do PIB (a preços constantes a 2015, com base no IPCA) pela população. Ativo per capita: divisão do total do Ativo pela população (a preços constantes a 2015, com base no IPCA). Tipo Doc. Conselheiro: valores em configuração *dummy*, relacionados a aprovação (1) ou não aprovação (0) relacionada ao conselheiro. Tipo Doc. Ministério Público: valores em configuração *dummy*, relacionados a aprovação (1) ou não aprovação (0) relacionada ao procurador.

A legibilidade pelo critério de tamanho do arquivo teve média de 504,34 *kilobytes*. Para termos uma ordem de grandeza, o maior arquivo é o parecer de auditor do Estado de São Paulo no ano de 2019, que possui o tamanho de 4.163 *kilobytes*, contém 1.009 páginas, 526 mil palavras e mais de 3 milhões de caracteres.

Depreende-se da leitura da variável legibilidade (Fog) o intervalo mínimo e máximo de 11,66 – 22,86, observa-se que há uma expressiva variabilidade, que, pela escala de leitura, perpassa pela faixa de razoavelmente difícil (10 – 13) a muito difícil (17 +).

Achados similares, por Caldas (2020), reportam que essa variação é devida à autonomia dada pelas Constituições Federal e Estadual a cada Tribunal de Contas dos Estados, o conjunto de regras internas (leis orgânicas e regimentos internos) que regulamenta a forma, o conteúdo e a composição das prestações de contas estaduais.

Nas análises individuais de todos os pareceres e votos, identificou-se que há pronunciamento nas prestações de contas de comissão formada por servidores que lançam o seu parecer balizado em "modelos" predefinidos e semelhantes e já utilizados em períodos anteriores no âmbito de cada Tribunal, o que deveria levar a arquivos de tamanhos próximos, em (*kilobytes*). Entretanto existe uma grande variabilidade de valores mínimos e máximos (5 – 4.163) relacionados à variável legibilidade (arquivo), o que indica falta de padronização nacional do conteúdo mínimo adequado ao pronunciamento dos Tribunais de Contas estaduais.

A estatística descritiva da variável 'ativo *per capita*' sugere que, mesmo estando trabalhando com relacionamento de valores dos totais dos ativos em coeficiente por população, a sua variabilidade calculada em mínimo e máximo (1.814,65 – 14.480,94) é expressiva.

A tabela 2 representa correlação entre as variáveis, como medida de coeficientes. A medida de legibilidade baseada na *Legibilidade (Fog)* apresentou correlação positiva e significativa com as variáveis explicativas *Tipo Doc. Conselheiro*, no valor de 0,29, e *Tipo Doc. Ministério Público*, no valor de 0,20, indicando que votos e pareceres lançados nas prestações geram nível de leitura mais difícil quando comparados com outras variáveis explicativas. Entre as duas, o voto gera um índice de legibilidade maior, elevando o *score* de dificuldade de leitura.

Situação inversa para as mesmas variáveis (*Tipo Doc. Conselheiro* e *Tipo Doc. Ministério Público*), coeficientes negativos (-0,40 e -0,24), sugerindo uma melhor legibilidade quando aplicado para a variável dependente *Legibilidade (arquivo) (ln)*.

As três variáveis relacionadas à LRF (limite de pessoal, limite dívida consolidada e limite dívida flutuante) apresentaram correlação negativa (-0,03, -0,22 e -0,12, respectivamente) para legibilidade (Fog), porém, detecta-se que para a legibilidade (arquivo) (ln) as mesmas três variáveis apresentam valores positivos (0,20, 0,11 e 0,02), ou seja, para legibilidade (Fog), melhor legibilidade do que para legibilidade (arquivo) (ln), tomando-se como parâmetros as variáveis independentes oriundas da LRF.

TABELA 2
Matriz de correlação entre variáveis de legibilidade e demais variáveis

Variáveis	Legibilidade (Fog)	Legibilidade (Arquivo) (ln)	Limite de Pessoal (Alerta)	Limite Dívida Consolidada	Limite Dívida Flutuante	Resultado Parecer	PIB per capita	Ativo per capita	Tipo Doc. Conselheiro	Tipo Doc. Ministério Público
Legibilidade (Fog)	1,00									
Legibilidade (Arquivo) (ln)	**-0,53**	1,00								
Limite de Pessoal (Alerta)	-0,03	**0,20**	1,00							
Limite Dívida Consolidada	**-0,22**	0,11	-0,06	1,00						
Limite Dívida Flutuante	-0,12	0,02	**0,14**	**0,26**	1,00					
Resultado Parecer	0,08	**-0,15**	-0,08	**-0,20**	-0,06	1,00				
PIB percapita	**-0,20**	**0,21**	0,13	**0,63**	0,06	**-0,15**	1,00			
Ativo percapita	**-0,24**	**0,23**	**0,33**	**0,44**	**0,25**	-0,11	**0,64**	1,00		
Tipo Doc. Conselheiro	**0,29**	**-0,40**	-0,02	0,02	0,02	-0,05	0,02	0,02	1,00	
Tipo Doc. Ministério Público	**0,20**	**-0,24**	0,00	0,01	-0,06	**0,27**	0,03	0,01	**-0,47**	1,00

Nota: Elaborado pelo autor. Uso do software Stata® com base no banco de dados.

Legenda: Legibilidade (Fog): Nível de legibilidade com base no *Fog Index*. Legibilidade (Arquivo) (ln): Nível de legibilidade com base no tamanho de arquivo em *kilobyte*. Limite de Pessoal: valores relacionados com o limite de alerta contido na LRF. Limite Dívida Consolidada: valores relacionados com o limite contido na LRF. Limite Dívida Flutuante: valores relacionados com o limite contido na LRF. Resultado Parecer: valores em configuração *dummy*, relacionados a aprovação (1) ou não aprovação (0) de contas. PIB *per capita*: divisão do PIB (a preços constantes a 2015, com base no IPCA) pela população. Ativo *per capita*: divisão do total do Ativo pela população (a preços constantes a 2015, com base no IPCA). Tipo Doc. Conselheiro: valores em configuração *dummy*, relacionados a aprovação (1) ou não aprovação (0) relacionada ao conselheiro. Tipo Doc. Ministério Público: valores em configuração *dummy*, relacionados a aprovação (1) ou não aprovação (0) relacionada ao procurador.

4.2 Legibilidade das prestações de contas e análise multivariadas

A tabela 3 apresenta os resultados das análises multivariadas decorrentes da estimação do modelo proposto para analisar a relação entre aspectos fiscais dos governos estaduais e o nível de legibilidade dos pareceres e votos dos Tribunais de Contas estaduais.

Com fins de testar as hipóteses H1, H2 e H3, o modelo proposto foi estimado a com e sem erros-padrão robustos *clusterizados* e com agrupamentos em identificador da unidade gestora e ano. A estimação foi realizada com o uso do método de mínimos quadrados ordinários – MQO ou *Ordinary Least Squares*. As variáveis legibilidade (*Fog*), legibilidade (tamanho arquivo), PIB *per capita*, ativo *per capita* foram *winsorizadas* a 5% em virtude de *outliers*.

As estimações (1), (2), (3) e (4) do modelo, contidas na tabela 3, registraram resultados para a variável dependente legibilidade (Fog). A leitura dada ao nível de legibilidade vinculado ao método *Fog Index* deve ser interpretada considerando que maiores valores (scores) de *Fog Index* indicam maior dificuldade de leitura das peças produzidas pelos autores processuais.

As estimações (5), (6), (7) e (8) registram os resultados da variável legibilidade (tamanho do arquivo). Nesse caso, conforme Loughran e Mc-Donald (2014), a interpretação quanto à legibilidade é dada considerando que textos com maior tamanho (*byte*) indicam maior dificuldade de leitura.

A hipótese (H1) buscou verificar se o descumprimento do limite de pessoal (alerta) previsto na LRF reduz o nível de legibilidade dos documentos processuais dos TCEs que analisam as prestações de contas estaduais (pareceres e voto), conforme descrito na literatura (KRONBAUER *et al.*, 2011; CALDAS, 2020).

Para a hipótese (H1), as estimações (1) a (4) do modelo que avaliaram a relação entre o descumprimento do limite de pessoal (alerta) e a legibilidade (Fog) não apresentaram significância estatística inviabilizando a análise da hipótese (H1) para essa variável. Por outro lado, as estimações (5) a (8) do modelo indicaram relação positiva entre o descumprimento do limite de pessoal (alerta) e a variável legibilidade (tamanho do arquivo), apresentando coeficientes 0,28; 0,28; 0,19 e 0,19, respectivamente, estatisticamente significantes a 1%, sendo que o modelo apresentou razoável poder explicativo com $R^2 = 0,44$ (estimações (5) e (6)) e 0,47 (estimações (7) e (8)).

TABELA 3
Resultados das análises multivariadas

(continua)

Variáveis independentes	Legibilidade (FOG)				Legibilidade (tamanho do arquivo)			
	(1)	(2)	(3)	(4)	(5)	(6)	(7)	(8)
Limite de Pessoal	-0,17	-0,17	0,27	0,27	0,28***	0,28***	0,19***	0,19**
	(0,45)	(0,56)	(0,48)	(0,63)	(0,07)	(0,04)	(0,08)	(0,06)
Limite da Dívida Consolidada	-2,01***	-2,01	-1,20	-1,20	0,26***	0,26*	0,02	0,02
	(0,56)	(1,25)	(0,75)	(1,35)	(0,09)	(0,12)	(0,12)	(0,15)
Limite da Dívida Flutuante	-0,34	-0,34	-0,25	-0,25	-0,10	-0,10	-0,09	-0,09
	(0,48)	(0,68)	(0,49)	(0,72)	(0,08)	(0,10)	(0,08)	(0,09)
Parecer Aprovação			-0,51	-0,51			0,01	0,01
			(0,52)	(0,47)			(0,08)	(0,06)
PIB *per capita*			-0,01	-0,01			0,01*	0,01
			(0,03)	(0,04)			(0,01)	(0,01)
Ativo *per capita*			0,00**	0,00			0,00	0,00*
			(0,00)	(0,00)			(0,00)	(0,00)
Tipo Doc. Conselheiro	3,33***	3,33***	3,41***	3,41***	-0,81***	-0,81***	-0,82***	-0,82***
	(0,47)	(0,76)	(0,46)	(0,77)	(0,08)	(0,07)	(0,07)	(0,07)

(conclusão)

Variáveis independentes	Legibilidade (FOG)				Legibilidade (tamanho do arquivo)			
	(1)	(2)	(3)	(4)	(5)	(6)	(7)	(8)
Tipo Doc. Ministério Público	2,87***	2,87***	3,04***	3,04***	-0,68***	-0,68***	-0,69***	-0,69***
	(0,47)	(0,85)	(0,48)	(0,83)	(0,08)	(0,04)	(0,08)	(0,05)
Constante	15,95***	15,95***	16,84***	16,84***	5,77***	5,77***	5,52***	5,52***
	(0,36)	(0,68)	(0,67)	(1,16)	(0,06)	(0,04)	(0,11)	(0,06)
N	203	203	203	203	203	203	203	203
R2 ajustado	0,28	0,28	0,31	0,31	0,44	0,44	0,47	0,47

Nota: Elaborado pelo autor. Uso do software Stata® com base no banco de dados.
Legenda: Legibilidade (Fog): Nível de legibilidade com base no *Fog Index*. Legibilidade (Arquivo) (ln): Nível de legibilidade com base no tamanho de arquivo em *kilobyte*. Limite de Pessoal: valores relacionados com o limite de alerta contido na LRF. Limite Dívida Consolidada: valores relacionados com o limite contido na LRF. Limite Dívida Flutuante: valores relacionados com o limite contido na LRF. Parecer Aprovação: valores em configuração *dummy*, relacionados a aprovação (1) ou não aprovação (0) de contas. PIB per capita: divisão do PIB (a preços constantes a 2015, com base no IPCA) pela população. Ativo per capita: divisão do total do Ativo pela população (a preços constantes a 2015, com base no IPCA). Tipo Doc. Conselheiro: valores em configuração *dummy*, relacionados a aprovação (1) ou não aprovação (0) relacionada ao conselheiro. Tipo Doc. Ministério Público: valores em configuração *dummy*, relacionados a aprovação (1) ou não aprovação (0) relacionada ao procurador. N: número de elementos.

Assim, conforme demonstra a tabela 3, o descumprimento do limite de pessoal (alerta) está associado ao aumento do tamanho dos documentos processuais dos TCEs, o que reduz o nível de legibilidade dos pareceres e votos dos Tribunais de Contas sobre as prestações de contas de governos estaduais. Uma possível explicação para esses achados é a necessidade de análises mais profundas e detalhadas dos processos, o que aumenta a complexidade e o tamanho dos textos, conforme argumentos trazidos por Kronbauer *et al.* (2011).

A consequência prática do menor nível de legibilidade destes documentos pode ser a dificuldade de o cidadão compreender o conteúdo das prestações de contas dos governadores em sua plenitude, limitando seu poder de tomar decisões/avaliar a gestão do governador (TAN *et al.*, 2014).

A hipótese (H2) verificou se o não cumprimento do limite da dívida consolidada afeta o nível de legibilidade dos pareceres e votos dos Tribunais de Contas sobre as prestações de contas de entes estaduais no Brasil.

Para a hipótese (H2), os resultados foram inconsistentes. As estimações (1), (5) e (6) apresentaram coeficientes -2,0; 0,26; 0,26; a 1%, 1% e 10% de significância respectivamente. As demais estimações não apresentaram significância estatística. Cabe destacar que as estimações (1), (5) e (6) não trazem variáveis de controle, o que torna os resultados menos consistentes.

Assim, com esses resultados a estimação (1) indica que o descumprimento do limite da dívida consolidada aumenta o nível de legibilidade *(Fog)* dos documentos processuais dos TCEs, mas as estimações (5) e (6) apontam que o descumprimento do limite da dívida consolidada diminui o nível de legibilidade *(tamanho do arquivo)* dos documentos processuais dos TCEs, comportamento similar ao da hipótese (H1) e conforme argumentado com base na literatura (KRONBAUER *et al.*, 2011; CRUZ; AFONSO, 2018).

Ressalte-se que o poder de explicação do modelo nas estimações (5) e (6), medido pelo R^2, é de 0,44 superior ao da estimação (1), que foi de 0,28.

Por fim, a hipótese 3 (H3) verificou se o descumprimento do limite da dívida flutuante (restos a pagar processado), previsto na LRF, diminui o nível de legibilidade dos pareceres e votos dos Tribunais de Contas sobre as prestações de contas de entes estaduais no Brasil, com fundamento descrito na literatura (KRONBAUER *et al.*, 2011; CRUZ; AFONSO, 2018). As estimações (1) a (4) e (5) a (8) dos modelos não apresentaram significância estatística para a hipótese 3 (H3), inviabilizando a análise para esta hipótese.

5 Considerações finais

O presente estudo buscou avaliar se a gestão fiscal de governos estaduais afeta o nível de legibilidade dos documentos processuais (pareceres e votos) emitidos pelos Tribunais de Contas na apreciação das prestações de contas estaduais.

As evidências encontradas neste estudo estão adstritas ao referencial teórico, metodologia usada nos testes, quantidade e qualidade da amostra obtida e variáveis utilizadas. As conclusões limitam-se à amostragem analisada.

Os resultados confirmam trabalhos anteriores que concluem pela baixa legibilidade em documentos públicos e reforça o uso de ferramentas computacionais que podem ser utilizadas pelos Tribunais de Contas dos Estados como forma de geração de relatórios que identifiquem pareceres e votos com legibilidade reduzida.

As evidências também apontam que os documentos processuais de análise das prestações de contas pelos TCEs (pareceres e votos) são menos legíveis (mais complexos) quando os entes governamentais descumprem regras fiscais previstas na Lei de Responsabilidade Fiscal, tais como o limite de despesa com pessoal (alerta) e o limite da dívida consolidada.

As peças processuais (pareceres e votos) dos TCEs compõem a apreciação das prestações de contas dos governos estaduais e sintetizam a avaliação da gestão dos governadores no exercício, envolvendo milhões de reais e a qualidade dos serviços públicos que afetam a vida de milhares de pessoas. Assim o menor nível de legibilidade desses processos, justamente quando os entes governamentais estão em situação de descumprimento de regras fiscais, prejudica a *accountability e* a democracia.

Como limitações do estudo foram constatadas na fase inicial de coleta de dados a completa falta de padronização de disponibilidades dos processos de contas nos sítios dos Tribunais e a baixa transparência e pouca disponibilidade dos relatórios (parecer e votos), o que gerou redução da base amostral. Posteriormente, nas análises dos relatórios, foi detectada também a ausência de modelos dos pareceres e votos, limitando o efeito comparativo entre os relatórios.

Identificamos ainda que, mesmo sendo solicitados os processos de prestação de contas aos Tribunais de Contas, por meio da Lei de Acesso à Informação, algumas Cortes de Contas não atenderam a demanda.

Futuros trabalhos nesta linha de estudos podem ampliar o grau de aprofundamento estatístico, com uso de outros métodos e ferramentas estatísticas, como a regressão com dados em painel, além de acrescer dados de outros Tribunais de Contas que ainda não utilizam o meio eletrônico de geração de relatórios (pareceres e votos) e expandir o espaço amostral, para investigar se os resultados obtidos se mantêm ao longo do tempo.

Referências

ALLINI, Alessandra *et al*. From accountability to readability in the public sector: evidence from Italian universities. *International Journal of Business and Management*, v. 12, n. 3, p. 27-35, 2017.

ALVES, Mariana Azevedo. *Pra bom entendedor, meia palavra basta?* Relato integrado e legibilidade nos relatórios de gestão do setor público brasileiro. 2021.

ANDRADA, Antônio C. D.; BARROS, Laura Correa de. O parecer prévio como instrumento de transparência, controle social e fortalecimento da cidadania. *Revista do Tribunal de Contas do Estado de Minas Gerais*, v. 77, n. 4, p. 53-75, 2010.

ANDRADE, Cláudia Sá Malbouisson; TIRYAKI, Gisele Ferreira. *Econometria na prática*. Alta Books Editora, 2019.

ANTUNES, Hélder; LOPES, Carla Teixeira. Analyzing the adequacy of readability indicators to a non-English language. *In*: *International Conference of the Cross-Language Evaluation Forum for European Languages*. Springer, Cham, 2019. p. 149-155.

AGGARWAL, Rimjhim M. Strategic Bundling of Development Policies with Adaptation: An Examination of Delhi's Climate Change Action Plan. *International Journal of Urban and Regional Research*, v. 37, n. 6, p. 1902-1915, 2013.

BEATTIE, Vivien; JONES, Michael John. A comparative study of the use of financial graphs in the corporate annual reports of major US and UK companies. *Journal of International Financial Management & Accounting*, v. 8, n. 1, p. 33-68, 1997.

BENOIT, Kenneth *et al*. quanteda: An R package for the quantitative analysis of textual data. *Journal of Open Source Software*, v. 3, n. 30, p. 774, 2018.

BLOOMFIELD, Robert J. The incomplete revelation hypothesis' and financial reporting, 2002.

BRADBURY, Michael E.; HSIAO, Pei Chi Kelly; SCOTT, Tom. Summary annual reports: length, readability and content. *Accounting & Finance*, v. 60, n. 3, p. 2145-2165, 2020.

CIVIL, Casa *et al*. Lei nº 12.527, de 18 de novembro de 2011.

CIVIL, Casa *et al*. Lei nº 4.320, de 17 de março de 1964.

CIVIL, Casa *et al*. *Lei Complementar nº 101*, de 4 de março de 2000. Estabelece normas de finanças públicas voltadas para a responsabilidade na gestão fiscal e dá outras providências, 2000.

BRASIL. *Lei Complementar nº 205*, de 6 de julho de 2011. Institui a Lei Orgânica do Tribunal de Contas do Estado de Sergipe, e dá providências correlatas. Diário Oficial do Estado de Sergipe, SE, 07 de julho de 2011.

BRASIL. *Resolução nº 270*, de 17 de novembro de 2011. Aprova o novo Regimento Interno do Tribunal de Contas do Estado de Sergipe, e dá providências correlatas. Diário Oficial do Tribunal de Estado de Sergipe, SE, 18 de novembro de 2011.

BONSALL IV, Samuel B. *et al*. A plain English measure of financial reporting readability. *Journal of Accounting and Economics*, v. 63, n. 2-3, p. 329-357, 2017.

BUTTERWORTH, P.; GRAY, R. H.; HASLAM, J. The local authority annual report in the UK: an exploratory study of accounting communication and democracy. *Financial Accountability & Management*, v. 5, n. 2, p. 73-87, 1989.

CALDAS, Olavo Venturim. Ensaios sobre legibilidade das prestações de contas e de relatórios de auditoria e seus impactos no processo de accontability no setor público do Brasil, 2020.

CHENG, R. H. An empirical analysis of theories on factors influencing state government accounting disclosure. *Journal of Accounting and Public Policy*, 11(1), 1-42, 1992.

CRUZ, Cláudia Ferreira *et al*. Transparência da gestão pública municipal: um estudo a partir dos portais eletrônicos dos maiores municípios brasileiros. *Revista de Administração Pública*, v. 46, n. 1, p. 153-176, 2012.

CRUZ, Claudia Ferreira da; MACEDO, Marcelo Álvaro da Silva; SAUERBRONN, Fernanda Filgueiras. Responsabilidade fiscal de grandes municípios brasileiros: uma análise de suas características. *Revista de Administração Pública*, v. 47, p. 1375-1399, 2013.

CRUZ, Cláudia Ferreira da; AFONSO, Luís Eduardo. Gestão fiscal e pilares da Lei de Responsabilidade Fiscal: evidências em grandes municípios. *Revista de Administração Pública*, v. 52, p. 126-148, 2018.

CNMV. Guía para la elaboración del informe de gestión de las entidades cotizadas, 2013.

COURTIS, John K. Ofuscação de relatório corporativo: artefato ou fenômeno? *The British Accounting Review*, v. 36, n. 3, p. 291-312, 2004.

DALE, Edgar; CHALL, Jeanne S. Uma fórmula para prever a legibilidade: instruções. *Boletim de pesquisa educacional*, p. 37-54, 1948.

FÁVERO, Luiz Paulo; BELFIORE, Patrícia. *Manual de análise de dados*: estatística e modelagem multivariada com Excel®, SPSS® e Stata®. Elsevier Brasil, 2017.

FERREIRA, Felipe Ramos *et al*. Evidenciação voluntária: Análise empírica sobre o tom usado em audioconferências. *Revista de Administração de Empresas*, v. 59, p. 271-283, 2019.

FURTADO, José de Ribamar Caldas. Os regimes de contas públicas: contas de governo e contas de gestão. *Revista do TCU*, n. 109, p. 61-89, 2007.

GARCÍA-SÁNCHEZ, Isabel-María; FRÍAS-ACEITUNO, José-Valeriano; RODRÍGUEZ-DOMÍNGUEZ, Luis. Determinants of corporate social disclosure in Spanish local governments. *Journal of Cleaner Production*, v. 39, p. 60-72, 2013.

HAVEMO, Emelie. Visual trends in the annual report: the case of Ericsson 1947-2016. *Corporate Communications: An International Journal*, 2018. 23(3), 312–325

INGRAM, Robert W.; DEJONG, Douglas V. The effect of regulation on local government disclosure practices. *Journal of Accounting and Public Policy*, v. 6, n. 4, p. 245-270, 1987.

JANG, Min-ho; RHO, Joon-hwa. IFRS adoption and financial statement readability: Korean evidence. *Asia-Pacific Journal of Accounting & Economics*, v. 23, n. 1, p. 22-42, 2016.

KRONBAUER, Clóvis Antônio *et al*. Análise de inconsistências apontadas pelo TCE/RS em auditorias municipais: estudo do controle externo da gestão pública. *Revista de contabilidade e organizações*, v. 5, n. 12, p. 48-71, 2011.

LI, Feng. Annual report readability, current earnings, and earnings persistence. *Journal of Accounting and economics*, v. 45, n. 2-3, p. 221-247, 2008.

LIM, Edwin KiaYang; CHALMERS, Keryn; HANLON, Dean. The influence of business strategy on annual report readability. *Journal of Accounting and Public Policy*, v. 37, n. 1, p. 65-81, 2018.

DE GUSMÃO LOPES, Jorge Expedito *et al*. Requisitos para aprovação de prestações de contas de municípios: aplicação de Análise Discriminante (AD) a partir de julgamentos do controle externo. *Contabilidade Vista & Revista*, v. 19, n. 4, p. 59-83, 2008.

LOUGHRAN, Tim; MCDONALD, Bill. Measuring readability in financial disclosures. *The Journal of Finance*, v. 69, n. 4, p. 1643-1671, 2014.

MARQUES, Luís David *et al*. Modelos dinâmicos com dados em painel: revisão de literatura. *Centro de estudos Macroeconómicos e Previsão, faculdade de Economia do Porto*, v. 30, p. 37, 2000.

RUTHERFORD, Brian A. Obfuscation, textual complexity and the role of regulated narrative accounting disclosure in corporate governance. *Journal of management and governance*, v. 7, n. 2, p. 187-210, 2003.

SACRAMENTO, Ana Rita Silva. Contribuições da Lei de Responsabilidade Fiscal para o avanço da *Accountability* no Brasil. *Cadernos Gestão Pública e Cidadania*, v. 10, n. 47, 2005.

SANTANA JUNIOR, Jorge José Barros de. *Transparência fiscal eletrônica*: uma análise dos níveis de transparência apresentados nos sites dos poderes e órgãos dos Estados e do Distrito Federal do Brasil. 2008.

SENADO FEDERAL DO BRASIL. *Constituição da República Federativa do Brasil*. Brasília: Senado Federal, Centro Gráfico, 1988.

SMITH, Malcolm; TAFFLER, Richard. Readability and understandability: different measures of the textual complexity of accounting narrative. *Accounting, Auditing & Accountability Journal*, v. 5, n. 4, 1992.

TAN, Hun-Tong; YING WANG, Elaine; ZHOU, B. O. When the use of positive language backfires: The joint effect of tone, readability, and investor sophistication on earnings judgments. *Journal of Accounting Research*, v. 52, n. 1, p. 273-302, 2014.

VIGNOLI, Francisco Humberto *et al*. *A Lei de Responsabilidade Fiscal comentada para municípios*. São Paulo: FGV/EAESP, 2002.

VELTEN, Simone R. *Determinantes da rejeição das prestações de contas anuais dos municípios capixabas pelo tribunal de contas do Estado do Espírito Santo*. 2015. Tese de Doutorado. Dissertação de Mestrado apresentada ao Programa de Pós-Graduação em Ciências Contábeis, da Fundação Instituto Capixaba de Pesquisas em Contabilidade, Economia e Finanças (FUCAPE). Vitória.

WOOLDRIDGE, Jeffrey M. *Introdução à econometria*: uma abordagem moderna. Pioneira Thomson Learning, 2006.

ZUCCOLOTTO, Robson; TEIXEIRA, Marco Antonio Carvalho. As causas da transparência fiscal: evidências nos estados brasileiros. *Revista Contabilidade & Finanças*, v. 25, p. 242-254, 2014.

Informação bibliográfica deste texto, conforme a NBR 6023:2018 da Associação Brasileira de Normas Técnicas (ABNT):

SANTOS, Sérgio Augusto Mendonça. Legibilidade das peças processuais emitidas pelos Tribunais de Contas em prestações de contas de governos estaduais: um estudo a partir da gestão fiscal. *In*: LIMA, Edilberto Carlos Pontes (coord.). *Os Tribunais de Contas e as políticas públicas*. Belo Horizonte: Fórum, 2023. p. 559-578. ISBN 978-65-5518-596-6.

SOBRE OS AUTORES

Adriana Maria Gomes Nascimento Leite
Mestre em Gestão de Saúde Pública pela FIOCRUZ. Especialista em Gestão de Sistemas e Serviços de Saúde pela FIOCRUZ. Especialista em Auditoria de Sistemas de Saúde pela Estácio de Sá. Graduada em enfermagem pela UPE. Analista de Saúde da SES, tendo atuado por 22 anos em hospital de grande porte da RMR. Enfermeira da Estratégia de Saúde da Família por 7 anos, em 3 municípios. Auditora das Contas Públicas para a Área da Saúde do TCE-PE desde 2006. Assessora Técnica da Coordenadoria de Controle Externo da CCE, de 2019 a 2021. Gerente da Gerência de Saúde do TCE-PE, a partir de janeiro de 2022.

Adriano Sousa Araújo
Advogado com especialização em Direito da Propriedade Intelectual pela Pontifícia Universidade Católica do Rio de Janeiro (PUC-Rio). Servidor público com atuação no Tribunal de Contas do Estado de Pernambuco (TCE/PE). Mestrando em Políticas Públicas pela Universidade Federal de Pernambuco (UFPE).

Ahmed Sameer El Khatib
Pós-doutor em Controladoria e Contabilidade pela FEA/USP (2020) e pós-doutor em Administração de Empresas pela UNICAMP (2023). Doutor em Administração de Empresas pela PUC-SP (2018). Mestre em Ciências Contábeis e Ciências Atuariais pela PUC-SP (2013). Professor adjunto (concursado) de finanças do departamento de administração da Universidade Federal de São Paulo (UNIFESP) e professor de contabilidade financeira e finanças da graduação e do mestrado em Ciências Contábeis e Administração da FECAP e da Fundação Getúlio Vargas (EAESP). Atualmente exerce o cargo de gerente técnico do Instituto de Auditoria Independente do Brasil (IBRACON). Membro do Conselho Consultivo do Observatório Social do Brasil, representando a Federação Paulista de Fundações. Foi coordenador geral do orçamento (concursado) da Secretaria Municipal da Fazenda da Prefeitura da cidade de São Paulo (2016-2019) e chefe de gabinete na Assembleia Legislativa do Estado de São Paulo (2019-2022).

Alberto Barreto Goerch
Advogado. Chefe de Gabinete do Tribunal de Contas do Estado do Amapá (TCE/AP). Doutor em Diversidade e Inclusão pela Universidade FEEVALE com bolsa de estudos pela CAPES. Mestre em Direito pela Universidade de Santa Cruz do Sul (UNISC), pós-graduado *lato sensu* em Direito com especialização em Direito Constitucional pela UNIDERP e em Direito com especialização em Direito Processual Civil pela (UNISC). Graduado em Direito pela Faculdade Metodista de Santa Maria (FAMES). Professor do curso de Direito do Centro de Ensino Superior do Amapá (CEAP) e em cursos de especializações e preparatórios para carreiras jurídicas. Experiência docente nas modalidades presencial e EAD. Membro da Academia Brasileira de Direito Internacional.

Presidente-fundador da Comissão Especial da Diversidade Sexual e Gênero da OAB/SM. Membro da Comissão da Diversidade Sexual e Gênero da Seccional da OAB do Rio Grande do Sul/OAB RS. Pesquisador do Núcleo de Estudos em Tribunais Internacionais da Faculdade de Direito da Universidade de São Paulo (USP). Membro do Grupo de Pesquisa Arthemis – Direito e Gênero da Universidade Federal de Santa Maria (UFSM). Integrante do Grupo de Pesquisa do CNPQ/Metropolização e Desenvolvimento Regional da Universidade Feevale.

Aline Pacheco Medeiros
Auditora de Controle Externo do Tribunal de Contas do Município do Rio de Janeiro (TCMRio). Preside a Comissão Permanente de Sustentabilidade do TCMRio e representa a Corte junto à Rede de Sustentabilidade do Legislativo. Possui graduação em Direito pela Universidade Federal do Rio de Janeiro (UFRJ) e pós-graduação em Meio Ambiente e Sustentabilidade pelo Instituto Alberto Luiz Coimbra de Pós-Graduação e Pesquisa de Engenharia, da Universidade Federal do Rio de Janeiro (COPPE/UFRJ).

Ariane Olczevski
Mestre em Logística pela PUC Rio, especialista em Gestão Pública pela FGV-RJ e em Diplomacia e Negócios Internacionais pela Unibrail-PR. Formada em Administração com ênfase em Comércio Exterior pela Fesp-PR. Especialista em Políticas Públicas e Gestão Governamental (EPPGG) do Estado do Rio de Janeiro desde 2011. No governo do Estado já ocupou os cargos de Superintendente de Reestruturação de Gestão de TIC, Superintendente de Logística, Coordenadora de Sistemas e Informações de Logística, Coordenadora Central da Rede Logística e Coordenadora de Suporte aos Sistemas Informatizados de Logística. Na iniciativa privada trabalhou nas empresas Siemens Ltda., Epcos do Brasil Ltda. e Metalsaur Equipamentos Ltda. Atualmente exerce funções de assessoria no Tribunal de Contas do Estado do Rio de Janeiro (TCE-RJ).

Carina Baia Rodrigues
Bacharel em Direito pela Universidade Federal do Amapá (UNIFAP). Tecnóloga em Gestão Ambiental pela Faculdade de Macapá (FAMA). Especialista em Gestão e Docência do Ensino Superior pela Faculdade de Teologia e Ciências Humanas (FATECH) e em Auditoria e Perícia Ambiental pela FAMA. Mestra em Educação pela UNIFAP. Advogada, professora do curso de graduação em Direito e coordenadora do Núcleo de Práticas Jurídicas da Faculdade Brasil Norte (FABRAN). Auditora de Controle Externo do Tribunal de Contas do Estado do Amapá (TCE-AP) e membro dos Grupos de Trabalho de Meio Ambiente e Educação do TCE-AP.

Daniel Mello
Conselheiro Substituto do TCE/PA, graduado em Ciências Contábeis pela FACE/PR (1999) e em Direito pela Unyahna/BA. Especialista em Recursos Humanos pela UFPR, em Gestão Empresarial pela Faculdade João Calvino/BA, em Direito Civil e Processual Civil pela Unyahna/BA e em Direito Público com concentração em Direito Constitucional pela Unyahna. Mestre em Economia pela UFSC. Obteve o Diploma

de Estudos Avançados em Ciências Empresariais pela Universidade de Jaen (UJAEN Espanha). Doutor em Ciências Empresariais pela UJAEN e pela Universidade Autônoma de Assunção (UAA) – título reconhecido pela Universidade da Amazônia (UNAMA/PA). Doutorando em Direito pela Universidad de Buenos Aires (UBA) com aprovação do plano de tese pela Resolução nº 2.162/2020 do Conselho Diretivo da Faculdade de Direito da UBA. Tese Depositada. Doutor em Economia pela Universidade Federal do Pará (UFPA). Mestre em Direito pela UFPA. Tem experiência na área contábil, com ênfase em Administração. Perito contador, juiz arbitral, consultor, advogado tributarista, administrativista e constitucionalista. Docente universitário (graduação e pós-graduação) nas áreas do Direito, Administração, Contabilidade e Economia.

David Viana de Oliveira
Formado em Engenharia de Teleinformática pela Universidade Federal do Ceará (UFC/CE). Pós-graduado em Direito Tributário. Atua como Analista de Controle Externo na Gerência de Auditoria da Saúde (GSAU) no Tribunal de Contas do Estado de Pernambuco (TCE/PE).

Diego Marques
Doutor em Desenvolvimento Regional pela UNISC. Realiza estágio pós-doutoral em Direito pela Atitus Educação. Mestre em Direitos Sociais e Políticas Públicas pela UNISC. Especialista em Direito Constitucional Aplicado pela UNIFRA. Especialista em Direito de Família e Sucessões pela FMP. Bacharel em Direito. Professor da URI/Santiago. Advogado.

Edilberto Carlos Pontes Lima
Pós-doutor em Democracia e Direitos Humanos pela Faculdade de Direito da Universidade de Coimbra. Doutor em Economia pela Universidade de Brasília. Bacharel e mestre em Economia pela Universidade Federal do Ceará. Bacharel em Direito pela Universidade de Fortaleza. Especialista em Políticas Públicas pela George Washington University. Autor de inúmeros artigos e de importantes livros, dentre eles, Curso de Finanças Públicas: uma abordagem contemporânea (finalista do Prêmio Jabuti 2016) e Federalismo e Democracia em Tempos Difíceis, da Editora Fórum (2021). Foi consultor legislativo da Câmara dos Deputados, técnico de planejamento e pesquisa do IPEA e professor da Universidade de Brasília (UnB), dentre outras instituições. Atualmente é presidente do Instituto Rui Barbosa (biênio 2022/2023) e vice-presidente do Tribunal de Contas do Estado do Ceará.

Eliana Maria de Paula
Cirurgiã dentista graduada pela USP em 2001. Especialista em Periodontia e Reabilitação Oral pela USP. Mestranda em Saúde Pública. Auditora do Tribunal de Contas do Estado de Pernambuco.

Ezequiel Mariano Teixeira
Graduado em Direito pela URCAMP e mediador técnico na Garrastazu Advogados.

Fernanda da Rocha Brando
Bióloga e especialista em Gestão Ambiental. Mestre e doutora em Educação para a Ciência. Professora livre-docente do Departamento de Biologia da USP, em Ribeirão Preto. Assessora técnica na Superintendência de Gestão Ambiental da USP. Atua na formação interdisciplinar de biólogos e produção de recursos didáticos em temas como Política, Gestão e Educação Ambiental.

Gerson dos Santos Sicca
Conselheiro Substituto do Tribunal de Contas de Santa Catarina. Membro do Comitê Técnico da Educação do Instituto Rui Barbosa (IRB). Mestre em Direito (UFSC). MBA em Gestão de Projetos (USP/ESALQ). Bacharel em Direito (UFPel) e Administração (UniCesumar).

Gilson Soares de Araújo
Bacharel em Direito pelo Instituto de Ciências Jurídicas e Sociais Professor Camillo Filho (ICF), mestre e doutorando em Políticas Públicas pela Universidade Federal do Piauí (UFPI). Auditor de Controle Externo do Tribunal de Contas do Estado do Piauí (TCE/PI).

Ivan Lelis Bonilha
Conselheiro do Tribunal de Contas do Estado do Paraná. Graduado em Direito pela UFPR e mestre em Direito do Estado pela PUC de São Paulo. Foi servidor de carreira do TCE-PR e professor da Faculdade de Direito de Curitiba, Procurador-geral do Município de Curitiba, Procurador-geral do Estado do Paraná e Conselheiro Estadual da OAB/PR. Foi membro titular da Comissão de Estudos Constitucionais da OAB/Federal, além de presidente do TCE/PR e do Instituto Rui Barbosa (IRB). Atualmente é Corregedor-geral do TCE/PR e vice-presidente de Relações Institucionais do IRB.

Janriê Rodrigues Reck
Estágio pós-doutoral pela Goethe Universitat Frankfurt em andamento. Doutor pela Universidade do Vale do Rio dos Sinos e mestre pela Universidade de Santa Cruz do Sul. Graduado em Ciências Jurídicas e Sociais pela Universidade do Vale do Rio dos Sinos. Atualmente é professor do programa de pós-graduação, mestrado e doutorado da Universidade de Santa Cruz do Sul. Tem experiência na área de Direito, com ênfase em Teoria do Estado, atuando principalmente nos temas Democracia, Administração Pública, Teoria do Significado, Teoria da Ação Comunicativa e Teoria dos Sistemas. Atualmente trabalha tanto em termos de disciplinas ministradas como com orientações e publicação, com Teoria Jurídica das Políticas Públicas. É membro da Rede Ibero-americana de Docentes de Direito Administrativo e da Rede de Direito Administrativo Social. Foi professor de Direito Administrativo e Tributário da Universidade Federal de Pelotas e avaliador do Ministério da Educação para qualidade em educação. Atualmente é Procurador Federal.

Jeanine Lykawka Medeiros
Graduada em Ciências Jurídicas e Sociais pela Pontifícia Universidade Católica do Rio Grande do Sul (PUCRS). Especialista em Direito do Trabalho e Processo do Trabalho (UNIDERP) e em Direito Público (UNINORTE). MBA em Gestão Financeira, Controladoria e Auditoria pela Fundação Getúlio Vargas. Mestre em Direitos Sociais

e Políticas Públicas na linha de pesquisa Constitucionalismo Contemporâneo pela Universidade de Santa Cruz do Sul (UNISC). Auditora de Controle Externo no Tribunal de Contas do Estado do Acre. Foi professora universitária no curso de Direito (disciplinas de Direito Administrativo, Direito Financeiro, Processo Constitucional e Teoria Geral do Estado) de 2009 a 2022. Facilitadora em diversos cursos promovidos pela Escola de Contas Conselheiro Alcides Dutra de Lima (TCE/AC).

Karine Tomaz Veiga
Mestre em Educação com ênfase em *Accountability* Educacional. MBA em Administração Pública e Gerência de Cidades e pós-graduação em Direito Público Aplicado, Direito Financeiro e Orçamentação e em Direito Digital e Proteção de Dados. É Auditora de Controle Externo, cedida pelo TCE-RJ ao MPE-RJ, onde atua na defesa e proteção de direitos fundamentais.

Leandro Dall'Olio
Graduado em Administração de Empresas pela Universidade Presbiteriana Mackenzie e pós-graduado em Finanças pela Fundação Getúlio Vargas. Atua no Tribunal de Contas do Estado de São Paulo desde 2006, tendo ingressado como agente da fiscalização e exercido a função de chefe técnico durante 13 anos na Unidade Regional de Sorocaba. Desde junho de 2022, integra a Diretoria de Coordenação Estratégica. Coordenador do Observatório do Futuro – núcleo de monitoramento dos ODS no TCESP. Colaborador da Escola Paulista de Contas Públicas.

Leonice Silva de Oliveira
Auditora Estadual de Controle Externo e Instrutora Interna do TCM-BA, Bacharel em Ciências Contábeis, Especialista em Gestão Pública, Especialista em Docência do Ensino Superior, Especialista em Gestão, Controladoria e Auditoria de Contas Públicas Municipais e Especialista em Gestão, Governança e Setor Público. Autora de diversos artigos publicados.

Lia Helena Monteiro de Lima Demange
Assessora Técnica da Diretoria de Controle e Licenciamento Ambiental da Companhia Ambiental do Estado de São Paulo (CETESB). Doutora em Ciências pelo programa de pós-graduação em Ciência Ambiental da Universidade de São Paulo. Mestre em Direito Ambiental pela Pace University (Estados Unidos) e bacharel em Direito pela Universidade de São Paulo. SESYNC Graduate Research Fellow (National Socio-Environmental Synthesis Center, Universidade de Maryland, Estados Unidos). Autora do livro "Desastres, Responsabilidade Civil e Áreas de Preservação Permanente: paradoxo do progresso nômade".

Luiz Henrique Lima
Conselheiro Substituto do Tribunal de Contas de Mato Grosso. Doutor e mestre em Planejamento Energético (COPPE-UFRJ). Especialista em Finanças Corporativas (PUC-Rio). Bacharel em Ciências Econômicas (UFRJ). Autor de diversos livros e artigos científicos nas áreas de Controle Externo, Gestão Pública e Gestão Ambiental. Palestrante e professor de cursos de pós-graduação em diversas universidades em todo o país.

Mamadú Saido Djaló
Bacharel em Administração Pública pela Universidade da Integração Internacional da Lusofonia Afro-Brasileira (UNILAB-CE), especialista em Gestão Pública pela Faculdade Focus, mestrando em Ciência Política pela Universidade Federal de Piauí (UFPI). Assistente de Operação do Tribunal de Contas do Estado do Piauí (TCE/PI).

Marcela Cristina Arruda Nunes
Mestre em Gestão e Políticas Públicas pela Fundação Getúlio Vargas (EAESP), advogada graduada pela Universidade Braz Cubas e especialista em Direito Administrativo pela Pontifícia Universidade Católica de São Paulo. Acumula ainda especializações em Direito Eleitoral pela Escola Judiciária Eleitoral Paulista e em Direito Constitucional pela Escola Superior de Advocacia da OAB-SP. Sócia integrante do escritório Rubens Naves Santos Jr. Advogados, responsável pela coordenação de temas do Direito Administrativo e ainda Terceiro Setor, *Compliance* e Eleitoral. Foi conselheira no Conselho Deliberativo da Associação Transparência Brasil, no Centro de Estudos da Sociedade de Advogados (CESA), entre outras instituições. Em maio de 2022 assumiu o cargo de Secretária Municipal de Gestão da Prefeitura Municipal de São Paulo.

Marcelo Victor Barbosa Xavier
Auditor de Controle Externo do Tribunal de Contas de Pernambuco, tendo atuado anteriormente no Instituto Brasileiro de Geografia e Estatística (IBGE) e no Tribunal de Contas do Estado do Rio Grande do Sul. Formado pela Universidade de Pernambuco em Administração de Empresas e pós-graduado em Gestão Orçamentária e Financeira do Setor Público.

Marcos dos Santos Côrtes
Graduado em Engenharia Florestal pela Universidade Federal Rural do Rio de Janeiro (UFRRJ). Especialista em Perícia, Auditoria e Gestão Ambiental pela Faculdade Oswaldo Cruz de São Paulo (FOC). Mestre em Gestão de Recursos Naturais e Desenvolvimento Local na Amazônia pela Universidade Federal do Pará (UFPA), tem experiência na área de Gestão de Recursos Florestais, Análise de Projetos, Fiscalização Ambiental e Docência Superior. Atualmente exerce função de Auditor de Controle Externo na Especialidade de Meio Ambiente/Coordenador de Meio Ambiente e membro da Comissão Permanente de Responsabilidade Socioambiental e do Grupo de Trabalho de Meio Ambiente do TCE/AP.

Marcos Roberto Pinto
Graduado em Ciências Contábeis pela Universidade de São Paulo (2000). Mestre em Ciências Contábeis pela Universidade Federal do Rio de Janeiro (2006) e doutor em Controladoria e Contabilidade pela Faculdade de Economia, Administração e Contabilidade da USP (2014). Atualmente é professor adjunto da Universidade Federal do Rio de Janeiro. Coordenador de graduação em Contabilidade e coordenador do curso de pós-graduação em Finanças Públicas e Auditoria.

Manuela Prado Leitão
Advogada. Pós-doutoranda no Centro de Síntese USP Cidades Globais, do IEA/USP. Doutora em Direito pela Universidade de São Paulo. Mestre em Direito pela Universidade de Coimbra. Assessora Técnica de Gabinete no Tribunal de Contas do Estado de São Paulo

Maria Luiza Pascale
Chefe da Seção de EAD da Escola Paulista de Contas Públicas do TCE-SP. Administradora Pública pela FGV, pós-graduada em Gerenciamento de Sistemas de Informação pela PUC-Campinas e em Sistemas de Informação Governamentais (JICA-Japão). MBA em Informática (FIA/FEA/USP), Master Systeme d'Information (IAE-Grenoble) e bolsista da Hubert H.Humphrey Followship Program (EUA).

Mariana Siqueira Vilela
Contadora, doutoranda no programa de pós-graduação em Ciências Contábeis da Universidade Federal de Pernambuco (UFPE). Mestre em Ciências Contábeis pela UFPE.

Maurício Assuero Lima de Freitas
Formação em Matemática e Economia, mestrado e doutorado em Economia, com interesse em métodos quantitativos aplicados. Professor de graduação de Ciências Atuariais e da pós-graduação em Ciências Contábeis e Políticas Públicas, ambas na UFPE.

Maurício Oliveira de Souza
Graduado em Engenharia Sanitária pela Universidade Federal do Pará (UFPA). Especialista em Manejo de Recursos Naturais pelo Núcleo de Altos Estudos Amazônicos da UFPA. Mestre em Processos Construtivos e Saneamento Urbano pelo Instituto de Tecnologia da UFPA. Atuou como professor universitário da área ambiental de 2004 a 2019. Atualmente é Auditor de Controle Externo do Tribunal de Contas do Estado do Amapá (TCE/AP) e exerce a função de Inspetor de Controle Externo. Coordena a Comissão Permanente de Responsabilidade Socioambiental e o Grupo de Trabalho de Meio Ambiente do TCE/AP.

Mohana Rangel dos Santos Reis
Mestranda em Ciência Política pela Universidade Federal do Estado do Rio de Janeiro (Unirio), especialista em Gestão Estratégica em Comércio Exterior pela Universidade Cândido Mendes e em Gestão Pública e Controle Externo pela Escola de Contas e Gestão do TCE/RJ. Graduada em Relações Internacionais pela Universidade Estácio de Sá. É da carreira de Analista Executivo desde 2013. Em 2020 assumiu a Coordenadoria de Compras e Licitações Centralizadas da Subsecretaria de Logística da Secretaria de Planejamento e Gestão do Estado do Rio de Janeiro. Atualmente exerce funções de assessoria no Tribunal de Contas do Estado do Rio de Janeiro (TCE-RJ).

Patrícia Faga Iglecias Lemos
Advogada, professora, livre-docente, doutora e mestre em Direito pela Universidade de São Paulo (USP) e superintendente de Gestão Ambiental da Reitoria da USP. É sócia do Wald, Antunes, Vita e Blattner Advogados e atual presidente do IDPV – Instituto O Direito por um Planeta Verde. Foi secretária do Meio Ambiente de São Paulo e a primeira mulher a presidir a Companhia Ambiental do Estado de São Paulo (CETESB). Membro do Conselho Estadual do Meio Ambiente (Consema) e do conselho consultivo do Green Nation. Foi também membro da Comissão de Meio Ambiente e presidente da Comissão de Resíduos Sólidos da OAB-SP, membro do Conselho de Sustentabilidade da Fecomércio e do Conselho Nacional do Meio Ambiente (Conama), atuou no Programa

Cidades do Pacto Global da ONU e no GCSM (Global Council of Sales Marketing). Condecorada internacionalmente com o Destaque Sustentabilidade – WOCA – em tributo e reconhecimento pela carreira em prol da gestão ambiental e, no Brasil, recebeu a Medalha San Tiago Dantas, na categoria Jurista da Área de Meio Ambiente e Sustentabilidade.

Paula Silva Fraga
Graduada em Ciências Contábeis pela UERJ (2007) e em Direito pela Unigranrio. Possui especialização em Finanças Públicas e Auditoria pela UFRJ.

Pedro Nascimento
Doutorando em Ciência Política (UFPE). Mestre em Ciência Política (UFCG). Bacharel em Ciências Sociais (UFCG). Autor do livro "Política Em Debate Por Um universitário Operandi" (2015). Organizador e Escritor dos livros "Educação Política: Conhecer Para Participar" (2019) e "Democracia Conectada e Governança Eleitoral" (2020). Membro dos Grupos de Pesquisa "Instituições, Políticas e Governo" (UFPE), "Corrupção Pública e Instituições Políticas" (UFCG) e "Cidades Transparentes" (PUC-SP). Ministra palestras com temática voltada para a educação política, democracia, transparência e instituições políticas.

Rafael Rodrigues da Costa
Graduado em Ciências Econômicas pela Universidade do Estado do Rio de Janeiro. Pós-graduado em Prevenção em Repressão à Corrupção pela Universidade Estácio de Sá. Mestrando em Planejamento e Desenvolvimento Regional pela Universidade de Taubaté. Analista em Planejamento da Secretaria da Fazenda do Estado de São Paulo (2010-2012). Agente da Fiscalização do Tribunal de Contas do Estado de São Paulo (2012-2014). Chefe técnico da Fiscalização na Unidade Regional de São José dos Campos do Tribunal de Contas do Estado de São Paulo. Autor de vários artigos publicados em periódicos científicos.

Rafael Scherb
Auditor Fiscal de Controle Externo do Tribunal de Contas de Santa Catarina (TCE/SC). Graduado em Ciências Econômicas pela Universidade Federal de Pernambuco (UFPE) com experiência em Economia Regional e Urbana. Recebeu a láurea universitária em 2018.

Raul da Mota Silveira Neto
Graduado em Economia pela Universidade Federal de Pernambuco, com mestrado em e doutorado em Economia pela Universidade de São Paulo. Atualmente é professor associado do Departamento de Economia da Universidade Federal de Pernambuco e pesquisador bolsista de produtividade em pesquisa do CNPQ. Os trabalhos e pesquisas concentram-se nas áreas de Economia Regional, Economia Urbana, Economia do Trabalho e Desenvolvimento Econômico, com interesse específico na avaliação de políticas públicas, nas políticas de desenvolvimento regional ou local, nos determinantes da desigualdade e da migração, nos condicionantes da distribuição das famílias e atividades nas cidades, nos diferenciais de qualidade de vida entre cidades e nos determinantes do crescimento das cidades.

Reginaldo ParNow Ennes
Conselheiro e Ouvidor-Geral do Tribunal de Contas do Estado do Amapá (TCE/AP). Presidente do Comitê Técnico de Estudos e Sistematização da Administração Pública do Instituto Rui Barbosa (IRB). Mestre em Desenvolvimento Sustentável pela Universidade Nacional de Lanus, Argentina. Especialista em Direito Sanitário pela Escola de Saúde Pública do Rio Grande do Sul e pela Universidade de Roma Tre. Servidor público na Prefeitura de Santa Maria. Procurador do município de Novo Hamburgo de 2008 a 2012. Aprovado em concurso público em 2011 para o cargo de Procurador de Contas do TCE/AP. Foi conselheiro do Tribunal de Contas do Estado do Amapá.

Roberto Debacco Loureiro
Conselheiro Substituto do Tribunal de Contas do Estado do Rio Grande do Sul. Graduado em Direito pela Universidade Regional Integrada (URI). Especialista em Direito Público pela Universidade Anhanguera (Uniderp). Especialista em Direito e Processo do Trabalho pela Uniderp.

Sérgio Augusto Mendonça Santos
Mestre em Ciências Contábeis e Administração (FUCAPE/ES). Especialista em Auditoria Contábil (UFS). MBA em Perícia Contábil (Cândido Mendes/RJ). Graduado em Ciências Contábeis pela Universidade Federal de Sergipe. Analista de Controle Externo II (Auditor) do Tribunal de Contas do Estado de Sergipe há 25 anos.

Silvia M. A. Guedes Gallardo
Mestrado em Edificações e graduação em Engenharia Civil, ambos pela UNICAMP. Especialização em Projeto e Gestão de Infraestrutura Urbana pela Universidade Federal de São Carlos. Especialização em Desenvolvimento Gerencial pela Fundação Getúlio Vargas (FGV). Dez anos na assessoria técnica de engenharia do TCESP. Atuação como professora junto à Escola Paulista de Contas Públicas do TCESP.

Tadeu Fabrício Malheiros
Professor associado do Departamento de Hidráulica e Saneamento da Escola de Engenharia de São Carlos da Universidade de São Paulo (USP), assessor da Superintendência de Gestão Ambiental da USP, coordenador do programa de mestrado profissional em Rede Nacional para o Ensino das Ciências Ambientais. Membro do Núcleo Acadêmico do Centro de Síntese Cidades Globais, do Instituto de Estudos Avançados da USP.

Tamara Maria Gomes
Engenheira agrônoma de formação e professora livre-docente da Faculdade de Zootecnia e Engenharia de Alimentos da USP, campus Pirassununga/SP. Atua como assessora técnica da Superintendência de Gestão Ambiental/USP, com representação na coordenação do Programa USP Sustentabilidade para pós-doutores. Tem vasta experiência na área da agricultura irrigada, em projetos que visam o reúso da água.

Terezinha de Jesus Brito Botelho
Graduada em Ciências Contábeis (UFPA) e em Letras (UFPA). Graduada em Direito (Estácio/FAMAP 2010). Especialista em Auditoria (PUC Minas). Especialista em Auditoria e Controladoria (CEAP/AP). Especialista em Gestão Pública e Privada (CEAP/AP).

Especialista em Direito Administrativo (Uniderp). Atua como Conselheira-Substituta no TCE/AP desde 1991. Membro da Academia Amapaense de Ciências Contábeis (AMACICON). Palestrante e instrutora de capacitação oferecida pelo TCE/AP aos seus servidores e jurisdicionados.

Valquíria Maria F. Benevides de S. Leitão
Graduação e mestrado em Administração de Empresas pela UFPE. Auditora de Controle Externo do TCE/PE.

Esta obra foi composta em fonte Palatino Linotype, corpo 10 e impressa em papel Pólen Bold 70g (miolo) e Supremo 250g (capa) pela Formato Artes Gráficas.